ДОСЬЕ ЛЕНИНА БЕЗ РЕТУШИ

Родословная Владимира Ульянова
Ленинские уроки большевизма
Ренегатство по-лениноки
Возвращение странствующего эмигранта
Фиаско симбирского путчиста
Большевики выходят из «окопов»
Заговорщики готовятся к реваншу
Октябрьский контрреволюционный переворот
Плата за российский престол
Секретные документы обличают
«Крестный отец» красного террора
Политический авантюрист
Архивоинствующий атеист
Ленин против Ульянова
«Пролетарский» неоколонизатор
Псевдотеоретик, или «Кремлевский мечтатель»
Коммунистический штаб «мировой революции»
Большевизм и фашизм
Тайны болезни и смерть
Портрет вождя без ретуши

А. Арутюнов

ДОСЬЕ ЛЕНИНА БЕЗ РЕТУШИ

МОСКВА
«ВЕЧЕ»
1999

ББК 63.3(2)
А 87

Вниманию оптовых покупателей!

Книги различных жанров
можно приобрести по адресу:
129348, Москва, ул. Красной Сосны, 24,
издательство «Вече»,
телефоны: 188-16-50, 188-88-02, 182-40-74,
т/факс: 188-89-59, 188-00-73.

ISBN 5-7838-0530-0

ОТ АВТОРА

Интерес к биографии и общественно-политической деятельности вождя большевистской партии и основателя первого в мире коммунистического государства Владимира Ильича Ульянова (Ленина) возник у меня не сразу. Это произошло после того, как весной 1971 года я познакомился с М.В.Фофановой (Кирилловой).

Так уж получилось, что она стала моим научным консультантом, а затем и наставницей. Имя Маргариты Васильевны прочно вписано в биографию «вождя мирового пролетариата»: у нее на квартире в июле и октябре 1917 года, обвиненный в шпионаже и подрывной деятельности в пользу кайзеровской Германии, Ленин скрывался от властей.

Маргарита Васильевна много рассказывала мне о Ленине. Некоторые факты были настолько интересны, что я их стал записывать. Но один эпизод, касающийся совещания членов ЦК РСДРП(б), которое проходило у нее на квартире 6 июля 1917 года, буквально ошеломил. Именно ему было суждено стать отправным моментом данного исследования.

Скажу откровенно, работа оказалась весьма сложной. На то были причины как объективного, так и субъективного характера. Ведь не секрет, что документы и материалы, относящиеся к биографии Ленина и большевистской партии, находились в стальных и железобетонных бункерах за семью печатями. Особо строго оберегался от посторонних глаз «секретный» фонд Ленина в Центральном партийном архиве.

В годы тоталитарного режима Ленин был превращен в идола, преклонение перед ним становилось обязательным для каждого человека. Попробовал бы кто-нибудь отступить от этого «обязательства». В стране не осталось сколько-нибудь значительного населенного пункта, где бы не возвышалась скульптура большевистского вождя. В столице и других городах создавались помпезные музеи, миллионным тиражом печатались его портреты. Превратив Ленина в «великого национального героя», коммунистические идеологи присвоили десяткам городов и сел его имя. Несколько тысяч улиц и площадей были названы его именем. Без внимания не остались и его ближайшие родственники...

В целях оболванивания подрастающего поколения и превращения его в послушного исполнителя химерических планов правящей коммунистической верхушки в стране многомиллионным тиражом издавались сочинения Ленина. Достаточно сказать, что только его речь на III Всероссийском съезде коммунистического союза молодежи 2 октября 1920 года, в которой содержались откровенная ложь, вроде того, что старая школа «давала знания только детям буржуазии», и циничные призывы все старое «превратить в груду развалин», отдельной брошюрой под разными названиями издавалась на 96 языках аж 660 раз тиражом около 50 миллионов экземпляров.

Необходимо было во всем разобраться и, прежде всего, изучить документальные материалы и многочисленные воспоминания современников, провести тщательный источниковедческий анализ работ Ленина, его биографов и, сопоставляя их с другими источниками, в том числе архивными, попытаться выяснить истинную политическую цель и узнать подлинное лицо этой неординарной личности. Нужно было систематизировать отобранный за многие годы фактический материал, прежде чем приступить к исследованию столь серьезной проблемы.

Однако, признаться, я не собирался обнародовать результаты своих исследований. Прежде всего потому, что дал слово Маргарите Васильевне: при ее жизни о Ленине ничего не публиковать. Да и вряд ли какой-нибудь издатель осмелился бы тогда принять к рассмотрению мою работу. К тому же в условиях жесточайшей цензуры пытаться опубликовать что-либо правдивое, отличное от того, что было признано в официозных изданиях, — это все равно что пытаться головой пробить тоннель в гранитной скале. Но я не сдавался и не опускал руки, несмотря на различные гнусные издевательства властей по отношению ко мне. Не удалось сломить мой моральный дух даже тогда, когда против меня стали применять неприкрытый террор и физическое насилие. В надежде на то, что придет, наконец, час свободы, я продолжал изыскания и одновременно готовил рукопись будущей книги.

Годы, отданные исследованию, не прошли даром. Благодаря М.В.Фофановой, оказавшей мне большую помощь в поиске источников, удалось выявить немало новых фактов. Часть документальных материалов, вошедших в данную книгу, были взяты из личного архива М.В.Фофановой.

Несомненно, Ленин обладал огромной силой воли, аналитическим умом и большими организаторскими способностями. Но бесспорно и то, что он не был «величайшим теоретиком», «самым человечным человеком», «великим полководцем», «архитектором величественного здания социализма» или «гением человечества», как об этом писали его высокооплачиваемые биографы и лакействующие адепты коммунистической идеологии. Разностороннее исследование по установлению истинной личности Ленина, которому я посвятил более 26 лет, убедило меня в том, что он — один из самых величайших преступников в истории нашей цивилизации. По тяжести, масштабности и изощренности совершенных злодеяний Ленин далеко превзошел всех своих именитых предшественников. Такого страшного зла не причинил народам России и другим народам мира ни один глава государства, ни один вождь реакционной партии. Столь одиозной личности, как Владимир Ульянов, не было на нашей многострадальной Земле ни в одну историческую эпоху. И даже в том, что Иосиф Джугашвили (Сталин) за тридцать лет своего правления загубил десятки миллионов человеческих жизней, превратив страну в огромный концентрационный лагерь, несомненно, заслуга Ленина, воспитавшего и вырастившегс из большевистской когорты достойного себе преемника.

Октябрьский военно-политический переворот, закончившийся победой Ленина и его единомышленников, принес горе и страдания миллионам людей. Летопись народов России начиная с октября 1917 года написана человеческой кровью, слезами замученных и обездоленных. Огнем и мечом создавали большевики новую, коммунистическую империю, именуемую Союзом Советских Социалистических Республик. В ходе насильственной советизации различных регионов истреблялись целые народы. Под непосредственным руководством Ленина уничтожались интеллигенция, казачество, трудовое крестьянство России, составляющее более 80% населения страны. Он лишил народ веры, разрушил религию, преследовал священнослужителей. За годы советской власти в мирное время большевиками было истреблено гораздо больше россиян, чем их погибло на полях сражений в Отечественных войнах 1812, 1914—1917 и 1941—1945 годов, вместе взятых.

В годы сталинизма продолжалась ленинская политика создания «мировой коммуны». Коммунистическая идеология активно экспортировалась в страны Европы и Азии, а правящая верхушка ВКП(б) во главе со Сталиным начала прибегать к агрессии. Пакт Риббентропа-Молотова и уничтожение совместно с гитлеровской Германией Польского государства, нападение на Финляндию и присоединение к СССР прибалтийских стран — яркие свидетельства реакционной сущности внешней политики большевистской партии.

После окончания второй мировой войны марксистско-ленинская идеология стала интенсивно внедряться в страны Восточной Европы, где штыками Советской Армии насаждались коммунистические режимы. Небезуспешно она стала проникать и в Азию.

Должен сказать, что, работая над столь серьезной темой, я постоянно испытывал недостаток источников. А это не позволяло мне делать какие-либо выводы по многим важным вопросам политической биографии Ленина и истории созданной им большевистской партии.

Не скрою, вплоть до начала 80-х годов у меня не сложилось твердого мнения и о большевизме как идеологии, хотя еще в 1975 году, ознакомившись со многими архивными материалами, и в особенности с письмом М.В.Фофановой, отправленным Ленину летом 1921 года, у меня появились серьезные сомнения в состоятельности и благодетельности этой идеологии. Мое дальнейшее изучение документов из фондов бывшего архива Института марксизма-ленинизма при ЦК КПСС, многочисленных работ представителей российской социал-демократии, изданных за рубежом, а также воспоминаний людей, лично знавших вождя большевиков, привели к глубокому убеждению в том, что личностная и политическая биография В.И.Ульянова недостаточно раскрыта.

Сложилось у меня вполне определенное мнение и об опубликованных и не опубликованных работах Ленина. Его идея «мировой пролетарской революции» — это, в сущности, химера. А так называемая теория построения социализма и коммунизма — настоящий блеф, утопия. Что же касается практической деятельности основанной им РСДРП(б), переименованной затем в РКП(б) — ВКП(б) — КПСС, то со всей ответственностью могу сказать, что это — тщательно замаскированная реакционная, чуждая российскому, да и всему мировому сообществу политическая организация, претендующая на мировое господство. В этом читатель может убедиться, ознакомившись с многочисленными документами и материалами, приведенными в данной книге.

О Ленине написаны тысячи работ и у нас в стране, и за рубежом. Продолжают писать и сегодня. Естественно, авторы этих работ — люди разных политических взглядов и убеждений. Отсюда и противоречивые оценки личности и деятельности Ленина. Ничуть не оправдывая отечественных историков, писателей и различных специалистов, создавших в годы советской власти тенденциозные и конъюнктурные сочинения (впрочем, не свободны от этого и некоторые западные авторы), следует все же отметить, что необходимо учитывать условия, в которых приходилось жить и работать людям нашей страны на протяжении семи десятков лет страшного господства коммунистической автократии.

Однако это вовсе не значит, что в нашей стране не было людей, которые в разных формах и проявлениях смело вскрывали пороки и язвы прогнившего, не имеющего перспективы строя. А.Сахаров, Ю.Орлов, А.Солженицын, Б.Пастернак, А.Галич, И.Бродский, В.Войнович, Ю.Даниэль, В.Дудинцев, А.Синявский, А.Марченко, Л.Плющ и многие другие — это именно те славные сыны России, которые, несмотря на травлю, террор и репрессии, говорили и писали правду о нашей действительности.

Сегодня многих уже нет среди нас. Но память о них будет жить вечно, ибо благодаря их мужественной борьбе народы России вновь обрели свободу, завоевали право знать и говорить правду.

Великий мыслитель Ф.М.Достоевский говорил, что «выше правды нет ничего...». С ним невозможно не согласиться. Но, очевидно, необходимы определенные условия, при которых человек мог бы дотянуться и «прикоснуться» к этой вершине.

Я принадлежу к отмеченному роком поколению, биография которого начиналась и складывалась в годы большевистской тирании. В тех условиях услышать, а тем более сказать вслух правду о политической жизни нашей страны — это значило сознательно обречь себя и всех своих родственников на страшные муки: политические преследования и жестокие репрессии.

Сейчас, наконец, появилась возможность рассказать правду о политических событиях, которые привели нашу страну к национальной катастрофе. Эта возможность обусловлена прежде всего тем, что в Российском государстве, ставшем на путь демократического развития, отменена цензура печати, осуществляющая при коммунистическом режиме полицейские функции. Значительно расширилась источниковая база научных исследований за счет пополнения архивного фонда. Например, если до августовского путча в архивах России насчитывалось 93 млн дел, то сегодня эта цифра возросла до 205 млн. Замечу, что столь значительное увеличение количества документальных материалов произошло, в основном, за счет архива ЦК КПСС на Старой площади, республиканских, областных и городских партийных архивов. Наконец, постановлением Верховного Совета России от 19 июня 1992 года двери ряда архивов со скрипом, но все же открылись для всех желающих в них работать.

К сожалению, не все еще архивные документы общедоступны. И тем не менее возможности для исторических исследований сегодня значительно расширились. Все это позволило мне использовать для своего исследования ряд принципиально важных, ранее засекреченных в архивах источников и завершить многолетнюю работу.

При написании данной книги мною были использованы архивные материалы, любезно и бескорыстно предоставленные мне Ф.Гюнтером, Г.Хансеном, С.Ф.Найдой и Татьяной N. Всем им я выражаю свою глубокую признательность.

Если мой скромный труд внесет свою лепту в процесс формирования у читателя объективного мнения о личности Ленина и его доктрине, поможет разобраться в сущности большевистской идеологии, я буду неизмеримо счастлив.

ГЛАВА 1

РОДОСЛОВНАЯ ВЛАДИМИРА УЛЬЯНОВА

Если писать биографию, то надо писать всю настоящую правду.

Лев Толстой

О Ленине написано неисчислимое количество статей, очерков, воспоминаний, книг и диссертаций. О чем только не писали идеологи, ученые, писатели и публицисты. Труды, посвященные Ленину, росли, особенно в юбилейные годы, как грибы после дождя. Темы буквально из пальца высасывались.

В данной работе я не ставил перед собой задачу подробно показать всю родословную Ленина, как говорится, до седьмого колена. Однако вряд ли можно было бы разносторонне исследовать общественно-политическую деятельность столь неординарного человека, не изучив этого вопроса.

За годы советской власти биографы Ленина сделали все возможное и невозможное для того, чтобы показать, что предки Ленина* по отцовской линии были волжскими крепостными крестьянами.

Первой «ласточкой», утверждающей этот факт, стала книга «Ленин — Владимир Ильич Ульянов», опубликованная летом 1918 года большевистскими идеологами. В ней, в частности, говорится: «Отец Ленина, родом крестьянин, работал на Волге директором народных училищ»[1]. Но неожиданно в сентябре того же года вышла в свет небольшая книжка «Вождь деревенской бедноты В.И.Ульянов-Ленин». Она внесла шумный переполох в высшие партийные круги и вызвала гнев и возмущение самого Ленина. Автор книги (А.Х.Митрофанов) писал: «Вся жизнь Вл. Ильича, вся его ученая, литературная и партийная жизнь неразрывно связана с деревней. Начать с того, что **его отец, дворянин по происхождению, далекий от крестьянства и по своему обще-**

---

* Общую генеалогию В.И.Ленина см. в Приложении.

ственному положению, был человеком близким ему по духу. Эту близость и сочувствие многострадальной деревне эпохи мрачной реакции царствования Александра III отец Вл. Ильича передал всей своей семье. Близость семьи Вл. Ильича к деревне и сочувствие ее страданиям выявилась активным протестом против политики угнетения деревни в виде покушения брата Вл. Ильича, Александра, на жизнь тогдашнего верховного палача и усмирителя Александра III» (выделено мной. — *А.А.*)[2].

Несмотря на все лестные эпитеты «вождю мировой революции», книга была бомбой, подложенной под кремлевского владыку, за что автор книги жестоко поплатился.

После этой публикации все издания, касающиеся биографии вождя, были взяты под особый контроль, хотя книги, посвященные ему, продолжали выходить даже в разгар гражданской войны.

После смерти Ленина начали издаваться воспоминания о нем. Но среди массы опубликованной литературы нет ни одной объективной, правдивой работы. Не составляют исключения и сочинения, вышедшие из-под пера ближайших родственников Ленина. Так, старшая сестра Ленина, Анна Ильинична Ульянова-Елизарова, в начале 20-х годов писала, что ее дед, Николай Васильевич, «был мелким чиновником»[3]. Позднее она написала и о своем отце: «Отец Вл. Ильича, Илья Николаевич Ульянов, был родом из **бедных мещан** города Астрахани. Семи лет* лишился он отца»[4]. Так же скупо пишет о своем отце, деде и прадеде и младшая сестра Ленина, Мария Ильинична Ульянова: «**Отец происходил из бедной мещанской семьи. Дед его был крепостным,** а отец жил в городе и служил в каком-то торговом предприятии» (выделено мной. — *А.А.*)[5]. Однако она не уточнила, в каком именно торговом предприятии служил ее дед.

Кстати, зарубежные публикации о генеалогии Ленина также не свободны от неточностей и ошибок. Например, автор книги о Ленине Д.Н.Шуб пишет, что прадед Ленина по материнской линии Мойша Ицкович Бланк якобы был женат на Анне Карловне Остедт[6]. Абсурдность сведений, приводимых автором очевидна: когда Мойша Ицкович женился (кстати, он женился на еврейской девушке Марьям), Анне Карловне (Анне Беате) в то время едва исполнилось десять лет. К тому же она, повзрослев, вышла замуж за ~~немецкого~~ вельможу Йогана Готлиба (Ивана Федоровича) Гроссшопф. В некоторых работах эта фамилия приводится искаженно — Гросскопф, чем еще больше запутывается и без того нераспутанный клубок ульяновского родового древа.

Многолетний поиск источников, их критический анализ и систематизация позволили мне внести некоторые дополнения и уточнения в имеющуюся информацию о родственниках Ленина и, насколько было возможно, воссоздать родовое древо этой большой, окутанной тайной фамилии. Естественно, данное исследование не может дать исчерпыва-

---

* Здесь допущена неточность: Илье тогда было пять лет.

германского

11

ющий ответ на все вопросы, касающиеся генеалогии Владимира Ильича Ульянова. Но автор все же надеется, что представленный материал вполне достаточен для того, чтобы у читателя сложилось более или менее правильное представление о предках большевистского вождя.

В генеалогии семьи Ульяновых прослеживается пять ветвей: еврейская, ~~немецкая~~, шведская, калмыцкая и чувашская. Первые три ветви относятся к материнской линии, две последующие — к отцовской.

ВЕТВИ ГЕНЕАЛОГИИ В.И.УЛЬЯНОВА

Начнем с *еврейской ветви,* о которой знали лишь немногие из высшего партийного руководства страны и, естественно, ближайшие родственники Ленина: Анна Ильинична, Мария Ильинична и Дмитрий Ильич. В этом вопросе наблюдаются не только подлоги и фальсификации, но и прямое сокрытие документов, имеющихся в различных архивах. Достаточно сказать, что в Государственном Историческом архиве Санкт-Петербурга были подменены несколько страниц из досье Бланка[7]. Об этом я узнал много лет тому назад от студентов-заочников, работавших в областных архивных учреждениях. Эти честные молодые люди любезно, с большим риском для себя, предоставили мне возможность ознакомиться с подлинными документами о предках Ленина. Позднее мне стало известно, что партийные идеологи, чувствуя утечку информации из областных архивов, в 1972 году сосредоточили все документы по генеалогии Ленина в стенах партархива при ЦК КПСС и засекретили их. Но предпринятые ими меры уже не могли помешать распутать клубок тайн и докопаться до правды. Свидетельство тому — приводимые ниже документальные материалы, касающиеся биографии деда, прадеда, прапрадеда и других родственников Ульянова-Ленина.

О прадеде Владимира Ульянова, Ицко Бланке, сведения весьма скупы. Известно, что он являлся подданным Речи Посполитой, жил в Староконстантинове*. Имел собственный дом, владел землей. Отно-

---

* Основан в 1561 году Острожским князем Константином (Василием). После второго раздела Польши в 1793 году город вошел в состав Российского государства.

сительно полно сохранились сведения о его наследнике — Мойше Блан-ке. Так, в протоколе Новоград-Волынского магистрата от 29 апреля 1795 года за № 394 отмечается, что Бланк Мошко (Мовше, Моше) Ицкович является мещанином города Староконстантинова Новоград-Волынского уезда[8]. Ревизия, произведенная в 1834 году, установила, что в городе проживало более 800 еврейских семей[9]. Сопоставляя ряд документальных материалов приведенного выше дела, можно считать, что М.И.Бланк родился в 1763 году. О времени его женитьбы нет прямых сведений, но известно, что ему тогда было 30 лет, а его жену звали Марьям (родилась также в 1763 году). У них было два сына — Абель и Сруль (он же Израиль) и три дочери — Анна, Екатерина и Мария[10].

По архивным записям, старший сын, Абель, родился в 1794 году, а Сруль — в 1804 году[11]. Дата рождения Сруля сомнительна. С учетом других документов, можно считать, что он скорее всего родился в 1799 году. К этим документам мы еще обратимся. Что же касается дат рождения дочерей, то обнаружить эти сведения, к сожалению, мне не удалось.

Семью Мойши Бланка можно отнести к разряду богатых. Об этом свидетельствуют многие факты. Бланки имели солидный дом с «обзаведениями» стоимостью в 4 тысячи рублей ассигнациями. Занимался Бланк в основном торговлей. Его еженедельный чистый доход составлял 10 рублей серебром. Кроме того, в местечке Рогачеве, в 20 км южнее Новоград-Волынска, Бланк имел пять моргов* земли, а ежегодный доход от выращенного цикория составлял 750 рублей серебром[12]. Бланк вел широкую торговлю спиртными напитками и другими товарами. Имеются сведения, что он занимался торговым мошенничеством, за что против него было возбуждено уголовное дело. Кроме этого, он обвинялся в краже чужого сена. Однако как по первому делу, так и по второму, судя по всему, особых наказаний не понес. Вполне возможно, что он откупился, поскольку в решении суда (состоялся в 1803 году) записано, что Бланк «виновным не оказался»[13].

В биографии М.Бланка имеются дискредитирующие его сведения. Оказывается, он занимался шантажом и вымогательством[14], доносил на соседей[15]. Очевидно, делал он это для того, чтобы приобрести расположение властей и таким образом добиться с их стороны покровительства в его торговых делах, подмоченных нечестными деяниями.

Следует сказать еще об одном интересном факте нравственного характера. В архивах имеются данные о том, что Мойша Бланк в 1816 году обратился в Волынский главный суд с просьбой взять под стражу старшего сына Абеля, который якобы оскорблял его и даже наносил побои[16]. Абеля не арестовали. По-видимому, отцу не удалось доказать свое заявление свидетельскими показаниями членов семьи или других лиц.

---

* Морг (польск.) равен 1564,3381 квадратным саженям.

Характер у Мойши Бланка был весьма сложный и своеобразный. У него проявлялись такие черты, как несдержанность, жестокость, грубость, свирепость, мстительность, непримиримость. И вообще он был весьма скандальным и грубым человеком, не уживавшимся с людьми. Он не ладил даже со своими соплеменниками: конфликтовал то с одними, то с другими.

Бланк был уличен в поджоге 23 домов евреев в Староконстантинове 29 сентября 1808 года. Чтобы отвести от себя подозрение, он немного подпалил и свой дом. Не надо быть медиком, чтобы понять, что подобные чудовищные поступки мог совершить лишь человек с ненормальной психикой. На этот раз он отделался арестом всего лишь на один год. Недовольные исходом дела жители города из числа пострадавших вновь возбудили против Бланка дело, в результате оно было передано на рассмотрение из Новоград-Волынского магистрата в Сенат. Слушание дела состоялось 3 июля 1809 года. Но и здесь Бланку, по-видимому, удалось откупиться, и он был освобожден из-под стражи[17].

Однако обстановка вокруг Бланка была настолько накалена, что он вынужден был переехать на новое место жительства в Житомир. Но и здесь семья Бланков из-за характера ее главы не обрела покоя. В семье постоянно происходили скандалы. Особо острые конфликты возникали между отцом и старшим сыном Абелем. Нередко дело доходило до драки. Тяжба между отцом и сыном затянулась на целых 10 лет и закончилась тем, что решением уездного суда от 28 июля 1826 года Абель был оправдан, а Мойша Бланк оштрафован на 25 рублей[18].

Очевидно, серьезные трения Абеля и Сруля с отцом стали причиной того, что они решили отказаться от иудаизма и принять православную веру. Этот акт совершился 10 июля 1820 года в Петербургской духовной консистории, что подтверждено архивными документами[19]. Примечательно, что оба брата по принятии православия отказываются от своего отчества, т. е. отца, и становятся Дмитриевичами по имени воспреемника Абеля, сенатора, статского советника Дмитрия Осипова Баранова. Воспреемником младшего Бланка — Сруля (Александра после крещения) становится действительный статский советник граф Александр Иванов Апраксин.

Из документов Центрального Государственного Военно-исторического архива известно, что Дмитрий (Абель) и Александр (Израиль) предписанием Министерства духовных дел и народного просвещения № 2479 были зачислены 24 июля 1820 года в Медико-хирургическую академию[20], которую окончили 19 июля 1824 года, получив специальность хирурга-акушера[21].

В опубликованной литературе о национальной принадлежности Бланков почти ничего не говорится. Между тем в архивах об этом имеются четкие сведения. Так, в архивных документах Медицинского департамента, МВД и многих других сказано, что Дмитрий и Александр происхождением «из евреев Бланков», «из еврейской общины», что они «еврейские дети»[22].

М.И.Бланк, очевидно, имел сведения об успехах своих детей в Петербурге. И Мойша Ицкович не замедлил воспользоваться общественным положением сыновей, хотя Абель и Александр порвали с отцом всякую связь. Он вновь возбуждает дело о пожаре, начатое еще в 1808 году. Подает жалобу даже на имя императора и вскоре добивается того, что указом Сената № 928 от 24 декабря 1825 года было вынесено решение о возмещении убытков, якобы понесенных Бланком (всего 15 100 рублей серебром и 4000 рублей ассигнациями). Вся эта сумма была распределена между 22 пострадавшими от пожара евреями[23]. Кроме того, по этому делу 11 человек были взяты под стражу[24]. В решении Сената говорилось также о распродаже имущества осужденных евреев[25]. Магистрат неоднократно объявлял распродажу имущества пострадавших, но она не приносила успеха, поскольку никто не желал покупать имущество невинных соплеменников в пользу Мойши Бланка. Нет сомнения в том, что ему удалось выиграть процесс благодаря покровительству «родственников» в лице графа Апраксина и сенатора Баранова.

После окончания Медико-хирургической академии дед Ленина, Александр Бланк, работал в различных городах России. Был женат на Анне Ивановне из богатой семьи Гроссшопфов. Брак между Александром Бланком и Анной Гроссшопф был зарегистрирован в Петербурге в 1829 году. Но Анна умерла рано, в 1838 году. От брака остались 8-летний мальчик Дмитрий и пятеро девочек: Анна 7-ми лет, Любовь 6-ти лет, Екатерина 5-ти лет, Мария (будущая мать Владимира Ульянова) 3-х лет и Софья 2-х лет, которых стала воспитывать родная сестра их матери, бездетная вдова Катерина. 10 апреля 1841 года Александр Бланк получает разрешение на «вступление в законный брак с вдовою чиновника 12-го класса фон Эссена Екатериною Ивановою» и женится на ней.

Став врачом-акушером, А.Бланк короткое время (с августа 1824 по октябрь 1825 года) работает уездным врачом в городе Поречье* Смоленской губернии. Затем возвращается в Петербург. Вскоре ему удается, очевидно, при помощи брата Дмитрия и покровителей — крестных отцов в течение семи лет занимать должность полицейского врача. Некоторое время Бланк вовсе не работал. Относительно продолжительное время (около 4-х лет) он служил в Морском ведомстве, откуда был уволен в апреле 1837 года. Был он и ординатором Мариинской больницы. В мае 1842 года Александр Дмитриевич вместе с детьми и женой, Екатериной фон Эссен, переезжает в Пермь. Здесь 5 августа ему удается устроиться инспектором Пермской врачебной Управы. Но, проработав в этой должности немногим более двух месяцев, он 13 августа

---

* Основан в 1776 году, в 1918 году переименован в Демидов.

увольняется с работы. В архивных материалах имеются сведения о том, что его уход с работы был связан со скандальной историей, в которой сложно было разобраться.

Последние годы А.Д.Бланк работал в должности инспектора госпиталей оружейного завода города Златоуста. Это было последнее место работы Бланка. В западных публикациях отмечается, что на Урале в рассматриваемый период Бланк якобы имел 300—400 душ крепостных крестьян[26]. Однако эти сведения, на мой взгляд, требуют документального подтверждения.

После ухода в отставку в 1847 году А.Д.Бланк, немного попутешествовав в поисках благоприятного места постоянного жительства, наконец, с семьей приезжает в Казань. Приезд Бланка в Татарию, очевидно, был не случаен. По-видимому, он обладал информацией, что в этих краях можно за приемлемую цену купить имение. И это ему удается. В 42 км от Казани А.Д.Бланк покупает деревню Янсалы с большими землями. А.Я.Аросев в своей книге, опубликованной вскоре после смерти Ленина, пишет: «Александр Дмитриевич Бланк обладал... землею: 462 десятины (503,58 га. — *А.А.*) близ села Янсалы (Кокушкино)*. Сделавшись дворянином, он закрепил за собою и крестьян, живших на той земле, в количестве 39 душ**. Там, около Янсалы, Александр Дмитриевич Бланк приобрел и водяную мельницу, которая давала доходу в год 100 р.»[27] Я дважды бывал в Ленино и видел большой красивый дом с колоннами, который стоит на живописном берегу реки Ушни. Рядом с домом позже был построен флигель. В 30-х годах он был переоборудован под музей В.И.Ленина. Имеются и другие постройки хозяйственного назначения. Во время моей первой поездки в Ленино 88-летний старик Наиль Нургалиевич Гайфулин рассказывал нам, что по берегу реки за мельницей дочерям Бланка принадлежали еще 200 десятин (около 218 га) земли. Кстати, этот дом Н.К.Крупская почему-то уменьшительно называла «домик»[28]. Сегодня на этих землях — многочисленные нефтяные вышки.

В семье Бланка дети говорили по-немецки. А поскольку в деревне, да и в городе, не было немецких школ, то, естественно, они вынуждены были обучаться в русских учебных заведениях. Заметим, что Ленин хорошо знал немецкий язык и часто применял его при общении с близкими и знакомыми, хотя в дворянских семьях, как известно, принято было говорить на французском языке. По свидетельству Е.Д.Стасовой, Владимир Ильич «блестяще говорил по-немецки»[29].

А.Д.Бланк умер 17(29) июля 1870 года в Кокушкино. Но есть предположение, что он успел увидеть внука Владимира. Похоронен А.Д.Бланк рядом с Екатериной Эссен на кладбище в селе Черемышево, близ деревни Кокушкино, Казанской губернии.

---

* Ныне Ленино.
** Женщины не учитывались.

germanke *germanskoj*

А теперь обратимся к ~~немецкой~~ *ветви*. Она менее всего исследована. До недавнего времени было известно лишь, что А.Д.Бланк был женат на ~~немке~~ Анне Ивановне Гроссшопф. Весьма скупо говорилось в публикациях о его тесте и теще — их имена, даты жизни и не более. И вот в феврале 1983 года в газете «Neue Zuricher Zeitung» появилась статья швейцарского историка, профессора Леонарда Хааза, который своими исследованиями значительно расширил наши знания о предках Ленина.

Как пишет профессор Хааз, Гроссшопфы происходили из Северной Германии (Любек, Мекленбург, Гольштейн), были богатыми и знатными. Некоторые представители этой ветви считались видными людьми не только в Германии, но и в немецкой колонии в Петербурге. Среди дальних родственников Ленина Хааз упоминает известного лютеранского пастора и теолога И.Хефера (1605—1667). Прадедом Ленина по линии его бабушки Анны Ивановны был Йоган (Юган) Готлиб Гроссшопф (1756—1822)*, занимавший солидную должность в бюрократической иерархии российского государства. Он начал свою карьеру в России с представителя немецкой торговой фирмы «Фридрих Шаде и К°» и дослужился до должности консультанта государственной юстиц-коллегии по делам Лифляндии, Эстляндии и Финляндии. Женат был Йоган Гроссшопф на Анне Беате (Анна Карловна) Эстедт**. В Петербурге проживали и другие члены большой семьи Гроссшопфов. Так, в департаменте внешней торговли России солидную должность занимал сын Йогана Гроссшопфа, Карл. Имеются сведения, что он поддерживал связь со своими сестрами, Катериной фон Эссен и Анной, которая была замужем за Бланком. Кстати, первый муж Катерины, немец фон Эссен, был из знатного рода.

Исследователь приводит не менее видную фигуру из немецкой ветви — Эрнста Куринуса (1814—1896), основателя немецкого археологического института и домашнего учителя германского кайзера Фридриха III.

В числе относительно близких родственников Ленина швейцарский ученый называет известного гитлеровского генерал-фельдмаршала В.Моделя (1891—1945)[30], воевавшего против нашей страны в 1941—1945 годах.

Во время моего нахождения в Германии немецкие коллеги говорили мне, что в годы Великой Отечественной войны против СССР воевали многие родственники Ленина. Называли и некоторые имена: генерал-фельдмаршал Вальтер Модель, генерал Хаас Мантейфель, бывший президент ФРГ Рихард фон Вайцзеккер, капитан Ганц Спайдель и другие.

---

* Похоронен на Смоленском Евангелическом кладбище в Петербурге.
** Похоронена там же.

Учитывая эти сведения, становится ясно, почему Ленин был германофилом.

Естественно, это далеко не полный перечень немецких родственников Ленина. Но думается, что он со временем пополнится.

Интересные сведения содержатся в статье Хааза и по *шведской ветви,* хотя некоторые из них требуют уточнения.

Шведские родственники Ленина берут свое начало от семьи его прапрадеда, богатого предпринимателя, занимавшегося производством шляп в городе Упсала, Симона Новелиуса, а не Карла Фредерика Эстедта, как об этом пишет Леонард Хааз. Внучка Новелиуса, Анна Кристина Борг, была замужем за сыном перчаточника Карла Рейнгольда Эстедта, богатым ювелиром Карлом Фредериком Эстедтом, уроженцем города Упсала. Позднее он с семьей переселяется в Санкт-Петербург. Упомянутый выше автор статьи пишет, что ювелир Карл Эстедт был поставщиком двора короля Густава IV Адольфа. А дочь его вышла замуж за немца Йогана Гроссшопфа: на этом шведская ветвь обрывается.

Среди предков Ленина по шведской ветви наиболее заметной и общественно-активной фигурой считался Клирик Новелиус Младший (1716—1778). Этот тщеславный отпрыск рода утверждал, что он якобы незаконнорожденный сын шведского короля Карла XII, битого Петром I под Полтавой, хотя эту выдумку в обществе всерьез не воспринимали.

Желая, очевидно, подчеркнуть предрасположенность Ленина к германской нации, Леонард Хааз приводит цитату, извлеченную из труда известного шведского психолога Карла Густава Юнга: «...не только тело ребенка, но и душа восходит от предков»[31].

Если учесть все то, что сделал Ленин для Германии, то к этой цитате следует отнестись с пониманием.

По имеющимся сведениям, Ульяновых тянуло в Швецию. «Точно известно, — пишет шведский исследователь Виллерс Уно, — что мать (Ленина. — *А.А.*) Мария Александровна, с которой он однажды встречался в Стокгольме, хорошо знала о своем шведском происхождении. Ей было 12 лет, когда умерла ее бабушка по матери*, т. е. дочь шведского ювелира**. Они тогда жили в Петербурге. В семье иногда говорили по-шведски»[32]. Известно также, что в сентябре 1910 года Ленин посетил Стокгольм вместе с матерью и сестрой Марией. Это была его последняя встреча с матерью. Жили они в нескольких комнатах на Каптенстатан, 17. Там они отметили ее 75-летие[33]. Это все, что известно нам о шведской ветви. Думается, что со временем сведения о ней также увеличатся.

Калмыцкая ветвь слабо исследована биографами Ленина. Это объясняется как объективными, так и субъективными факторами. К

---

* Анна Беата Эстедт.
** Карл Фредерик Эстедт.

объективным следует отнести сложность поиска источников и искусственные преграды на пути к архивам, которые создавались властями прежнего режима. Что же касается субъективного фактора, то он вытекал из объективного. Вспомним хотя бы, как обошлись с известной писательницей Мариэттой Шагинян, дерзнувшей написать книгу «Билет по истории» (первая часть книги «Семья Ульяновых»).

5 августа 1938 года книгу М.С.Шагинян рассмотрели на Политбюро ЦК ВКП(б), где «знатоки» изящной русской словесности вынесли строгий вердикт в адрес автора книги и руководства Союза писателей СССР. 9 августа собралась шестерка «корифеев литературы и искусства» в составе Фадеева (председатель), Катаева, Караваевой, Ермилова, Рокотова и Лозовского для выработки постановления Президиума Союза писателей СССР по книге Шагинян. Открывая заседание, Фадеев, в частности, сказал: «М.Шагинян не только не справилась с этой своей темой, но она так дала описание жизни семьи Ульяновых и обстановки, в которой родился Ленин, что это произведение получило независимо от того, сделала она сознательно или бессознательно, идеологически враждебное звучание». Было принято выразить Шагинян «суровое порицание»[34].

В этот же день собралось закрытое заседание Президиума Союза писателей СССР, на котором присутствовали: Герасимова, Караваева, Катаев, Кольцов, Павленко, Леонидов, Толстой, Кассиль, Френкель, Сурков, Гоффеншефер, Чаковский, Пельсон, Лозовский, Зазовский, Броун, Ясиновский и другие. Председательствовал Фадеев. После обсуждения повести М.Шагинян «Постановили: Ознакомившись с повестью М.С.Шагинян «Билет по истории», претендующей дать характеристику семьи Ульяновых, отца и матери Ленина и обстановки, в которой родился Ленин, Президиум Союза Советских Писателей констатирует, что:

а) Вместо изображения социальной борьбы в России того времени, борьбы, вне которой невозможно дать правдивую характеристику жизни семьи Ульяновых, а тем более исторической обстановки, породившей великого Ленина, М.С.Шагинян изолирует семью Ульяновых от больших социальных процессов и дает жизнь семьи в мещанском и пошлом освещении;

б) Применяя псевдонаучные методы исследования так называемой «родословной» Ленина, М.С.Шагинян дает искаженное представление о национальном лице Ленина, величайшего пролетарского революционера, гения человечества, выдвинутого русским народом и являющегося его национальной гордостью.

Исходя из этого, Президиум Союза советских писателей считает, что М.С.Шагинян вольно или невольно создала произведение идеологически враждебное, и объявляет М.С.Шагинян суровое порицание...»[35].

Это решение ЦК ВКП(б) забраковал. Более того, Фадеев получил хорошую взбучку.

3 сентября 1938 года Президиум Союза писателей в составе Фадеева, Катаева, Герасимова, Гурвича, Лозовского, Караваевой, Павленко, Петрова, Рудермана, Симонова, Суркова, Твардовского, Усиевича, Шенгели, Шкловского и других деятелей культуры вновь рассмотрел дело М.С.Шагинян. И так и сяк покритиковав автора «Билета по истории», Президиум вынес решение:

«Постановили: 1. Отменить решение Президиума ССП от 3 августа с. г. как неправильное.

2. Утвердить следующее решение:

1) Всецело одобрить и принять к неуклонному руководству постановление ЦК ВКП(б) от 5.VIII 1938 года по поводу романа Мариэтты Шагинян «Билет по истории», часть 1-я «Семья Ульяновых».

2) Признать, что Правление ССП и его руководящие деятели проглядели выход в свет политически вредного и идеологически враждебного произведения, каким является роман Мариэтты Шагинян «Билет по истории».

3) Объявить Мариэтте Шагинян выговор.

4) Объявить выговор редакции «Красной Нови» в лице тт. Фадеева и Ермилова за напечатание в журнале политически вредного и идеологически враждебного произведения Мариэтты Шагинян «Билет по истории»[36].

Надеюсь, читатель понял отношение большевиков к добросовестным исследователям биографии Ленина.

А теперь вернемся к существу дела. Прадедом Владимира Ульянова по отцовской линии был Лукьян Смирнов, потомок ойратов* — кочевников, переселившихся в XIII веке в Центральную Азию, а в начале XVII века — в междуречье Урала, Волги и Дона. Судя по всему, он принадлежал к богатым слоям феодальной знати. Исповедовал он, как и все калмыки, ламаизм**. В публикациях бытовало мнение, что сын его, Алексей Лукьянович Смирнов, был якобы крещеным калмыком, но это не находит документального подтверждения.

С начала XIX века семья Смирновых упоминается в документах архива Астраханской области. К этому времени Алексей Смирнов был широко известен в городе и за его пределами, являлся мещанским старостой Астрахани. Он был состоятельным человеком: имел солидный дом со службами, свой выезд, множество дворовых людей. Все это подтверждается документами архива Астраханской области.

Алексей Смирнов вел широкую предпринимательскую и общественную деятельность. Если верить публикациям, при загадочных обстоятельствах Алексей Смирнов выдает в 1811 году свою двадцатитрехлетнюю дочь Анну замуж за пятидесятитрехлетнего крестьянина Ново-

---

* Монголоязычные племена, прародина которых находится в Джунгарии (Северо-Запад Китая).
** Одно из течений буддизма.

Павловской слободы*, с 1808 года приписанного к сословию мещан Астрахани. Очевидно, у дочери богатого и знатного мещанина были какие-то внешние или иные недостатки, не позволявшие ей претендовать на более достойного жениха.

Анна Алексеевна родила пятерых детей: трех девочек и двух мальчиков. Последним ребенком в семье был Илья, будущий отец Владимира Ульянова. Внешне все дети имели характерные для монгольского типа признаки: скулы, разрез глаз, черты лица. Ведь не без оснований Илья Николаевич признавался, что в нем течет и калмыцкая кровь.

Вот практически все — ничего более существенного по калмыцкой ветви.

Наконец, *чувашская ветвь***. Читателю покажется несколько странным появление в генеалогии Ленина чувашской ветви. Однако должен сказать, что эта версия имеет право на существование, и мы вправе о ней знать. На эту ветвь биографы Ленина никогда не указывали, хотя для этого были все основания. Не указывали потому, что не было распоряжений сверху. А самостоятельно решить этот вопрос исследователи не могли, так как такие выводы привели бы к непредсказуемым последствиям.

Исследование этой ветви требует деликатного, но вместе с тем беспристрастного подхода, чего, к сожалению, не делали биографы советских лет. Словом не обмолвилась об этой ветви в своих работах о предках Ленина и М.Шагинян[37]. Все авторы без исключения подчеркивали, что дед Владимира Ильича, Николай Васильевич, был русским человеком. Так, самый сведущий семейный биограф, Анна Ильинична Ульянова-Елизарова, занимавшаяся по заданию ЦК исследованием биографии и национальной принадлежности предков Ленина, в частности, писала: «По национальности Илья Николаевич был русским...»[38]

Не комментирую это заявление Анны Ильиничны, пока не представлю читателю возможности ознакомиться с откровенными фальсификациями и извращениями фактов, с которыми выступила в газете «АиФ» племянница Ленина, Ольга Дмитриевна Ульянова. В № 16(497) от 21—27 апреля 1990 года в публикации «И опять о Ленине...», в беседе с сотрудником газеты она сказала: «Отец, его брат, сестры знали, что их предки из Астрахани, но, как они попали туда, было неизвестно. Лишь в 1968 году обнаружилось, что отец Ильи Николаевича, Николай Васильевич, был крепостным крестьянином и приехал в Астрахань из Нижегородской губернии. Позже выяснилось, что дед Ленина и его прадед были крепостными помещика Брехова (Нижегородской губернии). Прадед — Ульянин Василий Никитович, имел несколько сыновей. Род по линии Ильи Николаевича — *это русские люди*. Владимир Ильич и его братья и сестры всегда писали в анкетах, что *они русские и*

---

* Находится в 37 верстах от Астрахани.
** Генеалогию чувашской ветви см. в Приложении.

родной язык русский. По линии же Марии Александровны ничего определенного сказать не могу. *Она тоже русская*, хотя бытует мнение о шведской ветви. Однако документально это не подтверждено» (выделено мной. — *А.А.*).

Ольга Дмитриевна говорила все это спустя десятки лет после выхода в свет книги М.С.Шагинян «Семья Ульяновых» и через двадцать лет (!) после публикации книжки Виллера Уно «Ленин в Стокгольме», в которой приведены факты о шведской ветви генеалогии Ленина. Из книги Шагинян О.Д.Ульянова должна была знать и о признании деда, Ильи Николаевича, который говорил, что он «отчасти калмык»[39].

Она должна была также знать и о признании своей тети, Марии Ильиничны, которая писала: «Мать наша по материнской линии — была немка»[40]. Читала, несомненно, и книгу Крупской, в которой сказано, что «мать Марии Александровны была немка»[41].

А.Симакова же в своей статье пишет, что «Николай Васильевич Ульянов и его дети Василий и Илья — *коренного российского происхождения*»[42].

Осмелюсь утверждать, что все, кто относят предков Ленина и его самого к русским, не только лукавят, ошибаются, но и глубоко заблуждаются, отождествляя слова «российский» и «русский». Нельзя смешивать и путать восточно-славянский народ с многочисленными неславянскими народами, живущими в Российском государстве. Если, например, русские, украинцы и белорусы составляют одну из крупнейших в Европе групп родственных по языку и культуре народов восточно-славянской ветви, то чуваши, татары, башкиры и другие народы Средней Азии относятся к тюркоязычным народам. Наконец, ведь мы же не говорим «Русская Федерация», а говорим «Российская Федерация», имея в виду многонациональное государство, на территории которого проживает свыше ста национальностей.

А теперь обратимся к вопросу о расселении чувашей на территории России.

В XIII—XV веках чуваши занимали обширную территорию в бассейне рек — Волги (от Чебоксар до Зеленодольска), Большой Цивили, Свияги, Пьяны, Урги, Алатыря, Суры, Малой Кокшаги, низовья Ветлуги и других. Во второй половине XV века земли чувашей были включены в состав Казанского ханства. А в начале XVIII века приказом Казанского дворца территория чувашей была включена в состав Казанской и Нижегородской губерний. В советское время, 24 июня 1924 года, была образована урезанная Чувашская автономная область. 21 апреля 1925 года область была преобразована в Автономную республику (Чувашская АССР). Ее площадь составляла 18,3 тыс. кв. км. Эта территория в настоящее время расположена главным образом в междуречье Суры, Свияги, окаймленная с севера Волгой.

Необходимость этой небольшой исторической справки вытекает из следующего. В официальной советской историографии и в работах биографов Ленина подчеркивается, что его дед, Николай Васильевич Ульянин (иногда пишут Ульянинов), якобы был крепостным крестьянином, родом из села Андросово Сергачской округи (уезда) Нижегородской губернии. В ходе исследования на основе источников было установлено:

1. Сергачский округ (уезд) на протяжении веков, вплоть до его присоединения к Казанскому ханству, а позднее к Нижегородской губернии, принадлежал чувашам и был заселен исключительно тюркоязычными племенами, большей частью чувашами.

2. Начиная с XVII века и по настоящее время в Сергачском округе Нижегородской губернии (области) *село Андросово не существовало и не существует.*

3. В Сергачском округе в рассматриваемый период (конец XVIII века) в списке населенных пунктов Российской империи указаны два одноименных села: Малое *Андосово* и Большое *Андосово*[43] (без буквы «р»). Первое расположено в 18 верстах на северо-востоке от Сергача, второе — в 20 верстах восточнее указанного уездного города. Село Андосово указано и в современных почтовых справочниках. Оно находится в Пильнинском районе Нижегородской области. Так из какого же села отлучился так называемый дед Ленина, крепостной крестьянин «Николай Васильевич сын Ульянин»? И как могут объяснить биографы Ленина тот факт, что *село Андросово в Сергачском округе Нижегородской губернии никогда не существовало?* Если хоть один из них провел бы источниковедческий анализ найденных в архиве документов, то на поверхность сразу же всплыли бы фальшивки.

4. Включение земель, заселенных чувашами, в состав Казанской и Нижегородской губерний, вовсе не означает, что крестьяне этих территорий по щучьему велению превратились в русских. Это ведь абсурдно.

5. Бесспорно, что в указанных выше селах проживали чуваши. Но вряд ли отставной корнет* Степан Михайлов Брехов (надо разобраться, был ли на самом деле такой помещик), приобретя поместье в этой глухомани, привез бы из Центральной России или из других губерний русских крепостных крестьян. На месте он мог бы купить их куда дешевле.

6. Отпущенный помещиком Бреховым (если это действительно имело место) в 1791 году на волю Николай Ульянин, или Ульянинов, был, бесспорно, чувашской национальности. Напомним, что отец Ленина, Илья Николаевич, признавал, что он «отчасти калмык», но о другой части своей национальности почему-то умалчивал. Если бы у него были русские корни, я уверен, он не стал бы об этом умалчивать. Напротив, он с гордостью подчеркнул бы этот факт.

7. Во внешнем облике Ульяновых, начиная с Василия (дяди Лени-

---

* Младший офицер кавалерии в царской России.

на) и Ильи (отца) и кончая Владимиром Ильичем, преобладали монголоидные элементы. И если еще учесть их небольшой рост (максимальный 164 см), что не типично для русских мужчин, то можно предположить, что дед, прадед и все далекие предки Ленина по отцовской линии принадлежали к тюркоязычным племенам.

Определив национальную принадлежность рода Ульяновых, необходимо уточнить и его социальные аспекты. Ведь мы только и слышали, что дед Ленина был то ли «крепостным крестьянином», то ли «мелким чиновником», «происходил из бедной мещанской семьи» и т. п. Насколько эти сведения соответствовали истине, читателям трудно было определить. Поэтому эти сведения не воспринимались многими всерьез.

Но вот жительница города Астрахани, престарелая Екатерина Ивановна Лисина, хорошо знавшая брата и сестру Ильи Николаевича, Федосью, в беседе с директором архива Астраханской области кое-что уточнила. Она, в частности, сказала, что Василий Николаевич, дядя Ленина, «служил *управляющим* у Алабова»[44]. Поэтому не удивительно, что Василий Николаевич делал крупные денежные переводы своему брату Илье даже тогда, когда тот занимал солидное должностное положение и не нуждался в деньгах.

Известные купцы, братья Алабовы, со второй четверти XIX столетия вели широкие торговые дела в Астрахани и на всем Кавказе. Они владели соляными копями, крупными торгово-промышленными предприятиями и транспортными средствами на Волге и на Каспии. Есть основание считать, что Василий Николаевич был компаньоном братьев Алабовых.

«Бедным» астраханским Ульяновым принадлежал купленный еще Николаем Васильевичем «двухэтажный дом, низ каменный, верх деревянный со службами»[45], фамильный склеп. Когда в этой «бедной мещанской семье» рождались дети, то их крестными отцами, как правило, становились знатные и достопочтенные люди города Астрахани. Так, «согласно метрической записи Гостино-Николаевской церкви, крестным отцом Василия был записан коллежский асессор Петр Семенов Богомолов»[46]. Крестным отцом Ильи, отца Ленина, стал широко известный в Астрахани Николай Агафонович Ливанов[47]. Николай Ливанов с большим вниманием и заботой относился к Илье, часто, особенно после смерти Николая Васильевича, бывал у них дома.

Очень старый, тяжело больной волжский рабочий — кочегар Харитон Митрофанович Рыбаков, которого я случайно встретил в лесу в предместье города Вольска летом 1956 года, рассказал мне весьма любопытную историю. Оказывается, его отец, Митрофан Рыбаков, работал у Василия Николаевича Ульянова соляным объездчиком, и тот вместе с армянскими купцами Алабовыми владел соляными копями и судами на Каспии. Митрофан Рыбаков хорошо знал всю семью Ульяновых. Ссылаясь на рассказы отца и матери, Харитон Митрофанович говорил, что в народе ходили слухи, будто настоящий отец Ильи — Николай Ливанов; многие находили между ними большое внешнее сходство. По свидетельству Харитона Митрофановича, его отец, как «буржуй», 15 марта 1919 года был схвачен чекистами Астраханского коменданта Чугунова, прозванного в народе «красным людоедом», и в тот же день расстрелян вместе со многими другими «буржуями» — домовладельцами, владельцами мелких торговых лавок, рабочими и рыбаками города Астрахани.

Больному Харитону Митрофановичу, которому, когда я его встретил, оставались считанные часы до смерти, терять было нечего, поэтому он открыл правду о том, что лично видел и знал по рассказам родных и близких. Он в те трагические дни уцелел случайно, так как находился у тетки в пригороде Астрахани. Там он прожил до конца весны 1919 года, затем уехал из родных мест. Работал в волжских портах грузчиком, кочегаром, в частности, на пароходе «Джамбай». Последними его словами, которые я запомнил, были: «...Мне очень мало осталось жить. Я теперь ничего и никого не боюсь. Но Бог свидетель, придет время, когда народ узнает правду и о безвинно расстрелянных и утопленных, и о красных палачах...»

Из публикаций последних десятилетий создается впечатление, что долгие годы никому в голову не приходило заглянуть в Государственный архив Астраханской области и осуществить тщательный поиск документальных материалов о предках Ленина. Но это не так. В Астраханском архиве работали многие исследователи, в их числе скрупулезная М.Шагинян. Не думаю, что она не обнаружила документы, относящиеся к предкам Ленина, если они были в фондах архива. Между тем она нашла там дело некой Александры Ульяновой от 14 мая 1825 года. Шагинян предположила, что Александра — родственница деда Ленина. Вот что она писала в своей книге по этому поводу: «От купца Моисеева она (Александра. — А.А.) «поступила», то есть переселилась, в дом старосты Алексея Смирнова, тестя Николая Васильевича Ульянова, видимо, хлопотавшего о ее преждевременном освобождении»[48]. В опубликованной работе Шагинян приводит текст найденного ею документа: «Приказ № 902. Указом Астраханское Губернское Правление от 10-го минувшего марта под № 3891-м о причислении в здешнее мещанство отсужденную от рабства дворовую девку Александру Ульянову приказали означенную девку Ульянову ее тебе, старосте Смирнову, при приказе которая при сем и посылается, и велеть написать о ней в двойном числе ревизскую сказку, представить в сей Магистрат при рапорте. Майя 14 дня 1825 года, ратман Воронов»[49]. Вот практически и все — ничего более существенного о предках Ленина по отцовской линии писательница не обнаружила. Однако спустя десять лет после находки и публикации этого документа неожиданно в архиве Астраханской области всплывает множество других документов, имеющих (?) отношение к предкам Ленина. В одном из них (в бумагах земского суда) читаем: «Николай Васильев сынъ Ульянин — Нижегородской губернии Сергачской округи села Андросова помещика Степана Михайлова Брехова крестьянинъ отлучился (1)791 году»[50].

При сравнении содержания приведенного документа с другими материалами получается полная неразбериха. И вообще вызывает сомнение сам факт, что эти документы относятся к предкам Ленина. Так, в ревизской сказке 1816 года имеется такая запись: «Николай Васильев Ульянин — 47 лет. Его сын Александр — 4 месяцев умре 1812 г. Николая Ульянина жена Анна Алексеевна — 28 лет»[51]. Из этой записи следует, что Николай Васильевич родился в 1769 году, а Анна Алексеевна — в 1788 году. В ревизской сказке от 19 января 1835 года записано, что Николаю Васильевичу 70 лет и что он «женат на дочери астраханского мещанина Алексея Смирнова, Анне Алексеевой, имеющей от роду 45 лет. Имеет детей, сыновей: Василия — 13 лет, Илью — 2 лет, и дочерей: Марью — 12 лет, Федосью — 10 лет»[52]. По этой записи получается, что дед Ленина родился в 1765-м, а бабка — в 1790 году. Разница в годах между первой ревизией и второй составляет 19 лет. Получается, что Николаю Васильевичу в период проведения второй ревизии было (47 + 19) 66 лет, а не 70. Такой же подсчет показывает, что Анне Алексеевне во время второй ревизии было 47 лет. Правда, мы не знаем, при какой «ревизии» произведена правдивая запись, поэтому можем констатировать только факт неточности и неразберихи в ревизских сказках.

В окладной книге по сбору податей в 1836 году записано, что подушной податью обложены: «Николай Васильев Ульянов, 66 лет, у него дети: Василий — 14 лет, Илья — 2 года»[53].

Точно такие же сведения под № 1673 записаны в перечне лиц мужского пола города Астрахани для рекрутского набора 1837 года[54]. Последние две записи указывают на то, что Николай Васильевич родился в 1770 году, что весьма сомнительно.

В Астрахани обнаружены документальные и вещественные материалы, касающиеся Василия Николаевича, старшего сына Николая Васильевича. Так, в записи, свидетельствующей смерть Василия Николаевича, читаем: «Астраханский мещанин Василий Николаевъ Ульяновъ*. Дата смерти 12 апреля 1878 года, погребения 14 апреля 1878 года. Возраст — *55 лет*. Умер от чахотки»[55]. На могильном же камне высечена надпись: «Здесь покоится прах астраханского мещанина Василия Николаевича Ульянова, скончавшегося 12 апреля в 4 часа пополудни 1878 г. Житья ему было *60 лет*». Признаться, после многочисленных сомнительных записей, извлеченных из архива, трудно довериться надписи, сделанной на могильном камне, тем более что, как правило, памятники ставятся гораздо позже смерти; кое-что вполне можно было бы запамятовать за это время.

---

* Заметим, что его отец носил фамилию Ульянин.

Однако и этим не заканчивается неразбериха в генеалогии Ульяновых. В 1984 году В.Шеткевич опубликовал статью «Ульянов родник», в которой, ссылаясь на архив Горьковской области, приводит сведения о так называемом прапрадеде Ленина. Шеткевич пишет, что им якобы был крепостной крестьянин Никита Григорьев (1711—1779)[56]. Автор приводит сведения и о так называемом прадеде Ленина — Василии Никитиче, умершем в 1770 году, и его сыновьях: Самойле, Порфирии и Николае[57]. В другой публикации говорится, что в год смерти Василия Никитича его сыновьям было: Самойле — 19 лет, Порфирию — 15, Николаю — 12 лет[58]. Из этих сведений явствует, что дед Ленина, Николай Васильевич, родился в 1758 году. Но здесь, как и в публикации Шеткевича, ничего не говорится о дочери Василия Никитича. Этот пробел восполняют другие авторы. Так, например, А.Симакова в упомянутой выше статье в этой связи пишет: «О детях же Василия Никитича в ревизской сказке говорится так: «У них дочь, написанная **в последней** перед сим ревизии, — Катерина... Рожденные *после ревизии* Самойла, Порфирий, Николай...»[59]. Зная год рождения Самойлы (1751), можно допустить, что Катерина родилась примерно в 1748 году. Из этого вытекает, что ее отец, Василий Никитич, женился, когда ему и 15 лет не было (!), с чем трудно согласиться. Сомнению подлежит и та запись автора, где она говорит, что «в 1791 году в возрасте двадцати одного года Николай Васильевич Ульянов был отпущен помещиком на оброк»[60]. Сомнительно и то, что после рождения Феодосии (1823) в крестьянской семье Николая Васильевича целых 8 лет не рождались дети. Как видим, в генеалогии Ульяновых сплошные загадки. Неточности и казусы отмечаются в любом поколении. И все же нас больше всего интересует биография Николая Васильевича, деда Владимира Ульянова.

Как известно, престарелый Николай Васильевич последние годы жизни очень серьезно болел и умер в 1836 году (не ранее 5 июня)[61], когда ему было уже под 80 лет. То, что дряхлый и больной Николай Васильевич, прикованный к постели, ни о каком продолжении потомства уже не думал, вряд ли может вызвать у кого-то сомнение. Судя по приводимому ниже архивному документу от 5 июня 1836 года, Николай Васильевич даже не ходил и, как говорится, одной ногой уже был в могиле: «Астраханским Магистратом, данным управе указом в 4-й день июня № 1263, *престарелому и в болезни находящемуся портному** мастеру астраханскому мещанину Николаю Васильевичу *Ульянинову*» было отчислено «сто рублей биржевым курсом... деньги сто рублей биржевым курсом получила означенного мастера *Ульянинова* жена Анна Алексеевна» (выделено мной. — *А.А.*)[62].

Чтобы понять, что из себя представляли сто рублей, отметим,

---

* Тут уже портной, а не мелкий чиновник, к тому же Ульянинов, а не Ульянин или Ульянов.

что жалование соляного объездчика в рассматриваемый период составляло *50 рублей в год (!)*.

Рассматривая столь пикантный вопрос, следует также учесть разницу в годах между Феодосьей и Ильей, которая составляла целых 8 лет. Поэтому ни о каком «поскребыше», как об этом пишет М.Шагинян, и речи быть не может. Становится ясно, что слухи о Н.Ливанове родились не на пустом месте. Поэтому, учитывая все факты и разночтения (Ульянин, Ульянинов, Ульянов), противоречивые и сомнительные архивные записи, тенденциозные, не выдерживающие научной критики публикации, а также явную мистификацию, можно доверительно отнестись к рассказу моего давнишнего собеседника из города Вольска, Харитона Митрофановича Рыбакова. Это во-первых. Во-вторых, вся неразбериха в генеалогии Ульяновых и неожиданное появление в Астраханском и Нижегородском архивах документов по их роду наводит на мысль: не являются ли они плодом подлога и фабрикации, с опозданием на полвека осуществленными большевистскими идеологами? Не секрет, что они создавали кумира планетарного масштаба. Признаться, у меня вряд ли родилась бы такая мысль, если бы я не располагал фактами, о которых было сказано выше.

Как видим, в документальных материалах Ульяновых имеют место не только неточности, но и подлоги. А в опубликованной литературе — сплошь противоречивые и неправдоподобные сведения. Обобщить столь сомнительные факты весьма сложно. Вывод здесь таков: настоящей биографии астраханских Ульяновых пока мы не знаем; весьма сомнительна родственная связь между Ильей Николаевичем и родом Ульяниных из загадочного села Андросово Нижегородской губернии; сомнительна официальная версия о том, что предки Ленина по отцовской линии были крепостные крестьяне, относились к податному сословию. Есть все основания считать, что предки Ленина были из привилегированного сословия.

Я уже было завершил изучение родового древа Ульяновых, но случайно обнаружил в Российской Государственной библиотеке небольшую книжечку под названием «Предки В.И.Ульянова (Ленина)». Ее автор, В.И.Могильников, избрав новый путь поиска источников, выявил в материалах Российского Государственного архива древних актов (РГАДА) документы, относящиеся к крепостному крестьянину деревни Еропкино Андрею Ульянину. Как выяснилось, деревни Андосово и Еропкино принадлежали одному и тому же владельцу.

Подчеркивая родственную связь Андрея Ульянина и Григория Ульянина, исследователь включает Андрея в поколенную роспись рода Ульяновых[63], считая последнего отцом Григория. Думается, автор выдвигает вполне плодотворную гипотезу.

О родителях Владимира Ульянова написано довольно много. Поэтому ограничусь лишь некоторыми сюжетами из их биографии.

Мать Владимира Ульянова — Мария Александровна Бланк по тем

временам считалась старой девой, когда случайно встретила в Пензе учителя математики и физики Илью Николаевича Ульянова. Когда она в 1863 году вступила в брак, ей было уже 28 лет.

За 23 года супружеской жизни Мария Александровна родила восьмерых детей: четырех девочек и четырех мальчиков. Биографы Ленина пишут, что Мария Александровна «целиком посвятила себя семье, детям... растила их честными, трудолюбивыми, отзывчивыми к нуждам народа»[64]. Насколько ей удалось привить детям эти благородные качества, читатель сможет определить, ознакомившись с содержанием последующих глав.

Илья Николаевич был высокопорядочным человеком и незаурядным преподавателем. Обладал он организаторскими и воспитательными способностями. Этим можно объяснить тот факт, что Илья Николаевич после окончания Императорского Казанского университета быстро стал продвигаться по служебной лестнице, дослужившись до директора народных училищ Симбирской губернии. Этому, бесспорно, способствовало и его происхождение. Не отрицал этого факта и Ленин, который почти во всех дореволюционных официальных документах отмечал: *«Потомственный дворянин Владимир Ульянов»*[65].

ГЛАВА 2

ЛЕНИНСКИЕ УРОКИ БОЛЬШЕВИЗМА

Стоит дьяволу ухватить тебя за один лишь волосок, и ты навсегда в его власти.

Лессинг

На протяжении всей истории цивилизации человечество испытало множество горестей и страданий от засухи, вулканических извержений, землетрясений, пожаров, ураганов, наводнений и других природных явлений. Человечество бессильно перед стихией, оно вынуждено мириться с естественными законами природы. Но оно не может и не хочет смириться, когда в его жизнь вторгается не стихийное, а направленное зло.

Со злом цивилизованное общество сталкивалось не раз. Являясь продуктом сознательной деятельности субъекта, оно прорастало в общественной среде исподволь. И сегодня можно со всей определенностью сказать, что таким направленным злом для общества стало появление на политической арене в конце XIX века Владимира Ульянова. Кто мог подумать тогда, что этот человек причинит народам России и всего мира столько горя и страданий? Кто мог подозревать, что в нем от рождения присутствует патологическая потребность в неограниченной власти над людьми, ради которой он готов был принести в жертву миллионы человеческих жизней?

Заметим, что разрушительные замашки проявляются у Володи Ульянова с первых же трудов. Так, например, критикуя виднейшего теоретика либерального народничества, философа и критика марксизма Н.К.Михайловского, он призывает социал-демократов объединить все национальные рабочие организации «в одну международную рабочую армию для борьбы против международного капитала»[1]. В тайном стремлении узурпировать власть в российском государстве, молодой Ульянов предлагает социал-демократам подумать о программе, которая, по его мнению, должна сводиться к тому, чтобы помочь рабочему классу «подняться на прямую политическую борьбу против современного режима и втянуть в эту борьбу весь русский пролетариат»[2]. Развивая свою мысль, он ставит перед ними, по сути, преступную задачу: «Политическая деятельность социал-демократов состоит в том, чтобы содействовать развитию и организации рабочего движения в России, преобразованию его из теперешнего состояния разрозненных, лишенных руководящей идеи попыток протеста, «бунтов» и стачек в организованную борьбу ВСЕГО русского рабочего КЛАССА, направленную против буржуазного режима и *стремящуюся (?!) к экспроприации экспроприаторов*»[3]. Нетрудно заметить, что свое желание присвоить плоды чужого труда Ульянов беззастенчиво приписывает рабочему классу. Это же призыв к грабежам!

Должен отметить, что совершаемые большевиками грабежи из государственных и коммерческих казначейств, как правило, сопровождались человеческими жертвами. Старый рабочий обувной фабрики купца Аделханова в Тифлисе* Алексий рассказывал мне весной 1944 года, что во время ограбления банковского фаэтона, совершенного боевиками во гласе с рецидивистом Камо на Эриванской площади в июне 1907 года, жертвами от брошенных восьми бомб стали, кроме кассира, счетчика банка и двух конвойных казаков, еще несколько десятков невинных граждан города.

Об этой бандитской акции, совершенной большевистскими грабителями, с протокольной точностью описал репортер газеты «Кавказ» 14 июня 1907 года.

Ленин отдавал себе отчет в том, что путь к власти будет нелегким, для ее насильственного захвата необходимы значительные материальные средства и особые методы борьбы. Примечательно, что к наиболее важным и эффективным методам борьбы за власть он относил террор. По его мнению, террор — «это одно из военных действий, которое может быть вполне пригодно и даже необходимо в известный момент сражения, при известном состоянии войска и при известных условиях»[4].

В политической жизни Ульянова-Ленина прослеживается любопытная деталь: чем больше он взрослеет, тем конкретнее его теоретические выкладки и «обоснования», касающиеся методов применения террора в целях захвата политической власти. Так, в № 23 газеты «Искра» от 1 августа 1902 года он пишет: *«Нисколько не отрицая в принципе насилия и террора, мы требовали работы над подготовкой таких форм насилия, которые бы рассчитывали на непосредственное участие массы и обеспечивали бы это участие»*[5]. Иными словами, Ленин требует от социал-демократов вовлечения в террористические акции всех рабочих, участвующих в антиправительственных выступлениях. Позднее в статье «Новые задачи и новые силы» он уточняет: *«Необходимо слияние на деле террора с восстанием массы»*[6]. В виде рекомендации это прозвучало в «Общем плане решений съезда» (третьего. — *А.А.*): «Террор должен

---

* Современный Тбилиси.

быть сливаем фактически с движением массы»[7]. Поэтому Ленин принципиально осуждает индивидуальный, «мелкий террор», который, по его убеждению, может «лишь раздробить силы и расхитить их»[8]. Обобщая опыт террора, приобретенный большевиками в революции 1905 года, Ленин писал в статье «Уроки Московского восстания»: «И эта партизанская война, тот массовый террор, который идет в России повсюду почти непрерывно после декабря, несомненно помогут научить массы правильной тактике в момент восстания. Социал-демократия должна признать и принять в свою тактику этот массовый террор»[9].

С самого начала своей политической деятельности Ленин начисто отметал идейную борьбу цивилизованными методами, предпочитал для реализации своих планов по захвату власти в России и подавлению воли политических противников применять такие авторитарные и антигуманные средства, как террор, насилие, запугивание и психическое воздействие. Подобный метод узурпации власти исполком «Народной воли»[10] еще в конце 70-х годов XIX столетия охарактеризовал как **проявление деспотизма**. Но Ленина совершенно не смущала реакция широкой общественности на его антигуманные призывы. Очевидно, он хорошо запомнил «вдохновляющие» слова Маркса: «После прихода к власти, — заявлял тот, — нас станут считать чудовищами, на что нам, конечно, наплевать»[11].

Известна роль Ленина в трагических событиях 9 января 1905 года в Петербурге. Поскольку все без исключения поколения россиян (я уже не говорю о европейцах) имеют смутное и, главное, превратное представление о кровавых событиях воскресного дня 9 января, то считаю необходимым несколько подробнее на них остановиться. А то, что россияне плохо знают свою историю, вполне объяснимо. Красная профессура и адепты коммунистической идеологии десятилетиями одурачивали и обманывали народы России, скрывали от них правду истории. В частности, они внушали народу, что якобы «по заданию царской охранки священник Гапон[12] с провокационной целью предложил организовать шествие рабочих к Зимнему дворцу, чтобы вручить царю петицию», и что «безоружных рабочих, их жен и детей по приказу царя войска встретили ружейными залпами, саблями и нагайками»[13]. Авторский коллектив этого циничного издания подчеркивает, что *больше тысячи человек было убито, около пяти тысяч ранено*[14]. Однако это совершенно не так. Как же разворачивались события в действительности?

Известно, что по ходатайству рабочих Петербурга еще в начале 1904 года властями был утвержден устав «С.-Петербургского общества фабричных и заводских рабочих». Целью образования общества было удовлетворение духовных потребностей фабричного люда и отвлечение его от большевистской пропаганды. Организатором общества стал небезызвестный священник Георгий Гапон. Большевики проникли в общество, намереваясь использовать его деятельность в своих интересах. Именно они спровоцировали стачки и забастовки рабочих Путиловского завода, распространяя слухи о том, что администрация якобы уволила четырех рабочих. Как выяснилось впоследствии, «некоторые даже не были уволены, а оставили занятия добровольно»[15]. Но дело уже было сделано: стачка быстро перекинулась на другие предприятия Питера. Заметим, что в рассматриваемый период Россия вела войну с Японией. Военные действия начались, как известно, неожиданным нападением 8 февраля 1904 года японских военно-морских сил на русский флот на рейдах Порт-Артура и Чемульпо. А в эти дни Ленин строчит одну статью за другой, подстрекая рабочих России к вооруженной борьбе с правительством. В статье «Самодержавие и пролетариат» он подталкивает их к преступным действиям: «Пролетариат должен воспользоваться необыкновенно выгодным для него политическим положением. Пролетариат должен... встряхнуть и сплотить вокруг себя как можно более широкие слои эксплуатируемых народных масс, собрать все свои силы и поднять восстание в момент наибольшего правительственного отчаяния (от неудач в войне. — *А.А.*), в момент наибольшего народного возбуждения»[16].

Должен особо подчеркнуть, что направляющие указания и призывы к решительным революционным действиям исходили от Ленина. Так, в статье «О хороших демонстрациях пролетариев», опубликованной в том же первом номере газеты «Вперед» 22 декабря 1904 года, главный идеолог большевиков прямо писал, что «пора и в рабочих демонстрациях подчеркивать, выдвигать на первый план те черты, которые все более приближают их к настоящей открытой борьбе за свободу!»[17] Но это еще не все. В статье «Падение Порт-Артура», опубликованной в газете «Вперед» 1 января 1905 года, он открыто призывает рабочий класс России к *...предательству родины:* «Дело русской свободы и борьбы русского (и всемирного) пролетариата за социализм, — писал он, — *очень сильно зависит от военных поражений самодержавия. Это дело много выиграло от военного краха, внушающего страх всем европейским хранителям порядка. Революционный пролетариат должен неутомимо агитировать против войны...*»[18] (выделено мной. — *А.А.*). Подстрекая трудящихся к вооруженной борьбе против существующего строя, Ленин заключает статью: *«А если последует серьезный революционный взрыв, то более чем сомнительно, чтобы с ним сладило самодержавие, ослабевшее войной на Дальнем Востоке»*[19] (выделено мной. — *А.А.*).

Большевистские организации в России в соответствии с этой ленинской линией стали вести агитационную работу среди рабочих, крестьян, солдат и матросов. Они стали выпускать прокламации и листовки, в которых призывали их к открытой борьбе против самодержавия, против помещиков, фабрикантов и заводчиков.

Не проверив факты увольнения рабочих, Г.Гапон из благих намерений предложил организовать шествие к Зимнему дворцу, чтобы вручить царю петицию (прошение). В ней были перечислены пожелания об изменении условий быта и труда. Под влиянием большевиков, которые участвовали на рабочих собраниях, при редактировании текста в петицию были включены требования и политического характера: амнистия политзаключенным, ответственность министров перед народом, равенство всех перед законом, свобода борьбы трудящихся против капитала, свобода совести, восьмичасовой рабочий день и другие требования[20]. 8 января петицию начали распространять среди рабочих. В этих требованиях вряд ли можно усмотреть что-либо криминальное, предосудительное. Но в этот же день Петербургский большевистский комитет, выполняя указания своего вождя, распространил прокламацию «Ко всем петербургским рабочим», в которой содержались подстрекательские призывы выступить против царя, «сбросить его с престола и выгнать вместе с ним всю самодержавную шайку»[21]. Ставя своей целью захват власти руками рабочих, составители прокламации давали следующее разъяснение:

«Свобода покупается кровью, свобода завоевывается с оружием в руках, в жестоких боях. Не просить царя, и даже не требовать от него, не унижаться перед нашим заклятым врагом, а сбросить его с престола... Освобождение рабочих может быть делом только самих рабочих, ни от попов, ни от царей вы свободы не дождетесь... Долой войну! Долой самодержавие! Да здравствует вооруженное восстание народа! Да здравствует революция»[22]. Как видим, содержание прокламации в корне отличалось от содержания петиции.

Подстрекательской деятельностью в то время занимался и «пролетарский писатель» М.Горький. В своем воззвании от 9 января он призывал *всех граждан России к немедленной, упорной и дружной борьбе с самодержавием*[23].

Вот так готовили большевики рабочих к «мирному шествию».

Воскресным днем 9 января многотысячная толпа двинулась к центру города, где и произошли известные трагические события, повлекшие за собой многочисленные человеческие жертвы. В советской историографии они охарактеризованы как **зверская расправа с безоружными рабочими,** совершенная якобы по приказу царя. «Забыли» о провокационной прокламации, распространенной накануне и 9 января большевиками, о запланированных эксцессах и вооруженных выступлениях. Вот что читаем в «Правительственном вестнике», в котором с протокольной подробностью описано все, что происходило на улицах Петербурга в тот воскресный день:

«...К агитации, которую вело «Общество фабричных и заводских рабочих», вскоре присоединилось и подстрекательство подпольных революционных кружков. Само вышеуказанное общество, со священником Гапоном во главе, с утра 8-го января перешло к пропаганде явно революционной. В этот день священником Гапоном была составлена и распространена петиция от рабочих на Высочайшее Имя, в коей рядом с пожеланиями об изменении условий труда были изложены дерзкие требования политического свойства. В рабочей среде был распущен слух о необходимости собраться к 2 час. дня 9-го января на Дворцовой площади и через священника Гапона передать Государю Императору прошение о нуждах рабочего сословия; и в этих слухах и заявлениях о требованиях политического характера умалчивалось, и большинство рабочих вводилось в заблуждение о цели созыва на Дворцовую площадь.

Фанатическая проповедь, которую в забвении святости своего сана вел священник Гапон, и преступная агитация злонамеренных лиц возбудили рабочих настолько, что они 9-го января огромными толпами стали направляться к центру города. *В некоторых местах между ними и войсками, вследствие упорного сопротивления толпы подчиниться требованиям разойтись, а иногда даже нападения на войска, произошли кровопролитные столкновения. Войска вынуждены были произвести залпы:* на Шлиссельбургском тракте, у Нарвских ворот, близ Троицкого моста, на 4-й линии и Малом проспекте Васильевского острова, у Александровского сада, на углу Невского проспекта и улицы Гоголя, у Полицейского моста и на Казанской площади. На 4-й линии Васильевского острова толпа устроила из проволок и досок три баррикады, на одной из которых прикрепила красный флаг, причем *из окон соседних домов в войска были брошены камни и произведены выстрелы, у городовых толпа отнимала шашки и вооружалась ими, разграбила оружейную фабрику Шафа, похитив оттуда около ста стальных клинков, которые, однако, были большею частью отобраны; в 1-м и 2-м участках Васильевской части толпою были порваны телефонные провода и опрокинуты телефонные столбы; на здание 2-го полицейского участка Васильевской части произведено нападение и помещение участка разбито; вечером на Большом и Малом проспектах Петербургской стороны разграблено 5 лавок.* Общее количество потерпевших от выстрелов, по сведениям, доставленным больницами и приемными покоями к 8-ми часам вечера, составляет: убитыми 76 человек (*в том числе околоточный надзиратель*), раненых 233 (*в том числе тяжелораненный помощник пристава и легкораненные рядовой жандармского дивизиона и городовой*)»[24].

В том же номере газета сообщала:

«Число пострадавших в течение 9 числа по точному подсчету оказывается: **убитыми 96 человек и ранеными 333 (в том числе 53 зарегистрированы в амбулаторных пунктах)**»[25].

Приведенный документ не нуждается в проверке на предмет достоверности изложенных в нем фактов. Однако не исключаю обвинения в свой адрес о моей предвзятости и слепой вере всему изложенному в правительственном органе печати. Поэтому ознакомимся с признаниями самих большевиков. Первый из них С.И.Гусев[26] — непосредственный участник событий 9 января. В письме Уральскому комитету РСДРП в Екатеринбург от 10 января 1905 года он хвастливо подчеркивал, что *«рабочие разбили оружейную фабрику, обезоруживали проезжающих офицеров»*[27]. Любопытные сведения сообщает Гусев Ленину и в очередном письме. Он, в частности, пишет о настроении рабочих после кровавых событий 9 января, приводит по этому поводу высказывание рабочего: «Великая французская революция ничего не дала рабочим, а стоила им громадных жертв». «Чего добились французские рабочие?» — восклицал один мой оппонент из рабочих»[28]. Не менее любопытные сведения находим в письме Н.К.Крупской из Женевы В.С.Бобровскому[29] в Баку от 11 февраля: *«На время событий произошло временное соединение*, комитет работал очень хорошо, выпускал листки, посылал ораторов, собирал деньги, организовал раздачу пособия, руководил захватом ружейного склада»*[30]. Вот вам истинные цели, преследуемые большевиками.

Все приведенные документы и воспоминания убедительно свидетельствуют, что совершенная под руководством большевиков политическая акция 9 января, по сути, была плохо подготовленным вооруженным мятежом. Чего хотели большевики? Ленин этого не скрывал: «Начинается восстание... кипит уличный бой, воздвигаются баррикады, трещат залпы и грохочут пушки <...> разгорается гражданская война за свободу»[31]. После 9 января Ленин сочиняет одну фальшивку за другой. То он приводит какой-то «список 4600 *убитых и раненых*»[32], то цитирует сомнительное сообщение французского (?) корреспондента, который якобы «телеграфировал в воскресенье в 2 ч. 50 м.: «Стрельба продолжается... Батальон солдат, со штыками наперевес, берет штурмом баррикаду из сваленных саней. Происходит настоящая бойня. Около сотни рабочих остается лежать на поле битвы. Человек пятьдесят раненых пленных проводят мимо меня...»[33].

В связи с январскими событиями небезынтересен такой факт. Многие рабочие стали каяться в своих поступках, совершенных ими по науськиванию большевиков накануне и 9 января. Составив на своих сходках депутацию из 34 рабочих, они обратились к царю с просьбой принять и выслушать их. Николай II принял рабочую депутацию в Царском Селе. Выслушав рабочих, царь сказал, что он прощает правонарушения рабочих, и пообещал принять меры по улучшению их быта. Узнав о встрече царя с рабочими Питера, Ленин не только не притих, а, напротив, озлобился. В статье «Трепов хозяйничает» Ленин навесил на рабочую депутацию ярлык «отбросы рабочего класса». По его мнению, таких «отбросов» «среди двух-трех сотен тысяч неорганизованных, придавленных голодом рабочих нетрудно найти несколько тысяч»[34]. В заключение же своей статьи вождь большевиков бросил угрожающие слова в адрес российского государя: «Пролетариат поговорит еще с царем иным языком!»[35]

Нет слов, в России произошла величайшая национальная траге-

---

* Между Петербургским комитетом и Петербургской группой при ЦК.

дия. Но, судя по всему, Ленина меньше всего огорчили жертвы 9 января. Он больше всего был обескуражен неудавшимся восстанием. Поэтому, соглашаясь с «Открытым письмом к социалистическим партиям России», к которым обратился Георгий Гапон, призывая их войти в соглашение между собой и приступить к делу вооруженного восстания против царизма, Ленин, ссылаясь на Гапона, определяет ближайшие задачи социалистических и революционно-демократических партий: «1) свержение самодержавия, 2) временное революционное правительство, 3) немедленная амнистия борцам за политическую и религиозную свободу, — конечно, также за свободу стачек и т. д., 4) немедленное вооружение народа и 5) немедленный созыв всероссийского учредительного собрания на основе всеобщего, равного, прямого и тайного избирательного права»[36].

Определяя цель «революционных сил» — низвержение самодержавия, Ленин особое внимание уделял вопросу материального и финансового обеспечения революционных сил и, прежде всего, их политического органа, осуществляющего руководство переворотом. Так, к важнейшим средствам, материально обеспечивающим жизнедеятельность партии, Ленин относил *грабежи правительственных и частных казначейств.* Фактически он был организатором и идейным вдохновителем «эксов» (грабежей). Чтобы внести ясность в этот вопрос, приведем отрывки из инструкции «Задачи отрядов революционной армии», разработанной им еще осенью 1905 года. В ней подробно определяются обязанности каждого члена партии: «...Отряды должны вооружаться сами, кто чем может (ружье, револьвер, бомба, нож, кастет, палка, тряпка с керосином для поджога, веревка или веревочная лестница, лопата для стройки баррикад, пироксилиновая шашка, колючая проволока, гвозди (против кавалерии)... Даже и без оружия отряды могут сыграть серьезную роль: ...забираясь на верх домов, в верхние этажи и т. д. и осыпая войско камнями, обливая кипятком... К подготовительным (работам. — *А.А.*) относится раздобывание всякого оружия и всяких снарядов, подыскание удобно расположенных квартир для уличной битвы (удобных для борьбы сверху, для складов бомб или камней и т. д. *или кислот для обливания полицейских...*). ...Отряды революционной армии должны как можно скорее переходить и к военным действиям в целях 1) упражнения боевых сил; 2) разведки слабых мест врага; 3) нанесения врагу частичных поражений; 4) освобождения пленных (арестованных); 5) добычи оружия; 6) добычи средств на восстание (конфискации правительственных средств)... Начинать нападения, при благоприятных условиях, не только право, но прямая обязанность всякого революционера. *Убийство шпионов, полицейских, жандармов, взрывы полицейских участков, освобождение арестованных, отнятие правительственных денежных средств и обращение их на нужды восстания... немедленное разжигание революционной страсти толпы...*»[37]

В период организации вооруженных выступлений рабочих, подстрекаемых большевиками, Ленин направляет письмо «В боевой комитет при Санкт-Петербургском комитете» (!6 октября 1905 г.), в котором он помимо прочих рекомендаций («убийство шпика, взрыв полицейского участка, другие») настоятельно советует осуществить *нападение на банк для конфискации средств для восстания* (выделено мной. — А.А.)...[38]

Эти рекомендации стали воплощаться в жизнь. Особо широкий размах «эксы» получили на Кавказе. Только с декабря 1905 года по июнь 1907 года там было совершено пять вооруженных ограблений казначейств: на Коджорской дороге в пригороде Тифлиса (8 тыс. руб.); в Кутаиси (15 тыс. руб.); в Квирили (201 тыс. руб.); в Душети (315 тыс. руб.); в Тифлисе (250 тыс. руб.)[39]. Руководителем этих эксов под кличкой Коба* был Сталин, исполнительным главарем шайки грабителей — известный рецидивист Камо (Семен Тер-Петросян).

В банде Камо участвовали воры-рецидивисты Бочуа Куприашвили, Степко Инцкирвели, Илико Чичиашвили, Вано Каландадзе, Бесо Голенидзе, Датико Чиабрешвили, Нодар Ломинадзе, Котэ Цинцадзе и другие. В банду входили и девушки: Аннета Сулаквелидзе, Саша Дарахвелидзе и Пация Голдава.

Награбленные бандитами деньги перевозились за границу. Пятисотрублевые кредитные билеты большевики обменивали в европейских государствах. Эту работу выполняли: М.Литвинов в Берлине; Сара Равич, Т.Богдасарян в Мюнхене; М.Ходжамарян и Ян Мастер в Стокгольме. Разработчиком бомб для нападения на казначейства был ближайший соратник Ленина Л.Б.Красин.

Ошеломляющее впечатление произвела на российское общество московская экспроприация, совершенная 7 (20) марта 1906 года в Банке купеческого общества взаимного кредита. Вооруженная банда, состоящая из двадцати человек, обезоружив охрану банка, похитила тогда 875 тысяч рублей[40]. Но самым интересным оказалось то, что Ленин попытался протащить через партийный съезд бандитскую инструкцию, «узаконив» тем самым грабежи и убийства. Так, в Проекте резолюций, предложенном большевиками четвертому (Объединительному) съезду РСДРП (написан Лениным), в разделе «Партизанские боевые действия» (4-й пункт) записано: *Допустимы также боевые действия для захвата денежных средств, предназначенных неприятелю, т. е. самодержавному правительству»*[41] (выделено мной. — А.А.).

Неудивительно, что проект подвергся резкой критике социал-демократов. А в резолюции, принятой съездом по данному вопросу, было записано: «...Съезд постановляет: а) бороться против выступлений отдельных лиц или групп с целью захвата денег под именем или девизом с.-д. партии; б) избегать нарушений личной безопасности или частной собственности мирных граждан... Съезд отвергает экспроприацию де-

---

* Коба (турец.) — неустрашимый.

нежных капиталов в частных банках и все формы принудительных взносов для целей революции»[42]. На V Лондонском съезде РСДРП, проходившем в апреле-мае 1907 года, большинством голосов делегаты добились полного запрещения «эксов». Ленин тоже критиковал исполнителей «эксов», но только... за их неисполнительность. Грубо нарушая решение съезда, он продолжал поощрять грабежи и разбои, втягивая в них уголовные элементы. Это обстоятельство вызывало у социал-демократических партий европейских стран естественную тревогу. На Штутгартском конгрессе II Интернационала в 1907 году большевистских экспроприаторов и экстремистов подвергли жесточайшей критике. И хотя они публично отказались от террора и грабежей, на самом деле продолжали неукоснительно выполнять инструкции Ленина. В делах Департамента полиции имеется огромное количество документальных материалов, свидетельствующих о том, что большевистские агитаторы и экстремисты призывали рабочих «к ниспровержению существующего в государстве строя»[43], распространяли среди них оружие, «подстрекали рабочих к демонстрациям»[44], срывали государственные заказы на выпуск различной народнохозяйственной продукции, вели подрывную работу в пользу врагов России.

По-своему отреагировал на трагические события в Петербурге известный предприниматель, оказывающий материальную помощь большевикам, С.Т.Морозов. Он, прежде всего, вызволил Горького из тюрьмы, куда он был заточен за свое воззвание. Правда, за это Морозову пришлось внести большой залог. Однако через некоторое время, используя широкие связи, Савве Тимофеевичу удалось установить истину в совершившейся трагедии и, в частности, о роли в ней Горького. По агентурным сведениям стало известно, что Морозов осудил действия Горького. Так, в секретном донесении в Департамент полиции градоначальник Москвы граф П.А.Шувалов, в частности, писал: «...Незадолго до отъезда из Москвы* Морозов рассорился с Горьким...»[45]. Интересно, что этот официальный источник информации находит подтверждение свидетельством жены Морозова, Зинаиды Григорьевны. В откровенной беседе со своей близкой приятельницей Зинаида Григорьевна сказала, что в их особняке** «между Саввой Тимофеевичем и Алексеем Максимовичем состоялся пристрастный разговор, закончившийся ссорой»[46]. И его можно понять. Дело в том, что Морозов по своим политическим взглядам был реформатором. В беседе с председателем Комитета министров России С.Ю.Витте, которая состоялась вскоре после 9 января, Морозов, в частности, говорил о необходимости установки в стране «парламентской системы со всеобщими прямыми и проч. выборами и о том, что так жить нельзя далее и т. д.»[47].

Находясь вдали от России, Ленин тем не менее уделял большое

---

* В Канны.
** На Спиридоновке.

внимание подготовке и воспитанию партийных кадров в духе большевизма. Так, в ноябре-декабре 1909 года Ленин в Париже организует курсы подготовки новых партийных руководителей для низовых организаций из числа рабочих, приезжающих за границу. Читает им лекции о современном моменте, по аграрной политике Столыпина, учит слушателей большевистским методам борьбы с самодержавием.

По инициативе Ленина летом 1911 года в Лонжюмо (под Парижем) была организована партийная школа. В ней члены большевистской организации слушали лекции по теории и практике социализма, политической экономии, аграрному вопросу. Слушатели школы изучали основы марксистско-ленинской идеологии, получали практические рекомендации по внедрению большевизма в общественное сознание. Ленин небезуспешно проводит и заочную общественно-политическую работу среди рабочих. Посредством легального журнала «Мысль» и «Рабочей газеты» ведет завуалированную пропаганду большевизма среди рабочих, выковывает из них преданные партии большевиков для борьбы с царским самодержавием. После VI (Пражской) конференции РСДРП, прошедшей 5—17 января 1912 года, по предложению Ленина было создано Всероссийское Русское бюро для партийной работы в России. В него вошли: И.С.Белостоцкий, Ф.И.Голощекин, Г.К.Орджоникидзе, И.В.Сталин, С.С.Спандарян, Е.Д.Стасова.

Общеизвестен тезис Ленина о перерастании империалистической войны в гражданскую. Но как быть, если европейские государства не воюют между собой? Ждать, пока начнется война, чтобы затем постараться превратить ее в гражданскую? Идеолог большевиков так не думал. Очевидно, он считал, что войну, причем продолжительную, можно спровоцировать. Пусть прольются реки людской крови, а когда народы устанут, тогда и следует бросить солдатам соответствующий лозунг. Сославшись на резолюцию Базельской (1912) конференции, Ленин сформулировал этот лозунг: «Превращение современной империалистической войны в гражданскую войну есть единственно правильный пролетарский лозунг...»[48] Но у Ленина были замыслы куда коварнее Базельской резолюции.

Сохранилось любопытное свидетельство этого чудовищного замысла. Так, в письме к Горькому, в начале ноября 1913 года, Ленин отмечает: *«Война Австрии с Россией была бы очень полезной для революции (во всей восточной Европе) штукой, но мало вероятия, чтобы Франц Иозеф и Николаша доставили нам сие удовольствие»* [49]. Про себя же он, наверно, подумал: если Франц Иосиф и Николай II не решатся начать войну, то мы, большевики, заставим их это сделать.

Такое мнение сложилось у меня не случайно и не сразу. В 1975 году я в составе авторского коллектива принимал участие в составлении «Сборника документов по истории СССР». Одновременно выполнял обязанности ответственного секретаря по сбору материалов, предназначенных для издания. Часто приходилось встречаться с главным редактором сборника профессором В.З.Дробижевым. Должен признать, что общение с ним оказало большое влияние на мою дальнейшую научную деятельность. Я это всегда помню.

Как-то в разговоре о причинах начала первой мировой войны, который состоялся у него дома, я спросил у Владимира Зиновьевича: «Вы уверены в том, что убийство наследника австрийского престола эрцгерцога Франца-Фердинанда в Сараево было организовано начальником сербской контрразведки полковником Драгутином Дмитриевичем?» Владимир Зиновьевич, не ответив на мой вопрос, ушел в другую комнату и вернулся через несколько минут. В руках у него было несколько старых газет. Одну из них, «Известия» № 27 от 30 января 1937 года, он протянул мне со словами: «Внимательно прочитайте последнее слово Карла Радека, не торопитесь возвращать газету. Уверен, что вы сами сможете ответить на свой вопрос».

Прошло вот уже более 24 лет с того дня, когда В.З.Дробижев вручил мне газету «Известия», в которой было опубликовано последнее слово К.Радека, сказанное на судебном процессе над членами так называемого антисоветского троцкистского центра. Номер газеты я, конечно, вернул В.З.Дробижеву, но сделал с этой публикации копию, отрывок которой приведен ниже.

Из последнего слова подсудимого Карла Радека:

«...И надо еще показать всему миру то, что Ленин — я с дрожью повторяю его имя с этой скамьи — в письме, в директивах для делегации, направляющейся в Гаагу, писал о тайне войны. Кусок этой тайны нашелся в руках сербского молодого националиста Гаврилы Принципа, который мог умереть в крепости, не раскрыв ее. Он был сербский националист и чувствовал свою правоту, борясь за эту тайну, которая охраняла сербское национальное движение. Я не могу скрыть эту тайну и взять ее с собой в гроб по той причине, что если я в виду того, в чем признался, не имею права выступать как раскаявшийся коммунист, то все-таки 35 лет моего участия в рабочем движении, при всех ошибках и преступлениях, которыми оно кончилось, дает мне право требовать от вас доверия в одном — что все-таки эти народные массы, с которыми я шел, для меня что-то представляют. И если бы я эту правду спрятал и с ней сошел со сцены, как это сделал Каменев, как это сделал Зиновьев, как это сделал Мрачковский, то я, когда передумывал эти все вещи, в предсмертный час слышал бы еще проклятие тех людей, которые будут убиты в будущей войне и которым я мог моими показаниями дать средства борьбы против готовящейся войны...»

Не один десяток раз я перечитывал эту публикацию. Признаться, меня удивило то, что политическая цензура пропустила столь откровенный, разоблачающий Ленина текст. Совершенно очевидно, что недосмотрели.

Понять тайну, которую Радек не захотел «взять ... с собой в гроб», не сложно, поскольку он, хотя и в завуалированной форме, но все же излагает ее суть. Я допускаю мысль, что к убийству эрц-герцога Франца-Фердинанда, совершенному сербским студентом Гаврилом Принципом 28 июня 1914 года, действительно причастны Ленин и Радек. Возможно, первый исполнял роль идеолога, разрабатывающего план разжигания европейской кровавой бойни для превращения ее затем в гражданскую войну народов. Что же касается Радека, то не исключаю, что именно он нашел и подготовил убийцу. На мой взгляд, попытка большевистских идеологов свалить эту преступную акцию на тайную организацию офицеров сербской армии «Черная рука» не выдерживает научной критики. Несомненно, целью этой организации было освобождение сербов, находившихся под властью Австро-Венгрии, объединение южных славян и создание «Великой Сербии».

Однако сербская армия в рассматриваемое время не готова была для совершения столь серьезной военно-политической акции. Она еще не успела залечить раны, нанесенные ей балканскими войнами. Думается, вождь «Черной руки» Д.Дмитриевич не был глупым человеком и посредственным руководителем, чтобы не понимать этого. Более того, идти на осуществление заговора, не опасаясь его последствий, в момент, когда еще не была завершена программа реконструкции русской армии, «Черная рука» не могла и не имела права. А вот Ленину было наплевать на судьбу сербов и других народов. Поэтому он буквально ликовал, узнав о начале мировой войны, в которую были втянуты европейские государства, в их числе Россия. О предстоящих целях революционеров Ленин писал, в частности, в резолюции конференции заграничных секций РСДРП, проходившей в Берне 14—19 февраля (27 февраля — 4 марта) 1915 года. Вникнем в содержание этих циничных строк:

«В каждой стране борьба со своим правительством, ведущим империалистическую войну, не должна останавливаться перед возможностью в результате революционной агитации поражения этой страны. Поражение правительственной армии ослабляет данное правительство, способствует освобождению порабощенных им народностей и облегчает гражданскую войну против правящих классов.

В применении к России это положение особенно верно. Победа России влечет за собой усиление мировой реакции, усиление реакции внутри страны и сопровождается полным порабощением народов в уже захваченных областях. В силу этого поражение России при всех условиях представляется наименьшим злом»[50].

Вот к таким предательским действиям призывал народы России Ленин.

А вот что пишет теоретик большевизма в «Первоначальном варианте предложения ЦК РСДРП Второй социалистической конференции в конце февраля — марте 1916 года»: «Из Циммервальдского манифеста и из циркуляра I.S.K. от 10.11.1916 г. (Бюллетень № 3) вытекает с неизбежностью, что всякая «война с войной» и «борьба за мир» является лицемерием, если она не связана неразрывно с немедленной революционной массовой борьбой, с пропагандой и подготовкой таковой»[51]. Следует обратить внимание на не менее циничное разъяснение: «...Если мы зовем массы бороться с их правительствами «независимо от военного положения данной страны», то мы тем самым не только отвергаем в принципе допустимость «защиты отечества» в данной войне, но и признаем желательность поражения всякого буржуазного правительства для превращения этого поражения в революцию»[52].

В сочинениях Ленина нередко можно заметить невыразимые выводы и заключения по разным вопросам общественно-политической жизни. Так, зная, что Германия являлась главной виновницей мировой войны и что именно она объявила войну России, Ленин прилагает немалые усилия для того, чтобы обелить германскую военщину и военно-промышленных магнатов, а заодно ослабить патриотические чувства русского народа. Об этом свидетельствует его абсурдное высказывание: «Нелепо... делить войны на защитительные и нападательные»[53]. А вот другой, не менее демагогический тезис Ленина, направленный на разложение российского пролетариата и искоренение в нем чувства патриотизма: **«Пролетариат, — говорил он, — не может любить того, чего у него нет. У пролетариата нет отечества»**[54].

Готовя военно-политический заговор в целях свержения российского правительства, Ленин постоянно акцентирует внимание большевиков на необходимости решительного применения массового террора против членов правительства, правоохранительных органов и всех, без исключения, сил, стоящих на страже государственных структур. Небезынтересно отметить, что свои теоретические разработки по практическому применению массового террора в борьбе против политических противников Ленин широко пропагандировал среди европейских социал-демократов. Так, например, в речи на съезде Швейцарской социал-демократической партии в Цюрихе 4 ноября 1916 года он говорил: «Мы всегда стояли за применение насилия как в массовой борьбе, так и в связи с этой борьбой»[55]. Как видим, иезуитские поучения Ленина куда хлеще нечаевского «катехизиса» (устава), в основе которого был заложен принцип: «цель оправдывает средства».

Настойчиво пропагандируя насилие, Ленин рвался к заветной цели — узурпации власти в российском государстве. Следует отметить, что практика террора, которую он постоянно применял в своей политической борьбе, отнюдь не была для членов его семьи чем-то из ряда вон выходящим. Так или иначе, но стремление к переустройству общества посредством насилия проявилось при разных обстоятельствах у всех детей Ульяновых. Старший сын, Александр, участвовал в подготовке покушения на царя. Младший, Дмитрий, будучи на партийной и советской работе в Крыму, вместе с Бела Куном, С.Гусевым, Р.Землячкой, Г.Фельдманом и другими ультралевыми большевиками руководил «очисткой» Крымской губернии от «неблагонадежных» (вопреки данному командующим Южным фронтом М.Фрунзе обещанию о помиловании, большинство из 60 тысяч оставшихся в Крыму солдат и офицеров Белой армии были расстреляны). Сестры Ленина, Анна и Мария, одобряя его методы политической борьбы, неукоснительно и четко выполняли все поручения, связанные с партийной и политической деятельностью большевистской партии. Участвуя в работе партийных комитетов в разных городах России и за границей, сотрудничая в большевистских органах («Искра», «Вперед», «Правда», «Просвещение», «Работница»), они тем самым активно помогали брату в осуществлении государственного переворота.

Особо следует сказать о воспитателе этих «революционеров» — Марии Александровне. Как утверждают биографы Ленина, **«она была идейным другом своих детей... горячо поддерживала своих детей в их революционной борьбе»**[56].

Не секрет, что Ленин мечтал создать международную советскую империю, по сравнению с которой Римская и даже Британская империи выглядели бы жалкими государственными образованиями. Да он и не скрывал этого. Первого мая 1919 года, выступая на Красной площади, Ленин заканчивает свою речь призывом: **«Да здравствует международная республика Советов! Да здравствует коммунизм!»**[57].

Несомненно, главный идеолог большевизма был образованным и эрудированным человеком, знакомым не только с трудами Маркса, но и социалистов-утопистов. Ему было хорошо известно, что идеи Роберта Оуэна о создании самоуправляющихся «поселков общности и сотрудничества», где была ликвидирована частная собственность, оказались несостоятельными. И все же он берет эти идеи на вооружение, но в отличие от утопистов, мечтавших преобразовать общество мирным путем, избирает марксистский подход. По замыслу Ленина, изменения в общественной жизни должны были произойти не в результате естественного социально-экономическго развития, как это действительно случилось в странах Запада, и не путем соглашения, «общественного договора» между людьми, к чему призывал Жан Жак Руссо, а в результате насильственного захвата власти, «через диктатуру пролетариата». И это несмотря на то, что диктатура, по его же собственному признанию, **«слово жестокое, тяжелое, кровавое, мучительное»**[58].

ГЛАВА 3

РЕНЕГАТСТВО ПО-ЛЕНИНСКИ

Важно не то, кем тебя считают, а кто ты на самом деле.

Публиций Сир

Знакомясь с сочинениями и письмами Ленина, а также со свидетельствами современников, лично знавших его, приходишь к выводу, что он был большим любителем политических интриг. По сути, вся его зарубежная деятельность, судя по опубликованным работам и воспоминаниям современников, прошла в сплошных интригах. Натравливая одних на других (в основном, чужими руками), он извлекал из этого определенные выгоды. Не меньше любил Ленин навешивать оскорбительные ярлыки политическим противникам и просто инакомыслящим. Так, например, Г.В.Плеханова, Ю.О.Мартова, П.Б.Аксельрода, И.Г.Церетели и многих других социал-демократов, не разделявших его политическую платформу и методы борьбы за власть, он окрестил меньшевиками-оппортунистами; Н.Д.Авксентьева, Ф.И.Дана, Н.Н.Жордания, А.И.Чхенкели, В.М.Чернова, А.Н.Потресова, Г.Грейлиха, Г.Гайдмана, В.Бергера, Ф.Шейдемана, К.Брантинга, Д.Трилиссера, Ж.Геда и других — социал-шовинистами; на П.Б.Струве навесил ярлык «изменник»; К.Каутского и всех его единомышленников обвинил в ренегатстве и оппортунизме; члена ЦК Украинской социал-демократической рабочей партии Л.Юркевича (Рыбалка) он отнес к представителям «самого низкопробного, тупого и реакционного национализма...»[1].

Но, как ни парадоксально, у Ленина были в почете подлинные предатели родины, экстремисты и мошенники, авантюристы и фальшивомонетчики, грабители и рецидивисты, лжецы и мерзавцы. Среди них особым уважением пользовались такие государственные и уголовные преступники и безнравственные личности, как И.Сталин, Л.Красин, Камо (С.Тер-Петросян), Я.Ганецкий, М.Козловский. К.Радек, Ян Мастер, М.Литвинов, М.Харитонов, В.Таратута... Их неблаговидные поступки и аморальное поведение, особенно метод добывания денежных средств для борьбы за власть, были, как уже говорилось выше, осужде-

ны большинством социал-демократов и России, и Запада. Большевистские лидеры во главе с Лениным совершили и такое тяжкое преступление перед российским государством и народом, о котором следует сказать особо.

Знаменитый французский беллетрист Понсон де Террайль, описывая мошеннические трюки и аферистские проделки Рокамболя, отмечал, что тот будто бы знал тридцать три способа добывания денег.
Среди этих приемов были и такие головокружительные, от которых
даже известные иллюзионисты приходили в восторг. Но этому ловкому
и изобретательному трюкачу и в голову не приходила мысль добыть
деньги путем измены родине. А вот большевистские лидеры с корыст-
ной политической целью пошли на этот предательский, низменный и
безнравственный шаг. Речь идет о вступлении Ленина и его ближайших
соратников по партии в тайные связи с разведорганами германского
Генштаба.

Должен сказать, что эта тема нашла отражение в ряде работ отечественных и зарубежных авторов[2]. Указанные исследователи в своем
большинстве единодушны в том, что большевистские тайные связи с
~~немцами~~ начались после падения монархии в России. Но есть все основания считать, что хронологические рамки предательской деятельности Ленина и его соратников в пользу кайзеровской Германии значительно сужены. В этом читатель сможет убедиться, ознакомившись
с материалами данной главы.

Итак, приступим к анализу документальных материалов и свидетельств, с помощью которых можно будет установить истоки и обстоятельства, при которых вождь большевиков, Ленин, оказался в объятиях австро-германских разведорганов и, по сути, стал на путь измены
родине.

Конспиративные связи Ленина с австрийскими и ~~немецкими~~ спецслужбами сложились не сразу, хотя он по своим политическим взглядам, германофильству, откровенной неприязнью к российскому государству и его народу* давно приглянулся вильгельмовским политикам
и руководителям внешней разведки Германии. Следует отметить, что
эти связи стали складываться на почве совпадения политических интересов германских властей и большевистских лидеров во главе с Лениным. Кайзеровская Германия, готовясь к большой войне, была глубоко заинтересована в создании в самой мощной державе Антанты —
России — пятой колонны, в задачу которой входил бы подрыв военно-
экономической мощи российского государства. Такую колонну, как мне
кажется, немецкие политики, дипломаты и руководители разведорганов Генштаба видели в лице большевиков. Эту же задачу ставил перед
собой и Ленин. Совершенно естественно, что, подрывая и разрушая

---

* Об этом подробно, на основе документов и материалов, написано в 20-й
главе.

мощь российского государства, дезорганизуя армию и тыл, он тем самым облегчал бы узурпацию власти в России. Однако весьма осторожный Ульянов хотя и понимал, какие материальные выгоды обещает сотрудничество с немецкими властями, но вплоть до лета 1914 года всячески избегал прямого контакта с ними, предпочитал действовать через соратников, занимающих вторые роли в партийной иерархии. И тем не менее германские разведорганы не теряли надежды, что им все же удастся затащить вождя большевиков в свое логово. И это объяснимо. Немецким властям нужен был официальный руководитель, лидер, обладающий аналитическим умом, большими организаторскими способностями, которому можно было бы поручить ответственные задачи, и, главное, потребовать от него четкого и неукоснительного их исполнения. Таким человеком, по мнению немецких политиков, мог быть только Ленин. Поэтому германские разведорганы вместе с австрийскими стали готовить надежную ловушку, из которой Ленин был бы не в состоянии выбраться.

Должен сказать, что почва для вербовки Ленина в германскую разведку к этому времени уже была подготовлена. Об этом свидетельствуют документы, бережно хранившиеся в «секретном фонде» В.И. Ленина в бывшем архиве Института марксизма-ленинизма при ЦК КПСС. Это дело — «Сводка Российской контрразведки», состоящая из шести неполных страниц. Но значение содержащихся в ней документов трудно переоценить. Они чрезвычайно важны для установления истины самых драматических и трагических событий истории России и доказательства предательской деятельности Ленина и его сообщников в пользу кайзеровской Германии.

Так, из перехваченной русской контрразведкой секретной шифровки (документ № 12) узнаем, что еще в самом начале 1914 года по указанию немецких властей в Стокгольме была открыта *«банковская контора Фюрстенберга*, как предприятие, поддерживающее оживленные отношения с Россией»*[3]. Несомненно, что назначение члена ЦК РСДРП, большевика Ганецкого руководителем немецкой банковской конторы было сделано с одобрения Ленина.

Прежде чем дать оценку этому документу, необходимо, на мой взгляд, сделать небольшой экскурс в историю, предшествовавшую расширению и активизации финансово-кредитных (?) мероприятий Германии в Европейских государствах и, в частности, в России.

Как известно, Балканские войны 1912—1913 годов не только не ослабили политическую ситуацию в Европе, а, напротив, привели к еще большему ее обострению. Правда, в результате этих войн завершилось освобождение балканских славян и других народов от многовекового гнета султанской Турции. Однако после этих войн усилились противоречия между балканскими государствами, грозящие перерасти в новую

---

* Я.С.Ганецкий (Фюрстенберг).

войну. Но надо отметить, что за балканскими монархиями стояли крупные европейские державы, которые оспаривали друг у друга влияние на Ближнем Востоке. Поэтому вскоре после окончания Второй Балканской войны началась ожесточенная борьба между Антантой[4] и австро-германским блоком за политическую ориентацию балканских правительств, за военные силы и экономический потенциал этих государств, необходимые ввиду приближавшейся мировой войны.

Следует отметить, что в рассматриваемый период Германия была самой агрессивной державой. Она быстрее всех европейских государств и, главное, лучше всех готовилась к войне. Превосходство Германии заключалось в быстроте мобилизации, четкости работы железнодорожного транспорта, значительном количестве офицерских кадров, подготовке резервов, большом количестве артиллерии и боеприпасов. Иными словами, она была готова к войне за передел мира, поэтому форсировала ее начало в выгодных для себя условиях.

А теперь вернемся к личности господина Ганецкого-Фюрстенберга и внимательно проследим за его деятельностью на новом необычном поприще.

Итак, так называемый польский социал-демократ Яков Ганецкий почти за восемь месяцев до начала первой мировой войны нанимается в немецкую разведку для работы против России, заправляя банковской конторой. А то, что она была открыта исключительно для материального обеспечения пятой колонны, занимающейся подрывной деятельностью в России в пользу кайзеровской Германии, свидетельствует приведенный ниже документ, также перехваченный Российской контрразведкой. Вот его полное содержание:

«Циркуляр 23 февраля 1915 г. Отдела печати при Министерстве иностранных дел*. Всем послам, посланникам и консульским чинам в нейтральных странах.

Доводится до Вашего сведения, что на территории страны, в которой Вы аккредитованы, основаны специальные конторы для организации дела пропаганды в государствах воюющей с Германией коалиции. Пропаганда коснется возбуждения социальных движений и связанных с последними забастовок, революционных вспышек, сепаратизма составных частей государства и гражданской войны, агитации в разоружении и прекращения кровавой бойни. Предлагается Вам оказывать содействие и всемерное покровительство руководителям означенных контор. Лица эти представляют Вам надлежащие удостоверения.

Бартельм»[5].

«Примечание**: По достоверным сведениям, подобными лицами

---

* Германии.
** Российской контрразведки.

были: князь Гогенлое, Бьернсон, Эпелинг, Карберг, *Сукенников, Парвус**, *Фюрстенберг-Ганецкий,* Випке и, вероятно, *Колышко*»** (выделенные мной лица российского происхождения. — А.А.)[6].

Вот, оказывается, чем занималась банковская контора Ганецкого-Фюрстенберга. Между тем, когда весной и летом 1917 года в российской прессе стали публиковаться статьи, разоблачающие Ганецкого как платного агента кайзеровской Германии, Ленин 13 июня написал заявление в Юридическую комиссию Исполнительного Комитета групп социал-демократов Польши и Литвы, в котором подчеркивал, что «*недопустимо хотя бы тени сомнения насчет честности*» (Ганецкого. — А.А.)[7].

Приведенный выше документ, в котором ясно поставлена задача перед банковскими конторами, основанными в нейтральных странах, а также характеристика, данная Лениным Ганецкому, убедительно доказывают, что вождь большевиков и его соратник, став на путь измены родине, являлись платными агентами германских спецслужб.

...19 июля (1 августа) 1914 года Германия объявила России войну. Чуть позже на стороне Антанты в нее вступили Великобритания, Франция и Япония. В этот же день на хуторе Новый Дунаец, близ австро-венгерской (исторически польской) деревни Поронин, на квартире у Ленина собираются большевики. На повестке дня — создавшееся положение. Ленин подчеркивает необходимость разработки новых способов и форм партийной работы в условиях войны. Забегая несколько вперед, отметим, что эти формы и способы он изложил от имени группы совещавшихся большевиков в конце августа в резолюции, озаглавленной «Задачи революционной социал-демократии в европейской войне». В ней он вновь выступает за «поражение царской «монархии и ее войск»[8].

Однако спустя шесть дней после совещания, 25 июля (7 августа), на его квартире по указанию австрийских властей[9] жандармами был произведен обыск. Следует отметить, что из всех участников сходки обыск был произведен только на квартире Ленина, остальные большевики их не интересовали.

При обыске кроме подозрительной литературы и рукописных работ жандармский вахмистр обнаружил в вещах Ленина браунинг. Оружие, найденное у подданного России, с которой Австро-Венгрия вела войну, насторожило жандармов. Естественно, об этом факте вахмистр доложил руководству. 26 июля (8 августа) Ленин, по требованию жандармерии, приезжает в уездный город Галицин Новый Тарг, где его арестовывают и заключают в тюрьму. Но 6 (19) августа неожиданно Ленина освобождают и дело прекращают якобы за отсутствием основания для возбуждения судебного следствия. Между тем одного факта незаконного хранения оружия было вполне достаточно, чтобы судить Ле-

---

* Доктор Александр Гельфанд.
** Правильно — Н.К.Клышко *(А.А.)*.

нина по законам военного времени. В телеграмме, отправленной из Вены в Новый Тарг 6 (19) августа в 9 час. 50 мин. за подписью военного прокурора Австрии, говорилось: «Ульянов Владимир подлежит немедленному освобождению»[10].

Обращает на себя внимание тот факт, что Ленину возвращаются все «бумаги», в которых содержались откровенные выпады против Германии и ее правительства, и, более того, вместе с семьей (жена, теща) разрешают выехать из Поронина в Швейцарию с остановкой в Кракове и Вене. Кстати, разрешение на проезд из Поронина в Швейцарию Ленин получает 13 (26) августа, а приезжает в Берн 23 августа (5 сентября). В Биохронике Ленина нет указаний, где он находился целых 10 дней и чем в это время занимался. Видимо, документы по этому сюжету в архиве Института марксизма-ленинизма при ЦК КПСС были под особым контролем и не доступны. И тем не менее по оплошности составителей томов собраний сочинений В.И.Ленина в некоторые тома просочились интересные материалы, позволившие, вместе с другими архивными документами, распутать клубок, раскрывающий темные стороны его биографии.

Так, например, в письме Ленина, отправленном из Берна через Швецию сестре Анне 14 сентября 1914 года, то есть спустя девять дней после его переезда из Галиции в Швейцарию, находим любопытную запись: «...*В деньгах я сейчас не нуждаюсь.* Пленение мое было совсем короткое, 12 дней всего, *и очень скоро я получил особые льготы*» (выделено мной — *А.А.*)[11]. Какие именно льготы, за какие заслуги и от кого, Ленин не сообщает. Об этом читатель узнает чуть позже.

Загадок и вопросов по этому сюжету много. Однако самым пикантным в деле освобождения Ленина из тюрьмы является то, что он был отпущен из-под стражи раньше (по приказу сверху), чем органы дознания «убедились» (?) в его невиновности. Судите сами: 6 (19) августа Ленина освобождают из тюрьмы, и лишь только 9 сентября Королевский комендант в Кракове «*распорядился об отмене обвинения против Владимира Ульянова, т. к. он не нашел (?) оснований для ведения судебного разбирательства*»[12]. Остается добавить: когда комендант Кракова давал это распоряжение, то Ленин вместе с семьей к этому времени целых 17 дней уже жил в Берне. Можно с уверенностью сказать, что именно в период 12-дневного пребывания Ленина в тюрьме он был завербован австро-германской разведкой, стал резидентом германского Генштаба. Кстати, после отъезда Ленина в Швейцарию, в Поронино продолжали оставаться «дорогой друг» и «товарищ» по партии Я.С.Ганецкий[13] и другие большевики, с которыми он вел переписку из Берна.

Одна любопытная деталь, связанная с переездом Ленина и членов его семьи из Поронина в Швейцарию. Политического эмигранта, подданного России, выпущенного из австрийской тюрьмы, швейцарская полиция без въездного паспорта впустила в страну. При этом следует учесть, что вместе с ним ехали также без въездных паспортов его жена и теща. Но самым пикантным сюжетом в этом деле является то, что паролем для беспрепятственного въезда трех российских граждан в Цюрих послужило упоминание имени... «социал-шовиниста», «агента швейцарского буржуазного правительства»* Германа Грейлиха. Поразительный факт!

Вот письмо Ленина Виктору Адлеру от 5 сентября 1914 года, в котором содержится приведенный выше факт:

«Уважаемый товарищ! Благополучно прибыл со всем семейством в Цюрих. Legitimationen** требовали только в Инсбруке и Фельдкирхе: Ваша помощь, таким образом, была для меня очень полезна. *Для въезда в Швейцарию требуют паспорта, но меня впустили без паспорта, когда я назвал Грейлиха.* Наилучшие приветы и наилучшая благодарность.

С партийным приветом.

Ленин (В.Ульянов)»[14].

(Выделено мной. — А.А.)

После окончания мировой войны специальные советские послы (Ганецкий и другие) перевезли поронинский архив Ленина в Россию. Доставили почти все, кроме подписки, данной Лениным австрийскому министру внутренних дел. Об этом писали во многих зарубежных периодических изданиях, об этом знали члены Политбюро. Между тем эту подписку по сей день не обнаружили. Почему? Не берусь сразу ответить на этот вопрос. А вот о суточной остановке Ленина в Вене во время переезда из Поронина в Швейцарию стоит поговорить.

В XXVI томе сочинений Ленина его составители пишут следующее: «По пути в Швейцарию Ленин останавливается на один день в Вене, посещает В.Адлера»[15]. Чтобы поблагодарить его за помощь при освобождении из тюрьмы Нового Тарга? Не думаю, что из-за этого три человека (Ленин, Крупская и ее старая мать) специально могли бы сойти с поезда. Тем более что благодарность Ленина и Крупской В.Адлеру и Г.Диаманду уже была выражена в письме от 7 (20) августа.[16]

Под большое сомнение ставлю и ту запись составителей указанного выше тома, где они говорят, что «между 13 и 23 августа (26 августа и 5 сентября) ...в Кракове Ленин добивается разрешения на выезд из Австрии в нейтральную страну — Швейцарию».[17]

Должен прямо сказать, что этот факт был надуман. В поездке в Краков с этой целью не было необходимости, поскольку Ленину еще 13 августа в Новом Тарге было известно о разрешении австрийских властей на этот переезд. А надуман был этот факт с целью, чтобы скрыть основную причину, по которой Ленин оказался в Кракове.

Думается, настало время обнародовать чрезвычайно важный доку-

---

* Ярлыки навешаны на Г.Грейлиха Лениным.

** Документы. (Ред.)

мент, проливающий свет на этот, на мой взгляд, сознательно запутанный вопрос. Он никогда и нигде не публиковался. Биографы Ленина скрывали то, что до суточной (?) остановки в Вене при переезде из Поронина в Швейцарию Ленин *по строгому требованию* военного прокурора прибыл в Краков, о чем свидетельствует нижеприведенная телеграмма. Скрывал этот факт, прежде всего, Ленин. Почему? Полагаю, не в его интересах было оставлять след в своей биографии о связях с австро-германскими спецслужбами. Вот полное содержание этого документа.

«Окружному суду в Новом Тарге
Телеграмма
Из Кракова
Приказать Ульянову Владимиру при проезде через Краков явиться к капитану Моравскому в здание командования корпусом

Военный прокурор при военном коменданте
13 VIII 1914»[18].

Думается, что этот документ не нуждается в комментарии. Остается сказать, что капитан Моравский возглавлял разведывательный отдел Генштаба Австро-Венгрии. Что же касается «заминки» в Вене, то она, на мой взгляд, была связана с дачей Лениным подписки-обязательства лично министру внутренних дел Австро-Венгрии.

Случайно я ознакомился с одной интересной книгой. В ней содержится множество документальных материалов, относящихся к периоду эмиграции Ленина и его переезду из Швейцарии в Россию. Но один документ вызвал у меня повышенный интерес. Он был извлечен автором книги из дела Владимира Ульянова под № 3183/14 архива австрийского Генштаба. Так вот, в этом документе со слов В.Адлера, явившегося «по просьбе Ленина» (?) в министерство внутренних дел Австро-Венгрии, засвидетельствовано, что *«Ульянов смог бы оказать большие услуги при настоящих условиях»*[19], то есть в условиях войны Австро-Венгрии и Германии с Россией*.

Небезынтересно отметить, что этот факт из австрийского досье Ленина впервые приводит в своей книге «Ленин из эмиграции в Россию», изданной на немецком языке в Берлине в 1924 году, Ф.Платтен. Тот самый, который весной 1917 года был доверенным лицом Ленина во время переговоров с германским послом в Швейцарии фон Ромбергом по вопросу возвращения русских эмигрантов в Россию и который сопровождал «пломбированный» вагон, следующий из Швейцарии в Россию.

Довольно странно получается: доктор В.Адлер, по свидетельству Ленина и ленинцев, «выступал как один из вождей оппортунизма... бо-

---

* При переиздании книги в СССР в 1990 году эти факты опущены.

ролся против революционных выступлений рабочего класса»[20] и вместе с тем дал свое поручительство за Ленина, арестованного австрийскими властями. На мой взгляд, биографы Ленина «не поняли» доктора Адлера. А он ясно давал понять австрийским властям и спецслужбам, что Ленина следует использовать в качестве агента в борьбе против России. Невнимательно читали текст телеграммы Адлера, отправленной австрийскому правительству, и научные сотрудники Института марксизма-ленинизма при ЦК КПСС. Между тем из ее содержания можно понять, что Ленин — враг России. Вот текст этой телеграммы: *«Ленин решительный противник царизма, он посвятил свою жизнь борьбе против России»* (выделено мной. — А.А.)[21]. Вот и получается, что Ленин — друг Австрии, воюющей против России.

Должен сказать, что патриот своей страны В.Адлер, советуя властям использовать Ленина в качестве агента в борьбе против Антанты, не подозревал, что план вербовки Ленина давно был разработан австро-германскими спецслужбами, и он уже находился в стадии реализации. Я более чем уверен, что, находясь в безвыходном положении, Ленин именно в стенах тюрьмы Нового Тарга дал согласие на сотрудничество с австро-германскими спецслужбами. Он, как незаурядный аналитик, понимал, что иначе ему не выбраться из западни, в которой оказался.

И последнее, что хотелось бы сказать по данному вопросу. Учитывая положение Ганецкого в правительственных и разведорганах Германии, есть основание полагать, что главную роль в освобождении Ленина из заточения сыграл именно он, а не В.Адлер, как об этом широко и целенаправленно рекламировала советская историография. Сдается мне, что нахождение Ганецкого в Поронине в период ареста Ленина — не случайное совпадение. Склонен также думать, что именно Ганецкому принадлежала идея вербовки Ленина в агентурную сеть германского Генштаба.

И вот, благополучно прибыв со всем семейством в Цюрих, Ленин приступает к активной подрывной деятельности, направленной на поражение России в мировой войне. Ну чем это не ренегатство?!

Крепостная крестьянка Василиса Кожина в Отечественной войне 1812 года взяла в руки вилы и возглавила партизанский отряд для борьбы против наполеоновских солдат. И благодарная Россия чтит память своей славной дочери. А вот Владимир Ульянов спустя столетие в Отечественной войне 1914—1917 годов. призывал сынов отечества, рабочих, солдат и крестьян, делать все для того, чтобы Россия потерпела поражение в войне против кайзеровской Германии и Австро-Венгрии, объявивших ей войну. Уже в манифесте «Война и Российская социал-демократия» он пишет: *«Для нас, русских с.-д., не может подлежать сомнению, что с точки зрения рабочего класса и трудящихся масс всех народов России наименьшим злом было бы поражение царской монархии»*[22]. Эта мысль находит отражение почти во всех его работах и публичных выступлениях. Печатные работы переправлялись в Россию для распространения среди населения.

Деятельность Ленина не оставалась незамеченной политиками, дипломатами и спецслужбами Германии. 30 сентября 1915 года посол в Швейцарии фон Ромберг направил рейхканцлеру Бетману Гольвегу секретное донесение, в котором сообщал, что он сделает все, чтобы подробно узнать и использовать мирную программу революционера Ленина.

За деятельностью Ленина и других лидеров большевистской партии пристально следили сотрудники зарубежной политической агентуры Департамента полиции России и наемные филеры. В донесениях агентов отмечалось, что Ленин навещает немецкое и австрийское консульства в Цюрихе и Базеле.[23] Эти факты лишний раз доказывают то, что Ленин, не маскируясь, общался с дипломатами и сотрудниками спецслужб воюющих с Россией стран.

Особо бурную деятельность большевики развернули среди солдат воюющей (!) армии: призывали к совместной борьбе против правительства, к «братанию» на фронте. В 1916 году в ряде войсковых частей были созданы партийные организации. Вести подрывную работу было поручено Крыленко, Раскольникову, Фрунзе, Сахарову, Мясникову (Мясникяну), Семашко, Рошалю и др. Ленин руководил ими через связных и газету «Социал-демократ», в которой печатал подстрекательские статьи, призывая солдат повернуть оружие против правительства. Под воздействием большевистской агитации тысячи солдат самовольно уходили в тыл. В конце 1916 года — начале 1917-го на многих участках фронта усилилось «братание». Заметим, что на Кавказе такие явления не наблюдались: соратники Ленина старались ослабить лишь фронт, стоящий против германских и австро-венгерских войск. За эту предательскую деятельность большевистские лидеры получали от немецких властей щедрое вознаграждение.

Однако до начала 1914 года большевики, очевидно, денежную помощь от германских властей еще не получали. Это стало возможным после того, как немцам удалось создать в России пятую колонну. Ее организатором и идейным руководителем с лета 1914 года становится Владимир Ильич Ульянов (Ленин).

В Швейцарии Ленин, кроме личных встреч, для контактов с немецкими политиками и дипломатами использовал и хорошо отлаженную посредническую связь. В качестве посредников между Лениным, другими русскими политическими эмигрантами и немецкими властями и их разведорганами работали платные агенты: эстонец А.Е.Кескюла, он же А.Штайн, доверенное лицо немецкого посланника в Швейцарии фон Ромберга для контактов с русскими экстремистами; его соотечественник Артур Зифельд; от партии эсеров агентом являлся Е.Б.Цивин, работавший в годы первой мировой войны с немцами под псевдонимами Вайс, Эрнст Колер, как русский социалист-революционер. О нем еще будет сказано ниже.

Исследователь Вилли Гаутчи в своем труде «Ленин в эмиграции в Швейцарии» отмечает, что важными промежуточными звеньями, соединяющими немцев с большевистскими эмигрантами в Швейцарии, были эстонский социалист Артур Зифельдт и приехавший из России в Цюрих (в 1912 году. — *А.А.*) Михаил Харитонов.[24] Гаутчи прослеживает линию, по которой проходил контакт Ленина с немецкими властями: Ромберг — Кескюла — Зифельдт — Харитонов — Ленин. Он считает, что Зифельдт был единственным, между Кескюлой и большевиками, звеном, соединяющим Ленина с Ромбергом.[25]

Отметим, что схема Гаутчи не является полной. В нее следует включить Фрица Платтена, игравшего активную посредническую роль между Лениным и Ромбергом весной 1917 года. Подробно об этом будет сказано в следующей главе.

Несколько слов о деньгах, получаемых от немецких властей большевиками-эмигрантами. Мне представляется, что до переезда Ленина и его соратников из Швейцарии в Россию в партийную кассу большевиков, единоличным держателем которой являлся Ленин, деньги поступали по трем путям: из банковской конторы Ганецкого; по линии, отмеченной Гаутчи; и через Парвуса*. Создание немецкими властями в Стокгольме банковской конторы с большевиком Ганецким во главе, Циркуляр МИД Германии от 23 февраля 1915 года, в котором говорится о задачах банковских контор, и письмо Ленина сестре Анне от 14 сентября 1914 года, наверное, о многом говорят. Кстати, в следующей главе мы увидим, как Ленин беззастенчиво распоряжается средствами банковской конторы Фюрстенберга.

Спустя десятилетия после октябрьского переворота стали всплывать на поверхность все новые и новые документы, разоблачающие предательскую деятельность врагов российского государства и народа. Чего стоит лишь приводимая ниже расписка, данная платным агентом кайзеровской Германии Александром Парвусом немецким властям:

Расписка Парвуса-Гельфанда о получении денег от германских властей

---

* Он же Молотов (другой, не В.М.Молотов (Скрябин)).

«Мною 29 декабря 1915 получен один миллион рублей в русских банкнотах для поддержки революционного движения в России от германского посланника в Копенгагене.

Др. А.Гельфанд».

Нужно ли доказывать, что эти деньги поступили по назначению? Вполне понятно, что они попали в руки Ленина, разжигающего «революционные страсти толпы» в России из курортов Швейцарии в политических интересах Германии и большевистской партии.

Здесь уместно сказать, что лидеры партии эсеров также получали от немцев материальную помощь, об этом свидетельствуют многие документы. Так, например, 16 марта 1917 года канцлер Бетман Хольвег отправил послу Германии в Швейцарии Ромбергу зашифрованную телеграмму, в которой, в частности, спрашивал, может ли вечером 18 марта состояться встреча с Вайсом (Цивиным). Он сообщал также, что австрийцы не хотят платить русским агентам 2500 франков, хотя заранее было обговорено об уплате ими 5000 франков. (Копию документа см. ниже.)

Должен сказать и об одном интересном сюжете, тесно связанном с предательской деятельностью большевиков. Так вот, поскольку Ленин и другие лидеры партии большевиков активно выступали за поражение России в мировой войне и делали все возможное для достижения этой цели, то не исключено, что во время войны они передавали противникам российской армии — военному командованию Германии и Австро-Венгрии и секретные сведения военного характера. А их раздобыть большевикам было не так уж сложно, если учесть, что ряд генералов и офицеров русской армии в годы войны ими были завербованы. В качестве примера назовем несколько десятков имен, кто нарушил присягу на верность Отечеству и стал изменником Родины. Это генералы М.Д.Бонч-Бруевич, А.А.Брусилов, П.Ф.Благовещенский, А.А.Балтинский, Ф.Ф.Новицкий, В.А.Ольденрогге и другие.

Значительно больше предателей родины было среди офицеров, начиная от прапорщиков и кончая полковниками. Вот их имена: Ф.М.Афанасьев, Е.В.Бабин, М.Ф.Бкштынович, Г.К.Восканов, М.В.Гитис, А.В.Домбровский, А.И.Егоров, Я.К.Иванов, Ю.И.Ибрагимов, С.С.Каменев, П.П.Каратыгин, П.В.Курышко, Н.В.Крыленко, В.В.Любимов, А.Ф.Мясников, М.С.Матияснвич, А.М.Перемытов, С.А.Пугачев, Н.В.Соллогуб, М.Н.Тухачевский, Я.Ф.Фабрициус, С.Д.Харитонов, В.И.Шорин, И.В.Яцко...

После октябрьского контрреволюционного переворота все эти генералы и офицеры были назначены советским правительством на высокие военно-командные должности. Некоторые из них дослужились даже до маршалов (например, А.И.Егоров и М.Н.Тухачевский). Но в 30-х годах почти все они как враги народа были расстреляны.

Гениальным, но опасным человеком для России был Ленин. Материально обеспечив себя примерной службой разведорганам германского Генштаба и уютно устроившись в благодатной стране, он продолжал подрывную деятельность против России и ее народа. При этом он ни на минуту не забывал свое излюбленное хобби. Вплоть до конца февраля 1917 года вождь большевиков плетет новые интриги против швейцарских социал-демократов — Роберта Гримма, Роберта Зейделя, Карла Дерра, Эрнста Нобса и других. Критикует патриотические воззрения Германа Грейлиха, имя которого позволило ему беспрепятственно переехать из Поронина в Цюрих, и Густава Мюллера. Он вновь выступает против «поганого каутскизма», обрушивается на «гнусных» циммервальдцев, мешает с грязью Г.В.Плеханова и Филиппа Шейдемана...

Головой окунувшись в свою стихию, политик Ленин, как ни парадоксально, не замечал, не чувствовал, что Россия находится на пороге общенационального социального взрыва. Видимо, у гения притупилось политическое чутье.

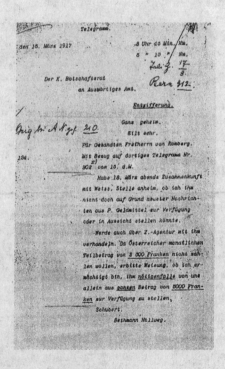

Секретная телеграмма канцлера послу Германии
в Швейцарии Ромбергу от 16 марта 1917 года

ГЛАВА 4

ВОЗВРАЩЕНИЕ СТРАНСТВУЮЩЕГО ЭМИГРАНТА

Вы, злодейству которых не видно конца,
В Судный день не надейтесь на милость
творца!
Бог, простивший не сделавших доброго
дела,
Не простит сотворившего зло подлеца.

Омар Хайям

К началу 1917 года вследствие ряда объективных причин военного, экономического и социального характера политическая обстановка в России резко обострилась. Монархический режим потерял доверие едва ли не всех слоев Российского общества. В конце февраля власть в столице фактически была парализована. Признав этот очевидный факт, Николай II в ночь на 3 марта отрекся от престола. Монархия в России пала.

Весть о Февральской революции в России ураганом пронеслась по всей Европе и долетела до швейцарского города Цюриха[1], где в эмиграции безбедно жил родоначальник большевистской партии Владимир Ульянов. И в самом деле, чего ему не хватало для спокойной жизни?

Жил в уютной квартире. В банке «Лионского кредита» в Париже имел свой счет № 6420. Имелись у него и ценные бумаги. Экспроприированные боевиками деньги переправлялись вождю. Полученные средства по страховому полису С.Т.Морозова через Красина также поступили к нему. Регулярно получал «жалованье» от немецких властей. Наконец, он являлся главным держателем партийных средств.[2]

Буквально накануне февральских событий, получив более 1300 франков, он с удивлением писал сестре: «Я не могу понять, откуда так много денег...»[3] (Здесь не будем уточнять источники денежных поступлений вождю большевиков, поскольку эта тема ниже будет освящена специально.)

Однако деньги деньгами, а вести из Петрограда не на шутку взволновали Ульянова. Узнав из газет «Neue Züricher Zeitung» и «Züricher Post» о падении монархии, он лихорадочно собирается в дорогу. Еще бы: его обошли, к власти пришли другие.

События в России страшно удивили и озадачили Ленина. Не оправдались его политические прогнозы. Он не верил в то, что в России в ближайшем будущем может вспыхнуть революция. Он считал, что социальные слои населения России не созрели для того, чтобы стряхнуть с себя страх и оцепенение, сорганизоваться и сбросить существующий общественно-политический строй. Ленин был убежден, что революция в обозримом будущем может произойти в Европе, указывал, что она скорее всего начнется в Швеции или Германии, но ни в коем случае не в России. Однако, как показала история, это был политический просчет несостоявшегося политолога.

Пока Ленин в шоке был занят хлопотами, связанными с получением от германских властей специального вагона для переезда в Россию, в ночь с 1 на 2 марта здесь уже образовалось Временное правительство (до проведения всенародных выборов в Учредительное собрание) во главе с известным прогрессивным общественным деятелем князем Г.Е.Львовым. В состав кабинета вошли: лидер партии кадетов, депутат Государственной думы, историк и публицист профессор П.Н.Милюков (министр иностранных дел); видные деятели кадетской партии — депутат Государственной думы, профессор Томского технологического института Н.В.Некрасов (министр путей сообщения) и депутат Государственной думы А.П.Шингарев (министр земледелия); основатель партии октябристов, председатель Центрально-промышленного комитета А.И.Гучков (военно-морской министр); известный петербургский адвокат, эсер А.Ф.Керенский (министр юстиции); опытный промышленник М.И.Терещенко (министр финансов); ученый-экономист и политический деятель А.А.Мануилов (министр народного просвещения); крупный фабрикант и помещик А.И.Коновалов (министр торговли и промышленности); депутат Государственной думы юрист В.Н.Львов (обер-прокурор Синода); депутат Государственной думы И.В.Годнев (Государственный контролер).

Уже на первом заседании был принят ряд постановлений, провозгласивших свободу во всех формах, а также полную и немедленную амнистию политических заключенных и лиц, пострадавших по религиозным делам.

Вскоре после образования Временного правительства, по инициативе эсеров и меньшевиков в Петрограде образовался Совет рабочих и солдатских депутатов. Постепенно Советы стали возникать по всей территории России. Однако большевики не играли в них сколько-нибудь заметной роли. Среди большевистских организаций выделялся лишь Петербургский комитет. Правда, большинство его членов стояло на умеренных позициях, не разделяя политической платформы, а тем более экстремистских взглядов Ленина. Поэтому почти все письма и статьи Ульянова, и прежде всего «Письма из далека», тогда не были опубликованы. Они увидели свет лишь после его смерти.

С первых же дней образования Временного правительства Ленин начал организовывать подрывную деятельность, теперь уже против законного правительства. Судите сами, 2 марта было создано Временное правительство, а 6 марта он отправляет телеграмму из Швейцарии в Стокгольм, в адрес шведского социал-демократа Лундстрема, для большевиков, отъезжающих из Стокгольма, и Христиании в Россию следующего содержания: «Наша тактика: полное недоверие, никакой поддержки новому правительству; Керенского особенно подозреваем; вооружение пролетариата — единственная гарантия; немедленные выборы в Петроградскую думу; никакого сближения с другими партиями. Телеграфируйте это в Петроград. Ульянов»[4].

Не желая признать, что Февральская демократическая революция совершилась фактически без участия в ней большевиков, и вынашивая свой личный план захвата власти, Ленин в «Письмах из далека» начинает поливать грязью новое правительство, обвиняя его в том, что оно якобы *«уже работает над реставрацией царской монархии, уже предлагает кандидата на новые царьки, Михаила Романова, уже заботится об укреплении его трона, о замене монархии легитимной (законной, державшейся по старому закону) монархией бонапартистской, плебисцитарной (державшейся подтасованным народным голосованием)»*[5]. Не имея, по сути дела, никакой теоретической разработки для обоснования необходимости завоевания власти пролетариатом и беднейшими слоями населения (об этом и речи не могло быть), Ленин в своих «Письмах» предлагает немедленно приступить к созданию всенародного рабочего ополчения, считая, что это и «есть правильный лозунг дня, отвечающий тактическим задачам своеобразного переходного момента, который переживает русская революция (и всемирная революция)...»[6] Подстрекая рабочих к забастовкам, провозглашая лозунг «свободной республики, безвозмездной передачи помещичьих земель крестьянам, 8-часового рабочего дня, немедленного созыва Учредительного собрания»[7], Ленин одновременно выдвигает преступный тезис о немедленном переходе революции от первого своего этапа ко второму — социалистическому. Но вся его псевдореволюционная демагогия и призывы «создать действительно общенародную поголовно-всеобщую, руководимую пролетариатом милицию... бороться за республику, полную свободу, за мир, полное разрушение царской монархии, за хлеб для народа... установление диктатуры пролетариата... и передать всю власть в государстве Советам рабочих депутатов»[8] и т. п., были ни чем иным, как средством разложения русской армии, разрушения тыла и подготовкой условий для осуществления контрреволюционного государственного переворота в стране с целью захвата власти.

При всей нервозности и неопределенности положения, в котором Ленин находился после падения монархии в России, он не прекращал переписку с Инессой Арманд, находящейся в Кларанне (Швейцария). С 9 по 31 марта, по не полным данным, он написал ей аж 9 писем на самые различные темы. В одном из них, отправленном «дорогому другу» 19 марта, находим любопытную информацию, заслуживающую пристального внимания. Так вот, в ней Ленин, в частности, пишет: «Вы скажете, может быть, что немцы *не* дадут вагона. Давайте пари держать, что *дадут!*»[9] Читая и перечитывая эти строки, невольно задумываешься: откуда у Ленина такая уверенность, на что он рассчитывал? Думается, не ошибусь, сказав, что у завербованного немецкими спецслужбами Ленина были все основания быть уверенным, что немцы дадут ему вагон для переезда в Россию. Такое решение отвечало бы интересам и немцев, и Ленина.

Тем не менее между 2 и 6 (15 и 19) марта 1917 года Ленин телеграфирует Ганецкому в Стокгольм, сообщая, что высылает ему весьма важное письмо и просит подтвердить по телеграфу его получение. Через три дня Ганецкий получает по почте книгу, в переплете которой находилось указанное письмо. Вот его содержание*: «Ждать больше нельзя, тщетны все надежды на легальный приезд. Необходимо во что бы то ни стало немедленно выбраться в Россию, и единственный план — следующий: найдите шведа, похожего на меня. Но я не знаю шведского языка, поэтому швед должен быть глухонемым. Посылаю вам на всякий случай мою фотографию»[10]. Однако этому плану не суждено было сбыться. Не прошел и вариант проезда группы политических эмигрантов через Англию. Об этом Ленин сообщает в телеграмме Ганецкому 17 (30) марта. В тот же день он присутствует на совещании представителей партийных центров, на котором член Комитета по возвращению русских политических эмигрантов С.Ю.Багоцкий** делает сообщение о ходе переговоров с Р.Гриммом*** и обосновывает план проезда эмигрантов через... Германию (!). Обращает на себя внимание тот факт, что инициатором этого плана была сама Германия. Об этом свидетельствует такой факт. 17 (30) марта 1917 года начальник берлин-

---

* Текст фальсифицирован Ганецким. В действительности письмо было иного содержания: «Ждать больше нельзя. Тщетны все надежды на легальный проезд. Нам с Григорием необходимо во что бы то ни стало немедленно выбраться в Россию. Единственный план следующий: найти шведов, похожих на меня и Григория. Но мы не знаем шведского языка, поэтому они должны быть глухонемыми. Посылаю вам на всякий случай наши фотографии...» (Фриц Платтен. Ленин из эмиграции в Россию. Март, 1917. «Московский рабочий». М., 1925, с. 133.) Несмотря на уверенность, что немцы предоставят ему вагон, Ленин попробовал и другие варианты возвращения в Россию.
** Польский социал-демократ, после октябрьского переворота примкнул к большевикам, был связан с Лениным.
*** Лидер социал-демократической партии Швейцарии.

ской секции политического отдела Генерального штаба Германии в своем докладе в МИД писал: «Доверенное лицо по эту сторону границы, которое по здешнему поручению было несколько дней в Цюрихе и 29.3.17 вернулось назад, сообщает следующее: «Большая часть живущих в Цюрихе русских желает возвратиться в Россию. Антанта с этим в принципе согласна, но только сторонники русских революционных партий, которые в это время также выступают за немедленный мир, не должны, как настаивает Англия, быть допущены в Россию...»

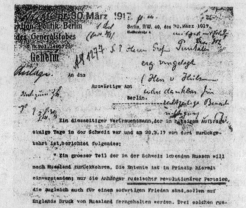

Доклад начальника берлинского политического отдела Генштаба Германии в МИД от 17 (30) марта 1917 года

Из этого сообщения власти Германии пришли к выводу, что русских революционеров, в первую очередь большевиков, следует немедленно переправить в Россию через территорию Германии. Эти сведения немедленно стали известны Ленину. Все выглядело настолько заманчивым, что Ленин тут же сообщает об этом варианте Ганецкому. На следующий день, 18 (31) марта, он посылает телеграмму Р.Гримму в Берн, в которой говорит о принятии большевиками предложения германского правительства о проезде русских эмигрантов через Германию и просит немедленно завершить переговоры. (Представляется, что деятельность западно-европейских социал-демократов в деле возвращения русских политэмигрантов на родину в литературе весьма преувеличена. Особенно это касается большевиков, чья судьба решалась в стенах германского генштаба: в этом мы сможем убедиться, ознакомившись с приведенными ниже документами.)

19 марта (1 апреля) Ленин отправляет Р.Гримму еще одну телеграмму, в которой сообщает о принятии ЦК РСДРП(б) плана проезда через Германию. Одновременно он телеграфирует Ганецкому: «Выделите две тысячи, лучше три тысячи, крон для нашей поездки», и говорит о намерении выехать из Цюриха с группой эмигрантов 22 марта (4 апреля)[11]. Из этой информации вполне понятно, что Ленин знал и

чувствовал, что виза на выезд уже у него «в кармане». В те дни уточнялись лишь маршрут и условия поездки из Швейцарии в Россию. И то, что о «берлинском разрешении» было известно Ленину от Ганецкого еще до 15 марта, видно из документа № 397 (телеграмма Ленина Ганецкому), опубликованного в 49-м томе сочинений[12]. С повестки дня были сняты и финансовые проблемы. Это ясно из выше приведенной телеграммы, в которой Ленин дает распоряжение Ганецкому о выделении средств для поездки. Но из каких источников должны были быть выделены средства? (Это особенно надо запомнить, поскольку нам предстоит распутать большой и сознательно запутанный коммунистическими идеологами и их послушными исполнителями из ИМЛ клубок о тайных немецко-большевистских связях накануне и в годы первой мировой войны, а также после октябрьского большевистского переворота.)

Однако после разговора Ленина с Гриммом по телефону, последний сообщает, что сможет вести дальнейшие переговоры со швейцарскими властями лишь после ответа от Временного правительства. Такой ответ не устраивал Ленина. Поэтому он вынужден был обратиться к Ф.Платтену[13] с просьбой быть доверенным лицом для ведения переговоров с немцами. В 3 часа дня 20 марта (2 апреля) он вместе с Ф.Платтеном отправляется из Цюриха в Берн. Там они объясняются с Гриммом, после чего дальнейшие переговоры с германским посланником в Берне, Ромбергом, по поручению Ленина, ведет только Платтен.

В связи с переговорами необходимо упомянуть один весьма примечательный факт*. 22 марта (4 апреля) Ленин поручает Платтену передать Ромбергу условия проезда русских эмигрантов в Россию. Спустя два дня он получает сообщение от Платтена о согласии германского правительства на проезд вагона с эмигрантами через территорию Германии и согласие на условия, выдвинутые большевиками. Не странно ли, что условия ставят российские эмигранты?

В западных источниках этот вопрос освещен в несколько ином ключе. Так, газета «Русь» писала: «На основании сведений безусловной достоверности: 1. Парвус играл большую роль в переговорах с германским правительством относительно проезда через Германию Ленина и его единомышленников. 2 Относительно связи Парвуса с Ганецким известно следующее: Ганецкий в 1915 году, специально вызванный в Данию из Австро-Венгрии Парвусом, учреждает на средства последнего и на свое имя большую экспортную контору, снабжавшую, между прочим, Германию продовольственными товарами, а Россию всякого рода германскими товарами. Уличенный в неоднократном контрабандном провозе товаров, был в начале 1917 г. арестован, и только благодаря заступничеству Парвуса отделался крупным денежным штрафом и высылкой за пределы Дании. В копенгагенских торговых кругах Ганецкий пользовался репутацией нечистоплотного дельца... Ганецкий был

---

* Этот факт ниже будет опровергнут Радеком.

63

хорошо осведомлен о связи Парвуса с германским правительством, рассказывал своим друзьям, что германский канцлер завязал переписку с Парвусом еще в бытность последнего в Константинополе... Парвус, бывший сначала русским, а затем турецким подданным, превращается в германского подданного. Избрав своей резиденцией Копенгаген, где у него роскошная вилла-особняк, и пользуясь исключительными привилегиями со стороны германского правительства, он непрестанно разъезжает между Берлином, Копенгагеном и Стокгольмом, где живут теперь Ганецкий и некоторые большевистские вожаки»[14].

Учитывая эти сведения, вряд ли можно усомниться в том, что Экспортная контора, в которой орудовали Парвус и Ганецкий, была учреждена на средства германских властей. К этому вопросу мы еще вернемся.

А вот свидетельство самого Ф.Платтена, который вел переговоры с немецкими властями и был руководителем, ответственным за переезд политических эмигрантов из Швейцарии через Германию в Россию: *«Мы вряд ли ошибемся, если на основании разоблачения Гардена* будем считать, что Парвус играл в этом деле вполне определенную роль и оказывал в качестве эксперта по русским делам известное влияние на немецкое правительство и высшее военное командование в смысле благополучного решения вопроса о пропуске русских революционеров в Россию через Германию... В меньшевистских эмигрантских кругах в Швецарии делались лихорадочные усилия разузнать, какие средства пустил в ход агент Парвус для того, чтобы* добиться скорейшего возвращения в Россию Ленина и Зиновьева»[15] (выделено мной. — А.А.).

Любопытны показания Платтена и по поводу организации переезда русских эмигрантов из Швейцарии в Россию. 27 сентября 1917 года он сообщил комиссии Эмигрантского комитета (председатель — доктор Рейхссберг) следующее:

«В последнюю среду марта 1917 г.** в половине 12-го я был вызван по телефону Радеком, который просил меня срочно прибыть между половиной первого и часом по важному делу в помещение рабочего клуба. Придя туда, я застал в ресторане за круглым столом Радека, Ленина, жену Ленина, Мюнценберга и (этого я не могу с уверенностью утверждать) после совещания в комнате правления — также Зиновьева, Бронского и товарища Зиновьеву. За столом не было речи о поездке, но затем Ленин, Радек, Мюнценберг и Платтен перешли в комнату правления клуба и переговорили там подробно. После короткого колебания Платтен согласился действовать в качестве доверенного лица большевиков и в тот же день, в 3 ч. 15 м., поехал вместе с Лениным, Радеком, Зиновьевым, женой Ленина и женой Зиновьева в Берн.

---

* Немецкий писатель и публицист.
** Последняя среда в марте 1917 года была 28-го.

Товарищ Гримм был поставлен в известность, что Платтен получает полномочия доверенного лица уезжающих эмигрантов. Гримм был против этого, возражая, что на партию может пасть политическая ответственность, так как Платтен является секретарем партии и, кроме того, так как он уже дал это поручение одному бернскому товарищу. Вечером, в 9 часов, Гримму было сообщено, что Платтен вступает в исполнение своих обязанностей, в крайнем случае даже против воли Гримма»[16].

Однако, давая показания, Платтен, мягко выражаясь, лукавил. Дело в том, что в своих воспоминаниях К.Радек вносит в рассказ Платтена существенные коррективы. Касаясь сюжета о переговорах с Ромбергом, он, в частности, пишет:

«...Мы послали к Ромбергу швейцарского социалистического депутата *Роберта Гримма,* секретаря Циммервальдского объединения, *и нашего единомышленника тов. Платтена.* Мы встретились с ними *после их свидания с Ромбергом* в Народном доме... *На следующие переговоры мы послали уже только тов. Платтена.* На этом настоял Владимир Ильич...»[17]. Как видим, речь идет о совместном участии Гримма и Платтена в переговорах с Ромбергом. Платтен не отрицает и свои частые посещения посольства Германии в Швейцарии. По его словам, он бывал там *«каждый раз»,* когда посольство *«приглашало Платтена явиться для переговоров»*[18]. Но он умалчивает о совместном с Гриммом участии в переговорах.

Следует отметить, что в своих воспоминаниях о переезде из Швейцарии в Россию ни один пассажир «пломбированного» вагона (Радек, Крупская, Зиновьев, Усиевич и другие) ни одну дату не упоминает. Почему? Да чтобы не выдать нечто такое, что могло бы скомпрометировать вождя и их самих.

Об ответе из Берлина на запрос Ромберга Платтен пишет так: «Ответ был получен в субботу, может быть в воскресенье»[19]. Но какого числа, он не сообщает. Как видим, и тут нет точности, поскольку суббота и воскресенье выпадают соответственно на 31 марта и 1 апреля. Между тем известно, что 23 марта, в пятницу, Ромберг направил на имя госсекретаря через канцелярию Министерства иностранных дел зашифрованную телеграмму, в которой доносил:

«Член Бундесрата Гофман узнал, что здешние видные русские революционеры хотели бы вернуться в Россию через Германию, так как они боятся пути через Францию из-за подводных лодок. Прошу дать указание на случай, чтобы я приступил к выполнению подобных предложений. Ромберг».

Через день, 25 марта (воскресенье), помощник госсекретаря Штумм телеграфно сообщил Ромбергу, что Верховное главнокомандование не имеет возражений против проезда русских революционеров, если они проследуют в отдельном транспорте. А во вторник, 27 марта, «пломбированный» вагон с политическими эмигрантами во главе с Лениным уже был на пути в Россию. Как видим, лукавство, мягко выражаясь, Платтена налицо.

Здесь уместно сказать еще об одном. Фриц Платтен не тот человек, за кого пытаются выдать его коммунистические идеологи и историографы. Пристально изучая его деятельность, не трудно заметить, что он больше служил немецкой разведке, чем большевикам. И то, что свою книгу о переезде Ленина и его соратников из Швейцарии в Россию впервые опубликовал в Берлине, о многом говорит.

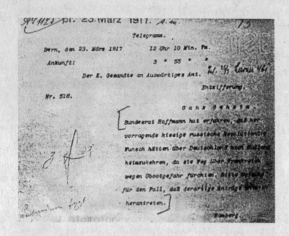

Телеграмма Ромберга Госсекретарю Германии от 23 марта 1917 года

Как уже было сказано, Ленин был информирован Ганецким о том, что Парвус через немецкое правительство добился положительного решения вопроса о пропуске русских эмигрантов через Германию в Россию. И тем не менее в телеграмме от 23 марта он пишет Ганецкому, что «дядя* желает получить подробные сведения». А в письме, помимо размышлений и многих указаний, «от всей души» благодарит его «за хлопоты и помощь», однако воздерживается напрямую «пользоваться услугами людей, имеющих касательство к издателю «Колокола»[20] (то есть Парвуса). Имея точную информацию о позиции немецких властей, Ленину нетрудно было сообразить, как действовать дальше. Вот как описывает эту ситуацию Радек: «Если большевики могли решиться на сделку с германским правительством насчет своего переезда, то эта сделка должна была быть открытой, ибо только тогда уменьшалась возможность использования ее против вождя пролетарской революции. Поэтому мы все были за открытую сделку. По поручению Владимира Ильича, я и Леви, тогдашний член союза Спартака, находившийся проездом в Швейцарии, обратились к знакомому нам представителю франкфуртской газеты («Франкфуртен Цайтунг». — *А.А.*), если не ошибаюсь,

___
* Дядя — один из псевдонимов Ленина.

фамилия его была доктор Дейнгард. Через него мы запросили германского посланника Ромберга, пропустит ли Германия русских эмигрантов, возвращающихся в Россию. Ромберг, в свою очередь, запросил министерство иностранных дел и получил принципиальное согласие»[21]. По мнению Платтена, «Германия потому облегчила эмигрантам проезд, что пребывание интернационалистов в России будет им на руку»[22].

Возможно, все, что описывает Радек, так и было. Но нельзя не заметить и понять, что предпринятые Лениным шаги нужны были всего лишь для того, чтобы придать тайному сговору между большевиками и германскими властями форму открытой безобидной сделки и тем самым создать ложное общественное мнение о том, что большевики пытались честным путем вернуться на родину. Но вся эта нелепая затея-авантюра была шита белыми нитками, поэтому она разоблачалась в печати. Дошлые и дотошные журналисты раскрывали все новые и новые имена большевиков, связанных с платными немецкими агентами Парвусом, Ганецким и Козловским, разоблачали их совместные финансовые и торговые махинации, включая контрабанду.

Так, ряд западных и русских корреспондентов располагали документами, на основании которых сделали заявление в печати:

«Парвус-Гельфанд, Козловский и Ганецкий находились в тесных деловых сношениях, причем Козловский выступал как доверенное лицо Парвуса для заключения крупных торгово-промышленных операций. В документе имеются: собственноручная подпись Гельфанда, поправки, сделанные, по словам владельца документа, рукой Ганецкого-Фюрстенберга, и 2 пункта о роли прис.(яжного) пов.(еренного) М.Ю.Козловского в качестве уполномоченного Гельфанда. Фотография документа пересылается нами в министерство иностранных дел» (России. — А.А.)[23].

Попади тогда эти сведения в Петроградские газеты весной 1917 года! Впрочем, думается, что пресса пошумела бы немного и на этом все и кончилось бы. И это вполне объяснимо. Дело в том, что к расследованию уголовного дела о связях большевиков с немецкими властями правительство сильно охладело, и не без причины. Еще весной 1917 года на страницах кадетских газет появились статьи, в которых лидеры партии эсеров обвинялись в сотрудничестве с агентами германских спецслужб. Шли слухи (а сегодня они нашли подтверждение), что эсеры также получали деньги от немцев. Позднее выяснилось, что немецкими подачками пользовались и анархисты. Но как только была заключена кадетско-социалистическая коалиция, обвинения в адрес эсеров сразу же прекратились. Что же касается расследования дела большевиков, то оно, по-видимому, с санкции Керенского стало вестись весьма вяло*.

---

* О причинах пассивного отношения Керенского к расследованию этого дела подробно будет сказано в 8-й главе.

Вернемся, однако, к событиям, происходящим в Швейцарии весной 1917 года. Здесь, как известно, шла подготовка к переезду Ленина и его сообщников в Россию. Политические же противники Ленина предпринимали отчаянные шаги, чтобы разоблачить сделку большевиков с немецкими властями.

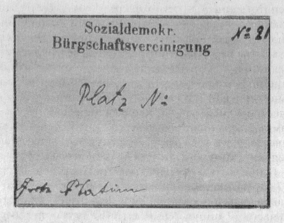

Посадочный талон отъезжавшего, подписанный Фрицем Платтеном

«Пломбированный» вагон, в котором политические эмигранты выехали из Швейцарии в Россию

Но Ленин видел дальше всех. 25 марта (7 апреля) он проводит совещание в Народном доме в Берне с представителями левых социал-демократов Германии, Франции, Польши и Швейцарии: информирует их об обстоятельствах отъезда и знакомит с «Протоколом о поездке», после чего они пишут декларацию для опубликования в печати, на случай, если начнется кампания по обвинению большевиков в связи с их беспрепятственным проездом через Германию. В этот же день Ленин посылает телеграмму в Стокгольм и сообщает Ганецкому о назначении отъезда на 26 марта (8 апреля), а также указывает на необходимость встречи в Треллеборге с представителями шведских интернационалистов — К.Линдхагеном и Ф.Стремом. Однако обстоятельства изменились, и в этот же день он телеграфирует Ганецкому об окончательном сроке отъезда в Россию — 27 марта (9 апреля) — группы в количестве 40 человек. 30 марта (12 апреля) вместе с другими «эмигрантами» (всего 32 человека, «среди них 19 большевиков»[24]) Ленин прибывает в порт Треллеборг, где его встречают Ганецкий и некий О.Гримлунд. Затем переезжает в Мальме и в эту же ночь, в сопровождении Ганецкого, отбывает в Стокгольм. В 10 часов утра 31 марта (13 апреля) Ленин приезжает в Стокгольм, где его встречают русские большевики и представители левой шведской социал-демократии. В 18 часов 37 минут Ленин, вместе с группой эмигрантов, отправляется из Стокгольма в Россию через Финляндию и поздно вечером 3 (16) апреля прибывает в Петроград. В краткой речи, произнесенной с броневика у Финляндского вокзала перед собравшимися, Ленин выразил благодарность рабочим, солдатам и матросам за их «смелые шаги», якобы положившие «начало социальной революции в международном масштабе». А закончил свою речь подстрекательным лозунгом: «Да здравствует социалистическая революция!». По сути дела, это был призыв к свержению Временного правительства. И хотя этот призыв не был поддержан трудящимися и большинством членов партии, тем не менее первый практический шаг в деле выполнения заданий германских властей был сделан. Буквально на следующий же день в Берлин поступило срочное секретное донесение от агента германского Генштаба:

«Генеральный штаб, 21 апреля 1917...
В Министерство иностранных дел
№ 551

Штаб Главнокомандования передает следующее сообщение из отдела политики генерального штаба Берлина:

«Штайнвахс телеграфирует из Стокгольма 17 апреля 1917*:

«Въезд Ленина в Россию удался. Он работает полностью по нашему желанию...»

_____

* Нового стиля.

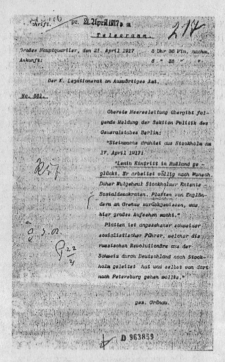

Шифровка в Берлин о прибытии
Ленина в Петроград

На следующий день Ленин дважды выступает в галерее Таврического дворца: сначала перед участниками Всероссийского совещания Советов рабочих и солдатских депутатов, а затем на объединенном заседании большевиков и меньшевиков. Так называемые «Апрельские тезисы», в которых он безбоязненно излагал свое отношение к войне, Временному правительству, государственному строю, аграрному вопросу, финансовой системе России, Учредительному собранию и Интернационалу, также не нашли поддержки у присутствующих. Примечательно, что в качестве оппонентов Ленина выступали не только эсеры и меньшевики, но и большевики. Кстати, они критиковали не только политическую позицию Ленина, но открыто высказывали свои замечания и в адрес Временного правительства. В этой связи любопытно откровение Ленина по вопросу правового положения граждан России в условиях новой власти. Прибыв в Петроград, он вскоре вынужден был признать: «*Нет в мире страны, где бы сейчас была такая свобода, как в России*»[25] (выделено мной. — *А.А.*).

И тем не менее он не может угомониться. Напротив, он пользуется этой свободой вовсю, решительно пытается реализовать немецко-большевистские планы. Кстати, советская историография широко отмечала, что приезд Ленина в Россию с радостью был воспринят трудящимися. Она, в частности, писала, что со всех уголков страны в Петроград шли потоки писем и телеграмм от партийных организаций, рабочих и крестьян, в которых выражались приветствия Ленину. В ряде изданий были приведены тексты некоторых приветствий, присланных в Петроград из разных мест. Рассчитывая на неосведомленность широкого круга читателей, а также на сложность проверки фактов на предмет их достоверности, Политиздат в одной из публикаций среди других приветствий Ленину приводит приветствие группы большевиков из грузинского села Ланчхути (см. публикацию ниже). Но это — грубая фальшивка. В 1977 году проездом в Батуми я специально остановился в Ланчхути (статус города получен в 1961 году). Он находится в 60 км юго-восточнее города Поти. Я беседовал с представителями местной администрации и с пожилыми людьми, которым в то время было 80 и более лет. Из их рассказа я понял, что из себя представляло Ланчхути в 1917 году. Это было крохотное село, состоящее из полутора десятка крестьянских дворов. На мой вопрос, были ли в селе в 1917 году большевики, сторонники Ленина, 83-летний Рамиз Брунджадзе дословно ответил: «Мы, жители села, до весны 1921 года не только не слышали слово «большевик», но и не знали, кто такой Ленин». Присутствующие старики дружно заулыбались.

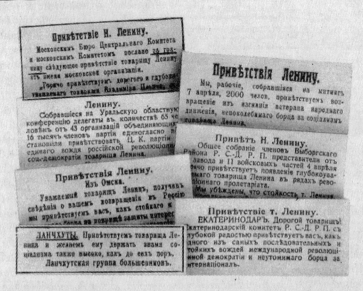

Приветствия В.И.Ленину от партийных организаций и рабочих России.
Апрель 1917 года

Коммунистические фальсификаторы так перестарались, что приветственное письмо Московского Бюро Центрального Комитета Ленину направили (?) вместо Петрограда за границу. Вот так казус! (См. ту же публикацию.)

По принципиальным соображениям я вновь должен вернуться к рассмотрению вопроса о численности и персональному составу пассажиров «пломбированного» вагона. Это очень важно, поскольку в советское время делалась целенаправленная работа по пересмотру ранее опубликованных сведений по этому вопросу. Цель предельно ясна: закамуфлировать факты, которые при определенных обстоятельствах могли бы дискредитировать большевистскую партию во главе с Лениным.

В бывшем Центральном музее В.И.Ленина в Москве экспонировался список эмигрантов, приехавших в Россию в «пломбированном» вагоне 3 апреля 1917 года.

В нем приведены фамилии 29 взрослых людей, но в скобках напротив фамилии «Радомысльская» указано: «с сыном». Между тем эти сведения не соответствуют действительности. Разберем все по порядку.

После приезда эмигрантов в Петроград, Ленин 5 (18) апреля одновременно в «Правде» и «Известиях» опубликовал статью «Как мы доехали», в которой, в частности, писал: «Приехавшие сюда 32 эмигранта разных партий* (среди них 19 большевиков, 6 бундовцев, 3 сторонника интернациональной газеты «Наше слово»...)»[26]. Заметим, что цифру 32 *трижды* упоминает в своей книге И.Ф.Платтен[27]. В «Коммюнике» о проезде русских революционеров через Германию отмечается: «Немецкое правительство приняло условия, и 9 апреля из Гаттмадингена выехало *30 русских партийных товарищей...*»[28]. В «Истории гражданской войны в СССР» также говорится: «Всего уехало из Швейцарии 32 эмигранта, из них 19 большевиков, 6 бундовцев и 7 от разных партий и групп»[29]. (В действительности из Швейцарии выехало 34 человека: 32 взрослых и 2 мальчика.)

Однако и эти сведения, очевидно, не устраивали идеологов КПСС, поэтому старшим научным сотрудником ИМЛ при ЦК КПСС А.Е.Ивановым, как он пишет, «была проведена работа по исправлению некоторых неточностей»[30]. Далее Иванов пишет: «Относительно количества эмигрантов, ехавших в составе группы, которую сопровождал Ф.Платтен, называются разные цифры. Так, Ф.Платтен указывает на число 32, включая в него двух детей и самого себя. В.И.Ленин в статьях, посвященных переезду, указывает иногда цифру 30 человек. Если посмотреть сфотографированный список отъезжающих, то в нем значится всего 29 фамилий. Так что если к этим 29 фамилиям добавить двух детей и Ф.Платтена, то получится 32. В.И.Ленин, указывая число 30, по-видимому, имел в виду взрослых людей, ехавших в этой группе»[31].

Что можно сказать по поводу этого комментария?

Да только одно: «исправления» А.Иванова направлены на сокрытие правды. Во-первых, он обходит молчанием сообщение Ленина, где тот расшифровывает цифру 32, а также сведения, опубликованные в «Истории гражданской войны». Во-вторых, «не замечает», что Ленин употребляет в статье слово «сюда», то есть в Петроград. В-третьих, Иванов ни слова не говорит о «Коммюнике». Насколько известно, Платтен не смог сопровождать эмигрантов до самого Петрограда, по-

---

* В коммунистических изданиях в отношении Айзенхуд, Гребельской, Ельчанинова, Е.Миренгоф, М.Миренгоф, Слюсарева, Сулиашвили и Шейнесон, включенных в список пассажиров «пломбированного» вагона, говорится: «Биографических данных не обнаружено». (См.: Ф.Платтен. Ленин из эмиграции в Россию. «Московский рабочий», 1990.)

скольку, по его словам, «этому воспрепятствовал английский контроль»[32], и, просидев в течение трех дней в Хапаранде*, он вынужден был уехать в Стокгольм, а оттуда — в Швейцарию. Наконец, Иванов сознательно опускает свидетельство Платтена о том, что в Готтмадинге и Заснице пассажиры «внимательно были пересчитаны: число их оставалось равным 32»[33]. Но это еще не все. Из списка эмигрантов, приехавших в Петроград, следует исключить еще одного человека, о котором наш «ученый» даже не упоминает. Я имею в виду Николая Бойцова. Под этой фамилией ехал Карл Радек, который, как известно, остался в Стокгольме представлять, вместе с Воровским и Ганецким, Заграничное бюро ЦК РСДРП(б). Как признавался сам Радек, он не мог «ехать в Петроград из-за своего грешного австрийского происхождения»[34].

Таким образом, получается вроде бы, что в Петроград приехали 28 человек. Но это не так. Если к этому числу добавить двух мальчиков — сына Радомысльской (Лилиной З.И.) и сына бундовки Поговской Б.Н., то мы получим цифру 30. Где же еще два человека? Почему Ленин дает разъяснение лишь по 28 лицам, представляющим разные политические партии? И почему умалчивает о двух, точнее, четырех, пассажирах, ехавших под защитой определения «легальные лица», внесенного в условия проезда, одобренного германским министром Ромбергом?

И последнее замечание. Совершенно не серьезно 4-5-летних мальчиков, родившихся за границей, относить к эмигрантам. Не серьезно причислять к эмигрантам и швейцарского подданного Фрица Платтена — им он станет в 1923 году.

Разгадать этот сложный «кроссворд» помогла мне М.В.Фофанова, а также публикация сотрудника правительственного Комитета Общественного осведомления Соединенных Штатов, работавшего в России зимой 1917/18 года — Эдгара Сиссона.

В одном из рассказов М.В.Фофанова говорила, что на конспиративную квартиру к Ленину приезжали из Финляндии два «товарища» — Рубаков и Егоров. (Подробно этот рассказ приведен в 7-й главе.) Небезынтересно отметить, что Ленин не скрывал от Фофановой факт переезда Рубакова и Егорова в «пломбированном» вагоне. Об этом Маргарита Васильевна говорила мне. Но она, вплоть до своей кончины, так и не узнала правду о «финских товарищах». Рассказ Фофановой относится к весне 1971 года, и мне в то время эти фамилии тоже ни о чем не говорили. И вот спустя 16 лет я вновь встречаю их в сборнике документов под названием «Немецко-Большевистская Конспирация»**, изданном в США в октябре 1918 года. В одном из примечаний к доку-

---

* Пограничный с Финляндией шведский городок.
** Обстоятельный научный анализ этого сборника дан в 10-й главе.

менту автор сборника Э.Сиссон пишет, что прикомандированные осенью 1917 года в распоряжение советского правительства майоры германского Генерального штаба Андерс и Эрих, до того как перебраться в Россию, сменили фамилии: «Майор Андерс переменил свою фамилию на русскую — Рубаков, а майор Эрих стал Егоровым», и что «Ленин и Зиновьев вместе проехали через Германию и Стокгольм»[35].

СПИСОК ПАССАЖИРОВ «ПЛОМБИРОВАННОГО» ВАГОНА*

1. Ленин (Ульянов) В.И.
2. Ленина (Крупская) Н.К.
3. Арманд И.Ф.
4. Зиновьев (Радомысльский) Г.Е.
5. Радомысльская (Лилина) З.И. *(с сыном 5-ти лет)*
6. Поговская Б.Н. *(с сыном 4-х лет)*
7. *Бойцов Н. (Радек К.Б.)***
8. Сафаров Г.И.
9. Сафарова-Мартошкина В.С.
10. Усиевич Г.А.
11. Усиевич (Кон) Е.Ф.
12. Гребельская Ф.
13. Константинович А.Е.
14. Мирингоф Е.
15. Мирингоф М.
16. Сковно А.А.
17. Слюсарев Д.
18. Ельчанинов Б.
19. Бриллиант (Сокольников) Г.Я.
20. Харитонов М.М.
21. Розенблюм Д.С.
22. Абрамович А.Е.
23. Шейнесон
24. Цхакая М.Г.
25. Гоберман М.Л.
26. Линде И.А.
27. Айзенхуд
28. Сулиашвили Д.С.
29. Равич С.Н.
30. *Рубаков (Андерс)*
31. *Егоров (Эрих)*

---

* В список не включены: Фриц Платтен и немецкие офицеры, сопровождавшие «пломбированный» вагон.
** Кроме Радека, все 32 человека (32 взрослых и двое детей) 3 (16) апреля прибыли в Петроград.

Вот и вся разгадка: немцы забросили в Россию двух своих разведчиков, а позднее еще десятки для подрывной и диверсионной работы в России в пользу Германии, а также организации государственного переворота.

Разобравшись с пассажирами «пломбированного» вагона, теперь можно вернуться к политическим баталиям, в центре которых сражался неутомимый Ленин. Искушенный в публичной и заочной полемике с многочисленными политическими оппонентами, Ленин не мог не понимать, что его политический дебют на российской земле потерпел явную неудачу. Но это его ничуть не смутило. Он начинает вести работу по сколачиванию группы единомышленников. С трудом, но все же ему удается собрать горстку сторонников (примерно 40 человек) и провести с 14 по 22 апреля I Петроградскую «общегородскую» конференцию большевиков, на которой принимается резолюция, содержащая ряд критических замечаний в адрес Временного правительства по вопросам внешней и внутренней политики и декларативный лозунг о необходимости перехода власти в руки Советов рабочих и солдатских депутатов[36].

По свидетельству Подвойского, Ленин публично заявил, что Февральская революция не решила основных проблем российского пролетариата, и призвал рабочих и солдат превратить буржуазно-демократическую революцию в социалистическую[37]. Этот призыв в условиях войны фактически был ударом в спину России. Следует отметить, что часть руководства петроградской организации большевиков не во всем была согласна с Лениным. Более того, «умеренные» большевики (а их было немало)[38] отвергли его основные теоретические положения и политическую стратегию. Вот что в связи с этим писал в «Правде» Л.Каменев: «Что касается общей схемы т. Ленина, то она представляется нам неприемлемой, поскольку она исходит от признания буржуазно-демократической революции *законченной* и рассчитана на немедленное перерождение этой революции в социалистическую...»[39] Таким образом, призыв Ленина к немедленной социалистической революции не был поддержан многими большевиками, умеренными социал-демократами, меньшевиками, а уж тем более — эсерами.

Несомненно, политическая позиция патриотически настроенного Временного правительства была предпочтительнее. Получив поддержку буквально во всех слоях населения и со стороны Советов, оно, вплоть до созыва Учредительного собрания, осуществляло демократические преобразования в стране, вело работу по организации переговоров о заключении мира.

В сложной ситуации оказался Ленин в Петрограде. Широкая общественность была враждебно настроена против него за антигосударственную деятельность. В его адрес был направлен шквал критики. Вот что писала газета «Речь» 5 апреля: «Гражданин Ленин и товарищи, торопившиеся в Россию, должны были раньше, чем выбрать путь через Германию, спросить себя, почему германское правительство с такой готовностью спешит оказать им эту беспримерную услугу, почему оно сочло возможным провезти по своей территории граждан вражеской страны, направляющихся в эту страну? Ответ, кажется, был ясен. Германское правительство надеется, что скорейшее прибытие гражданина Ленина и его товарищей будет полезно германским интересам, оно верит в германофильство вождя большевиков. И одной возможности такого ответа было, по нашему мнению, совершенно достаточно, чтобы ни один ответственный политический деятель, направляющийся в Россию во имя блага народа, не воспользовался этой своеобразной любезностью... думаем, что русскому политическому деятелю, каких бы взглядов он ни держался, путь к сердцу и совести народных масс в России не идет через Германию».

В «Маленькой газете» было опубликовано обращение солдат 4-го передового автомобильного санитарного отряда ко всем товарищам по армии, решительно требующих расследования обстоятельств проезда Ленина и других большевиков через территорию Германии[40].

В острых позиционных спорах прошла (с 24 по 29 апреля) VII (Апрельская) так называемая Всероссийская конференция РСДРП(б). Отметим, что в ее работе приняла участие лишь треть партийных организаций России. На нее не пригласили и армейские парторганизации, опасаясь, что на конференцию прибудут в основном оборонцы. Исключение составили лишь представители 12-й армии Северного фронта (члены организации латышских стрелков).

Полемика проходила в основном между двумя фракциями: крайних радикалов во главе с Лениным и умеренных большевиков, возглавляемой Каменевым. Ленин сделал три доклада (о текущем моменте, по аграрному вопросу и по вопросу о пересмотре партийной программы). Кроме этого, выступал еще 27 раз (!). Однако, несмотря на все его усилия, переломить ход обсуждения в свою пользу, заставить делегатов принять соответствующие резолюции не удалось. Каменев и его единомышленники (Зиновьев, Ногин, Рыков, Пятаков, Милютин и другие) не разделяли ленинскую политическую оценку текущего момента. Не согласны были они и с его заявлением, что буржуазно-демократическая революция выполнила свою задачу и что поэтому необходимо переходить к революции социалистической. Не получил Ленин поддержки со стороны делегатов и по аграрному вопросу. Достаточно отметить, что конференция поставила исход революции в прямую зависимость от того, «удастся ли городскому пролетариату повести за собой сельский пролетариат и присоединить к нему массу пролетариев деревни»[41]. Ленин вынужден был признать, что многие большевики не приняли его тактику: «И тезисы и доклад мой вызвали разногласия в среде самих большевиков и самой редакции «Правды»,[42] — писал он в «Письмах о тактике». Не был поддержан и призыв Ленина отказаться от участия в работе III Циммервальдской конференции и создать III Коммунистический Интернационал.

В целом резолюции конференции в большей степени отражали позицию умеренных большевиков. И то, что в состав ЦК были избраны 5 представителей умеренных (из 9), также говорит о бесспорном их влиянии в большевистских организациях. Однако коммунистические историки все эти годы писали, что конференция якобы «вооружила партию планом борьбы за перерастание буржуазно-демократической революции в социалистическую»[43]. Но это было далеко не так.

Весьма слабой была позиция большевиков и в крестьянской среде. Об этом, в частности, говорил и состав I Всероссийского съезда крестьянских депутатов, проходившего 4—28 мая (17 мая — 10 июня) 1917 года в Петрограде. Из 1115 делегатов от губернских крестьянских и армейских крестьянских организаций большевиков на съезде было (вместе с поддерживающей их так называемой группой «14 беспартийных») менее 2-х процентов. Ленин принял участие в работе съезда, он выступил с большой речью и представил на рассмотрение делегатов проект резолюции. Однако ни его речь, ни проект резолюции не были поняты делегатами съезда. Да и как могли крестьяне их понять, если Ленин советовал им «немедленно» стать на позиции *организованного захвата* помещичьих земель[44], но вместе с тем утверждал, что «частная собственность на землю вообще должна быть уничтожена»[45]. Он также советовал «поощрять устройство из каждого крупного помещичьего имения образцового хозяйства с общей обработкой земли»[46]. Эти бредовые и чуждые крестьянам идеи, естественно, были отвергнуты делегатами съезда, поскольку не отвечали их чаяниям.

Принятые съездом решения по всем рассмотренным вопросам (о текущем моменте и Временном правительстве, продовольственный вопрос, о войне, о Советах крестьянских депутатов, аграрный вопрос и др.) выражали интересы широких кругов сельских тружеников. Съезд избрал Исполнительный Комитет крестьянских депутатов, в который в основном вошли эсеры. Это было очередное фиаско большевиков во главе с Лениным.

Успеха не получили большевики и на Первом Всероссийском съезде Советов рабочих и солдатских депутатов, проходившем 3—24 июня (16 июня — 7 июля) 1917 года в Петрограде. Здесь преобладали эсеры и меньшевики (985 из 1090), и лишь 105 делегатов были представлены большевиками, несмотря на то что из 392 организаций, направивших своих представителей на съезд, 305 представляли Советы рабочих, солдатских и крестьянских депутатов. Дважды Ленин выступил на съезде с речами («Об отношении к Временному правительству» — 4 (17) июня и «О войне» — 9 (22) июня). Если в первой речи Ленин целиком обрушился на внутреннюю и внешнюю политику Временного правительства и ратовал за «переход власти к революционному пролетариату при поддержке беднейшего крестьянства»[47], то в речи по второму вопросу он подверг критике позицию Петроградского Совета рабочих и солдатских депутатов, выступивших с воззванием к народам всех стран «начать решительную борьбу с захватными стремлениями правительств всех стран... взять в свои руки решение вопроса о войне и мире»[48]. Сознательно запутывая вопрос войны и мира, обвиняя эсеров и меньшевиков в контрреволюционности и антидемократичности и бездоказательно осуждая их «политику аннексий» в отношении Армении, Украины, Финляндии и других национальных регионов, он говорит о единственном выходе из создавшегося положения: «...выход из этой войны только в революции. Поддерживайте революцию угнетенных капиталистами классов, свергайте класс капиталистов в своей стране и тем давайте пример другим странам»[49].

На этом не заканчиваются демагогические высказывания большевистского вождя. Очевидно, пытаясь внести раскол в ряды «оборонцев» и заодно произвести фурор среди делегатов съезда, Ленин восторженно заявляет: «Долой этот сепаратный мир! Никакого сепаратного мира с немецкими капиталистами мы не признаем и ни в какие переговоры не вступим...»[50]. Но это было, мягко выражаясь, лукавством и лицемерием, весьма свойственным большевику Ленину. Пройдет ровно 5 месяцев, и 9 ноября Ленин разошлет телеграммы во все полки армий на фронте с требованием приступить к переговорам о перемирии с немцами.

Расчет Ленина и тут не удался. Отвергнув резолюцию большевиков, в которой предлагалось признать единственным выходом из создавшегося положения переход государственной власти в руки Всероссийского Совета рабочих, солдатских и крестьянских депутатов, преобладающее большинство съезда высказалось против передачи власти Советам, поддержало позицию Временного правительства в вопросе внешней политики, одобрило его планы наступления на фронте. Съезд выбрал Центральный Исполнительный Комитет (ЦИК), почти целиком состоящий из представителей партий эсеров и меньшевиков.

Бурная политическая деятельность Ленина с навязчивыми, сомнительными и даже подозрительными идеями и советами, а также обстоятельства его переезда из Швейцарии в Россию через территорию Германии вызывали у граждан вполне объяснимую тревогу и озабоченность за судьбу страны. Свое отношение к личности Ленина и его сподвижникам они высказывали в публичных выступлениях и через периодическую печать.

Так, в конце апреля солдатский комитет 8-й конно-артиллерийской батареи действующей армии направил письмо в Петроградский Совет, в котором содержались вопросы, касающиеся личности Ленина. В нем, в частности, спрашивалось: «Какого он происхождения, где он был, если он был сослан, то за что? Каким образом он вернулся в Россию и какие действия он проявляет в настоящий момент, т. е. полезны ли они нам или вредны?»[51] Это письмо Петроградский Совет переслал Ленину. Однако тот, начав писать ответ, так его и не закончил. В частности, он писал, что был «исключен из Казанского университета за студенческие волнения»[52]. Между тем это неправда. Он был исключен из университета на основании личного прошения. (С подробностями об этом читатель сможет ознакомиться в документах, приведенных в 20-й главе.)

Решительно выступила «против разжигания гражданской войны последователями Ленина» «Рабочая газета».[53] Острой критике подвергли большевиков также «Новая жизнь», «Новое время», «Живое слово», «Единство», «День», «Знамя труда», «Дело народа», «Известия Петроградского Совета Р. и С. депутатов» и другие.

Удивительно, что Ленин сам выступает свидетелем этих фактов. В статье «Уроки кризиса», опубликованной 22 апреля (5 мая), он писал: «Манифестируют офицеры, студенты, «средние классы» за Временное правительство, из лозунгов **часто** попадается надпись на знаменах «**Долой Ленина**»[54] (выделено мной. — *А.А.*).

С 24 апреля по 4 мая (7—17 мая) 1917 года в Петрограде проходил съезд фронтовых делегатов, представителей Исполкома Петроградского Совета и Временного правительства. В работе съезда принимали участие и большевики. Обсуждались вопросы: об отношении к войне и миру, о братании солдат на фронте, об отношении к Временному правительству, снабжении армии боеприпасами, а также проблемы продовольствия. Делегаты с фронта изъявили желание выслушать Ленина и пригласили его на съезд. Однако тот сделал заявление в «Правде»: «По болезни я *не могу* выступить»[55]. Между тем в эти дни он был здоров, принимал самое энергичное участие в работе Петроградской общегородской конференции РСДРП(б) и Седьмой (Апрельской) Всероссийской конференции РСДП(б). В эти же дни Ленин выступал на различных собраниях, митингах и заседаниях, посещал рукописное отделение библиотеки Российской Академии, выступал с речью на открытии рабочего политического клуба «Искра», руководил деятельностью ЦК РСДРП(б) и газеты «Правда» и т.д.[56] Получается, что он лгал фронтовикам.

В апреле — июне 1917 года Ленин написал более ста статей и заметок*, часть которых была опубликована в газетах «Правда» и «Солдатская правда». В них он делал неудачные попытки оправдать проезд большевиков через территорию вражеской страны, нападал на внутреннюю и внешнюю политику Временного правительства, демагогически обещая немедленный мир, землю и созыв Учредительного собрания. Он призывал рабочих, солдат и матросов к свержению Временного правительства и захвату власти. По сути дела, Ленин вел среди политически неграмотной, уставшей от длительной войны и недовольной уровнем жизни части рабочих и солдат подрывную антигосударственную пропаганду.

---

* Часть работ была опубликована уже после его смерти.

Однако Петроградский Совет продолжал поддерживать законное правительство. Так, в связи с образованием 5 (18) мая первого коалиционного правительства газета «Известия» писала: «Сопоставляя текст декларации обновленного Временного правительства с платформой Исполнительного комитета (Петроградского Совета рабочих и солдатских депутатов. — *Ред*.), мы должны признать, что отныне Временное правительство стоит целиком на почве требований демократии как во внешней, так и во внутренней политике»[57]. В поддержку Временного правительства выступала демократическая печать и широкая общественность столицы. Вот что писала в те дни «Русская Воля»: «То, что Ленин — предатель, всякому честному, рассуждающему человеку было понятно еще до его приезда в Россию»[58]. В заметке «Оплеуха «большевикам», опубликованной в «Живом слове», говорилось: «От имени всех Советов Р. и С. депутатов, Совета крестьянских депутатов, действующих армий и ряда социалистических партий по Петрограду пронесся вчера могучий долгожданный призыв к товарищам солдатам и рабочим:

Не слушайте провокационных выкриков партии большевиков! Со своей стороны Временное правительство, только что получившее поддержку Всероссийского съезда солдатских и рабочих депутатов, властно осадило «правдистов», предупредив их: «Всякие попытки насилия будут пресекаться всею силою государственной власти».

Это совместное дружное выступление представителей рабочих, крестьян, солдат и членов Временного правительства против зарвавшихся «ленинцев» нельзя горячо не приветствовать. Кучка лиц, комфортабельно явившихся к нам через Германию в *запломбированном вагоне* и скрывших свои никому не ведомые фамилии под русскими псевдонимами, получила должный отпор от истинных друзей революции:

— Руки прочь, — не товарищи, а шакалы и черные вороны, — соратники провокаций и братанья с врагами нашей обновленной Родины!»[59]

А вот еще одно интересное сообщение той же газеты: «Общее собрание рабочих Эрастовских копей прислало на имя Съезда Советов Р. и С. депутатов телеграмму, требуя арестовать Ленина и его сподвижников. Собрание выразило порицание и последователям его, предупредив, что народ сотрет их с лица свободной России»[60]. Любопытную информацию дал Володарский в своем выступлении на заседании Второй Петроградской общегородской конференции РСДРП(б) 2 (15) июля, где он, в частности, сказал: «Укажу как курьез на одного «большевика» Нарвского района, который уверял, что *Ленина надо повесить*»[61] (выделено мной. — *А.А.*).

Сложная и противоречивая политическая обстановка сложилась в Петрограде во второй половине июня, когда началось давно ожидавшееся наступление русских войск на Юго-Западном фронте. На этот день (18 июня) президиум I Всероссийского съезда Советов Р. и С. депутатов, обеспокоенный растущим недовольством рабочих и солдат, назначил массовую демонстрацию, рассчитывая консолидировать общественно-политические силы в столице и направить движение масс в поддержку политической линии, выработанной съездом Советов. В намеченный день в Петрограде развернулась массовая демонстрация рабочих и солдат, насчитывающая свыше 400 тысяч человек. Большевики приняли в ней участие со своими лозунгами. Объективности ради следует сказать, что они неплохо постарались и приложили максимум усилий к тому, чтобы изготовить (на немецкие деньги!) и вынести на улицы Петрограда как можно больше транспарантов — «Вся власть Советам!», «Долой десять министров-капиталистов!», «Пора кончать войну!!», заслонив ими лозунги в поддержку Временного правительства и решений съезда Советов.

Бесспорно, им удалось привлечь на свою сторону значительное количество демонстрантов, но большинство городского населения и жителей провинций все же выступало в поддержку Временного правительства. Показателем соотношения сил в стране в целом в рассматриваемый период служит состав I Всероссийского съезда Советов Р. и С. депутатов, на который было делегировано 533 меньшевика и эсера, в то время как число делегатов-большевиков составляло всего лишь 105 человек.

В конце июня — начале июля политическая обстановка в Петрограде заметно обострилась. Это отчасти было вызвано правительственным кризисом, возникшим в связи с требованиями Центральной Рады предоставить Украине автономию, неудачами наступления русских войск на Юго-Западном фронте, а также продовольственным и топливным кризисом. Забегая вперед, с уверенностью можно сказать, что, если бы не подстрекательская деятельность большевиков, обстановку можно было бы стабилизировать, предотвратить выход вооруженных солдат, кронштадтских моряков и рабочих на улицы Петрограда с целью свержения Временного правительства.

Проанализировав расстановку политических сил, Ленин формально выдвигает лозунг о мирном переходе власти от Временного правительства в руки Советов, а на деле начинает готовиться к контрреволюционному заговору. К этому времени лидеры большевиков-экстремистов уже получали крупные субсидии от немецких властей для материального обеспечения государственного переворота. Об этом немецкие политики и дипломаты позаботились еще в марте 1917 года. Яркое свидетельство этому — приводимый ниже документ из Политического архива МИД Германии:

«Берлин, март 1917.
Секретно!
...В Имперское Министерство иностранных дел. Для политической пропаганды в России подлежит выделить 5 миллионов марок со-

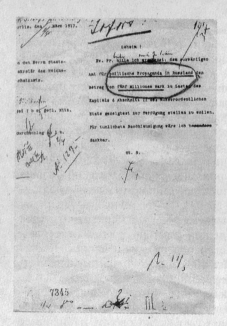

Секретное письмо Госсекретаря в Имперское Министерство иностранных дел

гласно положению, глава 5, абзац II, был бы благодарен за возможно более быстрое исполнение.

Гос(ударственный)
с(екретарь)».

Получив крупные суммы денег от германских властей, большевики активизировали свою политическую деятельность. Особое внимание уделяли агитационной и пропагандистской работе среди рабочих, солдат и матросов. К моменту июльского вооруженного мятежа партия имела 41 газету, из которых 27 выходили на русском языке, а 14 — на армянском, грузинском, латышском, польском, татарском и других языках народов России. Располагая материальными возможностями, ЦК партии большевиков приобрел за 260 тысяч рублей собственную типографию[62].

Играя на трудностях, связанных с обеспечением населения столицы продовольствием, промышленными товарами, а также массовыми увольнениями с предприятий рабочих из-за нехватки сырья и топлива, ультрарадикальные члены Военной организации при ЦК РСДРП(б) («Военка») — Подвойский, Смилга, Кедров, Невский, Лацис, Крыленко, Раскольников, Рошаль, Тер-Арутюнянц, Сахаров и другие начали лихорадочную подготовку к выступлению против Временного правительства. Щедро раздавая деньги из большевистской кассы, члены «Военки» небезуспешно вели агитационную работу в пользу Германии среди солдат Петроградского гарнизона и матросов, дислоцированных в Кронштадте и в других местах.

Сегодня, когда стало известно о многочисленных документах, раскрывающих секретные немецко-большевистские связи, уже не так сложно расставить точки над всеми «i» и, в частности, в вопросе о немецких деньгах. Эти документы убедительно доказывают, что начиная с весны 1917 года крупные денежные средства направлялись из германских банков сначала в Шведский национальный банк в Стокгольме, а потом в Сибирский, Московский народный, Азовско-Донской и Купеческий банки в Петрограде для материального обеспечения большевистского переворота. Документы из РЦХИДНИ и Политического архива МИД Германии доказывают, что планы большевистского государственного переворота в России разрабатывались при активном участии германских спецслужб и дипломатов и реализовывались при большой материальной поддержке немецких банкиров.

Так, например, в одном из документов*, перехваченных русской контрразведкой, говорится о выделении Рейнско-Вестфальским угольно-промышленным синдикатом средств для поддержки русских политических эмигрантов, желающих вести агитацию среди русских военнопленных и русской армии.

Готовя контрреволюционный переворот, Ленин максимально использует средства массовой информации, чтобы как можно больше рабочих и солдат втянуть в это дело. Следует отметить активную подстрекательную деятельность «Правды», «Солдатской правды» и других большевистских газет. В предиюльские дни Ленин через эти издания ясно дает понять, что от разрухи «нельзя спастись иначе, как революционными мерами»[63], подсказывает, что вырваться из войны «нельзя без самых решительных, на беззаветный героизм угнетенных и эксплуатируемых масс рассчитанных, революционных мер»[64].

В многочисленных публичных выступлениях на различных общественно-политических форумах и в печати Ленин все настоятельнее ставит вопрос о необходимости перехода власти Советам, настраивает массы на это действие. «Толчками и скачками дело все же идет к тому, что давно провозглашенный нашей партией переход власти Советам будет осуществлен», — писал он в статье «Вся власть Советам!»[65] накануне июльского выступления.

Должен сказать, что у Ленина слова с делом не расходились. Он через преданных ему лиц тайно готовил «революционные» силы к схватке с Временным правительством. Трудно сказать, на что Ленин рассчитывал, готовя эту военно-политическую авантюру. Но то, что он был глубоко убежден в победе над Керенским и захвате власти, не было сомнений, — об этом свидетельствует его решение в конце июня.

За действиями Ленина пристально наблюдала немецкая агентура. Она объективно доносила в Берлин о ходе подготовки большевистского выступления в Петрограде. Удовлетворенные активными делами Ленина, власти Германии решили незамедлительно пополнить его кубышку. Об этом свидетельствует зашифрованная телеграмма, перехваченная российской контрразведкой.

Документ № 11 из Сводки российской контрразведки:
«1**. Копенгаген. 18 июня 1917 г. Господину Руфферу, в Гельсингфорсе.
М.Г. (Милостивый государь. — *А.А.*)

---

* Полный текст данного документа приведен в 10-й главе.
** Очевидно, телеграмма была направлена нескольким адресатам.

Настоящим уведомляю Вас, что со счета «Дисконто-Гезельшафт» списано на счет г. Ленина в Кронштадте 315 000 марок по ордеру синдиката. О получении благоволите сообщить Ниландовой, 98, Копенгаген, Торговый дом Гансен и K°.

С уважением Свенсон»[66].

Эти средства нарочным срочно были переправлены из Кронштадта в Петроград Ленину для раздачи «революционным» матросам и солдатам.

Убедившись, что военные приготовления в частях Петроградского гарнизона выполняются по намеченной программе, Ленин 29 июня вместе с сестрой Марией на несколько дней уезжает в Финляндию, в деревню Нейвола, на дачу В.Д.Бонч-Бруевича (в 25 км от Петрограда). Расчет был прост: через два-три дня «Военка» выведет на улицы столицы «революционные» полки Петроградского гарнизона, матросов и Красную гвардию, захватит арсенал, железнодорожные вокзалы, банки, мосты, почту, телеграф, военные штабы, арестует Временное правительство, а когда все будет кончено, можно будет вернуться в Петроград, чтобы занять кресло правителя России.

ГЛАВА 5

ФИАСКО СИМБИРСКОГО ПУТЧИСТА

*Им нужны великие потрясения:
нам нужна Великая Россия.*

А.П.Столыпин

Утром 3 июля начался большевистский путч. В авангарде «революционных» сил шел в полном вооружении 1-й пулеметный полк. Было очевидно, что кровопролития не миновать. Предвидя страшную трагедию, корреспондент газеты «Воля народа» писал: «Большевики открыто идут против революционной демократии...»[1] Однако уже ничто не могло остановить пьяную, обезумевшую толпу солдат и матросов, среди которых было много анархистов, черносотенцев, уголовных элементов и наркоманов. А зачинщики, конечно, были.

Вот свидетельство рабочего завода «Новый Парвиайнен» Романова об июльских событиях 1917 года: «Третьего июля, около 2 часов дня, пришло несколько товарищей из 1-го пулеметного полка и обратилось с просьбой дать грузовик для пулеметов и поддержать их выступление против Временного правительства... Созвали общее собрание рабочих. Собрание было очень бурное. Горячо и убедительно доказывали товарищи пулеметчики своевременность и необходимость свержения Временного правительства и Керенского. Рабочие массы были настроены крайне революционно... Я уехал на квартиру за оружием. Когда приехал обратно, из ворот завода уже выезжали грузовики, на которых находились пулеметчики и часть наших рабочих»[2].

О том, что организатором июльских событий являлась партия большевиков, говорит и *особая листовка,* которую выпустила «Правда» 4 июля с призывом к рабочим и солдатам Петрограда: «После того как контрреволюционная буржуазия явно выступила против революции (?!), пусть Всероссийский совет рабочих, солдатских и крестьянских депутатов возьмет всю власть в свои руки»[3].

Ночью 3 июля на дачу Бонч-Бруевича приезжает сотрудник «Правды» М.А.Савельев, который сообщает Ленину о событиях в Петрограде. Ленин спешно собирается в дорогу. Вести из Питера были обнадеживающими. Ленин немедленно отправился в Петроград.

В контрреволюционном мятеже приняла участие и определенная часть левых эсеров, о которых советская историография почему-то умолчала. Умолчала она и о том, что эсеры также паслись у немецкой кормушки, получая денежные подачки, правда, не в таких крупных размерах, как большевики.

Вооруженный мятеж, организованный большевиками в тылу, был ножом в спину тем, кто в это время защищал Отечество от войск австро-германского блока.

Ничуть не оправдывая вину различных политических партий и течений, чья деятельность вольно или невольно способствовала возникновению взрывоопасной ситуации в Петрограде, необходимо подчеркнуть, что главными зачинщиками путча являлись большевистские руководители. Поэтому трудно не согласиться с выводами обозревателя «Известий», который в номере газеты от 4 июля писал, что часть рабочих и солдат гарнизона столицы вышла на улицу с оружием в руках под воздействием «совершенно безответственной большевистской агитации».

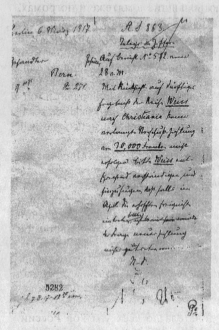

Письмо рейхсканцлера Германии Бетмана Гольвега послу в Швейцарии фон Ромбергу от 6 марта 1917 года о выделении агенту партии эсеров Вайсу 30 000 франков

По свидетельству М.В.Фофановой, в первое время обстановка в городе была таковой, будто Временное правительство находится в растерянности. Толпа солдат и матросов шла по улицам города и беспорядочно стреляла в воздух. Тем временем в Петрограде продолжали бушевать страсти обезумевшей от алкоголя и наркотиков солдатской толпы. Пьяные солдаты и матросы грабили магазины и винные склады. Погромы, хищения и беспорядочная стрельба продолжались в течение всего дня. Кульминационное событие состоялось 4 июля, когда организаторам путча удалось (путем подкупа) ввести в город более 100 тысяч человек. Но к этому времени правительство успело ввести в город войска из фронта. Началась кровавая бойня между мятежниками и верными правительству войсками. Не выдержав натиска со стороны хорошо организованных правительственных сил, путчисты стали беспорядочно отступать. Большевистская военно-политическая авантюра провалилась. Начались аресты мятежников.

Интересные свидетельства о событиях 3—4 июля в Петрограде привел в своем рассказе К.Лангваген*. В те далекие июльские дни капитан Лангваген вместе с поручиком В.Соболевым и двумя агентами правоохранительных органов участвовал в аресте мятежников. Он говорил, что солдаты и матросы, участвовавшие в мятеже и погромах, были настолько пьяны, что задержать их было не так уж просто, особенно вооруженных; хлопотно было и доставить их на гауптвахту или в тюрьму. В рассказе Лангвагена содержался не менее любопытный факт. Оказывается, при обыске задержанных матросов и солдат едва ли не у каждого второго обнаруживали пузырьки и пробирки с кокаином. Следователям не сложно было добиться признания солдат и матросов об источниках поставки наркотиков. Нанюхавшись кокаина, обалдевшие и обезумевшие матросы и солдаты совершали неосознанные поступки.

Свидетельство Лангвагена дополнил член правления Первого акционерного Общества Московской конно-железной дороги, исполнительный директор В.И.Иванов. В июльские дни он находился в Петрограде и видел, как вооруженная группа солдат на улице Гоголя и Шлиссельбургском тракте громила лавки и выражалась площадной бранью. На одной автомашине, ехавшей с вооруженными солдатами и рабочими, он прочитал на плакате: «Долой Временное правительство». Из машины раздавались одиночные выстрелы в воздух. Прохожие испуганно пригибались. Возвратившись в Москву, В.И.Иванов рассказал обо всем увиденном Л.Н.Каверину, соседу по даче в Лосиноостровском.

Весть о вооруженном мятеже долетела до всех уголков России. 7 июля был издан правительственный приказ об аресте Ленина и Зиновьева.

В связи с организацией мятежа были произведены обыски в помещениях, занятых большевиками. Документы, обнаруженные при обыске в особняке примы-балерины Кшесинской, занятого большевиками после Февральской революции, свидетельствовали о том, что заговорщики действовали в тесном контакте с немцами и черносотенцами. «Петроградская газета» в этой связи писала, что «Ленин, Вильгельм II и д-р Дубровин[4] в общем союзе. Доказано: ленинцы устроили мятеж совместно с марковской[5] и дубровинской черной сотней»[6]. 8 июля в «Известиях Петроградского совета рабочих и солдатских депутатов» было опубликовано сообщение о том, что 7 июля правительство разослало радиотелеграмму «всем», в которой говорилось: «С несомненностью выяснилось, что беспорядки в Петрограде были организованы при уча-

---

* Родственник автора этих строк.

стии германских правительственных агентов... Руководители и лица, запятнавшие себя братской кровью, преступлением против родины и революции, — арестуются».

После провала контрреволюционного мятежа, в результате которого было убито и ранено несколько сот человек (в их числе женщины и дети), Ленин и Зиновьев ушли в подполье. Выступив с краткой сумбурной речью с балкона особняка Кшесинской (во второй половине дня 4 июля) и призвав рабочих, солдат и кронштадтских моряков к стойкости, выдержке и спокойствию, Ленин переходит на нелегальное положение.

Брошенные на произвол судьбы мятежники были деморализованы. Понеся большие потери и отрезвев от попоек, они начали понимать, в какую опасную политическую авантюру их втянули большевики; теперь им приходилось расплачиваться за те 10—15 рублей, которые им выдали организаторы мятежа. Они ясно стали понимать, что совершили преступление и за него придется нести наказание по законам военного времени.

Между тем организаторы этой военно-политической акции скрылись, нисколько не чувствуя моральной и юридической ответственности за содеянное.

Вооруженный мятеж, организованный большевиками в тылу, когда Россия вела кровопролитную войну с внешними врагами, был, по сути дела, открытым предательством, ударом в спину Российского государства. Эта преступная и омерзительная акция, совершенная вождями большевиков в угоду Германии и в своих политических интересах, давала Временному правительству полное основание применить против большевистской партии самые жесткие санкции, вплоть до издания постановления, ставившего партию большевиков вне закона. Однако Керенский на эти решительные меры против изменников родины не пошел. Совершенно очевидно, что это было его роковой ошибкой.

После июльских событий в массах стали проявляться антибольшевистские настроения. Солдаты Петроградского гарнизона открыто признавали свою ошибку, публично раскаивались на митингах и собраниях, а потом дали клятву на верность Временному правительству. Так, в резолюции, принятой 9 июля на массовом митинге солдат гвардейского Литовского полка, говорилось: «Сознательно не присоединившись к вооруженному выступлению 3 и 4 июля, мы клеймили это выступление как вредное и позорное для дела революции... Мы всех призываем к безусловному исполнению непреклонной воли Центр. Комит. с. р. с. и крестьянских деп. и поддерживаемого им Временного правительства... Мы призываем товарищей Петроградского гарнизона присоединить свой голос к нашей резолюции и этим выявить единую и сознательную волю гарнизона, направленную к защите свободы от посягательства на нее со стороны немецких шпионов, объединившихся с контрреволюционерами и использующих невежество и темноту некоторой части солдатской и рабочей массы»[7].

На собрании солдатских комитетов 1-го пехотного запасного полка 10 июля его участники вынесли решение арестовать большевистских активистов и передать их властям. А 12 июля эти же комитеты в специальной резолюции возложили главную вину за участие части солдат полка в мятеже на большевиков — Василия Сахарова, Елизара Славкина, братьев Ивана и Гавриила Осиповых, подчеркнув, что именно эта четверка вела опасную агитацию среди солдат, подстрекала их к выступлению против законного правительства, обманным путем доказывала, что восстание было санкционировано Советом рабочих и солдатских депутатов[8]. Подобные митинги, на которых обсуждались экстремистские действия и подстрекательства большевиков, прошли и в других войсковых частях Петроградского военного округа.

Как видим, большевики организовали вооруженный мятеж с целью свержения законного правительства. Между тем советская историография утверждает, что это была «демонстрация», которая якобы «носила мирный характер». Но парадокс в том, что эти вымыслы опровергает один из большевистских вождей — Я.Свердлов: «Около 9 часов вечера весь пулеметный полк *в полном вооружении* подошел к зданию, где заседала конференция»[9] (выделено мной. — *А.А.*). Вот такая была «мирная демонстрация» вооруженных до зубов солдат!

Антибольшевистские настроения в различных формах стали проявляться и в рабочей среде. На этот счет имеются многочисленные свидетельства, но я сознательно хочу сослаться на сугубо большевистские источники, в частности, на выступления представителей с мест на совещании Петербургского комитета большевиков, состоявшемся 10 июля, и на заседаниях II Общегородской партийной конференции[10].

Так, представитель Невского района сообщил, что «заводы не принимали участия в демонстрации и работали непрерывно. Настроение по отношению к большевикам носит погромный оттенок... Рабочие в большей своей части питаются слухами и зачитываются бульварной печатью. Состоявшийся вчера на Обуховском заводе митинг был неудачным для нас; главными противниками выступают эсеры»[11]. Вот так, а профессора из Института истории Академии наук СССР и Московского университета пишут, что «революционные массы Петрограда готовы были свергнуть Временное правительство». Они же утверждают, что правительство, с молчаливого согласия меньшевистско-эсеровского ВЦИК, якобы учинило над мирными демонстрантами «кровавую расправу»[12].

Однако выступавший на заседании Петроградского комитета РСДРП(б) Подвойский сам указывал на «*1-й пулеметный полк, допустивший 3 (16) и 4 (17) июля много эксцессов*». Он также сказал, что «*на открытие огня пулеметчиками гренадеры заявили, что будут в них стрелять, если они не прекратят пальбы... У пулеметчиков, по-видимому, во-*

обще было настроение пострелять»[13] (выделено мной. — *А.А.*). Но даже после этого заявления члена Военной организации при ЦК большевистской партии, когда стали известны имена зачинщиков перестрелки, Ленин нагло заявил, что следствие должно было поставить вопрос, «кто начал стрельбу».

Тревожную информацию сообщали представители районных партийных организаций. После июльских событий были отмечены выходы из партии в Выборгском, Колпинском, Нарвском и других районах[14]. Из сообщения представителей всех партий и ячейки РСДРП(б) завода «Промет» стало известно, что рабочими была принята резолюция: «1-й пункт — полное доверие С(овету) Р(абочих) и С(олдатских) Д(епутатов), полное подчинение всем его постановлениям... 4-й пункт — Ц(ентральный) К(омитет) нашей партии должен сложить с себя полномочия ввиду возникшего следствия над ним. П(етербургский) К(омитет) нашей партии точно так же должен сложить с себя полномочия, так как за эти дни потерял авторитет... 8-й пункт — отныне (Петроградский) метал(лический) з(авод) действует совершенно самостоятельно, не считаясь с этими центр(альными) органами»[15]. Представитель Нарвского района отметил, что «настроение в рабочей массе вялое, апатичное — особенно это бросается в глаза на Пути(ловском) заводе»[16]. Примерно такое же положение было и в других районах. Вот свидетельство представителя Пороховского района: «Рабочая среда нашего района представляет из себя стоячее болото. После 5—6 июля особенно ярко это выражалось. Большевиков поливают гнусностями и преследуют»[17]. Нападки на большевиков наблюдались и в Василеостровском районе Петрограда[18].

О недоверии местных организаций к ЦК РСДРП(б) прямо говорили Калинин, Невский, Минин[19]. Выступивший от Выборгского района Лацис отметил, что «на металлическом заводе на совместном собрании коллективов всех партий стали каяться друг перед другом и вынесли резолюцию о сплочении партий вокруг Советов. Бюро нашего коллектива вынесло соответствующую резолюцию и сложило свои полномочия»[20]. Винокуров (Невский район) сообщил, что «организуются ударные батальоны... Замечается подъем — погромный против большевиков»[21].

Интересно признание И.Сталина, выступившего с докладом «О текущем моменте»:

«Взять власть 3 (16) и 4 (17) июля мы могли, мы могли обязать ЦИК санкционировать нашу власть. Но вопрос о том, могли ли мы удержать эту власть. На нас поднялись бы фронт, провинции, Советы. Власть, не опирающаяся на провинции, оказалась без рук и без ног. Взятием власти при таких условиях мы оскандалились бы»[22].

Итак, вооруженный мятеж был организован экстремистски настроенными большевистскими лидерами только в столице. Они и не рассчитывали на поддержку населения, более того, действовали вопреки твердой позиции Советов, лояльных Временному правительству. То, что разброд и шатание начались на всех партийных уровнях, показали результаты голосования по докладу «О текущем моменте». В поддержку резолюции высказались 28 делегатов, столько же воздержались, а 3 голоса было подано против*.

Встревоженный политической ситуацией, Центральный Комитет созвал 13 июля тайное расширенное совещание, в котором приняли участие представители Петербургского комитета, Военной организации при ЦК РСДРП(б), Московского областного бюро, Московского окружного комитета. Среди участников совещания: Бухарин, Бубнов, Бокий, Володарский, Лацис, Молотов, Ногин, Невский, Ольминский, Подвойский, Рыков, Сталин, Свердлов, Сокольников, Савельев. Устроители совещания ставили перед собой задачу: не дать низовым организациям окончательно распасться или уйти из-под влияния ЦК; выработать новую тактику, чтобы сохранить руководящую роль в деморализованной рабочей среде и в солдатских массах. Но фактически в течение двух дней шла острая дискуссия по существу тезисов Ленина[24], в которых содержались оскорбления в адрес Временного правительства и прессы, выпады против Советов, социалистов-революционеров и меньшевиков, которые якобы «предали дело революции, отдав его в руки контрреволюционерам и превратив себя и свои партии и Советы в фиговый листок контрреволюции»[25]. Ленин выступает и против лозунга «Вся власть Советам!», призывает сочетать легальную работу с нелегальной, советует «собрать силы, реорганизовать их и стойко готовить к вооруженному восстанию»[26]. Особенно ожесточенно критиковали Ленина Володарский, Рыков, Ногин, а голосование окончательно расставило все по своим местам: из 15 участников совещания 10 отвергли тезисы Ленина. В принятой резолюции нашли отражение противоположные взгляды, которые и определили задачи партии в сложившихся условиях. В ней ни слова не говорилось ни о необходимости приступать к подготовке вооруженного восстания, ни об отказе от лозунга «Вся власть Советам!». В равной степени участники совещания (его большинство) не отрицали дальнейшего участия в революции меньшевиков и эсеров. Напротив, было принято решение о приглашении эсеров на VI съезд РСДРП(б). Констатируя, что Временное правительство не в состоянии обеспечить решение основных проблем, резолюция наметила основные задачи партии:

— разоблачение контрреволюционных мероприятий;
— критика политики руководителей мелкобуржуазных партий;

---

* Располагая вполне доступными источниками об истинном политическом положении в большевистской партии после июльских событий, профессора коммунистической ориентации тем не менее умудряются писать, что за период с Апрельской конференции до VI съезда количество членов партии якобы увеличилось с 80 до 240 тысяч[23].

— работа партии по укреплению позиции революционного пролетариата;

— подготовка сил для решительной борьбы за осуществление программы большевистской партии[27].

Итоги совещания отчетливо показали, что между Центральным Комитетом и Лениным по многим вопросам существуют принципиальные разногласия[28].

Ознакомившись с резолюцией совещания и протестуя против ее содержания, Ленин пишет статью «К лозунгам», в которой вновь обрушивается на Временное правительство за репрессивные меры против участников мятежа 3—4 июля, беспардонно поносит эсеров и меньшевиков, которые якобы «оказались фактически участниками и пособниками контрреволюционного палачества»[29]. *«Советы,* — пишет он, — *похожи на баранов, которые приведены на бойню, поставлены под топор и жалобно мычат»*[30].

Как мы уже говорили, основная масса рабочих и солдат отвернулась от большевиков[31]. Это признавали многие видные деятели Военной организации — Подвойский, Кедров, Ильин-Женевский, которые после июльских событий тайно встретились на квартире Г.Ягоды, чтобы разобраться в последствиях мятежа, определить понесенные потери, наметить стратегию дальнейших действий и, по возможности, наладить организационно-агитационную работу в армии[32].

Положение дел усугублялось еще и тем, что большевики лишились своих органов печати: были закрыты «Правда», «Труд», «Солдатская правда» и другие издания. Возник конфликт между Центральным Комитетом и Военной организацией, поскольку последнюю не устраивало подчиненное положение в партийной структуре. Ликвидировали и главную опору мятежников: разоружили 1-й пулеметный, 180-й пехотный и гренадерский полки, дислоцированные в Петроградском гарнизоне. Войсковые части, находившиеся под влиянием большевиков, вскоре после июльских событий были отправлены на фронт. И, наконец, изолировали многих опытных большевистских лидеров и активных членов «Военки»: в «Крестах»[33] и других петроградских тюрьмах содержались Троцкий, Коллонтай, Каменев, Луначарский, Раскольников, Антонов-Овсеенко, Дыбенко, Рошаль, Ремнев, Сахаров. Только в «Крестах» сидело около 130 человек, арестованных по политическим мотивам. Более 10 большевиков, получивших ранения на улицах Петрограда во время июльской перестрелки, содержались под надзором в Николаевском военном госпитале[34]. Кроме них, в районных управлениях и на гауптвахтах сидели Крыленко, Тер-Арутюнянц, Дашкевич, Вишневецкий, Дзениц, Коцюбинский, Баландин, Куделько, Клим, Занько, Ермолаев, Булин, Коновалов, Егоров, Полуэктов, Фирсов, Русинов, Плотников, Плясов, Васильев[35] и другие.

Следует отметить, что заговорщики оказались под мощным «огнем» общественного осуждения. «Большевики, — говорилось в редакционной статье газеты «Живое слово», — скомпрометированы, дискредитированы и уничтожены... Мало того. Они изгнаны из русской жизни, их учение бесповоротно провалилось и оскандалило и себя и своих проповедников перед целым светом и на всю жизнь»[36].

Однако автор этой статьи явно недооценивал вождя большевиков, который готовился к реваншу. Наивному журналисту и в голову не приходило, что упрямый и самоуверенный Ульянов не только не смирился с поражением, но даже не внял совету самого Ф.Энгельса, который как-то предупредительно заметил, что «всякие заговоры не только бесполезны, но даже вредны»[37]. Он также не подозревал, что вожак путчистов планирует новый заговор. Заговор, который приведет к неисчислимым человеческим жертвам, бедствиям и страданиям десятков миллионов россиян. Именно об этом заговоре и думал Ленин, находясь вместе с Зиновьевым в окрестностях Сестрорецка*. Здесь большевистский вождь приступает к разработке нового плана захвата власти, работает над «развитием» учения марксизма о государстве, пытаясь обосновать необходимость и неизбежность гражданской войны в так называемый «переходный период от капитализма к коммунизму» и старается доказать, что «этот период неминуемо является периодом невиданно ожесточенной классовой борьбы, невиданно острых форм ее, а следовательно, и государство этого периода неизбежно должно быть государством *по-новому* демократическим (для пролетариата и неимущих вообще) и *по-новому* диктаторским (против буржуазии)»[39].

Но это были, по словам Бердяева, всего лишь бредовые «теории» «примитивного материалиста»[40], потерпевшего жалкое фиаско в попытке государственного переворота.

★ ★ ★

О трагических событиях лета 1917 года написаны сотни научных работ. Но в связи с тем, что в советской историографии события 3—4 июля освещены тенденциозно и, более того, фальсифицированы**, необходимо внести ясность и в этот вопрос. Например, в «Истории СССР» (эпоха социализма) утверждается, что «демонстрация носила мирный характер, Временное правительство и руководители меньшевистско-эсеровского ВЦИК учинили над ее участниками кровавую расправу. Улицы Петрограда были обильно политы кровью рабочих и солдат. Насчитывалось до 400 убитых и раненых. Выступление 3—4 июля явилось последней попыткой революционного народа мирным путем

_____

* Здесь уместно привести свидетельство Эйно Рахьи, который писал, что Ленин, чтобы избежать ареста, был «вынужден спрятаться *под матрацем* — в квартире финского рабочего»[38].
** К сожалению, подобные факты имеют место и сегодня.

(?) добиться решения вопроса о власти»[41]. Между тем многочисленные показания очевидцев тех событий свидетельствуют, что вооруженные «манифестанты» вели себя на улицах Петрограда как бандиты, они первыми открыли огонь из винтовок и пулеметов по правительственным войскам, в результате чего началась перестрелка. Позднее, пытаясь оправдать действия участников мятежа, Ленин напишет в статье «Ответ»: «Если число убитых приблизительно одинаково с обеих сторон, то это указывает на то, что стрелять начали именно контрреволюционеры против манифестантов, а манифестанты только отвечали. Иначе равенства числа убитых получиться не могло»[42]. Но даже несведущему ясно: если бы правительственные войска действительно внезапно начали стрелять в многотысячную толпу, то количество убитых «манифестантов» во много крат было бы больше. То, что события 3—4 июля являлись неудачным и плохо подготовленным мятежом, подтверждается и высказываниями высших руководителей Военной организации ЦК партии большевиков. Так, Н.И.Невский в своих воспоминаниях отмечает, что 4 июля руководители Военной организации ждали от ЦК сигнала, *«чтобы довести дело до конца»*[43]. И несомненно, этим делом являлось инспирированное большевиками контрреволюционное выступление. Еще более откровенно сказал по этому поводу Луначарский. По его словам, *«Ленин в ночь на 4 июля имел определенный план государственного переворота»*[44].

Как уже говорилось, обвинение Ленина в измене и шпионаже появилось в печати вскоре после его проезда в Россию через территорию Германии. Этот факт был настолько подозрителен, что Временное правительство дало указание провести расследование о возможности существования тайной связи большевистских лидеров с германскими разведорганами. В печати открыто высказывались предположения о том, что «Правда» работает на немецкую оборону. Однако это были лишь слухи, основанные на косвенных фактах, предположениях и догадках. Прямых улик против большевиков еще не было.

Они появились 28 апреля после того, как в Генеральный штаб русской армии явился с повинной прапорщик Д.С.Ермоленко. На допросах он показал, что Ленин является одним из многих действующих в России агентов германской разведки. Когда же материалы допроса стали достоянием правительства, то оно поручило членам кабинета министров — А.Ф.Керенскому, Н.В.Некрасову и М.И.Терещенко — всесторонне содействовать расследованию столь серьезного дела, к которому был подключен широкий круг квалифицированных специалистов. В те июльские дни 1917 года расследование еще не было завершено. Однако, учитывая сложность политической ситуации, вызванной экстремистскими действиями руководителей «Военки», призывающих рабочих и солдат быть «во всеоружии и захватить железнодорожные вокзалы, арсенал, банки, почту и телеграф»[45], сотрудники контрразведки, с одобрения министра юстиции Переверзева, решили использовать часть обвинительных материалов для разоблачения большевиков и вывода из-под их влияния рабочих и солдат. С этой целью руководство контрразведки пригласило бывшего депутата Государственной Думы от большевистской фракции Г.А.Алексинского и социал-революционера В.С.Панкратова и ознакомило их с материалами обвинения Ленина (для заявления в печати). Подготовленное Алексинским и Панкратовым заявление было передано вечером 4 июля в редакцию газеты «Живое слово». Это сенсационное разоблачение было опубликовано в утреннем выпуске 5 июля. Вот его полное содержание:

«Ленин, Ганецкий и К° — шпионы!

При письме от 16 мая 1917 года за № 3719 начальник штаба Верховного Главнокомандующего переправил Военному Министру протокол допроса от 28 апреля сего года прапорщика 16 Сибирского стр.(елкового. — *А.А.*) полка Ермоленко. Из показаний, данных им начальнику разведывательного отделения штаба Верховного Главнокомандующего, устанавливается следующее. Он переброшен 25 апреля сего года к нам в тыл на фронт 6-й армии для агитации в пользу скорейшего заключения сепаратного мира с Германией. Поручение это Ермоленко принял по настоянию товарищей. Офицеры Германского генерального штаба Шидицкий и Люберс* ему сообщили, что такого же рода агитацию ведет в России агент германского Генерального штаба и председатель Украинской секции «Союза освобождения Украины» А.Скоропись-Иолтуховский и Ленин. Поручено стремиться вести всеми силами к подорванию доверия Русского народа к Временному Правительству. Деньги на агитацию получаются через некого Свендсона, служащего в Стокгольме при Германском посольстве. Деньги и инструкции пересылаются через доверенных лиц.

Согласно только что поступившим сведениям, такими доверенными лицами являются в Стокгольме: большевик Яков Фюрстенберг, известный более под фамилией «Ганецкий», и Парвус (доктор Гельфанд). В Петрограде: большевик, присяжный поверенный М.Ю.Козловский, родственница Ганецкого — Суменсон, занимающиеся совместно с Ганецким спекуляциями, и другие. Козловский является главным получателем немецких денег, переводимых из Берлина через «Дисконто-Гезельшафт» на Стокгольм в «Виа-Банк», а отсюда на Сибирский банк в Петроград, где в настоящее время на его текущем счету имеется свыше 2 000 000 руб. Военной цензурой установлен непрерывный обмен телеграммами политического и денежного характера между германскими агентами и большевистскими лидерами.

По поручению Временного Правительства были выключены вчера телефоны во всех большевистских организациях, в типографиях, занятых большевиками, и в частных квартирах большевиков. Ввиду угрозы большевиков захватить телефонную станцию, на Морскую улицу, к

---

* В октябре 1917 года этот офицер прибудет в Петроград.

помещению, занимаемому телефонной станцией, был послан бронированный автомобиль.

По полученным сведениям, большевики готовили нападение на контрразведывательные отделения Генерального штаба. К помещению, занимаемому отделением, был выслан бронированный автомобиль»[46].

В том же номере газеты «Живое слово» была помещена заметка «Кто разоблачил Ленина?»:

«Комитету журналистов при Временном Правительстве доставлено за собственноручной подписью члена 2-й Государственной Думы т. Алексинского и шлиссельбуржца В.Панкратова следующее письмо:

«Мы, нижеподписавшиеся, Григорий Алексеевич Алексинский, бывший член 2-ой Гос. Думы от рабочих Петрограда, и Василий Семенович Панкратов, член партии социалистов-революционеров, пробывший 14 лет в Шлиссельбургской тюрьме, считаем своим революционным долгом опубликовать выдержки из только что полученных нами документов, из которых Русские граждане увидят, откуда и какая опасность грозит Русской свободе, рев. армии и народу, кровью своей эту свободу завоевавшим. Требуем немедленного расследования.

(Подписи) Г.Алексинский и В.Панкратов»[47].

Одновременно были отпечатаны листовки о заявлении Алексинского и Панкратова, которые бесплатно раздавались на каждом углу.

Корреспондент «Петроградской газеты» 9 июля опубликовал статью, в которой писал, что известие о том, что Ленин — немецкий агент, вызвало негодование у соседей дома, где в последнее время проживал Ленин на квартире у Елизарова.

6 июля с комментариями заявления Алексинского и Панкратова вышло большинство петроградских газет. Со статьей «К позорному столбу!» выступила газета ЦИК «Голос солдата». «Господа из «Правды», — писал автор статьи, — вы не могли не понимать, к чему ведет ваш призыв к «мирной демонстрации»... Вы клеймили правительство, лгали и клеветали на меньшевиков, эсеров и Советы, создавали панику, пугая призраком еще несуществующей черносотенной опасности... Теперь, по обычаю всех трусов, вы заметаете следы, скрывая правду от своих читателей и последователей»[48].

С резкой критикой в адрес большевиков выступил центральный орган ЦИК — «Известия». В передовице подчеркивалось: «Итак, по мнению «Правды», демонстрация 3 и 4 июля достигла цели. Чего же добились демонстранты 3 и 4 июля и их признанные официальные руководители — большевики? Они добились гибели четырехсот рабочих, солдат, матросов, женщин и детей... Они добились разгрома и ограбления ряда частных магазинов, квартир... Они добились ослабления нашего на фронтах...»[49]

С гневным осуждением предательства большевиков выступил известный народник В.Л.Бурцев, опубликовав открытое письмо в печати. Касаясь агентурной деятельности Ленина и его сподвижников, он писал: «Среди большевиков всегда играли и теперь продолжают играть огромную роль и провокаторы, и немецкие агенты. О тех лидерах большевиков, по поводу которых нас спрашивают, не провокаторы ли они, мы можем ответить: они не провокаторы... Но благодаря именно им: Ленину, Зиновьеву, Троцкому и т. д. в те проклятые черные дни 3, 4 и 5 июля Вильгельм II достиг всего, о чем только мечтал... *За эти дни Ленин с товарищами обошлись нам не меньше огромной чумы или холеры*»[50].

По-своему отнеслась к обвинениям Алексинского и Панкратова кадетская газета «Речь». В одной из статей ее автор задавал вопрос: «Разве Ленин не обелял провокатора Малиновского, разве он не окружен нечестными Зиновьевыми, разве он не отстаивает вора Радека, разве он не соратник контрабандиста Ганецкого?.. Уже не будет ни у кого сомнений, что такая «политика», которую большевики с Лениным во главе вели, может диктоваться только из Германии, за счет темных источников»[51].

Не менее хлёстко писал обозреватель той же газеты на следующий день: «Большевизм скомпрометировал себя безнадежно... Большевизм оказался блефом, раздуваемым немецкими деньгами»[52]. Газета «Новое время» требовала от меньшевиков и эсеров «решительным образом отмежеваться от преступного большевизма и поставить себя выше подозрения в товарищеском покровительстве Ленину»[53].

С возмущением воспринял сообщение о делах Ленина искренний патриот Родины — Георгий Валентинович Плеханов. 6 июля под его председательством состоялось заседание группы «Единство», на котором был заслушан обстоятельный доклад Г.Алексинского. Убедившись в предательстве Ленина, Плеханов написал обличительную статью. «Если его (правительства — *А.А.*) глава, — говорилось в статье, — не сомневается в том, что беспорядки, оросившие кровью улицы Петрограда, организованы были при участии германских правительственных агентов, то ясно, что оно не может отнестись к ним так, как должно было бы отнестись, если бы видело в них только печальный плод тактических заблуждений меньшинства нашей революционной демократии. Беспорядки на улицах столицы русского государства, очевидно, были составной частью плана, выработанного внешним врагом России в целях ее разгрома. Энергичное подавление этих беспорядков должно поэтому со своей стороны явиться составною частью плана русской национальной самозащиты... Революция должна решительно, немедленно и беспощадно давить все то, что загораживает ей дорогу»[54].

11 июля Организационный комитет, игравший роль Центрального комитета РСДРП меньшевиков, опубликовал в «Рабочей газете» воззвание «Ко всем членам партии». В нем подчеркивалось: «Преступная авантюра, затеянная ленинским штабом, могла приобрести такие размеры и стать опасной для дела революции только потому, что за этим

штабом пошли значительные слои рабочих и что социал-демократия оказалась слишком слабой, чтобы парализовать демагогию своим организованным вмешательством... Пора уже сказать громко и ясно, что «большевизм», тот большевизм, выразителем и вождем которого является Ленин, настолько далеко ушел от социал-демократии, настолько пропитался анархо-синдикалистскими идеями, что только по недоразумению, по какой-то силе инерции прикрывается еще знаменем РСДРП»[55].

Заявление Алексинского и Панкратова в печати и возмущение общественности подтолкнули правительство к энергичным действиям. Утром 5 июля была арестована соучастница германской агентуры в России Е.М.Суменсон. Вскоре в печати появилось сообщение, что она получала немецкие товары и вырученные деньги передавала большевикам. Так, «за время с января до начала наступления русских войск Суменсон было снято с текущего счета 750 тысяч рублей» и осталось «на текущем счету в банке 180 тысяч рублей»[56].

В то же утро юнкера захватили редакцию и типографию газеты «Правда». 6 июля в «Маленькой газете» появилась заметка, в которой сообщалось, что при обыске обнаружили письмо некоего барона из Хапаранды на немецком языке. В письме барон «приветствовал большевиков за их действия и выражал надежду, что большевики возымеют преобладание в Петрограде, что, по его мнению, вызовет большую радость в Германии». Об этом письме подробно писали многие петроградские газеты.

С сенсационным сообщением выступила газета «Речь». В статье «Дело Ленина и К°» говорилось: «Из официального источника сообщают: По сведениям из Копенгагена, германский социал-демократ Гаазе, вождь левого крыла социал-демократов, проездом в Стокгольм, в беседе в Копенгагене с русским журналистом утверждал, что известный д-р Гельфанд, он же Парвус, служит посредником между германским правительством и вашими большевиками и доставляет им деньги»[57].

Вряд ли можно усомниться в достоверности приведенных в статье фактов: расписка Парвуса о получении денег от немецких властей для «поддержки революционного движения в России» — лучшее подтверждение тому.

Небезынтересно в связи с этим привести и несколько фактов из личного архива начальника Петроградской контрразведки Б.В.Никитина. Он располагал копиями 29-ти телеграмм, авторами которых были Ленин, Ганецкий, Коллонтай, Суменсон, Козловский, Зиновьев. Вот текст наиболее характерных:

«Фюрстенберг. Стокгольм. Сальтшэбаден. Номер 86. Получила вашу 123. Ссылаюсь мои телеграммы 84—85. Сегодня опять внесла 20 000 вместо семьдесят Суменсон;

...Фюрстенберг. Сальтшэбаден. Стокгольм. Зовите как можно больше левых на предстоящую конференцию мы посылаем особых делегатов телеграммы получены Ульянов Зиновьев;

...Сальтшэбаден. Козловскому. Семья Мери требует несколько тысяч что делать газет не получаем;

Гиза. Фюрстенберг. Сальтшэбаден. Финансы весьма затруднительны абсолютно нельзя дать крайнем случае 500 как убытки оригинал безнадежно пуст Нюэ Банкен телеграфирует новых 10 000 Суменсон;

Фюрстенберг. Сальтшэбаден. Номер 90 внесла Русской Азиатской сто тысяч Суменсон;

Из Стокгольма Суменсон Надеждина 36 Петроград. Телеграфируйте сколько имеете денег Нестле;

Петроград. Фюрстенберг. Сальтшэбаден. Стокгольм. Номер 22 Банк вернул взнос 100 000 приехать теперь невозможно. Попросите Татьяну Яковлевну вернувшись помочь мне она там Суменсон Надеждина 36;

Фюрстенберг. Грант Отель Стокгольма. Срочно кроме 28 посланы три телеграммы. Поездка теперь невозможна. Послала письмом нарочный когда смогу приглашу вас приехать напишите откажите платить моему тестю двести рублей привет Суменсон Надеждина 36»[58].

Не менее интересны другие факты, приводимые Никитиным, а также его выводы: «Суменсон за последние месяцы сняла в одном банке около 800 000 рублей... В Сибирский банк... деньги переводил из Стокгольма, через Hia-Bank, Фюрстенберг (Ганецкий). Очень важно заметить, что от этих переводов денег и их получения Суменсон никак не могла отказаться, даже если бы обыск у нее не дал никаких результатов: банковские книги и расписка Суменсон давали нам в этом полную гарантию... Суменсон... арестованная во время июльского восстания... во всем и сразу чистосердечно призналась допрашивавшему ее в моем присутствии начальнику контрразведки Каропачинскому. Она показала, что имела приказание от Ганецкого выдавать Козловскому, состоящему в то время членом ЦК партии большевиков, какие бы суммы он ни потребовал, и при том без всякой расписки*. Из предъявленных ею чековых книжек явствовало, что некоторые из таких единовременных выдач без расписки доходили до ста тысяч рублей. Из писем, отобранных у Суменсон, можно было заключить, что Ганецкий переводил деньги Суменсон под видом средств, необходимых для торговли и главным образом аптекарскими товарами. Прикрываться коммерческой перепиской — обычный прием шпионов. И было особенно характерно, что Суменсон даже и не пыталась прятаться за коммерческий код, а сразу и просто созналась, что никакого аптекарского склада у нее не было, и

---

* Во время работы в архиве бывшего Института марксизма-ленинизма при ЦК КПСС мне удалось найти документ, указывающий на то, что при аресте Козловского у него были обнаружены чеки Московского купеческого банка на получение крупных сумм[59].

вообще никакой торговлей она не занималась»[60]. Между тем составители XIII тома ленинского сборника на странице 281 о Суменсон пишут так: «...Частное лицо. Жила в Швеции, ни к каким партиям отношения не имела. Я.Ганецкий вел с ней коммерческую переписку». Вот вам еще одна ложь, сфабрикованная сотрудниками ИМЛ.

Как видим, у Временного правительства было достаточно фактов, чтобы приступить к решительным действиям против большевиков и, прежде всего, против их главного идеолога и вождя — Ленина.

Выполняя распоряжение Кабинета министров, 6 июля правительственные войска захватили особняк Кшесинской на Петроградской стороне и Петропавловскую крепость, занятые большевиками. В ночь с 6 на 7 июля на заседании Кабинета министров было решено: «Всех участвовавших в организации и руководстве вооруженным выступлением против государственной власти, установленной народом, а также всех призывающих и подстрекавших к нему арестовать и привлечь к судебной ответственности как виновных в измене родине и предательстве революции». 7 июля был издан специальный приказ об аресте Ленина и его ближайших сподвижников — Зиновьева и Каменева.

Объединенное заседание Всероссийского Центрального Исполнительного Комитета Совета крестьянских депутатов в ночь на 6 июля приняло постановление, в котором, в частности, говорилось: *Собрание признает, что меры, принятые в эти дни Временным правительством и Военной комиссией, выделенной бюро обоих исполнительных комитетов, соответствовали интересам революции*». В этом же составе состоялось заседание 9 июля. В резолюции, касающейся нового состава правительства, подчеркивалось: *За ним признаются неограниченные полномочия для восстановления организации и дисциплины в армии, решительной борьбы со всякими проявлениями контрреволюции и анархии*»[61].

Как же отреагировал Ленин на обвинительное заявление Алексинского и Панкратова и решение Временного правительства о его аресте?

Прежде всего, как уже говорилось, он скрылся, а затем в газете «Пролетарское дело» заявил, что отказывается «подчиниться указу Временного правительства». При этом он подчеркнул: «Мы будем по мере наших сил по-прежнему помогать революционной борьбе пролетариата»[62]. Ночь с 5 на 6 июля Ленин провел в квартире секретаря «Военки» Марии Сулимовой. Утром перебрался на квартиру рабочего Выборгского района В.Н.Каюрова и провел там несколько часов. Во второй половине дня 6 июля он перешел на квартиру М.В.Фофановой, находившуюся на углу Лесного проспекта и Сердобольской улицы*. Здесь он вечером провел совещание членов ЦК РСДРП(б) (Ленин, Сталин, Свердлов, Орджоникидзе, Зиновьев). Поздно ночью он перебрался на квартиру бывшего думского депутата Н.Полетаева, а с рассветом пере-

---

* Сердобольская, д.1/92, кв.41 (ныне д.1, кв.20).

шел к Аллилуевым на Рождественку. Здесь Сталин сбрил ему усы и бородку, а ночью 9 июля Ленин в сопровождении Сталина, Аллилуева и Зофа добирается до Приморского вокзала, а дальше вместе с Н.А.Емельяновым добирается до деревни Разлив. Спустя месяц, 9 августа, он переехал в Финляндию.

Все эти сведения взяты из официальных публикаций. Однако к этой информации имеются интересные дополнения. Так, сославшись на рассказы своего мужа К.Лангвагена, Зинаида Васильевна говорила автору этих строк, что один из близких знакомых офицеров Кости утверждал, что летом 1917 он года видел Ленина в Берлине. Проверить факты, изложенные в рассказе Зинаиды Васильевны, мне так и не удалось.

Весьма интересную и, я бы сказал, пикантную историю рассказали Подвойский, Раскольников и Ягода на страницах «Известии ВЦИК» от 16 сентября 1922 года: «...Переезд из Петрограда в Кронштадт был обставлен всеми предосторожностями. *Ленин был переодет в костюм простой женщины...* Сюда приезжали из Питера активные члены партии на совещания... Спустя две недели его переправили в Сестрорецк» (выделено мной. — *А.А.*).

Вот как расценил Н.Суханов уход Ленина в подполье: «...Бегство пастыря в данной обстановке не могло не явиться тяжелым ударом по овцам. Ведь массы, мобилизованные Лениным, несли на себе бремя ответственности за июльские дни... «Действительный виновник» бросает свою армию, своих товарищей и ищет личного спасения в бегстве!.. Бегство Ленина и Зиновьева, не имея практического смысла, было предосудительно с политической и моральной стороны. И я не удивляюсь, что примеру их — только двоих! — не последовали их собственные товарищи по партии и по июльским дням»[63].

6 июля Ленин, очевидно, для пущего эффекта, публикует в газете «Листок «Правды» сразу четыре заметки[64], в которых пытается опровергнуть обвинения, выдвинутые против него Алексинским и Панкратовым[65]. 15 (28) июля в № 2 «Пролетарского Дела» была опубликована небольшая заметка, в которой Ленин делает очередную попытку уйти от ответственности за организацию вооруженного мятежа 3—4 июля. «Обвинение нас в «заговоре» и в «моральном» «подстрекательстве» к мятежу, — пишет он, — носит уже вполне определенный характер. Никакой юридически точной квалификации нашего мнимого преступления не дает ни Временное правительство, ни Совет, которые оба прекрасно знают, что говорить о «заговоре» в таком движении, как 3—4 июля, просто бессмысленно»[65]. 19—20 июля Ленин готовит еще одну заметку — «Дрейфусиаду» (она была опубликована лишь в 1925 г.). Кроме того, 24 июля он, совместно с Л.Каменевым и Г.Зиновьевым, публикует «Письмо в редакцию «Новой жизни»[66] и дает в газете «Рабочий и Солдат» свою статью «Ответ»[67].

Отметим, что во всех работах Ленин категорически отрицает обвинения, выдвинутые против него в печати. «Ганецкий и Козловский, —

пишет он, — оба не большевики, а члены польской с.-д. партии, что Ганецкий — член ее ЦК, известный нам с Лондонского съезда (1903), с которого польские делегаты ушли, и т.д. Никаких денег ни от Ганецкого, ни от Козловского большевики *не* получали. Все это — ложь самая сплошная, самая грубая»[68].

Рассчитывая на неосведомленность читателей, Ленин писал заведомую ложь. Кому-кому, а ему хорошо было известно, что еще на IV (Объединительном) съезде РСДРП, прошедшем в Стокгольме в апреле — мае 1906 года, СДКПиЛ вошла в состав РСДРП.

Начисто открещиваясь от Парвуса, Суменсон, Ганецкого и Козловского, обвиненных в агентурных делах в пользу Германии, Ленин возмущается: «Приплетают имя Парвуса, но умалчивают о том, что никто с такой беспощадной резкостью не осудил Парвуса еще в 1915 году, как женевский «Социал-Демократ», который мы редактировали и который в статье «У последней черты» заклеймил Парвуса как «ренегата», «лижущего сапог Гинденбурга» и т.п. Всякий грамотный человек знает или легко может узнать, что ни о каких абсолютно политических или иных отношениях наших к Парвусу не может быть и речи. Припутывают имя какой-то Суменсон, с которой мы не только никогда дел не имели, но которой никогда и в глаза не видели. Впутывают коммерческие дела Ганецкого и Козловского, не приводя ни одного факта, в чем же именно, где, когда, как коммерция была прикрытием шпионства. А мы не только никогда ни прямого, ни косвенного участия в коммерческих делах не принимали, но и вообще *ни копейки денег ни от одного из названных товарищей ни на себя лично, ни на партию не получали*»[69] (выделено мной. — *А.А.*).

«Прокурор играет на том, — пишет Ленин в статье «Ответ», — что Парвус связан с Ганецким, а Ганецкий связан с Лениным! Но это прямо мошеннический прием, ибо все знают, что у Ганецкого были денежные дела с Парвусом, а у нас с Ганецким никаких»[70]. И вот еще: «Припутывают Парвуса, стараясь изо всех сил создать какую-то связь между ним и большевиками... Именно большевики в Стокгольме на торжественном заседании при участии шведских левых социалистов категорически отказались не только разговаривать с Парвусом, но даже допустить его в каком бы то ни было качестве, хотя бы гостем»[71]. И далее: «Ганецкий вел торговые дела, как служащий фирмы, в коей участвовал Парвус. Коммерческая и денежная переписка, конечно, шла под цензурой и вполне доступна контролю целиком. Стараются спутать эти коммерческие дела с политикой, хотя ровно ничем этого не доказывают!!»[72]

Это, собственно, все «аргументы» Ленина, который пытается защитить себя и соратников по партии от обвинений. В то же время для доказательства их виновности имеются довольно веские основания. Но для начала следует ознакомиться с краткой биографией Я.С.Ганецкого и М.Ю.Козловского, чтобы увидеть, где и когда говорил Ленин правду, а где лгал.

ГАНЕЦКИЙ (ФЮРСТЕНБЕРГ) ЯКОВ СТАНИСЛАВОВИЧ (1879– 1937) — видный деятель польского и русского революционного движения. Участник II, IV и V съездов РСДРП. На V съезде был избран членом ЦК партии. С 31 марта 1917 года являлся членом Заграничного бюро ЦК РСДРП (большевиков). После октябрьского переворота занимал ряд ответственных государственных должностей.

То, что Я.С.Ганецкий являлся членом ЦК РСДРП(б), членом Заграничного бюро РСДРП(б), наконец, агентом ЦК, подтверждает и сам Ленин[73].

КОЗЛОВСКИЙ МЕЧЕСЛАВ ЮЛЬЕВИЧ (1876–1927) — видный деятель польского и русского революционного движения. Член с.-д. партии с 900-х годов, большевик. После Февральской революции — член Исполкома Петроградского Совета и ЦИК. После октябрьского переворота — Председатель Чрезвычайной Следственной комиссии в Петрограде, член ВЦИК 2-го созыва, Председатель Малого Совнаркома, нарком юстиции Литовско-Белорусской ССР (1919). В последующие годы занимал ряд других государственных должностей.

Итак, первая неправда Ленина заключается в том, что они (Ганецкий и Козловский) *«оба не большевики»*. В Центральном партийном архиве Института марксизма-ленинизма при ЦК КПСС хранились свидетельские показания Ленина, данные им присяжному поверенному Н.П.Колоколову в конце мая 1917 года по делу провокатора Р.В.Малиновского. В них Ленин говорит, что после ухода Малиновского из Государственной Думы весной 1914 года для расследования подозрений была создана комиссия, в которую входил он сам, Зиновьев и Ганецкий. Они-то и заявили, что «Малиновский не провокатор»[74]. Это еще раз свидетельствует, что Ленин и Ганецкий принадлежали к одной и той же большевистской партии. (Кстати, как впоследствии выяснилось, Малиновский все же был провокатором. В 1918 году он по настоянию эсеров был арестован, предан суду и расстрелян по приговору Верховного трибунала ВЦИК.)

Запершись в квартире Аллилуевых, Ленин писал: «Не суд, а травля интернационалистов, вот что н у ж н о в л а с т и . Засадить их и держать — вот что надо гг. Керенскому и К°»[75]. Между тем имелись все основания судить Ленина и его друзей по партии как изменников Родины. (Органы дознания Временного правительства подготовили 21 том «Дела по обвинению Ленина, Зиновьева и других лиц, принадлежащих партии большевиков в государственной измене». (Но, как бы то ни было, ни Ленин, никто другой из большевиков не был предан суду за совершенные преступления. А вот следователь Александров Павел Александрович, расследовавший летом и осенью 1917 года дело Ленина и его сообщников, в советское время был расстрелян как «враг народа», ведший якобы «активную борьбу против рабочего класса и революционного движения».)

Прокурор петроградской судебной палаты Н.С.Каринский 22 июля опубликовал доклад о ходе расследования по делу большевиков. В нем вина за подготовку, организацию и руководство вооруженным мятежом 3—4 июля возлагалась на партию большевиков во главе с Лениным. По части выдвинутых обвинений в докладе указывалось, что Ульянов (Ленин), Апфельбаум (Зиновьев), Коллонтай, Гельфанд (Парвус), Фюрстенберг (Ганецкий), мичман Ильин (Раскольников), прапорщики Сахаров и Семашко, Рошаль и их сподвижники договорились с врагами России «содействовать дезорганизации русской армии и тыла... для чего на полученные от этих государств денежные средства организовали... вооруженное восстание против существующей в государстве верховной власти»[76]. А Ленин еще возмущался законными действиями правоохранительных органов. Возможно, он считал нормальным организовывать антиправительственные агитации и мятежи в то время, когда страна вела кровопролитную войну.

Имеется множество других документальных материалов и свидетельств, которые убедительно подтверждают тесную (партийную и деловую) связь «Ленин — Ганецкий», показывают подозрительную благожелательность германских властей к большевикам и хлопоты Ленина по заметанию преступных следов. По официальным советским источникам, только с середины марта и до начала мая 1917 года Ленин отправил Ганецкому более 20 телеграмм и писем[77].

Прибыв 31 марта в Стокгольм, Ленин во второй половине дня участвовал в совещании большевиков, на котором образовалось Заграничное бюро ЦК РСДРП(б), в состав которого по рекомендации Ленина вошли В.Воровский, Я.Ганецкий и К.Радек[78]. Приехав в Петроград, Ленин 12 апреля отправляет письмо в Стокгольм Ганецкому и Радеку, в котором, помимо прочего, сообщает, что «Денег от вас не получил»[79]. (Значит, и Радек знал о немецких субсидиях!) Вконец запутался Ленин: пишет, что никаких дел с Ганецким не имел, а сам ведет переписку о деньгах.

1 апреля Ленин, по пути в Россию, отправил телеграмму В.Карпинскому в Женеву. В ней не трудно уловить состояние эйфории и торжества: «Германское правительство лояльно охраняло экстерриториальность нашего вагона. Едем дальше. Напечатайте прощальное письмо. Привет. Ульянов»[80]. В письме И.Арманд в конце марта он писал: «Денег на поездку у нас больше, чем я думал...»[81] И действительно, они у Ленина были, поэтому он смело дает указание «небольшевику» Ганецкому: «На сношения Питера с Стокгольмом не жалейте денег!!»[82], обещает выслать деньги большевикам в Женеву «на ведение всей переписки и заведывание делами»[83]. Ему ничего не стоило отправить Радеку в Стокгольм «около 3—4 тыс. рублей»[84] для организации международного совещания левых для основания Третьего Интернационала. Как видим, у Ленина с Ганецким существовала самая что ни есть тесная связь. И надо быть в высшей степени наивным человеком, чтобы поверить Ленину, отрицавшему эту связь.

В связи с вопросом о денежных операциях большевиков небезынтересно привести выводы Земана*, который, опираясь на исследования многочисленных документов, пишет: «Лишь тогда, когда большевики начали получать от нас постоянный приток фондов через различные каналы и под различными ярлыками, они стали в состоянии поставить на ноги их главный орган «Правду», вести энергичную пропаганду и значительно расширить первоначальный узкий базис своей партии...»[85]

Трудно не согласиться с Земаном, поскольку другие прямые и косвенные факты подтверждают его выводы. Повторяем: Ленину и другим политическим эмигрантам германское правительство предоставило возможность проезда из Швейцарии в Россию через всю Германию, с юга на север. Германские власти оказывали большевикам большую материальную помощь. Немцы гарантировали экстерриториальность специального вагона: «1) Едут все эмигранты без различия взглядов на войну. 2) Вагон, в котором следуют эмигранты, пользуется правом экстерриториальности, никто не имеет право входить в вагон без разрешения Платтена. Никакого контроля, ни паспортов, ни багажа»[86]. Так хвастливо писал Ленин в газетах «Правда» и «Известия» 5 апреля 1917 года.

Следует отметить оперативность германского правительства, разрешавшего вопрос этого переезда: 27 марта состоялся отъезд из Швейцарии, а вечером 3 апреля Ленин уже выступает в Петрограде, призывая рабочих, солдат и матросов к борьбе за социалистическую революцию. И нет сомнения в том, что эта возможность была представлена подданным России за их особые и чрезвычайно важные заслуги перед Германией.

Факты сношения Ленина и его ближайших соратников по партии с германским правительством и его Генеральным штабом подтверждаются многими свидетельствами. Весьма интересна в этом отношении беседа корреспондента газеты «Руль» с генералом Гофманом, бывшим начальником штаба Восточного фронта, заставившим большевистских лидеров подписать сепаратный Брестский мир. Вот один из вопросов, заданных генералу Гофману:

— Знаете ли вы, что многие русские патриоты обвиняют вас в том, что германское верховное командование, не добившись сепаратного мира с Россией, посылкой Ленина и Троцкого деморализовало русскую армию и создало то несчастье нашей родине, которое мы переживаем, то мировое бедствие, о котором только что говорили?

Гофман:

— Я, как начальник штаба Восточного фронта, руководил отделом пропаганды среди русской армии и поэтому могу вам сказать только одно. Во время войны Генеральный штаб, конечно, пользовался всевозможными средствами, чтобы прорвать русский фронт. Одной из этих мер, назовем это удушливыми газами или иначе, и был Ленин.

_____

* Немецкий исследователь.

Императорское германское правительство пропустило Ленина в пломбированном вагоне с определенной целью. *С нашего согласия Ленин и его друзья разложили русскую армию.* Статс-секретарь Кульман, граф Чернин и я заключили с ними Брестский договор главным образом для того, чтобы можно было перебросить наши армии на Западный фронт. Договариваясь в Бресте с этими господами, все мы (были. — *А.А.*) глубоко убеждены, что они не продержатся у власти более 2-3 недель. Верьте моему честному слову, слову генерала германской службы, что не взирая на то, что *Ленин и Троцкий в свое время оказали нам неоценимую услугу,* буде мы знали или предвидели бы последствия, которые принесет человечеству наше содействие по отправке их в Россию, мы никогда, ни под каким видом не вошли бы с ними ни в какие соглашения, но тогда мы не учли последствий, как их теперь не учитывает Антанта. Разве союзники, особенно Ллойд Джордж, договариваясь с большевиками и заключая с ними концессии, отдают себе отчет в той страшной опасности, которую представляет большевизм?»[87] (Выделено мной. — *А.А.*).

А вот и лаконичное заявление самого командующего Восточным фронтом генерала Людендорфа: *«Наше правительство поступило в военном отношении правильно, если оно поддержало Ленина деньгами»*[88]. В 35 номере военного еженедельника «Militerwachenblatt» от 21 февраля 1921 года Людендорф пишет, что по рекомендации *Парвуса* германский посол в Дании граф Брокдорф-Рантцау обратился к канцлеру Бетману Гольвегу с предложением отправить Ленина в Россию через Германию. Позднее в своих воспоминаниях Людендорф писал: «Отправлением в Россию Ленина наше правительство возложило на себя особую ответственность. С военной точки зрения, его проезд в Россию через Германию имел свое оправдание. Россия должна была пасть»[89].

Несомненно, эти заявления заслуживают внимания, но обвинение большевиков в шпионаже настолько серьезно, что для доказательства их виновности нужны дополнительные неопровержимые факты или свидетельские показания.

Весной 1971 года во время очередной консультации по моей научной работе М.В.Фофанова рассказала несколько интересных эпизодов, связанных с жизнью и деятельностью Ленина лета и осени 1917 года.

Думается, настало время привести отрывок из давнишнего рассказа Маргариты Васильевны Фофановой.

«Вечером 6 июля* в конце совещания членов ЦК партии, которое проходило у меня на квартире, Ленин встал, взял со стола газету «Живое слово», несколько секунд молча продолжал стоять, затем, повернувшись лицом к Сталину, сказал: *«Если хоть один малейший факт о деньгах подтвердится, то было бы величайшей наивностью думать, что мы сможем избежать смертного приговора»*[90].

---

* 1917 года.

Признаться, у меня были сомнения насчет достоверности этого рассказа. Помог от них избавиться случай, когда в журнале «Пролетарская революция» за 1923 год вдруг обнаружил конфиденциальное письмо Ленина, посланное 21 апреля (4 мая) 1917 года из Петрограда в Стокгольм Ганецкому. Вот выдержка из него: «Дорогой товарищ, письмо № 1 (от 22—23 апреля) получено сегодня 21/4 — ст. ст...* *Деньги (2 тыс.) от Козловского получены*»[91] (выделено мной. — *А.А.*). А выше писал, что никаких денег ни от Ганецкого, ни от Козловского не получал.

Любопытна история появления на свет этого чрезвычайно важного документа. В конце лета 1923 года, когда больной Ленин находился в Горках, заведующий Петроградским Историко-Революционным архивом Н.Л.Сергиевский послал в редакцию журнала «Пролетарская Революция» бандероль, совершенно не подозревая о сенсационности находящихся в ней материалов. В сопроводительном письме Сергиевский сообщал: «Посылаю Вам три копии писем Владимира Ильича. Найдены они были в Архиве министра юстиции (Временного правительства. — *А.А.*). Как видите, они найдены не в подлиннике, а в копиях, и нет возможности сказать, были ли удержаны подлинники, или последние, по снятии копии, были направлены к адресатам. Полагаю, что нет основания сомневаться в том, что подлинники написаны Владимиром Ильичём, а не кем-то другим. Жандармами заверенные копии хранятся у меня»[92].

Очевидно, Н.Л.Сергиевский здорово поплатился за свою находку. По сведениям ЦГАОР Ленинграда (архивная справка и сопроводительное письмо на мой адрес подписаны заместителем директора архива Н.И.Дерингом), спустя год после злополучной находки Сергиевский был понижен в должности до руководителя секции Петроградского отделения Центрального архива СССР, а еще через год — до уполномоченного Центрального исторического архива РСФСР. После 1926 года всякие упоминания о Сергиевском в архиве отсутствуют — он бесследно исчезает.

Опрошенные редакцией Ганецкий и Карпинский признали, что подлинники этих копий действительно написаны Лениным. Первое письмо Ленина от 12 апреля 1917 года было отправлено из Петрограда в Женеву Карпинскому. Второе письмо (тоже от 12 апреля), известное уже читателю, было послано в Стокгольм на имя Ганецкого и Радека. Касаясь, в частности, этого письма, Ганецкий сообщил, что «деньги, о которых идет речь, представляли из себя суммы ЦК, оставшиеся за границей»[93].

Но для чего ворочающему миллионами Ганецкому надо было (через Козловского) отправлять Ленину из Стокгольма в Петроград 2 ты-

---

* Старого стиля.

сячи рублей*, если Владимир Ильич тут же собирался послать Радеку в Стокгольм для организации международного совещания левых социал-демократов «около 3—4 тыс. рублей»? Причем на каком основании Ганецкий посылал Ленину деньги через Козловского, если между ними (Ганецким, Козловским и Лениным), по свидетельству последнего, никаких дел не было? Ведь они, «Ганецкий и Козловский, — оба не большевики»? По-видимому, Ганецкий в тот момент ничего другого не смог придумать и сказал, что деньги принадлежали ЦК партии большевиков. Наконец, для чего Ганецкому надо было «суммы ЦК» (всего 2 тыс. рублей) из Стокгольма отправлять Ленину в Петроград, *если уже в мае он, находясь в России, под расписку получает из той же кассы ЦК 4500 рублей «для переправы за границу (?)* (расписку Ганецкого см. ниже)? Абсурднее не придумаешь. Сущий блеф, рассчитанный на слабоумных. Если бы денежные средства ЦК РСДРП(б) действительно находились в Стокгольме, то Ленин взял бы их с собой и уж, конечно, вряд ли стал бы скрывать их от И.Ф.Арманд. Между тем в указанном выше письме он сообщает о посланных ей 100 франках и подчеркивает, что «нам *здорово* помогли товарищи в Стокгольме»[94].

Расписка Ганецкого о получении 4500 рублей
из кассы ЦК 30 мая 1917 года

Кто же были эти добряки, которые так **«здорово»** помогали большевикам? Нет сомнения в том, что одним из этих «товарищей» был высокопоставленный чиновник германского правительства в Стокголь-

---

* Как уже известно, Ленин получал от Козловского крупные суммы денег. Поэтому, надо полагать, в целях конспирации сумма, приводимая Лениным, на порядок занижена.

ме — Свенсон*, который через «Hia-Bank» субсидировал большевиков. Непосредственным же отправителем денег Ленину был Ганецкий. И еще одно замечание: сумма (2 тысячи), указанная Лениным в письме, несомненно была зашифрована. Этих двух тысяч не хватило бы даже на изготовление лозунгов и транспарантов к июньской демонстрации, поэтому речь может идти по меньшей мере о 200 тысячах рублей, что подтверждается телеграммами, перехваченными Петроградской контрразведкой.

Следует заметить, что Ганецкий, обладая искусством конспирации, наверняка уничтожил письмо Ленина. Конечно, он мог предположить, что переписка Ленина находится под контролем жандармерии. Но то, что копии писем вдруг всплывут и станут разоблачающими документами, ему, очевидно, в голову не пришло. Что касается Ленина, то он, видимо, был уверен в том, что о содержании его писем к Ганецкому никто не узнает. Этим можно объяснить тот факт, что в июле 1917 года он смело открещивался от Ганецкого и Козловского, надеясь, что концы его преступных деяний надежно спрятаны.

Но, находясь в подполье, Ленин на всякий случай старательно заметает следы. 17 (30) августа он отправляет из Гельсингфорса (Хельсинки) письмо заграничному Бюро ЦК РСДРП(б), в котором рекомендует Ганецкому поскорее издать «финансовый отчет своей торговли и своих «дел» с Суменсон... и с Козловским»[95]. (Кстати, как выясняется, Суменсон оказалась родной сестрой Ганецкого, а Ленин заявлял, что ее знать не знает.) В этом же письме Ленин спрашивает у «небольшевика» Ганецкого: «Каковы денежные дела заграничного бюро, назначенного нашим Центральным Комитетом?»[96] О каких партийных деньгах могла идти речь, если Ганецкий «суммы ЦК, оставшиеся за границей», еще в апреле, как он говорил, переправил через Козловского Ленину? Как видим, одна ложь следует за другой.

Наконец, еще одно свидетельство, уличающее Ганецкого и Ленина во лжи.

При кратковременной остановке группы эмигрантов в Стокгольме произошла любопытная история, которую рассказал К.Радек: «Я отправился с Ильичём в Стокгольмский универсальный магазин, сопровождаемый знатоком местных нравов и условий еврейским рабочим Хавиным. Мы купили Ильичу сапоги и начали прельщать другими частями гардероба... снабдили парой штанов... Ильич давал последние советы по постановке связи с нашими единомышленниками в других странах и связи с русским ЦК. *Наконец он торжественно вручил нам весь капитал заграничной группы ЦК, кажется, 300 шведских крон...*»[97] (Выделено мной. — А.А.).

---

* Ниже, в 8-й, 9-й и 10-й главах, будут приведены документы, подтверждающие этот факт.

Однако, прибыв из Стокгольма в Хапаранду, Ленин умудряется (без всякого зазрения совести) получить в качестве пособия 300 шведских крон от ...русского консула ненавистного ему российского правительства[98]. Более того, по прибытии в Петроград он обращается в Исполнительный комитет Петроградского Совета с просьбой выдать ему *472 руб. 45 коп.*, якобы взятые им в долг для доплаты за проезд группы эмигрантов[99].

Приведенные выше архивные документы, многочисленные факты из периодической печати, воспоминаний и свидетельств М.В.Фофановой, Свердлова, Луначарского, Подвойского, Невского, Б.В.Никитина, Н.Н.Суханова и других, бесспорно, заслуживают внимания, и вряд ли они нуждаются в дополнительной экспертизе на предмет достоверности содержащихся в них сведений. Факты — *упрямая вещь*. От них трудно и невозможно отвертеться, как это пытаются делать Ленин, Ганецкий и другие лидеры партии большевиков.

Но этим не ограничиваются факты преступной деятельности Ленина, Ганецкого-Фюрстенберга, Радека, Козловского и других.

Получив письмо от Ленина, в котором он просил организовать за рубежом публикацию статей, опровергающих «клевету» против него и других большевиков, соратник вождя — Яков Фюрстенберг предпринимает энергичные шаги. 5 и 15 августа 1917 года он посылает телеграммы... доктору Александру Гельфанду (Парвусу), в которых просит содействовать опровержению клеветы против Ленина и большевиков[100]. Выполняя просьбу Ганецкого, А.Гельфанд отправляет телеграмму лидеру германской социал-демократии («националиста» и «оппортуниста»*) Гуго Гаазе с просьбой опровергнуть сообщение русской прессы о том, что автор (Парвус) посредничал в деле отправки «пломбированного» вагона с русскими эмигрантами из Швейцарии в Россию[101]. Гаазе, конечно, отказался выполнить просьбу Парвуса. И его можно понять: ведь именно он в начале июля сообщил русским журналистам, что доктор Гельфанд служит посредником между германским правительством и большевиками.

Еще ранее (не позднее 24 июля) Ганецкий вместе с Воровским отправляют телеграмму некоему Г.Скларцу с просьбой сделать официальное заявление немецким властям о том, что Парвус не давал денег Ганецкому для помощи Ленину и другим большевикам[102].

18 и 24 августа Парвус опубликовал в Копенгагенской газете «Социал-демократ» статью — «Русские убийцы юстиции и их пособники в Копенгагене», в которой пытался защитить Ленина от «нападок»[103]. Наконец, 6 и 16 октября Ганецкий отправляет Парвусу письма, в которых просит собрать в Копенгагене материалы, опровергающие обвинения автора, Козловского и других большевиков в шпионской деятельности в пользу Германии[104].

---

* Ярлыки навешаны Лениным.

Как же после всего этого можно открещиваться от Ганецкого и Парвуса, как это делает Ленин?

Сегодня, когда опубликованы многочисленные архивные материалы и свидетельства современников, безапелляционно разоблачающие лидеров партии большевиков, совершивших тяжкие преступления перед российским государством и его народом, читатель, на мой взгляд, вправе вполне самостоятельно дать оценку деятельности этой партии, основателем которой являлся Владимир Ульянов.

ГЛАВА 6

БОЛЬШЕВИКИ ВЫХОДЯТ ИЗ «ОКОПОВ»

*Ничто так не заразительно, как заблужде-
ние, поддерживаемое громкими именами.*

Ж. Бюффон

Ночью 26 июля (3 августа) в центре Нарвского района*, в рабочем клубе начал свою работу VI съезд РСДРП(б). Во всех изданиях периода правления большевиков и их последователей, начиная со школьных учебников и кончая многотомной историей КПСС, коммунистические историографы подчеркивали, что VI съезд РСДРП в условиях «контрреволюционного Временного правительства» якобы «вынужден был работать нелегально». Вот что пишут в этой связи составители «Истории гражданской войны в СССР»: «Шпионы правительства, наемные и добровольные, рыскали по районам, вынюхивая, где собрались делегаты»[1]. Публикуемые ниже материалы из газеты «Рабочий и Солдат» от 25 июля 1917 года начисто опровергают вымыслы большевистских идеологов.

В полном объеме осветить работу этого съезда чрезвычайно сложно, поскольку отсутствуют первоисточники — стенографические рукописи. Издатели материалов съезда пишут, что «рукопись до настоящего времени не найдена»[2]. Однако это весьма сомнительно, поскольку источниковедческий анализ показал, что в так называемых «протоколах» многие факты просто подтасованы. Сегодня трудно сказать, сколько людей приложило руку к материалам съезда. Но назвать лиц, принявших активное участие в фальсификации «протоколов», вполне возможно. Это прежде всего ближайший соратник и ученик Ленина — Свердлов. В своем докладе на съезде он, в частности, сказал: «В настоящее время мы насчитываем 162 организации с 200 000 членов партии».

---

* Первоначально работу съезда планировалось провести в Выборгском районе, как об этом сообщалось в печати.

И тут же с «потолка» стали приводить сведения о численности членов партии по городам и регионам России, как-то: «Москва с районом — около 50 000... Петроград насчитывает около 41 000 членов... Урал имеет от 24 000 до 25 000 членов партии...» Суммируя им же приведенные цифры, Свердлов подчеркнул: «Подводя итоги, я насчитываю около 240 000 членов партии»[3]. Сравним эти цифры с анкетными данными, заполненными представителями партийных организаций с мест. Например, по сведениям десяти (!) партийных организаций Центрального промышленного района (Московской городской, Московской подрайонной, Московской Военной, Тверской, Серпуховской, Калужской, Тушино-Гучковской, Владимирской, Кимрской и Коломенской), общее количество членов партии в них составило всего лишь около 22 тысяч (21 897)[4]. А по всем большевистским организациям России, по явно завышенным сведениям, насчитывалось 106 961 человек[5].

Товарищей делегатовъ, пріѣзжающихъ на Всероссійскій Съѣздъ Р. С. Д. Р. П., назначенный на 25 іюля въ Петроградѣ, просимъ явиться за мандатами по слѣдующимъ адресамъ:

1. Таврическій дворецъ, Центральный Исполнительный Комитетъ, фракція большевиковъ, секретарь Благонравовъ.

2. Выборгская сторона, Больш.-Самсоніевскій проспектъ д. №62, Районный Комитетъ Р. С. Д. Р. П.

Организаціонное Бюро.

Сообщение газеты «Рабочий и Солдат» о созыве VI съезда РСДРП

Анализируя откорректированные «протоколы», следует отметить, что даже из их содержания нельзя сделать вывод о том, что съезд взял «курс партии на вооруженное восстание», как об этом говорится в официозной литературе. Попытка редакционной комиссии[6] как-то сблизить разные точки зрения на ситуацию в стране и в партии не имела особого успеха. Резолюция съезда говорит о том, что члены редакционной комиссии нередко удовлетворялись компромиссами. Взять, к примеру, вопрос о явке Ленина в суд, который делегаты съезда (его руководящее ядро) сначала хотели рассмотреть в первую очередь, но затем ограничились резолюцией, в которой подчеркивается, что «съезд высказался за неявку В.И.Ленина на суд...». Однако в резолюции съезда (по архивным источникам) по данному вопросу говорится: «Съезд РСДРП выражает свой горячий протест против возмутительной прокурорско-шпионско-полицейской травли вождей революционного пролетариата, шлет свой привет тт. Ленину, Зиновьеву, Троцкому и др. и надеется увидеть их снова в рядах партии революционного пролетариата»[7]. Как видим, о неявке Ленина на суд — ни слова. Напротив, многие видные большевики, до съезда и в период его работы, говорили, что Ленину не следует скрываться от правоохранительных органов. Глава профсоюзов Шляпников неоднократно советовал Ленину явиться в суд[8]. Такого же мнения были Троцкий, Каменев, Рыков, Луначарский, Ногин и другие. Равинский предлагал съезду вне очереди обсудить вопрос об обвинении тт. Ленина и Зиновьева в германском шпионаже[9]. Однако это предложение было отклонено. И тем не менее делегаты продолжали высказывать свои мнения. Так, Володарский подчеркнул: «Мы на всех событиях накапливали капитал. Массы понимали нас, но в этом пункте (в вопросе уклонения Ленина и Зиновьева от явки в суд. — А.А.) масса нас не поняла». От имени Безработного (Мануильского), Лашкевича и от себя Володарский внес на рассмотрение съезда резолюцию, в которой говорилось: «Съезд заявляет, что тт. Ленину и Зиновьеву разрешается отдать себя в руки власти, если им будут гарантированы следующие условия: 1) Принятие всех абсолютно мер, необходимых для обеспечения арестованным полной безопасности, 2) Гласное ведение следствия и устранение от него бесчестных слуг старого режима, 3) Участие в следствии представителей ЦИК Советов рабочих и крестьянских депутатов, 4) Возможно более скорый разбор всего дела главным народным судом — судом присяжных»[10]. После зачтения Володарским резолюции выступил Мануильский и сказал следующее: «Вопрос о явке тт. Ленина и Зиновьева в суд нельзя рассматривать в плоскости личной безопасности... Приходится этот вопрос рассматривать... с точки зрения интересов и достоинства партии. Нам приходится иметь дело с массами, и мы видим, какой козырь в руках буржу-

Партійный Съѣздъ.

Для созыва партійнаго съезда было создано Организаціонное Бюро изъ представителей Ц. К. Р. С.-Д. Р. П., Ц. К., В. О. при Ц. К. и Межрайоннаго Комитета объединенныхъ с.-д. б-ковъ и м-ковъ интернаціоналистовъ.

Норма представительства, намѣченная Орг. Бюро: отъ 500 до 1,000 членовъ партіи — одинъ делегатъ; свыше 1.000 на каждую тысячу по одному.

Порядокъ дня съезда:

1. Докладъ Орг. Бюро.
2. Отчетъ Ц. К. Р. С.-Д. Р. П.
3. Отчетъ съ мѣстъ.
4. Текущій моментъ.
5. Пересмотръ программы и устава партіи.
6. Выборы въ Учредит. Собраніе.
7. Интернаціоналъ.
8. Объединеніе партіи.
9. Выборы.
10. Разные.

По имѣющимся въ секретаріатѣ Ц. К. даннымъ, партія объединяетъ свыше 200.000 организованныхъ членовъ.

Сообщение газеты «Рабочий и Солдат» о порядке дня съезда

азии, когда речь идет об уклонении от суда наших товарищей...»[11] Опасение (не в пользу Ленина) высказал на съезде и Бухарин. «На самом суде, — сказал он, — будет ряд документов, устанавливающих связь с Ганецким, а Ганецкого с Парвусом, а Парвус писал о Ленине. Докажите, что Парвус — не шпион!»[12] Думается, что Бухарин рассуждал вполне логично: доказать виновность Ленина суду не представляло труда, тем более что правительство к этому времени собрало достаточно неопровержимых доказательств о существенной роли Петербургского комитета и Военной организации в подготовке и проведении июльского мятежа[13].

Однако коммунистические идеологи и тут сумели извратить факты. Так, в многотомной истории КПСС читаем: «На квартире С.Я.Аллилуева... состоялось совещание Центрального Комитета (?). Среди присутствующих были В.И.Ленин, В.П.Ногин, Г.К.Орджоникидзе, И.В.Сталин, Е.Д.Стасова. Участники совещания пришли к единодушному решению о переходе Ленина на нелегальное положение, о неявке его на суд буржуазии»[14]. Но, во-первых, сходку трех членов ЦК РСДРП(б) (Ленин, Сталин, Ногин), из которых один (Ленин) являлся заинтересованным лицом, нельзя назвать совещанием ЦК, а тем более они не могли выносить какое-либо решение, поскольку кворума не было: из 9 членов ЦК, избранных на Апрельской «Всероссийской» конференции, на совещании присутствовали лишь трое. Во-вторых, и это главное, подобное решение, да еще от имени ЦК, участники совещания вообще не принимали. Это — чистейший вымысел.

Представляет особый интерес статья Орджоникидзе «Ильич в июльские дни», опубликованная вскоре после смерти Ленина в газете «Правда». Вот что он пишет: *«В дни 3—4 июля 1917 г. была сделана первая серьезная попытка покончить с властью коалиционного правительства Керенского-Терещенко-Чернова-Церетели... Некоторые наши товарищи ставят вопрос о том, что Ленину нельзя скрываться, он должен явиться. Иначе у партии не будет возможности оправдаться перед широкими массами. «Вождю партии брошено тяжкое обвинение, он должен предстать перед судом и оправдать себя и партию». Так рассуждали многие видные большевики. Пошли разговоры о том, надо ли Владимиру Ильичу явиться и дать арестовать себя. Ногин довольно робко высказался за то, что надо явиться и перед главным судом дать бой. Таково было мнение значительной части московских товарищей...*[15] (Выделено мной. — А.А.). Такова была позиция и Советов. На объединенном заседании ЦИК Советов рабочих и солдатских депутатов и Исполкома Совета крестьянских депутатов 13 (26) июля была принята резолюция, объявившая недопустимость уклонения Ленина от суда и требующая устранения от участия в работах ЦИК Советов лиц, которым были предъявлены обвинения судебной властью[16].

Однако вернемся к работе съезда. Несмотря на известную чистку «протоколов», привлекают внимание выступления некоторых делегатов с мест, которые в корне отличны от тенденциозных докладов Сталина (Политический отчет ЦК РСДРП(б)) и Свердлова (Организационный отчет о деятельности ЦК) и которые, на мой взгляд, без всяких прикрас показывают политическую обстановку того периода. Прежде всего следует отметить: преобладающее большинство ораторов с мест указали в анкетах, что в их городах и районах, после июльских событий, никаких арестов, погромов и других репрессивных мер правительство не принимало.

Начнем с Мясникова, представляющего Военную организацию города Минска: «У нас слишком оптимистический взгляд на армию. Наша армия является неустойчивой в смысле партийности. Крепких связей с рабочими нет. На фронте нет партийных ячеек. Необходимо создать крепкую связь с Центральным Комитетом. До сих пор ЦК не связан с Западным фронтом. Солдатские массы неустойчивы и легко поддаются влиянию буржуазных газет, наименее разобравшиеся считают большевиков изменниками»[17]. Можно представить внутреннее состояние самообольщенного Свердлова, слушавшего выступление Мясникова.

Судя по реакции делегатов на объявление имени очередного оратора — Ю.Ларина, среди присутствующих было немало тех, кто одобрял политическую программу и революционную тактику меньшевиков. Когда Ларин сообщил с трибуны, что «на наш съезд явится вождь меньшевиков-интернационалистов т. Мартов и выступит официально», то «съезд встретил это сообщение аплодисментами»[18].

Мало утешительного для Ленина и его окружения содержалось в кратком выступлении старого партийца Е.Преображенского: «В настоящее время, — сказал он, — влияние большевиков сравнительно ослабело; есть сильные эсеровские организации; меньшевики тоже усилились... В солдатской массе преобладает влияние эсеров»[19]. Представитель Красноярской партийной оганизации, в частности, заявил: «Красноярская организация с первых дней революции была интернационалистской, но не стояла на нашей платформе, поддерживала Временное правительство»[20]. Откровенно высказался посланец Румынского фронта: «Все газеты наполнены пропагандой против Ленина... Солдаты... постановили гнать и избивать каждого, кто говорит о братании»[21].

На съезде развернулась острая дискуссия об отношении партии к Советам. В целом поддерживая позицию Ленина в этом вопросе, Сталин выступил с предложением о снятии лозунга «Вся власть Советам!». Однако из 15 делегатов, принявших участие в дискуссии, лишь 6 поддержали Сталина. Лишь один, Бухарин, занял нейтральную позицию, а 8 твердо высказались за сохранение лозунга «Вся власть Советам!».

Из имеющихся материалов невозможно определить, кто и за что голосовал, но в резолюции был выделен специальный раздел, касающийся участия большевиков в предвыборной кампании в Учредительное собрание[22]. В материалах съезда отсутствует полный список лиц, избранных в состав ЦК[23]. Причем почти треть состава была выбрана заочно. Между тем в двух изданиях материалов VI съезда (1919 г. и 1934 г.), впоследствии изъятых из обращения, приведены фамилии всех избранных членов ЦК: Артем (А.Ф.Сергеев)*, Берзин Я.А., Бухарин Н.И., Бубнов А.С., Дзержинский Ф.Э., Зиновьев (Радомысльский) Г.К., Каменев (Розенфельд) Л.Б., Коллонтай А.И., Крестинский Н.Н., Ленин (Ульянов) В.И., Милютин В.П., Муранов М.К., Ногин В.П., Рыков А.И., Свердлов Я.М., Смилга И.Т., Сокольников (Бриллиант) Г.Я., Сталин (Джугашвили) И.В., Троцкий (Бронштейн) Л.Д., Урицкий М.С., Шаумян С.Г.

На съезде был оглашен манифест к рабочим, солдатам и крестьянам. Вот как преподнесли читателю этот документ составители «Истории СССР»: «Манифест заканчивался словами: «Готовьтесь же к новым битвам, наши боевые товарищи! Стойко, мужественно и спокойно, не поддаваясь на провокации, копите силы, стройтесь в боевые колонны! Под знамя партии, пролетарии и солдаты! Под наше знамя, угнетенные деревни!»[24] А ведь манифест этими словами не заканчивался. Фальсификаторы опустили целых шесть (!) предложений, в их числе призыв-лозунг: **«Да здравствует мировая рабочая революция!»**[25]. Наверно, боялись вызвать у сегодняшних читателей смех.

В последний летний месяц 1917 года в стране углубляется социально-экономический и политический кризис. Развал на фронте, хаос в тылу, ослабление хозяйственных связей — все это говорило о приближающейся катастрофе. В тяжелейшем положении оказалось производство необходимых товаров, заметно сократилась добыча топлива, резкими скачками росли цены, ухудшались жизненные условия трудящихся. Особенно это проявлялось в столице, где ощущалась острая нехватка продовольствия. Рост дороговизны в официальных торговых предприятиях и взвинчивание цен на черных рынках ударили прежде всего по многочисленной массе людей, имеющих невысокие заработки, не говоря уже о тех, кто потерял работу из-за закрытия ряда предприятий. Поэтому росло недовольство масс.

Сложившаяся ситуация была на руку большевикам, и они активизировали свою деятельность. Этому способствовали директивные указания Ленина, который, словно барометр, чутко реагировал на все изменения политической атмосферы. В те дни он писал: «Все признаки указывают на то, что ход событий продолжает идти самым ускоренным темпом, и страна приближается к следующей эпохе, когда большинство трудящихся вынуждено будет доверить свою судьбу революционному пролетариату. Революционный пролетариат возьмет власть, начнет социалистическую революцию, привлечет к ней — несмотря на все трудности и возможные зигзаги развития — пролетариев передовых

---

* В скобках указаны настоящие фамилии.

стран, и победит и войну и капитализм»[26]. Заметим, что Ленин призывает трудящихся доверить свою судьбу не большевикам, а «революционному пролетариату», понимая, что слово «большевик» у многих вызывает откровенную неприязнь.

И тем не менее статья Ленина с удовлетворением была воспринята политиками и военными в Берлине. Они с нетерпением ждали часа, когда большевики осуществят государственный переворот в России, придут к власти и избавят их от изнурительной, уносящей жизнь многих людей и поглощающей большие материальные средства войны на восточном фронте. Немцы были свидетелями того факта, когда в июльские дни Временное правительство вынуждено было снять с фронта некоторые воинские формирования, чтобы подавить большевистский мятеж в Петрограде.

После VI съезда РСДРП(б), пользуясь попустительством властей, стали выходить газеты «Пролетарий» и «Солдат». Большевики приняли участие в Государственном совещании, проходившем в Большом театре в Москве с 12 по 15 августа. Более того, в день открытия совещания большевистские ультра из Московского областного бюро спровоцировали массовую забастовку, парализовав транспорт, электростанцию, общепит и другие учреждения.

Ободренный стачкой в Москве, Ленин пишет: «Именно Москва теперь, после Московского совещания, после забастовки, после 3—5 июля, приобретает или может приобрести значение центра. В этом громадном пролетарском центре, который больше Петрограда, вполне возможно нарастание движения типа 3—5 июля. Тогда в Питере задача была: придать мирный и организованный характер. Это был лозунг. Теперь в Москве задача стоит совсем иная; старый лозунг был бы архиневерен. Теперь задача была бы взять власть самим и объявить себя правительством во имя мира, земли — крестьянам, созыва Учредительного собрания в срок по согласованию с крестьянами на местах и т. д. Весьма возможно, что на почве безработицы, голода, железнодорожной стачки, разрухи и т. п. подобное движение в Москве вспыхнет... Теперь в Москве, если вспыхнет стихийное движение, лозунг должен быть именно взятие власти»[27].

Ленин откровенно подстрекает рабочих Москвы к вооруженному мятежу. По его указанию члены Военной организации ведут агитационную работу среди солдат против войны, что не замедлило сказаться на положении русской армии, особенно в Прибалтике, где 21 августа немцы, можно сказать, без боя заняли Ригу. 12-я армия беспорядочно отступала, подступы к Петрограду были открыты, а ленинцы продолжали призывать к действиям, ведущим к поражению России. В «Листке по поводу взятия Риги» Ульянов выдвигает лозунг, направленный на дальнейшее разложение русской армии и дезорганизацию управления государством: «Долой войну! Долой правительство Керенского, меньшевиков и эсеров, обманывающее народ, затягивающее войну, защищающее грабительские интересы капиталистов, оттягивающее выборы в Учредительное собрание!»[28]

Вот такой демагогический лозунг был брошен Лениным, рассчитанный на политическую незрелость рабочих и солдат. Анализируя практические дела Ленина после его возвращения в Россию из эмиграции, Г.В.Плеханов писал, что «...в призывах Ленина к братанию с немцами, к низвержению Временного правительства, к захвату власти и так далее... наши рабочие увидят именно то, что они представляют собой в действительности, то есть — безумную и крайне вредную попытку посеять анархическую смуту на Русской земле»[29].

Под влиянием большевистской пропаганды солдаты бегут с фронта по домам

Ленин прекрасно понимал, что победа над Германией приведет к усилению Российского государства, а проводимые экономические реформы коренным образом изменят условия жизни трудящихся и тем самым похоронят его бредовые идеи о переходе «в светлое коммунистическое будущее» через социалистическую революцию. Обладая аналитическим умом и трезво считаясь с реалиями, Ленин был убежден, что осуществить государственный переворот возможно только в ослабевшей России. И тут его позиция полностью совпадала с позицией германских военно-политических кругов. В своих планах захвата власти Ленин опирался на материальную и моральную поддержку правительства кайзеровской Германии. Находясь в подполье, он контактирует с сотрудниками германского Генерального штаба, получает от них инструкции, направленные на координацию совместных действий. Известно, например, что в конце лета 1917 года Ленин встречался с агентами немецких разведорганов в Кронштадте[30]. Временное правительство располагало также сведениями о том, что некоторые члены Центрального Исполнительного Комитета подозревались в связях с немецкими спецслужбами[31]. Подробно эта тема освещена в 9-й и 10-й главах. Здесь же отметим только, что в конце второй мировой войны английскими спецслужбами из 2-й армии были обнаружены в пяти старинных замках, расположенных в горах Гарца (Северная Германия), секретные архивы Имперского Министерства иностранных дел. В тайниках замков хранились документы внешней политики Германии с 1867 по 1920 год. Среди них оказались документы о немецко-большевистских секретных связях. Наиболее сенсационные документы об этих связях впервые были опубликованы в лондонском журнале «International Affairs» («Международная афера»). Часть их была уже приведена в 4-й главе. Остальные, несколько десятков, рассмотрены в 9-й и 10-й главах.

Бегство с фронта. Лето 1917 года

Антигосударственные действия большевиков среди солдат и рабочих, как ни странно, совпадали с чрезвычайными происшествиями в промышленных городах России: пожарами на военных предприятиях, товарных станциях и складах Петрограда, Москвы, Нижнего Новгорода, Казани и других городах. Их синхронность несомненно следует связать с действиями вражеских диверсионных групп при содействии внутренних врагов.

Попытка устроителей Государственного совещания консолидировать общественно-политические силы, выработать программу вывода страны из кризиса, восстановить порядок в тылу и на фронте, а также принять предупредительные меры против нового большевистского мятежа желаемых результатов не дала.

В этой связи следует рассмотреть позицию двух крупных политических группировок. Одну из них возглавлял внешне патриотически настроенный, энергичный 36-летний премьер-министр А.Ф.Керенский. Во главе другой, после июльских событий, встал Верховный Главнокомандующий, поддерживаемый общественно-политическими кругами, недовольными внешней и внутренней политикой Временного правительства, — генерал Л.Г.Корнилов[32].

Первоначально во взглядах этих людей прослеживалось известное сходство, хотя у каждого была своя задача. Керенский, как опытный юрист и искушенный в политике человек, рассчитывал в кризисной ситуации с помощью Корнилова навести в тылу и на фронте жестокий порядок и тем самым поправить свою репутацию. В то же время он опасался, что широкие полномочия генерала могут привести к усилению последнего. И тем не менее они шли на взаимные уступки. Так, например, приказ Керенского от 9 июля, дающий всем командирам право открывать огонь по самовольно отступающим войскам, фактически узаконивал приказ Корнилова о применении артиллерии и пулеметов против частей, покидавших свои боевые позиции без распоряжения командиров[33]. В то же время и Корнилов проявлял по отношению к Керенскому известную «лояльность». Однако стоит вспомнить, что 16 июля, на совещании в ставке, многие генералы и офицеры выступали против введения института комиссаров и солдатских комитетов, которые, по их мнению, подрывали авторитет командиров, сковывали их инициативу, снижали дисциплину и боевую мощь армии. Выступивший генерал А.А.Брусилов прямо сказал, что «затруднения, испытанные Временным правительством в Петрограде, все бедствия России имеют одну причину — отсутствие у нас армии»[34]. Между тем, зная позицию Керенского, Корнилов, напротив, предлагал усилить их роль[35].

Однако с назначением Корнилова на должность Верховного Главнокомандующего конфликтная ситуация обострилась. Новый Верховный выставил правительству ряд требований: введение смертной казни на фронте; учреждение особых полевых судов; значительное расширение прав Верховного Главнокомандующего в кадровых вопросах; самостоятельность и свобода действий; передача под его юрисдикцию Петроградского военного округа. Особую тревогу вызывала у Корнилова политическая обстановка. Еще будучи командующим Юго-Западным фронтом, в беседе со своим начальником штаба — генералом А.С.Лукомским — он сказал: «Пора немецких ставленников и шпионов во главе с Лениным повесить, а Совет рабочих и солдатских депутатов разогнать, да разогнать так, чтобы он нигде и не собрался»[36], и при этом подчеркнул, что «против Временного правительства я не собираюсь выступать»[37]. Корнилова раздражала нетвердая и непоследовательная позиция Керенского, его постоянная зависимость от Советов, лавирование между различными общественно-политическими силами.

Имеются свидетельства, что на премьера оказывали давление руководители ЦИК. В порыве слабости Керенский признается: «Мне трудно потому, что борюсь с большевиками левыми и большевиками правыми, а от меня требуют, чтобы я опирался на тех или других»[38]. Такая позиция главы правительства встречала ожесточенную критику как слева, так и справа. Лидер партии кадетов Милюков, поддержав на Московском совещании требования Корнилова, вместе с тем выразил свое неудовлетворение руководством правительства, подчеркнув при этом, что оно не в состоянии обеспечить порядок в стране, гарантировать безопасность личности и собственности[39]. По-своему изобразил в своем дневнике отношения между Керенским и Корниловым тогдашний английский посол:

«Керенский же, у которого за последнее время несколько вскружилась голова и которого в насмешку прозвали «маленьким Наполеоном», старался изо всех сил усвоить себе свою новую роль, принимая некоторые позы, излюбленные Наполеоном, заставив стоять возле себя в течение всего совещания двух своих адъютантов. Керенский и Корнилов, мне кажется, не очень любят друг друга, но наша главная гарантия заключается в том, что ни один из них по крайней мере в настоящее время не может обойтись без другого. Керенский не может рассчитывать на восстановление военной мощи без Корнилова, который представляет собой единственного человека, способного взять в свои руки армию. В то же время Корнилов не может обойтись без Керенского, который, несмотря на свою убывающую популярность, представляет собой человека, который с наилучшим успехом может говорить с массами и заставить их согласиться с энергичными мерами, которые должны быть проведены в тылу, если армии придется проделать четвертую зимнюю кампанию»[40].

В высказываниях посла есть доля истины, однако он не допускал мысли, что в критический момент одна из сторон может пойти на измену. Забегая вперед, отметим, что на путь измены стал Керенский. Опасаясь чрезмерного усиления и возвышения Корнилова, Керенский из двух зол выбирает «меньшее»: в отчаянии он бросается в объятия Советов и большевиков.

К третьей декаде августа дипломатическая и психологическая борьба между Керенским и Корниловым достигла кульминации. 19 августа Верховный направил телеграмму Керенскому, в которой вновь поднял вопрос о подчинении ему войск Петроградского гарнизона. В ответ Керенский направил в Ставку Б.Савинкова[41], чтобы тот уговорил Корнилова взять под свою юрисдикцию Петроградский военный округ, но... без войск.

Разгадав игру Керенского, Корнилов тем не менее согласился с поставленным условием, сделав, однако, соответствующие выводы. 23 августа состоялась беседа между Корниловым и Савинковым, во время которой главнокомандующий откровенно заявил, что «стать на путь твердой власти Временное правительство не в силах... За каждый шаг на этом пути приходится расплачиваться частью отечественной территории»[42]. На следующий день Корнилов дал указание командиру 3-го корпуса, генералу Крымову, приступить к выступлению на Петроград. 25 августа в штабе Крымова был составлен проект приказа. В соответствии с ним столица, весь Петроградский военный округ, Кронштадт и Финляндия объявлялись на осадном положении с установлением комендантского часа. Приказ предписывал закрыть все торговые предприятия (исключая аптеки и продовольственные магазины), запрещал стачки и сходки, устанавливал строгую цензуру печати, обязывал всех жителей сдать имеющееся оружие и предупреждал, что по отношению к нарушителям будут применены расстрелы[43]. Были предприняты меры, ограничивающие подпольную деятельность Ленина. Так, 26 августа начальник Петроградского почтово-телеграфного округа издал секретный циркуляр, обязывающий начальников почтово-телеграфных учреждений Петроградского округа изымать корреспонденцию Ленина и на его имя по статье 51, 100 и 108 уголовного положения России[44].

Последующие события происходили с необычной быстротой. 25 августа, выполняя распоряжение Корнилова, часть войск Северного флота и главные силы 3-го корпуса двинулись к Петрограду. Одновременно Корнилов отправил Савинкову телеграмму: «Корпус сосредоточится в окрестностях Петрограда к вечеру двадцать восьмого августа. Я прошу объявить Петроград на военном положении двадцать девятого августа»[45]. Незамедлительно последовала ответная реакция премьера. Ночью Керенский прервал заседание Кабинета министров и сообщил о государственной измене генерала Корнилова. Указав на чрезвычайную обстановку, он обратился к членам правительства с просьбой предоставить ему неограниченную власть. Большинство министров поддержало главу правительства. Рано утром, 27 августа, Керенский отправил Корнилову телеграмму, в которой содержался краткий приказ сдать свои обязанности начальнику штаба генералу Лукомскому и срочно прибыть в Петроград. Телеграмма попала к Лукомскому, который тут же ответил: «Остановить начавшееся с вашего же одобрения дело невозможно... Ради спасения России Вам необходимо идти с генералом Корниловым... Смещение генерала Корнилова поведет за собой ужасы, которых Россия еще не переживала... Не считаю возможным принимать должность от генерала Корнилова»[46]. Сообщение Керенского о «государственной измене» Корнилова быстро облетело Петроград и дошло до провинции, где население в основном поддерживало Временное правительство. Широкие слои российского общества не имели объективной информации о положении в стране, поэтому «измена», естественно, вызвала у них негативную реакцию. Что же касается истинных целей Корнилова, то они со всей откровенностью изложены в его телеграмме:

«Телеграмма Министра Председателя за № 4163 во всей своей первой части является сплошной ложью: не я посылал члена Государственной Думы Владимира Львова к Временному Правительству, а он приехал ко мне как посланец Министра Председателя. Тому свидетель член Государственной Думы Алексей Аладьин. Таким образом свершилась великая провокация, которая ставит на карту судьбу Отечества. Русские люди! Великая Родина наша умирает. Близок час кончины. Вынужденный выступить открыто — я, генерал Корнилов, заявляю, что Временное Правительство, под давлением большевистского большинства советов, действует в полном согласии с планами германского генерального штаба и, одновременно с предстоящей высадкой вражеских сил на Рижском побережье, убивает армию и потрясает страну внутри.

Тяжелое сознание неминуемой гибели страны повелевает мне в эти грозные минуты призвать всех русских людей к спасению умирающей Родины. Все, у кого бьется в груди русское сердце, все, кто верит в Бога, — в храмы, молите Господа Бога об явлении величайшего чуда, спасения родимой земли.

Я, генерал Корнилов, — сын казака-крестьянина, заявляю всем и каждому, что мне лично ничего не надо, кроме сохранения Великой России, и клянусь довести народ — путем победы над врагом, до Учредительного Собрания, на котором Он Сам решит свои судьбы и выберет уклад своей Государственной жизни.

Предать же Россию в руки ее исконного врага — германского племени и сделать Русский народ рабами ~~немцев~~, — я не в силах и предпочитаю умереть на поле чести и брани, чтобы не видеть позора и срама Русской земли.

Русский народ, в твоих руках жизнь твоей Родины!

27 августа 1917 г.
Генерал Корнилов»[47]

Трудно согласиться с Корниловым, что в Советах преобладали большевики, равно как нельзя согласиться с тем, что Временное правительство «действует в полном согласии с планами германского генерального штаба». Но то, что оно было не в состоянии управлять страной и не могло пресечь подрывную деятельность большевиков, не вызывает сомнения. Корнилов располагал и сведениями о предпринимаемых Временным правительством шагах по заключению с Германией сепаратного мира, что не могло не насторожить его.

В своих действиях против Корнилова российский премьер безусловно рассчитывал на поддержку ЦИК и Исполкома Всероссийского Совета Крестьянских депутатов. На совместном (закрытом) пленарном заседании ЦИК и ИВСКД, проходившем в ночь на 28 августа, после продолжительных острых дискуссий по вопросу о власти была принята резолюция о полной поддержке Керенского, предоставлением ему права выбирать любую форму правления, но при условии, что новое правительство возглавит решительную борьбу с корниловским выступлением. Следует заметить, что эта резолюция была поддержана большевиками.

В связи с выступлением Корнилова, Ленин пишет письмо в Центральный Комитет РСДРП, в котором говорит о необходимости пересмотра тактики политической борьбы: «По моему убеждению, в беспринципность впадают те, кто (подобно Володарскому) скатывается до оборончества или (подобно другим большевикам) до *блока* с эсерами, до *поддержки* Временного правительства... И поддерживать правительство Керенского мы *даже теперь* не должны. Это беспринципность. Спросят: неужели не биться против Корнилова? Конечно, да! Но это не одно и то же; тут есть грань; ее переходят иные большевики, впадая в «соглашательство», давая *увлечь* себя потоку событий. Мы будем воевать, мы воюем с Корниловым, *как и войска* Керенского, но мы не поддерживаем Керенского, а разоблачаем его слабость... Это разница довольно тонкая, но архисущественная и забывать ее нельзя»[48].

Но зачем же создавать видимость, что большевики не поддерживают Керенского? Ведь и слепой заметит, что они совместно с Временным правительством и Советами участвуют в борьбе против Корнилова. А вот зачем: активно включаясь в борьбу с командованием Ставки — силой, способной организовать отпор германской армии и остановить хаос в стране, большевики оказывали прямую услугу немцам. Но главное для них было — исключить из дальнейшей политической борьбы Корнилова* и тем самым расчистить себе путь к власти, оставшись один на один с правительством Керенского. В этом заключался их тактический расчет. Большевики заявили о своей готовности заключить с Керенским военный союз «для борьбы с контрреволюцией»[49], вошли в состав созданного по инициативе ЦИК и ИВСКД Комитета народной борьбы; активно включились в агитационную работу. В то же время за 10 дней до этих событий в статье «Слухи о заговоре» Ленин писал: «Трудно поверить, чтобы могли найтись такие дурачки и негодяи из большевиков, которые пошли бы в блок с оборонцами теперь»[50]. Но оказалось, что среди большевиков негодяев и дурачков было более чем достаточно, поэтому ленинская саморазоблачительная статья в то время не была опубликована**.

Должен заметить, что смещение генерала Корнилова было ложно мотивировано. Созданная вскоре после отстранения Корнилова от дол-

---

* Так уж сложилось, что Корнилову пришлось сражаться не с внешними врагами в защиту Родины, а с большевиками, когда последние пришли к власти. Но судьба так распорядилась, что он не смог выполнить клятву, данную своему народу. Лавр Георгиевич Корнилов был убит прямым попаданием снаряда при штурме Екатериноградда (ныне Краснодар) Добровольческой армией в 1918 году. Русский народ не забыл своего признанного героя: на высоком берегу реки Кубани установлен памятник Лавру Корнилову. ~~когда?~~
** Она была опубликована спустя 11 лет, в 1928 году.

жности Чрезвычайная комиссия расследовала его действия и не нашла в них измены Родине. Думается, что имеются все основания считать Л.Г.Корнилова национальным героем.

После завершения работы VI съезда большевики активизировали свою агитационную деятельность в кампании по выборам в Петроградскую Городскую думу, которые были назначены на 20 августа. Большевистские газеты и предвыборные листовки в те дни широко распространялись на заводских митингах и собраниях, в жилых пролетарских кварталах, расклеивались по всему городу. В них содержался призыв голосовать за большевиков как за истинных защитников трудящихся, продолжателей дела революции. Газета «Пролетарий», в частности, писала, что «только наша партия добивается полного переложения налогового бремени с плеч неимущей бедноты на плечи богатых классов»[51].

А вот что поведала своим читателям газета «Рабочий и Солдат»: «...Если они (выборы. — А.А.) пройдут под флагом победы кадетов — революции будет нанесен страшный удар... В случае победы оборонцев — эсеров и меньшевиков — мы будем иметь прежнее жалкое положение... Победа нашей партии будет первой победой революции над контрреволюцией»[52].

В день выборов газета «Пролетарий» опубликовала пространное воззвание к избирателям. Его автор (Сталин), в частности, писал: «Перед вами... партия народной свободы (кадетов). Эта партия защищает интересы помещиков и капиталистов. Это она, партия кадетов, требовала еще в начале июня немедленного наступления на фронте... добивалась торжества контрреволюции... Голосовать за партию Милюкова — это значит предать себя, своих жен, детей, своих братьев в тылу и на фронте... Меньшевики и эсеры защищают интересы обеспеченных хозяйчиков города и деревни... Голосовать за эти партии — значит голосовать за союз с контрреволюцией против рабочих и беднейших крестьян... Это значит голосовать за утверждение арестов в тылу и смертной казни на фронте»[53]. Вот так размышлял прилежный ученик Ленина Иосиф Сталин.

Должен заметить, что итоги выборов принесли большевикам определенный успех. Они получили 183 624 голоса, закрепив за собой 67 мест в Думе. Правда, есть основание считать, что в дело были вновь пущены все те же немецкие деньги. Ведь известно, что 3—4 июля большевики вытащили на улицы рабочих, солдат и матросов путем подкупа. И еще одно обстоятельство. Если учесть, что в Петрограде насчитывалось более 40 000 членов партии (сведения VI съезда РСДРП(б)), то получается, что избирателями большевиков, в основном, были они сами и члены их семей.

Как ни склонял Ленин эсеров, последние все-таки набрали больше всех голосов (205 659), что дало им 75 мест в Думе. За кадетов проголосовало 114 483 избирателя (42 места); 23 552 избирателя отдали свои голоса меньшевикам, что позволило им получить 8 мест. Как видно из итогов выборов в Городскую думу, большевики заметно оправились после июльского поражения и развернули активную политическую деятельность. Более того, участием в ликвидации корниловского выступления они укрепили свои боевые порядки, добившись (не без помощи ЦИК и Временного правительства) освобождения почти всех участников мятежа. Этому способствовали солдатские собрания, на которых выдвигался ряд политических требований. Так, солдаты 2-го пулеметного полка, в частности, заявили: «Мы требуем немедленного освобождения товарищей, арестованных 3—5 июля, заменив их (в тюрьме) заговорщиками, как, например: Гучковым, Пуришкевичем и контрреволюционным офицерством»[54].

Не трудно понять, каким образом появлялись подобного рода требования. Современник событий 1917 года, бывший преподаватель Московской гимназии имени Н.П.Хвостовой Г.А.Новицкий (позднее профессор МГУ) рассказывал мне, что стоило какому-нибудь большевистскому агитатору в солдатской шинели крикнуть «Братва!», как серая, безграмотная толпа, разинув рты, слушала оратора и после нескольких слов, с пафосом сказанных им, бездумно выкрикивала «Правильно!».

Известную активность в своем освобождении из-под стражи проявили и сами арестованные, которые заявили о готовности включиться в борьбу против Корнилова. Их требование было поддержано Комитетом народной борьбы. Со 2 по 19 сентября из «Крестов», гауптвахт и других мест заключения были освобождены Троцкий, Каменев, Коллонтай, Раскольников, Луначарский, Антонов-Овсеенко, Крыленко, Дыбенко, Тер-Арутюнянц, Дашкевич и другие большевистские лидеры и члены Военной организации ЦК РСДРП. Правда, за Троцкого Петроградскому совету профсоюзов пришлось уплатить денежный залог[55]. Так во всяком случае записано в коммунистических изданиях. Но откуда у бедного российского профсоюза такие деньги? Мне думается, что залог был внесен за счет щедрых немецких субсидий большевикам.

Денежные поступления, в частности, в банковскую контору Фюрстенберга, наверное, о многом говорят.

Документ № 16
«Берлин, 25 августа 1917 г. Господину Ольбергу.
Ваше желание вполне совпадает с намерением партии. По соглашению с известными Вам лицами, в Ваше распоряжение, через Hia-Bank, на контору Фюрстенберга переводится 150 000 крон. Просим осведомлять «Форферте» о всем, что пишет в духе времени газета.

С товарищеским приветом Шейдеман»[56].

К этому документу мы еще вернемся несколько позже, в 10-й главе.

Всего из заключения были выпущены более 140 известных и активных большевиков. Это был политический просчет Временного правительства и лично Керенского.

Действия Временного правительства сковывали и парализовывали деятельность сотрудников контрразведки и правоохранительных органов. По этой причине подал в отставку министр юстиции П.Переверзев. Капитан К.Лангваген в семейном кругу говорил, что у сотрудников правоохранительных органов вызывало удивление и недоумение, что государственных преступников освобождают из-под стражи. Что же касается Ленина, то, по его мнению, арестовать его, особенно после переезда из Финляндии в Петроград, не составляло особого труда. Он безошибочно даже указывал дом на Сердобольской улице, где безмятежно проживал Ульянов. Но по неизвестной ему причине розыск и арест Ленина был приостановлен властями.

Так или иначе, но большевики при явном попустительстве Временного правительства и лично Керенского стали наращивать свои ряды и активизировать действия.

Однако полностью восстановить свои силы большевикам пока еще не удавалось, и, думается, рассчитывать на это, во всяком случае в столице, они вряд ли могли. Это понимали многие их лидеры. Хорошо понимал это и сам Ленин. И тем не менее, разобравшись с расстановкой политических сил в стране, а также проанализировав взгляды умеренных, он занялся поиском новых реальных сил, на которые можно было бы опереться в решающей схватке с правительством Керенского. Пройдет немного времени, и он найдет эти, столь нужные для государственного переворота, силы. Что же касается материальных средств, то их у Ленина, как выясняется, было предостаточно.

ГЛАВА 7

ЗАГОВОРЩИКИ ГОТОВЯТСЯ К РЕВАНШУ

Кто не умеет управлять, тот всегда становится узурпатором.

Бини

В сложной и противоречивой ситуации оказалась большевистская партия к началу сентября 1917 года. Несомненно, устранение с политической арены генерала Корнилова явилось ее большой победой. Определенный политический капитал приобрели большевики и при выборах в Петроградскую Городскую думу. Однако возникли новые сложности, преодолеть которые было не так просто.

Прежде всего следует отметить, что вряд ли можно было агитировать теперь рабочих и солдат Петрограда за свержение Керенского. Они просто не поняли бы большевистских агитаторов, всего несколько дней тому назад призывавших их поддержать правительство и выступить против «генеральской авантюры на защиту революции».

Нельзя было не учитывать и позицию ЦИК и ИВСКД в вопросе о власти. Резолюция совместного пленарного заседания оказалась не в пользу большевиков. Заседание отвергло их проект создания правительства исключительно из «представителей революционного пролетариата и крестьянства». Не получили широкой поддержки и депутаты Петроградской Городской думы, которые призывали передать всю полноту власти Советам. В резолюции, внесенной меньшевиками и эсерами и принятой большинством депутатов, содержались два основных момента: одобрение идеи скорейшего созыва Демократического совещания, чтобы принять окончательное решение по вопросу о власти, а до этого поддержать новое правительство, сформированное Керенским[1]. И если первая часть резолюции представляла известный компромисс между основными партиями, то вторая часть была вынужденной мерой, поскольку 1 сентября Керенский создал новый орган государственной власти — Директорию и объявил Россию республикой, поставив тем самым ЦИК, ИВСКД и все общество перед свершившимся фактом.

Наконец, следует сказать о наличии серьезных разногласий в самой большевистской партии. Они касались как самой программы борьбы за власть, так и ее методов. При этом заметим, что наиболее существенные разногласия были между умеренными большевистскими лидерами, входящими в ЦК, и Лениным. Особенно ярко они проявились на VII (Апрельской) Всероссийской конференции РСДРП(б) и на VI съезде партии. В обоих случаях умеренные большевики решительно отвергли экстремистский курс Ленина, толкающий партию на вооруженное восстание с целью захвата власти. Эту позицию они[2] отстаивали и на совместном заседании ЦИК и ИВСКД, прошедшем в ночь с 27 на 28 августа.

Основываясь на реальной политической ситуации, умеренные считали, что российское общество не готово к социалистической революции. Поэтому они выступали за образование коалиционного социалистического правительства с участием в нем большевиков, создание в России демократической республики и скорейший созыв Учредительного собрания, которое будет вправе решить все вопросы внешней и внутренней политики, включая вопрос о власти.

Позиция умеренных большевиков находила широкую поддержку в партийной среде, и это не мог не учитывать Ленин, равно как не мог он не учитывать авторитет эсеров и меньшевиков. Статьи Ленина[3] за первую половину сентября показывают, что на какое-то время в его взглядах произошли существенные изменения. Он вновь возвращается. пусть на словах, к вопросу о мирном развитии революции и соглашается с позицией умеренных по поводу компромисса с эсерами и меньшевиками: «Теперь наступил такой крутой и такой оригинальный поворот русской революции, что мы можем, как партия, предложить добровольный компромисс — правда, не буржуазии, нашему прямому и главному классовому врагу, а нашим ближайшим противникам, «главенствующим» мелкобуржуазно-демократическим партиям, эсерам и меньшевикам»[4].

Однако Ленин объясняет компромисс с эсерами и меньшевиками обстоятельствами и ограничивает его во времени: «Лишь как исключение, лишь в силу особого положения, которое, очевидно, продержится лишь самое короткое время, мы можем предложить компромисс этим партиям...»[5] По его мнению, компромисс заключался бы в том, что «большевики, не претендуя на участие в правительстве... отказались бы от выставления немедленно требования перехода власти к пролетариату и беднейшим крестьянам, от революционных методов борьбы за это требование. Условием, само собой разумеющимся и не новым для эсеров и меньшевиков, была бы полная свобода агитации и созыва Учредительного собрания, без новых оттяжек или даже в более короткий срок»[6].

Фактически Ленин вроде бы отказывался от вооруженной борьбы

за власть, выступал за господство в Советах, при условии полной свободы агитации и перевыборов, что, по его мнению, обеспечило бы «мирное движение революции вперед, *мирное изживание* партийной борьбы внутри Советов»[7].

Статья Ленина «О компромиссах» была отрицательно воспринята многими известными большевистскими лидерами Петербургского комитета, обсудившими ее на своем заседании 7 сентября[8]. С возражениями против ленинской тактики компромиссов выступили и члены Московского областного бюро РСДРП(б)[9].

Однако разногласия между лидерами большевиков не мешали немецким властям произвести очередное денежное вливание в кассу Ленина. Свидетельством тому секретная телеграмма, отправленная из шведской столицы в Кронштадт.

Документ № 12

«Стокгольм. 12 сентября 1917 г. Господину Фарзеру, в Кронштадте (через Гельсингфорс).

Поручение исполнено, паспорта и указанная сумма 207 000 марок по ордеру Вашего Господина Ленина упомянутым в Вашем письме лицам вручены. Выбор одобрен его Превосходительством Господином Посланником. Прибытие названных лиц и получение их контр-расписок подтвердите.

С уважением Свенсон»[10].

14 сентября в газете «Рабочий путь» появилась очередная статья Ленина «Один из коренных вопросов революции». «Ни обойти, ни отодвинуть вопроса о власти нельзя, — писал он, — ибо это именно основной вопрос, определяющий *все* в развитии революции, в ее внешней и внутренней политике»[11]. Примечательно, что всю вину за неустройство власти Ленин взваливает на эсеров и меньшевиков, на их политику, которая, по его мнению, определялась «классовым положением мелкой буржуазии, ее экономической неустойчивостью в борьбе между капиталом и трудом». Он ставит вопрос ребром: «Либо разгон Советов и бесславная смерть их, либо вся власть Советам... Власть Советам одна только может быть устойчивой, заведомо опирающейся на большинство народа... «Власть Советам» — это значит радикальная переделка всего старого государственного аппарата, этого чиновничьего аппарата, тормозящего все демократическое, устранение этого аппарата и замена его новым, народным, т. е. истинно демократическим аппаратом Советов, т. е. организованного и вооруженного большинства народа, рабочих, солдат, крестьян, представление почина и самостоятельности большинству народа не только в выборе депутатов, но и в управлении государством, в осуществлении реформ и преобразований»[12]. Вся история Советской власти как нельзя лучше показала, что принесла народам России эта «радикальная реформа». Однако в те сен-

тябрьские дни Ленин продолжал писать одну статью за другой, не дожидаясь их публикации. Так, в статье «Русская революция и гражданская война» Ленин, прежде всего, обрушивается на демократическую прессу, которая, не без оснований, предупреждает, что «гражданская война может смести все завоевания революции и поглотить в потоках крови... молодую, неокрепшую свободу...»[13]. Ленин подбрасывает очередную фальшивку, пишет, что действия генерала Корнилова, «поддерживаемые помещиками и капиталистами», якобы привели «к фактическому началу гражданской войны»[14]. Далее, чтобы уйти от ответственности за организацию вооруженного путча в начале июля, он пишет, что 3—4 июля произошли «очень сильные стихийные взрывы»[15]. Обеляя антигосударственные действия (подкупленных большевиками) солдат и матросов 3—4 июля, он говорит, что пролетарские лозунги якобы «увлекли за собой большинство активных революционеров»[16]. Ленин обрушивается и на Каледина, поддерживаемого «Гучковыми, Милюковыми, Рябушинскими и К°» за то, что тот в целях развязывания гражданской войны «прямо «ездил поднимать Дон»[17].

Ленин в статье поднял вопрос возможного союза большевиков с эсерами и меньшевиками против кадетов. Но тут же отмечает, что «перед лицом этого исторического факта вся буржуазная пресса со всеми ее подголосками (Плехановыми, Потресовыми, Брешко-Брешковскими и т. д.) кричит изо всех сил, что именно союз большевиков с меньшевиками и эсерами «грозит» ужасами гражданской войны...»[18].

Ленин еще в сентябре выразил свое негативное отношение к Учредительному собранию, сказав, что «в нем ведь тоже эсеры могут продолжать «игру» в соглашения с кадетами...»[19]. В заключение Ленин изложил главную мысль: «Союз городских рабочих с беднейшим крестьянством через немедленную передачу власти Советам...» А завершил статью так: «Не пугайте же, господа, гражданской войной: она неизбежна, если вы не хотите рассчитаться с корниловщиной и с «коалицией» теперь же до конца, — то эта война даст победу над эксплуататорами, даст землю крестьянам, даст мир народам, откроет верный путь к победоносной революции всемирного социалистического пролетариата»[20].

Вслед за этим Ленин пишет другую статью — «Задачи революции». В ней он, признав неоспоримый факт принадлежности большинства населения России к мелкобуржуазному классу, выражает убежденность его колебания между буржуазией и пролетариатом. Думается, тут он ошибается. Крестьянский съезд отчетливо показал, что крестьяне ничего общего не хотят иметь с большевиками. И тем не менее Ленин считал, что только при присоединении крестьянства к пролетариату может быть обеспечена «победа дела революции, дела мира, свободы, получения земли трудящимися, обеспечена легко, мирно, быстро, спокойно[21]. По сути, в статье Ленин пространно излагает свой взгляд на перспективу революции и ее характер, в основном повторяет тезисы статьи «О компромиссах».

Обрисовав мрачную политическую и социальную картину, сложившуюся в стране, — «недовольство, возмущение, озлобление в армии, в крестьянстве, среди рабочих», Ленин останавливается на ключевых вопросах. Прежде всего он подчеркивает, что, оставаясь у власти, буржуазное правительство приведет страну к «неминуемой хозяйственной катастрофе» и «военной катастрофе». Поэтому он предупреждает, что «предотвратить это может лишь образование нового правительства, на новых началах». Эти начала, по его мнению, заключаются в следующем:

1. «Вся власть в государстве должна перейти исключительно к представителям Советов рабочих, солдатских и крестьянских депутатов на основе определенной программы и при полной ответственности власти перед Советами... Безусловно и повсеместно, при полной поддержке государства, должно быть осуществлено вооружение рабочих и революционных, т. е. доказавших на деле свою способность подавить корниловцев, войск». Заметим, что Ленин вооружает только рабочих, составляющих в государстве меньшинство, которых затем направит против безоруженных крестьян, составляющих абсолютное большинство населения страны.

2. «Советское правительство должно *немедленно* предложить всем воюющим народам (т. е. одновременно и правительствам их, рабочим и крестьянским массам) заключить сейчас же общий мир на демократических условиях, а равно заключить немедленно перемирие (хотя бы на три месяца)». В 9-й главе читатель будет иметь возможность увидеть, как будет исполняться это условие и в чьих интересах. В этом же пункте он пишет: «Мы обязаны удовлетворить тотчас условия украинцев и финляндцев, обеспечить им, как и всем иноплеменникам в России, полную свободу, вплоть до свободы отделения...» Это обещание Ленина тоже надо запомнить.

3. «Советское правительство должно немедленно объявить частную собственность на помещичьи земли отмененною без выкупа и передать эти земли в заведование крестьянских комитетов, впредь до Учредительного собрания». Ленин никак не хочет понять, что крестьяне-труженики категорически против отмены частной собственности на землю. Что же касается Учредительного собрания, то оно, как известно, будет разогнано именно Лениным. Подробно этот вопрос будет рассмотрен в 12-й главе.

4. «Советское правительство должно немедленно ввести рабочий контроль в общегосударственном масштабе над производством и потреблением... Необходима немедленная национализация банков и страхового дела, а равно важнейших отраслей промышленности (нефтяной, каменноугольной, металлургической, сахарной и пр.)...» По мнению Ленина, это может способствовать успешной борьбе с голодом и разрухой, царящей в стране.

Забегая вперед, отметим, что, захватив власть, Ленин выполнит намеченные мероприятия по национализации. А вот от голода все же погибнут миллионы россиян.

5. Борьба с корниловцами, калединцами, арест главарей контрреволюции (Гучков, Милюков, Рябушинский, Маклаков и К°), роспуск контрреволюционных союзов, Государственной Думы, союза офицеров, закрытие всех газет, конечно, кроме большевистских, конфискация частных типографий — вот задачи, которые выдвигает вождь большевиков.

6. Последний вопрос своего труда Ленин озаглавил так: «Мирное развитие революции». Проследим за тем, как он лукавит, раскрывая суть вопроса и показывая пути его решения. «Перед демократией России, перед Советами, перед партиями эсеров и меньшевиков, — пишет он, — открывается теперь чрезвычайно редко встречающаяся в истории революций возможность обеспечить созыв Учредительного собрания в назначенный срок без новых оттяжек, возможность обезопасить страну от военной и хозяйственной катастрофы, возможность обеспечить мирное развитие революции». Не трудно заметить, как Ленин пытается усыпить бдительность эсеров и меньшевиков. Позже они прочувствуют авантюризм и наглый обман Ленина, но будет уже поздно.

Пытаясь воздействовать на психику эсеров и меньшевиков, запугивая их гражданской войной, одержимый своей идеей захвата власти в России Ленин заключает:

«Если Советы возьмут теперь в руки, всецело и исключительно, государственную власть для проведения изложенной выше программы, то Советам обеспечена не только поддержка девяти десятых населения России, рабочего класса и громаднейшего большинства крестьянства. Советам обеспечен и величайший революционный энтузиазм армии и большинства народа... Взяв всю власть, Советы могли бы еще теперь, — и, вероятно, это последний шанс их — обеспечить мирное развитие революции, мирные выборы народом своих депутатов, мирную борьбу партий внутри Советов, испытание практикой программы разных партий, мирный переход власти из рук одной партии в руки другой. Если эта возможность будет упущена, то весь ход развития революции, начиная от движения 20 апреля и кончая корниловщиной, указывает на неизбежность самой острой гражданской войны между буржуазией и пролетариатом»[22].

Внимательно прочитав статьи Ленина того периода, начинаешь понимать, почему члены ЦК и редакций большевистских газет не хотели публиковать эти бредовые мысли и «откровения». Они были больше заняты подготовкой к Демократическому совещанию, открытие которого намечалось на 14 сентября. ЦК партии большевиков и Петербургский комитет делали все возможное, чтобы послать на это совещание как можно больше делегатов-большевиков. Еще 4 сентября ЦК направил телеграмму 37 местным партийным организациям различных регионов страны, в которой сообщалась цель совещания и давалась рекомендация по формированию большевистских групп для участия в этом форуме.

5 сентября Петербургский комитет направил по этим же адресам письма. В них предлагалось «приложить все усилия к созданию возможно более значительной и сплоченной группы из участников совещания, членов нашей партии» и давалось указание направлять своих товарищей в Смольный «для более точного и подробного информирования о наших задачах на совещании»[23].

Однако были разногласия и по этому вопросу между членами ЦК и Лениным. Ульянов решительно выступал против участия большевиков в Демократическом совещании и, надо сказать, имел здесь единомышленников. Позднее, в работе «Из дневника публициста», написанной 22 сентября[24], он говорит, что «наша партия сделала ошибку, участвуя в нем»[25].

И тем не менее большевики, отвергнув советы Ленина, приняли участие в работе Демократического совещания, надеясь, что на нем можно будет создать коалиционное (с меньшевиками и эсерами) социалистическое правительство. Более того, 13 сентября ЦК РСДРП(б) избрал специальную комиссию[26], в задачу которой входила подготовка резолюции и декларации[27]. Однако принципиальные разногласия между большевистскими руководителями не позволили им создать значительное представительство в Демократическом совещании. Среди присутствующих делегатов было: 532 эсера (в том числе 71 левый эсер), 172 меньшевика (в том числе 56 интернационалистов), 134 большевика, 133 беспартийных и 55 народных социалистов[28].

На совещании выступали Каменев и Троцкий. И если первый выступил за создание коалиционного правительства на широкой основе, то второй настаивал на передаче всей власти Советам. Правда, несмотря на различие взглядов, делегаты-большевики (в основном из Петроградского комитета и ЦК) были едины во мнении, что Демократическое совещание имеет позитивное значение в деле дальнейшего мирного развития революции и выхода страны из правительственного кризиса. Лишь Ленин продолжал упрямо твердить о «полнейшей неправильности тактики участия в «Демократическом совещании», «Демократическом совете» или предпарламенте»[29].

15 сентября Центральный Комитет неожиданно получил от Ленина два письма, содержание которых привело многих в шоковое состояние. Одно письмо — «Большевики должны взять власть» было адресовано Центральному Комитету, Петроградскому и Московскому комитетам РСДРП(б), второе — «Марксизм и восстание» — Центральному Комитету РСДРП(б). В них Ленин начисто отказывался от своей тактики компромиссов и выдвигал новый план немедленной подготовки к вооруженному восстанию с целью захвата власти.

«Получив большинство в обоих столичных Советах рабочих и солдатских депутатов, — писал он, — большевики могут и *должны* взять государственную власть в свои руки. Могут, ибо активное большинство революционных элементов народа обеих столиц достаточно, чтобы увлечь массы, победить сопротивление противника, разбить его, завоевать власть и удержать ее... Большинство народа *за нас*... Почему должны власть взять именно *теперь* большевики? Потому, что предстоящая отдача Питера* сделает наши шансы во сто раз худшими... Вопрос в том, чтобы *задачу* сделать ясной для партии: на очереди дня поставить *вооруженное восстание* в Питере и в Москве (с областью), завоевание власти, свержение правительства... Взяв власть *сразу* в Москве и в Питере (не важно, кто начнет; может быть, даже Москва может начать), мы победим *безусловно и несомненно*»[30].

Примерно в таком же ключе написано и второе письмо, с той лишь разницей, что в нем Ленин пытается «научно» обосновать необходимость вооруженного восстания, относясь «к восстанию, как к искусству!», оправдать или, по крайней мере, замаскировать свою заговорщическую тактику борьбы за власть, которая являлась прямым подражанием бланкизму. Здесь он вновь повторяет: «За нами большинство *класса*, авангарда революции, авангарда народа, способного увлечь массы»[31]. Ниже мы убедимся, что Ленин выдавал желаемое за действительное. А вот с чем можно согласиться, так это с тем, что «99 шансов из 100 за то, что немцы дадут нам по меньшей мере перемирие. А получить перемирие теперь — это значит уже победить *весь мир*»[32] (!).

Письма Ленина в срочном порядке были обсуждены на чрезвычайном заседании Центрального Комитета 15 сентября. В обсуждении приняли участие Бубнов, Бухарин, Дзержинский, Иоффе, Каменев, Коллонтай, Ломов, Милютин, Ногин, Рыков, Свердлов, Сокольников, Сталин, Троцкий, Урицкий, Шаумян, которым были розданы копии[33]. Обмен мнениями показал: большинство за то, чтобы эти *письма немедленно уничтожить!* Как вспоминал впоследствии Бухарин, *«ЦК партии единогласно постановил письма Ленина сжечь»*[34]. Во внесенной Каменевым резолюции говорилось: «ЦК, обсудив письма Ленина, отвергает заключающиеся в них практические предложения, призывает все организации следовать только указаниям ЦК и вновь подтверждает, что ЦК находит в текущий момент совершенно недопустимым какие-либо выступления на улицу...»[35] Было принято решение не отсылать эти письма в низовые партийные организации, осознавая, что массы их просто не поймут. И в самом деле. Две недели тому назад ЦК призывал рабочих и солдат выступить против Корнилова в защиту Временного правительства, а теперь Ленин предлагает бойкотировать демократическое совещание и свергнуть это правительство. В 10-летие октябрьского переворота участник чрезвычайного заседания ЦК Г.Ломов писал: «...Мы боялись, как бы это письмо не попало к петербургским рабочим, в райкомы, Петербургский и Московский комитеты, ибо это внесло бы

---

* Имеет в виду — немцам.

сразу громадный разнобой в наши ряды... Мы боялись: если просочатся слова его к рабочим, то многие станут сомневаться в правильности линии всего ЦК»[36].

Итак, большевики отвергли требования Ленина покинуть Демократическое совещание и начать подготовку к вооруженному восстанию и приняли на вооружение тактику оказания давления на Демократическое совещание, чтобы добиться принятия наиболее радикальной декларации, касающейся принципов формирования власти и правительства[37]. Большевистские делегаты поддержали также идею создания постоянного представительного органа (Предпарламента)[38], в задачу которого входило бы окончательное решение вопроса о государственной власти.

Ленин продолжал настаивать на бойкоте, поэтому этот вопрос был вынесен на заседание Центрального Комитета, которое состоялось 21 сентября. Большинство участников заседания решило не отзывать всю делегацию большевиков, а ограничиться их отзывом лишь из состава президиума совещания. Затем обсудили вопрос об участии большевиков в Предпарламенте. Поскольку мнение членов ЦК по данному вопросу разделилось, было принято решение продолжить обсуждение на объединенном собрании членов ЦК с участием делегатов совещания. Вечером того же дня в поддержку позиции Ленина выступил Троцкий. Рыков же призвал большевиков участвовать в Предпарламенте. С ним согласились Каменев, Ногин, Рязанов и многие другие: 77 человек проголосовали за участие большевиков в Предпарламенте, 50 — против. Это решение было тут же утверждено Центральным Комитетом[39].

И снова Ленин пишет статью, критикующую большевиков за участие «в этом гнусном подлоге», осуждает их за то, что не покинули совещание «в виде протеста», и тем самым якобы «партия дала себя завлечь, на время, в ловушку презренной говорильни», потеряв «дорогое время на представителей гнилья...»[40].

Однако вернемся к письмам Ленина, от которых, как вспоминал Бухарин, *все ахнули*. Представляется, что столь неожиданный поворот во взглядах Ульянова объяснялся несколькими причинами.

Во-первых, он пришел к выводу, что большевики заметно потеряли влияние и авторитет в массах, а члены ЦК и руководители партийных комитетов на местах своим участием в общественно-политических организациях (Советы, Демократическое совещание, Предпарламент и др.), сближением с эсерами и меньшевиками постепенно стали смещаться к центру. Оказывая жесткое давление на членов ЦК, он пытается активизировать его деятельность и, поправив тем самым пошатнувшийся авторитет большевистской партии, направить ее в русло радикального течения в политической борьбе за власть.

В этой связи хотелось бы привести высказывание известного русского историка С.П.Мельгунова, который, на мой взгляд, довольно метко и объективно охарактеризовал одну из черт Ленина: «В энергии Ленину отказать нельзя. Эти настойчивые, достаточно сумбурные и почти истерические призывы, — едва ли в них можно найти проявление «глубокой марксистской диалектики» и следы плодотворного изучения военных доктрин немецкого стратега-философа Клаузевица, — в конце концов заражали те «верхи» партии, с инертностью которых в деле восстания с такой фанатической страстностью боролся Ленин»[41].

Во-вторых, Ленин страшно боялся, что Временное правительство в ближайшее время может пойти на сепаратный мир с немцами, а затем направить войска на большевиков, и тогда — конец «революции». Поэтому в письме Центральному Комитету РСДРП(б) он настоятельно требует использовать «исключительные выгоды положения», то есть «объективные предпосылки успешного восстания». И далее: «*Наша* победа в восстании *сорвет* игру с сепаратным миром против революции...»[42]

Как видим, Ленин категорически выступает против заключения Временным правительством сепаратного мира с Германией, а сам вынашивает свой план осуществления этой политической сделки, но только после захвата власти большевиками.

Поддерживая конспиративные связи с германскими агентами в Финляндии, Ленин не мог не знать о намерениях Керенского. Собственно, временное правительство не предпринимало особых шагов, чтобы их скрывать. Напротив, Предпарламент создал специальную комиссию, которая обсуждала вопрос о сепаратном мире с немцами. Правда, заседания комиссии проходили закрыто, тем не менее информация легко доходила до широкой общественности. Однажды редактор газеты «Общее дело» Бурцев даже выступил с сообщением, что на комиссии Предпарламента обсуждается вопрос о заключении Временным правительством сепаратного мира с Германией, хотя и поплатился за это немедленным закрытием газеты.

И, наконец, третье. На мой взгляд, наиболее важное. Я имею в виду политические события в Финляндии в конце августа — начале сентября, которые были обусловлены борьбой финского народа за национальную независимость.

Более 100 лет Финляндия входила в состав Российской империи[43], и все эти годы финны не теряли надежды вновь обрести самостоятельность. С падением самодержавия в финском обществе заметно усилилось движение за государственный суверенитет. Следует заметить, что в этих условиях левые взгляды находили широкую поддержку среди финского населения. Правда, в политических и общественных кругах не исключали возможность получения национальной независимости мирными средствами — решением Советов, которые, как они считали, могли прийти к власти. Начиная с середины лета Гельсингфорс становится центром политических баталий. Здесь были сосредоточены главные военно-морские силы российской империи и другие военные объекты, которые, при определенных условиях, могли быть использованы большевиками в нужном направлении. Все это не осталось незамеченным и неучтенным Лениным.

До определенного времени Ленин не раскрывал свои карты, указывал лишь на силы «Питера и Москвы». Это говорит о том, что Ленин не доверял большинству членов ЦК, поскольку они неоднократно игнорировали его настоятельные требования приступить к подготовке вооруженного восстания.

Тем временем радикально настроенные силы в Финляндии крепли с необыкновенной быстротой. Причем в их действиях наблюдалась известная согласованность. Примером может служить объединенное собрание Исполкома Гельсингфорского Совета, Областного комитета Советов рабочих и воинских депутатов Финляндии и представителей полковых и судовых комитетов Гельсингфорского района, состоявшееся 2 сентября. В резолюции, принятой большинством участников собрания, в частности, подчеркивалось: «Мы настойчиво требуем от ЦИК, чтобы он отказал в доверии всякому коалиционному... министерству и немедленно созвал II Всероссийский съезд Советов рабочих, солдатских и крестьянских депутатов»[44]. Это указывало на наличие в Финляндии потенциальных сил, способных пойти на более радикальные действия.

С 9 по 12 сентября в Гельсингфорсе проходил III Областной съезд Советов армии, флота и рабочих Финляндии. Он завершился победой левых сил. В избранный постоянный Исполнительный комитет вошли, в основном, левые эсеры и большевики. Председателем Областного Исполнительного комитета армии, флота и рабочих Финляндии (ОИКАФРФ) был избран ультралевый большевик, член ЦК РСДРП(б), литовец Ивар Смилга. Тот самый Смилга, который в июльские дни вместе с членом «Военки» Мартином Лацисом призывал мятежников захватить важнейшие государственные и военные объекты Петрограда. ОИКАФРФ провозгласил себя высшим органом политической власти в Финляндии. Мне думается, что, находясь в Гельсингфорсе[45] и поддерживая постоянную связь с лидерами финских большевиков, Ленин оказывал им практическую помощь в организации съезда и выработке радикального решения. Именно эти события подтолкнули Ульянова к пересмотру своей «умеренной» позиции. Образование ОИКАФРФ настолько окрылило его, что в воскресенье, 17 сентября, он переезжает из Гельсингфорса в Выборг, поближе к столице, где твердо решил осуществить вооруженный захват власти. Но впереди его ждала борьба с противниками-большевиками, как это не странно.

А они тем временем не сидели сложа руки. Так, 23 сентября, по инициативе членов ЦИК, была организована встреча с делегатами демократического совещания. На нем было принято решение о созыве 20 октября II Всероссийского съезда Советов. На следующий день состоялось объединенное собрание Центрального Комитета, представителей Петербургского комитета и делегации большевиков — членов Предпарламента[46]. В резолюции определялись главные задачи партии: поддержка идеи передачи власти Советам; укрепление их политического авторитета, чтобы составить серьезную конкуренцию правительству; расширение связей между Советами на местах; переизбрание исполкомов центральных, областных и местных Советов и, наконец, принятие всех мер, обеспечивающих проведение Всероссийского съезда в определенный срок[47].

Должен заметить, что большевики активно включались в работу по переизбранию исполкомов Советов. Уже к 25 сентября, в результате реорганизации президиума Петроградского Совета, в его состав вошли четыре большевика[48], два эсера и один меньшевик. Председателем президиума стал Троцкий. В этот же день состоялось пленарное заседание. Пользуясь отсутствием ряда депутатов (большинство членов прежнего президиума, в знак протеста против сомнительных комбинаций при голосовании*, покинули зал заседания), большевики протащили резолюцию Троцкого, в которой говорилось о нежелании Петроградских рабочих и солдат оказывать поддержку новому коалиционному правительству. В резолюции от имени широких слоев населения страны (?) выражалось убеждение в том, что «весть о новой власти встретит со стороны всей революционной демократии один ответ: «в отставку». И, опираясь на этот единодушный голос подлинной демократии, Всероссийский съезд С.Р. и С.Д. создаст истинно революционную власть»[49].

Это был очередной мошеннический прием большевиков. Петроградские рабочие и солдаты в большинстве своем и не помышляли о новой, «революционной власти». И тем не менее эта резолюция окончательно вывела Ленина из равновесия. Взвесив все «за» и «против», он 27 сентября пишет из Выборга[50] письмо Смилге. На мой взгляд, это письмо является одним из ценнейших источников по истории большевистской партии. Оно проливает свет на многие вопросы, связанные с октябрьским переворотом, указывает на его заговорщический характер, не имеющий ничего общего с выражением настроения широких народных масс. В нем Ленин откровенно излагает Смилге свой план захвата власти, опираясь на финские силы:

«Общее политическое положение внушает мне большое беспокойство... Правительство имеет войско и *систематически* готовится (Керенский в Ставке, явное дело, столковывается с корниловцами о войске для подавления большевиков и столковывается *деловым* образом). А мы что делаем? Только резолюции принимаем?.. Систематической работы большевики *не* ведут, чтобы подготовить *свои* военные силы для свержения Керенского... История сделала коренным *политическим* вопросом вопрос *военный*. Я боюсь, что большевики забывают это... Со

---

* У большевистских лидеров такой опыт имелся.

стороны партии революционного пролетариата это может оказаться преступлением. По-моему, надо агитировать среди партии за серьезное отношение к вооруженному восстанию — для этого переписать на машинке и сие письмо и доставить его питерцам и москвичам... Кажется, *единственное, что мы можем вполне иметь в своих руках и что играет серьезную военную роль, это финляндские войска и Балтийский флот*. Я думаю, Вам надо воспользоваться своим высоким положением, свалить с себя на помощников и секретарей всю мелкую, рутинную работу, не терять времени на «резолюции», а *все внимание* отдать *военной* подготовке финских войск + флота для предстоящего свержения Керенского. Создать *тайный* комитет из *надежнейших* военных, обсудить с ним *всесторонне,* собрать (и проверить *самому*) точнейшие сведения о составе и расположении войск под Питером и в Питере, о перевозе войск финляндских в Питер, о движении флота и т. д... М ы н и в к о е м с л у ч а е не можем позволить увода войск из Финляндии. Лучше идти *на все,* на восстание, на взятие власти, — для передачи ее съезду Советов... надо сейчас же пустить в обращение такой лозунг: Власть должна немедленно перейти в руки Петроградского Совета, к о т о р ы й п е р е д а с т е е съезду Советов... Зачем терпеть еще три недели войны и «корниловских подготовлений» Керенского...»[51]

Думается, комментарии здесь излишни: все ясно сказано.

29 сентября Ленин пишет статью «Кризис назрел», в которой вновь призывает партию немедленно приступить к осуществлению вооруженного восстания и пытается аргументировать необходимость этого выступления: «Мы стоим в преддверии всемирной пролетарской революции... Все симптомы указывают... именно на то, что общенациональный кризис назрел»[52].

Ленин пытается доказать, что в России имеются все объективные условия для вооруженного восстания и захвата власти: «...Мы, русские большевики... имеем на своей стороне столичные Советы рабочих и солдатских депутатов... *большинство* народных масс... Мы видели полный откол от правительства финляндских войск и Балтийского флота. Мы видим... что солдаты больше воевать не будут... Мы видим, наконец, голосование в Москве, где из семнадцати тысяч солдат четырнадцать тысяч голосует за большевиков... Пропускать такой момент и «ждать» съезда Советов есть *полный идиотизм* или *полная измена...* ибо съезд ничего не даст, *ничего не может дать!*»

В шестой главе статьи, предназначенной «для раздачи членам ЦК, ПК, МК и Советов», Ленин прибегает к шантажу:

«Не взять власти теперь, «ждать», болтать в ЦИК, ограничиться «борьбой за орган» (Совета), «борьбой за съезд» значит *погубить революцию*»[53]. И далее:

«Видя, что ЦК оставил *даже без ответа* мои настояния в этом духе с начала Демократического совещания, что Центральный орган в ы ч е р к и в а е т из моих статей указания на такие вопиющие ошибки большевиков, как позорное решение участвовать в Предпарламенте, как предоставление места меньшевикам в президиуме совета и т. д., и т. д. — видя это, я должен усмотреть тут «тонкий» намек на нежелание ЦК даже обсудить этот вопрос, тонкий намек на зажимание рта, и на предложение мне удалиться. Мне приходится *подать прошение о выходе из ЦК,* что я и делаю, и оставить за собой свободу агитации *в низах* партии и на съезде партии. Ибо мое крайнее убеждение, что, если мы будем «ждать» съезда Советов и упустим момент теперь, мы *губим* революцию»[54]. Эта статья Ленина с припиской (6-я глава), равно как и ранее написанные им статьи и письма, показывают, что он постоянно противопоставляет себя Советам, ЦК и другим общественно-политическим органам. Думается, это хорошо понимали в Центральном Комитете и в редакциях большевистских газет, которые в ряде случаев принимали решение не публиковать его работы, написанные в сентябре-октябре[55], поскольку приведенные в них «факты» и советы были либо плодом его фантазии, либо весьма далеки от истины. Я уже не говорю о том, что он сознательно опускал реальные факты, которые дискредитировали большевиков.

В этой связи приведу отрывок из дневника коллежского асессора, чиновника особых поручений при министерстве финансов Российской империи С.К.Бельгарда: *«Воскресенье, 24 сентября 1917 г.* В ночь на сегодня началась всеобщая железнодорожная забастовка. Ходят поезда только местного сообщения, а на дальних — воинские и продовольственные. Исполнительный Комитет Московского Центрального Железно-Дорожного союза большинством 19 голосов против 16 объявил забастовку. От трех голосов ставится на карту, быть может, судьба России!.. *Вторник, 26 сентября 1917 г.* ...В газетах много объявлений... Тяжелое впечатление производит описание убийства матросами «Петропавловска» своих четырех офицеров. До какого озверения могут дойти русские люди!»[56]

А в это время Ленин пишет воззвание «К рабочим, крестьянам и солдатам»: «Товарищи! Посмотрите кругом себя, что делается в деревне, что делается в армии, и вы увидите, что крестьяне и солдаты терпеть дольше не могут... Ни рабочие в городах, ни солдаты на фронте не могут терпеть... военного подавления справедливой борьбы крестьян за землю... Идите же все по казармам, идите в казачьи части, идите к трудящимся и разъясняйте народу *правду:* Если власть будет у Советов, то не позже 25-го октября (если 20 октября будет съезд Советов) *будет предложен справедливый мир* всем воюющим народам... Тогда народ узнает, кто хочет несправедливой войны. Тогда народ решит в Учредительном собрании. Если власть будет у Советов, то *немедленно помещичьи* земли будут объявлены *владением и достоянием всего народа»*[57].

Воззвание заканчивалось словами: *«Долой правительство Керенского,* который сговаривается с корниловскими генералами-помещиками, чтобы подавлять крестьян, чтобы стрелять в крестьян, чтобы затягивать войну! *Вся власть Советам рабочих и солдатских депутатов!*»[58]

1 октября Ленин посылает короткое «Письмо в ЦК, ПК, МК и членам Советов Питера и Москвы, большевикам», в котором делает еще одну попытку склонить на свою сторону партийных лидеров двух столиц и большевиков — членов Советов. Здесь все тот же призыв к вооруженному выступлению, все те же доводы, что большинство за большевиков: «...в войске симпатии к нам растут (99 процентов голосов солдат за нас в Москве, финляндские войска и флот против правительства...) ...Большевики не вправе ждать съезда Советов, они должны *взять власть тотчас*. Этим они спасают и всемирную революцию... Ждать — преступление перед революцией»[59].

На это письмо в ЦК особо не отреагировали. Центральный Комитет был занят выдвижением кандидатов в Учредительное собрание, подготовкой к работе Предпарламента и другими вопросами, связанными с участием большевиков в ЦИК и Советах. Так, на заседании Центрального Комитета 29 сентября был принят список кандидатов в Учредительное собрание от ЦК РСДРП(б) в количестве 41 человека. Среди них: Ленин, Зиновьев, Троцкий, Каменев, Сталин, Свердлов, Бухарин, Рыков, Ногин, Бубнов, Коллонтай, Луначарский, Сокольников, Шаумян, Крыленко, Крестинский, Иоффе и другие[60]. Этот факт говорит о том, что большинство членов и кандидатов в члены ЦК стояло на умеренных позициях. Об этом свидетельствовала и продолжавшаяся заочная «дуэль» между ними и Лениным. Однако следует отметить, что, начиная со второй половины сентября, круг единомышленников Ленина постепенно стал расширяться. Мощным «камнем» в укреплении бастиона экстремистов послужил переход на их позиции Троцкого. Именно Троцкий был первым, кто поднял в ЦК вопрос о бойкоте Демократического совещания, на что Ленин отреагировал восклицанием: «Браво, товарищ Троцкий!.. Да здравствует бойкот!»[61]

Ленина поддержали и другие члены Центрального Комитета РСДРП(б) (Свердлов, Сталин, Смилга, Сокольников, Бубнов), а также Петроградского комитета (Лацис, Подвойский, Харитонов, Молотов и другие); Московского областного бюро ЦК (Яковлева, Ломов). Последний 3 октября пытался убедить членов ЦК, что в Москве и области массы настроены весьма решительно и что необходимо начать подготовку к взятию власти[62]. Ниже мы убедимся, что заявление Ломова было вымыслом, дезинформирующим членов ЦК. Вот что писали тогда «Известия»: «Не все благополучно сейчас в тылу. И это питает и обостряет вражду к тылу. И уничтожить эту вражду можно не одними опровержениями лжи, а действительным уничтожением того, что является в этих обвинениях правдой»[63].

Своими частыми и назойливыми письмами Ленин создавал в Центральном Комитете нервозную обстановку, отнимал у его членов много времени. Поэтому на заседании 3 октября было принято решение «предложить Ильичу перебраться в Питер, чтобы была возможной постоянная тесная связь»[64].

После переезда в Петроград Ленин активизирует свою деятельность. Острое политическое чутье подсказывало ему, что опасность ареста миновала. Такую уверенность он обрел особенно после смещения генерала Корнилова. Об этом красноречиво говорит тот факт, что он неоднократно и безбоязненно покидал так называемую конспиративную квартиру, бывал дома у разных людей, где проводил совещания, и участвовал в заседаниях ЦК. Бывал на квартире даже у своих политических противников, например у эсера Н.Н.Суханова, не опасаясь, что тот может выдать его властям.

К этому времени Центральный Комитет окончательно раскололся на сторонников и противников Ленина. Такая же обстановка была и в партийных комитетах двух столиц. Используя благоприятные условия, экстремисты стали протаскивать нужные решения. Так, например, 7 октября на собрании делегатов-большевиков, прибывших на заседание Предпарламента, пользуясь отсутствием Зиновьева, Рыкова, Ногина и других авторитетных лидеров, Троцкому удалось незначительным перевесом голосов принять решение о его бойкоте[65].

Опираясь на воинственно настроенных членов Петроградского комитета и военной организации, Ленин вел подготовку к свержению Керенского. Как утверждал в своих статьях М.Лацис, все меры, направленные против Временного правительства, принимались без ведома Центрального Комитета[66]. Это говорит о том, что Ленин и его единомышленники систематически и грубо нарушали принципы организационного строения своей партии.

Предупреждая Временное правительство о надвигающейся опасности, В.Бурцев еще 30 сентября писал в газете «Общее дело»: «Пусть правительство поймет, прежде всего, что гельсингфорские «товарищи» с их воззваниями к всеобщему восстанию и петроградские «товарищи» Троцкий, Рязанов, Каменев, Ленин с их демонстрациями для ниспровержения правительства и для вырывания у него в роковой час власти — предатели Родины».

Но так или иначе, команда Ленина форсировала подготовку заговора против народа. Одним из таких шагов явился демарш большевиков на первом заседании Предпарламента вечером 7 октября. Явившись к концу заседания, Троцкий взял слово для политического заявления. Для начала он обрушился с оскорблениями в адрес Временного правительства и делегатов Предпарламента, назвав их «орудием контрреволюционной буржуазии», чем вызвал у большинства присутствующих негодование. Наглый, но, бесспорно, незаурядный оратор все же закончил свое заявление: «Мы взываем, покидая Временный Совет, к бдительности и мужеству рабочих, солдат и крестьян всей России. Петроград в опасности. Правительство усугубляет эту опасность. Правящие партии усугубляют ее. Только сам народ может спасти себя и страну. Мы обращаемся к народу: да здравствует немедленный, честный, демократический мир, вся власть Советам, вся земля народу, да здравствует Учредительное собрание!» После выступления Троцкого делегация большевиков, под топот огромной аудитории, направилась к выходу. А вслед им летели выкрики: «Мерзавцы!», «Идите в свои опломбированные немецкие вагоны!»[67]

За день до открытия заседания Предпарламента Ленин переехал из Выборга в Петроград[68]. Здесь он разворачивает бурную деятельность, связанную с подготовкой свержения Временного правительства. «Весь целиком, без остатка, — пишет в своих воспоминаниях Н.К.Крупская, — жил Ленин этот последний месяц мыслью о восстании, только об этом и думал, заражал товарищей своим настроением, своей убежденностью»[69].

После переезда в Петроград Ленин написал две статьи («К пересмотру партийной программы» и «Советы постороннего») и два письма («Письмо Питерской городской конференции. Для прочтения на закрытом заседании» и «Письмо к товарищам большевикам, участвующим на областном съезде Советов Северной области»). В первой статье Ленин полемизирует с Бухариным, Сокольниковым, Смирновым и Лариным по различным теоретическим вопросам и делает им критические замечания. В остальных работах, если отбросить общие слова и беллетристику, он вновь призывает свергнуть Керенского, обещает, что если Временное правительство будет заменено «рабочим и крестьянским революционным правительством» (имея в виду, конечно, себя), то крестьяне получат землю, армия — хлеб, одежду и обувь. Странно только, что «добродетель» ничего не обещает рабочим. Должно быть, забыл.

И все же главное внимание Ленин уделяет предстоящему заседанию Центрального Комитета. Оно началось вечером 10 октября на квартире известного экономиста и публициста — меньшевика Н.Н.Суханова, которого Ленин окрестил предателем и оппортунистом. Вот и его предупреждение: «Доверять ни Чхеидзе с К°, ни Суханову, ни Стеклову и пр. *нельзя*»[70]. И после этого он спокойно переступает порог его квартиры. (Таких сюжетов в биографии Ульянова множество, и к ним мы еще вернемся.)

Итак, рассмотрим «историческое заседание Центрального Комитета», на котором впервые после июльских дней присутствовал Ленин, еще 10 членов ЦК — Бубнов, Дзержинский, Зиновьев, Каменев, Коллонтай, Свердлов, Сокольников, Сталин, Троцкий, Урицкий и два кандидата — Ломов и Яковлева. Последняя вела протокол заседания. С докладом по текущему вопросу выступил Ленин. Протокольные записи как по докладу, так и по прениям весьма отрывочны. Например, в опубликованных «Протоколах Центрального Комитета» отсутствуют выступления Каменева и Зиновьева. Они хранятся в архиве бывшего Института марксизма-ленинизма при ЦК КПСС.

Свое выступление Ленин начал, признав факт, что **«с начала сен-тября замечается какое-то равнодушие к вопросу о восстании»**[71]. А далее он почти час аргументировал лозунг о захвате власти: «Положение международное таково, что инициатива должна быть за нами. Политически дело совершенно созрело для перехода власти... Аграрное движение также идет в эту сторону... Лозунг перехода всей земли стал общим лозунгом крестьян...» А в заключительной части доклада он подчеркнул: «Ждать до Учредительного собрания, которое **явно будет не с нами**, бессмысленно, ибо это значит усложнять нашу задачу. Областным съездом и предложением из Минска надо воспользоваться для начала решительных действий»[72] (выделено мной. — *А.А.*). Последовала реплика Урицкого: «На какие силы мы опираемся? ...Гарнизон после июльских дней не может внушать больших надежд»[73]. Ленин не ответил на реплику: очевидно, не хотел раскрывать свою тайну, на какие реальные силы он рассчитывает, призывая к решительным действиям.

В принципе Ленин ничего нового не сказал. И тем не менее его доклад подвергся бурному обсуждению. Особое критическое замечание высказали Каменев и Зиновьев. В частности, они выступали против ленинских оценок расстановки сил («большинство теперь за нами») и утверждали, что на выборах в Учредительное собрание эсеры, при поддержке крестьян, смогут получить наибольшее количество голосов. История показала, что в этом они были правы. Каменев и Зиновьев ставили под сомнение тезис Ленина о помощи революционного пролетариата зарубежных стран, но главное — они не одобряли насильственный метод борьбы за власть, предлагая, если можно так сказать, парламентскую борьбу: получение максимального количества мест в высших органах государственной власти, проведение в жизнь программы партии.

Позицию Каменева и Зиновьева поддержали отсутствующие на заседании Центрального Комитета его члены — Ногин, Милютин, Рыков и другие большевистские лидеры (Рязанов, Невский, Чудновский), а также левые эсеры. В опубликованной 13 октября в газете «Знамя труда» статье одного из лидеров партии эсеров С.Д.Мстиславского в этой связи подчеркивалось: «**...Выступление рабочих и солдатских масс в данный момент было бы злейшим преступлением... покушением не на существующую правительственную власть, но на самые Советы... Те, кто призывает массы к выступлению «для захвата власти», — лгут: их призыв есть призыв не к победе народной воли, но к ее самоубийству**».

Советская историография утверждает, что Каменев и Зиновьев выступали против линии партии, что необходимость и своевременность вооруженного восстания диктовались объективными причинами и повсеместно (?) поддерживались. Во всех официальных изданиях говорится, что ленинская резолюция 10 октября *стала директивой партии — немедленно готовить вооруженное восстание*[74]. Но в действительности эта резолюция содержала совсем иной смысл: «Признавая таким образом, что вооруженное восстание неизбежно и вполне назрело, ЦК предлагает всем организациям партии руководиться этим и с этой точки зрения обсуждать и разрешать все практические вопросы (съезда Советов Северной области, вывода войск из Питера, выступления москвичей и минчан и т. д.)»[75]. Как видим, речь о немедленном вооруженном восстании не идет. Кроме того, 11 членов ЦК из 21 (т. е. при явном отсутствии кворума) не обладали полномочиями принимать какие бы то ни было решения, а тем более по столь серьезному вопросу, как вооруженное восстание.

Между прочим, после июльских событий многие районные комитеты постановили, что ЦК, прежде чем принимать резолюции по важным политическим вопросам, должен запрашивать мнение Петербургского комитета. И, наконец, советские историографы утверждают, что против Ленина на заседании выступали лишь Каменев и Зиновьев. Это очередная ложь. Выступивший в прениях по докладу Урицкий поставил под сомнение, что в Петрограде достаточно сил для осуществления вооруженного восстания. «Мы — сказал он, — слабы не только в технической части, но и во всех других сторонах нашей работы»[76]. На заседании в ЦК 10 октября было образовано политическое бюро ЦК из 7 человек: Ленин, Зиновьев, Каменев, Сокольников, Сталин, Бубнов, Троцкий.

И последнее. Отсутствуют документальные материалы, из которых можно было бы полнее узнать истинные результаты голосования по резолюции. А ссылаться на различные сомнительные публикации, отрывочные протокольные записи — значит самому стать на путь фальсификации исторических фактов.

Как до заседания Центрального Комитета, так и после Ленин и его единомышленники делали основную ставку на съезд Советов Северной области, местом проведения которого был определен Петроград. За несколько дней до его открытия Ленин пишет «Письмо к товарищам большевикам, участвующим на областном съезде Советов Северной области», в котором ставит задачу свергнуть Временное правительство до открытия Второго Всероссийского съезда Советов Рабочих и Солдатских депутатов: «Нельзя ждать Всероссийского съезда Советов, который Центральный Исполнительный Комитет может оттянуть и до ноября, нельзя откладывать (восстание — *А.А.*), позволяя Керенскому подвозить еще корниловские войска... Керенский и корниловцы сдадут Питер немцам. Именно для спасения Питера надо свергнуть Керенского и взять власть *Советам обеих столиц*... Дело в восстании, которое может и должен решить Питер, Москва, Гельсингфорс, Кронштадт, Выборг, Ревель... Флот, Кронштадт, Выборг, Ревель могут и должны пойти на Питер, разгромить корниловские полки, поднять обе столицы, двинуть массовую агитацию за власть, немедленно передающую землю крестьянам и немедленно предлагающую мир, свергнуть правительство Керенского, создать эту власть...»[77]

В связи с предстоящим съездом Советов Северной области председатель Областного Исполнительного Комитета Армии, Флота и Рабочих Финляндии (ОКАФРФ) Смилга опубликовал 8 октября в газете «Рабочий путь» статью[78], в которой излагал задачи, стоящие перед делегатами. «Этому съезду, — писал он, — по всей видимости, придется сыграть крупную роль в политической жизни страны. Ни для кого не тайна, что против Всероссийского съезда Советов ведется яростная кампания оборонцами всех толков... Совершенно очевидно, что если мы пассивно будем ожидать двадцатое число, то никакого съезда и не будет. Необходимо дать отпор нападающим оборонцам. И не только на словах, но и на деле... Кризис нарастает с чрезвычайной быстротой... В этот момент Областной съезд может иметь громадное значение»[79]. Смилга ясно давал понять, что в дни работы съезда надо свергнуть Временное правительство. Это было в духе планов Ленина.

11 октября начал свою работу съезд Советов Северной области. Его открыл Крыленко, хотя он и не являлся членом Областного Исполкома. По методу Ленина, ультралевые большевики взяли все управление съездом в свои руки. Кстати, докладчик тоже был со стороны большевиков — член ЦК РСДРП(б) Сокольников. И если учесть, что из 94 делегатов 51 составляли большевики, то получается, что все это проходило как бы на областном съезде РСДРП(б). До делегатов были доведены решения Центрального Комитета о вооруженном восстании. Их предупредили, что в любой момент из ЦК может поступить команда выступить против Временного правительства и захватить власть.

Судя по подстрекательному объявлению Антонова-Овсеенко, сценарий съезда был написан на конспиративной квартире Ленина. В начале работы Антонов-Овсеенко сообщил делегатам, что политические заключенные в «Крестах» объявили голодовку. Расчет был прост: взбудоражить людей и подтолкнуть их на вооруженное восстание. Однако этот номер не прошел. Делегаты ограничились принятием воззвания: «Прекратите голодовку и набирайтесь сил — близится час вашего освобождения»[80]. Тогда в ход была пущена «тяжелая артиллерия». В своем докладе, построенном на откровенно воинственной ноте, Сокольников призвал делегатов «идти в бой за победу Советов» и прямо заявил, что «проведение съезда в Петрограде не случайно, так как, может быть, именно он начнет восстание»[81]. Однако ленинцы потерпели неудачу: резолюция, принятая большинством делегатов, переадресовала решение вопроса о власти Второму Всероссийскому съезду Советов. Съезд избрал Исполнительный комитет Северной области, в задачу которого должны были входить организация и подготовка военных сил, необходимых якобы «для защиты» и поддержки Второго Всероссийского съезда Советов», а фактически — для свержения Временного правительства. В принятом воззвании к массам подчеркивалось исключительное значение Всероссийского съезда Советов в деле взятия им власти и организации выборов в Учредительное собрание.

Итоги съезда показали, что основная масса рабочих и солдат не готова, да и не желает идти на вооруженное восстание. И тем не менее население Петрограда чувствовало, что гроза приближается, и не сегодня-завтра она разразится. В этих условиях правительство стало принимать меры по предотвращению выступления большевиков. Командующий войсками Петроградского военного округа издал приказ, запрещающий митинги, собрания и шествия. Приказ заканчивался так: «Предупреждаю, что для подавления всякого рода попыток к нарушению порядка в Петрограде мной будут приниматься самые крайние меры»[82].

17 октября состоялось заседание Временного правительства, на котором Керенский заявил, что все меры предотвращения и подавления выступления приняты: усилена охрана Зимнего и Мариинского дворцов; из Ораниенбаума вызваны две школы прапорщиков, а с Румынского фронта — бронированный поезд и ряд воинских частей; усилена милиция. По уверениям премьер-министра, в столице «налицо имелись достаточные военные силы»[83]. Однако это было не так: Временное правительство проявило преступную халатность, в его действиях было много слов и куда меньше реальных дел. Знакомый читателю Бельгард в этой связи записывает 15 октября в своем дневнике: «Россия захлебнулась в потоке слов всяких союзов, комитетов, совещаний, заседаний и пр. Всюду происходят самосуды, что, впрочем, вполне естественно, когда нет настоящего правосудия»[84]. Члены Временного правительства видели почти открытые приготовления большевиков к вооруженному выступлению и, тем не менее, вели себя как сторонние наблюдатели, проявляя чрезмерную уверенность в том, что могут, в случае чего, обуздать экстремистов. Интервью, данное одним из министров Временного правительства корреспонденту газеты «Биржевые ведомости», яркое тому свидетельство: «В настоящий момент правительство меньше всего желает столкновения. Но что нам делать? Если большевики выступят, мы вскроем нарыв хирургически и удалим его раз и навсегда»[85].

Раздосадованный итогом съезда Советов Северной области, Ленин предпринимает ряд организационных и тактических мер. Между 10-м и 16-м октября (скорее всего, 13-го), на квартире члена Исполнительной комиссии Петербургского Комитета М.И.Калинина (Выборгское шоссе, д.106, кв.1), он встречается со своими единомышленниками из Центрального Комитета и обсуждает с ними вопрос о подготовке переворота[86]. Примерно в это же время Ленин **дважды** встречался на квартире М.В.Фофановой с членом Московского комитета РСДРП(б) И.А.Пятницким и в беседе с ним выяснял степень готовности москвичей к восстанию[87]. Кстати, в 3-м томе Биохроники Ленина (с. 373) утверждается, будто «квартиру Ленина посещал очень ограниченный круг лиц: Н.К.Крупская, М.И.Ульянова, Э.Рахья». Но это, как видно из приведенного выше факта, не соответствует действительности. Ленина на «конспиративной» квартире навещала даже Инесса Арманд и еще кое-кто. Об этом будет сказано несколько ниже. Этот же вопрос он обсуждал с руководящими работниками большевистской партии во время встречи, которая состоялась 14 октября на квартире машиниста Финляндской железной дороги Г.Ялавы (Выборгская сторона, Ломанский переулок, д.46, кв.29)[88]. Следует отметить, что все переговоры Ленин проводил, в основном, с большевистскими лидерами среднего звена и членами Военной организации, а не с членами ЦК.

О приготовлениях большевиков писали в те дни все петроградские газеты, кроме большевистских. Например, в передовой статье газеты «Новая жизнь» (очевидно, написана самим редактором — Горьким) прямо говорилось, что «большевики развернули агитацию за вооруженное восстание»[89]. Обеспокоенные бездействием правительства, «Биржевые ведомости» указывали: «Большевики все определеннее и решительнее говорят о близком выступлении масс. Все, что делают большевики для разрушения обороны государства и революции, приемлется властью и государственной демократией спокойно и без противодействия... Этот момент... правительство должно использовать для твердых проявлений обороны революционного Петрограда от анархии»[90]. В тот же день «Газета-копейка» с тревогой сообщала, что «в революционно-демократических кругах имеются определенные сведения, что большевики деятельно готовятся к выступлению на 20 октября»[91].

Да, широкая общественность знала о готовившемся заговоре большевиков, но не могла даже представить, на какие средства рассчитывал Ленин, ведь государственный переворот — дело не из простых и дешевых. Между тем средства у Ленина были, и немалые.

Вот выдержка из рассказа М.В.Фофановой:

«В субботу, 14 октября, поздно вечером пришел Эйно Рахья. Он притащил с собой дорожный солдатский сундук, до самого верха набитый новенькими десятирублевыми купюрами. На дне сундука лежало множество пачек шведских крон. Эйно передал Владимиру Ильичу письмо и сел на диван. У него был очень усталый вид. На мое предложение поужинать он отказался. Владимир Ильич, стоя, быстро прочитал письмо. Затем сунул его в карман и стал расхаживать по квартире. Чем-то был серьезно взволнован и озабочен. Лишь раз он вслух произнес: «Архивозмутительно!» Посидев немного, Эйно попрощался и ушел домой. Он тогда жил в Певческом переулке на Петроградской стороне. Это у него Владимир Ильич ночевал после заседания Центрального Комитета 10 октября. В течение двух или трех дней Эйно по частям унес принесенные им деньги. Оставил, кажется, лишь две пачки Владимиру Ильичу...»

После августовского (1991) путча в бывшем архиве Института марксизма-ленинизма при ЦК КПСС мной были обнаружены документы, свидетельствующие, что члены ЦК РСДРП и некоторые ее активные деятели начиная с апреля 1917 года ежемесячно получали из кассы

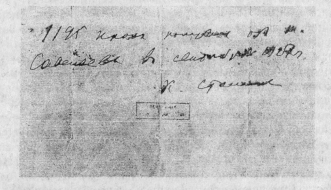

Расписки И.В.Сталина

250 руб. получил из кассы Ц.К. в счет жалованья за август
К.Сталин
6/VIII 1917 г.

1195 крон получил от т. Савельева в сентябре 1917 г.
К.Сталин

ЦК жалованье. Причем получали как в рублях, так и в валюте. Например, аванс за август Сталин получил в рублях, а «зарплату» за сентябрь — в шведских кронах (см. документы ниже)[92]. Получателями «жалованья» в крупных размерах (от 500 до 4500 рублей) были: А.Бубнов, Д.Бедный, В.Веселовский, Я.Ганецкий, И.Гуковская, Г.Зиновьев, Л.Каменев, А.Коллонтай, Г.Оппоков, Я.Свердлов, Е.Стасова, И.Сталин, Г.Сокольников, И.Смилга, Ю.Стеклов, В.Сафарова, И.Теодорович, А.Шляпников и многие другие члены большевистской организации.

Все они оставляли расписки о получении денег из кассы ЦК[93]. Не составлял расписок лишь Ленин. А получали большевистские лидеры по тем временам немалые деньги. Для сравнения отметим, что жалованье поручика российской армии составляло 55 рублей в месяц. А городовой получал еще меньше — 40 рублей в месяц. С апреля по ноябрь 1917 года большевистские лидеры под расписку получили из кассы ЦК несколько сот тысяч рублей, не считая валюты. Ясно, что это были те самые деньги, которые поступили в казну большевиков из немецких банков через стокгольмские банки и нарочным, о котором рассказывала Фофанова.

Прошло много лет, прежде чем я пришел к убеждению, что то были те немецкие деньги, которые поступали из Швеции в Сибирский Банк в Петрограде и через подставных лиц передавались Ленину для подкупа рабочих, солдат и матросов, а также выдачи пособия «интернационалистам» и уголовникам, готовым за деньги пойти на любое преступление. В партийную кассу поступали и фальшивые деньги, которые печатались в Германии и переправлялись в россию. Часть денег, разумеется, переправлялась в Финляндию для раздачи членам финской «Красной Гвардии», которые должны были сыграть главенствующую роль в предстоящем перевороте. Наемные «революционеры» — матросы, солдаты и красногвардейцы — напивались до потери рассудка и готовы были совершить любые действия против «эксплуататоров», свергнуть Временное правительство.

В этой связи небезынтересно привести свидетельство очевидца октябрьских событий: «Совещание армий Северного фронта требует вывода петроградского гарнизона. Большевики, с Троцким во главе, натравливают гарнизон на Временное правительство, приписывая ему инициативу вывода войск. Троцкий старается во славу Германии. Только и разговоров о готовящемся завтра или в ночь на воскресенье (20-го или в ночь на 22-е. — *А.А.*) выступлении большевиков. Будут арестованы члены Временного правительства, начнется избиение буржуев, обыски, грабежи и прочее. «Красная Гвардия», т. е. вооруженные рабочие, будут творить насилие во имя свободы и ради «углубления революции». На вокзалах наплыв дезертиров, **на окраинах бродят толпы пьяных матросов**[94].

Всем было очевидно: большевики готовятся к захвату власти и хотят использовать съезд Советов Северной области для низложения правительства Керенского, об этом писали многие газеты, а Ленин в «Письме к членам партии большевиков» обрушивается на Каменева и Зиновьева якобы за разглашение решения ЦК о вооруженном восстании, обзывает их «штрейк-брехерами». В ответ Зиновьев отправил письмо в редакцию «Рабочего Пути», в котором, на мой взгляд, вполне убедительно опроверг эти обвинения[95].

Но продолжим рассказ М.В.Фофановой, которая, бесспорно, в то время ни о чем не догадывалась:

«Вечером 15 октября, в воскресенье, когда было уже темно, в сопровождении Эйно пришли к нам два товарища. Об их приходе я была предупреждена Владимиром Ильичем еще утром. Он сказал мне, что вечером придут из Финляндии два товарища — Рубаков и Егоров, и что они вместе со всеми совершили опасное путешествие из Цюриха в Петроград. Оба молодые, лет 30—35, высокие, стройные, чувствовалась военная выправка. Один из них, с усиками, похож был на актера Кторова. Они вежливо поздоровались, и я проводила их в комнату Владимира Ильича. Эйно прошел в кухню. Разобрать разговор при закрытых дверях было невозможно, да и не пыталась я это делать. Но чувствовалось, что все трое говорят на немецком языке. Иногда они переходили на русский. Беседа проходила более часа. Когда они стали уходить, я услышала фразу: «Bis zum baldigen Wiedersehen!»* Вместе с ними ушел и Эйно...»

Напомню читателю, что эти «два товарища» являлись майорами разведывательного отдела германского Генштаба А цель их встречи с Лениным, по-видимому, была одна: координация боевых действий германских войск под Петроградом в период осуществления большевиками государственного переворота.

А в это время на другом конце города, в Нарвском районе, продолжало работать чрезвычайное закрытое заседание Петроградского комитета, главной задачей которого было определить степень готовности к вооруженному выступлению. Как и намечалось, перед представителями районных комитетов Петрограда выступил член ЦК РСДРП(б) А.Бубнов, который попытался убедить присутствующих в том, что препятствий для восстания нет. «...Мы, — говорил он, — приближаемся к разрядке, кризис уже назрел, и события начинают разворачиваться. Мы втягиваемся с силами, идущими против нас... Международное положение — попытки заключить сепаратный мир, — это план империалистической буржуазии, направленный против пролетариата... Когда мы будем у власти, то нам придется ввести массовый террор...» В заключение призвал «взять власть в свои руки...»[96].

Выступивший вслед за Бубновым член Военной организации Невский высказал свои соображения по поводу восстания и сделал критические замечания по резолюции ЦК. Он, в частности, сказал: «...Военная организация вдруг сделалась правой... По поводу резолюции Ц(ентрального) К(омитета) о текущем моменте Военная организация высказалась в том смысле, что в этой резолюции не учитывается многих обстоятельств, — не учитывается того, что в революции принимает участие и беднейшее крестьянство... В целом ряде губерний... крестьяне заявляют, что в случае восстания они не дадут хлеба... Ясно, что ограничить восстание Питером только нельзя... Может ли Ц(ентральный) К(омитет) партии сказать, что нас поддерживает вся Россия? Все мы пре-

---

* До скорой встречи.

красно понимаем, что назрел момент вооруженного выступления. Но готовы ли мы? Из этого доклада выяснилось одно, что готовности нет... Боевого настроения в рабочих массах нет, а солдатская масса самая ненадежная... Мне кажется, что в резолюции, которая была вынесена Ц(ентральным) К(омитетом), прежде чем ставить так остро вопрос, как он поставлен, надо бы прежде поставить вопрос организации масс...»[97]. В канун пятой годовщины октябрьского переворота Невский писал, что обстановка «заставляла «Военку» быть очень осторожной и обливать холодной водой всех тех пылких товарищей, которые рвались в бой, не имея представления о всех трудностях выступления»[98]. А «пылкие» среди большевиков были, например, Э.Рахья, который высказывал настроение заинтересованных финнов: «Чем скорее, тем лучше» — и предложил «обсуждать вопрос только с организационной стороны, не затрагивая его принципиальной стороны»[99].

Тревожные сведения содержались и в докладах с мест. Так, Харитонов, в частности, сказал: *«В Кронштадте настроение сильно пало. Пьянство больше наблюдается даже среди наших товарищей. В боевом отношении матросы представляют малую силу... Сочувствующих нам мало..»*[100] Поддерживая выступление предыдущего оратора, Слуцкая из Василеостровского района заявила, что на фабриках и заводах *«выступать настроения нет»*[101]. Такое же мнение высказал представитель Выборгского района Наумов: «Наблюдается недовольство в массах. Настроение удручающее, скрытое негодование в связи с тарифами, с эвакуацией. Настроение чрезвычайно сложное»[102].

Перечитывая текст доклада Ленина на заседании ЦК 10 октября и резолюцию, в которой он говорит о повороте «народного доверия к... партии», удивляешься, насколько сильно было его желание выдавать свои умозрительные предположения и желание за реальное положение дел. О какой подготовленности к выступлению можно было говорить, если на заводе 1-го Городского района, по заявлению Менжинской, обнаружилось лишь 2 винтовки, а в Московском районе, по образному выражению Равич, *«настроение на заводах бесшабашное»* и *«по призыву партии выйдет мало»*[103]. Не лучше обстояло дело во 2-м Городском районе. По мнению представителя этого района Пахомова, *«Красная Гвардия»* слишком *слабо организована,* да винтовок на весь район всего 50 штук[104]. Вряд ли кого обрадовало выступление Гесена из Нарвского района: *«Общая картина — стремления выйти нет... Боевого центра нет, так что боевые силы раздроблены...»*[105] Его коллега, Горелик, добавил, что *«за нами не пойдут обеспеченные рабочие».* А представитель Невского района Виноградов принес еще более тревожную весть: *«Красной Гвардии у нас нет. Организационным аппаратом не можем похвастаться»*[106].

В Охтенском районе дела обстояли не лучше. Вот сообщение представителя этого района Первухина: *«Боевого настроения... выйти на улицы у рабочих нет... Организационные связи у нас очень плохие...»*[107]. Ничего не приукрашивая, представитель Петербургского района Прохоров лаконично доложил: «*С Красной Гвардией дело обстоит плохо... Вообще в районе полный развал, даже если Совет призовет к выступлению, то некоторые заводы... не выйдут*»[108]. Красная Гвардия отсутствовала в Шлиссельбургском, Эстонском и Латышском районах. Оружия там не хватало, а о настроении масс и говорить не приходилось. Но Ленина меньше всего волновал этот вопрос: он продолжал настраивать большевиков на провокационный курс свержения Временного правительства и захвата власти. Хорошо изучивший тактику большевиков, Г.В.Плеханов так ее охарактеризовал: «*Тактика большевиков есть тактика Бакунина, а во многих случаях просто-напросто Нечаева*»[109].

С докладом от Лесковского подрайона и в прениях выступил М.Калинин: «...Получаются телеграммы из Финляндии, с фронта, с протестом против выступления большевиков... Оттуда же, помимо армейских организаций, посылаются делегации, которые... указывают, что там боевое настроение. Это указывает, что армейские комитеты не наши...» Относительно резолюции ЦК Калинин сказал, что она «призывает организацию к политическому действию. Мы практически подошли к вооруженному восстанию. Но когда это восстание будет возможно — может быть через год — неизвестно...»[110]

В итоге, из *19* представителей районных комитетов, *13* твердо заявили, что они не готовы к выступлению. Неудивительно, что в принятых тезисах содержались лишь расплывчатые предложения организационного и агитационного характера.

Эти решения со всей очевидностью показали: большевистские организации Петрограда не желали и не были готовы к тому, чтобы осуществить вооруженное выступление и низложить Временное правительство. Было очевидно, что большевиков не поддерживают широкие слои населения страны, и прежде всего крестьянство, составляющее его абсолютное большинство. Наконец, в тезисах нет даже намека на то, что Петроградский комитет поддерживает резолюцию ЦК от 10 октября.

В тот же вечер Э.Рахья сообщает Ленину о решении Петроградского комитета. По свидетельству М.В.Фофановой, в этот вечер Ленин так разнервничался, что у него начался приступ, сопровождавшийся сильной головной болью. Он что-то говорил, но речь была у него настолько невнятная, что разобрать ее было невозможно. У Ленина были серьезные причины, чтобы волноваться. Вождю большевистской партии было над чем поразмыслить, ведь его призыв «*взять власть тотчас*» мог остаться только лозунгом на бумаге.

ГЛАВА 8

ОКТЯБРЬСКИЙ КОНТРРЕВОЛЮЦИОННЫЙ ПЕРЕВОРОТ

Что же сделал я, однако,
Я — убийца и злодей?
Я весь мир заставил плакать
Над красой земной моей!

Б.Пастернак

Для Ленина, возлагавшего большие надежды на питерских большевиков и рабочих, решение Петроградского комитета было равносильно провалу всей его идеи социалистической революции. Поэтому он немедленно назначает на 16 октября расширенное заседание Центрального Комитета. Из-за трудностей, связанных с организацией проведения заседания и оповещением его участников, оно началось в 8 часов вечера на северной окраине Петрограда — в помещении Лесковско-Удельнинской районной думы, председателем управы которой был М.Калинин. Фактически 16 октября проходило собрание партийного актива с участием членов ЦК РСДРП. В протоколах этого форума так и записано — «собрание».

И на этот раз Ленин применил все тот же порочный, неоднократно осужденный видными деятелями социал-демократии (Плеханов, Мартов, Богданов и др.) прием подбора участников собрания по своему вкусу. Так, из 26 человек, присутствовавших на собрании, члены ЦК составляли лишь треть (9). Остальные приглашенные, за редким исключением, были готовы поддержать любое предложение Ленина. С помощью Свердлова и Рахья он постарался отстранить тех участников заседания Петроградского комитета, от которых нельзя было ожидать поддержки.

Зато опубликованный протокол собрания № 26 озаглавили так: «Заседание ЦК РСДРП, Исполнительной комиссии Петроградского Совета, Профессиональных Союзов, фабрично-заводских комитетов, железнодорожников, Петроградского окружного комитета»[1].

Как такового доклада Ленина на собрании не было. Он всего лишь огласил резолюцию ЦК, принятую 10 октября, добавив лишь несколько общих фраз вроде той, что, «выступая теперь, мы будем иметь на своей стороне всю пролетарскую *Европу»,* и закончил словами: «Из политического анализа классовой борьбы и в России и в Европе вытекает необходимость самой решительной, самой активной политики, которая может быть только вооруженным восстанием»[2].

Следом выступил Свердлов. Очевидно, для поднятия духа и моральной поддержки присутствующих он преподнес им очередную фальшивку о численности партии, сказав: «Можно считать, что теперь она объединяет не менее 400 тыс.»[3].

Большинство принявших участие в прениях по докладу откровенно высказали свое мнение о вооруженном выступлении и о степени подготовленности к нему своих районов. Бокий информировал присутствующих, что «...в Красном Селе дело не так хорошо». Примерно такую же картину обрисовали представители Рождественского, Порохового и Шлиссельбургского районов[4]. Степанов сообщил, что «в Нарве настроение тяжелое ввиду расчетов... Что касается гарнизонов, то там настроение угнетенное... В Новом Петергофе работа в полку сильно пала, полк дезорганизован...». Володарский добавил: «Общее впечатление, что на улицу никто не рвется...»[5] Равич подтвердил это[6]. А вот выступление Шмидта: «...Настроение таково, что активных выступлений ожидать не приходится, особенно ввиду боязни расчетов... В Московском узле особенно наблюдается неудовольствие против комитета. Мы не можем выступать, но должны готовиться»[7]. Как бы в добавление, Шляпников сказал, что «среди металлистов... большевистское выступление не является популярным»[8]. Ничего хорошего не сообщил и представитель транспорта: «Железнодорожники голодают, озлоблены, организация слаба, особенно среди служащих телеграфов»[9]. Выступление Милютина было обобщающим: «...Низложить, арестовать в ближайшие дни власть мы не можем...»[10]

Напрашивается вывод: резолюция ЦК от 10 октября была принята без учета реальной политической обстановки и не отвечала настроению масс. Об этом красноречиво говорят выступления представителей с мест, членов Петроградского комитета и «Военки». Даже Крыленко отмечал, что **определенно назначить его** (выступление. — *А.А.*)... **тоже нецелесообразно»,** — и далее добавил: «Наша задача — **поддержать восстание вооруженной силой, если бы оно где-нибудь вспыхнуло. Но на**строение, которое здесь характеризовали, является результатом наших ошибок»[11] (выделено мной. — *А.А.*).

Запись выступления воинственно настроенного Рахья можно отнести к разряду фальсифицированных. И в самом деле: все говорят о нежелании масс выступать, а он утверждает, что **массы сознательно** готовятся к восстанию». Но тут же неосторожно сообщает, что у пролетариата нет оружия: **«Если бы питерский пролетариат был бы вооружен, он был бы на улицах вопреки всяким постановлениям ЦК... Массы ждут лозунга и оружия»**[12].

Опуская декларативные выступления Сталина и Калинина, хочу особо остановиться на размышлениях Зиновьева и Каменева.

Начну с Зиновьева: «По-видимому, резолюция (10 октября. — *А.А.*) воспринимается не как приказ, иначе по ней нельзя было бы высказываться. На подкрепление из Финляндии и Кронштадта рассчитывать не приходится. А в Питере мы не имеем уже такой силы... Настроение на заводах теперь не таково, как было в июне... Нужно пересмотреть резолюцию ЦК, если это возможно...»[13]

С подкреплением из Финляндии и Кронштадта Зиновьев, думаю, ошибался, но в основном он был прав, поскольку об «общем революционном подъеме в России» и речи не могло быть. В словах Каменева звучала такая аргументация: **«Аппарата восстания у нас нет; у наших врагов этот аппарат гораздо сильнее и, наверное, за эту неделю еще возрос».** Каменев доказывал, что **«со времени принятия резолюции прошла неделя, и эта резолюция потому и показала, как нельзя делать восстание... недельные результаты говорят за то, что данных за восстание теперь нет... у нас за эту неделю ничего не сделано ни в военно-техническом смысле, ни в продовольственном... Вся масса, которая теперь с нами, находится на их стороне. Мы их усилили за наш счет... Здесь борются две тактики: тактика заговора и тактика веры в движение силы русской революции»**[14]. Таким образом, Каменев публично разоблачил Ленина как заговорщика, хотя на нем и так уже давно стояло клеймо нечаевщины.

Выступающий затем Фенигштейн подчеркнул, что **«с немедленным переходом в штыки не согласен... технически вооруженное восстание нами не подготовлено. Мы не имеем еще даже центра. Мы идем полусознательно к поражению»**[15]. Взяв слово, Володарский сказал: **«Если вопрос о выступлении ставится как вопрос завтрашнего дня, то мы должны прямо сказать, что у нас для этого ничего нет. Я выступал среди...** (пропуск слова в оригинале*. — *А.А.*)**, но утверждаю, что массы с недоумением приняли наш призыв...»**[16] Возражая Володарскому, Дзержинский высказал довольно странную мысль: **«Когда будет восстание, тогда и будут технические силы...»**[17]

Довольно принципиальным было выступление Скалова. Он сказал, что **«до созыва (съезда) Советов нельзя устраивать восстание, но на съезде нужно взять власть...»**[18]

Иоффе, как и Зиновьев, доказывал, что **«резолюцию нельзя понимать как приказ выступать...»**, однако сказал, что **«это есть отказ от тактики удержания от выступления и признание возможности и обязательности восстаний при первом подходящем случае»**[19].

---

* Возможно, слово «рабочих».

Видя, что все высказались, Ленин вновь предлагает подтвердить резолюцию от 10 октября. Зиновьев возражает: **«Если восстание ставится как перспектива, то возражать нельзя, но если это — приказ на завтра или послезавтра, то это — авантюра. Пока не съедутся наши товарищи и мы не посоветуемся, мы не должны начинать восстание»**[20]. Солидаризуясь с Зиновьевым, Каменев добавил: **«Назначение восстания есть авантюризм»**[21]. И тем не менее Ленин ставит на голосование резолюцию следующего содержания:

«**Собрание**** вполне приветствует и всецело поддерживает резолюцию ЦК, призывает все организации и всех рабочих и солдат к всесторонней и усиленной подготовке вооруженного восстания, к поддержке создаваемого для этого Центральным Комитетом центра и выражает полную уверенность, что ЦК и Совет своевременно укажут благоприятный момент и целесообразные способы наступления»[22].

Зиновьев предложил свой вариант резолюции:

«Не откладывая разведочных, подготовительных шагов, считать, что никакие выступления впредь до совещания с большевистской частью съездов Советов — недопустимы»[23].

В Протоколах указывается, что за резолюцию Ленина проголосовали **девятнадцать** человек, **двое — против** и **четверо воздержались**. За резолюцию Зиновьева голосовали **шесть** человек, **против — пятнадцать** и **трое** воздержались от голосования[24]. Однако следует обратить внимание на примечание, сделанное составителем Протоколов на той же странице. В нем говорится, что первоначально было записано, что за резолюцию Ленина голосовали **16** человек, а затем эту цифру исправили на **20**. Изменили и число воздержавшихся: **7 на 3**. Как видим, в обоих случаях разница составляет **4**. К сожалению, составитель Протоколов не обратил внимание на тот факт, что общее число лиц, принявших участие в голосовании за резолюцию Зиновьева, составило **24,** в то время как в голосовании за резолюцию Ленина приняли участие **25** человек, то есть все присутствующие на собрании, кроме секретаря.

Невольно вспоминаю работу Ленина «Шаг вперед, два шага назад». Поражаешься, с какой скрупулезностью он подсчитывает все голоса, поданные делегатами на II съезде РСДРП[25], чтобы защитить своего единомышленника (С.И.Гусева) от обвинения в «позорном факте подделки списка в интересах фракционной борьбы»[26]. Между тем ни Ленин, ни его единомышленники «не заметили» метаморфозу, связанную с подсчетом голосов по двум резолюциям на собрании в ЦК 16 октября. Не означает ли это, что результаты голосования были подтасованы? Вопрос поставлен не случайно. Изучение архивных материалов позволило сделать вывод о том, что Стасова вела протоколы собрания ЦК явно тенденциозно в угоду Ленину. Есть основание пола-

---

* Как видим, не заседание, а собрание.

гать, что краткие записи, которые она производила на собрании, затем вместе с Лениным корректировались. Не сложно заметить и то, что она с особым вниманием записывала выступления Ленина. Из протокола трудно понять, кто как голосовал.

Между тем среди семи воздержавшихся при голосовании по резолюции Ленина были Милютин, Рыков и Ногин. Именно они в конце собрания написали заявление, содержания которого в Протоколах нет (их попытка опубликовать его в большевистской печати не увенчалась успехом).

А им было что сказать.

Судя по выступлениям, некоторые присутствующие, а именно 7 человек, действительно воздержались голосовать за резолюцию Ленина. Казалось, это не должно было его смущать, поскольку 16 голосов он набрал. Но Ленина озадачило то, что трое воздержавшихся (Рыков, Милютин, Ногин) были членами ЦК. То, что эти трое воздержались — бесспорно, иначе они вряд ли стали бы обращаться с заявлением в газету «Рабочий Путь». Таким образом, получается, что **из десяти** членов ЦК, присутствующих на заседании, **пятеро не поддержали Ленина**. Такой исход его не устраивал. Поэтому, — говорю об этом с уверенностью, — протокол № 26 расширенного собрания в Центральном Комитете от 16 октября был фальсифицирован. И тут можно понять Каменева, Зиновьева, Рыкова, Милютина и Урицкого, потребовавших **«немедленного, телеграфного созыва пленума».** В этой связи небезынтересно привести выдержку протокольной записи заседания ЦК от 20 октября: **«Урицкий сообщает о настроении в провинции, доказывает, что большинство делегатов в Москве высказались против вооруженного восстания: по вопросу же о Каменеве и Зиновьеве тоже требует передачи вопроса на рассмотрение пленума»**[27]. (Но Ленин сделал все возможное и даже, казалось, невозможное, чтобы пленум ЦК не состоялся. Понимая, что там он потерпит поражение.)

В конце собрания в ЦК 16 октября был создан так называемый Военно-революционный центр по руководству восстанием в составе: Бубнов, Дзержинский, Свердлов, Сталин и Урицкий. В этот же вечер Петроградский Совет утверждает образованный еще 12 октября Военно-революционный комитет. Должен заметить, что по своему составу ВРК не был однороден. В него вошли большевики, левые эсеры, анархисты, представители Петроградского Совета, ИВСКД, ОИКАФРФ, профсоюзов, фабзавкомов и беспартийных. Совершенно естественно, что в понимании задач ВРК у них не было единодушия. На организационном совещании, состоявшемся 20 октября, ВРК избрал Бюро, в состав которого вошли три большевика (Антонов-Овсеенко, Подвойский, Садовский) и два левых эсера (Лазимир и Сухарьков). Председателем Бюро был избран Павел Лазимир — председатель солдатской секции Петроградского Совета. Интересно отметить, что в целях сокрытия своих намерений ВРК поместил в газете «Новая жизнь» сообщение

Дед Ленина — Александр Дмитриевич Бланк

Вторая жена А.Д. Бланка — Екатерина Ивановна фон Эссен (урожденная Гроссшопф)

Отец Ленина — Илья Николаевич Ульянов

Мать Ленина — Мария Александровна Ульянова

И.Н. и М.А. Ульяновы с детьми

Дом в Симбирске, где Володя Ульянов провел годы юности

Александр Ильич Ульянов

Анна Ильинична Ульянова

Владимир Ильич Ульянов

Дмитрий Ильич,
Мария Ильинична Ульяновы
и М.Т. Елизаров

Владимир Ильич Ульянов
(«Старик»). 1897 г.

*Идеолог и вдохновитель
большевистских грабителей
(«эксов») Владимир Ульянов
(Ленин)*

*Руководитель кавказских
грабителей
(«эксов»)
Сосо Джугашвили
(Сталин)*

*Исполнительный главарь банды
грабителей рецидивист Камо
(Симон Тер-Петросян)
в Метехском тюремном замке.
Тифлис. 1909 г.*

*Камо в период ареста берлинской
полицией. Апрель 1909 г.*

*Император
Николай II
(Романов)*

*Кайзер
Вильгельм II
(Гогенцоллерн), генералы
Гинденбург (слева) и
Людендорф за картой
военных действий в
Генштабе*

*А.Л. Гельфанд (Парвус) —
агент кайзеровской Германии*

Пассажиры «пломбированного» вагона:
Надежда Константиновна Крупская

Григорий Евсеевич Зиновьев
(Радомысльский)

Карл Борисович Радек (Собельсон)

Инесса Федоровна Арманд

Г.И. Сафаров

Миха Григорьевич
Цхакая

Григорий Александрович Усиевич

М.Л. Гоберман

М.М. Харитонов   Фриц Платтен

Агенты кайзеровской Германии: Е.Б. Цивин
А.К. Кюскола (Штайн)   (Вайс)

Прибытие российских эмигрантов в Стокгольм. 31 марта 1917 г.

Маргарита Васильевна Фофанова — хозяйка «конспиративной» квартиры Ленина

Яков Станиславович Ганецкий (Фюрстенберг). Снимок сделан незадолго до расстрела. 1937 г.

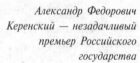

*Александр Федорович
Керенский — незадачливый
премьер Российского
государства*

*Лавр Георгиевич
Корнилов — Верховный
Главнокомандующий*

Василий Иванович Иванов — свидетель июльских событий 1917 г.

В центре — капитан К.Я.Лангваген; справа от него — поручик В.Соболев. Сидят в штатских костюмах агенты правоохранительных органов Временного правительства. Петроград. Июль 1917 г.

следующего содержания: «Вопреки всякого рода слухам и толкам ВРК заявляет, что он существует отнюдь не для того, чтобы подготовить и осуществить захват власти, а исключительно для защиты интересов Петроградского гарнизона и демократии от контрреволюционных (и погромных) посягательств»[28].

После собрания в ЦК 16 октября Ленин полностью переключается на организационные вопросы, связанные с предстоящим путчем, который он намеревался осуществить в обход Центрального Комитета и ЦИК Советов Р. и С. Д. С этой целью он в ночь с 17 на 18 октября собирает на квартире рабочего Д.А.Павлова (Сердобольская ул., дом 35, кв. 4) узкое совещание руководителей Военной организации — Подвойского, Антонова-Овсеенко и Невского. Спустя два года Невский писал, что основная цель Ленина заключалась в стремлении «сломить последнее упрямство» членов военной организации»[29]. Между тем «упрямство» заключалось в том, что они считали выступление преждевременным. Так, Антонов-Овсеенко, описывая положение дел в Финляндии, в частности, сказал: «Матросы на более крупных революционизированных кораблях опасаются подводных лодок и миноносцев (немцев. — А.А.)... моряки не хотят оголять фронт»[30]. Подвойский и Невский тоже доказывали, что выступление не следует форсировать. Однако Ленин ничего не желал слышать. Как свидетельствует Подвойский, он отнесся к их доводам крайне нетерпимо: «Всякое промедление с нашей стороны даст возможность правительственным партиям более тщательно подготовиться к разгрому нас с помощью вызванных для этого войск с фронта»[31]. Ленин доказывал, что необходимо свергнуть Временное правительство до открытия съезда Советов и поставить его «перед совершившимся фактом взятия рабочим классом власти»[32]. Столь категорическое требование вытекло из опасения, что съезд Советов не поддержит призыв к захвату власти. Для такого опасения у Ленина были все основания. Он хорошо запомнил, когда на Первом Всероссийском съезде Советов рабочих и солдатских депутатов большевистская фракция, по сути дела, выступила против плана Центрального Комитета организовать 10 июня вооруженную демонстрацию. Думается, не забыл он и критику, с которой обрушились на Центральный Комитет делегаты из местных партийных организаций на VI съезде РСДРП за двойственную позицию ЦК в период июльских событий. Свежо было в памяти и постановление фракции большевиков на Демократическом совещании, которая сумела добиться отмены решения Центрального Комитета о бойкоте Предпарламента. Опасался он и прибывших на съезд Советов делегатов с фронта, которые в большинстве своем стояли на позициях ЦИК. Наконец, Ленин твердо был убежден, что ему не удается реализовать заключительную часть резолюции собрания в ЦК от 16 октября, в которой записано, что «ЦК и Совет своевременно укажут благоприятный момент и целесообразные способы наступления».

Он сознавал, что ни ЦК, ни Совет не дадут добро на это наступление. Поэтому и шел на сепаратные действия, согласовывая их с командованием немецких войск на Балтике. И здесь уместно продолжить рассказ М.В.Фофановой:

«Днем 17 октября Владимир Ильич предупредил меня, что собирается в ночную командировку. Поздно вечером пришел Эйно Рахья. Но уходить они еще не собирались. Чувствовалось, что уйдут в строго определенное время. Я подала чай и стала заниматься глажкой здесь же в кухне. За чашкой чая они беседовали. Из разговора можно было понять, что на днях следует ожидать выступления большевиков. Владимир Ильич говорил, что необходимо во что бы то ни стало низложить Временное правительство. И надо это сделать в несколько дней. **Эйно спросил: «Владимир Ильич, не подавят нас присланные с фронта войска, как в июле?» Вдруг Владимир Ильич встал, положил руку на бедро и, слегка наклонившись к Эйно, сказал: «Немцы не позволят Керенскому снять с фронта даже одного солдата». Потом он посмотрел на часы и сказал: «Товарищ Рахья, нам пора».** Они оделись и ушли. Вернулся Владимир Ильич утром, но было еще сумеречно».

Невольно вспоминаешь визит к Ленину двух «товарищей» финского (?) происхождения. А не они ли пообещали ему организовать в период выступления большевиков наступательные операции германской армии? Сдается мне, что все так и было.

Споры между лидерами большевиков о необходимости восстания и степени подготовленности к нему продолжались вплоть до взятия Зимнего. Так, на собрании активистов, проходившем вечером 20 октября в Смольном, Г.Чудновский подчеркнул, что в войсках Юго-Западного фронта большевики не имеют прочной опоры, и пытался убедить актив, что организация вооруженного восстания обречена на неудачу[33]. Однако он ничего не знал о тех тайных силах, на которые опирался Ленин в своем плане захвата власти. Не знал он о них и пять дней спустя, когда вел пьяную толпу на «штурм» Зимнего.

Начиная с 20 октября ВРК вступил в открытую конфронтацию с правительством, заявив о своих правах на верховную власть над частями Петроградского гарнизона. Ночью 21 октября члены ВРК — Лазимир, Мехоношин и Садовский — явились в Генштаб к командующему Петроградским военным округом Полковникову. От имени ВРК Садовский заявил, что отныне «все приказы командующего должны скрепляться подписью одного из комиссаров, а без них приказы будут считаться недействительными...»[34]. На это Полковников ультимативно заявил: «Мы знаем только ЦИК, мы не признаем ваших комиссаров. Если они нарушат закон, мы их арестуем»[35].

Ленин пристально следил за событиями в столице. Действия ВРК приободрили его. Однако поступившие вечером 23 октября новые известия привели его, по словам Фофановой, «в яростное состояние». Первое известие представляло собой резолюцию Петроградского Совета, которую приняли по докладу Антонова-Овсеенко на пленарном заседании. В нем говорилось: «Петроградский Совет констатирует, что благодаря энергичной работе ВРК связь Петроградского Совета с революционным гарнизоном упрочилась, и выражает уверенность, что только дальнейшей работой в этом же направлении будет обеспечена возможность свободной и беспрепятственной работы открывающегося Всероссийского съезда Советов[36].

Но еще больше встревожило Ленина заявление ВРК о том, что он принимает ультиматум командующего Петроградским округом и отменяет свое заявление, сделанное в Генштабе 22 октября[37]. Об этом «компромиссе» между Петроградским военным командованием и ВРК писали все газеты, которые, как всегда, аккуратно приносила Ленину М.В.Фофанова.

Не обрадовали Ленина и итоги заседания ЦК, которое состоялось 24 октября. В сущности, члены ЦК обсудили только четыре вопроса: одобрили отправку роты солдат Литовского полка на защиту типографии «Труд»; приняли решение о создании запасного штаба в Петропавловской крепости на случай, если Смольный будет атакован и захвачен правительственными войсками; назначили ответственных за установление связей с железнодорожниками (Бубнова); с почтово-телеграфными служащими (Дзержинского); работниками продовольственного снабжения (Милютина); установление политических связей с левыми эсерами было возложено на Каменева и Берзина. Что же касается главного вопроса — вопроса о власти, то его члены ЦК опустили, отложив его, по-видимому, до съезда Советов.

Ориентация большинства членов ЦК на съезд Советов прослеживается как в материалах печати, так и в их публичных заявлениях. Выступая перед большевиками, приехавшими в столицу в качестве делегатов, Троцкий, в частности, сказал: «Мы... не отклоняемся ни вправо, ни влево. Наша линия диктуется самой жизнью. Мы крепнем с каждым днем. Наша задача, обороняясь, но постепенно расширяя сферу нашего влияния, подготовить твердую почву для открывающегося завтра съезда Советов. Завтра... выявится настоящая воля народа...»[38].

Не менее интересны в этом отношении замечания Сталина по поводу позиции ЦК, сделанные им на заседании фракции большевиков 24 октября: «В рамках ВРК имеются два течения: 1) немедленное восстание, 2) сосредоточить вначале силы. *ЦК РСДРП(б) присоединяется ко 2-му*»[39].

Ленин, разумеется, поддерживал первое течение, однако его сторонники проявляли осторожность. Это раздражало рвущегося в бой Ульянова. Дважды (днем и вечером) он отправлял Фофанову в ЦК с письмами, в которых просил разрешения на приход в Смольный. И оба раза ему отказывали. Очевидно, здравомыслящие члены ЦК понимали, чем может обернуться его приход. Как вспоминала Фофанова, прочитав вторую записку, в которой содержался отрицательный ответ ЦК, Ленин смял, швырнул ее на пол и сквозь зубы произнес*: **«Сволочи!»** Затем немного походил по комнате и сказал: **«Я их не понимаю. Чего боятся эти багдадские ослы? Ведь только позавчера Подвойский докладывал и убеждал меня, что такая-то военная часть целиком большевистская, что другая тоже наша. А теперь вдруг ничего не стало. Спросите, есть ли у них сто верных солдат или красногвардейцев с винтовками, мне больше ничего не надо. Я сам низложу Керенского»**[40].

Ленин не понимал главного: рабочие не хотели ценой своей жизни завоевывать ему власть. А уж крестьяне тем более: на каждом углу Ленин кричал о защите их интересов и в то же время настоятельно требовал «отменить частную собственность». Поэтому, как ни парадоксально, он не находил широкой поддержки даже в среде большевиков, а о крестьянах и говорить нечего.

Однако вернемся к событиям в Петрограде. В то время, когда Ленин закатывал истерику на квартире Фофановой, в Мариинском дворце Керенский произносил свою последнюю публичную речь на российской земле. Незаурядный оратор в этот день явно был не в форме и, по словам очевидца, «хромал на обе ноги». Более часа он уговаривал членов Предпарламента в надежде получить от них неограниченные полномочия для решительной борьбы с большевиками. Ссылаясь на статью Ленина «Письмо к товарищам», в которой тот призывал рабочих, солдат и крестьян к вооруженному выступлению против Временного правительства[41], Керенский указывал на предательский характер большевистских приготовлений. Он доказывал, что своими действиями большевики способствуют «не пролетариату Германии... а правящим классам Германии, открывают фронт русского государства перед бронированным кулаком Вильгельма и его друзей... С этой кафедры я квалифицирую такие действия русской политической партии как предательство и измену Российскому государству... В настоящее время, когда государство от сознательного и бессознательного предательства погибает и находится на грани гибели, Временное правительство, и я в том числе, предпочитает быть убитым и уничтоженным, но жизнь, честь и независимость государства не предаст...»

В заключение Керенский сказал: «Я пришел, чтобы призвать вас к бдительности для охраны завоеваний свободы многих поколений, многими жертвами, кровью и жизнью завоеванных свободным русским народом... В настоящее время элементы русского общества, те группы и партии, которые осмелились поднять руку на свободную волю русского народа, угрожая одновременно с этим раскрыть фронт Германии, подлежат **немедленно решительной и окончательной ликвидации...** Я требую, чтобы сегодня же Временное правительство получило от вас от-

---

* В опубликованной литературе воспоминание М.В.Фофановой фальсифицировано.

вет, может ли оно исполнить свой долг с уверенностью в поддержке этого высокого собрания»[42].

Выступившие в прениях от имени партии кадетов, части эсеров, казачьей фракции, кооперативного движения и других политических организаций поддержали главу Временного правительства, понимая, что в условиях войны, когда на карту поставлена судьба государства, нереально и даже безрассудно ставить вопрос и требовать от правительства немедленно приступить к проведению социально-экономических реформ. В выступлениях депутатов содержались и замечания в адрес правительства, которое, по их мнению, допускало в отношении экстремистских действий и намерений большевиков «попустительство», не принимало решительных мер по их обузданию.

Кадеты совместно с кооперативным движением представили резолюцию, в целом поддерживающую правительство. В несколько жестких тонах, но содержащую кредит доверия правительству, казачья фракция внесла на рассмотрение свою резолюцию.

Речь главы Временного правительства подверглась объективной критике. Особо остро она прозвучала в выступлениях левого эсера Камкова и лидеров меньшевиков-интернационалистов Мартова и Дана. Мартов упрекнул Керенского за то, что тот своими выпадами и действиями против «черни» может вызвать гражданскую войну. «Демократия, — говорил Мартов, — должна заявить, что никакой поддержки оно (правительство. — А.А.) от нее не получит, если правительство не даст немедленных гарантий реализации насущных нужд народа. Репрессии не могут заменить необходимости удовлетворения нужд революции. Должно быть сделано заявление, что Россия ведет политику немедленного мира, что земельные комитеты получат в свое распоряжение подлежащие отчуждению земли и что демократизация армии не будет приостановлена. Если такие заявления невозможны для правительства в его нынешнем составе, то оно должно быть реорганизовано»[43].

Что касается Дана, то он выдвинул вполне позитивную альтернативу: «Если вы хотите выбить из-под ног у большевизма ту почву, на которой он вырастает, как гнилой гриб, то надо принять ряд политических мер. Необходимо ясное выступление и правительства, и Совета республики, в котором народ увидел бы, что его законные интересы защищаются именно этим правительством и Советом республики, а не большевиками... Вопросы о мире, о земле и о демократизации армии должны быть поставлены так, чтобы ни у одного рабочего, ни у одного солдата не было ни малейшего сомнения, что по этому пути наше правительство идет твердыми и решительными шагами». Дан от имени левых сил предложил резолюцию, содержащую курс на немедленное обнародование правительством программы социально-экономических и политических реформ и проведение совместно с общественными организациями (Советы, органы городского самоуправления) решительных и действенных мер по наведению порядка и стабилизации обстановки в стране[44].

Мне представляется, что если в первой части своего выступления Дан был прав, то вторая часть, в которой содержится требование *немедленно* обнародовать программу социально-экономических и политических реформ в условиях войны, была нереальной.

Однако Керенский стоял на своем. Опираясь на определенные силы в Предпарламенте, он выражал уверенность, что ему удастся получить поддержку и сконцентрировать военные силы, необходимые для подавления большевистского заговора. В своих воспоминаниях Керенский писал, что, покидая Мариинский дворец, он был убежден, что спустя несколько часов получит решительную поддержку со стороны Предпарламента[45]. Это был его просчет: *123* голосами — «за», *102* — «против», при *26* воздержавшихся Предпарламент отказал в доверии правительству Керенского[46]. А когда в 4 часа утра 25 октября на экстренном совместном заседании ЦИК и ИВСКД была принята резолюция, в которой подтверждалось безусловное требование немедленного проведения социально-политических реформ, одобренных Предпарламентом[47], *не дожидаясь Учредительного собрания,* то это был уже крах. Крах для народов России, которые лишались демократических свобод, завоеванных Февральской революцией, и на многие десятилетия становились рабами большевистского режима. Думается, впоследствии бывшие депутаты Предпарламента, члены ЦИК и ИВСКД поняли, какую роковую ошибку они допустили вечером 24 октября, отказав в доверии Временному правительству.

Вне всякого сомнения, что Временное правительство не справлялось со своими обязанностями как в управлении народным хозяйством, так и на военно-политическом поприще. Но правда и то, что лидеры левых эсеров и меньшевиков, преобладающие во всех влиятельных общественно-политических организациях и структурах, не умели прогнозировать политическую обстановку в России. Их узкопартийные амбициозные цели преобладали над государственными задачами и интересами. Они, выдвигая популистские лозунги и несвоевременные требования ряда социально-экономических реформ, по сути, вводили в стране хаос и политическую напряженность, чем лили воду на мельницу большевиков. Своими поспешными, непродуманными и недальновидными действиями они еще больше дезорганизовывали фронт и тыл, вместо того чтобы всемерно содействовать делу победы над внешними врагами Отечества, а затем созвать Учредительное собрание и в его стенах демократическим путем определить дальнейший путь развития российского государства и приступить к проведению в жизнь назревших социально-экономических и политических реформ.

Мне думается, что поняло свою ошибку и Временное правительство. Особо непростительно Керенскому, не сумевшему, точнее, не решившемуся пойти на компромисс с лидерами влиятельных демократических партий и тем самым сохранить завоевания Февральской революции. Надо было сделать все возможное, чтобы довести дело до Учредительного собрания.

Вечером 24 октября председатель Центробалта П.Дыбенко получил от Антонова-Овсеенко шифрованную телеграмму: «Высылайте устав», что означало: «Направляйте в Петроград миноносцы»[48]. Через несколько часов Дыбенко позвонил член ВРК А.Баранов и спросил: «Можем ли надеяться на своевременную поддержку?» На что тот ответил: «Миноносцы выйдут на рассвете»[49].

После получения телеграммы от Антонова-Овсеенко было созвано экстренное заседание комитетов 25 судов, Свеаборгского флотского полуэкипажа, береговой роты минной обороны, совместно с ЦК Балтийского флота, дислоцированного в Гельсингфорсе. В расплывчатой резолюции заседания выражалась готовность «твердо стоять на передовых позициях, занятых Балтийским флотом на защите интересов демократических организаций. По первому зову Центробалта идти и победить или умереть...»[50]. Однако, как мы видим, эта резолюция не отражала волю большинства моряков Балтийского флота. Нет сведений и о том, что участники экстренного заседания единодушно поддержали зачитанную резолюцию. В этом мы убедимся и из последующих материалов.

Одновременно подготовительная работа проводилась и в некоторых пехотных подразделениях, находящихся под номинальным влиянием большевиков. Так, в приказе 106-й пехотной дивизии 42-го армейского корпуса (№ 159 от 25 октября) был приведен текст телеграммы председателя комитета корпуса. В нем говорилось: «На общем собрании Армейского Комитета Выборгского Совета, полковых и ротных комитетов Выборгского гарнизона образован объединенный комитет... для поддержания съезда Советов в Петрограде, собраться которому мешают контрреволюционные элементы своими выступлениями. Комитет просит войска 42-го армейского корпуса сохранить спокойствие и быть готовыми выступить на защиту революции по зову Комитета. О ходе событий Комитет будет сообщать всем частям корпуса по телеграфу»[51].

Тревожная и нервозная обстановка царила на квартире Фофановой вечером 24 октября. Ленин метался из угла в угол, затем сел и быстро написал воззвание к рядовым большевикам. Этим он хотел воздействовать на членов ЦК и ВРК, призывая их низложить и арестовать Временное правительство до открытия съезда Советов. Коммунистические фальсификаторы называют это воззвание «Письмом членам ЦК», чтобы скрыть принципиальные разногласия между Лениным и Центральным Комитетом. Вот его содержание: «Надо, чтобы все районы, все полки, все силы мобилизовались тотчас и послали немедленно делегации в Военно-революционный комитет, **в ЦК большевиков,** настоятельно требуя: ни в коем случае не оставлять власти в руках Керенского и компании до 25-го, никоим образом; решать дело сегодня непременно вечером или ночью»⁵².

Вручив воззвание М.В.Фофановой, Ленин попросил срочно доставить его Крупской. Спустя несколько часов он на всякий случай загримировался и вместе с Эйно Рахья ушел в Смольный, оставив хозяйке квартиры лаконичную записку: «Ушел туда, куда вы не хотели, чтобы я уходил...»

Приход в Смольный агрессивно настроенного Ленина подхлестнул некоторых членов ВРК на более решительные действия. К этому времени в Смольный стали прибывать небольшие отряды моряков и солдат Петроградского гарнизона, отдельные группы Красной Гвардии. Имеются сведения, что в это время из Финляндии в Петроград направлялись небольшие группы пехотных подразделений; готовились к отплытию из Гельсингфорса военные корабли. Так, в приказе № 22 **от 25 октября** 106-й пехотной дивизии записано: «Вследствие требования Финляндского Областного Революционного Комитета отправлены 2 роты и 4 пулемета 424-го пехотного Чудского полка»⁵³. Судя по малочисленности отряда, приведенная выше телеграмма армейского комитета не нашла в дивизии особой поддержки. Однако если учесть, что в столице было мало верных правительству войск, то чаша весов начала постепенно склоняться в пользу заговорщиков. В упомянутом приказе имеется приписка, в которой говорится, что из той же дивизии в Петроград направился «422-й пехотный Колпинский полк в составе 1500 штыков и 34 пулеметов...»⁵⁴. Но следует отметить, что солдаты были обмануты: они ехали в Петроград, как они говорили, «для защиты съезда Советов», а не для участия в заговоре большевиков.

И тем не менее это были ничтожные силы по сравнению с громадной русской армией, которая была оплотом Российского демократического государства на фронте. Но и Керенский не обладал нужными силами в Петрограде. И тем не менее, когда правительственные войска во второй половине дня 24 октября стали разводить Литейный, Николаевский и Троицкий мосты через Неву, многие большевистские комиссары пришли в замешательство. «Мне невольно вспоминались июльские дни, — писал комиссар «Военки» А.Ильин-Женевский. — Разведение мостов представлялось мне как бы первым шагом попытки к нашему уничтожению. Неужели Временное правительство опять одержит над нами верх?»⁵⁵

Что же касается политической позиции большинства солдат, честно выполнявших свой патриотический долг, то лучшей иллюстрацией является приказ выборного начальника все той же 106-й пехотной дивизии: «Облеченный вашим доверием и поддержкой, я, вместе с Дивизионным Комитетом, буду стремиться к тому, чтобы дивизия представляла всегда одну сплошную боевую и политическую организацию, властно предъявляющую свои требования в защиту демократии при ее борьбе *с внешним и внутренним врагом. Я всегда буду поддерживать только то*

Временное правительство, которое, опираясь на Всероссийские Советы Солдатских, Рабочих и Крестьянских Депутатов, будет идти по пути, дающему счастье и свободу трудящемуся народу»[56].

Мало чем отличалась и позиция моряков Балтийского флота. Однако, чтобы придать большевистскому заговору общенародный характер, советская историография искусственно преувеличила роль в нем Балтийского флота. В многочисленных публикациях[57] она пытается показать массовость выступлений военных моряков. Едва ли не каждый советский школьник знает, что утром 25 октября 1917 года, с интервалом примерно в 2 часа, из Гельсингфорса на Петроград вышли три эшелона с моряками Балтфлота. Что это за эшелоны, из скольких вагонов они состояли, какова была численность моряков, направляющихся в Петроград, никто не уточняет.

Признаться, мои долгие поиски в архивах тоже не дали желаемого результата. А доверять воспоминаниям большевистских комиссаров, а тем более прокоммунистическим зарубежным исследователям, по меньшей мере, несерьезно. Так, известный американский историк и политолог Александр Рабинович, судя по содержанию его книги[58], исследовал историю октябрьского переворота, явно опираясь на домыслы советских авторов. Отсюда его ошибочные выводы. Так, в 15-й, заключительной, главе; указав, что третий эшелон выехал из Гельсингфорса «уже в разгаре утра», Рабинович пишет: «Примерно в это же время наспех сформированная флотилия судов в составе патрульного катера «Ястреб» и пяти эсминцев — «Меткий», «Забияка», «Мощный», «Деятельный» и «Самсон» — на полных парах отправились в Петроград. Во главе флотилии, которой предстояло пройти путь свыше 300 километров, шел «Самсон» под знаменем с лозунгами: «Долой коалицию!», «Да здравствует Всероссийский съезд Советов!», «Вся власть Советам!»[59].

Здесь, очевидно, следует вспомнить телеграмму Дыбенко, отправленную примерно в 21 час 24 октября командиру эскадренного эсминца «Самсон». В ней говорилось: «Центральный Комитет Балтийского флота предлагает вам срочно выйти в Петроград»[60]. В 21 час 40 минут аналогичные телеграммы были отправлены командирам кораблей «Забияка», «Страшный», «Меткий»[61]. Несколько позже телеграмму послали и на сторожевое судно «Ястреб»[62]. По-разному отреагировали на телеграммы команды этих кораблей. Например, известно, что команды эсминцев «Страшный» и «Деятельный» не вняли призывам Центробалта.

А теперь о так называемой флотилии, которая во главе с эсминцем «Самсон» якобы отправилась в Петроград. В вахтенном журнале эскадренного эсминца «Меткий» мичман Петропавловский 25 октября сделал следующую запись: **«25... 9.00. Снялись со швартовых. Пошли на Петроград... На миноносец прибыл комиссар Красноперов...»**[63]. Между тем эсминец «Самсон» вышел в море в **9 час. 15 мин.** А в **9 час. 40 мин.** снялись с якоря эсминцы «Забияка» и «Мощный»[64]. В архиве имеется копия телеграммы, отправленной командиром «Самсона» командиру крейсера «Аврора». В ней сообщается, что **«Самсон» в 19 час. 40 мин. с боевым взводом матросов прибыл в Кронштадт**[65]. И далее говорится, **что эсминцы «Забияка», «Самсон» и учебное судно «Верный» 26-го в 17 час. 50 мин. вышли в Петроград**[66].

Не делая, однако, поспешных выводов, обратимся к воспоминаниям большевистского комиссара Флеровского, находившегося, по его словам, 25 октября на борту минного заградителя «Амур», который прибыл из Кронштадта в числе других кораблей в 2 часа дня и бросил якорь рядом с крейсером «Аврора». Он пишет, что после залпа «Авроры» (то есть после 21 часа 40 минут), вахтенный офицер на «Амуре» поднял тревогу: «Приближаются корабли!». Но вскоре опытные моряки «Амура» узнали по очертаниям эсминцы «Самсон», «Забияку» и сопровождающие их другие корабли из Гельсингфорса[67].

Позволю себе не согласиться с этим утверждением Флеровского, поскольку в вахтенном журнале эсминца «Меткий» все тот же мичман Петропавловский делает лаконичную запись: **«26... 14.00.** Отшвартовались в Неве, правый берег, к эллингу Нового Адмиралтейства...»[68]. Вот и получается, что «флотилия», в составе которой находился эсминец «Меткий», прибыла в Петроград, как говорится, к шапошному разбору. Как видим, налицо явная фальсификация фактов.

Большинство моряков, ехавших из Гельсингфорса в Петроград по железной дороге, также не приняли участия в событиях 25—26 октября. В этом откровенно признается некий Костяков в своей статье «Как мы опоздали ко взятию Зимнего дворца»[69]. Следует упомянуть и запись, сделанную в вахтенном журнале учебного судна «Освободитель», стоящего тогда на якоре в Кронштадте. В ней говорится, что в **7 час. утра 26-го**, то есть уже после взятия Зимнего, команда моряков отправилась в Петроград[70]. Не менее интересны воспоминания очевидца тех событий — Н.Суханова: «...1800 человек матросов, как мы знаем, приехали из Гельсингфорса; они попали в Петербург, когда тут было уже все кончено...»[71]

Любопытную историю рассказал мне старый рабочий-металлист А.Пудиков. Его двоюродный брат участвовал в мировой войне. После ранения, с конца июня 1917 года находился на излечении в одном из госпиталей Петрограда. За день до переворота Алексей Пудиков поздно вечером 24 октября ехал в полупустом трамвае. На какой-то остановке в вагон вошли два десятка матросов в новеньких бушлатах и бескозырках. На лентах бескозырок он прочел: «Верный», «Меткий». Пудиков попытался заговорить с ними, но ему не ответили. Подошел капитан-лейтенант и сказал Пудикову, чтобы он не приставал к матросам. Офицер говорил с каким-то странным акцентом. А матросы продолжали молча сидеть, словно в рот воды набрали. Пудиков обратил внимание, что у всех моряков винтовки были немецкого производства. Все это вызвало у него подозрение. А когда на следующий день он решил сообщить в комендатуру о странных ночных спутниках, оказалось, что власть уже сменилась.

Ясно одно: моряки, которых встретил в ночном трамвае М.Пудиков, не могли быть членами экипажей эсминцев «Меткий» и «Верный», поскольку последние в это время еще находились в открытом море и прибыли в Петроград соответственно спустя 12 и 16 часов после взятия Зимнего.

Нечто подобное рассказывал мне и сын балтийского моряка Василия Павлова. За два дня до октябрьского переворота его отец встретил на вокзале обособленную группу матросов. Его потянуло к «своим», но когда он приблизился, внезапно вперед вышел мичман и, остановив его рукой, сказал: «Иди своей дорогой, браток».

Свидетельства Пудикова и Павлова в определенной степени подтверждаются документальными материалами, вошедшими в сборник «Немецко-Большевистская Конспирация». Так, например, в документе № 35 говорится, что члены разведгруппы майора германского Генштаба фон Бельке **«были переодеты в русскую солдатскую и матросскую форму»**[72]. Но самое любопытное — эти факты находят отражение и в официальных советских источниках. (Об этом читатель сможет более подробно узнать из 10-й главы.)

Документальные материалы свидетельствуют, что в октябрьском перевороте принимали непосредственное участие: часть моряков крейсера «Аврора»; немногочисленные группы матросов из команд кораблей, прибывших из Кронштадта; часть флотского полуэкипажа; небольшие вооруженные отряды так называемых красногвардейцев и солдат Петроградского гарнизона; прибывший из Гельсингфорса сводный отряд финских сепаратистов; формирования переодетых в форму русской армии и флота солдат и офицеров Германии. При этом следует уточнить состав судов, прибывших из Кронштадта в Петроград: два старых минных заградителя («Амур» и «Хопер»), учебное судно «Верный», яхта «Зарница», переоборудованная в госпиталь, и допотопный, дышащий на ладан линкор «Заря свободы», который *тащили аж четыре буксира*[73]. Вся же армада военных кораблей Балтийского флота (около 250 боевых и военно-транспортных судов) продолжала оставаться на боевых рубежах, выполняя задачи по защите Родины.

Несколько слов о роли команды крейсера «Аврора». Достоверно известно, что до 22 октября она ни в каких делах большевиков не участвовала. Очевидец тех событий Петр Курков в беседе с бывшим сотрудником ЧК С.Ф.Найдой (позднее — профессор истфака МГУ) рассказывал, что «Аврора» находилась в ремонте и большая часть команды отсутствовала. Этим воспользовалась группа вооруженных большевиков во главе с комиссаром ВРК Александром Белышевым и вечером 25 октября фактически захватила крейсер. Под угрозой расстрела капитан «Авроры» вывел его из Франко-Русской верфи и подогнал к Николаевскому мосту.

А вот что говорил в своем докладе на заседании бюро комиссаров Военно-революционного комитета сам Белышев:

«...Крейсер «Аврора», находясь в ремонте у Франко-Русского завода, 22 октября должен был уйти из Петрограда на пробу машин, но, имея в виду предполагаемый II Всероссийский съезд (Советов), приказом Центробалта был задержан на неопределенное время, причем причина задержки была объявлена команде тем, что нам, крейсеру «Авроре», придется принимать активное участие в поддержке Совета и, возможно, предстоящем перевороте...»[74]. Исследование документальных материалов по истории октябрьского переворота убеждает нас в том, что Белышев пишет заведомую ложь, причем спустя 15 лет после октябрьского переворота.

Вот так большевистские ультра зачисляли солдат и матросов в разряд революционеров и их руками совершали тягчайшие преступления. А когда пришли к власти, стали объяснять причину своей победы следующим образом: «Народные массы вручили свою судьбу единственно революционному и до конца последовательному защитнику их интересов — партии большевиков. По ее зову они свергли буржуазное Временное правительство и установили социалистическую республику Советов»[75].

И последнее. Прошло более 80 лет с тех пор, как шесть (?) военных кораблей, совершив дезертирство, снялись со швартовых в Гельсингфорсе и «на полных парах отправились в Петроград» (?). За эти годы ни один историк, ни один специалист-моряк не решился написать, как получилось, что 300-километровый путь от Гельсингфорса до Петрограда корабли прошли за 29 (!) и более часов[76]. При скорости хода эсминцев 16 узлов (≈30 км в час) они ведь могли покрыть это расстояние за 10 часов. Создается мнение, будто моряки не торопились в Петроград. Но не это главное. Как им удалось прорвать блокаду и без всяких приключений прибыть в Петроград? С уверенностью могу сказать: немецкое военно-морское командование знало о готовящемся уходе из Гельсингфорса русских кораблей. В открытом море немцы, наверно, видели, но не трогали их потому, что имели соответствующий приказ.

А теперь вернемся в Смольный, где вечером 25 октября обстановка настолько была накалена, что в любую минуту можно было ожидать политического взрыва. Как известно, открытие съезда Советов было запланировано на два часа дня 25 октября, но Ленин, под разными предлогами, постоянно его откладывал, а всю вину за его задержку сваливал на Подвойского, Антонова-Овсеенко и Чудновского, которые, мол, своими проволочками заставляли волноваться депутатов[77]. В принципе съезд его не интересовал: он весь был поглощен предстоящим захватом Зимнего дворца и арестом членов Временного правительства. Последние обратились (радиограммой) к русскому народу: «Всем, всем, всем... Петроградский Совет рабочих и солдатских депутатов объявил

Временное правительство низложенным и потребовал передачи ему власти под угрозой бомбардировки Зимнего дворца из пушек Петропавловской крепости и крейсера «Аврора», стоящего на Неве. Правительство может передать власть лишь Учредительному собранию, а потому постановило не сдаваться и передать себя на защиту народа и армии, о чем послана телеграмма в Ставку. Ставка ответила о посылке отряда. Пусть страна и народ ответят на безумную попытку большевиков поднять восстание в тылу борющейся армии»[78].

А тем временем у делегатов съезда, заполнивших Белый зал Смольного, иссякло терпение. Обстановку разрядил Дан: в 22 час. 40 мин. он позвонил в колокольчик и объявил съезд открытым. Ленин, Троцкий и другие большевистские вожди проигнорировали начало съезда.

Открывая съезд, Дан, в частности, сказал: «...ЦИК считает излишним открывать настоящее заседание политической речью... В это время наши партийные товарищи находятся в Зимнем дворце под обстрелом, самоотверженно выполняя свой долг министров, возложенный на них ЦИК»[79].

В пятую годовщину октябрьского переворота Подвойский писал, чем занимался в это время Ленин: «Он метался по маленькой комнате Смольного, как лев, запертый в клетку. Ему нужен был во что бы то ни стало Зимний. Зимний оставался последней заставой на пути к власти... Владимир Ильич ругался... кричал... он готов был нас расстрелять»[80]. А Бубнов свидетельствовал: «...Ночь 25 октября. Ильич очень торопил с взятием Зимнего дворца, основательно нажимал на всех и каждого, когда не было сообщений о ходе наступлений»[81]. Ленин не признавал никаких объяснений о причинах задержки с наступлением на Зимний. Между тем, по свидетельству Антонова-Овсеенко, большевики натолкнулись на серьезные трудности. К ним он относит **плохую организацию, восстания солдат и другие неприятные проблемы...**»[82] (выделено мной. — *А.А.*). И тем не менее именно Антонов-Овсеенко поручает матросу минного заградителя «Амур» А.А.Дорогову вручить защитникам Зимнего ультиматум. А те, после непродолжительной паузы, решили избежать бессмысленного кровопролития.

Но вот наступает долгожданный миг. В 2 часа 10 минут ночи 26 октября большевики без сопротивления захватили Зимний дворец и арестовали членов Временного правительства. Разговаривая по прямому проводу с Дыбенко, комиссар Центробалта Н.А.Ховрин сообщил, в частности, и о потерях: «Убито 5 матросов, 1 солдат, раненых много»[83]. Как это случилось, Ховрин не сообщает.

Не могу не высказать свое мнение о так называемом штурме Зимнего дворца и не поделиться с читателем информацией, которой обладаю по этому вопросу. Должен сказать, что факты, связанные с взятием Зимнего дворца большевиками, не без участия идеологов ВКП(б), за годы советской власти были сильно преувеличены и драматизированы. Так, в краткой Истории Всесоюзной Коммунистической партии (большевиков) на странице 199 читаем: «Временное правительство укрылось в Зимнем дворце под охраной юнкеров и *ударных батальонов.* В ночь с 25 на 26 октября революционные рабочие, солдаты и матросы *штурмом* взяли Зимний дворец и арестовали Временное правительство» (выделено мной. — *А.А.*).

Прямо скажу, что в этих словах нет даже на йоту правды. Между тем эту ложную информацию подхватили писатели, историки, кинематографисты, художники и прочие работники искусств и стали до абсурда раздувать ее в своих работах. Так, например, в фильме С.М.Эйзенштейна «Ленин в Октябре» содержится такой эпизод: красногвардейцы, солдаты и матросы, стреляя на ходу, бегут по Дворцовой площади в сторону Зимнего дворца. Некоторые смельчаки, по совету сценариста, умудрились даже забраться на железные ворота Зимнего. И это при том, что *«ударные батальоны»* стреляют в штурмующих из пулеметов и ружей. Можно представить, какое количество убитых и раненых было бы на Дворцовой площади, если в действительности штурм Зимнего дворца имел бы место.

Упомянутый выше П.Курков был свидетелем этого события. Он рассказывал С.Ф.Найде, что когда пьяная лавина матросов и солдат во главе с Чудновским появилась на Дворцовой площади и стала направляться к Зимнему дворцу, то уже тогда перепуганные до смерти девчата из женского батальона, побросав ружья, попрятались в подвальных помещениях дворца. Курков говорил, что вооруженную толпу встретил сам начальник обороны Зимнего дворца Пальчинский и проводил их в зал, где заседали члены Временного правительства.

Говорят, что, когда в Петрограде раздались первые выстрелы большевистских экстремистов, П.А.Кропоткин сказал: «Это хоронят русскую революцию».

Однако для Ленина это была еще не победа. Теперь вопрос о власти должен был решаться в стенах Смольного, где продолжал свою работу съезд Советов.

После вступительного слова Дана, с заявлением выступил Мартов. Он, в частности, сказал:

«Задача Съезда заключается, прежде всего, в том, чтобы решить вопрос о власти. Этот основной вопрос Съезд нашел если не решенным, то предрешенным, и мы считали бы свой долг неисполненным, если бы не обратились к Съезду с предложением сделать все необходимое для мирного разрешения кризиса, для создания власти, которая была бы признана всей демократией. Съезд, если хочет быть голосом революционной демократии, не должен сидеть сложа руки перед лицом развертывающейся гражданской войны, результатом которой, может быть, будет грозная вспышка контрреволюции. Мирный исход возможен...» По мнению Мартова, эта возможность заключалась и в создании единой демократической власти. «Необходимо, — продолжал он, — избрать делегацию для переговоров с другими социалистическими партиями и организациями, чтобы достигнуть прекращения начавшегося столкновения»[84]. Выступление Мартова было встречено «шумными аплодисментами очень большой части собрания»[85].

Выступая от имени социал-революционеров, Мстиславский присоединился к Мартову, а Луначарский заявил, что «фракция большевиков решительно ничего не имеет против предложения Мартова»[86]. Примечательно отметить, что **съездом предложение Мартова принимается единогласно**[87].

Казалось, ничего не предвещало надвигающейся бури. Однако объективные причины для нее были.

Первая. Все наиболее влиятельные политические партии выступали за разрешение вопроса о власти мирными средствами. Лишь большевики (особенно их экстремистское ядро во главе с Лениным) вели нечестную политическую игру: они пришли на съезд, чтобы юридически закрепить за своей партией узурпированную власть. Получалось, что, соглашаясь на создание коалиционного правительства, они, в сущности, обманывали делегатов съезда, поскольку на деле выступали за разгон всех политических партий.

Вторая. Большевикам удалось заполучить численное превосходство. Многие их делегаты прибыли на съезд с подложными мандатами, а проверить подлинность документов того или иного делегата от большевистской фракции не представлялось возможным. С мандатами из «различных провинций» на съезд явились представители петроградских большевиков. Кстати, как известно, такие приемы они использовали и на Шестом съезде РСДРП.

Третья. Крестьянство, составляющее более 80% населения России, по сути дела, не было представлено на съезде: фактически оно было отстранено от участия в формировании власти и выборе общественного строя. Демократичнее и справедливее было бы создать съезд Советов Р. и С. Д. совместно с Советами крестьянских депутатов. Однако Ленин на это не пошел, боясь, что при таком раскладе большевики могут оказаться на задворках.

Четвертая. Многомиллионная армия фактически тоже была отстранена от участия в решении политических вопросов. Делегатов от армейских частей можно было пересчитывать по пальцам. Зато большевикам удалось натравить одну часть солдат и матросов на другую, положив тем самым начало гражданской войне. Поэтому заявление, с которым выступил делегат 12-й армии Я.Харош, стало как бы раскатом, за которым последовал мощный гром. Он, в частности, сказал: «За спиной съезда, благодаря политическому лицемерию партии большевиков, совершена преступная политическая авантюра. Пока здесь вносятся предложения о мирном улаживании конфликта, на улицах Петрограда уже идет бой. Меньшевики и с.-р. считают необходимым отмежеваться от всего того, что здесь происходит, и собрать общественные силы, чтобы оказать упорное сопротивление попыткам захватить власть»[88]. Его товарищ по партии Г.Кучин (Оранский) заявил от имени фронтовой группы, что «армия неполно представлена на Съезде, что съезд неправомочен, несвоевременен...». Выступивший следом член ЦК, меньшевик Л.Хинчук[89], высказал вначале, на мой взгляд, не совсем удачную мысль: «Единственная возможность выхода (из кризиса. — А.А.) — начать переговоры с Временным правительством об образовании нового правительства, которое опиралось бы на все слои...» Затем он добавил: «Мы снимаем всякую ответственность за происходящее и покидаем съезд, приглашая остальные фракции собраться для обсуждения создавшегося положения»[90].

Мне думается, что Хинчук выполнял провокационную роль. Призывая меньшевиков покинуть съезд, он тем самым расчищал путь к власти Ленину и его сторонникам. И Ленин не остался в долгу: придя к власти, он назначает Л.М.Хинчука на высокую хозяйственную должность в структуре правительства.

Хинчука слепо поддержал М.Гендельман, заявив от имени социал-революционеров, что «фракция покидает Съезд»[91]. Меньшевик-интернационалист Р.Абрамович (Рейн) объявил, что «все то, что происходит в настоящее время в Петрограде, является великим несчастьем», и что его группа «присоединяется к заявлению меньшевиков и с.-р. и также покидает съезд»[92].

После твердых и решительных выступлений делегатов, представляющих демократический фронт, выступили сомнительные «солдаты» — большевик К.Петерсон (будущий палач), некто Франц Гжельшак и другие, которые больше брали горлом.

После ухода большинства эсеров и меньшевиков вновь берет слово Мартов и еще раз предлагает свой проект: «Разослать делегации к революционным партиям и организациям, составить приемлемую для всей революционной демократии власть, а впредь до разрешения этого вопроса занятия Съезда прервать. Если он не создаст правительство, которое удовлетворило бы, по крайней мере, подавляющее большинство демократии, меньшевики-интернационалисты в работах Съезда принимать участия не будут»[93].

Троцкий обрушивается на меньшевиков-интернационалистов, обзывает их «соглашателями», «прислужниками буржуазии», а затем делает заявление: «Уход соглашателей не ослабляет Советы, а усиливает их, так как очищает от контрреволюционных примесей рабочую и крестьянскую революцию». Он вносит краткую резолюцию: «Заслушав заявление с.-р. и меньшевиков, Всероссийский Съезд продолжает свою работу, задача которой предопределена волей *трудящегося народа* и его восстания 24 и 25 октября»[94].

В краткой реплике с места Каменев высказывается «против принятия резкой... резолюции тов. Троцкого»[95]. Поднявшийся на трибуну эсер Б.Камков (Кац) заявил: «Правые эсеры ушли со Съезда, но мы, левые эсеры, остались!» Это заявление было встречено аплодисментами. Всю свою остальную речь Камков посвятил обвинениям в адрес Троцкого. Он дал понять, что реальная крестьянская сила находится не у большевиков, а у эсеров, «а крестьянство — это пехота революции, без которой революция должна погибнуть». Он также подчеркнул, что левые силы не имеют права «изолировать себя от умеренных демократических сил... необходимо искать соглашение с ними»[96].

В качестве адвоката Троцкого выступил Луначарский. Он заявил, что большевики будут продолжать начатое дело и поведут «пролетариат и армию к борьбе и победе...»[97].

На втором заседании Съезда слово взял депутат 2-й Государственной думы, член ИКВСКД, потомственный крестьянин, десять лет (с 1907 по 1917 г.) проведший в тюрьмах и на каторгах — И.Пьяных. Он сказал: «По поручению Исполнительного Комитета, я совместно с нашими товарищами заявляю, что за последние дни творится что-то такое, чего не бывало ни в одной революции. Наши товарищи, члены Исполнительного Комитета Маслов и Салазкин, заключены в тюрьму. Над ними произведено насилие. Это не должно быть терпимо. Над выборными представителями крестьян никто не имеет право творить насилие! Мы требуем немедленно их освободить!»[98]

Выступивший вслед за Пьяных представитель 3-й армии решительно заявил, что «акт, совершенный над министрами, есть акт незаконный; если с головы их упадет хоть один волос, если будет применено насилие, то ответ падет на тех, кто это сделал»[99].

Однако все эти выступления уже не могли помочь делу: демократия потерпела историческое поражение. Оно было предопределено роковой ошибкой эсеров и меньшевиков, покинувших Белый зал Смольного 26-го октября. В эту ночь произошло трагическое и непоправимое для судеб народов России событие.

«Мы ушли, — признавался Н.Суханов, — совершенно развязав руки большевикам, сделав их полными господами всего положения, уступив им целиком всю арену революции. Борьба на Съезде за единый демократический фронт могла иметь успех... Уходя со Съезда, оставляя большевиков с одними левыми эсеровскими ребятами и слабой группой новожизненцев, — мы своими руками отдали большевикам монополию над Советом, над массами, над революцией. По собственной неразумной воле мы обеспечили победу всей «линии» Ленина»[100].

Следует заметить, что даже при этих обстоятельствах приход к власти большевиков был бы не так уж безусловен, если бы они при избрании **«временного рабоче-крестьянского правительства»** не прибегли к сомнительным методам подсчета голосов. А такие слухи упорно гуляли по Петрограду.

На переговорах в Брест-Литовске еще 19 декабря 1917 года министр иностранных дел Австро-Венгрии Чернин, в частности, говорил: «Ленину едва ли удастся насильственно вести весь мир вокруг своих идей... Ленин вовсе не избран, и мне представляется сомнительным, что его избрали бы, если бы выборы не были сильно фальсифицированы. В России, может быть, тоже найдутся люди, которые могут бросить ему упрек в дегенеративности![101] Думается, Чернин делал это заявление, располагая достоверными фактами. А вот что записал в своем дневнике о деяниях большевистских ультра известный уже читателю С.К. Бельгард:

«...В 2 часа ночи с 25 на 26 октября Зимний Дворец был занят большевиками, разграблен и изгажен. Дворцовая церковь превращена в аборт[102], а церковная завеса украдена... Над беззащитными юнкерами творят зверства... кладовые Зимнего Дворца разгромлены, серебро расхищено, ценный фарфор перебит. Женский батальон* затащен в казармы Павловского полка и изнасилован... В сущности, то, что вчера произошло, — не политический переворот, не восстание, а просто военный заговор... Большевистская свобода печати — уничтожение всех органов, кроме «Правды» и пр. В наш министерский лазарет принесли убитого мальчика-рассыльного лет двенадцати[103]. Помощник военного министра кн. Туманов убит озверевшими солдатами, линчеван и брошен в Мойку... Убита госпожа Слуцкая... Воображаю, как радуются теперь немцы при прелестных известиях из России... По городу блуждают немецкие офицеры, снабженные разрешениями большевистского правительства. Попадаются на улицах и немецкие солдаты. Нет никаких сомнений, что все восстание организовано немцами и на немецкие деньги, хотя, быть может, и при благосклонном участии черносотенцев... Кто бывал в эти дни в Смольном, утверждает, что все заправилы — жиды...»[104] (выделено мной. — А.А.).

Вооружившись ленинским лозунгом «Грабь награбленное!», матросы, солдаты и рабочие подвергли Зимний дворец страшному разбою. Очевидец этих чудовищных акций американский журналист и писатель Джон Рид в своей книге «Десять дней, которые потрясли мир» писал: «Те, кому на протяжении последних нескольких дней разрешалось беспрепятственно бродить по его (Зимнего дворца. — А.А.) комнатам, крали и уносили с собой столовое серебро, часы, постельные принадлежности, зеркала, фарфоровые вазы и камни средней величины»[105].

А вот что писал «пролетарский писатель» о грабежах, организованных большевистским правительством после захвата власти:

«...Как известно, одним из наиболее громких и горячо принятых к сердцу лозунгов нашей самобытной революции явился лозунг «Грабь награбленное!» Грабят — изумительно, артистически; нет сомнения, что об этом процессе самоограбления Руси история будет рассказывать с величайшим пафосом. Грабят и продают церкви, военные музеи, — продают пушки и винтовки, разворовывают интендантские запасы, — грабят дворцы бывших великих князей, расхищают все, что можно расхитить, продается все, что можно продать...»[106]

---

* Бочкаревой, Героя Отечественной войны, Георгиевского кавалера, расстрелянной вскоре после октябрьского переворота.

Следует отметить, что сумма материального ущерба в результате грабежей и погромов, совершенных большевиками в Зимнем дворце, по разным источникам оценивалась от 50 до 500 миллионов рублей.

Описывая события октября 1917 года, В.Чернов пишет в своих мемуарах, что в этот период Ленин становится «Робеспьером русской революции»[107].

Несколько слов о роли Ленина в осуществлении государственного переворота и захвата власти в Петрограде.

Бесспорно, он обладал незаурядными организаторскими способностями, большой силой воли и энергией. Был напорист и решителен в действиях и решениях, способен повести за собой единомышленников. Ради достижения поставленной перед собой цели он готов был пойти на любые жертвы, использовать любые средства. И тем не менее изучение многочисленных документальных материалов по истории большевизма позволяет сделать вывод о том, что его роль в октябрьском контрреволюционном перевороте слишком преувеличена советской историографией.

Мне представляется, что к моменту прихода Ленина в Смольный все, или почти все, наиболее важные для деморализации и изоляции волевых структур Временного правительства действия и меры уже были осуществлены мятежными силами. В этой связи заслуживает внимания статья Троцкого «Уроки Октября», опубликованная в «Правде» 14 октября 1924 года. В ней он, в частности, пишет:

«...Исход восстания 25 октября был уже на три четверти, если не более, предопределен в тот момент, когда мы воспротивились выводу Петроградского гарнизона, создали Военно-революционный Комитет (16 октября), назначили во все воинские части и учреждения своих комиссаров и тем полностью изолировали не только штаб Петроградского военного округа, но и правительство». К сказанному следует добавить, что Советы к тому времени уже были в руках Троцкого. Н.Н.Суханов, оценивая вклад Троцкого в подготовку и осуществление переворота в Петрограде в октябре 1917 года, писал: «Он был центральной фигурой этих дней и главным героем «этой замечательной» страницы истории»[108].

Если серьезно проанализировать статью Троцкого и в деталях разобраться в происшедших во второй половине октября событиях, то придем к убеждению, что все в действительности так и было.

Однако при всех неоспоримо больших способностях Троцкого как энергичного организатора и руководителя, без средств, необходимых для осуществления государственного переворота (деньги, оружие и т. п.), ему вряд ли удалось бы сделать все то, что было сделано в октябре. Поэтому должен сказать, что в связи с тем, что Ганецкий на протяжении многих лет в условиях повышенной секретности работал за пределами России, его роль в октябрьском перевороте почти не заметна. Между тем из материалов российской контрразведки и других источников отчетливо видно, что Ганецкий, как главное связующее лицо в финансовых операциях с германскими властями, внес большую лепту в материальное обеспечение низвержения Временного правительства большевиками. Это, в частности, наглядно показывают приводимые ниже уникальные документы:

Документ № 14

«Стокгольм, 21 сентября 1917 г.
Господину Рафаилу Шолану в Хапаранде.
Уважаемый товарищ. Контора банкирского дома М.Варбург открыла по телеграмме председателя Рейнско-Вестфальского синдиката счет для предприятия товарища Троцкого. Адвокат приобрел оружие и организовал перевозку его и доставку денег до Люлео и Вардэ. Укажите приёмщиков конторе «Эссен и Сын» в Люлео... доверенное лицо для получения требуемой товар(ищем) Троцким суммы.
С товарищеским приветом Я.Фюрстенберг»[109].

Документ № 15

«Люлео, 2-го октября 1917 г.
Господину Антонову* в Хапаранде.
Поручение...Троцкого исполнено. Со счетов синдиката и министерства ... 400 000 крон сняты и переданы Соне**, которая одновременно с настоящим письмом посетит Вас <...> вручит Вам упомянутую сумму.
С товарищеским приветом Я.Фюрстенберг»[110].

Думается, что подобного рода документы не нуждаются в комментариях — они лишний раз доказывают преступную деятельность Ленина, Троцкого, Ганецкого и их сообщников по партии против российского государства.

К исходу 24 октября большевистский путч фактически уже подходил к концу: предстояла лишь борьба за власть в стенах Смольного, где начал свою работу так называемый Второй Всероссийский съезд Советов. И в этой связи следует заметить, что политическое чутье не подводило Ленина. Он ясно понимал, что настала пора, когда ему надо быть в гуще событий, и он туда устремился.

На мой взгляд, главная причина, из-за чего Ленин устремился в Смольный, заключалась в его неверии в то, что кто-либо из лидеров большевиков, включая и Троцкого, решится пойти на арест Временного правительства. А в условиях функционирования правительства Керенского вести борьбу за власть с политическими противниками в стенах Смольного и рассчитывать на успех было не только проблематично, но и бессмысленно. Думается, это Ленин хорошо понимал.

---

* Возможно, большевик В.А.Антонов-Овсеенко.
** Личность не установлена.

Вспомним обстановку на конспиративной квартире вечером 24 октября, когда он метался из угла в угол. Чем же была вызвана столь повышенная нервозность главного идеолога большевиков? Не вызывает сомнения, что Ленина беспокоила сложившаяся в Петрограде критическая политическая ситуация. Он ясно себе представлял, что в процессе борьбы за власть, которая начинала разгораться в стенах Смольного, может так получиться, что лаврами политических баталий овладеют другие. А это он не мог допустить. Поэтому поспешил в Смольный, чтобы полностью контролировать ситуацию и не дай Бог упустить из рук то, за что боролся всю свою сознательную жизнь.

Что же касается так называемого «последнего оплота буржуазного правительства» — Зимнего дворца, то должен заметить, что его захват и арест некоторых министров Временного правительства, которые **без особого труда** были осуществлены мятежниками по настоятельному требованию Ленина, носили больше всего символический характер и менее всего военный или политический. В сущности, это была амбициозная акция, дающая (?) его организатору моральное право вновь взойти на «капитанский мостик».

И в самом деле. Находясь в полной изоляции с жалкой горсткой защитников (в числе которых преобладали женщины), Временное правительство было обречено на поражение. Что же касается Зимнего дворца, то он в военном отношении не имел никакого значения и не мог служить объектом, угрожающим противной стороне. Поэтому все действия, осуществляемые Лениным после прихода в Смольный, необходимо относить к разряду тактических, обеспечивающих стратегическую задачу — его восхождение на российский престол.

Итак, что же все-таки произошло в России, а точнее, в Петрограде 25—26 октября 1917 года?

Победители и их преемники неизменно повторяют, что в октябре 17-го произошла «социалистическая революция всемирно-исторического значения». Более того, они утверждают: «Победа Октября — главное событие XX века, коренным образом изменившее ход развития человечества»[111].

Побежденные тоже едины в своем мнении: «Это — заговор, узурпация власти, кощунство, бедствие, преступление...»

Кто же прав?

Начнем с победителей, предоставив слово «теоретикам» бывшего Института марксизма-ленинизма при ЦК КПСС. Вот что они пишут: «Октябрьское вооруженное восстание показало, что социалистическая революция — не заговор, не верхушечный переворот, совершенный группой «активных революционеров», а движение, борьба народных масс во главе с рабочим классом, руководимым коммунистическим авангардом»[112].

Эта трактовка коммунистических ученых беспочвенна и не выдерживает научной критики.

Исследование документальных материалов убедительно показывает, что в октябре 1917 года произошел типичный военно-политический заговор путчистов, которые узурпировали государственную власть. Этот заговор не был поддержан армией, а о «революционном подъеме среди рабочих, солдат и матросов», особенно после июльской авантюры, и речи быть не могло. И тем не менее заговор большевиков удался. И не потому, что большевики владели большой силой, а потому что Временное правительство не только не обладало силой, способной подавить мятежников, но и не находило поддержки со стороны общественно-политических кругов страны. Кризис власти был настолько очевиден, что свергнуть ее особых усилий не требовалось. Выход из политического кризиса могло найти Учредительное собрание. Однако Временное правительство неоправданно затягивало его созыв, приближая тем самым свое падение. Предотвратить государственный переворот могла лишь армия. Но этот момент был упущен Временным правительством, и в этом его вина и трагедия.

Давая оценку политическим событиям 1917 года, выдающийся русский ученый физиолог И.П.Павлов в своем публичном выступлении в Петрограде весной 1918 года, в частности, отметил, что «то, что произошло сейчас в России, есть, безусловно, дело интеллигентского ума, массы же сыграли совершенно пассивную роль»[113].

С оценкой всемирно признанного ученого трудно не согласиться, хотя сомнительно относить бандитов к интеллигенции.

Армия равнодушно восприняла падение Временного правительства. Бывший гражданин СССР, а ныне подданный Великобритании, поэт и журналист В.Т.Чугуев, близко знавший А.Ф.Керенского, считает: «Единственной силой, которая могла его спасти, была армия. Но отношение с ней он (Керенский. — А.А.) испортил, после того как объявил изменником и арестовал генерала Корнилова, которого сам же призвал на помощь в трудный момент»[114].

Следует заметить, что в «революционные» дни «всенародного восстания» работали все фабрики и заводы, железные дороги, городской транспорт (трамваи, извозчики), учебные заведения, почта, телеграф, кинотеатры, театры, редакции газет, рестораны, казино, бани... Это подтверждали М.В.Фофанова, С.К.Бельгард, член Военной организации А.Тарасов-Родионов и многие другие. Последний, в частности, писал: «Странная революция. Рабочий Совет свергает буржуазное правительство, а мирная жизнь города ни на минуту не прекращается»[115].

Скоро эта мирная жизнь закончится. Победа большевиков открыла новую трагическую страницу в истории народов России, главным содержанием которой явились массовый террор, голод, нищета, установление в стране диктатуры фашистского типа.

* * *

Этими словами я закончил главу. Однако должен сказать, что вплоть до полного завершения книги в моем сознании постоянно всплывал вопрос: почему все же Керенский не арестовал Ленина и почему он освободил из-под стражи организаторов и всех активных участников июльского вооруженного мятежа? Уж больно не хотелось оставлять неисследованным этот серьезный и загадочный вопрос.

Признаться, пришлось перелопатить целый ворох различных материалов, прежде чем удалось получить ответ. И я не жалею, что потратил на это много времени и сил.

В результате исследования с использованием приема сравнительного анализа фактов, мной было установлено поразительное сходство организационных принципов, действий, проявлений, тактических приемов и методов борьбы за власть в России двух враждующих между собой партий — большевиков и эсеров.

Прежде чем изложить это сходство, для начала отметим, что по времени образования партий эсеры и большевики почти ровесники: первые образовались в 1901 году, вторые — в 1903-м.

А теперь перейдем к сходству, которое довольно ярко и как две капли воды прослеживается в практических делах двух непримиримых партий.

1. Одним из основных методов политической борьбы за власть в России как большевиков, так и эсеров был террор, и он, как явствует из многочисленных фактов и документальных материалов, осуществлялся ими на протяжении всего периода существования партий.

2. Ради достижения своей цели обе партии стали на путь предательства родины и интересов ее граждан. Большевики и эсеры вели подрывную работу в пользу Японии в период русско-японской войны 1904—1905 годов, выступали за поражение России в той войне.

3. Обе партии на протяжении многих лет осуществляли грабежи государственных и частных банков, занимались вымогательством. С той лишь разницей, что если эсеры занимались этим криминальным делом молча, без шума и трескотни, то у большевиков это грязное и преступное дело по разработке их вождя (Ленина) было поставлено на «научную» основу.

4. Лидеры партий большевиков и эсеров в первую мировую войну через своих соратников и единомышленников вели подрывную деятельность на фронтах и в тылу в пользу кайзеровской Германии, находились на содержании немецких властей, получали от них крупные субсидии за работу, направленную на ослабление военно-экономической мощи России, являлись их агентами (подробно эти сюжеты на документальной основе рассмотрены в 9-й и 10-й главах).

5. Как большевики, так и эсеры после Февральской революции приехали в Россию из Швейцарии через территорию Германии. Этим, мяг-

ко выражаясь, безнравственным актом они в глазах российской общественности скомпрометировали свои партии.

6. И те и другие вели тайные переговоры с германскими властями о сепаратном мире, снабжали их информацией, координировали свои действия. Большевистские лидеры через своего агента А.Е.Кескюла поддерживали контакты, в частности, с немецким послом в Швейцарии Ромбергом; подобные контакты с ним имели и эсеры через своего агента Е.Б.Цивина*...

Как видим, в деяниях большевиков и эсеров прослеживается разительное сходство. Это сходство дает нам ключ к разгадке причины, по которой организатор контрреволюционного вооруженного мятежа в июле 1917 года, государственный преступник Владимир Ульянов не был арестован и предан суду по законам военного времени.

Мне представляется, что Керенский был первым человеком, обнаружившим сходство в преступных деяниях большевиков и эсеров. Совершенно очевидно, что он пришел к убеждению о нецелесообразности применения репрессивных мер против большевиков во главе с Лениным. Обладающий аналитическим умом и логическим мышлением, Керенский вскоре после распоряжения об аресте Ленина понял, что эта политическая и юридическая акция может нанести гораздо более тяжелый удар по партии эсеров, чем по находившейся в оппозиции к правительству партии большевиков. Керенский был обезоружен преступными делами эсеров. Поэтому политическая ситуация вышла из-под его контроля. Керенский, как опытный юрист, понял, что суд над Лениным может стать судом над ним самим, представляющим в правительстве партию эсеров. Поэтому для него наименьшим злом было оставить Ленина и его сообщников на свободе, чем арестовать их. Этим можно объяснить метаморфозу в действиях Керенского в отношении Ленина и его соратников по партии, организовавших 3—4 июля 1917 года вооруженный путч в Петрограде.

Однако Керенский, как политик и человек, своим решением о приостановлении преследования политических и уголовных преступников совершил роковую ошибку. Спасая от позора и политического скандала несколько сот членов своей партии, ревностно оберегая свое премьерское кресло в правительстве, он принес в жертву 150 миллионов граждан России, оказавшихся после октябрьского военно-политического переворота под игом большевиков.

---

* Подробно о связях эсеров с Ромбергом см. в Приложении его письмо канцлеру Германии.

ГЛАВА 9

ПЛАТА ЗА РОССИЙСКИЙ ПРЕСТОЛ

*Развращающая ложь, умолчание и лице-
мерение должны уйти навсегда и бесповоротно из нашей жизни.*

А.Д.Сахаров

Для Ленина 27 октября 1917 года стал, пожалуй, самым счастливым
днем его жизни. В этот день Владимир Ильич Ульянов (Ленин) получил то, о чем мечтал целых три десятилетия: он сделался главой Российского государства.

Однако новоиспеченный премьер советского правительства ясно
и ответственно понимал, что пора незамедлительно и исправно возвращать долги тем, кто помог ему взойти на российский престол. Ленину предстояло решить ряд сложнейших задач организационного, военного и дипломатического характера, среди которых подписание советским правительством мирного договора с Германией являлась пер-
востепенной. По сути, эта задача занимала центральное место в общей
цепи предательской деятельности вождя большевиков. Поэтому, захватив власть в Петрограде и прикрывшись пресловутым декретом о мире,
принятым Вторым Всероссийским съездом советов Рабочих и Солдатских депутатов, Ленин теперь уже открыто и решительно стал претворять в жизнь задание германского правительства по скорейшему заключению сепаратного мира.

Доведенные до крайнего истощения, Германия и Австро-Венгрия давно уже жаждали избавиться от забот на Восточном фронте.
«Надо... во что бы то ни стало постараться заключить сепаратный мир
с Россией»[1], — настоятельно требовал германский кронпринц от Вильгельма II летом 1917 года. При этом следует отметить, что уже
19 июля 1917 года Рейхстаг большинством голосов принял резолюцию
о мире. Выражая свое удовлетворение этим решением, император заявил депутатам, что мир по соглашению состоит в том, что «мы

возьмем у врагов деньги, сырые материалы, хлопок, масла и из их кармана переложим в наш карман»[2]. Забегая вперед, отмечу, что благодаря Ленину все так и было сделано.

Должен сказать, что тайные договоренности германских властей с большевистским лидером не оставались незамеченными дотошными журналистами России. 12 ноября 1917 года газета «Народ», выражая свое возмущение действиями советского правительства, писала: «Ленин и Троцкий, при усиленном содействии компаньонов — Парвуса, Радека и Ганецкого, предложили Германии сепаратный мир... Штыком и насилием узурпируя волю народа, Ленин и Троцкий губят народ, вгоняя страну в тупик, из которого долгие годы она не сможет выбраться. Издеваясь над российской демократией, издеваясь над солдатами, рабочими и крестьянами, именем которых они самозванно прикрывают это позорное преступление».

С резкой критикой позиции советского правительства по вопросу мирных переговоров с Германией выступили почти все (кроме большевистских) столичные издания.

Но уже ничто не могло остановить Ленина. Главная цель, которую он ставил перед собой, была достигнута с помощью германских денег. Теперь предстояло возвращать долги.

В советской историографии факты, связанные с историей заключения Брестского мира, основательно извращены и фальсифицированы. Так, в «Истории дипломатии» говорится, что «в ночь на 21 (8) ноября Совнарком послал радиотелеграмму Главнокомандующему русской армии генералу Духонину, приказывая ему немедленно предложить перемирие всем воюющим странам как Антанты, так и германского блока»[3]. Между тем это в корне противоречит истине. Во-первых, указанную выше радиотелеграмму, в обход членов Совнаркома и без их согласия, подписал Ленин. Известно, что против мира с Германией выступали многие члены правительства, например, наркомы Рыков, Троцкий, Теодорович, Ногин, Оппоков (Ломов), Милютин и другие. Во-вторых, радиотелеграмма предписывала генералу Духонину начать переговоры о перемирии исключительно «с командованием австро-германских войск», что являлось прямым предательством по отношению к союзникам России — странам Антанты (Англии и Франции). Лишь на следующий день Наркоминдел обратился с нотой ко всем послам союзных держав, в которой предлагалось объявить перемирие на фронте и начать мирные переговоры. Однако, не дав послам времени для согласования ноты со своими правительствами, 22 (9) ноября Ленин, опять-таки без обсуждения вопроса на заседании Совнаркома, послал телеграмму во все полки, дивизии и корпуса действующих армий фронта. «Пусть полки, стоящие на позициях, — гласила телеграмма, — выбирают тотчас уполномоченных для формального вступления в переговоры о перемирии с неприятелем. Совет Народных Комиссаров дает вам право на это»[4].

Первая «ласточка» полетела в Берлин, а там этого и ждали.

В связи с этим генерал Людендорф писал: «С конца ноября с востока на запад беспрерывно потянулись воинские поезда. Дело заключалось уже не в обмене выдохшихся на западе дивизий на свежие с востока, а в действительном усилении численности западного фронта»[5]. И в этом деле немцам оказывал услугу Ленин.

Спустя пять дней, 27 (14) ноября, германское правительство согласилось приступить к мирным переговорам.

Да и как было не согласиться! Особенно после 6 апреля 1917 года, когда в войну против австро-германского блока вступили США. Американский президент Вильсон, а также представители Англии и Франции неоднократно обращались в Народный Комиссариат Иностранных дел с предложением оказать помощь России оружием, боеприпасами, продовольствием, деньгами для оплаты жалованья солдатам (по 100 руб. в месяц на каждого), военными специалистами и инструкторами. Однако Ленин на эти предложения не реагировал. (Справедливости ради надо отметить, что был один случай (22 февраля 1918 г.), когда Ленин послал записку в ЦК, на котором обсуждался вопрос о возможности приобретения оружия и продовольствия у держав Антанты, с просьбой присоединить его голос «за взятие картошки и оружия у разбойников англо-французского империализма»[6].)

Германия остро нуждалась в подписании мирного договора с Россией, и в этих намерениях немецкие власти не останавливались ни перед чем. Вот что пишет по этому поводу известный немецкий исследователь Земан: «...Всецело в наших интересах было использовать период, пока они (большевики. — А.А.) у власти, который может быть коротким для того, чтобы добиться прежде всего перемирия, а потом, если возможно, мира. Заключение сепаратного мира означало бы достижение желанной цели, а именно — разрыв между Россией и ее союзниками»[7].

Должен сказать, что по вопросу заключения сепаратного мира с Германией у Ленина и его единомышленников были большие сложности. Они не находили поддержки ни у членов правительства, ни у членов ЦК РСДРП(б), ни со стороны влиятельных партий, особенно эсеров. Так, известно, что на расширенном заседании ЦК РСДРП(б) 11 (24) января, на котором Ленин выступил с тезисами по вопросу о немедленном заключении мира, за них проголосовали 15 человек, то есть менее четверти участников совещания; 32 человека поддержали позицию «левых коммунистов», требующих продолжения войны, и 16 — позицию Троцкого. Но Ленина результаты голосования не обескуражили. Он собирает одно совещание за другим. Так, 21 января (3 февраля) на совещании представителей разных политических течений за «германский аннексионистский мир» выступили 5 человек, против — 9. Не принесли желаемого успеха и заседания ЦК 17 и 18 февраля. Однако, не обсуждая этот вопрос в правительстве, Ленин утром 19 февраля «от имени Совнаркома» посылает немцам следующую радиограмму: «Ввиду создавшего положения, Совет Народных Комиссаров видит себя вынужденным подписать условия мира, предложенные в Брест-Литовске делегациями Четверного Союза (Германия, Австро-Венгрия, Болгария, Турция. — *А.А.*). Совет Народных Комиссаров заявляет, что ответ на поставленные германским правительством точные условия будет дан немедленно»[8]. Эти действия нельзя расценить иначе, как мошенничество и прямое пособничество германскому правительству. В период переговоров о сепаратном мире газета «Русь» писала: «В.И.Ленин-Ульянов вполне оплатил Германии за бесплатный проезд в германском запломбированном вагоне. Он вместе со своими соратниками заплатил ей кровью, — кровью тысяч русских граждан, слезами жён и матерей, разрушенной Москвой и тысячами ужасов, весьма приятных немецкому сердцу»[9].

Однако немцы, прочно удерживая в руках послушного российского премьера, предъявили российскому правительству новые, еще более тяжелые условия мира. В связи с этим Ленин 23 февраля вновь созывает заседание ЦК партии. Бурное и острое обсуждение вопроса показало, что число противников подписания условий мира с Германией преобладает. Более того, в конце заседания группа «левых коммунистов» (Бухарин, Ломов, Бубнов, Пятаков, Яковлева и Урицкий) заявила в знак протеста, что уходит со всех ответственных партийных и советских постов. Вечером того же дня Ленин организует объединенное заседание фракции большевиков и левых эсеров ВЦИК. Но и это заседание никакого решения не приняло. Собственно, Ленин и не пытался ставить на голосование вопрос о подписании мира с Германией, поскольку было очевидно, что число противников его позиции возросло. Тогда Ленин идет на авантюру. В срочном порядке, **в 3 часа ночи** 24 февраля, созывается заседание ВЦИК. После доклада Ленина, против подписания мира выступили «левые коммунисты», меньшевики, левые и правые эсеры, анархисты. Однако это не помешало Ленину и его окружению путем грубого нарушения демократических принципов, подтасовок фактов и фальсификаций документов протащить предложенную им резолюцию о принятии немецких условий мира.

В официальной литературе подчеркивается, что «116 голосами против 85, при 26 воздержавшихся, заседание утвердило предложенную большевиками резолюцию о принятии немецких условий мира»[10]. Эти сведения весьма и весьма сомнительны. Как можно принять их всерьез, если отсутствуют материалы по процедуре голосования и списки членов ВЦИК, участвовавших в этом заседании? Во-вторых, следует отметить, что голосование проводилось при отсутствии кворума. Да и можно ли было приступать к самой процедуре голосования, если в это время, в другом помещении, проходило совещание большинства «левых коммунистов» — одних из основных противников подписания мира с Германией? Среди них были и члены ЦК.

Наконец, как можно было менее чем за полтора часа открыть заседание ВЦИК, выслушать доклад, задать вопросы докладчику и выслушать его ответы, выступить в бурных прениях, зачитать резолюцию, провести поименное голосование, подсчет голосов, огласить результаты голосования да еще принять постановление СНК по данному вопросу? А то, что на всю процедуру, связанную с обсуждением и вынесением решения по заключению мира с Германией и ее союзниками, ушло лишь **полтора часа,** свидетельствует документ, подписанный Лениным: «Согласно решению, принятому Центральным Исполнительным Комитетом Советов рабочих, солдатских и крестьянских депутатов 24 февраля в *4 1/2 часа ночи,* Совет Народных Комиссаров постановил условия мира, предложенные германским правительством, принять и выслать делегацию в Брест-Литовск»[11]. С полной уверенностью можно сказать, что этот документ Ленин подписал без обсуждения на СНК. Да и о каком постановлении СНК вообще могла идти речь, если после выхода из него 22 февраля многих его членов он фактически распался?

О том, что постановление и резолюция в пользу подписания мира с Германией рождались нечестным путем, свидетельствует и такой факт. Брестский мирный договор поддержали 7 из 15 членов ЦК партии большевиков. Против сепаратного мира выступали Бухарин, Троцкий, Дзержинский, Рыков, Радек, Бубнов, Преображенский, Ломов, Крестинский, Косиор, Осинский, Стуков, Ногин, Спундэ, Фенигштейн, Урицкий, Иоффе, Пятаков, Яковлева, Рязанов, Штейнберг, Спиридонова, Смирнов, Бронский, Прошьян, Покровский, Трутовский, Милютин, Теодорович, Комков и многие другие политические деятели. Против унизительного договора протестовало большинство левых эсеров, занимающих ответственные посты в государственном аппарате и входящих в состав ВЦИК.

3 марта 1918 года в 5 часов 50 минут в Брест-Литовске был подписан сепаратный договор между Россией, с одной стороны, и Германией, Австро-Венгрией, Болгарией, Турцией — с другой. Германское правительство торжествовало. Благодаря пособничеству Ленина оно получило возможность перебросить значительную часть своих войск с Восточного фронта на Западный.

Что касается Ленина, то ему «мирная передышка» была нужна еще больше, чем Германии, чтобы как можно быстрее укрепить свою власть в огромной стране. Надо было собрать и бросить все силы (в том числе наемных головорезов, уголовников, голодных китайских волонтеров, военнопленных германской и австро-венгерской армий и прочих «интернационалистов») на подавление народного сопротивления большевикам.

Любопытна позиция немецкого генерала Гофмана в отношении переговоров германских властей с большевиками о сепаратном мире: «Я много думал о том, — пишет он, — не лучше ли было бы германскому правительству и верховному главнокомандованию отклонить какие бы то ни было переговоры с большевистской властью. Тем, что мы дали большевикам возможность прекратить войну и этим самым удовлетворить охватившую весь русский народ жажду мира, мы помогли им удержать власть. Если бы Германия отказалась от переговоров с большевиками и согласилась бы иметь дело только с представителями полномочного правительства, избранного свободным голосованием, большевики не в состоянии были бы удержаться»[12].

А вот как комментировал подписание этого договора американский дипломат Э.Сиссон: «Германия заключила русский мир с собственным подставным правительством, ложно называющимся Советом Народных Комиссаров... Германия положила на русский народ особо тяжелые условия мира как наказание за слишком честолюбивые стремления своих же наемников к власти и за то, что они надеялись хоть на короткое время не только завладеть Россией, но перехитрить своих хозяев и обратить симулированную германскую революцию в настоящую.

Но хитрость их оказалась игрушкой в руках грубой германской силы. В действительности Германия перехитрила большевиков переговорами с Украинской Радой в тот момент, когда они воображали, что обманывают Германию. Однако Германия не отказалась от большевистских главарей, признавая их дальнейшую пользу для Германской мировой кампании, направленной на внутреннюю дезорганизацию народов, с которыми она воюет. Но она ограничила их деятельность пределами замкнутой провинции, в каковую теперь превратилась Великая Россия»[13].

Во многом можно согласиться с Сиссоном, за исключением одного: он недооценивал большевиков, хотя сговор с Вильгельмом II обошелся им действительно не дешево. Россия обязывалась произвести полную демобилизацию своей армии. Иными словами, она лишалась возможности защитить свой суверенитет. Военные суда России должны были перебазироваться в русские порты и немедленно разоружиться. От страны отходили Польша, Литва, Курляндия (Латвия), Эстляндия (Эстония). В руках немцев оставались все районы, которые были к моменту подписания договора заняты германскими войсками. На Кавказе Россия, в ущерб народам Армении и Грузии, уступала Турции Карс, Ардаган и Батум. Украина и Финляндия признавались самостоятельными государствами, причем Россия обязывалась заключить с Украинской Центральной Радой мирный договор, а также вывести свои войска из Финляндии и с Аландских островов. Правительство России обязывалось прекратить всякую агитацию против правительства суверенной Финляндии. (Здесь уместно сказать еще об одной, мягко выражаясь, неточности советской историографии, преподносящей дело так, будто Финляндия обрела государственную независимость благодаря подписанному Лениным декрету СНК от 31 (18) декабря 1917 года. Между тем выделение Великого княжества Финляндии из состава России произошло совершенно при иных обстоятельствах. После падения монархии в России в финском обществе заметно усилилось патриотическое движение, охватившее все слои населения. После октябрьского переворота в Петрограде финские боевые отряды стали разоружать российские войсковые части, дислоцированные в Финляндии. И как результат этого патриотического движения уже в ноябре 1917 года в Финляндии образовалось национальное правительство во главе со Свинхувудом. А 6 декабря Финляндский Сейм утвердил декларацию правительства о государственной независимости Финляндии.)

По договору военнопленные обоих сторон возвращались на родину, но Россия обязывалась уплатить большую сумму за содержание своих военнопленных. Наконец, вновь вступали в силу статьи невыгодного для России русско-германского торгового договора 1904 года. «Позорный мир с Германией, сдача на милость безжалостного врага, разбил все иллюзии, — с горечью писал в апреле 1918 года журнал «За Родину». — Этот «мир» вскрыл до очевидности предательскую роль тех, кто звал к немедленному разоружению, кто скрыто и явно втоптал в грязь идею патриотизма, обороны страны, кто сумел влить яд разложения в ряды оставшихся еще на посту защитников фронта и тем самым открыл дорогу врагу».

А вот мнение командующего германской армией на Восточном фронте генерал-фельдмаршала П.Гинденбурга: «Нечего и говорить, что переговоры с русским правительством террора очень мало соответствовали моим политическим убеждениям. Но мы были вынуждены прежде всего заключить договор с существующими властями Великороссии. Впрочем, тогда там так волновались, но я лично не верил в длительное господство террора»[14].

Мирный договор развязал руки военным ведомствам стран австро-германского блока. Приведенная ниже таблица[15] наглядно показывает, какому грабежу подверглась Украина с начала весны и до ноября 1918 года.

«Всего вывезено для всех государств, заключивших договор:

(Германия, Австро-Венгрия,— Болгария, Турция)		113 421 тонна
Из них для Австро-Венгрии —		57 382 тонны
Из них круп и муки —		46 225 тонн

	Всего	Из них Австро-Венгрии
Масло, жир, шпик	3 329 403 кг	2 170 437 кг
Растительное масло	1 802 847 кг	977 105 кг
Сыр, творог	420 818 кг	325 103 кг
Рыба, мясные консервы, селедки	1 213 961 кг	473 561 кг

Рогатый скот	105 542 шт.	55 461 шт.
	(46 834 834 кг)	(19 505 760 кг)
Лошади	95 976 шт.	40 027 шт.
	(31 625 175 кг)	(13 165 725 кг)
Солонина	2 927 439 кг	1 571 569 кг
Яйца	75 200 шт.	32 433 шт.
Сахар	66 809 969 кг	24 973 443 кг
Разные продукты	27 385 095 кг	7 836 287 кг

ВСЕГО:	172 349 556 кг	61 528 220 кг
Яиц	75 200 ящ.	32 433 ящ.
ИТОГО:	30 757 ваг.	13 037 ваг.»

С подписанием Брестского договора возобновились дипломатические и консульские отношения между Россией и Германией. С этого момента действия сторон стали приобретать все более открытый, тесный и энергичный характер. Так, приехав в Москву, немецкий посланник граф Мирбах, по поручению своего правительства, провел предварительную беседу с председателем ЦИК Я.Свердловым. Затем, 16 мая, он был принят главой советского правительства — Лениным, с которым он имел продолжительную беседу. В тот же день Мирбах направил канцлеру письмо, в котором изложил основное содержание беседы с Лениным.

Мирбах пишет, что Ленин верит в свою звезду и настроен оптимистически. Он признает, что система непоколебима, хотя количество нападающих, то есть противников, все более увеличивается. Говорит, что ситуация требует больших усилий, чтобы сохранить систему. Свою уверенность он основывает на том, что правящая партия является единственной, располагающей организационной силой, в то время как все остальные едины лишь в отрицании системы. В остальном же они находятся в раздоре и не имеют ничего того, что имеют большевики.

Мирбах считал, что все это более или менее отвечает действительности, но все-таки тон, с которым Ленин говорит о бессилии врагов, указывает на то, что он недооценивает противников.

Ленин признавал, что его противники находятся не только в правых партиях, но и в собственном лагере. Оппозиция в собственном доме критикует его за то, что Брест-Литовский договор, который он заключил, был ошибкой, так как Россия все больше оккупируется, и что это не принесло мира народам России. И он соглашается, что некоторые события недавнего прошлого оправдывают нападки противников. Поэтому его желание направлено на то, чтобы как можно скорее создалась ясность прежде всего в том, чтобы при нашем содействии был бы заключен мир в Гельсингфорсе и Киеве. В заключение Мирбах пишет, что Ленин не жаловался на то, что положение очень затруднительное. Он избегал показать то трудное положение, в котором продолжительное время действительно они находятся[16].

Утром следующего дня, в 10 часов 30 минут, Мирбах посылает в Берлин зашифрованную телеграмму. Вкратце обрисовав ситуацию в Петрограде и ссылаясь на общее тяжелое положение («Prekäre Lage»), в котором оказались большевики (мощное антибольшевистское движение на флоте, возглавляемое моряками крейсера «Олег», выступление Преображенского полка в Сестрорецке, восстание в Сибири, руководимое атаманом Оренбургского казачьего войска Дутовым, плохая организация руководства большевиков в центре и т. д.), Мирбах ставит перед рейсканцлером вопрос о неотложной значительной материальной помощи Ленину[17].

В сущности, в Берлине по каналам разведорганов, обосновавшихся в Петрограде и по всей России, были хорошо информированы о политической ситуации в Петрограде и вокруг него, и уже предпринимали шаги, чтобы, хотя бы на время, держать у власти вассальное большевистское правительство. Расчетливые германские политики и генералы хорошо понимали, что материальная помощь, которую они оказывали большевикам на протяжении четырех лет и которую собирались оказать им теперь, диктуется тем, чтобы воспользоваться плодами Брестского мирного договора. Материальная помощь большевикам была несравнима с теми огромными материальными затратами, которые несла Германия на Восточном фронте, не говоря уже о многочисленных людских потерях.

Судя по приведенной ниже телеграмме, материальная помощь Германии большевистскому правительству стала поступать в крупных суммах регулярно.

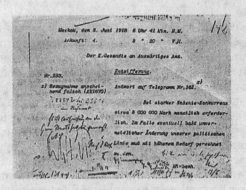

Телеграмма об оказании материальной помощи
большевистскому правительству

«Москва, 3 июня 1918...

Посланник — Министерству иностранных дел
Расшифровка
№ 233 на телеграмму № 161[x]
x) Ссылка, вероятно, неверна (А21670)

При сильной конкуренции со стороны Антанты ежемесячно требуется 3 000 000 марок. В случае возможного в скором времени неизбежного изменения нашей политической линии следует считаться с увеличением потребности

Мирбах».

Берлин удовлетворил просьбу Мирбаха телеграммой от 10 июня.

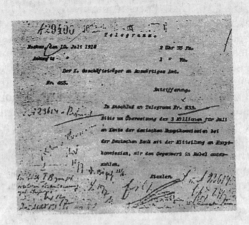

Не умаляя роли Мирбаха в немецко-большевистских связях после подписания Брестского договора, должен отметить, что все же не он играл первую скрипку в этих тайных связях. По-видимому, особыми полномочиями обладал советник германского посольства в Москве Трутман. Тот самый, который в 1916 году руководил специальным отделом под кодовым названием «Стокгольм», основная задача которого заключалась в поддержании контактов с группой германских агентов, занимающихся подрывной деятельностью в России (Ганецкий, Радек и другие). Зашифрованная телеграмма, отправленная Трутманом в Берлин 5 июня, о многом говорит:

«Фонд, которй мы до сих пор имели в своем распоряжении для распределения в России, весь ичерпан. Необходимо поэтому, чтобы секретарь имперского казначейства предоставил в наше распоряжение новый фонд. Принимая во внимание вышеуказанные обстоятельства, этот фонд должен быть, по крайней мере, не меньше 40 миллионов марок»[18].

Приведенный ниже документ показывает, как и с какой оперативностью отреагировал официальный Берлин на депешу Трутмана.

«...Берлин, 11 июня 1918

Дорогой Кульман!

В ответ на Ваше послание от 8 этого месяца, в котором Вы переслали мне записку A.S. 2562 относительно России, я готов одобрить представленное, без указания оснований, предложение об ассигновании 40 млн марок для сомнительной цели»* (выделено мной. — А.А.).

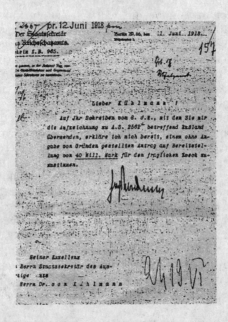

В рассматриваемый период все основные государственные, частные акционерные банки и банкирские конторы России были национализированы и находились под контролем советского правительства. Казалось, после этого потребность большевистского правительства в немецких деньгах уже должна была бы отпасть. Однако факты говорят об обратном. Напрашивается вопрос: для какой же тогда «сомнительной цели» германские власти ассигновали России 40 млн марок? Потребовались большие усилия, чтобы разгадать и эту загадку. Она, на мой взгляд, заключалась в следующем.

После удавшегося государственного переворота в Петрограде, большевистское правительство, как известно, приступило к «триумфально-

_____
* Документ подписан госсекретарем Цеммерманом.

му шествию» советской власти по всей территории бывшей Российской империи. А эта задача была куда более сложной, чем захват власти в центре. В сущности, это было началом гражданской войны. А добровольно участвовать в братоубийственной войне было не так уж много охотников, если не брать в расчет небольшое число формирований Красной гвардии и моряков Балтийского флота, определенное количество оболваненных большевиками рабочих и крестьян, анархистов, любителей приключений и разного рода криминальных элементов и сомнительных личностей. Вот тогда-то у гениального Ленина зародилась идея завербовать в Красную Армию, на немецкие марки, хорошо обученных и дисциплинированных австро-венгерских и немецких военнопленных. Приведенные выше и в 10-й главе факты участия немецких и австро-венгерских военнопленных в октябрьском перевороте, военно-карательных и диверсионных операциях в составе Красной Армии и ЧК в годы гражданской войны дают основания для такого вывода. А то, что россияне не желали участвовать в братоубийственной войне, подтверждается такими фактами.

Только в мае 1919 года специальными отрядами было задержано 79 036 дезертиров[19]. В июне 1919 года под страхом «суровой кары» (то есть расстрела) сдались властям 98 183 дезертира. Всего же в 1919 году число задержанных и приведенных в регистрационные пункты составило 1 млн 761 тысяча дезертиров и 917 тысяч уклонившихся от призыва в Красную Армию[20]. Было над чем подумать большевистскому вождю, и выход из этого положения им был найден.

Подписанием сепаратного мира с Германией предательская деятельность Ленина и его сообщников не закончилась. Именно тогда, когда войска Антанты летом 1918 года перешли в решительное контрнаступление против немцев, когда, по признанию генерала Людендорфа, 8 августа наступил «самый черный день германской армии в мировой войне»[21], Ленин пошел на новые, еще более серьезные уступки Германии.

То, что Германия в середине августа оказалась в тяжелейшем военно-политическом положении, вынуждены были признать участники совещания, проходившего в отеле «Британик» 13 августа в бельгийском городе Спа, главари германской военщины и внешнеполитического ведомства[22]. Это признавал и Вильгельм II. Более того, он предложил начать мирные переговоры с Антантой через Нидерландскую королеву[23]. И тем не менее 27 августа 1918 года в Берлине был подписан русско-германский дополнительный договор, который строго устанавливал восточные границы Эстляндии и Лифляндии. Россия обязывалась «отступиться от верховной власти над этими областями», но должна была заключить торговое соглашение с Прибалтийскими странами. Россия предоставляла Германии четвертую часть всей добытой в Баку нефти и всех нефтяных продуктов. За Германией сохранялась оккупация Донецкого угольного бассейна. По дополнительному финансовому соглашению Советская Россия обязывалась уплатить Германии 6 млрд марок в шесть приемов. Причем первый взнос в 1,5 миллиарда (из них — 245 564 килограмма золота и 545 миллионов кредитными билетами) — немедленно. Второй взнос — к 10 сентября, примерно в той же пропорции, четыре взноса (30 сентября, 31 октября, 30 ноября и 31 декабря 1918 г.), каждый — по 50 676 килограммов золота и по 113 с лишним миллионов рублей кредитными билетами. Один миллиард марок погашался доставкой русских товаров в период между 15 ноября 1918 года и 31 марта 1920 года. Два с половиной миллиарда погашались билетами особого 6-процентного займа, который обеспечивался государственными доходами, особенно арендной платой за концессии, данные немцам. Погашение последнего миллиарда марок должно было определяться особым соглашением[24].

Русско-германский дополнительный договор стал исправно выполняться. Так, в Отчете по золотому фонду за 1918 год указано, что «платеж Советской России Германии по Брестскому мирному договору составил 124 835 549 рублей 50 копеек золотом[25].

Обо всем этом договаривались тогда, когда Россия уже лежала «во мгле», а ее народ голодал. Но что было Ленину до реальных людей! Ослепленный идеей «всеобщего братства» и «мировой революции», он оптом и в розницу продавал интересы страны ради сохранения своей власти. А то, что Ленин стал вассалом германского правительства, говорит и такой факт. 25 июня 1918 года Ленин председательствует на заседании Совнаркома, на котором обсуждалась нота германского посла В.Мирбаха по поводу затруднений получения депозитов из российских банков немецкими вкладчиками. СНК выносит постановление, снимающее всякие препятствия по выдаче немцам принадлежащих им денег и ценностей из банков России.

Не менее чудовищны и другие факты, свидетельствующие о том, как Ленин хладнокровно предавал интересы России. В конце мая 1918 года Ленин получил телеграмму от выксунских* «товарищей», в которой те сообщали, что они *едут на пароходах со своими отрядами и пулеметами добывать хлеб силой*[26]. В ответной телеграмме выксунским грабителям Ленин пишет, что их действия он воспринимает как *превосходный план массового движения с пулеметами за хлебом*, и подчеркнул при этом, что они поступают «как истинные революционеры» и что эти действия якобы необходимы «для общего дела спасения от голода всех голодающих»[27].

Наивные выксунцы и не подозревали, ради кого они силой отбирают хлеб у своих соотечественников-хлеборобов.

Между тем телеграмма Ленина комиссару железнодорожной станции Орша** Д.Е.Иващенко от 4 июля 1918 года проливает свет на эту

подлую и мерзкую историю с хлебом. Она ясно показывает, кому предназначался русский хлеб:

«Благодарю за пропуск 36 вагонов в Германию: это для наших бедствующих военнопленных (?). Прошу опровергать все гнусные клеветы и помнить, что мы должны помогать нашим военнопленым изо всех сил»[28].

И это не все.

22 июня 1918 года советское правительство в ответ на требование генерала Гофмана приняло решение о перевозке на судах Новороссийской транспортной флотилии 20 000 германских и австрийских военнопленных в Констанцу[29]. И это далеко не единственный факт. Согласно договору между так называемым советом солдатских депутатов 1-го германского армейского корпуса, находящегося в русском плену, с одной стороны, и Временным Рабоче-Крестьянским правительством Украины и Советом Народных комиссаров РСФСР, с другой стороны, немецкий армейский корпус был пропущен через территорию России и Украины в Германию[30].

И еще один сюжет из деятельности Российского *Робеспьера*. В дни, когда Германия под ударами войск Антанты готова была признать полную капитуляцию, Ленин принимает сенсационное решение: 19 октября 1918 года он подписывает декрет СНК, предоставляющий ~~немцам~~ *герман-* Поволжья автономию с большевистским названием *«Трудовая коммуна немцев Поволжья»*. Заметим, что в то время ни одна из многочисленных коренных наций и народностей России не имела своей автономии. Но, судя по всему, это не беспокоило большевистского вождя: пришедший к власти ренегат исправно исполнял обязательства, данные им его покровителям, сполна расплачиваясь за российский трон.

На этом, пожалуй, можно было бы поставить точку, поскольку предельно ясно, что главный идеолог большевизма, Владимир Ильич Ульянов (Ленин), был предателем Родины, тесно связанным с немецкими властями.

Однако, на мой взгляд, с профессиональной точки зрения было бы неправильно и даже безответственно оставлять без рассмотрения еще два пакета уникальных источников, способных пролить дополнительный яркий свет на преступную деятельность Ленина и его единомышленников.

Речь идет о документальных материалах, раскрывающих связи большевиков во главе с Лениным с агентом германских спецслужб Карлом Моором.

Коммунистические биографы дают о Мооре весьма ограниченную и обтекаемую информацию:

«Моор (Мооч), Карл (род. в 1853 г.) — немецкий социал-демократ. В годы мировой империалистической войны оказывал содействие политическим эмигрантам в Швейцарии. В 1917 году находился в Стокгольме. После Октябрьской революции жил в Москве»[31].

Эти сведения не только скупы, но и не точны. Между тем составители этой справки, на мой взгляд, сознательно опустили многие важные, документально подтвержденные факты. Почему? Думается, что ответ на вопрос найдем после рассмотрения всех документальных материалов, касающихся взаимоотношений Ленина и его ближайших соратников с так называемым «немецким социал-демократом» Карлом Моором.

Владимир Ульянов и Карл Моор впервые познакомились на конгрессе II Интернационала, который проходил 15—21 августа 1910 года в Копенгагене. Имя Моора неоднократно упоминается в переписке Ленина с Шкловским[32]. Осенью 1913-го и весной 1914 года Ленин имел встречу с Моором во время Циммервальдской (Швейцария) конференции, проходившей 5—8 сентября 1915 года. Еще ранее, в начале 1915-го, Моор выступал в роли «адвоката» Ленина перед полицейскими властями города Берна по поводу его проживания в швейцарской столице. Кстати, с ходатайством о проживании в Берне Инессы Федоровны Арманд, близкого друга Ленина, Моор также обращался в полицейское управление. Моор оказывал Ленину и другие услуги, связанные с житейскими проблемами. Подозрительно легко Моор справлялся с ними. По-видимому, в это время* Моор уже был германским секретным агентом, приставленным к Ленину и ближайшему его кругу соратников-большевиков, также связанных с немцами.

Судя по сохранившимся источникам, прямые и косвенные контакты Ленина с Моором продолжались и в последующие годы. Так, в письме Шкловскому, посланном Лениным из Флюмса (Швейцария) в Берн 6 августа 1916 года, в частности, говорится: «Дорогой Г.А.! ...Добыли ли от Моора печатный экземпляр «бумаги» по делу Ц**? Это *необходимо. Не забудьте!* Надо добыть во что бы то ни стало, а то потеряет, мерзавец!»[33] В этот же день*** Ленин пишет еще одно письмо Шкловскому: «Дорогой Г.А.! Вы забыли мне ответить по одному пункту, именно насчет печатного документа, который мы с Вами снесли — помните? — адвокату**** для Моора. Надо во что бы то ни стало вытребовать этот документ назад. Не забывайте, пожалуйста, навещать иногда этого адвоката и «ловить» иногда Моора, чтобы *вытянуть* сей документ»[34].

Рассмотренные выше документы, свидетельствующие о связях Ленина с Моором, это, так сказать, всего лишь «вершки», прелюдии к сенсациям. К их рассмотрению мы и приступим.

Как уже известно, группа политических эмигрантов во главе с Ле-

---

* После переезда Ленина из Поронино в Швейцарию.
** Возможно, речь идет о каком-то документе по Циммервальдской конференции.
*** Очевидно, получив от Шкловского письмо.
**** Речь идет об адвокате Цграгене.

ниным при содействии немецких властей 27 марта (9 апреля) выезжает из Швейцарии и 31 марта (13 апреля) 1917 года прибывает в Стокгольм. А в это время Моор уже в Стокгольме. С какой целью, без особых хлопот, он приехал в Стокгольм? Находясь в Швеции с весны 17-го года, Моор доносил германскому посланнику в Берне Ромбергу о прибытии русских эмигрантов в Стокгольм и об их отъезде в Россию. Телеграммы такого же характера поступали и в отдел политики Генерального штаба Германии. Карл Радек, хорошо знавший Моора еще с 1905 года, в своей статье в «Известиях» в июне 1932-го, посвященной смерти последнего*, в частности, писал: «Немедленно после февральской революции он (Моор. — А.А.) переехал в Стокгольм, где оказывал помощь заграничному представительству большевиков»[35]. С Моором там встречались, кроме Радека, также Воровский, Ганецкий, Семашко и другие. Получая от Моора деньги, они, конечно, догадывались, точнее знали, кто в действительности их субсидирует, но не в их интересах было распространяться на этот счет. Напротив, большевистские идеологи всячески старались скрыть, замаскировать этот факт. Так, составители XIII тома ленинского сборника (вышел в 1930 г.) в примечании, касающемся личности Карла Моора, пишут, что «швейцарский** социалист намеревался передать большевикам некоторую сумму денег; в заседании от 24 сентября 1917 года ЦК РСДРП якобы отклонил это предложение «ввиду невозможности проверить действительный источник предлагаемых средств»[36]. Это же заведомая ложь! Впрочем, давайте все по порядку.

После окончания второй мировой войны из материалов МИД Германии стало известно, что Карл Моор под кличкой «Байер» являлся платным секретным агентом генеральных штабов кайзеровской Германии и Австро-Венгерской империи и что через него большевики также получали денежные субсидии.

Известно, что после провала июльского (1917) путча, Ленин вынужден был срочно скрыться. Находясь в Гельсингфорсе, он 17 августа, как уже известно, отправляет письмо в Стокгольм заграничному бюро ЦК. Предупредив Ганецкого о том, чтобы тот заметал следы «немецких денег», Ленин хитроумно пишет и о Мооре: «...Не помню (?), кто-то передавал, кажись, что в Стокгольме, после Гримма и независимо от него, появился Моор... Но что за человек Моор? Вполне ли и абсолютно ли доказано, что он честный человек? Что у него никогда и не было и нет ни прямого ни косвенного снюхивания с немецкими социал-империалистами? Если правда, что Моор в Стокгольме и если Вы знакомы с ним, *то я очень и очень просил бы, убедительно просил бы, настойчиво просил бы,* принять все меры для строжайшей и документальной проверки этого. Тут нет, т. е. не должно

---

* К.Моор умер в Берлине 14 июня 1932 года.
** Тут уже «швейцарский», а не «немецкий» социалист.

быть, места ни для тени подозрений, нареканий, слухов и т.п.»[37] (выделено мной. — *А.А.*). Вот как встревожен был Ленин появлением на горизонте К.Моора.

Это письмо со всей ясностью и определенностью говорит о том, что Ленин знал всю подноготную Моора и страшно был напуган тем, что вслед за Парвусом, Ганецким, Козловским и другими, разоблаченными русской контрразведкой как агенты германской разведки, как бы не высветилось в печати имя Моора — также платного немецкого агента, выполняющего роль посредника в оказании денежной помощи большевикам. Об этом свидетельствует такой факт.

Возвратившись из Швейцарии в Россию в конце июня 1917 года наивный Шкловский предупреждает Ленина о том, что К.Моор — немецкий агент. Ниже читатель убедится в том, что Шкловский действительно предупреждал Ленина.

После прихода большевиков к власти, немецкая агентура свободно стала разгуливать по России, выполняя различные задания своего правительства. Оказавшись в зависимости от немецких властей и опасаясь шантажа за связь с ними в период подготовки и осуществления государственного переворота, большевистские лидеры не чинили немецким агентам препятствий. Напротив, оказывали им различные услуги, беспрекословно выполняли их требования. В свою очередь, большевистское правительство продолжало получать материальную помощь от немецких властей.

Как же чувствовал себя К.Моор, приехавший в Россию вскоре после октябрьского переворота? Бывал он в Петрограде, а после переезда советского правительства в Москву он тоже переселяется туда и даже встречается с Лениным. Прикрывшись мандатом социал-демократа, Моор беспрепятственно вел агентурную деятельность. Моор предпринимает и дерзкие шаги: в начале декабря 1918 года обращается к Ленину с просьбой освободить из-под ареста Пальчинского[38].

Как же отреагировал Ленин на «просьбу» Моора по поводу освобождения П.И.Пальчинского, которого до октября 1917 года он называл: *«слуга капиталистов»*, *«саботажник»*, *«казнокрад»* и грозился после прихода пролетариата к власти отдать его *«на суд народа»*[39].

3 декабря 1918 года Ленин отправляет циничную и лицемерную телеграмму в Петроград Зиновьеву, а копию — председателю петроградского отдела ВЧК:

«Тов. Зиновьев!
Тов. Карл Моор, швейцарец*, прислал мне длинное письмо с просьбой освободить *Пальчинского*, ибо он-де крупная техническая и организационная сила, автор многих трудов и т. п. Я слыхал и читал о Пальчинском как спекуляторе и пр. *во времена Керенского.*

---

* Выше было указано, что «Моор... — немецкий социал-демократ».

Но я не знаю, есть ли теперь данные против Пальчинского? Какие? Серьезные? Почему не применен к нему закон об амнистии?

Если он ученый, писатель, нельзя ли ему — в случае наличности серьезных улик против него — предоставить условия особо льготные (например, домашний арест, лаборатория и т. п.).

Прошу мне ответить *письменно* и *немедленно*»[40].

Из этой телеграммы нетрудно понять, что Ленин, в сущности, дает санкцию на освобождение Пальчинского, тем самым беспрекословно выполняет требование Моора.

Выполнив ряд заданий своих хозяев, так называемый швейцарец К.Моор на время покидает Россию и едет в Берлин, очевидно, для доклада о проделанной работе.

С провозглашением России в 1990 году независимым суверенным государством и особенно после провала августовского (1991) коммунистического путча, в демократической печати стали появляться статьи, в которых большевики во главе с их признанным вождем Лениным на документальных материалах разоблачаются в связях с германскими спецслужбами, доказывается, что июльский (1917) контрреволюционный путч и октябрьский государственный переворот были осуществлены на немецкие деньги и с помощью германских разведывательных органов. Особую реакцию и переполох вызвали у адептов коммунистической идеологии статьи, опубликованные в журнале «Столица»[41]. В печати, по радио и телевидению ученые мужи большевистского пошиба безуспешно пытались опровергнуть факты, обличающие большевиков в измене родине и в преступлениях перед народами России. Известные усилия в этом направлении предпринимал и экс-президент СССР М.С.Горбачев. Убедившись в бесплодности предпринятых мероприятий, они избрали новую тактику, которая, по их мнению, должна была реанимировать авторитет «пролетарского вождя» и его партии.

Вся эта — белыми нитками шитая — новая тактика заключалась в том, что ее разработчики уже не отрицают получения большевиками денег от немцев, но лишь с той разницей, что в качестве основного и единственного поставщика крупных денежных субсидий выступает теперь не германский банк, а «безобидный» и «ничем не скомпрометировавший себя», сочувствующий большевикам, то ли австрийский, то ли немецкий социал-демократ Карл Моор.

Так, бывший работник ИМЛ при ЦК КПСС, печально известный историк В.Т.Логинов в своей статье, опубликованной в сборнике в 1991 году под названием «Ленин, о котором спорят сегодня», пишет: «Существует несколько документов, которые все эти годы порождали у «разоблачителей» определенные надежды. И опубликованы они были не за рубежом, а у нас в стране. В 1923 году их напечатал журнал «Пролетарская революция». Это были письма Ленина Я.Ганецкому, перехваченные русской контрразведкой, на основании которых летом

1917 года и было сфабриковано «дело» по обвинению Ленина в шпионаже в пользу Германии. В письмах шла речь о денежных переводах, направлявшихся из Стокгольма в Петроград. Откуда и чьи это деньги? Архивные документы позволяют сегодня раскрыть и этот источник финансирования большевистской партии. Он связан с именем Карла Моора — старейшего швейцарского социал-демократа. Незадолго до 1917 года Моор получил большое наследство* и кредитовал многих социал-демократов. С ним-то и была достигнута договоренность о крупном денежном займе большевикам. Сколько получили? В январе 1926-го после того, как специальная комиссия установила полную сумму долга за 1917—1918 годы, ему было возвращено 38 430 долларов (около 200 тысяч швейцарских франков по тогдашнему курсу)»[42].

Напрашивается вопрос: знал ли Логинов о решении ЦК РСДРП от 24 сентября 1917 года, рассмотренном выше, «Сводке Российской контрразведки» от октября 1917 года и о письме Шкловского Ленину от 16 сентября 1921 года, когда сочинял эти строки?

Думается, нет надобности еще раз возвращаться к сюжету о получении Лениным денег от немцев с апреля по октябрь 1917 года и даже в 1918 году и позже, поскольку, как заметил читатель, он обстоятельно был рассмотрен выше. А вот о Мооре, так называемом «швейцарском социал-демократе», продолжим разговор, чтобы не осталось и тени сомнения в том, что наш незадачливый горе-ученый своей новой версией вновь попал, мягко выражаясь, впросак.

В 40-м томе ленинского сборника, опубликованном в 1985 году, его составители поместили весьма интересный источник. Это сопроводительная к письму Шкловского записка Ленина заместителю председателя ВЧК И.С.Уншлихту. Вот ее содержание:

«29.IX.1921 г. т. Уншлихт! Автор письма тов. Шкловский, лично мне известный по загранице до революции 1917 (и с 1905 г.) большевик; за добросовестность его я вполне ручаюсь. Прошу Вас прочесть его письмо и принять к сведению; м. б. дадите своему уполномоченному в Риге соответствующий **приказ**. Письмо прошу, вместе с письмом Шкловского, послать по прочтении **СЕКРЕТНО** т. Молотову для ознакомления всех членов П-Бюро.

С К(оммунистическим) пр(иветом) Ленин»[43] (выделено мной. — А.А.).

Самого письма Шкловского в ленинском сборнике нет, но есть комментарий составителей к слову *приказ*: «Речь идет об использовании Г.Л.Шкловского на дипломатической работе в Германии»[44]. Наглая ложь! Вымысел!

С таким вымыслом невозможно мириться, и вот почему. Дело в

---

* Из западных источников информации выясняется, что Моор действительно получил небольшое наследство, но это было еще в 1908 году, и он его давно прокутил.

том, что в рассматриваемый период Шкловский уже был на дипломатической работе и находился в это время в Берлине. Во-вторых, любому понятно, что вопросом трудоустройства на дипломатическую работу занимался во всяком случае не уполномоченный ВЧК в Риге, которому надо было дать «приказ». И последнее. Несерьезно допустить мысль, что с решением об использовании того или иного человека на дипработе необходимо было *секретно* ознакомить всех членов Политбюро. Все это было выдумано сотрудниками ИМЛ.

Вся эта ложь и фальсификация понадобились для того, чтобы скрыть письмо Шкловского, не придать его гласности, и тем самым спасти партийную верхушку во главе с Лениным от разоблачения в связях с немецкими разведорганами, от которых поступали в партийную кассу крупные денежные субсидии.

Между тем письмо Шкловского в числе многих других находилось в «секретном» фонде Центрального партийного архива Института марксизма-ленинизма при ЦК КПСС. И оно, как мина, всплыло на поверхность. Этому документу цены нет!

Предоставим возможность читателю ознакомиться с содержанием письма Шкловского — этого наивного человека, друга Ленина.

«Берлин 16/IX-1921

Дорогой Владимир Ильич!

Пишу Вам впервые из Берлина и по следующему поводу. *Я встретил здесь Моора. Вы, вероятно, помните, что я считал его немецким агентом и протестовал против его поездок в Россию, чем навлек на себя гнев т. Радека. Мои дальнейшие наблюдения за ним меня в роде деятельности Моора ничуть не разубеждали.*

Сейчас он приехал к нам с каким-то швейцарско-итальянским спекулянтом, который хочет делать какие-то дела с Россией. Об этих делах он беседовал со Стомоняковым[45], и их касаться не буду. Коснусь другой стороны дела. Моор рассказал мне, что во Франции подготовляется новая интервенция большого масштаба. Подготовляется новая врангелевская армия. Дальнейшие мои вопросы привели меня к его спекулянту. Я два раза «ужинал» с ними и вынес убеждение, что они знают, о чем говорят, и что это дело серьезное... Спекулянт, по-видимому (и он, и Моор предпочитают об этом умалчивать), совмещал в свое время военные поставки со шпионажем. Торговые связи у него большие, не малы они, вероятно, и по части шпионажа. Спекулянт «друг» Советской России (враг Франции за ее политику по отношению к Италии) хочет вести дела с Россией и помогать ей чем может... Его «друг» живет во Франции, принят в военных кругах, пользуется доверием врангелевцев, желает за хороший, очевидно, гонорар работать для России. И Моор, и спекулянт едут в Ригу с тем, чтобы оттуда переправиться в Россию.

Мое мнение, что ни того, ни другого в Россию пустить не следует, но что сведения у них серьезные и, быть может, кой-какой нашей организации их услугами воспользоваться интересно будет.

Во всяком случае, и это главное, на что я хочу обратить Ваше внимание, что на основании моих разговоров с этими господами я почти уверен, что новая интервенция врангелевцев в широком масштабе во Франции подготовляется. О своих делах распространяться не буду. Плохо, это все, что могу Вам сказать.

Всего хорошего. Привет и наилучшие пожелания Вам и Н(адежде) К(онстантиновне) от семьи.

Ваш Г.Л.Шкловский.

Мой адрес: Берлин. Торговое представительство»[46] (выделено мной. — *А.А.*).

Ознакомившись с письмом Шкловского и выполнив указание Ленина о посылке его письма и письма Шкловского Молотову, Уншлихт 3 октября 1921 года извещает Ленина об исполнении указания.

Однако, просмотрев другие неопубликованные документы из того же партийного архива и проанализировав последующие события, прихожу к твердому убеждению, что между Лениным и Уншлихтом кроме переписки состоялся еще и устный разговор тет-а-тет.

Трудно сказать, в какой форме и под каким предлогом это было сделано, но то, что Ленин дал устное указание Уншлихту не препятствовать въезду Моора в Россию, это неоспоримый факт. Доказательством сказанному — приезд Моора в Россию. Следует отметить, что Моор вполне мог приехать из Берлина в Москву, минуя Ригу. Но он этого не сделал. Почему? С уверенностью можно сказать, что намеревался встретиться и переговорить с Ганецким, который в то время* находился в Риге, исполняя обязанности полпреда и торгпреда России в Латвии. А в Москве Моор умудряется встретиться с Лениным.

К началу декабря, видимо, закончив свои дела в России, Моор собирается уехать из Москвы, но ему очень хочется повидаться с Лениным. 2 декабря 1921 года Моор из гостиницы «Савой» отправляет Ленину небольшую записку на немецком языке. Эта записка также находилась в «секретном» фонде упомянутого выше партархива. Вот ее содержание.

«Дорогой товарищ Ленин.

Я должен скоро уехать, не могу ли я до отъезда зайти к Вам на 1/4 часа? Было бы тяжело и грустно мне в мои 68 лет уехать из Москвы, не повидавшись еще раз с Владимиром Ильичем.

Дружеский привет.
Карл Моор»[47].

---

* В 1920—1921 годах.

Получив записку от **«мерзавца»** Моора, Ленин 6 декабря пишет ответ. Биографы сообщают, что письмо Ленина не разыскано[48]. Однако по письму Ленина Моору остались следы:

«В ЦПА ИМЛ хранится конверт за № 1183/418 в с надписью В.И.Ленина: «тов. *Карлу Моору.* Гост. «Савой», № 226 (от Ленина). Genossen Karl Moor, а также записка К.Моора В.И.Ленину от 2 декабря 1921 года с надписью В.И.Ленина: «Отвеч. 6/XII, в архив». В журн. исх. док. за № 1183 имеется запись: «Карлу Моору (запечат. конв.)»[49].

Однако этими документами и материалами не исчерпывается дело о взаимоотношениях большевистских вождей и лидеров с немецким тайным агентом К.Моором. В «секретном фонде» имеется еще один уникальный по своему характеру документ, на котором сохранились «отпечатки пальцев» аж пяти (!) большевистских вождей: Ленина, Сталина, Зиновьева, Молотова и Ганецкого. Сочинил его Я.Ганецкий. Адресовано оно Молотову.

Нетрудно понять Ганецкого, посредника между немцами и большевистским вождем, обеспокоенного частыми наездами Моора в Москву и, очевидно, шантажировавшего его. Письмо Ганецкого — откровенное признание в переживании за связь с Моором и вместе с тем предложение покончить раз и навсегда с этим «социал-демократом» и заодно со скандальной историей с «немецкими деньгами»:

«Москва, 10 мая 1922 г.

В Центральный Комитет тов. Молотову.

Уважаемый товарищ.

До сих пор я не получил от Вас указаний, что сделать с привезенными из Риги 83 513 датских крон. Если возражений нет, я просил бы поручить кассиру Ф(инансового отдела. — *А.А.)* ЦК взять их у меня.

Однако напоминаю, что несколько раз было принято, быть может, устное постановление возвратить деньги Моору. Указанные деньги фактически являются остатком полученных сумм от Моора. Старик все торчит в Москве под видом ожидания ответа относительно денег. Не считали бы Вы целесообразным дать ему эти деньги, закончив этим все счета с ним и таким образом избавиться от него.

Жду от Вас срочных указаний.

С коммунистическим приветом Ганецкий».

В нижней части письма сделана приписка, адресованная лично Ленину:

«Владимир Ильич. Н.П.Горбунов сообщил мне, что Вы были за то, чтобы Моору возвратить деньги. Во всяком случае необходимо со стариком покончить.

Ганецкий»[50].

Ленин читал это письмо и, более того, сделал на его лицевой стороне сверху замечание:

«См. оборот. Ленин»[51].

На обороте письма Ленин собственноручно пишет Сталину:

«т. Сталин.

Я смутно припоминаю, что в решении этого вопроса я участвовал. Но как и что, забыл. Знаю, что участвовал и Зиновьев. Прошу не решать без точной и подробной справки. Дабы не ошибиться и обязательно спросить Зиновьева.

10.V. Ленин»[52].

Нетрудно заметить, что Ленин лукавит и умывает руки.

С письмом ознакомился первый генсек большевистской партии И.Сталин. И, по-видимому, он потребовал от Зиновьева объяснений по этому поводу. А тот в свою очередь, высказал свои соображения:

«т. Сталину.

По-моему, деньги (сумма большая) надо отдать в Коминтерн. Моор все равно пропьёт их. Я сговорился с Ганецким не решать до приезда Радека.

20.V.1922 г. Зиновьев»[53].

Запись, сделанная Зиновьевым, показывает, что К.Радек, как и Я.Ганецкий, прямо причастен к передаче немецких денег большевикам. Это однозначно.

Итак, как бы ни выкручивался Ленин, что *«никаких денег ни от Ганецкого, ни от Козловского большевики не получали»*, все же факты, обличающие его во лжи, всплыли на поверхность.

Общий вывод: группа большевиков — предателей Родины из высшего партийного эшелона во главе с Лениным, преследуя свои корыстные цели, выражающиеся в намерении узурпировать государственную власть в России, преднамеренно пошла на тайный сговор с германским Генштабом и, получая от него крупные субсидии, вела подрывную деятельность в пользу Германии, всеми средствами стремилась подорвать доверие народа к Временному правительству. Своей агитацией, подстрекательством, наконец, подкупом рабочих, солдат и матросов большевики разлагали и дезорганизовывали фронт и тыл, ослабляли военную и экономическую мощь страны, призывали к «перерастанию войны империалистической в гражданскую» и тем самым расчищали себе путь к власти.

★ ★ ★

В связи с исследованием вопроса о связях большевиков с немецкой разведкой особый интерес вызывают загадочные массовые поджоги и уничтожение архивов, которые имели место в России после октябрьского переворота. Оснований для такого сопоставления более чем достаточно. Особого внимания заслуживает история поджога архива в Рыбинске. А история эта такова. В сентябре 1917 года началось немецкое наступление на Балтийском море и на Северном фронте. Учитывая возможность захвата Петрограда неприятельскими войсками, Временное правительство заблаговременно распорядилось эвакуировать особо важные государственные архивные материалы в г. Рыбинск. Ценой больших усилий столицу отстояли. А вот уберечь ценные архивы не удалось. В декабре 1917 года в результате поджога полностью сгорели архивные фонды, перевезенные из Петрограда[54]. Нет сомнения в том, что это была заранее спланированная акция. Следует отметить, что сгорели в основном архивные материалы Полицейского и Жандармского управлений. Совершенно очевидно, что кто-то был заинтересован в уничтожении именно этих документов.

Чрезвычайное происшествие в Рыбинске не носило частный характер. По мнению авторитетных архивных работников, начавшееся после октября 1917 года истребление «архивных материалов... приняло массовый характер»[55]. В этом не трудно убедиться. Так, поджогу и разгрому подверглись архивные фонды в Нижнем Новгороде, хранившиеся в Кремлевских башнях: «Белая* горела 14 раз, Алексеевская — 9, Тайнинская — 4, Георгиевская — 4»[56]. Подобные акты вандализма повторялись в Нижегородской губернии в 1918, 1919 и в 1920 годах, причем эти варварские преступные деяния осуществлялись, как выясняется, «исключительно красноармейцами»[57], «под руководством начальника артиллерийского училища»[58]. Несомненно, красный командир действовал по указанию сверху. Очевидно, заметались следы темных дел.

Поджигали архивы и в Твери: там полностью были уничтожены документы Полицейского и большая часть Жандармского управлений[59]. Уничтожены и расхищены архивные материалы Жандармского управления в Коломенском уезде[60], Костромской губернии[61] и в других регионах. На прошедшем в 1925 году Первом съезде архивных деятелей РСФСР называлось множество фактов поджогов, уничтожения и расхищения архивов. Установлено, что архивные фонды пропадали как в Центре, так и на местах[62]. С началом НЭПа архивные материалы превращались в товар и реализовывались на рынке. Только «из архива Московской книжной палаты в 1922 году было продано 10 000 пудов архивных материалов»[63]. По свидетельству заведующего архивным бюро Тверской губернии, «архивные материалы за 1917—1918 годы о существовании власти на местах в большей части похищены и уничтожены»[64].

Уничтожались архивные документы, имеющие историческое и научно-познавательное значение. Так, в соответствии с циркуляром

---

* Название башни.

Главархива от 12 сентября 1919 года с сентября по декабрь 1919 года на переработку из Лефортовского архива* в Главбумпром были отправлены около 220 тонн ценнейших документов по истории русской армии конца XVIII — начала XX веков, в их числе:

месячные донесения войсковых частей начиная с 1793 года — 4000 пудов;

дела Комиссариатского и Правиантского департаментов с 1811 по 1865 год — 2000 пудов;

дела Отдельного гренадерского корпуса с 1816 по 1865 год — 400 пудов;

дела штаба Отдельного корпуса°внутренней стражи с 1816 по 1865 год — 800 пудов;

дела по рекрутским наборам с 1828 по 1865 год — 1500 пудов;

формулярные списки офицеров русской армии с 1849 по 1900 год — 4500 пудов;

именные списки генералов и старших офицеров с 1880 по 1913 год — 2000 пудов;

дела русско-турецкой войны 1877—1878 годов — 2500 пудов;

дела русско-японской войны 1904—1905 годов — 2000 пудов...[65]

Всего же в данном архиве в 1919—1931 годах было уничтожено и сдано на переработку около 85 тысяч пудов (1360 тонн) различных документов[66].

Должен отметить, что большевистское правительство занималось не только уничтожением архивных документов. Архивы страны были взяты под строгий контроль. Особое внимание уделялось подбору кадров для работы в архивных учреждениях. Так, в отчете о своей поездке в Ленинград в июле 1924 года В.В.Адоратский, в частности, писал: «...Вообще мною была дана директива набирать (в архивные учреждения. — А.А.) только коммунистов. Беспартийных набирать лишь в виде исключения, когда имеются солидные рекомендации и никаких сомнений нет, что этот человек близкий нам»[67].

Как видим, делалось все для того, чтобы не всплыли на поверхность документы, дискредитирующие партию большевиков, особенно ее лидеров.

Особый интерес и тревогу у вождей большевиков вызывали многочисленные документы и материалы, относящиеся к социал-демократическому движению, истории большевизма и биографии Ленина, которые находились за границей. Их особенно волновали берлинский архив российских социал-демократов, парижский архив зарубежной политической агентуры бывшего Департамента полиции, архивы Краковского воеводства и Чехословакии, а также частные собрания документов и материалов общественно-политического и революционного характера. Эти документы и материалы находились, в основном, в Анг-

---

* Ныне Российский Государственный Военно-исторический архив.

лии, Австрии, Германии, Франции, Швеции, Швейцарии, Польше, Чехословакии.

Для их поиска и покупки начиная с 1923 года в заграничные командировки были направлены опытные агенты Политбюро, Коминтерна и Института партии ЦК РКП(б). Среди них: Н.С.Ангарский (Клестов), В.А.Бухгольц, Я.С.Ганецкий (Фюрстенберг), Миллер Р. и другие. С некоторыми агентами были заключены договоры. В частности, с Ангарским Истпарт заключил договор на предмет «собирания и покупку за рубежом материалов для биографии В.И.Ленина»[68]. Денег на приобретение документов и материалов не жалели. Например, телеграфом в Берлин Ангарскому в первый раз было переведено 22 000 долларов[69]. Однако исполнителям этих заданий было ясно, что большевистских лидеров интересуют больше те документы, которые со временем могли всплыть на поверхность и бросить тень на «доброе» имя вождя. Не случайно вся переписка с агентами и со всеми партийными организациями на эту тему осуществлялась секретно. Организовав это мероприятие, власти позаботились, чтобы не произошла утечка информации о содержании получаемых из зарубежных стран ящиков с документами. С этой целью власти дали руководителям таможни указание, чтобы поступающие в адрес Института В.И.Ленина грузы отпускались без таможенного досмотра[70]. А поступали в Москву десятки ящиков. И тем не менее в целях соблюдения секретности проводимых мероприятий, особо важные документы отправлялись в Россию дипломатической почтой[71].

Должен отметить, что работа агентов за рубежом проходила небезуспешно, хотя приходилось много ездить и налаживать деловые контакты с разными людьми, включая и с лицами из криминальной среды. С миссией искателя Миллер побывал в Германии, Австрии, Швеции, Дании и приобрел там ряд документов и иных материалов, которые затем отправил в Россию. В августе 1924 года он даже имел встречу с Парвусом[72]. Удалось ли заполучить от него какие-либо документы, неизвестно. Известно лишь, что в том же году Парвус умер.

В Польше Ганецкому в конце 1923 года удалось приобрести важные документы по политической биографии Ленина. Среди них были и такие, в которых прослеживается его связь с австрийскими и немецкими спецслужбами. Удовлетворенный результатом поездки Ганецкого в Польшу, директор Истпарта Л.Б.Каменев в январе 1924 года отправил Краковскому воеводе Коваливновскому письмо, в котором выразил благодарность за содействие, оказанное Ганецкому в поиске документов[73].

Особо следует сказать о деятельности не менее опытного агента Н.С.Ангарского. За два года работы за рубежом ему удалось выявить и купить несколько сот документов по истории РСДРП, большевизма и социал-демократического движения. Среди них — весьма интересные. Заплатил за них щедро.

Так, за 30 писем Ленина, несколько редких брошюр и листовок Ангарский заплатил Розалии Марковне (вдове Г.В.Плеханова) 5000 долларов. Бывшему чиновнику охранного отделения Департамента полиции Л.П.Меньшикову за полторы сотни разных книг, воззваний, прокламаций и партийных листов отдал 10 000 франков. Рукопись речи по аграрному вопросу, написанной Лениным для депутата 2-й Государственной Думы Г.А.Алексинского, приобрел за 1500 долларов. За несколько десятков журналов и газет издательства «Вперед», циркуляры и письма ЦК — 5400 долларов, а за опубликованные статьи Ленина, черновики и различные афиши с указанием его имени — еще 240 долларов[74].

Ангарский купил для партии большевиков и отправил в Москву много других «культурно-исторических» документов и материалов. Потратил на это большие средства — те самые, которые были выручены за счет реализованных на Западе ценностей, изъятых из российских церквей. Однако приобретенные Ангарским материалы были не те, которые хотела заполучить партийная элита. Ангарский это понимал, поэтому он медленно и терпеливо искал подходы к нужным документам. Речь идет об архиве Министерства внутренних дел Временного и отчасти царского правительств. А когда, наконец, удалось подобраться к ним, он направил Л.Б.Каменеву секретную депешу. Вот что торжествующе сообщал он своему партийному боссу: «Касательно Парижского архива охранного отделения. Ключи у нас. 17 ящиков в доме посольства, где проживает Маклаков[75]. Ящики взять, по моему мнению, легко... Прошу меня уведомить»[76].

В Москве с большим ликованием восприняли сообщение Ангарского. Однако руководителям Института В.И.Ленина сначала хотелось знать о содержании ящиков Парижского архива. Об этом было передано Ангарскому.

Ангарскому потребовалось немало времени и усилий, чтобы выйти на контакт с бывшим комиссаром Временного правительства С.Г.Сватиковым, у которого находились все важные документы, касающиеся деятельности Ленина и других лидеров большевистской партии за границей.

Получив от Сватикова нужные сведения об этих документах, Ангарский послал Каменеву пространное секретное письмо. Ограничусь изложением лишь той части его письма, в которой содержатся, на мой взгляд, наиболее интересные, если не сказать больше, факты.

«...Вот какие док(ументы) предлагает Сватиков. Донесение и наблюдение т. н.* Бюро Бинда и Самбена. Бинд возглавлял иностр(анных) филеров. Материалы 1915—1917 г. до февраля. В донесениях сообщается о посещении Лениным и Троцким в конце 16 и январе 1917 г. немец(кого) и австр(ийского) консула в Цюрихе, Базеле и др. местах.

---

* Тайных наблюдателей.

Подробный доклад о «поведении» Ленина и Троцкого за 1916—1917 г., намеки на получение денег Троцким и многими др(угими). Бандит* просит 1000 дол. Я купить отказался, заявив, что никакой ценности этот документ не имеет, всем набил оскомину и надоел; да и мало что Бинд напишет! Наконец, обидно покупать частями наш же архив. Я попробую принять меры к охране архива. Если же Вас эти документы интересуют, можно поторговаться, бандит уступит...»[77]

Спрашивается, зачем проявлять заботу об охране архива охранного отделения Департамента полиции Временного правительства, если содержащиеся в нем документы никакой ценности не представляют? Ясно, что Ангарский так сказал Статикову с умыслом, чтобы как можно дешевле приобрести компрометирующие Ленина, Троцкого и других большевистских лидеров документы. Что же касается позиции кремлевских руководителей, то у них по данному вопросу двух мнений не было: Ангарский получил добро на покупку указанных выше документов, а со Статиковым, конечно, поторговался. Последнему при скудных материальных условиях некуда было деваться. В итоге, все интересующие Политбюро ЦК ВКП(б) документы из парижского архива Департамента полиции благополучно поступили в Москву.

К сожалению, мы не знаем о дальнейшей судьбе этих документов. Вполне возможно, что многие из них по указанию Политбюро были уничтожены. Но не думаю, что этим решением, если оно в действительности было принято, лидеры партии смогли застраховать себя от позорного разоблачения. С уверенностью можно сказать, что приведенных выше фактов более чем достаточно, чтобы сорвать маску с лица политических авантюристов, подло предавших Россию и ее народ.

---

* Имеет в виду Сватикова.

ГЛАВА 10

СЕКРЕТНЫЕ ДОКУМЕНТЫ ОБЛИЧАЮТ

Каждый гражданин обязан умереть за Родину, но никого нельзя обязать лгать во имя Родины.

Шарль Луи Монтескье

Начавшиеся 3 декабря 1917 года в Брест-Литовске переговоры о перемирии между двумя основными воюющими странами — Россией и Германией закончились, как уже известно, заключением 3 марта 1918 года сепаратного мира. С момента перемирия Россия становится проходным двором для немецкой агентуры и сотрудников «Nachrichten Büro» (Разведывательное бюро) германского Генерального штаба.

Прикрывшись мантией дипломатов и торговых представителей, сотрудники немецких разведорганов стали активно вступать в контакт с лидерами партии и членами большевистского правительства, сотрудниками ВЧК, чиновниками различных ведомств и организаций, вести работу по расширению агентурной сети в России. Вся их деятельность после октября 1917 года была направлена на то, чтобы максимально ослабить военно-экономический потенциал России и тем самым создать благоприятную политическую и психологическую обстановку в правительстве, партийных кругах, да и в целом в стране, ускоряющую процесс подписания мирного договора с Германией и ее союзниками.

Пользуясь откровенным попустительством большевистского правительства, Русское отделение германского Генерального штаба засылало в Россию все новые агентурные силы, которые вербовали платных агентов и осведомителей из большевистской среды для выполнения различных заданий. Образовавшееся в Петрограде «орлиное гнездо» фактически брало под свой контроль всю деятельность российского правительства и его структуры в центре и на местах, всеми средствами стремилось подчинить их работу интересам Германии. И, надо сказать, с поставленной перед ними задачей опытные германские разведчики и дипломаты успешно справлялись.

В предыдущей главе шла речь о германских субсидиях большевистским лидерам для проведения ими подрывной деятельности, направленной на организацию контрреволюционного переворота в России и ее изоляцию от военно-политической борьбы в Европе. Причем при анализе вопроса автором были использованы материалы в основном отечественного происхождения. Однако, на мой взгляд, целесообразно дать читателю возможность ознакомиться с документами, которые были ранее недоступны даже исследователям. Это редчайшие материалы, проливающие дополнительный свет на темные (сознательно запутанные) страницы большевистской истории. Я имею в виду сборник «Немецко-Большевистская Конспирация», изданный Правительственным Комитетом общественного осведомления Соединенных Штатов Америки в Вашингтоне еще в октябре 1918 года.

Сборник содержит серию документов и материалов (около 70 единиц) с комментариями о письменных сношениях между германским и большевистским правительствами, спецслужбами двух стран, а также доклад Эдгара Сиссона, являющегося специальным представителем указанного Комитета в России зимой 1917—1918 годов.

К сборнику приложено заключение специального комитета, тщательно исследовавшего документы на предмет их достоверности. Оно было сделано специалистами во главе с видными американскими учеными — основателем архивного дела в США, редактором «Американской исторической ассоциации» Франклином Джеймсоном и профессором Чикагского университета, крупным специалистом по России и большим знатоком русского языка Самуэлом Харпером, которые подтвердили, что документы, подвергнутые экспертизе, являются подлинными.

Сборник опубликован на английском и русском языках. Он снабжен интересным предисловием, отрывок из которого приведен ниже:*

«...Документы эти показывают, что нынешние вожди большевистского правительства, Ленин и Троцкий, и их соучастники — германские агенты.

Они показывают, что большевистская революция была подготовлена Высшим Германским Генеральным Штабом и финансирована Германским Императорским Банком и другими германскими финансовыми учреждениями.

Они показывают, что Брест-Литовский договор, — предательство русского народа германскими агентами — Лениным и Троцким; что немцами поставленный комендант был выбран для «защиты» Петрограда против немцев; что германские офицеры были секретно приняты Большевистским Правительством в качестве военных советников, в качестве соглядатаев за посольствами союзников России, в качестве

---

* Текст предисловия и документов приводится без всяких исправлений, но в новой орфографии.

офицеров в русскую армию и в качестве управляющих большевистскими военными, иностранными и внутренними делами. Короче говоря, они показывают, что настоящее Большевистское Правительство совершенно не русское правительство, а правительство германское, действующее в интересах Германии и изменяющее русскому народу, как оно изменяет и естественным союзникам России, единственно в интересах Императорского Германского Правительства...»[1]

Должен сразу сказать, что, глубоко изучив документы, приведенные в сборнике, я в целом согласен с авторами предисловия. Думается, что это сможет сделать и читатель. Однако, как мне представляется, было бы неправильно рассматривать деятельность большевистских вождей исключительно в интересах Германии, как об этом говорят авторы сборника. На протяжении почти двух десятков лет вожди большевиков вынашивали план захвата власти в России. Другое дело, что без разносторонней, в первую очередь материальной, помощи немецких властей они никогда не смогли бы осуществить государственный переворот. В свою очередь, немцам нужна была сила, которая изнутри разрушала бы военно-экономическую мощь России, разлагала русскую армию и тем самым облегчала ведение войны Германией на Восточном фронте с перспективой заключения с большевиками сепаратного мира после их прихода к власти. Иными словами, немцы использовали большевиков в качестве пятой колонны.

Сегодня вряд ли может появиться сомнение в том, что большевиков субсидировали немецкие банки. Тем более что найдены свидетельства самого Ленина о том, что им были получены через Козловского деньги от Парвуса и Ганецкого, от которых он открещивался в июле 1917 года. Наконец, факт получения денег большевиками от немецких властей был доказан документами РЦХИДНИ и политического архива МИД Германии, приведенными в 9-й главе. И тем не менее в то далекое жаркое лето Троцкий, защищая Ленина (и себя, конечно) от обвинения в шпионаже, на заседании ЦИК 17 июля 1917 года говорил: «Ленин боролся за революцию тридцать лет. Я борюсь против угнетения народных масс двадцать лет. И мы не можем не питать ненависть к германскому милитаризму. Это (о шпионаже Ленина. — *А.А.*) может сказать только тот, кто не знает, кто такой революционер»[2].

Октябрьский переворот положил конец всем разговорам о «немецких деньгах». Тем более что декретом от 27 октября (9 ноября) 1917 года почти все органы демократической прессы закрывались[3]. Но, как выясняется, секретные связи большевиков с германскими властями и их разведорганами не прекратились и после октября. Напротив, судя по содержанию документов и материалов, попавших по различным каналам в руки агентов иностранных спецслужб, они стали носить все более широкий и разносторонний характер. Следует заметить, что один из документов, подтверждающих контакты немцев с большевиками, был опубликован в Парижской газете «Le Petit Parisien» еще зимой 1917 года. Позже, в сентябре 1918-го, первую серию документов (7 единиц) опубликовали в Нью-Йоркской газете «Evening Post». Однако тогда советские официальные органы особо не возмутились, если не считать публикацию в «Правде», в которой говорилось о подложности этих документов. В последующие годы информационный голод стал более усиливаться в связи с возведением большевистским правительством «железного занавеса» и жестким контролем над издательской деятельностью. И вообще, в условиях коммунистического режима вряд ли нашелся бы в стране хоть один храбрец, осмелившийся провести экспертизу «документов Сиссона» на предмет их достоверности.

Должен отметить, что реакция на публикацию «документов Сиссона» среди общественно-политических кругов Запада (и прежде всего в США) была неоднозначна. Одни считали, что большевистский переворот в России — это действительно результат преднамеренного тайного сговора Ленина и его сообщников с германскими властями, и эта позиция, со ссылкой на документы, широко распространялась в периодической печати, находя все большее число сторонников. Иные скептически относились к этому бесспорному факту, но ничем не объясняли свое недоверие к опубликованным документам. Но так или иначе, вердикт, вынесенный американскими специалистами Джеймсоном и Харпером, почти 38 лет не подвергался ревизии. И одной из причин «отсутствия» у ученых интереса к «документам Сиссона», на мой взгляд, было то, что они не имели возможности прикоснуться к оригиналам. Это обстоятельство требует некоторого разъяснения.

Дело в том, что после окончания работы по экспертизе документов Комитет общественного осведомления передал оригиналы президенту США Вудро Вильсону. Казалось, они были надежно спрятаны. Однако позднее, в 1921 году, сотрудники нового хозяина Белого дома, У.Гардинга, не смогли обнаружить в архивах резиденции президента оригиналы документов о большевистско-немецких тайных связях. Более 34 лет оригиналы числились в списке пропавших. Но в декабре 1952 года, когда президент Гарри Трумэн собирался покинуть Белый дом, неожиданно в одном из тайных сейфов его резиденции были найдены «пропавшие» оригиналы.

Этим, очевидно, воспользовался известный американский историк, лингвист и дипломат Джордж Кеннан. Хорошо владея русским и немецким языками, Кеннан с большим энтузиазмом приступил к их научной экспертизе. Предмет исследования настолько захватил Кеннана, что он не упустил случая, чтобы встретиться с экс-премьером России А.Ф.Керенским, чтобы узнать его отношение к «документам Сиссона». Итоги своей работы с оригиналами Кеннан в 1956 году изложил в июньском номере «The Journal of Modern History», издаваемом в Чикаго.

Внимательно изучив труд Кеннана, к сожалению, должен констатировать, что он меня разочаровал. Удивило меня прежде всего то, что он, бесспорно авторитетный ученый, из 70 документов подверг экспертизе относительно полно лишь 12 (№№ 5, 7, 9, 15, 17, 19, 22, 23, 27, 37А, 43, 53)[4]. При выполнении столь серьезной и сложной задачи Кеннан почему-то пренебрег многими приемами и методами источниковедческого анализа письменных документов, выработанными исторической наукой. Фактически при экспертизе Кеннан основное внимание уделил графологическому аспекту. Причем экспертизе подверг не резолюции, подписи и прочие пометки, сделанные на документах руководителями советского правительства и чиновниками различных ведомств, как следовало бы поступить, а письмо некоего А.Оссендовского от 13 ноября 1917 года, адресованное своему приятелю «Евгению Петровичу»[5].

Сравнивая почерк Оссендовского с подписью «Bauer», сделанной на документах начальником Русского Отделения германского Генштаба латинскими буквами, Кеннан находит в буквах «В», «а» и «и» сходство[6]. Это, по-видимому, случайное сходство послужило для него зацепкой для пространного расплывчатого размышления и «основанием» для выводов, отличных от устоявшихся. Но Кеннан дальше общих размышлений и суждений не пошел, ибо прекрасно понимал, что малейшая попытка идентифицировать почерки, содержащиеся в совершенно разных источниках, вольно или невольно приведет к абсурдному выводу о том, что Бауэр и Оссендовский одно и то же лицо. И хотя доводы Кеннана касательно противоречивости «документов Сиссона» носят абстрактный характер, неубедительны и требуют серьезных научных аргументаций, тем не менее он все же делает претенциозное заключение: «фактически существует сильная очевидность противоположного» (мнения. — *А.А.*)[7], то есть мнения, противоположного Джеймсону и Харперу.

Заключение Кеннана, естественно, пришлось по душе кремлевским идеологам*. Однако на эту работу они никак не отреагировали, полагая, что лучше будет, если о «документах Сиссона» научная, да и вообще широкая общественность страны «победившего социализма» вообще не будет знать. Лишь после распада коммунистической империи на страницах периодических изданий стали появляться многочисленные статьи, в которых на документальной основе осуждалась преступная деятельность большевиков во главе с Лениным и их последователей.

Но о «документах Сиссона» ничего не публиковалось. Убедившись, что новая власть не расправляется с инакомыслящими, как это делали большевики после захвата власти и на протяжении всей 70-летней ис-

---

* По приглашению Кеннан приезжал в Москву и даже выступал перед учеными Института истории АН СССР.

тории, постепенно заговорили адепты коммунистической идеологии. Уже в 1991 году было опубликовано несколько сборников статей[8], в которых делалась отчаянная, но безуспешная попытка реанимировать Ленина и марксистско-ленинскую идеологию, находящуюся уже на свалке истории, вернуть наше общество в тоталитарное прошлое.

Поскольку все эти статьи и отдельные работы ни прямо, ни косвенно не касались «документов Сиссона», то ограничусь оценкой и анализом лишь тех публикаций, авторы которых в одних случаях прямо, а в других косвенно поддерживают выводы Кеннана[9]. Прямо скажу: амбициозные и бестактные статьи, опубликованные в «Правде», не заслуживают того, чтобы уделить им хоть какое-либо внимание. Поэтому подробно остановлюсь на статье, опубликованной в журнале «Новая и новейшая история», которая по ряду причин требует серьезного разбора.

В статье «Большевики и «германское золото». Находки в архивах США» ее автор, некий В.А.Мальков, то ли по наивности, то ли по какой-либо другой, неведомой науке причине, как мне показалось, полагает, что путем подлога, фальсификации и извращения фактов и событий можно достичь научного признания. Впрочем, не будем голословными, а приступим к разбору статьи. Уже на первой странице своего наукообразного труда наш исследователь ставит странный вопрос: «Почему, например, выдающиеся российские политики прошлого, дипломаты и государственные деятели, живые участники и свидетели драматических событий 1917 года **так вяло и недружно** отреагировали на сообщения о том, что Ленин вернулся весной 1917 года в Россию с заданием германского Генштаба подорвать военную мощь страны изнутри, добиться сепаратного мира?»[10] (Выделено мной. — *А.А.*). Удивляет нас, как можно браться за столь серьезную проблему, совершенно не зная литературу вопроса и не соприкасаясь с источниками?! Если бы наш незадачливый автор перелистал хотя бы 31-й том сочинений Ленина, бегло просмотрел такие издания, как «Рабочая газета», «Дело народа», «Единство», «Живое слово», «Речь», «Голос солдата», «Петроградская газета», «Маленькая газета», «Известия» и другие, то, думается, что такой вопрос у него не возник бы.

О содержании этих газет достаточно подробно было сказано в 5-й главе. Здесь же еще раз остановлюсь на признании Ленина, что в апрельских демонстрациях «из лозунгов часто попадается надпись на знаменах *долой Ленина*»[11]. «Русская воля» во весь голос говорит *Ленин — предатель!*»[12]. «Маленькая газета» решительно требовала *расследования обстоятельств приезда Ленина и других большевиков через территорию Германии*»[13]...

Не разобрался автор статьи и с обращением князя Г.Е.Львова вечером 4 июля 1917 года к редакторам столичных газет с просьбой снять материалы, обвиняющие Ленина и его сообщников в государственной измене якобы из-за их «поверхностности и необоснованности». Ох, как далек автор от истины. А она заключалась в том, что многие члены коалиционного правительства, «выдающиеся российские политики», и лидеры партии эсеров не меньше, чем большевики, боялись расследования дела о «немецких деньгах» и возвращении политических эмигрантов в Россию через территорию Германии. А причин для боязни было больше, чем можно предположить. Лидеры партии эсеров так же, как и вожди большевиков, имели тайные связи с германскими властями и их спецслужбами. Они так же получали от немцев денежную помощь, обещая вести пацифистскую пропаганду в России. Наконец, многие эмигранты из партии эсеров во главе с Виктором Черновым возвратились в Россию весной 1917 года тем же путем, что и большевики. Достаточно ознакомиться с двумя совершенно секретными документами, чтобы в этом убедиться.

Так, из секретного донесения посла Германии в Швейцарии Ромберга канцлеру Бетману Гольвегу от 27 марта 1917 года узнаем о переговорах «с русским доверенным лицом» Вайсом (Цивиным), партийная принадлежность которого уже упоминалась выше. Ссылаясь на гарантию, данную Вайсом во время беседы, Ромберг сообщает канцлеру, что «революция будет весной этого года...». Вайс сказал также, что «в интересах его партии посоветовал бы начать наступление, как только он увидит, что тенденция к миру не может держать верх». Из письма Ромберга можно понять, что он уверен в активизации работы Вайса-Цивина. Поэтому он самым настоятельным образом рекомендовал *предоставить в распоряжение Вайса на апрель месяц снова 30 000 франков, которые он в первую очередь хочет использовать, чтобы сделать возможным поездку в Россию важным товарищам по партии*. В заключение донесения Ромберг пишет: «Я могу ли к 1 апреля просить указания о выдаче Вайсу 30 000 франков, и могу ли я обещать ему дальнейших субсидий, я увижу его 2 апреля»*.

Получив положительный ответ из Берлина, 2 апреля Ромберг направил из Берна рейхканцлеру телеграмму:

«В ответ на телеграмму № 376** от 1-го этого месяца имею честь сообщить, что снял со счета 30 000 франков в Швейцарском национальном банке для Вайса. Ромберг».

Судя по содержанию письма Ромберга от 27 марта 1917 года, русские политические эмигранты уже много лет находились на содержании немецких властей и отрабатывали за полученные деньги предательской деятельностью против России. Основанием для такого вывода служит, в частности, секретный документ из Политического архива МИД Германии. Это послание Ромберга рейхканцлеру Бетману Гольвегу от 23 января 1916 года. В нем посланник ставит вопрос о предоставлении

---

* Копию секретного донесения Ромберга канцлеру и его перевод на русский язык см. в Приложении.
** Телеграмма рейхканцлера Ромбергу.

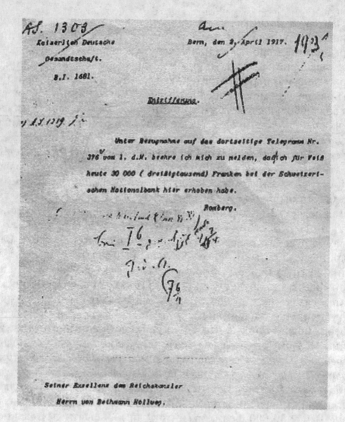

Ответ Ромберга канцлеру от 2 апреля 1917 года

в распоряжение социал-революционера Цивина-Вайса 25 000 франков. (См. копию документа ниже.) Имеются и более ранние документы, подтверждающие связь эсеров с немцами.

Думается, этих сведений было бы предостаточно, чтобы на суде над Лениным и его сообщниками лидерам партии эсеров сесть рядом с большевиками на скамью подсудимых. Именно этим можно объяснить тот факт, что входившие в правительство эсеры (Керенский, Чернов и другие) повернули ход расследования преступной деятельности большевиков в обратную сторону, сняв тем самым петлю с собственной шеи. Этим можно объяснить и то, что в своих мемуарах Керенский уходит от подробного разбора германо-большевистских тайных связей и от вопроса о «немецких деньгах», ссылаясь на то, что архивы военного министерства и разведорганов Генштаба Германии якобы сгорели при пожаре[14]. Нет, они, к счастью, не сгорели, а, как видим, бережно хранятся в Политическом архиве МИДа Германии.

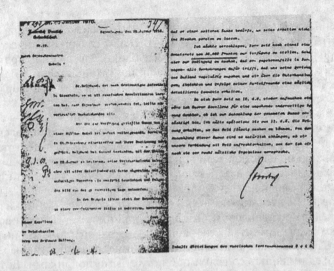

Письмо Ромберга канцлеру от 23 января 1916 года

Не выдерживает научной критики и высказывание автора указанной статьи, где он говорит, что «ни англичане, ни французы не пошли на публикацию чего-либо похожего на «документы Сиссона»[15]. А ведь выше уже приводились издания, в которых раньше всех были опубликованы документы, иллюстрирующие немецко-большевистские контакты. Серьезный исследователь должен был бы знать об этом, а не заниматься пустословием.

И последнее. В своей статье автор дважды (!) повторяет: «документы Сиссона» — подделка»[16], подчеркивая при этом, что к такому «однозначному выводу» пришел Д.Кеннан. Но при этом он ни разу не делает ссылку на источник. Думается, что этим грубым нарушением элементарных правил оформления научно-справочного аппарата и неумением анализировать источники он собственноручно расписался в дилетантстве и тенденциозности, пытаясь написать научную статью.

Однако вернемся к основным вопросам главы.

Отношение к материалам, содержащим переписку немецких разведорганов с большевистскими государственными ведомствами, среди сотрудников спецслужб и дипломатов западных стран было неоднозначным. Например, профессиональный английский военный разведчик Сидней Рейли (Розенблюм) в одном из своих писем В.Л.Бурцеву писал: «В 1918 году, когда я был в России, у меня в руках были значительно более веские доказательства о сообществе большевиков с немцами. Все эти доказательства тогда были переданы в английское и французское министерства иностранных дел»[17]. А вот его коллега Роберт Брюс Локкарт, являющийся генеральным консулом Великобритании в России в 1915—1917 годах, а с января 1918 года и до 1 сентября 1918-го (то есть до его ареста сотрудниками ВЧК) — главой британской миссии при правительстве Советской республики, совершенно противоположного мнения. В своих воспоминаниях «Мои встречи с Лениным, Троцким и другими» Локкарт, в частности, приводит разговор с Троцким, состоявшийся у него 24 февраля 1918 года:

«Вы получили какое-нибудь сообщение из Лондона?» — спросил он все еще злым голосом. Я сказал, что ответа на мои телеграммы пока нет, и выразил уверенность, что большевикам не будет отказано в британской поддержке, если они предпримут настоящие усилия, дабы в руках немцев не оказалось пол-России! «Значит, у вас нет новостей для меня! — воскликнул Троцкий. — А у меня для вас есть! Пока вы тут стараетесь пускать мне пыль в глаза, ваши соотечественники и французы ведут против нас интриги с украинцами, которые уже продались немцам. Ваше правительство занято подготовкой японской интервенции в Сибири. А все ваши миссии устраивают здесь против нас заговоры, объединившись со всякими буржуазными подонками. Вот полюбуйтесь!» Схватив со стола пачку бумаг, он сунул их мне в руки. Это были подделанные оригиналы документов, копии с которых я уже видел. На них стояла печать германского Генерального штаба, имелись подписи немецких офицеров. Адресованы они были Троцкому и содержали различные инструкции, которые он как «немецкий шпион» должен был выполнять. В одной бумаге даже давался приказ «способствовать перевозке двух немецких подводных лодок по железной дороге из Берлина во Владивосток!».

Я видел эти «документы» прежде: их какое-то время назад распространяли в союзнических миссиях в Санкт-Петербурге, причем один комплект «оригиналов» был куплен американским агентом, а потом обнаружилось, что эти «инструкции», полученные из столь удаленных друг от друга мест, как Спа (Бельгия), Берлин и Стокгольм, напечатаны на одной и той же пишущей машинке»[18].

Локкарт не поверил документам. И главная причина в том, что он клюнул на тщательно разработанный немецкой разведкой (возможно, совместно с ВЧК) план секретной переписки. Видимо, он заключался в том, чтобы содействовать сознательной утечке и распространению «секретной» информации, причем все это делалось с такой откровенностью и «оплошностью», чтобы вызвать у противников явное недоверие к документам. Думается, то, что все документы, действительно поступавшие из разных мест, были отпечатаны на одной и той же машинке (если действительно были), — этот блестящий прием был направлен исключительно на дезинформацию разведорганов стран Антанты. Локкарт не сумел разгадать этот хитроумный план, а Троцкий, надо отдать ему должное, великолепно обвел его вокруг пальца, дав ознакомиться с содержанием некоторых документов, являющихся действительно подложными. И цель, которую ставили перед собой разработчики конспиративной переписки, в значительной степени была достигнута.

Хотелось бы остановиться на ошибках, которые допустил Локкарт из-за невнимательности.

Документ, о котором он пишет, был адресован не Троцкому, а «В Совет Народных Комиссаров»[19]. В нем говорилось об обращении германского Верховного морского командования к Российскому правительству с предложением «принять меры к доставке в Тихий океан *трех подводных лодок* в разобранном виде по железным дорогам»[20] (выделено мной. — *А.А.*). Непростительно опытному разведчику слово *«трех»* перепутать со словом *«двух»*. И последнее. Локкарт пишет, что на документах, с которыми он ознакомился в кабинете Троцкого, «имелись подписи немецких офицеров». Между тем почти на всех документах, которые будут рассмотрены ниже, есть еще и резолюции, а также разного рода пометки, сделанные правительственными должностными лицами и чиновниками аппарата комиссариатов Советской России. Но Локкарт их почему-то не заметил, во всяком случае он о них ничего не говорит. А не заметил их он по простой причине: этих подписей на просмотренных им документах не было и не могло быть, поскольку Троцкий подсунул ему действительно подложные «оригиналы», а не подлинники, на которых имелись резолюции (в том числе и самого Троцкого). Что же касается американского агента, купившего, как пишет Локкарт, «комплект «оригиналов», то им был, судя по всему, Эдгар Сиссон, и рассматриваемые ниже материалы представляют собой копии документов, сделанные с «американского комплекта».

Изучение документов показало, что в ряде случаев они не свободны от грамматических ошибок, неточностей и других погрешностей, допущенных при переводе текста с английского и немецкого на русский, а также при прочтении рукописных резолюций, пометок и замечаний, сделанных различными должностными лицами. Например, запись Н.Скрипника на документе № 2 (подробно он будет рассмотрен ниже) приведена в такой редакции: «Передано комиссии для борьбы с контрреволюцией. Затребовать документы. М.Скрипник». Между тем эту запись следует читать так: «В комиссию по борьбе с к.-р. Затребовать документы Н.Скрипник». Запись, сделанную ниже, пока еще не удалось прочесть, но уже установлено, что подпись «НГ» принадлежит секретарю Ленина Н.П.Горбунову. Еще один пример. Вторая подпись слева на документе № 3 расшифрована как Меканошин, в то время как настоящая фамилия уполномоченного Совета Народных Комиссаров, подписавшего этот документ, — Мехоношин. Неверно указаны фамилия и имя еще одного большевистского комиссара. Так, в примечании к документу № 11 Сиссон пишет: «Комиссар М.Меншинский», в то время как правильно следовало бы указать В.Менжинский. Неправильно прочтена и резолюция Л.Троцкого на документе № 14. В примечании Э.Сиссона к этому документу говорится, что «он (Троцкий. —

А.А.) собственноручно написал на полях: «Прошу обсудить Л.Т.». Однако эту резолюцию, адресованную «Д.Д.», следует читать так: «Д.Д. Прошу переговорить. Л.Т.»...

Таких неточностей и погрешностей в сборнике довольно много. В ходе изучения и анализа содержащихся в нем материалов было выявлено и наличие сомнительных документов. Например, документ № 23 о подводных лодках, который в числе других был представлен Троцким Локкарту. Известно, что прием смешивания подлинных документов с подложными с целью дезинформации противника применялся еще до нашей эры. И удивительно, что именно на этом попался английский разведчик Локкарт.

Интересен документ № 7, в котором, по поручению местного Отдела германского Генерального штаба, Разведывательное Отделение «конфиденциально» сообщает Троцкому «имена и характеристики главнейших кандидатов в переизбираемый (на III Всероссийском съезде Советов. — *А.А.*) Центральный Исполнительный Комитет». Однако вряд ли педантичные немцы с таким промедлением (на третий день работы съезда) стали бы направлять столь категоричное письмо народному комиссару по иностранным делам, к тому же в обход главы правительства. Вызывает сомнение и тот факт, что в этот список включен непримиримый противник большевиков Ю.О.Мартов. (Полностью этот документ с комментариями Сиссона будет приведен ниже.)

Однако источниковедческий анализ документов, критика их содержания, а также сравнительный анализ сведений, содержащихся в этих источниках, с другими документами и материалами (в том числе из бывшего архива Института марксизма-ленинизма при ЦК КПСС) не дают оснований усомниться в подлинности и достоверности большинства документов.

В сборнике, состоявшем из 6-ти глав, документы сгруппированы по тематическому принципу. Такой метод подачи документов возможно оправдан и объясним, но при этом нарушается принцип историзма. Поэтому их разбор следует начать с документа № 5, так как он является первым известным (пока) по времени о немецко-большевистских секретных сношениях.

Документ 5
«Гр. Генерал-Стаб.
Сентрал Абтайлунг, Секцион М.
Берлин.
Октября, 1917 г.
Правительству Народных Комиссаров:
Согласно происшедших в Кронштадте в июле текущего года соглашений между чинами нашего генерального Штаба и вождями русской революционной армии и демократии г.г. Лениным, Троцким, Раскольниковым, Дыбенко, действовавшее в Финляндии русское Отделение нашего Генераль-

ного Штаба командирует в Петроград офицеров для учреждения Разведочного Отделения Штаба. Во главе Петроградского Отделения будут находиться следующие офицеры, в совершенстве владеющие русским языком и знакомые с русскими условиями:

Майор Любертц, шифрованная подпись Агасфер.

Майор фон-Бельке, шифрованная подпись Шотт.

Майор Байермейстер, шифрованная подпись Бэр.

Лейтенант Гартвиг, шифрованная подпись Генрих.

Разведочное Отделение, согласно договора с г.г. Лениным, Троцким и Зиновьевым, будет иметь наблюдение за иностранными миссиями и военными делегациями и за контр-революционным движением, а также будет выполнять разведочную и контр-разведочную работу на внутренних фронтах, для чего в различные города будут командированы агенты.

Одновременно сообщается, что в распоряжение Правительства Народных Комиссаров командируются консультанты по Министерству Иностранных Дел — г. Фон-Шенеман, по Министерству финансов — г. Фон-Толь[21].

Начальник Русского Отдела Германского Генерального штаба:

О. Рауш. Адъютант Ю.Вольф.

(И ниже в том же письме.)

В Комиссариат по Иностранным делам:

Указанные в настоящей бумаге офицеры были в Революционном Комитете и условились с Муравьевым, Бойс и Данишевским о совместных действиях. Все они поступили в распоряжение Комитета. Консультанты явятся по назначению.

Председатель Военно-Революционного Комитета Совета Раб. и Солд. Депутатов:

А.Иоффе
Секретарь: П.Крушавич.
27-го Октября 1917 года[22].

Примечание[23]: Этот документ показывает выработку условий дальнейшей деятельности. Если Рауш в то время находился в Берлине, то он, вероятно, немедленно вслед за тем отправился в Петроград. Письмо это было, вероятнее всего, написано в Финляндии, а не в Берлине. В некоторых других заголовках писем, в которых обозначено Берлин, слово это зачеркнуто пером. Писчие принадлежности доставлялись в Петроград с большим трудом. Майор Люберте сделался начальником Разведочного отделения (Нахрихтен Бюро). Кронштадт был летом главной квартирой Ленина. Имя Раскольникова будет упоминаться в связи с проектом продажи русского флота Германии. Дыбенко был Комиссаром флота, Морским Министром, человеком властным и очень остроумным. Зиновьев — Председатель Петроградского Совета, являвшийся в течение зимы самым могущественным местным учреждением из всех Российских Советов. Он еврейского происхождения и хорошо воспитан. Иоффе, в письме о согласии большевиков присоединиться к немцам, еще раз выступает тем, кем он действительно является — следующим за Лениным по значению посредником во всех делах, имеющих чрезвычайное значение для Германии.

Имею фотографию обоих писем»[24].

С позиции источниковедения, достоверность и подлинность этого документа оказалась бы равной нулю, если бы не имелись другие материалы, устанавливающие их внутреннюю взаимосвязь, идеологическую и политическую общность с изучаемым источником. В ходе исследования удалось выявить несколько существенных документов, позволивших убедиться в подлинности документа № 5. Это прежде всего факты, содержащиеся в документах № 3 (протокол и два циркуляра), факсимиле которых приведены ниже. Их значение трудно переоценить.

Анализируя, в частности, протокол, отметим, что под ним поставили свои подписи уполномоченные Совета Народных Комиссаров И.А.Залкинд[25], Е.Д.Поливанов[26], К.А.Мехоношин[27], А.А.Иоффе[28] и адъютант «Нахрихтен Бюро» в Петрограде лейтенант Генрих[29], что неоспоримо говорит об их причастности к немецко-большевистским секретным связям. А Генрих, как явствует из документа № 5, в числе других офицеров был командирован в Петроград «для учреждения Разведочного Отделения Штаба» и, с одобрения Иоффе, приступил к своим обязанностям.

Вряд ли у кого-либо могут вызвать сомнения результаты графологической экспертизы, произведенной американскими учеными, установившей принадлежность имеющихся на протоколе подписей. И все же самым пикантным и сенсационным фактом, содержавшимся в протоколе, является то, что на нем оставил свой автограф — «ВУ» (Владимир Ульянов) — сам Ленин! Эта небольшая пометка является безупречным свидетельством причастности Ленина к тайным связям с немецкими властями. (Пометку Ленина смотри в левом верхнем углу протокола.)

В примечании к документу № 5 Сиссон пишет, что «Кронштадт был летом главной квартирой Ленина». Возразить против такого утверждения затруднительно, поскольку из *9-й главы (документы № 11 и № 12)* известно, что именно в это время со счета «Дисконто-Гезельшафт» через Стокгольм и Гельсингфорс переводились Ленину в Кронштадт крупные суммы денег. Из 5-й главы читателю также известно, что летом 1917 года Ленин скрывался от Временного правительства в Кронштадте. И этот факт подтверждают лидеры «Военки» при ЦК большевистской партии. Наконец, из той же главы известно, что большевистское правительство открыто вербовало в Красную Армию немецких и особенно австро-венгерских солдат и офицеров. Поэтому документ № 5 — первый после октябрьского переворота шаг в секретных сношениях германских разведывательных служб с большевистским правительством — не вызывает сомнения.

Из «фактиков» выделяется следующий: в рекомендательном письме Рауша, в приписке Иоффе в последней фразе, говорится, что «консультанты явятся по назначению». Так вот, упомянутый в письме фон Шенеман[30] действительно был направлен на работу в НКИД в качестве консультанта, что подтверждается нерасшифрованной его биографией в указателе имен в 53-м томе ПСС Ленина, а также письмом последнего Чичерину от 25 июля 1921 года[31].

Документ 3
«Протокол
(Военный Комиссариат.)
Д. № 232 — два приложения.

Сей протокол составлен нами 2 ноября 1917 года в двух экземплярах в том, что нами с согласия Совета Народных Комиссаров из дел Контр-Разведочного Отделения Петроградского Округа и бывш(его) департамента Полиции, по поручению Представителей Германского Генерального Штаба в Петрограде изъяты:

1. Циркуляр Германского Генерального Штаба за № 421 от 9 июня 1914 года о немедленной мобилизации всех промышленных предприятий в Германии и

2. Циркуляр Генерального Штаба Флота Открытого Моря за № 93 от 28 ноября 1914 года о посылке во враждебные страны специальных агентов для истребления боевых запасов и материалов.

Означенные циркуляры переданы под расписку в Разведочное Отделение Германского Штаба в Петрограде.

Уполномоченные Совета Народных Комиссаров.

Г. Залкинд

(Неразборчиво, но, может быть, Мехоношин.)

Е. Поливанов

А. Иоффе

Означенные в настоящем протоколе циркуляры №№ 421 и 93, а также один экземпляр этого протокола получены 3 ноября 1917 года Разведочным Отделом Г.Г.Ш. в Петербурге.

Адъютант: Генрих

Примечание. Прилагаемые циркуляры написаны по-немецки: перевод* следует ниже»[32].

---

* В переводе содержится ряд грамматических ошибок, но смысл текста сохранен.

Факсимиле документа № 3 — факсимиле протокола

«Гр. Генерал-Стаб.
Централь Абтейлунг Секцион М.
№ — Берлин.
Циркуляр от 9 июня 1914 года.
К Бециркскомендантен.
В течение 24 часов по получении сего циркуляра, Вам предписывается
известить все промышленные предприятия по телеграфу, что пакеты с

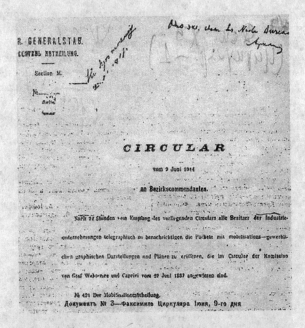

Факсимиле документа № 3 — факсимиле циркуляра

промышленными мобилизационными планами и регистрационными листа-ми, которые упомянуты в циркуляре Комиссии Графа фон-Вальдерзе и Каприви от июня 27-го дня 1887 года, должны быть вскрыты.

№ 421 Мобилизационный Отдел»[33].

«Г. С. дер-Гох-Се-Флотте.
№ 93.
Циркуляр от Ноября 28-го дня, 1914 года, к морским Агентствам и Флотским Союзам:

Сим приказывается немедленно мобилизовать всех агентов разруше-ния и наблюдателей во всех тех коммерческих и военных портах, где про-изводится нагрузка амуниции на суда, отправляющиеся в Англию, Фран-цию, Канаду, Соед. Штаты Северной Америки и Россию, где находятся склады военной амуниции и где расположены боевые части. Необходимо нанять через посредство третьих лиц, не находящихся в каких бы то ни было отношениях с официальными представителями Германии, — аген-тов для устройства взрывов на судах, отправляющихся во враждебные страны, и для создания задержек намешательств* и запутывающих при-казов во время нагрузки, отправки и разгрузки кораблей. Для сей цели мы

---

* Так в тексте.

обращаем Ваше особое внимание на артели нагрузчиков, между которыми находятся много анархистов и бежавших преступников; и тоже на немецкие и нейтральные конторы по отправке грузов, и на агентов враждебных стран, которые заведуют получением и отправкой военных грузов.

Средства, нужные для найма и подкупа лиц, необходимых для указанных целей, будут предоставлены в Ваше распоряжение по Вашему требованию.

Разведывательное Отделение Генерального Штаба Морского Флота.
Кениг

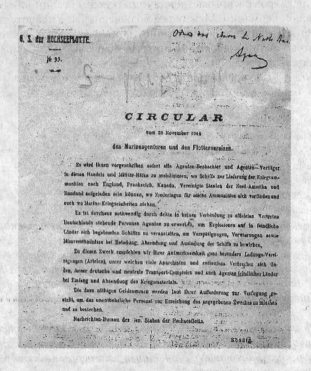

Документ № 3 — факсимиле циркуляра

Примечание. Оба указанных циркуляра имеют пометки карандашом о том, что «одна копия была дана германскому «Нахрихтен Бюро» в Петрограде. Намерение Германии заключалось в том, чтобы изъять из архивов старого русского правительства доказательство, во-первых, того, что Германия начала в июне 1914 года свои активные приготовления к войне, которая застигла врасплох весь мир в августе 1914 года, во-вторых, чтобы устранить доказательство своей зависимости в устройстве поджогов и взрывов в Соединенных Штатах, в стране, с которой Германия в то время находилась в мире. Но в результате все это явилось новым доказательством правдивости обвинений. Очевидное смешение плохого и хорошего немецкого языка в этих циркулярах, как мне кажется, свидетельствует о попытке создать «алиби» в виду того почти неизбежного дня, когда циркуляры будут обнаружены.

Имею оригинал протокола и печатные циркуляры»[34].

И здесь Сиссон оказался прав. Приведенные выше циркуляры в свое время были перехвачены российской контрразведкой. Они под № 6 и № 7 включены в «Сводку Российской контрразведки»[35]. Содержание циркуляров раскрывает преступные планы реакционных кругов кайзеровской Германии. Между тем большевистское правительство во главе с Лениным, выполняя поручение германского Генерального штаба, делало все, чтобы скрыть от мировой общественности преступления германских агрессоров, и свои также.

Документ, обозначенный в сборнике под № 1, по праву следует отнести к разряду особо важных, и в этом легко можно убедиться.

Документ 1
«Народный Комиссар
по Иностранным Делам.
(Весьма секретно.)
Петроград, 16 ноября, 1917 г.
Председателю Совета Народных Комиссаров:
Согласно постановления, вынесенного совещанием Народных Комиссаров тт. Ленина, Троцкого, Подвойского, Дыбенко и Володарского, нами исполнено следующее:

1. В Архиве Комис. Юстиции из дела об «измене» т.т. Ленина, Зиновьева, Козловского, Коллонтай и др. изъять приказ Германского Императорского* Банка за № 7433 от 2-го марта 1917 года об отпуске денег т.т. Ленину, Зиновьеву, Каменеву, Троцкому, Суменсон, Козловскому и др., за пропаганду мира в России.

2. Проверены все книги Хиа-Банка в Стокгольме, заключающие счета т.т. Ленина, Троцкого, Зиновьева и др., открытые по ордеру Германского Императорского Банка за № 2754. Книги эти переданы тов. Мюллеру, командированному из Берлина.

Уполномоченные Народного Комиссара по Иностранным Делам.

Е.Поливанов
Г.Залкинд

Примечание. Российский Совет Народных Комиссаров находился всецело под властью своего Председателя, Владимира Ульянова (Ленина), бывшего в ту пору Министром иностранных дел, — Льва Троцкого, в настоящее время состоящего Военным Министром, и Посла в

---

* Здесь и ниже издателями допущена ошибка: правильно — Имперского.

Германии А.Иоффе. Письменная пометка на полях гласит: «Секретному Отделу В.У.». Так Ленин привык обозначать свои инициалы. По-английски было бы V. U. для обозначения Владимира Ульянова. Таким образом, если бы не нашлось нигде другого официального документа, удостоверяющего приказ Имперского Банка за № 7433, одного этого было бы достаточно для доказательства его содержания: и вот где находится звено, соединяющее Ленина непосредственно с его поступками и его виновностью. Но как бы то ни было, данные, составляющие содержание циркуляра, существуют, и они следующие:

Предписание: Числа 20-го марта, 1917 г. от Имперского Банка, представителям всех Германских Банков в Швеции:

Сим уведомляется, что требования денег, предназначенных для пропаганды в России, будут получены через Финляндию. Требования эти будут поступать от следующих лиц: Ленина, Зиновьева, Троцкого, Суменсон, Козловского, Коллонтай, Сиверса и Меркалина, лиц, которым счет был открыт в согласии с нашим предписанием за № 2574 в агентствах, частных германских предприятиях в Швеции, Норвегии и Швейцарии. Все эти требования должны сопровождаться одной из двух подписей следующих лиц: Диршау или Милькенберга. При условии приложения одной из упомянутых подписей вышеназванных лиц, сии требования должны быть исполнены безо всяких отлагательств. — 7433, Имперский Банк.

В моем распоряжении нет ни копии этого циркуляра, ни фотографии, но документ № 2, ближайший по порядку, доказывает его достоверность, одинаково любопытно и безусловно. Этот циркуляр представляет собой особый интерес благодаря тому, что большевики публично отрицали его существование. Циркуляр этот был один из числа нескольких немецких циркуляров, напечатанных в Париже в газете «Ле Пти Паризьен», прошлою зимою. Большевистские газеты в Петрограде объявили его подложным. Залкинд, подпись которого появляется не только здесь, но также на протоколе (документ № 3), занимал пост Товарища Министра Иностранных Дел. Он был послан с поручением за пределы России в феврале, и он находился в Христиании в апреле месяце в то время, когда там находился и я.

У меня имеется фотография письма»[36].

Как видим, документ весьма серьезный и требует глубокого анализа. Поэтому для установления его достоверности потребуется использовать дополнительные факты, содержащиеся в различных источниках, кроме документа № 2, на который справедливо ссылается Э.Сиссон.

Еще задолго до октябрьского переворота В.Л.Бурцев называл Ленина и ленинцев «немецкими агентами». А после июльского путча большевиков он направил в редакцию «Русской воли» два письма (7 и 16 июля), в которых осуждал предательскую деятельность Ленина, Коллонтай, Луначарского и других лидеров большевиков. Однако в качестве доказательства никаких фактов не приводил. В этой связи наибольший интерес вызывают воспоминания уже знакомого нам Б.В.Никитина. Он пишет, что некий Степин, занимающийся продажей швейных машин компании «Зингер», «как выяснило наше расследование, начиная с апреля месяца 1917 г. ...нанимал людей для участия в большевистских демонстрациях... Степин был агентом Ленина»[37].

Далее он говорит, что 3 июля, около 6 часов вечера, Степин попадается на удочку агента контрразведки Савицкого и сообщает ему, что «он первый человек» у Ленина, что последний ему во всем доверяет и сам дает деньги. Савицкий видел в шкафу у Степина много денег в мелких купюрах по 5—10—25 рублей»[38] для раздачи рабочим, солдатам и матросам. Никитин сообщает также, что у некоторых солдат, особенно у матросов, арестованных после июльского восстания, «мы находили... десятирублевки немецкого происхождения с двумя подчеркнутыми цифрами»[39] (речь шла о фальшивых деньгах, которые печатались в Германии и через Финляндию переправлялись в Россию).

Особый контроль, который был установлен контрразведкой на участке Петроград — Выборг — Торнео, вскоре дал свои плоды. Никитин пишет, что «в первых числах июня Переверзев сообщил мне, что ему удалось получить сведения при посредстве одного из членов центрального комитета большевиков, что Ленин сносится с Парвусом письмами, отправляемыми с особыми нарочными»[40]. По словам Никитина, на станциях Выборг и Торнео и по всей линии было усилено наблюдение; стали обыскивать всех приезжавших и переходивших границу. «Не прошло и недели такого наблюдения, — пишет Никитин, — как в Торнео при обыске было обнаружено письмо, адресованное Парвусу. До конца июня таких писем было доставлено еще два. Все они, написанные одним и тем же почерком, очень короткие... Подпись была настолько неразборчива, что даже нельзя было прочесть приблизительно. Содержание писем весьма лаконично, без всякого вхождения в какие-либо детали. В них просто приводились общие фразы, вроде: **«работа продвигается очень успешно»**; **«мы надеемся скоро достигнуть цели, но необходимы материалы»**; **«будьте осторожны в письмах и телеграммах»**; «материалы, посланные в Выборг, получил, необходимо еще»; «присылайте побольше материалов» и **«будьте архиосторожны в сношениях»** и т. п.[41] (выделено мной. — *А.А.*). «Имея так много указаний, — продолжает Никитин, — установить автора писем было совсем недолго. Не надо было быть графологом, чтобы положить рядом с письмами рукопись Ленина, признать везде одного и того же автора»[42].

Бесспорно, сведения, приводимые в воспоминаниях бывшего начальника петроградской контрразведки, весьма интересны. Однако, являясь своеобразным источником познания исторического процесса, мемуары особенно нуждаются в критическом анализе с тем, чтобы выяснить, насколько следует им доверять и в какой степени можно использовать. Задача довольно сложная и ответственная. В ряде случаев так и не удалось уточнить некоторые факты. Например, не имея протоколов допроса Степина и письменных докладов агентов контрразведки, трудно установить, действительно ли Степин 3 июля, около 4 часов дня, был в доме Кшесинской, как об этом пишет Никитин. Однако анализ воспоминаний в целом показал, что они написаны на основе документальных материалов, причем добросовестно, без тенденциозности. Например, Никитин пишет, что поскольку прапорщик Ермоленко «кроме голословных заявлений, не дал ничего, то все обвинение (в измене большевиков. — А.А.), построенное на его показаниях, по справедливости осталось неубедительным»[43]. Никитин также признает ошибку капитана Снегиревского, который при аресте 9 июля Овшия Моисеевича Нахамкеса[44] забывает поставить на ордере число и тем самым дает последнему основание не подчиниться представителю правоохранительных органов. Наконец, приведенные Никитиным сюжеты наблюдения за А.М.Коллонтай на линии Петроград — Выборг — Торнео, полностью подтверждаются рассказами самой Коллонтай[45]. Эти и многие другие факты дают основание считать книгу Б.Никитина достоверным источником.

И все же воспользуемся плодами многолетних поисков и предоставим читателю возможность ознакомиться с секретным документом, перехваченным российской контрразведкой, который, очевидно, давал правоохранительным органам Временного правительства право на арест Нахамкеса (Стеклова), подозреваемого в антигосударственной деятельности:

«Берлин, 14 июня 1917 г. Господину Ниру в Стокгольме.

В Ваш адрес через господина И.Рухзергена переведены 180 000 марок во время своей поездки в Финляндию, остальная же сумма поступает в Ваше распоряжение на агитацию против Англии и Франции. Сообщаем, что присланные письма Молянина* и Стеклова нами получены и будут обсуждены. С уважением Парвус»[46] (выделено мной. — А.А.).

Приведенный документ прямо доказывает связь Стеклова с агентом германских разведорганов — Парвусом.

Теперь рассмотрим три письма, которые были изъяты при обыске граждан в Торнео, обратив особое внимание на выделенную мной фразу. Никитин, цитируя отрывки из этих писем, назвал их автора. Но он прекрасно понимал, что для установления истины нужен следственный эксперимент. Иными словами, необходимо было сравнить эти письма с другими письменными источниками, принадлежащими подозреваемому лицу. А такой возможности в тот момент у Никитина может быть не было, поскольку подозреваемый, Ленин, находился в бегах. Сегодня автора тех писем можно назвать безошибочно.

Известно, что Ленин к многим словам весьма часто прибавлял

---

* Личность не установлена.

приставку «архи». Например, «архискверный Достоевский»[47]. С учетом данной привычки Ленина начался долгий и утомительный поиск. В одном лишь 49-м томе его трудов обнаружилось множество слов с этой приставкой (более 50-ти): «архиоппортунист», «архимерзость», «архисущественный», «архиосторожным», «архитрудно», «архиважно», «архиполезно», «архинадежными», «архидружественными», «архидоверчиво», «архискудный», «архиинтернациональное», «архисложное», «архиинтересное», «архикороткое», «советую быть архиосторожным», «надо быть архиосторожным»... и наконец: **«Будьте архиаккуратны и осторожны в сношениях»**[48].

А теперь сравним эту последнюю фразу, взятую из письма Ленина Ганецкому и Радеку от 12 апреля 1917 года, с фразой из письма, адресованного Парвусу. Думается, нужды в комментариях здесь нет.

Вот только непонятно, для чего Ленину понадобилось после июльских событий устраивать комедию и писать опровержения, в которых он начисто открещивался от Парвуса, называя его «ренегатом»?

Еще в статье «У последней черты», опубликованной в ноябре 1915 года, он писал: «Парвус, показавший себя авантюристом уже в русской революции... защищает немецких оппортунистов с невероятно наглым и самодовольным видом... он лижет сапоги Гинденбургу... «Колокол» г-на Парвуса — орган ренегатства и грязного лакейства в Германии»[49].

Это на словах. На деле же Ленин с протянутой рукой просит «ренегата», «шовиниста», «агента германского империализма» и «спекулянта» Парвуса: *присылайте побольше материалов*, то есть денег для оплаты государственного переворота в России, и при этом советует быть **архиаккуратным и осторожным в сношениях.**

Как известно, Ленин открещивался и от Суменсон, которая также числилась в списке немецких агентов и была арестована 5 июля. Любопытную информацию сообщает Никитин в этой связи: «Доказательства измены остались в банковских книгах. Упомянутая в газетах Суменсон подтвердила наши предположения больше, чем мы ожидали»[50]. Вот эти банковские книги, о которых идет речь в документе № 1, и были изъяты из банка в Стокгольме и переданы «тов. Мюллеру... из Берлина».

Теперь, когда многие вопросы прояснились, необходимо вновь вернуться к документу № 1. Как видим, большевистские комиссары делали все возможное, чтобы упрятать факты, разоблачающие их вождей в измене Родине. Но против них выступает весьма серьезный документ № 2 от 12 февраля 1918 года. Значение этого документа трудно переоценить. Дело в том, что на нем имеются пометки и подписи Скрипника[51] и Горбунова[52]. Эти две подписи работников аппарата СНК являются неопровержимым доказательством тайных связей большевиков во главе с Лениным с германскими властями и их агентурно-разведочными службами и подтверждают достоверность документа № 1.

Документ 2

«Секретно

Г. Председателю Совета Народных Комиссаров. 12 февраля 1918 г.

Разведочное Отделение имеет честь сообщить, что найденные у арестованного кап. Коншина два германских документа с пометками и штемпелями Петербургского Охранного Отделения представляют собою подлинные приказы Имперского Банка за № 7433 от 2 Марта 1917 года об открытии счетов г.г. Ленину, Суменсон, Козловскому, Троцкому и другим деятелям на пропаганду мира, по ордеру Имперского Банка за № 2754.

Это открытие доказывает, что не были своевременно приняты меры для уничтожения означенных документов.

Начальник Отделения

Адъютант»

Факсимиле документа № 2

И тем не менее, на мой взгляд, целесообразно вновь обратиться к документам № 11 и № 12 из «Сводки Российской контрразведки», рассмотренным в 8-й главе. В первом документе (№ 11), как известно, говорится, что «со счета «Дисконто-Гезельшафт» списано на счет г. Ленина в Кронштадте 315 000 марок». Датирован сей документ 18 июня

1917 года, то есть за две недели до июльского путча большевиков. Во втором документе (№ 12), датированном 12 сентября того же года, отмечается, что «207 000 марок по ордеру Вашего господина Ленина упомянутым в Вашем письме лицам вручены». Обе секретные телеграммы подписаны немецким представителем в Стокгольмском «Ниа-Банке» Свенсоном. И в действительности, деньги были получены доверенными людьми Ленина. И этот факт подтверждается не только секретными документами, перехваченными русской разведкой и «сиссоновскими документами» № 1 и № 2, но также свидетельствами Козловского, Суменсон, Никитина, Фофановой, наконец, самим Лениным. И не надо быть юристом или банковским чиновником, чтобы понять, что только при наличии счета у Ленина можно было производить такую банковскую операцию, как ту, содержание которой приведено в документе № 12.

В ноябре-декабре 1917 года в адрес советского правительства поступило еще 10 писем различного характера. Так, 1 ноября 1917 года Генштаб через германское Разведочное Отделение в Петрограде направил письмо в СНК (документ № 21) с просьбой сообщить «тщательно проверенные сведения о количестве запасов боевого снаряжения в следующих пунктах: Петроград, Архангельск, Владивосток, Казань, Тифлис...», требуя также «указать количество и место хранения доставленных из Америки, Англии и Франции боевых припасов и те войсковые части, которые несут охрану военных складов[53]. Подлинность этого документа несложно доказать: его так же, как и документ № 5, подписали О.Рауш и Ю.Вольф, и идентичность подписей легко может установить графологическая экспертиза. В письме от 19 ноября (документ № 6) германский Генштаб извещает СНК, что в распоряжение советского правительства направляются «в качестве военных консультантов и опытных боевых офицеров» 8 человек, с указанием их фамилий и воинских званий. Указанным лицам предписывалось *отобрать из русского плена немецких офицеров,* которые так же должны были находиться «*в полном распоряжении Русского Правительства, как это было установлено на совещании в Стокгольме при проезде тт. Ленина, Зиновьева и др. в Россию*»[54]. Документ подписан О. Раушем и Ю.Вольфом. Но это еще начало доказательства подлинности документа № 6. Среди восьми офицеров, направленных в распоряжение большевистского правительства, значатся майоры Эрих (Егоров) и Андерс (Рубаков), которые с помощью М.В.Фофановой и Эдгара Сиссона уже расшифрованы и опознаны, но они в плену не находились (этот сюжет обстоятельно рассмотрен в 8-й главе). Но этим не завершается анализ документа № 6, а, напротив, начинается. И самым интересным в его исследовании является то, что он получает официальное подтверждение советскими источниками. Судите сами: только в Барнаульском отряде ЧК служило 160 немцев, отобранных из числа бывших военнопленных[55].

При содействии германского военного командования осуществлялась вербовка немецких солдат и офицеров в Красную Армию. Так, председатель Орловского губисполкома и губкомитета партии Волин по прямому проводу *29 ноября 1918 года* сообщал Ленину о полученных им с Украины сведениях: «*...Вербуем добровольцев (?) германской армии в Красную Армию... Наши представители гарантированы от опасности, находятся под охраной немцев...*» (выделено мной. — *А.А.*) Выслушав Волина, Ленин посоветовал предложить немецким солдатам «немедленный союз с нами для быстрейшего восстановления Советской власти на Украине и для заарестования не только белогвардейцев, но и радовцев»[56] (сторонников самостоятельного украинского государства. — *А.А.*).

Можно понять большевистских правителей, пополняющих свою армию военнопленными австро-венгерской, немецкой и турецкой армий, а также китайскими волонтерами. Дело в том, что россияне неохотно шли на братоубийственную войну. Более того, имели место массовые переходы частей Красной Армии на сторону «противника». Причем такие факты отмечены во все периоды гражданской войны, и даже в ее конце. В эти годы из Красной Армии ежемесячно дезертировали до 200 тысяч человек[57]. Так, в телеграмме Сталина Ленину и Склянскому из Петрограда от 30 мая 1919 года говорится, что «третий Петроградский полк перешел на сторону противника»[58]. А в телеграмме с Юго-Западного фронта* от 16 июня 1920 года, направленной в Москву, сообщается о переходе галицких войск на сторону противника[59]. В Москве была создана так называемая международная Красная гвардия для охраны правительственных учреждений, в которую входили и немцы, и австро-венгры[60]. В составе Красной Армии на командных постах было множество немецких и австрийских офицеров. Например, начальником штаба Актюбинского фронта был австрийский офицер Шпрайцер. Помощником командующего Забайкальским фронтом — немецкий офицер Зингер. Командующий 11-й армии — Геккер и многие другие. Был взят курс на формирование из военнопленных более крупных войсковых подразделений в составе Красной Армии. Об этом свидетельствует телеграмма Ленина председателю Сибревкома от 13 января 1920 года: «Формирование немецко-венгерской дивизии из стойких и дисциплинированных элементов крайне целесообразно. Если возможно, желательно создание кавалерийской немецко-венгерской части, бригады, — если нельзя дивизии...»[61]

Мне думается, что принимаемые решения и меры советского правительства абсолютно точно объясняет генерал Гоффман: «Большевики боятся, что им не удастся без помощи немцев удержаться против Антанты и **преодолеть внутреннее недовольство, в особенности крестьян**»[62] (выделено мной. — *А.А.*).

---

* Командующий А.И.Егоров, член Реввоенсовета И.В.Сталин.

Военное командование позаботилось, чтобы пехотный строевой устав был в срочном порядке переведен на немецкий и венгерский языки[63]. А «интернационалистов» было откуда брать: в русском плену на 1 сентября 1917 года было 2,1—2,2 млн солдат и офицеров Германии, Австро-Венгрии, Болгарии и Турции, из которых 186 347 человек составляли немцы и 1 876 038 человек — австро-венгерские пленные[64]. Подобные факты содержатся и в документе № 35, который будет приведен ниже.

Документ № 36 от 28 ноября проливает свет на совместные согласованные действия германского, австро-венгерского и русского командования, указывает конкретных лиц от Советов, участвующих в этом «триумвирате» — Чудновский, Боярский, Пятаков, Губарский[65].

Интересная информация содержится в письме «Нахрихтен Бюро» от 4 декабря (документ № 49). Немецкие разведорганы дают в Народный комиссариат по Военным делам список лиц российского происхождения, находящихся «на службе Германской Разведочной части». В указанном списке: Сахаров, Тер-Арутюнянц, Жук, Ильинский, Занько, Ярчук, Головин, Чернявский, Постников, Трушин, Шнейерман, Гаврилов. В письме сообщается также, что «все означенные лица находятся на постоянном содержании от Разведывательного отделения Германского Генерального Штаба»[66].

Если учесть, что большинство из приведенных в документах № 36 и № 49 личностей относились к большевистской организации (Сахаров, Тер-Арутюнян, Чудновский, Постников, Пятаков и другие), и все они, плюс анархист Жук, были активными участниками июльского и октябрьского контрреволюционных мятежей, то нет оснований ставить под сомнение эти документы. Тем более что на них имеются «автографы» известных нам лиц.

Весьма срочное письмо от 9 декабря «Нахрихтен Бюро» адресовано Троцкому. Этот документ настолько серьезен, что следует привести его полностью.

Документ 35
«Г.Г.С., Нахрихтен Бюро, Секцион Р, № 181.
В.Срочно
9 декабря, 1917 г.
Г. Народному Комиссару по Иностранным Делам:
Согласно Вашему поручению, Разведочным Отделением 29 Ноября был командирован в Ростов майор Фон-Бельке, установивший там разведку за силами Донского Войскового Правительства. Майором был организован также отряд из военнопленных, которые и принимали участие в боях. В этом случае военнопленные, согласно указаниям, сделанным июльским совещанием в Кронштадте с участием: г.г. Ленина, Зиновьева, Каменева, Раскольникова, Дыбенко, Шишко, Антонова, Крыленко, Володарского и Подвойского, были переодеты в русскую солдатскую и матросскую

форму. *Майор Ф. Белъке принял участие в командировании, но сбивчивые распоряжения официального командующего Арнаутова и бездарная деятельность разведчика Туллака парализовали план нашего офицера. Посланные по приказу из Петербурга агенты убить ген. Каледина, Алексеева и Богаевского оказались трусливыми и не предприимчивыми людьми. К Караулову проехали агенты. Сношения ген. Каледина с англичанами и американцами несомненны, но они ограничиваются денежной помощью. Майор Ф. Белъке с паспортом финна Уно Муури возвратился в Петербург и выступит сегодня с докладом в кабинете Председателя Совета в 10 час. вечера.*

За Начальника Отделения:
Р. Бауер.
Адъютант: М. К. (?)

Примечание. Это является хладнокровным раскрытием германо-большевистского плана убийства Каледина и Алексеева, а также доказательством того обстоятельства, от которого так часто отрекался Смольный зимой, а именно, что Германские военнопленные были вооружены в качестве русских солдат для борьбы против русских националистов на Дону. Письмо также содержит полный список участников Июльского Конспиративного Совещания в Кронштадте. Замечание на полях против параграфа, говорящего об убийстве: «Кто их послал?» — написано неизвестным почерком. Майор фон-Белъке — немецкий офицер, о котором говорится в документе № 5. Его шифрованная подпись — Шотт.

Имею фотографию письма»[67] (выделено мной. — *А.А.*).

Невозможно не согласиться с комментарием Сиссона. Тем более что агентурная и предательская деятельность большевиков в пользу Германии на документальной основе была уже аргументированно доказана выше. Что же касается трюков с переодеванием немцев в русскую солдатскую и матросскую форму для осуществления диверсионных операций, то об этом широко известно, и сюжеты подобного рода метаморфоз были описаны в 8-й главе. Кстати, в своей статье, опубликованной в «Известиях» 16 сентября 1922 года, Подвойский, Раскольников и Ягода пишут, что в период нахождения в Кронштадте в июле 1917 года Ленин также носил матросскую форму и в течение двух недель укрывался в кочегарках кораблей Балтийского флота.

С грифом «Весьма секретно» Петроградское Разведывательное Отделение германского Генерального штаба направило письмо в ВЧК. Этот документ со всей наглядностью показывает, как рука об руку работали чекисты Дзержинского и «Нахрихтен Бюро»:

Документ 25
«Г.Г.С., Нахрихтен Бюро, Секцион Р, № 168
(Весьма секретно) 17 декабря, 1917.
В Комиссию по борьбе с контрреволюцией.

Разведочное Отделение на запрос Комиссии по борьбе с контрреволю- цией от 17 декабря имеет честь сообщить список наблюдателей за мисси- ями союзных России государств.

За Великобританским Посольством — германские разведчики: Люце, Тельман, Поссель, Франц и Гезель; русские агенты: Овсянников, Глушенко и Балясин.

За Французским Посольством — германские разведчики: Сильвестр, Бутц, Фольгаген; русские агенты: Балашев, Турин, Гаврилов, Садовников и Шило.

За Посольством С.А.А. Штатов — германские разведчики: Штром, Бухгольц, Фаснахт, Турпер; русские агенты: Шпитцберг, Сокольницкий, Тарасов и Вавилов.

За Румынской Миссией — германские разведчики: Суттпер, Байдер и Вольф; русские агенты: Куль, Никитин, Золотов и Архипов.

За Итальянским Посольством — австрийские разведчики: Кульдер, фон- Гезе, Гойн и Бурмейстер; русские агенты: Салов, Алексеевский, Кузмин.

Означенные Агенты должны исполнить все поручения миссии по борьбе с контрреволюцией, саботажем, погромами и пр.

Начальник Отделения: Агасфер.

Примечание. Немец, майор Любертс (Агасфер, см. док. № 5), по- этому являлся лицом, которое держало в течение всей зимы в качестве заложников всех послов союзных государств в России. Приведенные выше имена нельзя было проверить по крайней мере в Британском и Американском Посольствах. Все они могли быть наружными наблю- дателями. Метод наружного наблюдения показан в документе № 27.

Имею фотографию письма»[68].

Заметим, с какой оперативностью отреагировали немецкие развед- органы на запрос ВЧК. А то, что немецкие разведорганы и ВЧК рабо- тали рука об руку, говорит также документ № 38, под которым стоит личная подпись Залкинда, но почему-то заменена первая буква имени.

Не может не удивить текст да и само обращение ответственного сотрудника СНК РСФСР к представителю Германского Разведочного Отдела. Как видим, они уже стали «товарищами», совместно работаю- щими на Германию.

Документ 38.
*«Комиссар по борьбе с Контр-Революцией и Погромами,
Декабря, 14-го дня. 1917 г.
Майору Фон-Бельке:
Многоуважаемый Товарищ. Довожу до Вашего сведения, что наши финские товарищи Рахья, Пукко и Энрот сообщили Комиссару по борьбе с контрреволюцией о следующих фактах.
1. Между английскими офицерами и финскими буржуазными органи- зациями завязаны тревожащие нас связи.*

2. В Финляндии установлены две радио-станции, которыми пользуются неизвестные лица, сообщающиеся шифром.

3. Между ген. Калединым и Американской Миссией существует несомненная связь, о чем нами получены точные сведения от Вашего источника, а потому необходим особо тщательный надзор за Американским Посольством.

Эти показания следует точно установить. Наши агенты безсильны.

Простите, что пишу на официальной бумаге, но спешу сделать это, сидя здесь в комиссии на экстренном заседании.

Готовый к услугам: **Ф.Залкинд.**

Примечание. В верхней части письма стоит заметка: «Комиссар по Иностранным Делам. Прошу точных инструкций. Шотт». Вопрос исходит от фон-Бельке и подписан его шифрованным именем (см. док. № 5). Письмо, может быть, означает, что Бельке, по мнению его хорошего друга Залкинда, знал способ внутреннего наблюдения за Американским Посольством.

Имею фотографию письма»[69].

На этом документе следует несколько остановиться, и вот почему. Дело в том, что «финские товарищи Рахья, Пукко и Энрот» попали в этот документ не случайно. Сепаратистские тенденции среди населения Финляндии наблюдались почти на протяжении всего периода ее вхождения в состав Российской империи. С началом мировой войны они еще больше усилились. Большевики подогревали эти чувства финнов, обещая после прихода к власти признать независимость Финляндии. В этом вопросе позиция немцев и большевиков совпадала, и они всячески пытались использовать патриотические силы Финляндии в своих интересах. Документ*, который приводится ниже, один из примеров использования финнов в борьбе против Российского государства.

«Циркуляр 23 сентября 1917 г.» Генеральный штаб военным наблюдателям на русско-шведской границе.

Предлагается Вам немедленно навербовать из финнов, пожелавших поступить в ряды Германской Армии, агентов истребителей и направить их в Петроград и на все железнодорожные узловые пункты для выполнения программы, врученной им военным агентом.

Подписал: Генеральный Советник Армии Д-р Фишер»[70].

Остается добавить, что Рахья, неоднократно упоминаемый в данной книге, вплоть до октябрьского переворота выполнял обязанности телохранителя и подручного Ленина.

---

* Он также был перехвачен Российской контрразведкой, что еще раз доказывает достоверность «документов Сиссона».

В очередном письме от 20 декабря (документ № 18) «Нахрихтен Бюро» просит НКИД ускорить отправку агитаторов в лагеря для русских военнопленных в Германии с целью вербовки из их числа добровольцев отправиться в английские и французские войска для пропаганды мира в пользу Германии[71].

Должен отметить, что эту политическую акцию немцы развернули задолго до того, как США вступили в войну против австро-германского блока. Дальновидные немецкие политики понимали, что Германия может потерпеть полный крах в борьбе с Антантой. Они ясно видели, что ресурсы подходили к концу. Поэтому немецкая дипломатия, особенно с начала 1917 года, делала все возможное, чтобы приблизить мир для Германии, не жалея на это средства. Она, как мы увидим из приведенного ниже документа, прибегала к помощи русских эмигрантов, независимо от их партийной принадлежности:

«Председатель Рейнско-Вестфальского промышленного синдиката Кирдорф Центральной конторе «Xia-Банкен» в Стокгольме, Председателю «Дисконто-Гезельшафт» в Стокгольме Свенсену-Бальцеру и представителю «Дейче-Банк» в Швейцарии г. Кирх.

Рейнско-Вестфальский угольно-промышленный синдикат поручает Вам располагать известным Вам счетом синдиката на предмет поддержки русских эмигрантов, желающих вести агитацию среди русских военнопленных и русской армии.

Подписал: Кирдорф».

Примечание*. Письмо это фигурировало дважды: в перехваченной переписке кн. Бюло... Луг...но**, а затем в делах швейцарских офицеров, обслуживающих германский генеральный штаб»[72].

Но этим не ограничивалась деятельность германской дипломатии, пытавшейся во что бы то ни стало добиться сепаратного мира России с Германией и тем самым спасти положение, в котором она оказалась. Весной 1917 года германская дипломатия для этой цели использовала вождей так называемой немецкой социал-демократии (Филипп Шейдеман, Эдуард Давид и другие). Последние принялись за работу по созыву в Стокгольме международной конференции, рассчитывая на ней склонить русских социалистов-революционеров к сепаратному миру с Германией. И хотя этот маневр немецкой дипломатии сорвался, тем не менее сохранился перехваченный российской контрразведкой документ, указывающий на то, что большевики и эсеры сотрудничали с немцами в этом вопросе и, более того, их деятельность материально обеспечивалась немецкими банками.

---

* Российской контрразведки.
** Прочесть эти два слова не удалось.

«Женева, 15 июня 1917 г. Господину **Фюрстенбергу**, *в Стокгольме.*

М.Г. (Милостивый Государь. — А.А.). Довожу для сведения и надлежащей регистрации, что по требованию господина **Каца*** *на предмет издания максималистских брошюр выдано со счета синдиката 32 000 франков. Получение брошюр, номер накладной и время получения сообщите телеграммой на имя Деннера.*

(Подпись) С уважением Крик-Дейч-Банк»[73] (выделено мной. — А.А.).

Этот документ, помимо уже сказанного выше, свидетельствует и о сотрудничестве большевиков с эсерами. Как видим из текста, Фюрстенберг и Кац находятся в одной упряжке, управляемой немцами. Те и другие делали все возможное, чтобы подорвать военно-экономическую мощь России и довести ее до поражения в войне. Кстати, этой же тактики придерживались и большевики, и эсеры в период русско-японской войны.

Хищническая политика германских банкиров отражена в документе № 11. Немецкие финансовые воротилы ставят большевикам, а точнее, народам России, кабальные условия, которые, по их мнению, должны были быть приняты советскими лидерами после подписания Брестского мира.

Документ II
«Рейхсбанк, № 12378. Берлин.
Циркуляр, напечатанный по русски.
/Копия/
РЕЗОЛЮЦИЯ
Совещание Представителей Германских Коммерческих Банков, созванное по предложению германской делегации в Петербурге, Дирекцией Имперского Банка для обсуждения резолюций Рейнско-Вестфальского промышленного Синдиката и Гандельстага.
28-го декабря, 1917 г., Берлин.

1. Аннулируются все займы, облигации коих, находящиеся в руках германских, австрийских, болгарских и турецких держателей, подлежат, однако, реализации российским казначейством после заключения сепаратного мира в течение 12-ти месячного срока.

2. Допускается покупка всех русских государственных фондов и дивидентных бумаг представителями Германских Банков по курсу дня в вольной продаже.

3. После заключения сепаратного мира, по истечении 90-дневного срока, восстанавливаются все акции частных железнодорожных обществ, металлургических предприятий, нефтяно-промышленных компаний и химико-фармацевтических заводов.

---

* Он же Б.Д.Камков, лидер левых эсеров.

Примечание. Котировку таких акций принимают на себя биржи Германии и Австро-Венгрии.

4. Упраздняются и в течение пяти лет со дня мирного договора между Россией и Германией не допускаются английский, французский и американский капиталы в следующие предприятия: каменно-угольные, металлургические, машино-строительные, нефтяные, химические и фармацевтические.

5. По вопросу о развитии в России каменно-угольной, нефтяной, и металлургической отраслей промышленности учреждается высший совещательный орган в составе 10 специалистов от России и 10 от германских промышленных организаций и германских и австрийских банков.

6. Российское Правительство не должно вмешиваться в область вопросов, связанных с отчуждением в пользу Германии двух горно-промышленных округов в Польше — Домбровского и Олькушского, и в пользу Австро-Венгрии — нефтяного района в Галиции. Отчуждение последнего поднимается лишь в форме ограничения права заявок, отводов и приложения капитала к добыче и обработке нефти.

7. Германия и Австро-Венгрия пользуются неограниченным правом ввоза в Россию своих техников и квалифицированных рабочих.

8. Другие иностранные техники и рабочие в течение пяти лет после заключения мира с Германией вовсе не должны быть допускаемы.

9. Статистический Отдел добывающей и обрабатывающей промышленности при соответствующем правительственном органе должен контролироваться германскими специалистами.

10. Частные Банки в России возникают лишь с согласия и по плану союза германских и австрийских банков, причем котировку банковских акций на всех биржах Старого и Нового Света принимает на себя группа Дейч-Банка.

11. В портах Петербурга, Архангельска, Одессы, Владивостока и Батума учреждаются под руководством специалистов из Германии особые статистико-экономические комитеты.

Что касается таможенной, железнодорожной тарифной политики для урегулирования русско-германо-австрийских торговых отношений, то эта сторона экономического договора обсуждается особым Тарифным Советом при Гандельстаге.

Подписали:
Председатель: Фон-Гвиннер
Секретарь: Беренблит

Примечание. Передаточная надпись, сделанная пером на фотографической копии резолюции, такова: «Председатель Центрального Исполнительного Комитета Комиссар М.Меньшинский* просит принять к сведению эту резолюцию и подготовить почву в Сов. Раб. и Сол-

---

* Здесь и ниже читать — Менжинский.

дат. Деп. на случай, если Совет Народного Хозяйства не примет этих желаний. Секретарь Я.Раскин». Меньшинский состоит Министром Финансов. Все эти условия были направлены против американского, английского и французского капитала и могли быть скрыты в секретной части этого германо-русского договора. Мне не известно, какая участь постигла эту резолюцию в том именно виде, в каком она появилась в начале зимы. Имею, кроме помеченной фотографии, еще копию с циркуляра»[74].

Документ № 11 весьма серьезный во всех отношениях. Но по объективным причинам Сиссон не мог дать развернутого комментария. В качестве же замечания должен сказать, что он обязан был заметить дезинформационную запись, сделанную на документе Я.Раскиным. Дело в том, что Менжинский не был Председателем ЦИК. А теперь по существу самого документа.

Уехав на родину в США, Э.Сиссон, естественно, не мог знать о судьбе Резолюции Рейхсбанка № 12378 от 28 декабря 1917 года. Но этот пробел в работе вдумчивого дипломата уже восполнен. Из 9-й главы читатель знает, что все пункты Резолюции и прочие требования Германии были не только выполнены большевистским правительством, но и перевыполнены. Достаточно вспомнить, что, кроме грабительского Брестского договора, 27 августа 1918 года был подписан к нему дополнительный русско-германский договор, состоящий из территориального и финансового соглашений. По последнему Россия обязывалась уплатить гибнувшей под ударами Антанты Германии 6 млрд марок, из них около 450 кг (!) золотом на сумму около 2,5 млрд марок. Это был настоящий грабеж России, который осуществлялся руками Ленина. За Германией сохранялась оккупированная территория площадью более 1 млн кв. км...

Следует отметить, что Германия в счет репарации расплачивалась с Францией русским золотом. Вот что в этой связи писала берлинская газета русских эмигрантов «Накануне» 11 июня 1922 года:

«Сенатор Баден Виллен обратился к министру финансов (Франции. — А.А.) с письменным запросом относительно 400 млн рублей золотом, которые были уплачены Германии на основании Брест-Литовского договора. Сенатор желает знать, что случилось с этой суммой. Находится ли эта сумма все еще в банке Франции? Не было ли допустимым употребить эту сумму на уплату части процентов, следуемых французским держателям русских займов?»

Беспрецедентный случай: два государства, входящие в Антанту (Англия и Франция), получают от побежденной Германии контрибуцию, а третье государство — Россия, наоборот, обязывается платить контрибуцию Германии.

Думается, нет необходимости вновь приводить факты, изложенные в предыдущей главе. Следует сказать о другом: собранная Сиссоном информация заслуживает доверительного отношения.

Документ, который приведен ниже, имеет чрезвычайно важное значение для изучения политики большевиков в период мирных переговоров с Германией в Брест-Литовске. В советской историографии эти события целиком фальсифицированы. В роли предателя России представлен один Троцкий, который своей формулой «ни мира, ни войны» якобы поставил советскую власть перед угрозой гибели, а «благодетель» Ленин «разоблачал» (?) «авантюристическую и гибельную для советской республики тактику Троцкого». По сути, был разыгран своего рода политический спектакль, в котором каждый большевистский руководитель имел свою роль в соответствии со сценарием, расписанным германскими политиками.

Документ 37-А
«№ 771. ДЕЛО МИРНОЙ ДЕЛЕГАЦИИ.
(Секретно)
Брест-Литовск,
31-го декабря, 1917 г.
В Совет Народных Комиссаров:
Товарищ Л. Троцкий поручил мне довести до сведения Совета Народных Комиссаров мотивы его телеграфного предложения арестовать Румынского дипломатического Представителя в Петербурге.

Генерал Гофман, ссылаясь на совещание, которое имело место в Брест-Литовске между членами Германской и Австро-Венгерской делегаций 29-го Декабря, представил Русской Делегации от имени Германского и Австрийского Верховного Командования (в связи с этим была представлена расшифрованная радиотелеграмма) конфиденциальное требование относительно немедленного побуждения Румынской Армии признать необходимость перемирия и принимать условия демократического мира, выработанные Русскими Делегатами.

Непреклонность Штаба и всего командного состава Румынской Армии, о которой Верховное Командование Германской Армии получило самые точные агентурные сведения, портит прекрасное впечатление, произведенное в Германии и на всех фронтах русским предложением мира, которое дало возможность снова стимулировать общественное мнение против Англии, Франции и Америки, и эта непреклонность может привести к таким нежелательным и опасным осложнениям в вопросе о мире, что Германская армия перейдет на нашем фронте в атаку и что территории, занятые в России, будут анексированы.

Генерал выразил мнение, что против мира могут быть казаки, некоторые украинские полки и кавказская армия и что в таком случае эти последние соединятся с Румынскими Армиями, что, согласно сведениям, имеющимся в Германском Штабе, входит в разсчеты Каледина и Алексеева.

В интересах Германской и Австрийской Делегаций в высшей степени важно, чтобы в том, что касается заключения перемирия и принятия условий сепаратного мира между Россией и Германией, существовало полное согласие, ибо в данном случае Германское и Австрийское Верховные Командования предложат Румынии свои условия мира и будут иметь возможность возобновить свои операции на Западном фронте в очень большом размере; в то же самое время генерал Гофман в течение разговора с товарищем Троцким дважды намекнул на необходимость немедленного начала этих военных операций.

Когда тов. Троцкий заявил, что Совет не имеет никакой возможности повлиять на Румынский Штаб, то генерал Гофман указал на необходимость посылки надежных агентов в Румынскую Армию и на возможность ареста Румынской Миссии в Петрограде и на возможность принятия репрессивных мер против Румынского Короля и Румынского командного состава.

После этого интервью, тов. Троцкий по кабелю предложил арестовать Румынскую Миссию в Петербурге со всеми ее членами. Этот доклад посылается со специальным курьером, тов. И.Г.Бросовым, который имеет лично передать Комиссару Подвойскому некоторые сведения секретного характера относительно посылки в Румынскую Армию тех лиц, имена которых тов. Бросов сообщит. Содержание этим лицам будет уплачено из наличности Германского «Нафте-Индустриал Банк», который купил в окрестностях Бореславля предприятие Соединенной Акционерной Компании «Фанто и К°». Главное управление этими агентами было доверено, согласно указанию генерала Гофмана, некоему Вольф Вонигель, который наблюдает за военными агентами стран, находящихся в союзе с нами. Что касается Английских и Американских Дипломатических Представителей, то генерал Гофман выразил согласие Германского Генерального Штаба на меры, принятые тов. Троцким и тов. Лазимировым, по отношению к наблюдению за их деятельностью.

Член делегации: А. Иоффе.

(Пометки на полях.)

Тов. Шишкевич: Снимите копию и пошлите Комиссару Иностранных Дел, лично тов. Залкинду.

(Места, напечатанные вверху курсивом, были помечены: Сандерсу.

Доложено 4-го января относительно ареста Диаманди и других. М. Шиткевич).
5-го Января 1918 года. — В канцелярию. Пошлите спешную телеграмму Троцкому относительно ареста Румынского Посланника. — Савельев.

Примечание. (По телеграмме Февраля 9-го). Число 12-го января (нового стиля) канун Русского Нового Года. В эту ночь Румынский

Посланник был арестован в Петрограде и был освобожден только по соединенной просьбе всех посольств и миссий в Петрограде; затем он был выслан из России. Это письмо указывает, что Троцкий принял личную просьбу генерала Гофмана за приказание с его стороны. Важнее всего то, что этим срывается маска с публичных протестов Ленина и Троцкого, что они будто бы пытались препятствовать тому, чтобы мирные переговоры с Германией были сведены к военной выгоде Германии и во вред военным интересам Соединенных Штатов, Англии и Франции. Наоборот, обнаруженная здесь цель — заключается в том, чтобы помочь Германии путем возбуждения чувств против Англии, Франции и Соединенных Штатов и тем самым предоставить Германии возможность приготовиться к наступлению на Западном фронте. Приводится название Германского Банка, платившего большевистским агитаторам среди Румынских солдат. Не является ли Вольф Вонигель, руководящий действиями агентов, известным в Америке Вольф фон-Игель? Сходство имен поразительное. Наконец, генерал Гофман и Германский Штаб удовлетворены наблюдением Троцкого над американскими и английскими дипломатами. Иоффе, который подписал письмо, — член Русской Комиссии Мира. С тех пор, как письмо это было написано, Залкинд уехал в Швейцарию со специальной миссией.

Примечание. (6-го июля, 1918 года). Он не доехал, так как ему не удалось проехать через Англию, и в Апреле он находился в Христиании[75].

К пространному примечанию Сиссона вряд ли можно что-либо добавить; документ не нуждается в дополнительной экспертизе, поскольку лицо, подписавшее его, Иоффе, является как бы своеобразным «нотариусом», подтверждающим подлинность документа. И всякая попытка доказать обратное окажется пустой тратой времени. Впрочем, это никогда не пытались делать идеологи большевиков.

С начала 1918 года «Нахрихтен Бюро» заметно активизировало свою деятельность. Это, очевидно, было связано с ухудшением положения войск германского блока на Западном фронте да и внутренним положением в Германии. В связи с этим Россия и Германия стали форсировать свои действия, связанные с подготовкой сепаратного договора. Судя по содержанию приводимых ниже документов, в январе — марте 1918 года их совместная деятельность была направлена против стран Антанты. И главными действующими лицами, осуществлявшими стратегические и тактические планы германских властей, были Ленин и Троцкий. Документ № 4 — яркое тому свидетельство.

Документ 4
«Г.Г.С. Нахрихтен Бюро, Секцион Г. № 35
17-го Января 1918 года.
В Комиссариат по Иностранным делам:
Отделением получены точные указания, что руководители господству-

ющей теперь в России социалистической партии через г.г. Фюрстенберга и К. Радека ведут переписку с г.г. Шейдеманом и Парвусом относительно уничтожения следов деловых сношений с Имперским Правительством. Нам известно также, что эта переписка вызвана требованием руководящих групп немецких социалистов, видящих в указанных сношениях опасность для дела социализма. По поручению Штаба, имею честь просить подвергнуть этот вопрос особому обсуждению в присутствии представителя нашего Штаба г. Фон-Шенеман.

За начальника Отделения:
Р.Бауэр.
Адъютант (неразборчиво).

Примечание. Итак, мировая кара являлась очевидной для некоторых немцев. Из личностей, названных в данном письме, самая замечательная — Шейдеман, — лидер немецкого социалистического крыла, поддерживающего германское правительство. Уже раньше, однажды, его имя упоминалось в связи с «деловыми сношениями» русских большевиков с Имперским Правительством как лицо, написавшее письмо из Копенгагена в 1917 году некоему «г-ну Ольбергу», в котором заявлялось, что в контору Фюрстенберга через Xia-Банк в распоряжение Ольберга положены 150 000 крон. В данное время, в январе месяцев, в Смольном, в Петрограде, Фюрстенберг старается помочь Шейдеману в сокрытии старых следов. Сам Радек, — ловкий польско-австрийский еврей, приехавший вместе с Лениным из швейцарии. Вместе с Троцким он подготовил постановку публичного представления Брест-Литовского мира. Фон-Шенеман являлся уполномоченным немецким представителем при большевистском Министерстве иностранных дел. Имя его упоминается позже в документе № 5. Парвус являлся распределителем денег, предназначенных для немецкой пропаганды: главная его квартира находится в Копенгагене, и о нем установилось мнение, как о направляющей силе, действующей за спиной А.Иоффе. (О Парвусе см.: «Нью Юроп» 31 января 1918 года, с. 91—94)»[76].

Источниковедческий анализ приведенного выше документа, равно как и комментария к нему, имеет весьма важное и принципиальное значение в деле развенчания шаткой и искусственно выдвинутой американским историком и дипломатом Джорджем Кеннаном версии о том, что «документы Сиссона» не являются подлинными. Попробуем еще раз опровергнуть этот вывод.

На мой взгляд, главным вопросом в определении достоверности исследуемого источника является выявление фактов, подтверждающих «деловые сношения» между большевиками и лидерами, как выразился Ленин, «таких отвратительных лакеев империалистической буржуазии, как Шейдеманы, Легины, Давиды и К° в Германии»[77], о которых говорится в «сиссоновском документе». Должен сразу подчеркнуть, что такие факты имеются. И, как видим из комментария Сиссона, он владел такими фактами, когда готовил свой труд. Трудно сказать, по каким каналам поступала к нему информация, подтверждающая достоверность документа № 4, но то, что она действительно правдива, мы можем еще раз убедиться, используя общепринятый прием сравнительного анализа сведений источника с другими материалами, в которых отражены те же сведения.

Так из 9-й главы читатель уже знаком с документом № 16, в котором говорится, что «через Xia-Банк на контору Фюрстенберга переводится 150 000 крон» для Ольберга. Отправлял эти средства из Берлина, как известно, Шейдеман. Известно читателю и о том, что этот документ был перехвачен русской контрразведкой еще 25 августа 1917 года, то есть раньше, чем его приобрел Сиссон. Сравнивая сведения, содержащиеся в двух разных источниках, мы обнаруживаем их полное сходство. Таким образом, мы можем говорить об идентификации информаций, содержащихся в разных источниках: в документе № 16 «Сводки Российской контрразведки» и в комплекте «документов Сиссона». Это во-первых.

Из переписки Фюрстенберга, Радека и Воровского с Парвусом, которая приведена выше, также известно, что они действительно пытались замести следы тайных связей большевиков с немецкими властями и их спецслужбами. Эти факты как нельзя лучше доказывают, что комментарии Сиссона верны. Наконец, вспомним и о том, как после захвата власти большевики сожгли архив в г. Рыбинске, перевезенный по распоряжению Временного правительства из Петрограда в сентябре 1917 года, и тем самым уничтожили множество документов, которые могли бы пролить дополнительный свет на их преступную деятельность. Как видим, и тут Сиссон оказался прав, и факты, приведенные им, невозможно опровергнуть.

Факты откровенного содружества между германскими и большевистскими властями и их спецслужбами прослеживаются и в документе № 32. В нем содержится требование германских спецслужб выдать русский паспорт их агенту, который направляется на Северный фронт для наблюдения за деятельностью Начальника штаба фронта генерала Бонч-Бруевича.

В верхней части приведенного выше письма Троцкий дает указание «Запросить т. Иоффе Л.Т.». Ниже на полях читаем: «Согласно условию подлежит исполнению. А. Иоффе». Ниже неизвестный чиновник делает пометку о том, что паспорт на имя Ильина П.А. выдан.

С аналогичным требованием 26 февраля германский Генштаб обратился в СНК (документ № 43). Кроме этого, Верховное командование требовало разоружить и отозвать русскую Красную Гвардию из Финляндии. По сути дела, германские власти диктовали свою волю большевистскому правительству. Заслуживает внимания комментарий Э. Сиссона к этому документу, который полностью приводится вслед за самим документом.

Факсимиле документа № 32, который просит Троцкого назначить турецкого подданного К.Миссирова, чтобы вести наблюдения за деятельностью М.Бонч-Бруевича

«Примечание. В верхней части письма за подписью Н.Г., — инициалы секретаря Ленина Н.Горбунова, стоит приказ: «Послать* Комиссару по Иностранным Делам и исполнить». На полях написано: «Паспорт № 211/№ 312», но, к сожалению, имя, под которым был выдан новый паспорт, не упоминается. Этот приказ объясняет отозвание русской Красной Гвардии из Финляндии в начале марта и предоставление финляндской Красной Гвардии своей собственной судьбе. Последняя, однако, позаботилась о том, чтобы разоружить русских матросов и солдат, когда они покидали Финляндию, ибо финны сами нуждались в ружьях и амуниции. При этом русские оказали в некоторых случаях сопротивление, но были окружены и обезоружены. Когда я был в Гельсингфорсе, в марте, Красная Гвардия и матросы каждую ночь перестреливались из ружей и пулеметов. Один из двух Финляндских Красногвардейских лидеров, почти наверное, Невалайнен, но при данных обстоятельствах я не могу сказать это наверное.

Приказ задержать все иностранные посольства в Красной Финляндии был дан одновременно с появлением одного из них на сцене. Причиной появления этого приказа было выставлено то обстоятельство, что иностранцы передают сведения Белой Гвардии. В то же время Белая Гвардия приложила все усилия, чтобы увеличить затруднения для

---

* Правильно «переслать». (Уточнено мной. — А.А.)

Факсимиле документа № 43, предписывающего выдачу нового паспорта
финляндцу Невалайнену

прохода между линиями. Есть основание приписать стараниям немцев
те затруднения, которые чинились при проходе между финскими линиями с обоих сторон, так как немцы открыто оказывали помощь Белой
Гвардии и в это же время вели интриги во внутренних Советах Красной
Гвардии. Американская партия, припертая в Финляндии, пробралась
только благодаря своей настойчивости и счастливым стечением обстоятельств. Британское Посольство прошло за день до издания приказа о
закрытии границы. Французское и Итальянское Посольства принужде-
ны были вернуться в Россию после месяца напрасных попыток выбраться.

Имею *оригинал письма* и возвращенный паспорт»[78].

Рассмотренный выше документ также не нуждается в дополнительной экспертизе, поскольку на нем оставил свой автограф и личный
секретарь Ленина — Николай Горбунов. А главное, все документы, содержащиеся в сборнике, были подвергнуты научной экспертизе крупными специалистами — Франклином Джеймсоном и Самуэлом Харпером еще в 1918 году. Должен заметить, что резолюции и подписи на
различных документах облегчают экспертизу, связанную с работой по
установлению их достоверности. В принципе лица, наложившие резолюцию на документах, берут на себя ответственность за его содержание и за данные ими указания различным чиновникам правительственного аппарата. Более того, своей подписью они удостоверяют подлинность документа.

В сборнике множество документов, к которым приложил руку Троцкий. Между тем, зная о существовании сборника, он в своих мемуарах умалчивает о компрометирующих его материалах. К их числу относится и документ № 26.

Документ 26
«Г.Г.С. Нахрихтен Бюро, Секцион Р, № 715
(Лично)
23 февраля 1918 г.
Господину Народному Комиссару по Иностранным Делам.
Согласно личных переговоров моих с г. Председателем Совета Народных Комиссаров, было решено задержать отъезд Итальянского Посольства из Петербурга и, по возможности, произвести обыск посольского багажа. Об этом решении считаю долгом известить Вас.
За Начальника Отделения:
Р. Бауер.
Адъютант
Генрих.

Факсимиле документа № 26

Примечание. Поперек верхней части письма написано Троцким — «Дать инструкции»*, и подписано оно его инициалами Л.Т. Здесь лаконично излагается, что германский офицер Генерального Штаба и Ле-

---

* Здесь неточность: Троцкий адресовал письмо Иоффе.

нин на заседании приказали обыскать багаж посла дружественной России и воюющей с Германией страны и что Троцкий дал инструкции выполнить этот приказ. Примечание чиновника внизу дополняет картину: «передать Благонравову»[79]. (Правильно читать: «сообщить т. Благонравову». — *А.А.*) Последний был Комиссаром по Военному Положению в Петрограде. Поезд Итальянского Посольства был задержан в течение более 24 часов несколько дней спустя, когда Посольство старалось выехать. Товарищ Министра Иностранных Дел — Петров[80], с явным возмущением сказал мне 2-го марта: «Итальянцы дали дипломатический паспорт посольскому повару». Таким образом, сказал он, обыск проезда был законным. Имел ли этот обыск большой успех, чем в тот раз, когда был остановлен и обыскан итальянский посол в своем автомобиле напротив Европейской гостиницы — я не слышал. В документе № 27 говорится об этом грабеже.

Имею *оригинал письма* № 26»[81].

Не менее интересным по содержанию является документ № 13, адресованный Ленину. Он еще раз подтверждает позорную сделку большевистских вождей с немцами.

Документ 13
«В*. — Секретно
25 февраля 1918 г.
По донесениям нашей тайной агентуры, в отрядах, действующих против Германских войск и против Австро-Украинского корпуса, наблюдается пропаганда национального возстания и борьбы с Немцами и их союзниками-Украинцами. Прошу сообщить, что предпринято правительством для прекращения этой вредной агитации.
Начальник Отделения
Адъютант».

Этому документу Э.Сиссон дает следующую оценку:

«Примечание. Поперек части письма написано: «Срочно. В Комм. по воен. дел. и в особ. Штаб. — А.Скрипник». Последняя фраза письма подчеркнута, и на полях отмечается вопрос с инициалами «Л.Т.». Первая пометка есть Ленинский приказ через секретаря, а вторая, по всей вероятности, может быть принята за оппозицию Троцкого каким бы то ни было действиям. Потеря Украины, вследствие противонемецкой интриги, была его больным местом; эта потеря сильно подрывала его престиж. Но это все же, по существу, нисколько не уменьшило его подчинение Германии.

Имею оригинал письма»[82].

Думается, Э.Сиссон ошибается, принимая хорошо отрепетированную дипломатическую игру Ленина и Троцкого за оппозицию послед-

---

* Весьма.

Факсимиле документа № 13

него. Скорее всего, Троцкий не знал, что было предпринято по данному вопросу и, думается, что вопросительный знак, поставленный им на документе, адресован в свой адрес.

Секретное письмо «Нахрихтен Бюро», адресованное Председателю Совета Народных Комиссаров (см. документ № 12), — еще одно свидетельство деятельности Ленина в пользу Германии. Нет сомнения, что резолюции двух секретарей СНК — Горбунова и Скрипника были сделаны на письме по его устному указанию. Первый просит «Сообщить Мосолову», являющемуся комиссаром в штабе Северного фронта, а второй уточняет путь движения этого документа к адресату: «Передать в Комис(сию) по Воен(ным) делам». Из двух записей секретарей Ленина следует один вывод: документ, поступивший из немецких разведорганов, был принят к исполнению.

Документ 12
«Секретно.

Господину Председателю Совета Народных Комиссаров. 25 февраля 1918 г.

После совещания с Народным Комиссаром г. Троцким, имею честь просить срочно известить руководителей Контр-Разведки при Ставке-Комиссаров Фейерабенда и Кальмановича, чтобы они работали по-прежнему в полной независимости и тайне от официального Штаба Ставки и

Генерального Штаба и Контр-Разведки Северного фронта, сносясь лишь с Народным Комиссаром прап. Крыленко.

Начальник Отделения

Адъютант».

Факсимиле документы № 12

Письмо Русского Отдела германского Генерального штаба (документ № 30), направленное лично Ленину, еще больше укрепляет убежденность в том, что глава советского государства и его единомышленники в рассматриваемый период целиком выполняли волю немецкого правительства.

Документ 30
«Секретно.
Господину Председателю Совета Народных Комиссаров.
26 февраля 1918 г.
№ 408
Отделение Штаба имеет честь просить сведения о настроении направляемых к Пскову отрядов и предостерегает от возможных печальных последствий, если в этих отрядах будет вестись патриотическая пропаганда и агитация против Германской Армии.
Начальник Русского Отдела
Германского Генерального Штаба
Адъютант».

К какому другому выводу можно прийти, читая резолюцию на письме, сделанную Скрипником: «Срочно: Председатель СНК просит т. Володарского[83] сообщить это агитац(ионному) отделу. Секретарь Н. Скрипник». В нижней левой части письма сделана пометка: «Ц.И.К. № 823 к докладу» и неразборчивая подпись.

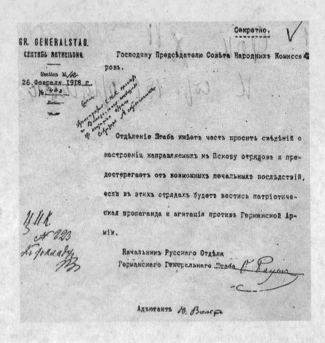

Факсимиле документа № 30

Интересный комментарий к этому документу дает Э.Сиссон:
«...Посылаемые в это время в Псков отряды состояли из Красногвардейцев и рекрутов новой Красной Армии. **Псков был взят немцами без боя.** Имею оригинал письма»[84].

Диву даешься, как могла прийти в голову большевистским вождям идея отмечать 23 февраля как день рождения Красной Армии! Мне представляется, что исполнительной и законодательной властям есть над чем подумать.

Судя по содержанию документа № 31, который также адресован Ленину, «Нахрихтен Бюро» выразило свое неудовлетворение медлительным действием большевистского руководства, проявленным в отношении письма от 26 февраля (документ № 30). Более того, оно потребовало также произвести кадровые перестановки в высшем команд-

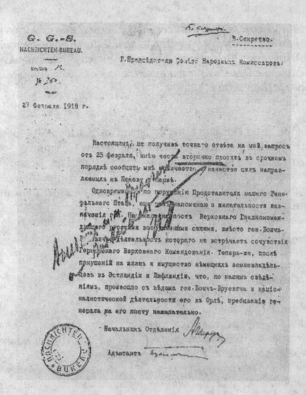

Факсимиле документа № 31

ном составе армии. Поэтому Горбунов от имени Ленина дает распоряжение нижестоящим чиновникам: «Вызвать т.т. Троцкого и Подвойского. Н.Г.».

Документ 31
«В. Секретно.
Г. Председателю Совета Народных Комиссаров.
27 февраля 1918 г.
  Настоящим, не получив точного ответа на мой вопрос от 25 февраля, имею честь вторично просить в срочном порядке сообщить мне количество и качество сил, направляемых к Пскову и Нарве.
  Одновременно, по поручению Представителя нашего Генерального Штаба, еще раз напоминаю о желательности назначения ген. П...* на пост Верховного Командующего русскими вооруженными силами, вместо ген. Бонч-Бруевича, деятельность которого не встречает сочувствия Германского

---

* Фамилию генерала невозможно прочитать.

Верховного Командования. Теперь же, после покушений на жизнь и имущество немецких землевладельцев в Эстляндии и Лифляндии, что, по нашим сведениям, произошло с ведома ген. Бонч-Бруевича и националистической деятельности его в Орле, пребывание генерала на его посту нежелательно.

Начальник Отделения

Адъютант».

По требованию Германского Генерального штаба М.А.Бонч-Бруевич[85] был отстранен от военных дел не только на Северном фронте, но и вообще от работы в военном ведомстве. Сам факт немедленного отстранения от занимаемой должности М.А.Бонч-Бруевича убеждает нас в том, что документ № 31 «В. Секретно», адресованный Ленину, является подлинным.

О совместной деятельности ВЧК и «Нахрихтен Бюро» говорит следующий документ.

Документ 29

«В. Секретно.

В Комиссию по борьбе с контр-революцией

Настоящим сообщается, что наблюдением и в случае необходимости нападением на японских, американских и русских офицеров, командующих оккупационным корпусом в Восточной Сибири, заведуют наши агенты Штауфахер, Кригер, Гизе, Вальдейн, Буттенгоф, Даттан и Скрибанович, к коим и надлежит обращаться как комиссару Кобозеву[86], так и командированным Комиссией лицам. Адреса агентов указаны в списке № 3.

Начальник

Адъютант».

На письме имеется пометка, сделанная, очевидно, руководителем, курирующим ВЧК. Этот неизвестный чиновник пишет: «Телегр(афировать) Кобозеву. Телегр(афировать) Стреабергу[87]. Но более интересна лаконичная запись, сделанная ниже на полях письма: «Дать список. Дз.». Автор ее — председатель ВЧК Ф.Э.Дзержинский, обычная подпись которого выражалась этими двумя буквами. В указанном списке — фамилии агентов и их адреса:

1. Штауфахер, Владивосток, дом Панова.
2. Р.Кригер, Пякольск, Уссурийский.
3. А.Гизе, Иркутск, аптека Жинжеровой.
4. В.Вальдейн, Владивосток, соб. дом.
5. Буттенгоф, Хабаровск, Кунст и Альберс.
6. Даттан, Томск. Нечаевская ул.
7. Бр. Буздерг, Харбин, — Управление Кит. Вост. жел. дор.
8. Скрибанович, Благовещенск, дом Кунст и Альберс.
9. Панов, Владивосток, соб. дом[88].

Список агентов, приведенный на письме «Нахрихтен Бюро», очевидно, дан сотрудником ВЧК. Следует заметить, что на диверсионную работу немецкие разведорганы направляли агентов не впервые, поскольку в документе указан «список № 3».

Факсимиле документа № 29

На протяжении всех лет коммунистического режима советская историография утверждала, что советизация страны проходила успешно и что этот процесс в основном был завершен к марту 1918 года. Однако это утверждение в корне не соответствует действительности. Так называемое триумфальное шествие советской власти затянулось на целых пять лет.

Следует сказать, что германские власти, заинтересованные в скорейшем подписании мирного договора с Россией, делали все возможное, чтобы ускорить процесс установления власти большевиков на местах. Они оказывали большевикам не только материальную помощь, но и отправляли в Россию для подавления народного сопротивления большевистской власти опытные военные подразделения германской армии и средства. Об этом свидетельствуют приводимые ниже документы из сиссоновского сборника.

Документ 8
«Рейхсбанк, № 2, Берлин,
(Весьма секретно)
8-го Января 1918 года.
Народному Комиссару по Иностранным Делам:
Сегодня мною получено сообщение из Стокгольма, что в распоряжение наших агентов переведено 50 миллионов рублей золотом для вручения их представителям Народных Комиссаров. Кредит этот предоставлен Правительству России на уплату содержания Красной Гвардии и агитаторам в стране. Имперское Правительство считает своевременным напомнить Совету Народных Комиссаров необходимость усиления пропаганды в России, так как враждебное к существующей в России Власти отношение Юга России и Сибири очень озабочевает Германское Правительство. Необходимо послать повсюду опытных людей для установления однообразной Власти.
Представитель Имперского Банка.
Фон Шанц.

Примечание. Члены Красной Гвардии получали от 12 до 16 руб. в день в то время, как жалованье солдата едва достигало соответствующего числа в копейках. Это письмо указывает место, откуда получались деньги. Большевистское Правительство также требовало от владельцев заводов, чтобы они регулярно платили жалованье своим рабочим, в то время когда последние состояли на службе в Красной Гвардии. Пометка на письме указывает на то, что оно было направлено к Меншинскому, Министру Финансов, при котором состоял в качестве эксперта-советника немец фон-Толь. Меншинский лично взялся за разрушение русских банков, маневр, посредством которого противники большевизма лишались средств к ведению военных действий. Это было классическим разрушением, выполненным во имя созидания»[89].

Опровергнуть этот документ невозможно, поскольку на нем сделали пометки большевистские комиссары и прочие чиновники. Нельзя возразить и Сиссону. Хотелось лишь кое-что добавить к сказанному им, основываясь на свидетельствах современника тех лет.

Старый тифлисский рабочий А.Г.Мискин рассказывал, что он лично видел, как комиссары красногвардейских отрядов наживались, составляя фиктивные списки, по которым члены Красной Гвардии получали деньги за свою службу.

Документ 19

«Контр-Разведка при Ставке. Января 16, 1918 года.

В Совет Народных Комиссаров:

Настоящим довожу до сведения Народных Комиссаров, что через наши передовые линии, с именного разрешения Главковерха, проследовало 100 германских офицеров и 250 унтер-офицеров на наши внутренние фронты; часть германских офицеров отправилась на фронт Донской области, часть на фронт против ат. Дутова и часть отбыла в Восточную Сибирь и Забайкалье для наблюдения и, окажется возможным, для противодействия японскому оккупационному отряду и контр-революционным забайкальским казачьим офицерам.

Контр-Разведчик: П. Архипов.

Примечание. Следующий странный комментарий придает этому письму интерес, а именно: «Обвинение или глупое обвинение, ради личной выгоды? Сообщите товарищу Крыленко», подпись Н.Г. Имею фотографию письма»[90].

На сей раз, как мне представляется, Сиссон не разобрался в хитроумной записи Н.Горбунова. А тут как раз очень просто: ленинский секретарь, желая как-то замаскировать немецко-большевистские тайные связи, пытается представить дело так, будто контрразведчик Архипов якобы в корыстных целях доносит в СНК ложный компромат на Верховного Главнокомандующего.

Документ 7

«Г.Г.С. Нахрихтен Бюро,
Секцион Р, № 27.
(Конфиденциально)
12-го Января 1918 года.

Господину Народному Комиссару по Иностранным Делам:

По поручению местного Отдела Германского Генерального Штаба, Разведочное Отделение сообщило имена и характеристики главнейших кандидатов в переизбираемый Центральный Исполнительный Комитет, и Генеральный Штаб поручил настаивать на непременном избрании нижеследующих лиц: т.т. Троцкого, Ленина, Зиновьева, Каменева, Иоффе, Свердлова, Луначарского, Коллонтай, Фабрициуса, Мартова, Стеклова, Гольмана, Фрунзе, Ландера, Милька, Преображенского, Соллерса, Студера, Голдберга, Аванесова, Володарского, Раскольникова, Стучка, Петерса и Нейбута.

О таком желании Генерального Штаба благоволите сообщить Председателю Совета Народных Комиссаров.

Начальник Отделения Агасфен.

Адъютант Генрих.

Примечание. Пометки гласят: «Копия передана Председателю Совета Рабочих и Солдатских Депутатов. № 956». «Доставить Товарищу Зиновьеву и Секретному Отделу, М. Ов...(?)». Число 12-е января (русский календарь) совпало с неделей Всероссийского Съезда Советов в Петрограде, неделю спустя после насильственного разгона Учредительного Собрания. Выборы пришлись к концу недели и в действительности явились чисто механическими перевыборами почти всего прежнего исполнительного комитета Комиссаров. Несмотря на отсутствие точного списка, я все-таки могу показать, что настоящий исполнительный комитет был избран из этой группы. Что меня больше всего удивляет, так это имя Мартова, главы предполагаемой отдельной фракции. Мартов, очень способный писатель, вместе с Троцким он подвизался в Париже на газетном поприще, но, говорят, в России между ним и Троцким произошел раскол. Доказательство того, что Германия продолжает относиться к нему благосклонно, имеет особое значение для дела. Г-жа Коллонтай, единственная женщина в этом списке, была Комиссаром Общественного Благосостояния*. Она была послана в феврале месяце заграницу для иностранной пропаганды, но дальше Скандинавии она не поехала и спустя некоторое время вернулась обратно в Россию. Каменев же, отправившийся вместе с г-жей Коллонтай из России, также старался вернуться обратно, но был арестован финской Белой Гвардией (а не немцами) на Аландских островах, и его освобождение послужило предметом целых переговоров. Он — шурин Троцкого. Свердлов состоял временным председателем Совета. Луначарский состоит Комиссаром Народного Просвещения. Стеклов состоит редактором оффициальной газеты «Известия». Володарский, который жил в Соединенных Штатах, был доверенным лицом Ленина. Он был убит в Москве, на последней неделе июня. Агасфер, который доставил предписание от имени Рауша, есть Майор Любертс.

Имею фотографию письма»[91].

В целом, не возражая Сиссону, вместе с тем хотелось сказать о следующем. Немецкие политики понимали, что, несмотря на тайные договоренности с большевистскими вождями, вопрос подписания мирного договора между Россией и Германией все же будет обсуждаться в ВЦИК, и в этом смысле немцам хотелось бы, чтобы в него вошло как можно большее число германофилов. Однако если учесть, что при обсуждении вопроса о подписании мира с Германией на заседании ВЦИК приняло участие 227 человек, то рекомендованный немцами список лиц для избрания в состав ВЦИК составлял менее 10 процентов от общего числа избранных в него из разных партий.

И еще один немаловажный вопрос. После разгона Учредительного собрания все высшие органы власти фактически автоматически потеряли свой юридический статус, поскольку они были избраны II Все-

---

* А.М.Коллонтай была назначена Наркомом государственного призрения.

российским съездом Советов в октябре 1917 года с оговоркой «впредь до Учредительного собрания». Поэтому Ленин и его единомышленники форсировали созыв III съезда Советов, чтобы не выпустить из рук узурпированную власть.

И последнее замечание. Этот съезд нельзя назвать Всероссийским, поскольку в его работе приняли участие делегаты далеко не со всех губерний России. По сути дела это был мошеннический прием организации съезда, как всегда используемый большевистскими вождями и лично Лениным.

Изучая документы сборника, нельзя не заметить, как день ото дня расширялись и углублялись контакты между сотрудниками спецслужб большевиков и немцев. Более того, тон обращения, категоричность и характер писем, исходящих от немецкой стороны, таковы, что можно подумать, будто немцы находятся у себя дома, а не в чужой стране. Обращает на себя внимание и тот факт, что среди приобретенных Сиссоном документов имеются не только их фотокопии, но и сами оригиналы, о которых он говорит в конце своего примечания.

Документ 44
«Г. Г. С. Нахрихтен Бюро
Секцион Р, № 238.
7-го февраля 1918 г.
Господину Народному Комиссару по Иностранным Делам.

Нам сообщено, что агенты Контр-Разведки при Ставке следят за командированным в Киев майором Эрихом. Прошу принять срочные меры к отстранению этого стесняющего деятельность названного офицера наблюдения.

Начальник Отделения:
Агасфер.
Адъютант Букгольм.

Примечание. Инициалы Чичерина — товарища Министра Иностранных Дел, подписаны на полях под заметкой: «Переговорить». Это письмо отмечает собою период острого раздражения из-за Украины между большевиками и немцами. Агасфер — Майор Любертс.
Имею оригинал письма»[92].

Такой документ не нуждается в комментарии. Достаточно графологической экспертизой признать, что пометки, сделанные на полях документа, принадлежат Чичерину.

Документ 24
«Комиссар по Борьбе с Контр-Революцией и Погромами, № 445—63.
Петроград.
Января 21 дня 1918 г.
Комиссару по военным делам Склянскому:

Наша агентура с Фурштадской улицы сообщает, что там отмечены посетившие три раза Американское Посольство два лица, до того не бывавшие в Посольстве. Майор Любертс просит указать Комиссару Подвойскому необходимость установления слежки. Прошу распоряжений.

Комиссар: А.Козмин.

Примечание. Майор Любертс считал нужным установить личность посетителей Американского Посольства. Подвойский был военным министром.

Имею фотографию письма»[93].

Этот документ подтверждает факт совместного наблюдения большевистских и немецких агентов за посольствами Великобритании, Франции, США, Италии и Румынии, установленного еще в декабре 1917 года (см. выше документ № 25). Он также говорит о двойном подчинении большевистских агентов.

Документ 14
«Г. Г. С. Нахрихтен Бюро,
Секцион Р, № 278—611
7-го Февраля, 1918 года.
Господину Народному Комиссару по Иностранным Делам:
До сведения Разведочного Отделения дошло, что данное Вами лично, господин Комиссар, в Брест-Литовске обещание не распространять в германских войсках социалистической агитационной литературы не исполняется. Прошу сообщить, какие будут по этому поводу приняты меры.
За Начальника Отделения Р. Бауер.
Адъютант Генрих.

Примечание. Резкие слова в обращении к Министру Иностранных Дел Правительства Советов Рабочих, Солдат и Матросов Российской Республики употреблены лицом, не равным Министру по рангу, а представителем немецкого Майора, стоявшего во главе одного из Разведочных Бюро Германского Правительства. Возмутился ли Троцкий, или же отрицал он это обвинение? Нет; — он собственноручно написал на полях: «Прошу обсудить Л.Т.», и тем он признает, что он дал обещание в Брест-Литовске. Поднятый вопрос касается лишь степени требуемого подчинения.

Имею оригинал письма»[94].

По поводу неправильного прочтения Сиссоном резолюции Троцкого на этом документе я уже указывал в начале главы. Здесь же нужно отметить, что большевики никогда не отказывались от пресловутой идеи мировой революции. Поэтому ждать от них честного выполнения обещаний не приходится. Участие большевистских эмиссаров в Баварском мятеже о многом говорит.

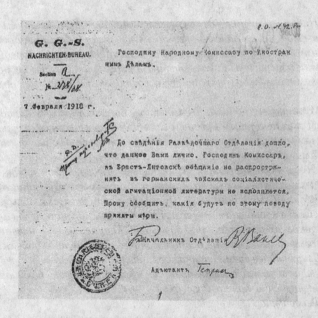

Факсимиле документа № 14

В сборнике содержатся и такие документы, которые проливают свет на организацию большевиками открытого террора против польских патриотов, стремящихся после падения монархии в России возродить польское государство. В них ясно прослеживается реакционная сущность большевизма. Два примера:

Документ 41
«Контр-Разведка При Ставке, № 461
Январь, 28-го дня, 1918 г.
В Чрезвычайную Комиссию по Борьбе с Контр-Революцией:
Учрежденная особая Комиссия по борьбе с польскими контр-революционными войсками начала свою деятельность, все делопроизводство ее сосредоточено в Контр-Разведке при Ставке, где собираются все сведения о контр-революции на внешнем и внутреннем фронтах. В Комиссию прибыли члены Комиссии по борьбе с контр-революцией: Е. Мехоношин, Н. Зензанов, Желинский и из Севастополя тов. Тюрин. На совещание были вызваны агенты, изъявившие желание отправиться для борьбы с польским буржуазным офицерством: подп. Дембицкий, Болеслав Яхимович, Роман Стриевский, Иосиф Ясеновский и Михаил Адамович. Все эти агенты обязаны довести дело до открытого неподчинения солдат офицерам и до ареста последних.
В крайнем случае, Главковерх распорядился командировать Нахима

Шера и Илью Разумова для истребления контр-революционных зачинщиков среди польских войск, и Комиссия признала возможным объявить все польские войска вне закона, когда эта мера представится необходимой.

Из Петербурга наблюдатели сообщили, что польские организации проявляют большую сдержанность и осторожность во взаимных отношениях.

Установлен, однако, несомненный контакт между находящимися в Петербурге Верховным Военным Советом и польскими офицерами и солдатами из буржуазно-помещичьего класса с контр-революционными польскими войсками. По этому поводу в Комиссариате по военным делам состоялось 22-го Января совещание т.т. Подвойского, Кедрова, Борецкова, Дыбенко и Ковальского. Комиссары по морским делам доложили, что моряки Трушин, Маркин, Пейнкайтис и Шульц требуют роспуска польских войск и угрожают в противном случае избиением польских легионеров в Петербурге. Главковерх полагает, что возможно направить гнев названных моряков и их группы на фронт против контрреволюционных польских войск.

В настоящее время наша агитация среди польских войск ведется очень оживленно и на разложение польских легионов имеется большая надежда.
Заведующий Контр-Разведкой:
Фейерабенд.

Примечание. Имею фотографию письма»[95].

Документ 42
«Контр-Разведка При Ставке.
Января, 28-го дня, 1918 г.
В Комиссию по Борьбе с Контр-Революцией:
По поручению главковерха в ответ на Ваш запрос дополнительно к депеше сообщаю, что присланные с майором Байермейстером деньги здесь получены. В действующих против контр-революционеров фронтовых войск выделено для борьбы с поляками и румынами несколько батальонов. Плотим 12 рублей в день при усиленном пайке. Из нанятых частей, посланных против легионов, выделены два отряда: один из лучших стрелков для расстрела офицеров-поляков, другой из литовцев и латышей для порчи запасов продовольствия в Витебской, Минской и Могилевской губ., в местах сосредоточия польских войск. Некоторые местные крестьяне также согласны нападать на поляков и истреблять их.

Комиссар: Г. Мошолов.

Примечание: Эти два документа показывают, что политика, которую вели против этих патриотов-солдат, была одной из самых безпощадных и истребительных политик, финансируемых немецкими деньгами, врученными немецким офицером. Байермейстер упоминается в документе № 5.
Имею фотографию письма»[96].

Я сознательно отказываюсь комментировать эти два документа. Пусть это сделает читатель, ознакомившись с ними.

Однако, чтобы облегчить работу читателя, необходимо было изучить и проанализировать все документы, а затем отобрать среди всей массы исторических источников те материалы, знакомство с которыми способствовало бы складыванию у читателя своего мнения о внутреннем мире, нравственном облике и психологии большевиков.

В заключение главы рассмотрим еще один весьма важный исторический документ из архива Сиссона — документ № 28, факсимиле которого приводится ниже.

Документ «доверительно» адресован Троцкому. Хочу особо подчеркнуть, что этот документ требует самого пристального изучения, поскольку в нем затронут вопрос, касающийся судьбы первенца российского флота. Заметим, что буквально за неделю до подписания мирного договора между Советской Россией и Германией этот документ ложится на стол Наркома иностранных дел. Судя по тому, что на документе отсутствует резолюция Троцкого, можно сделать вывод, что он дал своему секретарю устное распоряжение. Можно смело утверждать, что о существовании документа был осведомлен глава правительства — Ленин. Это документально будет доказано ниже.

Но, так или иначе, документ получает дальнейшее движение. Проследим за его направлением.

Сразу отметить, что рассматриваемый документ является оригиналом, чудом (!), приобретенным Эдгаром Сиссоном.

Документ 28
«24 февраля 1918 г.
Доверительно.
Господину Народному Комиссару по Иностранным Делам.

По поручению Имперского правительства имею честь просить срочном порядке произвести анкету какие торговые суда, вспомогательные крейсера и транспорты могут быть отправлены в воды Тихого Океана, где Германское Правительство намерено создать для борьбы с американо-японской торговлей сильный коммерческий флот, плавающий под русским флагом.

Вместе с тем довожу до Вашего сведения, что в Балтийском Флоте Ваши матросы распродают с военных кораблей катера, мелкие механизмы, медные и бронзовые части машин и проч. Не было бы посему своевременным поднять вопрос о продаже Германии этих расхищаемых и разоряемых военных кораблей.

Решение Правительства благоволите мне сообщить.
Начальник Русского Отдела Германского Генерального Штаба Адъютант».

На полях письма имеются два указания. Против первого абзаца

читаем: «Запросить у Ломова, Маркин»[97]. Против второго: «Раскольникову. Маркин». Несомненно, что оба указания исходили от Троцкого. Если первое касалось попытки Германии использовать Россию против Америки и Японии, то второе отражало преступное решение. По сути дела, судьба Балтийского флота поручалась платному агенту германского Генштаба, заместителю наркома по морским делам Ф.Ф. Раскольникову. Все шло к тому, чтобы сдать Балтийский флот немцам и использовать его против держав Антанты.

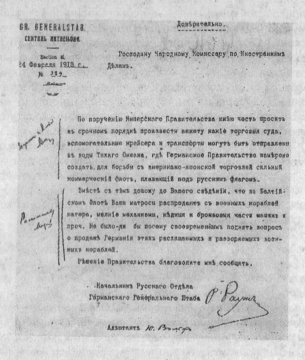

Факсимиле документа № 28

Этот предательский план, наносящий удар по мощи и престижу русского флота, был настолько очевиден, что не смог остаться незамеченным моряками, а тем более командным составом Балтийского флота. Возглавляемые бывшим царским контрадмиралом А.М.Щастным и другими офицерами, военные моряки сделали все возможное и даже, казалось, невозможное, чтобы предотвратить государственное преступление. Как выясняется теперь, А.М.Щастный располагал сведениями, подтверждающими замыслы германского и большевистского правительств. В сложной ледовой обстановке с 12 марта по 22 апреля 1918 года они совершили беспримерный в военно-морской истории переход из Гельсингфорса (Хельсинки), Ревеля (Таллинн) и Аландских островов в Кронштадт и спасли около 250 боевых кораблей и вспомогательных судов, в том числе: 6 новейших линкоров, 5 крейсеров, 59 эсминцев и миноносцев, 12 подводных лодок. О подвиге выдающегося флотоводца Щастного и моряков Балтийского флота писали газеты всего мира.

Щастный был вызван в Москву (якобы для доклада)*. Никому в голову не приходило, что приезду Щастного в Москву предшествовало секретное заседание с участием Свердлова, Троцкого, Дыбенко, Раскольникова и Сакса[98]. В принятом решении, в частности, подчеркивалось, что «...гражданин Щастный, обнаруживший недостаток твердости духа и распорядительности... вмешивавшийся в политические вопросы с явно реакционными целями, увольняется от службы и предается суду». Этот злонамеренный документ подписали Троцкий, Раскольников и Сакс.

Обвиненный «в преступлениях по должности, в подготовке контрреволюционного переворота и государственной измене», 29 мая 1918 года Александр Михайлович Щастный был арестован. Производство следствия было возложено на члена ВЦИК В.Кингисеппа. (Кстати, в сентябре 1918 года СНК учредил Особую Следственную комиссию в составе П.Стучки, В.Кингисеппа и Я.Шейнкмана.) 21 июня, выполняя приговор Революционного трибунала при ВЦИК, в здании бывшего Александровского училища вильгельмовские наймиты расстреляли верного сына Родины. Следует отметить, что для расстрела Щастного была отобрана специальная команда из китайцев.

Известный русский историк С.П.Мельгунов в своей книге «Красный террор в России», опубликованной в 1923 году на Западе, справедливо отметил, что с Щастным расправились только за то, что он «спас остаток русского флота в Балтийском море от сдачи немецкой эскадре»[99].

С выводами Мельгунова трудно не согласиться. Следует привести также весьма важный факт, который, на мой взгляд, стал роковым в судьбе Щастного. Дело в том, что при аресте боевого командира в его портфеле были обнаружены фотокопии двух уникальнейших документов начальника германской контрразведки, адресованных председателю СНК Ленину и председателю РВС Троцкому. Эти документы были подброшены Щастному английской разведкой. В них содержались конкретные указания главарям большевистского правительства, как следует поступить с кораблями Балтийского флота, сосредоточенными в Гельсингфорсе.

Несмотря на многочисленные документальные материалы, доказывающие предательскую деятельность большевиков, в особенности их лидеров, по сей день появляются в печати статьи, в которых

---

* В Кронштадте были уверены, что в Москве Командующего Балтфлотом ждет высокая правительственная награда.

делается попытка все преступные акции, совершенные против России и ее народа, свалить на «врагов народа», репрессированных в годы сталинизма.

«Достоверно известно, — пишет майор юстиции В.Звягинцев, — что до ареста между Троцким и Щастным произошел серьезный конфликт»[100].

Ничуть не ставя под сомнение этот факт, должен сказать, что юрист Звягинцев глубоко заблуждается, если считает, что причиной гибели 37-летнего командующего Балтийским флотом А.М.Щастного явились только интриги, организованные против него Троцким. Причины расправы с честными и истинными патриотами России лежат намного глубже, и о них достаточно подробно было сказано выше; о них будет сказано и в последующих главах. Здесь же отметим, что Щастный сорвал предательский план большевистских лидеров и за это поплатился жизнью.

В нашей отечественной истории еще не мало белых пятен. Во многом это на совести авторов, которые освещали ее в соответствии с пожеланиями заказчиков из Кремля и со Старой площади. И неудивительно, что даже в таких солидных книгах, как «Боевой путь Военно-морского флота» (М.: Воениздат, 1974), «Гражданская война в СССР», выпущенная также Воениздатом в 1980 году, «Великий Октябрь и защита его завоеваний», опубликованная в 1987 году под редакцией академика И.И.Минца, не нашлось места, чтобы упомянуть имя славного моряка российского флота — А.М.Щастного.

Стоит ли удивляться такому факту, если в Большой Советской Энциклопедии не упомянуто имя прославленного моряка, героя русско-турецкой (1828—1829) и Крымской (1853—1856) войн и основателя города Новороссийска адмирала Л.М.Серебрякова.

Завершая рассмотрение фактов, изложенных в документе № 28, хотелось бы сказать, что сегодня имеются все основания утверждать, что план сдачи немцам кораблей Балтийского флота и затопление на Новороссийском рейде основной части судов Черноморского флота, которое было осуществлено 18 июня 1918 года по прямому приказу Ленина, — звенья одной и той же преступной цепи. Свидетельством тому — принятое решение о необходимости затопления кораблей Черноморского флота (см. документ ниже) и секретная директива, которую Ленин 28 мая направил командующему Черноморским флотом и главному комиссару флота. В ней строгое требование: *«Ввиду явных намерений Германии захватить суда Черноморского флота, находящиеся в Новороссийске, и невозможности обеспечить Новороссийск с сухого пути или перевода в другой порт, Совет Народных Комиссаров, по представлению Высшего военного Совета, приказывает вам с получением сего уничтожить все суда Черноморского флота и коммерческие пароходы, находящиеся в Новороссийске. Ленин»*[101].

Преступность очевидна. Судите сами. В мае 1829 года русский бриг Черноморского флота «Меркурий» в открытом море встретился с дву-

мя турецкими линейными кораблями и не дрогнул. Более того, в не-
равном бою, длившемся около четырех часов, русские моряки вышли
из него с честью. А вот вождь большевиков запрещает морякам Черноморского флота сражаться с врагами Отечества, в угоду Германии приказывает им затопить два линкора, шесть эскадронных миноносцев,
девять эсминцев и коммерческие пароходы.

Резолюция В.И.Ленина о необходимости затопления кораблей Черноморского флота в Новороссийске в 1918 году: «Ввиду безвыходности положения,
доказанной высшими военными авторитетами, флот уничтожить
немедленно. Председатель СНК В.Ульянов (Ленин)»

На этом можно было бы подвести черту. Но я себе не простил бы,
утаив от читателя еще один чрезвычайно важный документ от 21 августа 1918 года. Он лишний раз доказывает тесную связь Ленина с властями Германии и ее Генштабом:

«Тов. Воровский!
Прилагаемое письмо к амер(иканским) р(абоч)им будьте добры рас-
порядиться перевести на нем(ецкий) и скопировать поскорее, оригинал же
пошлите Балабановой. Насчет истерик и проч. «ведомства», ей-богу, Вы
придираетесь. Ни тени паники не было. «Помощи» никто не просил у нем-
цев, а договаривались о том, когда и как они, немцы, осуществят их план

похода на Мурман* и на Алексеева[102]. *Это совпадение интересов. Не используя этого, мы были бы идиотами. Не паника, а трезвый расчет. Привет Вам и Вашей жене от всех нас. Ваш Ленин...»*[103] (Выделено мной. — А.А.).

Бесспорно, Ленин был главным действующим лицом в тайных связях большевиков с немцами. Но должен сказать, что преступная сеть большевиков была весьма широкая. В пользу Германии работали не только вожди большевиков и красные комиссары. В эту деятельность путем подкупа, обмана и угроз было втянуто множество людей: чиновники различных комиссариатов и ведомств; бывшие сотрудники царской охранки и их агенты; моряки и солдаты; хорошо оплачиваемые красногвардейцы, некоторые генералы и офицеры царской армии. Особую нагрузку несли, конечно, сотрудники ВЧК во главе с Дзержинским. Судя по документам сборника Э.Сиссона, они работали в тесном контакте с германскими разведорганами. Нельзя не заметить, что если ВЧК пристально следила за сотрудниками миссий бывших союзных с Россией государств, то на немецкую агентуру не обращала никакого внимания. Страна была буквально наводнена германскими агентами и диверсантами. С согласия правительства России, под крышей СНК, ЦИК, комиссариатов и ведомств, под видом консультантов и советников, а во многих случаях открыто (В Красной Армии и ЧК) орудовали сотни офицеров из Русского Отделения германского Генштаба.

В данной главе и в целом в исследуемой работе приведено, как заметил читатель, большое количество документальных материалов, воспоминаний и свидетельств современников тяжелых и мрачных годин, убедительно показывающих масштабы и характер преступлений, совершенных большевиками во главе с Лениным против Российского государства и его народа.

Несомненно, из всего изложенного выше каждый читатель вправе сделать свое резюме. Мне же хотелось лишь поставить вопрос: *Кем после всего, что стало нам известно, считать большевиков и их вождя, определившего свою партию как «ум, честь и совесть нашей эпохи»?*[104]

---

* Мурманск.

ГЛАВА 11

«КРЕСТНЫЙ ОТЕЦ» КРАСНОГО ТЕРРОРА

Жестокость не может быть спутницей доблести.

М.Сервантес

Акты преследования и насилия, вплоть до физического уничтожения личности, известны истории с незапамятных времен. А со второй половины XIX века террор стал применяться и в политических целях.

Террористические акты как средство политической борьбы впервые стали практиковаться в России с середины 60-х годов XIX столетия, когда в 1866 году Д.Каракозов[1] предпринял попытку убить Александра II. Следующая волна приходится на конец 70-х — начало 80-х годов: на кровавую тропу вышли представители организации «Народная воля». Начиная борьбу с самодержавием народовольцы приняли на вооружение индивидуальный террор. Наиболее известными представителями этого течения были А.Желябов[2], С.Перовская[3], С.Халтурин[4] и другие.

4 августа 1878 года редактор газеты «Земля и воля» С.М.Кравчинский в ответ на казнь революционера И.М.Ковальского убил шефа жандармов, начальника III отделения Н.В.Мезенцова. 9 февраля 1879 года социалист-революционер Г.Д.Гольденберг застрелил харьковского генерал-губернатора Д.Н.Кропоткина за жестокое обращение его подчиненных с политическими заключенными.

1 марта 1881 года народовольцу И.И.Гриневскому удалось убить Александра II. Участники покушения были казнены. Подверглась разгрому и их организация. Однако после непродолжительного затишья борьба возобновилась. На смену одним террористам пришли другие. Среди прочих выделилась террористическая фракция тайного общества «Народная воля», которая попыталась организовать 1 марта 1887 года покушение на Александра III. Организаторами покушения на жизнь царя были А.Ульянов (старший брат Ленина), студенты П.Ан-

дрюшкин, В.Генералов, В.Осипов и П.Швырев. Все они также были казнены.

В самом начале XX столетия террором занялись отдельные члены партии социалистов-революционеров (эсеров). Яркими их представителями стали С.Балмашев[5], Е.Созонов[6], Б.Савинков[7], М.Спиридонова[8], П.Карпович[9]. 11 февраля 1901 года Карпович смертельно ранил министра народного образования Боголепова. Его примеру последовал Балмашев, застрелив 2 апреля 1902 года министра внутренних дел Сипягина. Преемника последнего — министра внутренних дел и шефа жандармов Плеве — 15 июля 1904 года убил Созонов. 4 февраля 1905 года террористом-эсером И.П.Каляевым брошенной бомбой в Кремле был убит московский генерал-губернатор, великий князь С.А.Романов. Лидер партии эсеров М.Спиридонова в 1906 году убила тамбовского вице-губернатора Луженовского...

Ленин с одобрением воспринимал эти террористические акты. И надо отметить, что террористов он никогда не забывал. Об этом свидетельствует такой факт. 2 августа 1918 года в «Известиях» за подписью В.И.Ульянова-Ленина был опубликован «Список лиц, коим предположено поставить монументы в г.Москве и других городах РСФСР». Среди 31 фамилии, приведенной в списке, значатся террористы-убийцы И.Каляев, Н.Кибальчич, А.Желябов, С.Халтурин, С.Перовская.

В отличие от народовольцев, стремившихся через террор и заговор прийти к власти, эсеры применяли террористические акции в знак протеста против жестокости, произвола и насилия. Основную же свою политическую цель они видели в революционной борьбе, направленной на свержение самодержавия и установление демократической республики, вовлекая в эту борьбу широкие массы крестьянства, составлявшего абсолютное большинство населения России.

Однако все террористические акты, совершаемые как народовольцами, так и социалистами-революционерами до 1905 года, носили эпизодический, сугубо частный характер. Массовый же террор берет свое начало с октября 1905 года. Его инициатором и идейным руководителем стал Ленин. Именно под его руководством большевики осуществляли геноцид против собственного народа.

Ленин рассматривал террор как одну из основных форм классовой борьбы пролетариата. Известно, что еще в 1901 году в статье «С чего начать?», опубликованной в 4-м номере газеты «Искра», он со всей определенностью писал: «Принципиально мы никогда не отказывались и не можем отказаться от террора»[10]. Высказывая свое отношение к террору, Ленин не преминул сделать колкое замечание в адрес Веры Засулич, которая в 3-м номере той самой «Искры» писала: «Террор кажется нам неподходящим в настоящий момент способом действия не сам по себе, а по своему неизбежному психическому влиянию на окружающую среду».

Совершив государственный контрреволюционный переворот и захватив власть, Ленин взял курс на создание государства цивилизованного рабства, именуемого коммунизмом. Террор и насилие, совершаемые большевиками в ходе установления власти и строительства так называемого «коммунистического общества», являлись основными средствами и методами достижения их цели.

Справедливости ради следует сказать, что воинствующий пыл Ленина, его экстремистские действия не раз осуждали члены ЦК РСДРП и многие рядовые партийцы. Такие факты особенно были отмечены после июльского (1917) контрреволюционного вооруженного путча, организованного Лениным и его единомышленниками. Попытки товарищей по партии удержать его от бессмысленного контрреволюционного переворота делались и в октябрьские дни. Однако остановить рвущегося к власти «якобинца» никто не мог. Протестовали, критиковали и не более.

В первые же дни большевистского переворота (28 октября) члены ЦК РСДРП, не согласные с политикой и контрреволюционными действиями Ленина и его сообщников, обратились с воззванием к питерским рабочим. В нем, в частности, подчеркивалось: «Революции нанесен тяжелый удар, и этот удар нанесен не в спину, генералом Корниловым, а в грудь — Лениным и Троцким... Не дождавшись даже открытия съезда Советов Рабочих и Солдатских Депутатов, эта партия путем военного заговора втайне от других социалистических партий и революционных организаций, опираясь на силу штыков и пулеметов, произвела государственный переворот... Страна разорена трехлетней войной. Войска Вильгельма вторглись в ее пределы и грозят уже Петрограду... И над этой разоренной страной, в которой рабочий класс составляет незначительное меньшинство населения, в которой народ еще только что освободился от векового рабства самодержавия, над этой страной в такой критический момент большевики вздумали проделать свой безумный опыт захвата власти якобы для социалистической революции...»

Глядя на политическую авантюру, осуществляемую большевиками во главе с Лениным, Горький 20 ноября 1917 года с горечью писал в газете «Новая жизнь»: «Рабочий класс не может не понять, что Ленин на его шкуре, на его крови производит только некий опыт... Рабочий класс должен знать, что чудес в действительности не бывает, что его ждет голод, полное расстройство промышленности, разгром транспорта, длительная кровавая анархия, а за нею не менее кровавая и мрачная реакция».

Рассматривая террористические акции советского правительства, должен отметить, что зарубежная историография красного террора в России весьма обширна. Российская же делает пока лишь первые робкие шаги. Ей предстоит выполнить титаническую работу, связанную с фундаментальным изучением и анализом источников по отечественной истории. Особенно ответственно и критически надо изучить те сочинения, которые вышли из-под пера большевистских вождей, различных деятелей партии, комиссаров и красной профессуры. В них можно обнаружить множество фальсификаций и извращений исторических фактов, тенденциозность в их изложении.

Узурпировав власть, Ленин повел наступление на демократические свободы, завоеванные обществом в ходе Февральской революции. Первым шагом в этом направлении был подписанный им 27 октября (9 ноября) 1917 года Декрет о печати, на основании которого все демократические издания, кроме большевистских, стали закрываться. Уместно привести небольшой «утешительный» отрывок из этого декрета: «Как только новый порядок упрочится, — всякие административные воздействия на печать будут прекращены»[11]. «Свободу слова и печати, — писал в апреле 1918 года журнал «За родину», — советская власть подменила свободой самого наглого и беззастенчивого глумления над печатью и словом». О реакционных действиях советского правительства говорят такие факты: за два месяца 1918 года большевистское правительство закрыло только в Петрограде и Москве около 70 газет.

7 (20) декабря 1917 года Постановлением Совнаркома № 21 в стране создается карательно-террористическая организация — ВЧК. Назначение и подчиненность ее четко определены в следующем документе: «ЧК созданы, существуют и работают, — отмечал ЦК РКП(б) в обращении к коммунистам — работникам чрезвычайных комиссий, — лишь как прямые органы партии, по ее директивам и под ее контролем»[12]. С этого времени террор и насилие против широких слоев населения страны, независимо от их классовой и социальной принадлежности, в сущности были возведены в ранг государственной политики. Следуя указанию Ленина, кадры ЧК формировались прежде всего из проявивших себя большевиков. Правда, до лета 1918 года немало в ЦК было и левых эсеров, которые рука об руку с большевиками совершали террор и насилие над гражданами России. Руководители ВЧК не забывали слова своего вождя, который говорил: «Хороший коммунист в то же время есть и хороший чекист»[13]. Создав большевистский карательный орган, Ленин направил его против своих политических противников, против всех, кто отрицательно воспринял советскую власть и ее идеологическую программу. Во главе этого карательного органа был поставлен Дзержинский.

Известный исследователь большевистского террора Роман Гуль отмечал: «...Дзержинский занес над Россией «революционный меч». По невероятности числа погибших от коммунистического террора «октябрьский Фукье-Тенвиль» превзошел и якобинцев, и испанскую инквизицию, и терроры всех реакций. Связав с именем Дзержинского страшное лихолетье своей истории, Россия надолго облилась кровью»[14]. Трудно не согласиться с Романом Гулем.

Грабительским актом советского правительства стала так называемая национализация банков. Мало кто знает, что из себя в действительности представлял декрет «О национализации банков», принятый ЦИК 14 (27) декабря 1917 года. Автором этого зловещего документа был все тот же Ульянов. В преамбуле декрета говорилось, что это мероприятие якобы осуществлялось «в интересах правильной организации народного хозяйства, в интересах решительного искоренения банковской спекуляции и всемерного освобождения рабочих, крестьян и всего трудящегося населения от эксплуатации банковым капиталом и в целях образования подлинно служащего интересам народа и беднейших классов — единого народного банка Российской Республики»[15]. В шестом (последнем) пункте декрета, очевидно, в целях усыпления бдительности населения, подчеркивалось: «Интересы мелких вкладчиков будут целиком обеспечены»[16]. На деле большевистское правительство подвергло экспроприации все российское население, независимо от размера вклада, все подчистую. Оно не пощадило никого: ни рабочих, ни крестьян, ни тех, кто с оружием в руках защищал отечество. Это была открытая и наглая бандитская акция, острием своим направленная против широких слоев населения России.

Следующим шагом советского правительства было введение продразверстки. Автором этого преступного акта, который привел к братоубийственной гражданской войне, был все тот же Ленин. 9 мая 1918 года ВЦИК принял «Декрет о предоставлении народному Комиссару продовольствия чрезвычайных полномочий по борьбе с деревенской буржуазией, укрывающей хлебные запасы и спекулирующей ими». Постановление обязывало «каждого владельца хлеба весь избыток сверх количества, необходимого для обсеменения полей и личного потребления по установленным нормам до нового урожая, заявить к сдаче в недельный срок после объявления этого постановления в каждой волости»[17]. Вполне понятно, что крестьяне (а тем более казаки) восприняли этот декрет отрицательно. Обращает на себя внимание пункт, в котором говорится, что народный комиссар продовольствия наделен полномочиями **применять вооруженную силу в случае оказания противодействия отбиранию хлеба или иных продовольственных продуктов**[18]. В принципе это — ленинский декрет. Достаточно ознакомиться с пунктом 7 этого ленинского положения, чтобы понять, какому жестокому террору подверглось трудовое крестьянство: «...точно определить, что владельцы хлеба, имеющие излишки хлеба и *не вывозящие их* на станции и в места сбора и ссыпки, объявляются *врагами народа* и подвергаются заключению в тюрьме на срок не ниже 10 лет, конфискации всего имущества и изгнанию навсегда из его общины»[19]. Это был террор, на который крестьянство и казачество ответили массовыми восстаниями. Жесточайшим образом они были подавлены. Этими масштабными террористическими акциями руководили «пламенные революционеры»: И.В.Сталин, Я.М.Свердлов, Л.Д.Троцкий, Ф.Э.Дзержинский, М.Н.Тухачевский, И.Э.Якир, И.П.Уборевич, М.В.Фрунзе, К.Е.Ворошилов, С.М.Буденный, И.И.Ходоровский, И.Т.Смилга и другие большевики ленинской гвардии. Довольно метко отозвался генерал А.И.Деникин о Тухачевском, сказав, что он «безжалостный и беспринципный авантюрист». Эту характеристику можно отнести и ко всем «пламенным революционерам».

Одним из самых деятельных лиц, осуществляющих продовольственную диктатуру на местах, был Сталин. Именно его Совнарком «бросил» на этот участок работы. В мандате Сталина, подписанном Лениным, подчеркивалось: «Член Совета Народных Комиссаров, народный комиссар Иосиф Виссарионович Сталин, назначается Советом Народных Комиссаров общим руководителем продовольственного дела на юге России, облеченный чрезвычайными правами...»[20] Сталин незамедлительно стал использовать эти права. В письме Ленину из Царицына он подтверждает: «Можете быть уверены, что не пощадим никого... а хлеб все же дадим»[21]. В тот же день в разговоре с членом Реввоенсовета Восточного фронта К.А.Мехоношиным Ленин требует вести «борьбу с... казаками... с тройной энергией»[22].

Одновременно с террором и грабежами крестьян Ленин начал претворять в жизнь разработанную им же аграрную политику. Свою программу он изложил еще на I Всероссийском съезде крестьянских депутатов, проходившем в мае 1917 года: «Хозяйство на отдельных участках, хотя бы «вольный труд на вольной земле» — это не выход из ужасного кризиса, из всеобщего разрушения, это не спасение. Необходима *всеобщая трудовая повинность,* нужна величайшая экономия человеческого труда, нужна необыкновенно сильная и твердая власть, которая была бы в состоянии провести эту всеобщую трудовую повинность... необходимо перейти к общей обработке в крупных образцовых хозяйствах...»[23] Как видим, аграрная политика вождя заключалась в том, чтобы вновь закрепостить крестьян, насильственным путем загнать их в крупные коллективные хозяйства.

Выступая на совещании делегатов комитетов бедноты 8 ноября 1918 года, Ленин говорил: «...если кулак останется нетронутым, если мироедов мы не победим, то неминуемо будет опять царь и капиталист»[24]. Выполняя эту директиву, комбеды отобрали у кулаков 50 миллионов гектаров земли, что составляло примерно треть тогдашних сельскохозяйственных угодий. И вряд ли следует доказывать, что ликвидация кулачества началась именно в период «военного коммунизма». А впоследствии эта террористическая акция была лишь «логически» завершена прилежным учеником Ленина — Иосифом Сталиным. Жертвами этой акции стали 3,7 млн крестьян: они были вывезены из веками обжитых мест и брошены на произвол судьбы в глухих районах Сибири и Казахстана. Там у многих трагически закончилась жизнь.

Сегодня очевидно — Ленин выступал против воли крестьян. На I Всероссийском съезде земледельческих коммун и сельскохозяйственных артелей (3—10 декабря 1919 г.) в докладах представителей с мест звучали серьезные критические замечания по поводу искусственной организации в их губерниях коллективных хозяйств. Так, председатель Губсоюза Владимирской губернии заявил, что «коммунары бегут из коммун, желая избавиться от всяких невзгод»[25]. А представитель Тверской губернии прямо заявил, что «крестьяне предпочитают иметь собственное, хотя бы и маленькое и несовершенное хозяйство»[26].

Их позицию поддерживали многие работники Наркомата Земледелия (НКЗ), включая его руководителей, видных специалистов сельского хозяйства и теоретиков-аграрников. Участник упомянутого съезда, бывший инспектор НКЗ в 1918—1921 годах, профессор П.Я.Гуров в беседе со мной подтвердил, что сотрудники Наркомата и многие ученые-аграрники, например, А.Н.Чаянов, В.П.Кондратьев и другие, не скрывали своего отрицательного отношения к ленинской идее коллективизации. Они настойчиво пытались убедить Владимира Ильича в том, что коллективные хозяйства, даже при использовании самой передовой техники, успеха не принесут. Их отрицательное отношение к обобществлению крестьянских хозяйств нашло отражение во многих документах и публичных выступлениях. Небезынтересен в этом отношении отчет Наркомзема за пять лет Советской власти (1917—1922). В нем, в частности, сделано весьма лаконичное резюме: «**Надеяться перестроить организацию путем укрепления совхозов и сельскохозяйственных коллективов — значит идти по утопическому пути**»[27].

А то, что вольный крестьянский труд на земле давал положительные плоды, говорят такие факты: в России в 1913 году урожай зерновых был на треть выше, чем в США, Аргентине и Канаде, вместе взятых. Европа не в состоянии была прокормиться без хлеба России. И вот спустя десятилетия, благодаря коллективизации сельского хозяйства, которая была проведена в СССР коммунистическими правителями, Россия превратилась из экспортера хлеба и других сельскохозяйственных продуктов в импортера.

А вот еще один любопытный факт, показывающий (?) «преимущество» социалистического способа производства.

Профессор С.Ф.Найда рассказывал, что в 1940 году на приеме у «отца народов» был директор Института философии АН СССР П.Ф.Юдин. Он усердно говорил о преимуществах советской экономики перед капиталистической. «Преимущества, безусловно, есть, — сказал Сталин. — Однако почему до нашего прихода на выборгской электростанции работали хозяин и пять инженеров, а сейчас работают триста человек и нельзя сказать, что тока стало больше?»

★ ★ ★

Особо следует сказать о казачестве, против которого фактически было совершено тягчайшее преступление, квалифицируемое как геноцид.

Первым крупным репрессивным шагом советского правительства против казачества явилось Циркулярное письмо ЦК РКП(б) от 24 января 1919 года. На основании этого документа совершались массовые грабежи и расстрелы казаков, изгнание их с родных, веками обжитых мест. В первую очередь террору подверглось Донское казачество. В результате преступной экономической и социальной политики советского правительства огромная масса казацкого населения оказалась в лагере Деникина и Колчака, ведя активную борьбу против большевиков.

Ответственны за это прежде всего Ленин, Свердлов и Троцкий. Но следует отметить, что круг виновных в организации репрессивных и террористических акций против казачества значительно шире. Сегодня нужно назвать их имена. Это ближайшие соратники Ленина: Сталин, Калинин, Дзержинский, Склянский, Орджоникидзе, Кржижановский, Луначарский, Крестинский, Ворошилов, Буденный, Фрунзе, Сокольников, Курский, Аванесов, Середа, Гиттис, Тухачевский, Мехоношин, Рогачев, Дыбенко, Крыленко, Белобородов, Данишевский, Базилевич, Герасимов, Весник... Этот список можно продолжить. На их совести сотни тысяч загубленных человеческих жизней, искалеченных судеб. Между тем их именами названы города, улицы, корабли, учебные заведения, колхозы, предприятия. Многим установлены памятники.

А правда такова. Опираясь на большевистских комиссаров и военачальников, действующих в строгом соответствии с директивами правительства и находящихся под пристальным наблюдением членов РВС, Ленин делал все возможное, чтобы стереть с лица земли восставшее население Дона, Кубани, Урала. В сущности, он поступал так со всеми, кто оказывал хоть малейшее сопротивление «единой», то есть его, воле.

Но вернемся к Циркулярному письму, подписанному по указанию Ленина его соратником — Свердловым. В нем предписывались массовые расстрелы казачьих верхов и всех без исключения, служивших в красновской армии, а также косвенно причастных к ним; полная конфискация имущества репрессированных; переселение коренных жителей и колонизация казачьих районов. Готовило эту директиву Донское бюро РКП(б) (ответственные от Донбюро Сырцов и член РВС Южного фронта Ходоровский). Она была согласована с Реввоенсоветом Республики (Троцким) и председателем ВЦИК Свердловым, а затем обсуждена в ЦК (докладчик Сырцов). В предварительном документе «Ко всем ответственным товарищам, работающим в казачьих районах», от 23 января 1919 года, подписанном Свердловым, говорилось:

«Необходимо, учитывая опыт года гражданской войны с казачеством, признать единственно правильным самую беспощадную борьбу со всеми верхами казачества путем поголовного их истребления. Никакие компромиссы, никакая половинчатость недопустимы. В дальнейшем идут пункты, намечающие характер работы в казачьих районах. Этот циркуляр

завтра же перешлю в политотдел с особым нарочным. *Необходимо держать его в строжайшем секрете, сообщая только тем товарищам, которые будут нести работу непосредственно среди казаков.* Полагаю, что приведенная мною выдержка ясна и точно отвечает на все наши вопросы».

А вот и само Циркулярное письмо, отправленное «всем ответственным товарищам»:

«Циркулярно, секретно. Последние события на различных фронтах в казачьих районах — наши продвижения в глубь казачьих поселений и разложение среди казачьих войск — заставляет нас дать указания партийным работникам о характере их работы при воссоздании и укреплении Советской власти в указанных районах. **Необходимо, учитывая опыт года гражданской войны с казачеством, признать единственно правильным самую беспощадную борьбу со всеми верхами казачества путем поголовного их истребления.** Никакие компромиссы, никакая половинчатость пути недопустимы. Поэтому необходимо:

1. **Провести массовый террор против богатых казаков, истребив их поголовно; провести беспощадный массовый террор по отношению ко всем вообще казакам, принимавшим какое-либо прямое или косвенное участие в борьбе с Советской властью. К среднему казачеству необходимо применять все те меры, которые дают гарантию от каких-либо попыток с его стороны к новым выступлениям против Советской власти.**

2. **Конфисковать хлеб и заставлять ссыпать все излишки в указанные пункты, это относится как к хлебу, так и ко всем другим сельскохозяйственным продуктам.**

3. Принять все меры по оказанию помощи переселяющейся пришлой бедноте, организуя переселения, где это возможно.

4. Уравнять пришлых «иногородних» к казакам в земельном и во всех других отношениях.

5. **Провести полное разоружение, расстреливая каждого, у кого будет обнаружено оружие после срока сдачи.**

6. Выдавать оружие только надежным элементам из иногородних.

7. Вооруженные отряды оставлять в казачьих станицах впредь до установления полного порядка.

8. Всем комиссарам, назначенным в те или иные казачьи поселения, предлагается проявить максимальную твердость и неуклонно проводить настоящие указания.

ЦК постановляет провести через соответствующие советские учреждения обязательство. Наркомзему разработать в спешном порядке фактические меры по массовому переселению бедноты на казачьи земли.

Центральный Комитет РКП»[28] (выделено мной. — *А.А.*).

Как видим, инициатива Циркулярного письма исходила из большевистского штаба, в котором Ленин играл главенствующую роль. Довольно метко охарактеризовал эту роль Виктор Чернов. В статье, опубликованной в эмигрантском журнале, он подчеркивал, что в партийной и государственной пирамиде после октябрьского переворота появляется «личный диктатор. Им стал Ленин»[29].

Между тем находятся авторы (например, Ф.Бирюков[30]), которые пытаются внушить читателю мысль, что Ленин якобы ничего об этом документе не знал и потому непричастен к актам насилия и террора против казачества. Однако хорошо известно, что Ленин и Свердлов работали рука об руку, и Свердлов не мог подписать столь ответственный документ, не согласовав его с Лениным. Напротив, есть все основания считать, что основные положения, вошедшие в Циркулярное письмо, исходили от Ленина. Наконец, следует учесть, что «Ленин, как правило, за редким исключением, участвовал во всех заседаниях ЦК РКП(б)»[31].

Руководствуясь основными положениями этого документа, большевики расстреливали казаков, сжигали их дома, изымали хлеб и имущество. Вот что писала местная печать о зверствах большевиков на Дону: «Нет самого малого поселка, где бы не страдали казаки от большевиков... Небывалую, страшную эпоху голода, холода, разорения, эпидемии и смерти переживает Дон, а также наша станица (Константиновка. — *А.А.*), не к кому нам, казакам, обратиться за помощью. Некому поведать свои муки и горе»[32]. Об этих зверствах сообщал в Москву и член РВС Юго-Восточного и Кавказского фронтов В.А.Трифонов. В письме члену редакции «Правды» А.С.Сольцу он отмечал: «На юге творились и творятся величайшие безобразия, о которых нужно во все горло кричать на площадях»[33]. Из докладов сотрудников ВЧК Ленин хорошо знал о массовых расстрелах и арестах казаков, их выселении из станиц Вешенской, Казанской и Мигулинской. И тем не менее в телеграмме члену РВС Южного фронта Сокольникову, отправленной шифром 20 апреля 1919 года, он возмущается: «Верх безобразия, что подавление восстания казаков затянулось»[34]. (Несмотря на все усилия, экспедиционные войска не могли справиться с восставшими, действия которых распространялись на всю Донскую область.)

Зная об истинной обстановке на Дону, Ленин сознательно извращал и фальсифицировал факты. Искусственно превращая казаков в бандитов, он всячески настраивал и натравлял против них рабочих, матросов и солдат. Так, в речи на митинге в Народном доме в Петрограде 13 марта 1919 года он говорит: «Еще и поныне в глубине Донецкого бассейна бродят казачьи шайки, которые беспощадно грабят местное население»[35]. Надо сказать, подобная ложь и демагогия давали свои плоды: политически неграмотная масса всерьез восприняла эти слова «вождя пролетариата» и, слепо повинуясь его призыву, пошла на юг, чтобы уничтожить «казачьи шайки» и получить «хлеб с меньшими затратами и большими результатами»[36], то есть путем открытого грабежа.

Однако никаких шаек на Дону не было: казачество восстало в ответ на грабежи, репрессии и террор большевиков. Это подтверждается докладом командования Южного фронта Главкому: *«Восстание* вспыхнуло 11 марта, и, по получении первого донесения об этом, 12 марта мною был отдан приказ с исчерпывающими указаниями для *решительного подавления восстания».* Командование фронтом сообщало также, что для этой цели создана группа «экспедиционных войск 8 и 9 армии»[37]. 15 марта 1919 года командарм 2-й Конной армии Филипп Кузьмич Миронов направил очередное письмо в Реввоенсовет Республики, в котором обрисовал истинную обстановку на Дону. «Адвокат» Ленина, Ф.Бирюков, пишет, что письма Ленин якобы получил 8 июля, и, «прочитав их, он сказал в присутствии Калинина, Макарова и Миронова: «Жаль, что вовремя мне этого не сообщили»[38]. Но тут снова — чистейшей воды вымысел, попытка отмежевать Ленина от его соратников, совершивших чудовищное преступление против казаков.

Ленин лично занимался организацией подавления восстания. В телеграмме Сокольникову от 24 апреля 1919 года он пишет: «Во что бы то ни стало надо быстро ликвидировать, и до конца, восстание. От Цека послан Белобородов. Я боюсь, что Вы ошибаетесь, не применяя строгости, но если Вы абсолютно уверены, что нет сил для свирепой и беспощадной расправы, то телеграфируйте немедленно и подробно»[39]. Вторую телеграмму Ленин направил в Киев Раковскому, Антонову, Подвойскому и Каменеву: «Во что бы то ни стало, изо всех сил и как можно быстрее помочь нам добить казаков и взять Ростов хотя бы ценой временного ослабления на западе Украины, ибо иначе грозит гибель»[40]. Такая категоричность и жесткость требований вытекала из того, что Ленин решил переселить на Дон миллионы рабочих и крестьян из других губерний. Что же касается казачества, то оно в соответствии с Циркулярным письмом выселялось из родных мест, частью уничтожалось, частью подвергалось аресту. 24 апреля Ленин подписал декрет Совнаркома РСФСР «Об организации переселения в производящие губернии и в Донскую область». В соответствии с ним на Дон переселялись из Петроградской, Олонецкой, Вологодской, Череповецкой, Псковской и Новгородской губерний. 21 мая в телеграмме народному комиссару Середе он требует дополнительно направить на Дон переселенцев из Московской, Тверской, Смоленской и Рязанской губерний[41]. Позже, по указанию Ленина, стали поступать переселенцы из Воронежской, Тамбовской и Пензенской губерний. Несомненно, это был преступный акт, направленный против целого народа и рассчитанный на его полное уничтожение.

В течение мая Ленин направил десятки телеграмм и писем Троцкому, Каменеву, Белобородову, Середе, Луначарскому, Сокольникову, Колегаеву, Хвесину и другим, в которых строжайшим образом требовал ускорить подавление казаков и переселение граждан в Донскую область из других губерний. «Двиньте энергичнее массовое переселение на Дон»[42], — телеграфирует он в Кострому Луначарскому. От Сокольникова требует «подавить восстание немедленно»[43]. Троцкому советует «удесятерить атаку на Донбасс и во что бы то ни стало немедленно ликвидировать восстание на Дону... посвятить себя всецело ликвидации восстания»[44]. (А тот, в свою очередь, выдвигает тезис: «Кто отказывается принципиально от терроризма, т. е. от мер подавления и устрашения по отношению к ожесточенной и вооруженной контрреволюции, тот должен отказаться от политического господства рабочего класса, от его революционной диктатуры»[45].)

Требования Ленина подхлестнули командующего Южным фронтом В.Гиттиса на решительные действия. 17 мая он дает директиву экспедиционным войскам (№ 4011 оп.) о подготовке к операции по ликвидации восстания в Верхнедонских станицах[46].

3 июня Ленин беседует с членами ревкома Котельниковского района Донской области — Колесниковым и Неклюдовым о положении на Дону и об отношении к казачеству. Представители с Дона подробно рассказали ему о всех бесчинствах и грабежах. Лицемерно пообещав помочь казакам, Ленин, однако, **в этот же день** отправил телеграмму командованию Южного фронта, в которой, в частности, говорилось: «Держите твердо курс в основных вопросах»[47] Иными словами, он требовал продолжать террор. Более того, во второй половине того же дня, председательствуя на заседании Совета Народных Комиссаров, Ленин обсуждал вопрос о ходе переселения на Дон[48].

Следует привести еще один важный документ. 14 августа 1919 года, по инициативе Ленина, ВЦИК и СНК приняли Обращение к Донскому, Кубанскому, Терскому, Астраханскому, Уральскому, Оренбургскому, Сибирскому, Семиреченскому, Забайкальскому, Иркутскому, Амурскому и Уссурийскому казачьим войскам. Приводимый ниже текст «Обращения» позволяет еще раз убедиться в наглости и лицемерии «вождя трудового народа».

«Казаки Дона, Кубани, Терека и других казачьих войск! Второй год бывшие помещики, банкиры, фабриканты, купцы, царские генералы, полицейские и жандармы ведут в России жестокую внутреннюю войну против рабоче-крестьянской власти и в этой войне находят у вас поддержку... Почему вы, казаки, помогаете вековым угнетателям народа? Разве новая рабоче-крестьянская власть стала притеснять вас или ваши родные места и веру? Ведь этого нет. Напротив, Рабоче-Крестьянское правительство объявило свободу всем. Такую свободу дало оно и казакам. Оно не собирается никого расказачивать насильно, оно не идет против казачьего быта, оставляя трудовым казакам их станицы и хутора, их земли, право носить какую хотят форму (например, лампасы)... Советское правительство одинаково заботится о казаке, крестьянине и рабочем. Оно защищает их общие интересы... За преступление против казаков, крестьян и рабочих Советское правительство строжайше наказывает, вплоть до расстрела...

М.Калинин, В.Ульянов (Ленин), В.Аванесов, М.Макаров, Ф.Степанов»[49].

Самое интересное: в подлиннике «Обращения» нет подписей комиссара по казачьим делам М.Макарова и заведующего казачьим отделом ВЦИК Ф.Степанова. Они просто отказались заверить насквозь фальшивый документ, понимая, что он — не что иное, как попытка еще раз обмануть общественное мнение. Многие ли знали тогда о требовании Ленина «полной ликвидации уральских казаков»[50], направлении «самых энергичных людей» Дзержинского для подавления народного восстания в районе станиц Вешенской и Казанской[51] и о последующем заявлении о том, что мы «не сможем обработать не меньше, чем в 3 миллиона десятин по реке Уралу... до 800 000 десятин»[52] в Донской области?

Заключительным актом трагедии стал подписанный Лениным 25 марта 1920 года декрет СНК «О строительстве Советской власти в казачьих областях». В нем говорилось: «Учредить в казачьих областях общие органы Советской власти, предусмотренные Конституцией Российской Федеративной Социалистической республики и положением Всероссийского Центрального Исполнительного Комитета о сельских Советах и волостных исполкомах... Отдельных Советов казачьих депутатов не должно быть создаваемо... Декрет от 1 июня 1918 г. об организации управления казачьими областями... отменить»[53].

А тем временем террор продолжался. Так, на Кубани «после подавления восстания была произведена регистрация всех офицеров и чиновников, которая дала 30 000 чел. ...часть из них, около 3000 чел., была расстреляна, а все остальные сосланы в Соловецкий монастырь», — сообщала берлинская газета «Руль». В газете говорилось, что, «начав расстрелы, большевики не прекращают их до последнего времени»[54].

Большевики не останавливались ни перед чем. Они раскопали могилу генерала Корнилова, вытащили тело и возили его по улицам Екатеринграда, чтобы показать населению, что Корнилов мертв и тем самым оказать на него психологическое воздействие и усмирить восставший против большевистского правительства народ. От карательных мер большевиков Россия понесла большие жертвы.

В целом в стране за годы гражданской войны подверглось репрессиям свыше 4 млн казаков.

На совести Ленина еще один страшный грех. После смерти Ильи Николаевича, отца Ленина, более 30 лет семья Ульяновых жила на пенсию, установленную царским правительством. Ленин практически вплоть до октября 1917 года нигде не работал, разъезжая по Европе на средства государства и трудящихся. Но придя к власти, у него повернулся язык дать приказ о расстреле царя, членов его семьи и ближайших родственников. (В 20-й главе это зверство будет описано более подробно.)

Изучая кровавые деяния Ленина, складывается впечатление, что в этом человеке от рождения бушевала сплошная желчь.

С особой жестокостью Ленин расправлялся со своими политическими противниками. Лидер партии эсеров В.М.Чернов в этой связи вспоминал: «Помню, раз до войны, дело было в году, кажется, в 11-ом — в Швейцарии. Толковали мы с ним (Лениным. — *А.А.*) в ресторанчике за кружкой пива — я ему и говорю: «Владимир Ильич, да приди вы к власти, вы на следующий день меньшевиков вешать станете!» А он поглядел на меня и говорит: «Первого меньшевика мы повесим после последнего эсера», — прищурился и засмеялся»[55].

Но Ленин «не сдержал» своего слова: первой жертвой стала кадетская партия. К ним он питал особую ненависть.

Объявив кадетов врагами народа, большевики стали физически истреблять их без суда и следствия. А затем, задним числом (28 ноября 1917 г.), был издан подготовленный Лениным декрет СНК «Об аресте вождей гражданской войны против революции»[56], объявивший кадетов государственными преступниками, подлежащими суду ревтрибунала. В конце ноября 1917 года кадетская партия была обезглавлена; многих ее членов ЦК арестовали и расстреляли, в их числе — председателя комиссии по подготовке законопроекта о выборах в Учредительное собрание Ф.Ф.Кокошкина и А.И.Шингарева. Тысячи рядовых членов партии беспощадно уничтожались большевиками и анархистами (последние не подозревали, что скоро наступит и их черед).

По поводу этих чудовищных злодеяний газета «Русь» писала: «Невинным жертвам злодеев и благородным борцам за свободу Шингареву и Кокошкину *вечная память.* Ленину, растлителю России, *вечное проклятие*»[57].

Но что какое-то абстрактное «поповское» проклятие рвущемуся к власти «вождю». Отвечая на письмо жены Горького, М.Ф.Андреевой (кстати, большевички), он утверждает: «Нельзя не арестовывать, для предупреждения заговоров, *всей* кадетской и околокадетской публики. Она способна, вся, помогать заговорщикам. Преступно не арестовывать ее»[58].

Теперь на очереди были эсеры. Однако Ленин понимал, что расправиться с ними не так просто. Авторитет партии социалистов-революционеров в массах был высок. Они представляли в Советах большинство. Многомиллионная масса крестьянства поддерживала эсеров, поскольку их программа отвечала интересам селян. Значительную поддержку имели они со стороны рабочих и интеллигенции России. Декрет о земле, принятый II Всероссийским съездом Советов рабочих и солдатских депутатов, был составлен эсерами. Об их авторитете говорит и такой факт: из 715 депутатов, избранных в Учредительное собрание, более половины составляли эсеры.

И все же Ленин начал борьбу, правда, сначала против правых эсеров, понимая, что иначе у власти ему не удержаться. Первый удар он нанес, распустив Учредительное собрание.

Основные же сражения начались весной и летом 1918 года. Это столкновение было неминуемо, поскольку продразверстка своим острием была направлена против земледельцев. И естественно, эсеры, особенно левые, не могли сидеть сложа руки и смотреть на массовый экономический и физический террор, организованный против крестьян большевистским правительством. Они совершенно обоснованно требовали отмены продразверстки и роспуска комитетов бедноты, занимающихся вместе с продотрядами незаконной экспроприацией.

Ленин не захотел отступать. Эсеры вынуждены были прибегнуть к ответным мерам. В борьбе с большевиками они имели явный перевес. В сущности, к исходу дня 6 июля 1918 года власть большевиков висела на волоске. И кто знает, чем бы закончилось это единоборство, если бы последние в критический для себя момент не прибегли к помощи наемных (платных!) латышских стрелков.

Новая волна большевистского террора против эсеров поднялась в начале 1922 года. В конце февраля официальные органы объявили о предстоящем в Москве процессе над правыми эсерами, которые обвинялись в акциях, совершенных в годы гражданской войны. Предлогом послужили показания бывших членов Боевой организации — Л.Коноплевой и ее мужа Г.Семенова (Васильева), к этому времени уже состоящих в РКП(б). Семенов утверждал, будто правые эсеры еще осенью 1917 года готовили покушение на Ленина, Зиновьева, Троцкого и других вождей большевистской партии[59]. Начались аресты. Тут же с протестом выступили лидеры меньшевистской партии во главе с их признанным вождем Ю.О.Мартовым. В одном из апрельских номеров «Социалистического Вестника», в передовой статье, озаглавленной «Первое предостережение», говорилось: «Цинизм, с каким через 10 дней после опубликования брошюры предателя в Берлине было состряпано «дело» против с.-р.-ов в Москве, со всею ясностью поставил перед социалистами и рабочими вопрос о методах расправы большевиков со своими политическими противниками вообще. То, что обычно творилось под спудом, впервые открыто выявилось во всем своем безобразии. *Террор на основе гнусного предательства и грязной полицейской провокации* — вот против чего поднял свой протестующий голос пролетариат»[60].

В защиту эсеров высказался Горький. В письме А.И.Рыкову от 1 июля 1922 года он, в частности, предупреждал: «*Если процесс социалистов-революционеров будет закончен убийством, — это будет убийство с заранее обдуманным намерением, гнусное убийство.* Я прошу сообщить Л.Д.Троцкому и другим это мое мнение. Надеюсь, оно не удивит Вас, ибо за время революции *я тысячекратно указывал Сов(етской) власти на бессмыслие и преступность истребления интеллигенции в нашей безграмотной и бескультурной стране. Ныне я убежден, что если эсеры будут*

убиты, — это преступление вызовет со стороны социалистической Евро-
пы моральную блокаду России»[61].

В поддержку социалистов-революционеров выступил и выдающийся французский писатель Анатоль Франс. В письме Горькому он подчеркивал: «Как и Вы, я считаю, что их осуждение тяжело отразится
на судьбах Советской Республики. От всего сердца присоединяюсь,
дорогой Горький, к призыву Вашему по адресу Советского правительства...»[62]

Однако Ленина было уже не остановить — он приступил **к полному** истреблению эсеров и ликвидации их партии. «Я читал в «Социалистическом Вестнике» поганое письмо Горького...» — пишет он в Берлин
Бухарину[63]. Лидер большевиков внимательно следил за тем, как карательные органы уничтожают «последнего эсера». Даже будучи больным, находясь в Горках, 10 декабря 1922 года он «передает по телефону
свое согласие с проектом решения Политбюро ЦК РКП(б) относительно приговора по процессу эсеров в Баку»[64].

Эсеров выгоняли с работы, закрывали их издания, в редакциях устраивали погромы*.

* * *

С неменьшей жестокостью Ленин расправлялся и с меньшевиками. Теоретические разногласия начались еще задолго до II съезда РСДРП.
(Кстати, термин «меньшевик» выдуман Лениным. Этот ярлык сторонники Мартова с успехом могли бы навесить на Ленина и его единомышленников, когда на II съезде одержали победу над «большевиками» при обсуждении и принятии первого параграфа устава — о член-
стве в партии.) В последующие годы противоречия все более обостря-
лись. Мартов и его сторонники были против социалистической революции, поскольку считали, что Февральская революция создала для
России огромные возможности ускоренного социально-экономического и политического развития. Но Ленин и слушать не хотел никаких
доводов. Социалистическая революция была для него единственным
средством осуществления истинных намерений — захвата власти. Он
не мыслил жизни без власти.

Так или иначе, меньшевики были для Ленина убежденными противниками, и их требовалось убрать с политической арены. Но для решительных действий нужен был предлог. Таким предлогом стала деятельность меньшевиков по созданию Собраний уполномоченных, действующих параллельно с Советами. Главная задача, которую они ставили перед собой, заключалась в том, чтобы заставить большевиков

---

* Жертвой большевистского террора стал и Н.Н.Суханов: он был изгнан из
центрального советского учреждения (ЦИК); устранен и от литературной работы из-за закрытия «Новой жизни».

удовлетворить законные требования трудящихся масс, совершивших революцию.

К лету 1918 года успех предпринятых меньшевиками шагов был настолько очевиден и приобрел настолько широкий размах, особенно в рабочей среде, что встал вопрос об организации Всероссийского съезда Собраний уполномоченных. Но до этого дело не дошло. Еще накануне Первой Всероссийской конференции уполномоченных от заводов и фабрик, назначенной на 20 июля, большевики объявили это движение контрреволюционным и повесили на меньшевиков ярлык «враги народа».

Начались повальные аресты. По сути дела, осуществлялся ленинский план разгрома и полной ликвидации меньшевистской партии. В массовом порядке закрывались печатные органы меньшевиков. Против них стали организовываться суды. Начались процессы против лидеров партии — Ю.Мартова, Ф.Дана, А.Мартынова, С.Шварца, Б.Николаевского, Е.Грюнбальда и др. В знак протеста рабочие многих крупных городов выступили с политическими забастовками. В конце 1920 года Ленин подписывает постановление СНК, на основании которого разрешается брать в заложники социал-демократов, отдавших всю свою сознательную жизнь борьбе с самодержавием. Из страны высылают Ю.О.Мартова, а после продолжительной голодовки и под давлением прогрессивной общественности Запада кремлевские власти вынуждены были освободить и остальных. В январе 1922 года Б.Николаевский, Ф.Дан, Л.Дан и Е.Грюнбальд покидают Россию.

С резким осуждением большевистского произвола выступила Европейская социал-демократия. На страницах социалистической печати Германии, Франции, Австрии и других стран подчеркивалось, что действия большевиков усложняют и затрудняют социал-демократическое движение на Западе. Эти выступления сыграли едва ли не решающую роль в смягчении репрессий против меньшевиков. Частично их освободили из тюрем. Но они вынуждены были либо покинуть Россию, либо переселиться в провинцию, чтобы избежать дальнейших преследований.

И все же меньшевики у Ленина были под особым контролем. В этой связи примечателен такой факт. Летом 1921 года из заключения освободили профессора Н.А.Рожкова, арестованного в феврале того же года как члена Петроградского комитета РСДРП меньшевиков. Это решение было принято в связи с заявлением Рожкова о своем выходе из меньшевистской партии. Узнав об этом, Ленин в письме Зиновьеву от 31 января 1922 года обвинил его «в неосновательных поблажках», подчеркнув при этом, что «решено было Рожкова не выпускать на свободу»[65]. Но и этого ему показалось недостаточно. В тот же день он пишет письмо заместителю председателя ВЧК И.С.Уншлихту, в котором, в частности, подчеркивает: «Дело теперь только в чисто *технических* мерах, ведущих к тому, чтобы наши суды *усилили* (и сделали более быстрой) репрессию против меньшевиков»[66].

По мере захвата и советизации губерний, а также независимых национальных государств, образованных на территории бывшей Российской империи после Февральской революции, большевики расправлялись со всеми политическими партиями. В общей сложности было ликвидировано около 100 различных партий, движений и союзов. Жертвами стали: кадеты, эсеры, меньшевики, октябристы, бундовцы, прогрессисты, анархисты, трудовики, дашнаки, мусаватисты, крестьянский союз, «Партия демократических реформ», «Партия правового порядка», «Либерально-монархическая партия», «Союз русского народа», «Торгово-промышленная партия» и многие другие.

★ ★ ★

Репрессивные меры против инакомыслящих советское правительство применяло с первых же дней переворота. До начала 1922 года этим занималась Всероссийская Чрезвычайная Комиссия (ВЧК). Непосредственное участие в разработке многих документов, определяющих ее деятельность, принял Ленин. Об этом говорит даже такой факт: «Только в сборник «В.И.Ленин и ВЧК», выпущенный вторым изданием в 1987 году, вошло 680 документов (!), написанных Владимиром Ильичём или принятых при его участии»[67].

6 февраля 1922 года ВЧК была упразднена, но фактически продолжала свою деятельность, вплоть до лета, под предлогом сдачи дел в ревтрибуналы и народные суды. Но, как говорят, свято место пусто не бывает. Взамен чрезвычайной комиссии было образовано Государственное политическое управление (ГПУ), взявшее на себя те же карательные функции.

Следует отметить, что в большевистских изданиях стали публиковать статьи и отдельные работы, в которых делалась безуспешная попытка оправдать массовый террор карательных органов против народа России. Так, М.Лацис (Судрабс), бывший одним из активных участников октябрьского переворота и руководителем аппарата ВЧК, пишет в своей книге: *«В Петрограде было расстреляно до 500 человек в ответ на выстрелы в тов. Ленина и Урицкого»*[68]. Из этого следует, что до 30 августа 1918 года большевики якобы не осуществляли массовый террор. Но это заведомая ложь.

Еще в 1906 году в работе «Победа кадетов и задачи рабочей партии» Ленин, пытаясь «научно» обосновать необходимость применения большевиками террора, пишет: «Научное понятие диктатуры означает не что иное, как ничем не ограниченную, никакими законами, никакими абсолютно правилами не стесненную, непосредственно на насилие опирающуюся власть»[69]. А ближайший соратник Ленина — Троцкий в свою очередь дал четкое определение понятию «Красный террор», который в его понимании «есть орудие, применяемое против обреченного на гибель класса, который не хочет погибать»[70] (мы еще увидим, против какого «класса» его направляли). Другой большевистский теоретик, Бухарин, определяя задачу российского пролетариата в переходный период, заявлял: «Между коммунизмом и капитализмом лежит целый исторический период. На это время еще сохранится государственная власть в виде пролетарской диктатуры. Пролетариат является здесь господствующим классом, который, прежде чем распустить себя, как класс, должен раздавить всех своих врагов, перевоспитать буржуазию, переделать мир по своему образцу и подобию»[71].

До чего же абсурдно и реакционно высказывание Бухарина. Ленин и его единомышленники десятилетиями осуждали меньшинство российского государства — помещиков и капиталистов, составляющих господствующий класс, а тут на их смену приходит новый господствующий класс — пролетариат, находящийся в меньшинстве среди всей массы населения, и пытается навязать «свою» волю и порядки большинству народа России. Не трудно заметить, что, прикрываясь именем пролетариата, большевистское правительство приступило к реализации своего плана порабощения всего народа России. Вот весь смысл пропагандистской демагогии Бухарина.

Но вернемся к Лацису. Руководствуясь теоретическими положениями большевистских вождей, он разрабатывает методику следствия и допроса арестованных: «Мы не ведем войны против отдельных лиц, — уверял он. — Мы истребляем буржуазию как класс. Не ищите на следствии материалов и доказательств того, что обвиняемый действовал делом или словом против советской власти. Первый вопрос, который мы должны ему предложить — к какому классу он принадлежит, какого он происхождения, воспитания, образования или профессии. Эти вопросы и должны определить судьбу обвиняемого. В этом — смысл и сущность красного террора»[72]. Думается, что этот инструктаж большевистского палача-комиссара не нуждается в комментариях. Зато следует прояснить его заявление о том, что заседание Учредительного собрания «было закрыто покойным тов. Урицким на основании декрета ВЦИК о роспуске Учредительного собрания»[73]. О том, как разогнали Учредительное собрание, будет подробно сказано в 12-й главе. Здесь же только вспомним надпись на ленте одного из венков, возложенных от делегации питерских рабочих на могилы расстрелянных в день открытия Учредительного собрания: **«Жертвам произвола самодержцев из Смольного»**[74].

Свое отношение к этой террористической акции выразил М.Горький в газете «Новая жизнь»: *«5-го января 1918 г. безоружная петербургская демократия — рабочие, служащие — мирно манифестировали в честь Учредительного собрания — политического органа, который бы дал всей демократии русской свободно выразить свою волю. В борьбе за эту идею погибали в тюрьмах, в ссылке и на каторге, на виселицах и под пулеметами солдат тысячи интеллигентов, десятки тысяч рабочих и крестьян. На жертвенник этой священной идеи пролиты реки крови — и вот народ-*

ные комиссары приказали расстрелять демократию, которая манифести-
ровала в честь этой идеи. Напомню, что многие из народных комиссаров
сами же на протяжении всей политической деятельности своей внушали
рабочим массам необходимость борьбы за созыв Учредительного собра-
ния. «Правда» лжет, когда пишет, что манифестация 5 января была орга-
низована буржуями, банкирами и т.д. и что к Таврическому дворцу шли
именно «буржуи» и «калединцы». «Правда» лжет: она прекрасно знает,
что «буржуям» нечего радоваться по поводу открытия Учредительного
собрания, им нечего делать в среде 246 социалистов одной партии и 140 боль-
шевиков.

«Правда» знает, что в манифестации принимали участие рабочие Обу-
ховского, Патронного и других заводов, что под красным знаменем рос-
сийской социал-демократической партии к Таврическому дворцу шли рабо-
чие Василеостровского, Выборгского и других районов. Я спрашиваю «на-
родных» комиссаров, среди которых должны быть порядочные и разумные
люди: понимают ли они, что, надевая петлю на свои шеи, они неизбежно
удавят всю русскую демократию, погубят все завоевания революции?

Понимают ли они это? Или они думают так: или мы — власть,
или — пускай всё и все погибнут?»[75]

Как видим, массовый террор был абсолютно не связан с выстрела-
ми в Ленина и Урицкого, а явился планомерным воплощением в жизнь
составной части большевистской идеологии (кстати, как известно, первый подобный опыт большевики поставили еще в июле 1917 года в Петрограде).

Уже в первые дни советской власти демократическая общественность стала протестовать против действий большевиков. Так, 4 ноября
на заседании ВЦИК выступил левый эсер П.Прошьян: «Только что
принятая большинством ЦИК резолюция о печати представляет собой
яркое и определенное выражение системы политического террора и
разжигания гражданской войны. Фракция с.-р., оставаясь в составе ЦИК
как правомочного органа революционной демократии, для того, чтобы
защитить интересы рабочих и крестьян, которых она представляет, не
желает ни в какой мере нести ответственность за гибельную для революции систему террора...»[76] На этом же заседании представитель фракции левых эсеров огласил следующее заявление: «Председателю Центр.
Исп. Ком. 2-го Съезда С. Р. и С. Д. Фракция левых с.-р. предлагает
ЦИК обратиться к Председателю Совета Народных Комиссаров Улья-
нову-Ленину со следующим спешным запросом: на 2-м Съезде С. Р. и
С. Депутатов было установлено, что ЦИК является верховным органом, перед которым в полной мере ответственно правительство. Между тем за последние дни опубликован ряд декретов (от имени правит.),
без всякого обсуждения и санкций ЦИК. В таком же порядке проведены правительством действия, фактически отменявшие начало гражданских свобод. Мы предлагаем сделать запрос Председателю Совета Народных Комиссаров:

1. На каком основании проекты декретов и иных актов не представляются на рассмотрение ЦИК.

2. Намерено ли правительство отказаться от произвольно недопустимого порядка — декретирования законов»[77].

Во время выступления Ленина, когда тот пытался оправдать свои действия, член ЦИК Мирский предложил дальнейшее заседание вести при закрытых дверях. «У нас нет и не может быть тайн от народа, — заявил Прошьян. — Наши избиратели должны знать, что делают избранные ими представители»[78]. Предложение Мирского было отвергнуто.

Такая обстановка в ЦИК Ильича не устраивала. Он незамедлительно берется за наведение «порядка», чтобы превратить его в послушный орган. Уже 8 ноября Каменев, разумеется, не без давления со стороны Ленина, слагает с себя обязанности председателя. В этот же день девятнадцатью голосами против четырнадцати Ленин протаскивает в председатели Свердлова[79]. Именно протаскивает, если учесть, что на заседании в нем присутствовало менее трети от общего числа членов ЦИК.

Остановить большевистский террор было уже невозможно: его гигантский маховик был приведен в движение выстрелом «Авроры». По явно заниженным цифрам, приведенным Лацисом, в 1918 году и за 7 месяцев 1919 года было расстреляно 8389 человек[80], из них: Петроградской ЧК — 1206; Московской — 234; Киевской — 825; ВЧК — 781 человек[81], в концлагерях содержится 9496 человек, в тюрьмах — 34 334; в заложниках числятся 13 111 человек; арестовано за указанный период всего 86 893 человека[82].

Таким образом, покушение на Ленина стало формальным предлогом для усиления террора. Первым шагом явилось Постановление СНК от 5 сентября 1918 года, в котором подчеркивалось: «Заслушав доклад председателя ЧК по борьбе с контрреволюцией о деятельности этой комиссии, ЧК находит, что при данной ситуации обеспечение тыла путем террора является прямой необходимостью; что для усиления деятельности ВЧК и внесения в нее большой планомерности необходимо направить туда возможно большее число ответственных партийных товарищей; что необходимо обезопасить Советскую республику от классовых врагов путем изолирования их в концентрационных лагерях; подлежат расстрелу все лица, прикосновенные к белогвардейским организациям, заговорам и мятежникам; что необходимо публиковать имена всех расстрелянных, а также основания применения к ним этой меры»[83].

Вооружившись этим директивным документом, чекисты развернулись вовсю. Так, по свидетельству жителя Екатеринограда, в городской тюрьме с августа 1920 года по февраль 1921 года было расстреляно около 3000 человек[84]. За 11 месяцев в Одесской чрезвычайке уничтожили «от 15 до 25 тысяч человек. В газетах опубликованы имена почти семи тысяч расстрелянных с февраля 1920 г. по январь 1921 г. В Одессе находятся еще 80 тысяч в местах заключения»[85]. В сентябре 1920 года в Смоленске жестоко подавляют восстание военного гарнизона, в ходе которого было расстреляно примерно 1200 солдат[86]. В «Севастопольских Известиях» печатают список первых жертв террора; казнено 1634 человека, в том числе 78 женщин». Сообщается, что «Нахимовский проспект увешан трупами офицеров, солдат и гражданских лиц, арестованных на улице и тут же, наспех, казненных без суда»[87]. В Севастополе и Балаклаве, по словам свидетелей, ЧК расстреляли до 29 тысяч человек[88]. В целом в Крыму было расстреляно 50 тысяч человек[89].

Очевидец зверств большевиков в Крыму Анастасия Павловна Майкова рассказывала автору этих строк, что старые генуэзские колодцы были заполнены расстрелянными солдатами и офицерами. Она говорила, что жертвами большевистского террора стали и многие рабочие.

Заметим, что в этот период председателем Ревкома Крыма Лениным был назначен венгерский государственный преступник и палач Бела Кун. Между тем его именем в Москве названа площадь.

О чудовищных злодеяниях большевиков в Крыму достаточно широко известно. И тем не менее свидетельство хозяйки «конспиративной» квартиры М.В.Фофановой, которую Ленин знал «как честнейшую большевичку», на мой взгляд, представляет особый интерес.

Войска генерала П.Н.Врангеля в середине ноября 1920 года оставили Крым. Они не выдержали натиск миллионной армии Южного фронта, состоящей из «интернационалистов» (а в сущности, наемных убийц из числа военнопленных — немцев, австро-венгров, уголовников и безграмотных людей, латышских стрелков, а также голодных китайских волонтеров).

После оставления Крыма Врангелем М.В.Фофанова была введена в состав тройки ВЦИК для изучения положения дел на полуострове. В отличие от своих коллег по тройке, Фофанова много времени уделяла беседам с населением, рядовыми красноармейцами и меньше всего обращала внимание на сомнительные рассказы новоявленных властей, комиссаров, сотрудников ЧК, комендантов городов и воинских гарнизонов. В итоге ею было установлено, что массовые расстрелы и убийства солдат и офицеров Белой Армии и среди гражданского населения начались незамедлительно после захвата войсками Южного фронта Крыма. По глубокому убеждению Маргариты Васильевны, массовые расстрелы и казни были организованы председателем Реввоенсовета Республики Л.Троцким, командованием (М.Фрунзе) и членами реввоенсовета (Бела Кун, С.Гусев) Южного фронта, а также большевистскими комиссарами Р.Землячкой, Г.Фельдманом и другими палачами. Известное участие в этом, с позволения сказать, мероприятии приняли Д.Ульянов (брат Ленина) и местные партийные и советские руководители Крыма. Как рассказывала мне Фофанова, большевики особенно свирепствовали в Керчи, Севастополе, Симферополе, Карасу-базаре (ныне Белогорск), Феодосии, Гурзуфе, Евпатории, Судаке, Алупке. Во время очередной нашей встречи Фофанова показала мне пожелтевший за годы номер керченских «Известий», где была опубликована статья венгерского государственного и уголовного преступника Белы Куна. В ней матерый палач писал: «Троцкий сказал, что он не приедет в Крым до тех пор, пока хоть один контрреволюционер останется в Крыму». Заявление Троцкого было правильно понято местными партийными органами и руководителями военного командования Южного фронта. Как свидетельствовала М.В.Фофанова, большевики расстреливали раненых, больных солдат и офицеров Белой Армии прямо в лазаретах, госпиталях и санаториях. Расстреливали и «содействующих» «контрреволюциронерам» — врачей, медсестер и санитаров. Расстреливали стариков, женщин и даже грудных детей. Тюрьмы городов были забиты заложниками. На улицах валялись трупы расстрелянных, среди которых были и дети. Об этих чудовищных злодеяниях, как ни странно, широко оповещали местные большевистские издания (например, «Известия» временного Севастопольского Ревкома, Керченские «Известия» и другие).

В ходе расследования Фофанова установила: в Керчи пленных солдат и офицеров большевики на баржах вывозили в открытое море и топили. По ее мнению, жертвы большевистского террора в Крыму исчислялись десятками тысяч.

— Все это нужно было тщательно, на профессиональном уровне, расследовать. Но указаний не последовало, — говорила Маргарита Васильевна. В июле 1921 года, завершив «ревизию», Фофанова написала письмо Ленину. Она обстоятельно информировала главу партии и государства о терроре, злоупотреблениях и массовых насилиях местных властей против населения, солдат и офицеров армии Врангеля, оставшихся в Крыму.

Как же отреагировал Ленин на это письмо? Он немедленно отозвал Фофанову из Крыма. «Пожалел» ее. Затем написал два письма: одно секретарю ЦК РКП(б) В.М.Молотову, а второе — заместителю народного комиссара земледелия В.В.Осинскому. Первого Ленин предупреждал: «т.Молотов! И я, и Надежда Константиновна знаем Фофанову как честнейшую большевичку еще с лета 1917 года. Надо обратить сугубое внимание. Черкните мне два слова. Ленин»[90].

В тот же день (24 июля) он направил письмо Осинскому (приложив письмо Фофановой из Крыма) следующего содержания: «т. Осинскому (с просьбой по прочтении передать и т.Теодоровичу). Автор — тов.Фофанова, была членом коллегии НКзем. На этот пост я не предлагаю. Это — партийный товарищ, архииспытанный *еще* до октября 1917. Агроном. По-моему, использовать безусловно необходимо: вызовите, поговорите, обдумайте. Либо на местную работу. Либо на инспекторскую. Агрономов из партийных товарищей так мало, а среда эта (агрономы) такая **чужая»,** что **надо обеими руками ухватить партийного** человека для надзора за этой средой, проверки ее, *привлечения этой среды* к нам. Черкните, когда решите, как делаете. Ленин.

P.S. Верните письмо Фофановой»[91] (выделено мной. — *А.А.*). Судя по тому, что по поводу письма Фофановой Ленин никому больше не писал, не телеграфировал и ни с кем по телефону не разговаривал (например, с председателем крымского совдепа, командующим Южного фронта, ВЧК), никому взбучку не давал за преступления в Крыму, то, о чем писала Фофанова, его ничуть не волновало и не беспокоило: ведь массовые расстрелы в Крыму, равно как и в других регионах России, проводились по его указанию. Что же касается его писем Молотову и Осинскому, то это легко объяснимо: Ленин был в неоплатном долгу перед Фофановой за то, что она, рискуя арестом, прятала его у себя в квартире, поэтому намеревался трудоустроить ее. Ленин также понял, что из Фофановой террористка не получилась, поэтому он решил использовать ее в качестве стукачки и **«для надзора»** за **«чужой»... средой».** Но Ленин и здесь ошибся: Фофанова не стала ни доносчиком (как Л.А.Фотиева — секретарь Ленина), ни надзирательницей.

М.В.Фофанова ушла из жизни с болью в душе за свою причастность к партии, на которой изначально стояло родимое кровавое пятно терроризма и мизантропии.

Не было губернии, уезда, села, где бы не оставили кровавый след большевистские палачи. В Епифановском уезде Тульской губернии в 1919 году было расстреляно 150 человек, в Медынском уезде Калужской губернии — 350, в Понском уезде Рязанской губернии — 300, в Касимовском уезде той же губернии — 150, в Тверской губернии — 200, в Смоленской губернии — 600 человек[92]. Во время подавления Колыванского восстания в 1920 году в Томской губернии было расстреляно свыше 5000 человек[93]. Массовые расстрелы проводились в Москве, Ярославле, Казани, Саратове, Курске и других городах. За три месяца 1921 года было подавлено 114 восстаний, расстреляно 4300 человек, из них в Москве — 347[94].

В августе 1920 года в 40 волостях Тамбовской губернии стихийно вспыхнуло крестьянское восстание. Крестьяне выступили против продовольственной диктатуры советского правительства, против грабежей и насилий, которые учиняли продотряды против честных тружеников села.

Разрозненные группы восставших крестьян стали объединяться под командованием наиболее способных и авторитетных командиров. В каждой волости были выдвинуты свои лидеры. В основном это были выходцы из простых крестьян, которые вместе со всей массой сельских тружеников губернии выступили против произвола советской власти. Это Иван Ишин, Мария Косова, Иван Матюхин, Василий Семянский, Василий Никитин-Королев (Карась) и другие. Во главе повстанцев встал А.С.Антонов, восемь лет проведший в царских застенках и ссылке.

Советская историография отмечает, что «банда антоновцев» якобы состояла в основном из кулаков и зажиточных крестьян. Это в корне не соответствует действительности. Зимой 1921 года крестьянское воинство состояло из двух регулярных армий, в состав которых входило более 20 полков и несколько отдельных бригад. Неужто в Тамбовской губернии насчитывались десятки тысяч кулаков и зажиточных крестьян? Абсурд!

Восстание ширилось с каждым днем, распространяясь на новые уезды и волости соседних губерний. Антоновская армия опиралась на поддержку рабочих и крестьян в Борисоглебском, Тамбовском, Кирсановском, Моршанском, Козловском и других уездах. В районах губерний, находившихся под контролем восставших, создавались новые органы самоуправления — отделения «Губернского Союза трудового крестьянства».

В конце декабря 1920 года делегатами волостей была принята единая программа Союза. Вот наиболее характерные пункты программы:

1. Политическое равенство всех граждан, не разделяя их на классы.

2. Прекращение гражданской войны и установление мирной жизни.

3. Всемерное содействие установлению прочного мира со всеми иностранными державами.

Тамбовское восстание грозило перерасти в массовое вооруженное выступление крестьян всей Центральной России. Зима 1921 года подходила к концу, однако в борьбе с многотысячной армией восставших крестьян большевистская власть терпела полное военное поражение и политическое фиаско. Более года регулярные части Красной Армии не могли справиться с восставшими, хотя против них были брошены конница, бронепоезда, аэропланы. Ленин был в ярости от неудач Рабоче-Крестьянской Красной Армии. Он прекрасно понимал, что поражение в борьбе с Антоновым смерти подобно, поэтому требовал от руководителей военного командования принятия чрезвычайных и решительных мер против восставших крестьян.

Вот одна из телеграмм, отправленная Лениным Склянскому: «Надо ежедневно в хвост и в гриву гнать (и бить и драть) Главкома* и Фрунзе, чтобы *добили* и *поймали* Антонова и Махно»[95]. После подавления Кронштадтского восстания, по решению Политбюро от 27 апреля 1921 года командующим войсками Тамбовского военного округа назначается М.Тухачевский. На него была возложена задача по подавлению восстания. Но и с его опытом справиться с истинно народной армией Антонова было не просто.

В целях психологического воздействия на крестьян, выступивших против большевистского террора и насилия, комиссия ВЦИК рас-

---

* С.С.Каменева.

пространила среди населения Тамбовской губернии приказ № 171 от 11 июня 1921 года:

«...Банда Антонова решительными действиями наших войск разбита, рассеяна и вылавливается поодиночке. Дабы окончательно искоренить все эсеро-бандитские корни и в дополнение к ранее отданным распоряжениям, полномочная комиссия ВЦИК приказывает:

1. Граждан, отказывающихся называть свое имя, расстреливать на месте, без суда.

2. Объявить приговор об изъятии заложников и расстреливать таковых, в случае несдачи оружия.

3. В случае нахождения спрятанного оружия, расстреливать на месте без суда старшего работника в семье.

4. Семья, в которой укрылся бандит, подлежит аресту и высылке из губернии, имущество конфискуется, а старший работник в семье расстреливается, без суда.

5. Семьи, укрывающие членов семей или имущество бандитов — старшего работника таких семей расстреливать на месте, без суда.

6. В случае бегства семьи бандита, имущество его распределять между верными Советской власти крестьянами, а оставленные дома сжигать или разбирать.

Настоящий приказ проводить в жизнь сурово и беспощадно.

Председатель полномочной комиссии ВЦИК Антонов-Овсеенко

Командующий войсками Тухачевский

Председатель губисполкома Лавров

Секретарь Васильев

Приказ прочитать на сельских сходках»[96].

Однако, чувствуя, что никакими репрессиями восставших крестьян не запугать, Тухачевский прибегает к варварскому методу, содержание которого приведено ниже:

«Приказ

Командующего войсками Тамбовской губернии

№ 0116 оперативно-секретный

12 июня 1921 г.

Остатки разбитых банд и отдельные бандиты, сбежавшие из деревень, где восстановлена Советская власть, собираются в лесах и оттуда производят набеги на мирных жителей.

Для немедленной очистки лесов ПРИКАЗЫВАЮ:

1. Леса, где прячутся бандиты, очистить ядовитыми газами, точно рассчитать, чтобы облако удушливых газов распространилось по всему лесу, уничтожая все, что в нем пряталось.

2. Инспектору артиллерии немедленно подать на места потребное количество баллонов с ядовитыми газами и нужных специалистов.

3. Начальнику боевых участков настойчиво и энергично выполнить настоящий приказ.

4. О принятых мерах донести.

Командующий войсками Тухачевский

Начальник штаба войск Генштаба Какурин»[97]

Только такими бесчеловечными методами правительству удавалось подавить народные восстания. Летом 1921 года Ленин в телеграмме Склянскому спрашивает: «Как дела у Тухачевского? Все еще не поймали Антонова? Нажимаете ли Вы? Когда доклад в Политбюро?»[98]. Лишь в 1922 году восстание было окончательно подавлено. Скольких расстреляли? Неизвестно. Многих арестовали и поместили в концентрационные лагеря за пределами губернии. В одном лишь концентрационном лагере под Москвой (в Кожухове) в 1921—1922 годах содержалось 313 тамбовских заложника, в их числе дети от 1 месяца до 16 лет[99]. Только 5 сентября в Тамбовской губернии было сожжено 5 сел и расстреляно более 250 крестьян[100]. По сообщению газеты «Руль», в одной из деревень свыше 300 мужчин, женщин и детей собрались в бане, подожгли ее и погибли в огне[101].

Жестокие действия правительственных органов не оставались незамеченными общественными организациями. Председатель Московского Красного Креста Вера Фигнер 6 сентября 1921 года направила письмо в Ревтрибунал Республики, в котором выражала тревогу и беспокойство по поводу массы заложников из Тамбовской губернии, высланных «тройкой» из числа карательных войск. В Ново-Песковском, Семеновском и Кожуховском лагерях Московской губернии содержались 598 голодных больных и раздетых женщин, стариков и детей, в том числе не достигших одного года. Красный Крест настоятельно ходатайствовал перед советским правительством возвратить всех заложников в свои деревни[102]. К сожалению, отсутствие источников не позволяет сказать, как отреагировало правительство на ходатайство Красного Креста. Но сохранилось множество свидетельств о массовых грабежах большевиков.

О том, как большевики грабили крестьян, узнаем из письма простой русской крестьянки, отправленного в Петроград Г.Е.Зиновьеву 1 ноября 1920 года:

«...У нас Красная Армия, нельзя лучше назвать, как опричники Иоанна Грозного, а Правительство поступает в точности, как Иоанн Грозный. Советую всем привязать седло, собачью голову и метелку. Теперь у нас идет настоящая грабиловка. Например: масло, яйца, хлеб, картошку. Весной дали 2 пуда, осенью взяли четыре. Вот как крестьянская власть помогает крестьянам. Теперь пойдет разверстка мяса, веди им коров. Если это так будет продолжаться, то мы, крестьяне, все как один, мужчины и женщины, пойдем против тех элементов, которые грабят нас, садят в тюрьму, морят с голоду.

Газета «Деревенская Коммуна» 17 октября пишет, что Врангель ведет с собой жандармов-урядников, виселицу, тюрьму, расстрел. Ведут нас в кабалу и будут драть мужика, как сидорову козу. Нет, этого не будет честному трудящему крестьянину и рабочему, это все страшно коммунистам, которые делают и делали вред народу, в особенности тем, которые в настоящее время грабят крестьян. Не думайте, что это так останется, это все отомстится Правительству. Я, бедная, хожу полуголодная и готова пойти с топором на эту проклятую власть. Теперь у нас настоящая кабала. Находимся под прессом и под игом большевиков. Они хуже поступают, чем прежние полицейские и жандармы. Советская власть выучила четыре слова: конфисковать, реквизировать, арестовать, расстрелять. Сколько невинных людей в советских тюрьмах с голоду сдохли и сейчас сдыхают. Почему Вы чужим державам про свои проделки не пишите? Вот так крестьянское правительство обращается со всеми честными людьми. Это правительство не крестьянское, хамское. Разбойничья банда.

Мы не имеем лишней коровы, ни свиньи, ни овцы, ни мяса. Одним словом, не жизнь, а гибель. Все устроили. Теперь осталось выпустить такого рода декрет, чтоб была живая могила для всего народа. Зачем так мучить людей, высасывать последнюю кровь. Помните навсегда, будет этому грабежу конец и будет на крестьянской улице праздник. Написала бедная крестьянка, у меня нет ни коровы, ни овцы, даже кошки, не думайте, что я буржуйка.

31-го октября в Петергофе, на съезде высказали, что когда пойдут клеймить коров, то надо идти с милицией и осмотреть все крестьянские помещения, нет ли мяса. Это значит, надо ограбить. Крестьянин расти и работай, а мясо не ешь, но коммунист сидит, перо в руках держит, он вправе мясо жрать...»[103]

Изложенные выше факты гибели и страданий миллионов невинных людей, несомненно, на совести Ленина. И в этой связи вспоминаю один интересный исторический эпизод. У умирающего видного афинского государственного деятеля, полководца и философа Перикла (490—420 гг. до н. э.) сидят друзья и родственники, вспоминают благородные дела и подвиги, совершенные им за годы жизни. Перикл неожиданно поднял голову и сказал: «Вы хвалите меня за то, что совершили и многие другие. А о самом замечательном из того, что я сделал, не говорите ни слова. Ведь за все годы моего правления по моему приказу не был казнен ни один афинский гражданин».

Сдается мне, что о жизни и деятельности Перикла Ленин ничего не читал. А вот книга французского историка Ж.Мишле «Террор» была для него настольной.

Однако, несмотря на массовые терракты советского правительства против народов России, в стране с нарастающей силой повсеместно развертывалась вооруженная борьба народа против большевистской диктатуры. К началу весны 1921 года пламенем повстанческого движения были охвачены многие губернии: на территории России действовало более 130 повстанческих отрядов. Наиболее крупные восстания отмечены на Украине, в Западной Сибири, Тамбовской губернии и особенно в Кронштадте.

Недовольные трехлетним коммунистическим правлением, в начале марта 1921 года восстали моряки Кронштадта. В авангарде восставших — моряки линейных кораблей «Республика», «Севастополь» и «Петропавловск». Кронштадтцы отправляют своих представителей в Петроград, где рабочие еще с конца января начали бунтовать и бастовать в знак протеста против правительственного декрета от 22 января 1921 года, сокращающего хлебный паек еще на одну треть.

Однако, прибыв в Петроград, они были арестованы. Эти действия правительства толкнули кронштадтцев на решительные шаги: они немедля создают Временный Революционный Комитет (ВРК). Его председателем был избран старший писарь «Петропавловска» Степан Петриченко. Свое отношение к антидемократическим шагам правительства ВРК выразил в резолюции, принятой 3 марта:

«Всем крестьянам, рабочим,
морякам и красноармейцам!
Товарищи и граждане!
К населению Петрограда!
В Кронштадте 2 марта 1921 г. на основании воли широких рабочих масс моряков и красноармейцев власть в городе и крепости от коммунистов перешла без единого выстрела в руки Временного Революционного Комитета. Широкие массы трудящихся поставили себе целью общими дружными усилиями вывести Республику из того состояния разрухи, с которой не могла справиться коммунистическая партия. В городе создан образцовый порядок. Советские учреждения продолжают работать. Предстоит провести выборы в Совет на основании тайных выборов. Временный Революционный Комитет имеет пребывание на линейном корабле «Петропавловск».

Товарищи и граждане!
Призываем вас последовать
нашему примеру!
В единении — сила!
Мы знаем, что питерские рабочие измучены голодом и холодом. Вывести страну из разрухи сможете только вы совместно с моряками и красноармейцами. Коммунистическая партия осталась глухой к вашим справедливым требованиям, идущим из глубины души.

Временный Революционный Комитет убежден, что вы, товарищи, вы, рабочие и крестьяне, моряки и красноармейцы, поддержите Кронштадт.

Рабочие, моряки и красноармейцы, установите между собою прочную, непрерывную связь. Берите из своей среды верных и преданных общему делу делегатов, снабдите их полномочными мандатами на проведение немедленно в жизнь требований трудящихся.

Не поддавайтесь нелепым слухам, что будто в Кронштадте власть в руках генералов и белых. Это неправда. Наша власть выполняет волю всего трудового народа.

Немедленно свяжитесь с Кронштадтом.

В Кронштадте вся служба связи в руках ВРК.

Товарищи рабочие, моряки и красноармейцы, ваша судьба в ваших руках. Наступил момент, когда вы призваны к тому, чтобы вывести страну из создавшейся разрухи и осуществить на деле завоеванные с такими жертвами права на свободную жизнь.

Вы, товарищи, давно уже ждали новой жизни, ждали безнадежно. Коммунистическая партия не дала ее вам. Так создавайте же ее сами.

ВРК г. Кронштадта призывает вас, товарищи рабочие, красноармейцы и моряки, оказать ему поддержку.

Председатель ВРК Петриченко

Секретарь Тукин

Кронштадт, 3 марта 1921 г.

Линкор «Петропавловск»[104].

Кронштадтское восстание начала 1921 года кровавой страницей вошло в историю нашей страны. В нем как в зеркале отразилось отношение рабочих, крестьян, матросов и солдат к большевистскому правительству. Коммунистические идеологи преподносили его как акцию эсеров, меньшевиков, анархистов и белогвардейцев, которые, якобы воспользовавшись ослаблением большевистской организации в Кронштадте, развернули среди «серых в политическом отношении матросов бешеную агитацию против продразверстки». На восставших кронштадтцев навесили стандартный ярлык «мятежников». Авторами этой оценки были Ленин и Троцкий, подписавшие 2 марта 1921 года соответствующий приказ.

Между тем причины и социальные корни этого исторического восстания вскрыты авторами статей, опубликованных в кронштадтских «Известиях» в марте 1921 года. Так, 8 марта газета писала: «Гнуснее и преступнее всего созданная коммунистами нравственная кабала: они наложили руки и на внутренний мир трудящихся, принуждая их думать только по-своему, прикрепив рабочих к станкам, создав новое рабство. Сама жизнь под властью диктатуры коммунистов стала страшнее смерти. Здесь поднято знамя восстания для освобождения от трехлетнего насилия и гнета, владычества коммунистов, затмившее трехсотлетнее иго монархизма».

Обстоятельный анализ коммунистической диктатуры был дан в передовой статье тех же «Известий» 15 марта:

«Власть Советам, а не партиям! Кронштадт идет под лозунгом — «Вся власть Советам, а не партиям». На горьком опыте трехлетнего властвования коммунистов мы убедились, к чему приводит партийная дик-

татура. Немедленно на сцену выползает ряд партийных генералов, уверенных в своей непогрешимости и не брезгующих никакими средствами для проведения в жизнь своей программы, как бы она ни расходилась с интересами трудовых масс. За этими генералами неизбежно тащится свора примыкающих прихвостней, не имеющих ничего общего не только с народом, но и с самой партией. Создается класс паразитов, живущих за счет масс, озабоченный собственным благополучием, или тех, кто обеспечивает ему обеспеченную жизнь. И какая бы партия ни стояла у власти, она не избежит роли диктатора, так как, какой бы крайне социалистической она ни явилась, у них будут программные и тактические пункты, выработанные не жизнью, а созданные в стенах кабинетов.

*Трудовая же масса постоянно находится в котле жизни и, естественно, опережает всякие кабинетные настроения кабинетных мудрецов. **Поэтому ни одна партия не имеет ни юридического, ни морального, никакого иного права управлять народом.** Правда, наблюдая и изучая жизнь трудящихся масс, можно определить, какой строй дает полную свободу им. Добравшись же до него, становится необходимым партии оставить роль руководителя и «поучителя» и передать в руки самого трудового народа управление страною.*

Тут и начинается цепляние за власть во что бы то ни стало, как это произошло с коммунистами.

Дело идет еще хуже, когда у власти стоит не одна, а несколько партий. Тогда в межпартийной своре за преобладание у руля правления некогда думать и заботиться о трудящихся.

А тем временем, как поганые грибы, вырастает роль бюрократов с девизом: «Все для себя, ничего для народа».

Но и трудящийся, как бы его ни старались приучить к терпению, как бы ни зажимали ему рот, не отдает себя в распоряжение диктатора-партии, а стряхнув поработителей, сам возьмется за власть в лице свободно избранных Советов.

Труженики сами по себе — уже социалисты, и никакие партии не дадут им того Царства Социализма, которое рабочие и крестьяне заслужили своим мученическим долготерпением и страданиями и которого они добьются упорной неустанной борьбой за освобождение от всякого гнета.

Вот почему на знамени Кронштадта написан лозунг «Власть Советам, а не партиям!» [105].

Тем временем большевистское правительство стало подтягивать к Кронштадту воинские формирования. Однако в ходе организации карательных сил оно натолкнулось на серьезные трудности. Дело в том, что ряд воинских частей открыто отказывались выступить против восставшего Кронштадта. Так, например, в числе отказавшихся было несколько полков 27-й Омской дивизии. Против «мятежников» отказались выступить и другие армейские подразделения. Однако путем обмана, подкупа и угроз большевистским лидерам удалось все же сколотить большие силы и двинуть их на подавление восставшего Кронштадта.

Следует сказать, что в период кронштадтских событий Тухачевский приказал обстрелять химическими снарядами линкоры-дредноуты «Петропавловск» и «Севастополь». Однако этот приказ по неизвестной причине артиллеристами не был выполнен[106].

Советское правительство утопило кронштадтское восстание в крови. С помощью наемных убийц-«интернационалистов» (латышей, китайцев, башкир, венгров и др.) были уничтожены 11 тысяч восставших и сочувствовавших им. Понесли потери и каратели. Газета «Последние новости» сообщала, что войска Петроградского гарнизона с 28 февраля по 6 марта потеряли погибшими 2500 человек. Бежавшие из Кронштадта в Финляндию матросы говорили, что расстрелы совершались прямо на льду перед крепостью. Только в городе Ораниенбауме было расстреляно 1400 человек[107]. 18 марта Кронштадт пал. Двумстам особо отличившимся* в подавлении восстания были вручены ордена Красного Знамени.

Думается, наступит время, когда прозревшие россияне узнают правду о событиях в Кронштадте зимой 1921 года и воздвигнут памятник тем, кто дерзнул открыто выступить против большевистской диктатуры, ставшей для народа *страшнее смерти*.

Так большевистская партия огнем и мечом расправлялась со всеми, кто проявлял хоть малейшее недовольство ее политикой.

Вскоре после подавления кронштадтского восстания Сталин, говоря о роли и значении коммунистической партии, откровенно писал: **«Компартия... своего рода орден меченосцев внутри государства Советского, направляющий органы последнего и одухотворяющий их деятельность»**[108].

Иными словами, вооруженная банда грабителей, террористов и убийц. Не менее любопытную информацию дает Сталин в статье «Партия до и после взятия власти». Он, ссылаясь на Ленина**, утверждает, что в целях «пробуждения революции во всех странах... наша партия из силы национальной превратилась с октября 1917 года в силу международную, в партию переворота *в международном масштабе*»[109] (выделено мной. — *А.А.*).

Большевистские карательные отряды занимались и грабежами крестьян. Вот один эпизод, отраженный в газете «Руль»: «Последнее время усилилась реквизиция одежды. Обычно в село посылается карательный отряд раздетых красноармейцев, которые тут же раздевают крестьян и одеваются сами. Во главе отрядов стоят «тройки», в которые входят комендант отряда, представитель чрезвычайки и палач, расстреливавший непокорных. Так, в Балтском уезде оперирует карательный

---

* Считай — палачам.
** Имеет в виду работу Ленина «Пролетарская революция и ренегат Каутский».

отряд под командой Стрижака. При нем чекист Шниде и палач Тка-ченко. Этот отряд уничтожил при подавлении восстания 6 сел... В этих деревнях расстреляно много женщин и детей»[110].

Страна покрывалась сетью концлагерей. Только в Орловской губернии в 20-х годах насчитывалось 5 концлагерей. Через них прошли сотни российских граждан. В одном лишь лагере № 1 за 4 месяца 1919 года побывало 32 683 человека. Число концлагерей непрерывно росло. (Кстати, в этих же лагерях по приказу Сталина были расстреляны многие члены Коминтерна.) Если в ноябре 1919 года их было всего 21, то в ноябре 1920-го — уже 84[111]. Продолжались расстрелы, аресты и ссылки. Газета «Дни» писала 1 ноября 1922 года, что из Москвы, Петрограда, Ярославля, Орла, Владимира, Киева и Тифлиса отправлено в ссылку в Семиреченскую область Туркестана и Алтайский край 1300 политзаключенных. В тяжелых условиях тюрем и лагерей многие погибали. Только в Соловецком лагере за два года (1923—1924) погибло 3000 человек[112].

Большевистское правительство создавало в стране искусственный голод. Например, когда во многих губерниях России в 1921 году был неурожай, а в центральных районах удался хороший урожай картофеля, правительство не отправило его в голодающие губернии, чтобы спасти жизнь людей. Оно велело передать урожай картофеля Главспирту. Архивные документы свидетельствуют: «7 октября на межведомственном совещании в Москве ему (Главспирту. — А.А.) установили годовой экспортный план по Внешторгу — 1 миллион ведер питьевого спирта»[113]. В результате преступных решений советского правительства погибли миллионы российских граждан.

При изучении архивных документов о деятельности большевистского правительства в рассматриваемый период создается впечатление, что оно сознательно уничтожало население России. Фактически это был геноцид.

Масштабы точных людских потерь в стране трудно представить. Да и кто их считал на самом деле. Только в 1918—1920 годах погибло более 10 млн человек (10 180 000) плюс жертвы страшного голода 1921—1922 годов — еще пять с лишним миллионов людей (5 053 000)[114]. Всего же только за годы гражданской войны из жизни ушло более 15 млн человек*.

* * *

Везде и всегда Ленин выступал в роли организатора массового террора. Так, в черновом наброске вводного закона к Уголовному Кодек-

_____

* В официальных советских изданиях отмечается, что в сражениях, а также от голода и болезней погибло 8 млн человек (см., например: Гражданская война в СССР. М. 1986. Т. 2. С. 406).

су РСФСР, посланном 15 мая 1922 года наркому юстиции Курскому, он предлагает «расширить применение расстрела (с заменой высылкой за границу)». Он предлагает также: «Добавить расстрел за неразрешенное возвращение из-за границы»[115]. Но этими террористическими актами не ограничился главный идеолог большевиков. В дополнительной записке от 17 мая 1922 года Ленин рекомендует Курскому разработать дополнительный параграф Уголовного кодекса РСФСР таким образом, чтобы оправдать большевистский террор против граждан России: «Суд, — писал он, — должен не устранить террор; обещать это было бы самообманом или обманом, а обосновать и узаконить его принципиально, ясно, без фальши и без прикрас»[116].

10 августа 1922 года ВЦИК издает декрет «Об административной ссылке», на основании которой Особой комиссии при НКВД предоставлялось право высылки в административном порядке, причем без суда и следствия, «лиц, причастных к контрреволюционным выступлениям» за границу или в отдаленные местности РСФСР сроком на три года.

Особая комиссия незамедлительно приступила к выполнению своих обязанностей. Уже в августе того же года она выслала за границу 160 человек из среды интеллигенции, пытавшихся отстаивать свое мнение, — историков, философов, врачей, экономистов, математиков. В их числе ректор Московского университета профессор Новиков и ректор Петроградского университета профессор Карсавин. 30 сентября немецкий пароход «Обербургомистр Хакен» доставил в город Штеттин первую группу изгнанников. 18 ноября «Пруссия» доставила на чужбину вторую группу репрессированных россиян. За пределы родины были вышвырнуты историки С.Мельгунов, В.Мякотин, А.Кизеветтер, А.Флоровский. Такая же участь постигла большую группу математиков во главе с известным профессором Стратоновым. Но под особым контролем, осуществляемым Лениным, выдворялись из страны философы с мировым именем. Среди них Николай Бердяев, Иван Ильин, Николай Лосский, Семен Франк, Федор Степун, Василий Зенковский, Иван Лапшин, Борис Вышеславцев, Лев Шестов и многие другие. Лишился Родины и известный социолог П.Сорокин. По сведениям историков (М.Геллер и Б.Некрич), список ученых философов, подлежащих высылке за границу, был почти полностью составлен Лениным лично. Не потому ли, что мыслящие честные люди не признали его сочинения за научный труд и подвергли их объективной критике?

Совершенно очевидно, что Ленин как реакционер расправлялся с ними физически потому, что в цивилизованной философской полемике проявлял полную несостоятельность.

Обращает на себя внимание тот факт, что Ленин выселял из России всех «неблагонадежных» не куда-нибудь, а в Германию, с властями которой у него еще с 1914 года сложились дружеские и доверительные отношения.

19 мая 1922 года Ленин пишет письмо Дзержинскому, в котором вновь затрагивает вопрос «о высылке за границу писателей и профессоров, помогающих контрреволюции»*. Касаясь, в частности, журнала «Экономист» XI отдела Русского технического общества, Ленин дает директиву: «Это, по-моему, явный центр белогвардейцев. В № 3... напечатан список сотрудников. Это, я думаю, *почти все* — законнейшие кандидаты на высылку за границу. Все это явные контрреволюционеры, пособники Антанты, организация ее слуг и шпионов и растлителей учащейся молодежи. Надо поставить дело так, чтобы этих «военных шпионов» изловить и излавливать постоянно и систематически и высылать за границу»[117].

По далеко неполным данным, было погублено (интернировано или вовсе физически уничтожено) 17 тысяч деятелей науки, культуры и искусства[118].

Ленин принимал самое деятельное участие в деле высылки Горького за границу. Об этом свидетельствуют документы, которые хранились в тех же стальных сейфах «секретного фонда» Ленина. Начнем с письма Я.Ганецкого (Фюрстенберга) Ленину от 18 мая 1921 года:

«Дорогой Владимир Ильич! Я слыхал, что Вы постановили «выслать» Горького за границу лечиться... Я видел в Москве Горького, но он и не думает о выезде... Его близкие знакомые объяснили мне, что у него нет денег... Нельзя ли что-нибудь сделать? Но следует подойти весьма осторожно. От других я узнал, что он распродает постепенно свою библиотеку...»

На письме Ганецкого Ленин сделал пометки: «т. Зиновьеву. Напомнить мне»[119].

А вот «заботливое» письмо Ленина Горькому от 9 августа 1921 года, опубликованное в 53-м томе:

«Алексей Максимович!

Переслал Ваше письмо Л.Б.Каменеву. Я устал так, что ничегошеньки не могу. А у Вас кровохарканье, и Вы не едете!! Это ей-же-ей и бессовестно и нерационально.

В Европе в *хорошем* санатории будете и лечиться и *втрое больше*

---

* Многие ученые покидали Россию и до издания большевистских декретов, не выдерживая преследований и издевательств со стороны властей. В этой связи следует обратить внимание на такой факт. Когда летом 1921 года в Праге состоялся первый академический съезд ученых-эмигрантов, то в нем приняли участие около 500 российских ученых. Одним из организаторов этого форума был ученый с мировым именем, профессор Петербургского Политехнического института, член Особого совещания по топливному снабжению России А.С.Ламшанов.

дела делать. Ей-ей. А у нас ни лечения, ни дела — *одна суетня.* **Зряшная** *суетня.* Уезжайте, вылечитесь. Не упрямьтесь, прошу Вас.

Ваш Ленин»[120].

В связи с массовыми арестами ученых Русское физико-химическое общество обратилось к советскому правительству с ходатайством об освобождении профессора М.М.Тихвинского и других деятелей науки, квалифицируемых ВЧК как «враги народа». Интересно, что Ленин, знавший Тихвинского лично, дает указание Горбунову направить запрос в ВЧК, заметив при этом, что Тихвинский не «случайно» арестован: химия и контрреволюция не исключают друг друга»[121].

Не следует, однако, думать, что судьба оставшихся в России (и не арестованных) ученых была лучше. В связи с этим приведем заметку, которая была опубликована в № 368 «Последних новостей» за 1921 год. В ней идет речь о положении профессуры Киевского университета: «Проходя по Ботанической улице, вы заметите плакат: «Выпекаю хлеб за припек. Профессор Б.Я.Букреев». «Профессор Павлуцкий служит приказчиком и раздает продукты на распределительном пункте. Акад. Плотников с семьею босой и оборванный ходит в лес собирать ягоды, грибы для продажи. Акад. Граве ограблен дочиста и теперь голодает с семьей. Бывают дни, когда он совсем не ест. Студенты подкармливают его, собирая средства между собою. Акад. Средневский также голодает. Зимой одно время прекратил было являться читать лекции. Студенты нашли его почти умирающим от голода. Теперь подкармливают его вскладчину. Профессор де-Лоне занимается рубкой дров. Приват-доцент Кочубей умер от голода. Официально было сообщено, что он переутомился. Проф. Грушевский почти при смерти от голода»[122].

В таких же тяжелых условиях находились ученые других городов России. В 1921 году при СНК РСФСР создается так называемая Центральная комиссия по улучшению быта ученых (ЦЕКУБУ)*. Председателем комиссии был назначен А.Б.Халатов. Однако действенной помощи от этой организации ученые не получали, поскольку она необходимых средств от правительства не имела.

В 1921—1922 годах страна была охвачена страшным голодом и эпидемией холеры. Знал ли Ленин о гибели от голода миллионов граждан России? Безусловно. Информационный отдел ГПУ доставлял лично Ленину совершенно секретные сводки самого различного характера от всех губерний России. Ознакомимся с некоторыми из них, касающихся экономического и социального положения в стране.

Из информационной сводки ГПУ по Самарской губернии от 3 января 1922 года:

«...Наблюдается голодание, таскают с кладбища трупы для еды. Наблюдается, детей не носят на кладбище, оставляя для питания...»[123]

---

* Действовала в 1921—1931 годах.

Из информационной сводки ГПУ по Тюменской губернии от 15 марта 1922 года:

«...В Ишимском уезде из 500 000 жителей голодают 265 тысяч. Голод усиливается. В благополучных по урожайности волостях голодают 30% населения. Случаи голодной смерти учащаются. На границе Ишимского и Петропавловского уездов развивается эпидемия азиатской холеры. На севере свирепствует оспа и олений тиф...»[124]

Следует отметить, что голод был вызван не только неурожаем, но и преступными действиями большевистского правительства. Об искусственном голоде, в частности в Петрограде, пишет в своем дневнике фрейлина императрицы Анна Вырубова (Танеева): «Большевики запретили ввоз провизии в Петроград, солдаты караулили на всех железнодорожных станциях и отнимали все, что привозили. Рынки подвергались разгромам и обыскам; арестовывали продающих и покупающих»[125].

Но, судя по всему, голодная смерть миллионов россиян Ленина не волновала. Для него идея мировой революции стояла выше национальной трагедии. Об этом свидетельствуют неопровержимые факты. Именно по личному указанию Ленина на нужды революции с начала 1918 года по конец 1921 года было растранжирено 812 232 600 рублей золотом[126]. Но на спасение человеческих жизней у большевистских вождей средств «не было».

Чтобы понять истинное отношение так называемого «рабоче-крестьянского правительства» к трудовому народу, увидеть подлинное лицо большевистских вождей, достаточно ознакомиться с двумя фактами из фондов бывшего Центрального партийного архива Института марксизма-ленинизма при ЦК КПСС.

Так, на перевозку грузов Красного Креста и АРА* в помощь голодающим губерниям в 1921 году советское правительство выделило всего лишь 125 000 «деревянных» рублей[127]. Между тем в сентябре того же года на закупку за границей 60 тысяч комплектов кожаного обмундирования для чекистов ЦК РКП(б), по ходатайству Президиума ВЧК, выделил для своего детища 1 800 000 рублей золотой валютой[128].

Излишне комментировать эти факты. На мой взгляд, лучше сказать о том, как в эти голодные годы жили большевистские вожди. Вот свидетельство жены Троцкого — Натальи Ивановны Седовой**: «...Красной кетовой икры было в изобилии... Этой неизменной икрой окрашены не в моей только памяти первые годы революции»[129].

Горький, живя фактически в изгнании в Берлине, переживая за судьбу голодающих российских граждан, с тревогой писал: «Я полагаю, что из 35 миллионов голодных большинство умрет»[130]. Горький не ошибся:

_____

* АРА — Американская администрация помощи европейским странам, пострадавшим в первой мировой войне. В связи с голодом ее деятельность в 1921 году была разрешена на территории Советской России.
** Умерла в предместьях Парижа в 1962 году.

от голода погибли миллионы людей. Преждевременная смерть граждан России на совести Ленина и его единомышленников. Исправно отправляя в Германию десятки миллионов пудов хлеба и обеспечивая им многомиллионную армию наемных «интернационалистов», советское правительство, варварски грабя крестьян, тем самым заведомо выносило смертный приговор многим миллионам российских граждан.

В то время, когда большевистское правительство искусственно создавало в стране голод, прогрессивная общественность Запада организовывала фонд помощи голодающим России. В этой связи примечателен весьма трогательный факт. Известный французский писатель Анатоль Франс присужденную ему в ноябре 1921 года Нобелевскую премию в области литературы пожертвовал в пользу голодающих граждан России. А в декабре в «Социалистическом Вестнике» была опубликована статья «Анатоль Франс против большевизма», в которой сообщалось о глубоком разочаровании выдающегося деятеля мировой культуры в коммунизме.

В стране свирепствовал страшный голод, люди миллионами погибали, а советское правительство в это время вывозило хлеб за границу. 7 декабря 1922 года Политбюро принимает преступное постановление: **«Признать государственно необходимым вывоз хлеба в размере до 50 миллионов пудов»**[131].

В связи с насильственной высылкой, а также вынужденным массовым выездом интеллигенции и «буржуев» за границу необходимо особо остановиться на судьбе ряда семей, родственники которых до октябрьского переворота работали в спецслужбах России. Все они становились заложниками. Должен заметить, что идея взятия заложников также принадлежит Ленину. Два документа, которые приводятся ниже, убеждают нас в этом. Первый адресован Сталину в Петроград 3 июня 1919 года:

«...*Насчет иностранцев* советую не спешить высылкой. Не лучше ли в концентрлагерь, чтобы потом *обменять...*»[132]

А вот строгое указание диктатора в отношении россиян: «Надо усилить взятие заложников с буржуазии и с семей офицеров — ввиду учащения измен. Сговоритесь с Дзержинским»[133], — телеграфирует он Склянскому.

Так, захватив архивы разведывательного и контрразведывательного отделения Генерального штаба, ведомство Дзержинского разработало жестокий и циничный план принудительного использования сотрудников спецслужб свергнутого режима. Этот нехитрый, но гнусный по своему замыслу план заключался в том, что семьи и родственников сотрудников разведорганов, находившихся в России и за ее пределами, брали в заложники. А затем под угрозой расстрела вынуждали сотрудников спецслужб работать на большевистское правительство. Многие разведчики и их семьи поплатились жизнью за отказ служить узурпаторам. Но некоторые, не выдержав психологического воздействия и ради сохранения жизней своих близких, соглашались работать на большевиков. Спасая своих матерей, отцов, сестер, братьев и свои семьи от репрессий, они шли на этот шаг. Многие десятилетия, живя и работая на ответственных должностях в США, Англии, Франции и многих других государствах, они выполняли агентурные задания ВЧК, НКВД, МГБ, КГБ.

С окончанием гражданской войны, казалось, должны были прекратиться, во всяком случае ослабиться, репрессивные действия большевистского правительства. Однако оно, напротив, пошло на дальнейшее взвинчивание карательных мер против мирных граждан России. Прикрываясь мнимой активизацией «враждебных элементов» и повышением криминогенной обстановки в стране, 16 октября 1922 года ВЦИК принимает еще один декрет, значительно расширивший права ГПУ. В нем указывалось: «...Предоставить Государственному политическому управлению право внесудебной расправы, вплоть до расстрела, в отношении лиц, взятых с поличным на месте преступления при бандитских налетах и вооруженных ограблениях».

Но кто мог проверить действия ГПУ? Навешивая ярлыки «бандиты» и «грабители», чекисты расстреливали фактически всех тех, кто был неугоден большевикам. Существенно были расширены и права Особой комиссии в отношении деятелей «антисоветских политических партий». «Антисоветчиков» могли не только выслать за границу: их могли заключить в «лагерь принудительных работ» в отдаленные регионы на неопределенный срок, причем «враги народа» могли бессрочно находиться в заключении, поскольку по истечении срока за «нарушения» и «антисоветские высказывания» им давали дополнительный.

Тысячи и тысячи граждан не вернулись из этих лагерей. И все это на совести Ленина и его гвардии. Ленин (вместе с Троцким) был организатором первых концентрационных лагерей в России. Выражаясь словами А.Солженицына, его по праву можно считать основателем «Архипелага ГУЛАГ». Так, в телеграмме, отправленной 9 августа 1918 года Пензенскому Губернскому исполкому, он требует «провести беспощадный массовый террор против кулаков*, попов и белогвардейцев; сомнительных запереть в концентрационный лагерь вне города» [134]. Уполномоченному Наркомпрода, А.К.Пайкейсу, находящемуся в Саратове, Ленин советует «назначить своих начальников и расстреливать заговорщиков и колеблющихся, никого не спрашивая и не допуская идиотской волокиты» [135] (выделено мной. — А.А.).

Он требует от председателя Нижегородского губсовдепа Г.Ф.Федорова «напрячь все силы, составить тройку диктаторов (Вас, Маркина и др.), навести тотчас *массовый террор, расстрелять и вывести сотни проституток,* спаивающих солдат, бывших офицеров...» [136]. Ленин настаи-

* Фактически против всех крестьян, восставших против продовольственной политики Ленина.

вал на жесточайшем терроре против бастующих чиновников, интеллигенции, требовал расстрела на месте спекулянтов. Причем к последним он относил всех, кто продавал выращенный своим трудом хлеб по рыночным ценам. И этих «спекулянтов» расстреливали на месте без суда и следствия с конфискацией зерна и имущества! Вот его телеграмма Шляпникову в Астрахань: «...Налягте изо всех сил, чтобы поймать и расстрелять астраханских спекулянтов и взяточников. С этой сволочью надо расправиться так, чтобы все на годы запомнили»[137]. И это при условии, что смертная казнь в так называемом рабоче-крестьянском государстве была формально отменена.

Массовые репрессии, совершенные по его указанию, не поддаются никакому сравнению. Приведу лишь несколько фактов. С 1826 по 1906 год, то есть за 80 лет царского режима, по решению судов были приговорены к смертной казни 612 человек. А с июня 1918 по февраль 1919 года лишь на территории 23-х губерний, по далеко не полным сведениям, по приговору ВЧК было расстреляно 5496 человек. Если в эпоху Петра I виновных в различных преступлениях (например, участников стрелецкого бунта 1698 г.) убивали по жребию (каждого двадцатого), то Ленин в целях «очистки земли российской от вредных насекомых» рекомендовал расстреливать «на месте одного из десяти, виновных в тунеядстве»[138]. Напомним читателю, что эту «научную» рекомендацию Ленин дал в статье «Как организовать соревнование?».

Методику «красного террора» Ленин экспортировал в другие страны. Так, например, в статье-письме «Привет венгерским рабочим» он советует: «Если проявятся колебания среди социалистов, вчера примкнувших к вам, к диктатуре пролетариата, или среди мелкой буржуазии, подавляйте колебания беспощадно. Расстрел — вот законная участь труса на войне»[139]. Обосновывая свою жестокость в политической борьбе за власть, Ленин писал американским рабочим: «...гражданская война немыслима ни без разрушений тягчайшего вида, ни без террора, ни без стеснения формальной демократии в интересах войны»[140].

Свирепствовавшие в стране голод, террор, вандализм и вмешательство большевистского правительства во внутренние дела других государств сопровождались полным уничтожением ростков демократии, появившихся на российской земле после Февральской революции. И этого не скрывал «крестный отец» красного террора. Выступая на 2-м Всероссийском совещании ответственных организаторов по работе в деревне 12 июня 1920 года, Ленин со всей откровенностью заявил: «Тут все сентиментальности, всякая болтовня о демократии должны быть выкинуты вон»[141].

По жестокости Ленин превзошел самых отъявленных якобинцев. Записка, отправленная нарочным председателю Исполкома Пензенской губернии В.В.Кураеву, председателю Совдепа Е.Б.Бош и председателю Пензенского губкома партии А.Е.Минкину 11 августа 1918 года, яркое свидетельство сказанному:

«...Товарищи! Восстание пяти волостей кулачья должно повести к беспощадному подавлению. Этого требует интерес всей революции, ибо теперь взят «последний решительный бой» с кулачьем. Образец надо дать.

1) Повесить (непременно повесить, дабы народ видел) не меньше 100 заведомых кулаков, богатеев, кровопийц.

2) Опубликовать их имена.

3) Отнять у них весь хлеб.

4) Назначить заложников — согласно вчерашней телеграмме. Сделать так, чтобы на сотни верст кругом народ видел, трепетал, знал, кричал: душат и задушат кровопийц — кулаков.

Телеграфируйте получение и исполнение. Ваш Ленин.

P.S. Найдите людей потверже»[142].

Как было отмечено выше, в партийной и государственной структурах было немало руководителей, которые активно помогали Ленину осуществлять красный террор против народов России. Здесь же в качестве примера назовем Зиновьева, который принимал деятельное участие в разработке идеологии и технологии красного террора. Так, например, выступая на VII Петроградской партийной конференции в сентябре 1918 года, Зиновьев заявил: «**Мы должны увлечь за собой 90 миллионов из ста населяющих Советскую Россию. С остальными нельзя говорить — их надо уничтожить**»[143].

Мне думается, что одной этой фразы достаточно, чтобы понять человеконенавистническую сущность большевизма как идеологии.

Ленин не представлял политическую деятельность без террора и насилия. Он буквально бредил террором. Достаточно ознакомиться с запиской Н.Н.Крестинскому, чтобы в этом убедиться:

«т. Крестинскому.

Я предлагаю тотчас образовать (для начала можно **тайно**) комиссию для выработки экстренных мер (в духе Ларина. Ларин прав). Скажем, Вы + Ларин + Владимир (Дзержинский) + Рыков?

Тайно подготовить террор: необходимо и срочно.

Ленин»[144] (выделено мной. — *А.А.*).

Да, Ленин, большевики безжалостно скосили на российской земле цвет великой нации. Но Богу было угодно, чтобы ее корни все же сохранились, не погибли. Хочется верить, что эти живые корни дадут новые хорошие побеги, так необходимые для возрождения России.

Резюмируя вышеизложенное, можно со всей определенностью сказать, что массовые террористические акты, включая расстрелы, грабежи и разбои, осуществляемые большевиками против народов России, их бандитские акции против соседних стран, оскорбительные нападки на народы других государств нельзя расценивать иначе как преступные терракты международного масштаба. И поскольку преступление, совершенное большевиками перед человечеством, явилось страшным злом для многих поколений и продолжает им быть сегодня, то большевизм во главе с его идеологом — Лениным необходимо осудить международным военным трибуналом, как это было сделано в Нюрнберге (1946) и в Токио (1948) в отношении главных военных и нацистских преступников, подготовивших и развязавших вторую мировую войну.

Хуйва Сталин и его банда развязали вторую мировую войну. Е.Т.№

ГЛАВА 12

ПОЛИТИЧЕСКИЙ АВАНТЮРИСТ

> *Вы можете дурачить часть народа все время,*
> *вы можете дурачить весь народ какое-то время,*
> *но нельзя дурачить все время весь народ.*
>
> Авраам Линкольн

Как политический деятель Ленин не был оригинален. Ни принципиальностью, ни последовательностью в своих действиях он не отличался. В зависимости от обстоятельств, политической конъюнктуры и в интересах личной выгоды постоянно менял свои убеждения и политическую линию.

До октябрьского переворота он выдвигает ряд идей политического, демократического и национального характера. Между тем, захватив власть, начисто от них отказывается. Так, на протяжении трех десятков лет он ратовал за свободу слова, печати, собраний, митингов и демонстраций. На деле же, умело воспользовавшись тем, что в основной своей массе народ малограмотен, он лишил его всех демократических свобод, завоеванных Февральской революцией. Что же касается демонстраций и уличных шествий, то достаточно вспомнить расстрел манифестантов, выступивших в поддержку Учредительного собрания 5 января 1918 года.

В многочисленных работах дооктябрьского периода Ленин неоднократно выдвигал тезис о праве наций на самоопределение вплоть до политического отделения и создания самостоятельного суверенного государства. Между тем в 1917—1921 годы он вооруженным путем подавил все попытки национальных меньшинств жить и развиваться самостоятельно, вне советского государства.

Особо детального разбора требует его подход к идее созыва Учредительного собрания, деятельность которого могла бы в корне изменить политическую судьбу всех народов России.

Идея созыва Учредительного собрания имела глубокие исторические и национальные корни. Прообразом его были сохранившиеся в народной памяти Земские соборы, функционировавшие в России с середины XVI века. С начала XX столетия вопрос о возрождении Учредительного собрания все чаще обсуждался в общественно-политической среде. Особое значение этому органу народной власти придавал и Ленин.

На протяжении пятнадцати лет он выступал за созыв Учредительного собрания, которое, по его мнению, должно было стать в революционной России высшим законодательным органом, обладающим силой и властью. В общей сложности проблема Учредительного собрания была затронута Лениным в более чем 30 статьях и публичных выступлениях. Еще в «Проекте программы Российской с.-д. рабочей партии», написанном пятью членами редакции газеты «Искра» в 1902 году, Ленин подчеркнул, что осуществление политических и социальных преобразований в России «достижимо лишь путем низвержения самодержавия и созыва Учредительного собрания, свободно избранного всем народом»[1]. Развивая эту мысль в статье «Самодержавие колеблется...», опубликованной в № 35 «Искры» (март, 1903 г.), он пишет: «...мы требуем созыва всенародного Учредительного собрания, которое должно быть выбрано всеми гражданами без изъятий и которое должно установить в России выборочную форму правления»[2]. В работе «Демократические задачи революционного пролетариата» Ленин выступает за такое Учредительное собрание, которое *действительно имеет силу и власть «учредить» государственный порядок, обеспечивающий самодержавие народа*[3].

В целом идея о необходимости созыва Учредительного собрания нашла отражение аж в 25 томах его сочинений. Особо примечателен один документ. В письме «Международному социалистическому бюро» (1905) Ленин, касаясь революционных событий, дает разъяснение, что «в России происходят не бунты черни, а революция, борьба за свободу, что борьба эта имеет целью созыв учредительного собрания, которого требуют все прогрессивные партии, *особенно РСДРП»*[4]. В тесной связи с изложенным выше следует рассматривать статью Ленина «Революционная армия и революционное правительство», в которой он, указывая шесть основных пунктов, «которые должны стать политическим знаменем и ближайшей программой всякого революционного правительства», на первое место ставит *всенародное учредительное собрание*[5].

Заметим, что созыва Учредительного собрания народные массы требовали еще в годы первой русской революции. Этим можно объяснить тот факт, что уже 13 марта 1917 года Временным правительством было образовано Особое совещание по подготовке проекта закона о выборах в Учредительное собрание. А 15 марта оно заявило о его созыве. В постановлении Временного правительства от 19 марта 1917 года подчеркивалось: «Заветная мечта многих поколений всего земледельческого населения страны — земельная реформа — составляет основное требование программ всех демократических партий. Она, несомненно, станет на очередь в предстоящем Учредительном собрании»[6]. Кстати, заслуга Временного правительства заключается и в том, что оно специальным постановлением закрепило за евреями все права, которыми обладали граждане России.

Но у Ленина не хватает терпения. Уже 29 марта он публикует свое заявление в газете «Волкшехт», в котором говорит: «Выборы в учредительное собрание являются пока лишь пустым обещанием»[7].

После Февральской буржуазно-демократической революции, вплоть до октября 1917 года, в многочисленных работах и в публичных выступлениях («За деревьями не видят леса», «О конституционных иллюзиях», «Уроки революции», «Как обеспечить успех Учредительного собрания» и др.) Ленин критикует Временное правительство за якобы сознательную оттяжку выборов, которые были назначены постановлением на 17 (30) сентября, а в августе перенесены на 12 (25) ноября.

Большую работу в массах в этот период проводила партия эсеров. Их аграрная политика приобрела широкую популярность в стране, особенно среди крестьянства. Ленин пристально следил за развитием событий и делал все от него зависящее, чтобы привлечь на сторону большевиков как можно больше революционных сил. Если в пропаганде своих идей среди рабочих большевики имели известный успех, то среди крестьянства их пропаганда не находила должного понимания. Характерен в этом отношении I Всероссийский съезд крестьянских депутатов, который стал ареной борьбы большевиков с эсерами за крестьянские массы. Однако съезд большинством голосов отклонил написанный Лениным и внесенный от имени большевистской фракции проект резолюции и принял резолюцию эсеров. Съезд избрал эсеровский Исполнительный комитет Совета крестьянских депутатов. Принятые им решения выражали интересы абсолютного большинства крестьян.

Ленин не мог не видеть, что авторитет партии эсеров среди крестьян чрезвычайно высок. В «Открытом письме к делегатам Всероссийского съезда крестьянских депутатов» (7 мая 1917 г.) он, пытаясь поднять авторитет большевиков, советует «крестьянам на местах тотчас брать всю землю», не платя помещикам никакой арендной платы и не дожидаясь Учредительного собрания. При этом он подчеркивает: «Права Учредительного собрания окончательно установить всенародную собственность на землю и условия распоряжения ею мы нисколько не отрицаем»[8]. Эту же мысль Ленин подчеркнул в проекте резолюции по аграрному вопросу, представленному им на I Всероссийском съезде крестьянских депутатов[9]. В своей речи на этом съезде он подчеркнул, что Учредительное собрание является **центральной государственной властью**»[10]. В статье «Украина и поражение правящих партий России» Ленин, критикуя эсеров и меньшевиков за то, что они не потребовали от Временного правительства издания особого акта, признающего «права украинского народа на автономию», подчеркивает, что «гарантию правильности»... всем народам России дадут будущие сеймы, даст будущее Учредительное собрание не по одному украинскому, а по *всем* вопросам»[11].

Указывая на крайнюю пассивность (?) Временного правительства в вопросе созыва Учредительного собрания и настраивая массы на новую революцию, Ленин отмечает, что «созыв Учредительного собрания невероятен (без новой революции)»[12].

Государственный переворот был осуществлен большевиками за 17 дней до открытия Учредительного собрания, на котором должны были решаться вопросы, волновавшие общество: основы государственного устройства России и землепользования, национальный вопрос и заключение справедливого мира. И конечно же, после решения этих вопросов в пользу трудящихся последние вряд ли пошли бы на новую революцию — она отпадала бы сама собой. Но Ленин понимал это, и в письме рабочим Питера от 24 октября призывал их немедленно обратиться в Центральный Комитет, РВК и настоятельно требовать смещения правительства Керенского до 25-го. Аргументируя свою позицию, он писал: «История не простит промедления революционерам, которые могли победить сегодня (и наверняка победят сегодня), рискуя терять много завтра, рискуя потерять все... Промедление в выступлении смерти подобно»[13]. Вот как он торопился, чтобы прийти к власти! И утверждение, будто непременным условием созыва Учредительного собрания является переход всей полноты власти к партии большевиков — лишь попытка теоретически обосновать необходимость государственного переворота.

Выступая с докладом о мире на Втором Всероссийском съезде Советов, Ленин, в частности, сказал, что рассмотренные на съезде вопросы о мире «мы внесем... на обсуждение Учредительного собрания, которое уже будет властно решить, что можно и чего нельзя уступить»[14]. Он также заявил, что «если они* даже этой партии (социалистов-революционеров. — *А.А.*) дадут на Учредительном собрании большинство, то и тут мы скажем: пусть так»[15]. Но, как показали события начала января 1918 года, это заявление было ни чем иным, как тактическим маневром. Это было сказано на втором заседании съезда, который должен был до созыва Учредительного собрания избрать Временное правительство республики. Кстати, на первом заседании Второго съезда Советов, продолжавшемся почти семь часов, Ленин не присутствовал. Составители 35-го тома ПСС Ленина объясняют его отсутствие тем, что он якобы «был занят руководством восстания»[16].

Однако, допуская, что Ленин действительно руководил восстанием в период работы съезда, следует отметить, что он не появился на съезде и после того, когда к двум часам ночи «сопротивление» защит-

---

* Крестьяне.

Вождь улыбается, довольный благополучным прибытием в Петроград. Апрель 1917 г.

«Рабочий Сестрорецкого оруженного завода» Константин Иванов (Ленин) после провала июльского вооруженного мятежа. Июль 1917 г.

В.И.Ленин, И.В.Сталин и М.И. Калинин на VIII съезде РКП(б). Март 1919 г.

*«Меч и пламя»
пролетарской революции —
Феликс Эдмундович
Дзержинский*

Яков Михайлович Свердлов

Лев Давидович Троцкий
(Бронштейн) и Михаил
Иванович Калинин на
Площади революций. 1918 г.

*Подвал ипатьевского дома в Екатеринбурге,
где была расстреляна царская семья.*

Снятие памятника императору Александру II-освободителю. 1919 г.

Патриарх Московский и всея Руси Тихон

*Изъятые церковные
ценности из Храма
Христа Спасителя.
Москва. 26 мая 1922 г.*

*Красноармейцы выносят
церковные ценности из
Симонова монастыря.
Москва. 1923 г.*

Беженцы из голодного Поволжья. 1921 г.

Трупы детей, умерших от голода. Саратов. 1921 г.

Трупы умерших от голода на кладбище в Бузулуке. 1921 г.

Американская помощь голодающим Поволжья. Август 1921 г.

В.И. Ленин и Н.К. Крупская в Горках. Август 1922 г.

Вождю большевиков есть над чем подумать. Горки. 1923 г.

Дом в Горках, где скончался В.И. Ульянов (Ленин)

У гроба В.И. Ульянова (Ленина) на Красной площади. 27 января 1924 г.

Я.С. Ганецкий подписывает советско-германский экономический договор. 12 октября 1925 г.

Немецкие летчики в Липецкой авиашколе

Germanskie

В.М. Молотов подписывает советско-германский договор.
Москва, Кремль, 23 августа 1939 г.

Советское зерно для Германии

Встреча генерала Гудериана и комкора Чуйкова в Гродно. Сентябрь 1939 г.

Генерал Гудериан и комкор Чуйков принимают парад совместных войск. Гродно, сентябрь 1939 г.

Так охраняли идола

Народный гнев сильнее

Митинг победителей. 22 августа 1991 г.

ников Зимнего было сломлено, а министры Временного правительства арестованы и отправлены в Петропавловскую крепость. Между тем съезд продолжал свою работу и после взятия Зимнего и закончил первое свое заседание в шестом часу утра.

Относительно фактических руководителей захвата последней опоры Временного правительства — Зимнего следует сказать, что ими были В.А.Антонов-Овсеенко, Н.И.Подвойский, Г.И.Чудновский. Что же касается Ленина, то он вместе с Троцким отдыхал, «лежа рядом... в одной из комнат Смольного...»[17]. А работа съезда тем временем продолжалась.

В этот период у Ленина, как он сам признавал, кружилась голова, поскольку, по его же словам, был «слишком резкий переход от подполья и переверзевщены — к власти...»[18].

Однако Ленин понимал, что юридическая власть, которой он овладел, является временной и ее дальнейшая судьба будет зависеть от Учредительного собрания. Поэтому он круто изменил свое отношение к последнему, не без оснований опасаясь, что оно, как высший законодательный орган, может лишить его власти. И эта борьба, как явствует из документов, проходила в сплошных интригах и авантюрах, вплоть до ультимативных требований, угроз и террора. Еще с утра 28 ноября начались аресты «врагов народа», шла подготовка к разгону Учредительного собрания.

Это была настолько откровенная метаморфоза в отношении к народному органу власти, что трудно было ее не заметить. Так, в заметках «К лозунгам демонстраций», написанных Лениным 28 ноября в качестве добавления к воззванию Петроградского Совета «К рабочим и солдатам Петрограда», уже делается попытка оказать жесткое давление на Учредительное собрание, превратить его в послушный орган. «Трудящийся народ, — говорится в одной из заметок, — требует, чтобы Учредительное собрание признало Советскую власть и Советское правительство»[19]. Но Ленин говорил неправду: народ этого не требовал. К такому приему он прибег не случайно: несмотря на декрет ВЦИК от 23 ноября (6 декабря) 1917 года об отзыве из Учредительного собрания депутатов, ход выборов показывал, что большинство крестьян, ремесленников, многие рабочие и интеллигенция отдают свои голоса эсерам, поскольку эсеровский декрет о земле да и вся их партийная программа отвечала надеждам широких слоев населения страны.

Должен отметить, что в рассматриваемый период все большую популярность приобретает лозунг «Вся власть Учредительному собранию!». Поэтому в речи на Втором Всероссийском съезде Советов крестьянских депутатов 2 (15) декабря Ленин заявил, что «Советы выше всяких парламентов, всяких учредительных собраний», на что депутаты с места ответили криками: «Ложь!»[20]. Далее он объявил, что «партия большевиков всегда говорила, что высший орган — Советы»[21]. Но и это заявление, мягко выражаясь, не соответствует истине. Иначе вряд ли Ленин стал бы выносить «все предложения мира» «на заключение Учредительного собрания», равно как и принятый Вторым Всероссийским съездом Советов Декрет о земле объявлять «временным законом... впредь до Учредительного собрания»[22].

В период предвыборной кампании члены Всероссийской комиссии по выборам зачастую подвергались арестам и террору, их объявляли «врагами народа». Проводилась работа по дискредитации депутатов от партии эсеров. К 23 ноября (6 декабря) часть членов комиссии уже была арестована. В этот же день Совнарком волевым решением назначает М.С.Урицкого комиссаром Всероссийской комиссии по делам о выборах в Учредительное собрание. В этот период пострадали даже некоторые члены РСДРП(б). Так, в речи на заседании ЦК РСДРП(б) 11 (24) декабря 1917 года Ленин предлагает «сместить бюро фракции», которое, как подчеркивалось в написанном им «Проекте резолюции о временном бюро фракции большевиков в Учредительном собрании», якобы «проявило бездеятельность по отношению к своей главной задаче, выработке принципиальной резолюции об отношении... партии к Учредительному собранию»[23]. Иными словами, члены бюро фракции большевиков были наказаны в партийном порядке за пассивность в борьбе против Учредительного собрания, нежелание учинять против него террор.

Еще не был известен день открытия Учредительного собрания, а уже велась работа по его роспуску. 26 ноября СНК принял постановление, согласно которому Учредительное собрание могло быть открыто лишь при наличии более 400 депутатов. Несмотря на аресты и препоны, к середине декабря кворум все же был собран. Народ избрал 715 депутатов. Около 58% их составили эсеры. Большевики же получили всего 183 мандата (чуть больше 25%). Это весьма озадачило Ленина. Он пытается исправить положение.

В «Тезисах об Учредительном собрании» Ленин говорит о несоответствии «между составом выборных в Учредительное собрание и действительной волей народа»[24]. Он считает, что «единственным шансом на безболезненное разрешение кризиса, создавшегося в силу несоответствия выборов в Учредительное собрание и воли народа, а равно интересов трудящихся и эксплуатируемых классов, является возможно более широкое и быстрое осуществление народом права перевыбора членов Учредительного собрания, присоединение самого Учредительного собрания к закону ЦИК об этих перевыборах и безоговорочное заявление Учредительного собрания о признании Советской власти, советской революции, ее политики в вопросе о мире, о земле и о рабочем контроле...»[25]

Нереальные задачи, прямо скажем, диктаторского порядка Ленин ставит в ультимативной форме за 9 дней до открытия Учредительного собрания. В его «Тезисах» содержится «предписание» признать Советскую власть, советское правительство и его директивы. Заканчиваются они прямыми угрозами: «Вне этих условий, кризис в связи с Учредительным собранием может быть разрешен только революционным путем, путем наиболее энергичных, быстрых, твердых и решительных мер со стороны Советской власти...»[26] То есть путем неприкрытого террора.

23 декабря 1917 года в «Известиях ЦИК», без подписи, была опубликована статья Ленина «Плеханов о терроре». Днем раньше ее напечатала «Правда». В ней Ленин, как бы предупреждая Учредительное собрание, цитирует Плеханова, который еще в 1903 году на II съезде партии, в частности, поддерживая выступление Посадовского (Мандельберга), говорил: «Если бы в порыве революционного энтузиазма народ выбрал очень хороший парламент... то нам следовало бы стараться сделать его долгим парламентом; а если бы выборы оказались неудачными, то *нам нужно было бы стараться разогнать его не через два года, а если можно, то через две недели*»[27].

Итак, прикрываясь авторитетом Плеханова, Ленин готовил разгон Учредительного собрания. Но, во-первых, он сам говорил еще в 1901 году о необходимости применения террора. Во-вторых, и это главное, Ленин фальсифицировал материалы II съезда РСДРП, ни слова не сказав об отношении съезда к поправке Посадовского. Это отношение выразилось так: «Всеобщее, равное и прямое избирательное право при выборах как в законодательное собрание, так и во все местные органы самоуправления для всех граждан и гражданок...» Посадовский же считал, что «все демократические принципы должны быть подчинены исключительно выгодам нашей партии», включая «и неприкосновенность личности»[28]. Более того, Ленин грубо исказил факты, сказав, что «так рассуждало тогда вместе с Плехановым громадное большинство нынешних меньшевиков»[29]. Между тем высказывания Плеханова были подвергнуты критике делегатами съезда. Так, Гольдблант (Медем), в частности, отмечал, что находит «слова т. Плеханова подражанием буржуазной тактике. Если быть логичным, то, исходя из слов Плеханова, требование всеобщего избирательного права надо вычеркнуть из нашей программы»[30].

И последнее в этой связи. Предложение Посадовского, поддержанное Плехановым, было отвергнуто *большинством* делегатов съезда. Весь этот параграф был принят с поправками Мартова и Кольцова. Что ж, лгать и извращать неопровержимые исторические факты *пролетарскому вождю приходилось неоднократно*. (Как тут не вспомнить самого Г.В.Плеханова, который говорил, что с Лениным надо разговаривать только в присутствии нотариуса.)

Накануне и в день открытия Учредительного собрания проходили массовые демонстрации рабочих, которые несли транспаранты с надписями: «Да здравствует Учредительное собрание и демократическая Республика!», «Вся власть Учредительному собранию!», «Привет лучшим гражданам земли Русской». Между прочим, эти исторические события запечатлены на кинопленку, которая хранится в Центральном Государственном архиве кинофотодокументов РФ.

5 (18) января 1918 года старейший депутат — эсер С.П.Швецов открыл в Таврическом дворце Учредительное собрание. Председателем был избран В.М.Чернов. От имени ВЦИК Свердлов огласил «Декларацию прав трудящегося и эксплуатируемого народа» и предложил обсудить ее. Большинством голосов собрание отвергло это предложение, что вполне объяснимо. Будучи ознакомленными с содержанием «Декларации», поскольку она была напечатана 4 (17) января 1918 года в газетах «Правда» и «Известия ЦИК», депутаты поняли, что ее содержание не соответствует названию; фантастичны, нереальны и безответственны поставленные в ней задачи (например, «установление... социализма во всех странах»); и наконец, главное: «Декларация» фактически являлась приговором Учредительному собранию. Иными словами, ему предлагалось признать советское правительство, новые декреты и вынести постановление о прекращении своей деятельности. Разумеется, на это депутаты не пошли. Тогда на заседании была оглашена написанная Лениным во время перерыва декларация фракции большеви-

Демонстрация трудящихся Петрограда в защиту Учредительного собрания.
Январь 1918 года

ков, и последние покинули зал. (Примечательно, что декларация заканчивалась словами: **«Да здравствует Учредительное собрание!»**) После их ухода по приказу народного комиссара по морским делам П.Е.Дыбенко, матросы, во главе с анархистом А.Г.Железняковым, охранявшие Таврический дворец, в ночь с 5 на 6 января (в 4 часа 40 мин.), выдворив всех депутатов из зала заседания, закрыли Учредительное собрание. В помещениях был учинен настоящий погром, уничтожена документация.

Сам факт роспуска Учредительного собрания, выражающего волю абсолютного большинства населения страны, говорит об открытом терроре, учиненном против него **Временным** советским правительством во главе с Лениным. Даже на заседании ВЦИК (в ночь с 6 на 7 января 1918 года), созванного для принятия (задним числом) декрета о роспуске Учредительного собрания, семь его членов не поддержали и не одобрили эту антинародную акцию. В речи на заседании ВЦИК 6 (19) января Ленин сказал: «Народ хотел созвать Учредительное собрание — и мы созвали его»[31]. Здесь он абсолютно прав. Однако, когда, выступая от имени народа, Ленин говорит, что «он сейчас же почувствовал, что из себя представляет это пресловутое Учредительное собрание»[32], то сознательно лгал. Народ не мог требовать роспуска Учредительного собрания, не видя его конкретных действий. Суть как раз в том, что Учредительное собрание разогнали раньше, чем оно смогло вынести какое-либо решение. А вот о своем отношении к Учредительному собранию до принятия решения о его роспуске Ленин почему-то умалчивает. Между тем известно, что он не позднее 12 октября подписал сразу два заявления, в которых давал «согласие баллотироваться в Учредительное собрание»[33]. Еще одно письменное согласие на выставление своей кандидатуры от г. Москвы «он дал между 12 и 15 октября»[34].

В общей сложности Ленин был внесен в списки кандидатов (от ЦК РСДРП и других организаций) по пяти округам и на выборах 12 (25) ноября был избран членом Учредительного собрания. Согласно положению о выборах, кандидат, избранный по нескольким округам, должен был подать заявление во Всероссийскую комиссию по выборам в Учредительное собрание, с указанием, по какому округу он принимает избрание. Такое заявление Ленин написал 28 ноября 1917 года. В нем он просил считать его выбранным от Балтийского флота. А вот текст самого заявления Ленина: «Я, нижеподписавшийся, Ульянов Владимир Ильич, сим изъявляю согласие баллотироваться в Учредительное собрание от Балтийского флота и **не возражаю против порядка помещения в списке, предложенном флотской организацией РСДРП (большевиков).**

Владимир Ильич Ульянов.

Адрес: Петербург, Смольный институт, комната № 18»[35] (выделено мной. — *А.А.*).

Ниже читатель убедится, как Ленин лукавил, подписывая этот документ.

Пытаясь хоть как-то оправдать свои действия, 13 января 1918 года на Чрезвычайном Всероссийском железнодорожном съезде он, в частности, сказал: «Не можем мы считать Учредительное собрание выразителем воли народа потому, что оно выбиралось по старым спискам»[36], то есть по спискам, составленным до 24 октября 1917 года. Но почему-то эти мысли не приходили ему в голову тогда, до революции, когда он выставлял свою кандидатуру. Они появились у него лишь после того, как он получил информацию о том, что большинство членов Учредительного собрания народ выбирает от партии эсеров.

Если всерьез принять это заявление Ленина, то выходит, что Второй Всероссийский съезд Советов рабочих и солдатских депутатов, на котором было образовано Временное рабочее и крестьянское правительство во главе с ним и были приняты декреты, тоже не являлся выразителем воли народов России, поскольку делегаты съезда также были выбраны (если действительно были выбраны) до октября 1917 года.

Анализ документов показывает, что всякие ссылки на старые списки в вопросе роспуска Учредительного собрания несостоятельны и не выдерживают критики. В пользу наших выводов свидетельствует, в частности, и та часть ответов самого Ленина на записки делегатов Чрезвычайного Всероссийского железнодорожного съезда, где он прямо говорит, что «ни референдумом, ни новым Учредительным собранием помочь делу нельзя»[37]. Из сказанного следует, что выборы по старым спискам — всего лишь повод для разгона Учредительного собрания, поскольку, как мог заметить читатель, Ленин был против созыва Учредительного собрания и по новым спискам, он был категорически против всенародного референдума.

18 января Ленин пишет «Проект декрета об устранении в Советском законодательстве ссылок на Учредительное собрание». Сей документ со всей ясностью говорит о законодательном характере этого народного органа власти[38].

Невольно вспоминается обращение Петроградского Военно-революционного комитета к населению с призывом организовать все силы для отпора контрреволюции от 24 октября 1917 года. В нем подчеркивалось, что «поход контрреволюционных заговорщиков направлен против Всероссийского съезда Советов накануне его открытия, **против Учредительного собрания, против народа**»[39] (выделено мной. — *А.А.*). Выходит, что по отношению к Учредительному собранию Ленин выступил как самый настоящий контрреволюционер. В расстреле же уличной манифестации питерских рабочих 5 января он исполнял роль главного палача, санкционировавшего это кровопролитие.

Несколько позже, в статье «О «левом» ребячестве и о мелкобуржуазности», Ленин признает спланированный разгон Учредительного собрания: «Соглашательство части большевиков в октябре — ноябре 1917 года либо боялось взятия власти пролетариатом, либо хотело делить власть поровну не только с «ненадежными попутчиками» вроде левых эсеров, но и с врагами, черновцами, меньшевиками, **которые неизбежно мешали бы нам в основном: в разгоне Учредилки...**»[40] (Выделено мной. — *А.А.*). А на собрании 20 ноября 1918 года, ему посвященном, «забыв», что именно он целых 15 лет ратовал за Учредительное собрание, прямо заявил: «Учредительное собрание является лозунгом помещиков, монархистов, всей русской буржуазии во главе с Милюковым, который продает Россию направо и налево — кто даст подороже»[41]. Не трудно заметить, что заявление Ленина пронизано демагогией и обманом. Ибо известно достоверно, что именно Ленин оптом и в розницу продавал Россию кайзеровской Германии, чтобы завладеть российским троном. Действия Ленина были подвергнуты жесточайшей критике и осуждены русскими и западноевропейскими социал-демократами.

Полагаю, в этой связи не лишним будет предоставить читателю возможность ознакомиться с открытым письмом В.И.Ульянову-Ленину видного политического и общественного деятеля России, одного из основателей партии эсеров, председателя Учредительного собрания В.М.Чернова. Копия этого письма хранится в бывшем Центральном государственном архиве Октябрьской революции*. Оно яркое свидетельство той жестокой борьбы за власть, которую вели большевики, преступавшие через все моральные и нравственные нормы.

«Милостивый государь Владимир Ильич.

Для Вас давно не тайна, что громадное большинство Ваших сотрудников и помощников пользуется незавидной репутацией среди населения; их нравственный облик не внушает доверия; их поведение некрасиво; их нравы, их жизненная практика стоят в режущем противоречии с теми красивыми словами, которые они должны говорить, с теми высокими принципами, которые они должны провозглашать, и Вы сами не раз с гадливостью говорили о таких помощниках как о «перекрасившихся» и «примазавшихся», внутренне чуждых тому делу, которому они вызвались служить.

Вы правы. Великого дела нельзя делать грязными руками. Их прикосновение не проходит даром. Оно все искажает, все уродует, все обращает в свою наглядную противоположность. В грязных руках твердая власть становится произволом и деспотизмом, закон — удавной петлей, строгая справедливость — бесчеловечной жестокостью, обязанность труда на общую пользу — каторжной работой, правда — ложью.

Но самое Ваше нескрываемое отвращение к недостойным элементам, самые Ваши угрозы разделываться с ними, хотя бы путем расстрелов, ставили Вас высоко над ними. Те или другие Ваши крылатые изречения, вроде того, что «когда Вас повесят как фанатика, их будут вешать как простых воров», облетели всю Россию. И к Вашей личности сложилось известное уважение. Кругом неподкупного, добродетельного Робеспьера могли кишеть взяточники, плуты, себялюбцы; тем выше по закону контраста поднимался он над ними в представлении толпы.

Вы приобрели такую славу «безупречного Робеспьера». Вы не стяжатель и не чревоугодник. Вы не упиваетесь благами жизни и не набиваете себе тугих кошельков на черный день, не предаетесь сластолюбию и не покупаете себе под шумок за границей домов и вилл, как иные из Ваших

---

* Ныне Государственный архив Российской Федерации.

доверенных; Вы ведете сравнительно скромный плебейский образ жизни, говорят, что в атмосфере соблазнов, развративших до мозга костей многих близких Вам людей, Вы заковали себя броней суровой честности.

Я, будучи Вашим идейным противником, не раз отдавал должное Вашим личным качествам. Не раз в те тяжкие для Вас времена, когда своим путешествием через гогенцоллернскую Германию навлекли на себя худшие из подозрений, я считал долгом чести защищать Вас перед петроградскими рабочими от обвинения в политической продажности, в отдаче своих сил на службу немецкому правительству. По отношению к Вам, оклеветанному и несправедливо заподозренному, хотя бы и отчасти по Вашей собственной вине, я считал себя обязанным быть сдержанным. Теперь — другое время. Теперь Вы на вершинах власти, почти самодержавной; теперь Вы в апогее Вашей славы, когда Ваши восторженные приверженцы провозгласили Вас вождем всемирной Революции, а Ваши враги входят с Вами в переговоры, как равные с равным, когда с представителями международного капитала и буржуазными правительствами Европы Вы заключаете всевозможные политические и коммерческие сделки. И теперь я морально свободен от этой сдержанности... И я бросаю Вам права на имя честного человека.

О да, Вы не вор в прямом и вульгарном смысле этого слова. Вы не украдете чужого кошелька. Но если понадобится украсть чужое доверие, Вы пойдете на все хитрости, на все обманы, на все повороты, которые только для этого потребуются. Вы не подделаете чужого векселя. Но нет такого политического подлога, перед которым Вы отступили бы, если только окажется нужным для успеха Вашим планам. Говорят, в своей личной частной жизни Вы любите детей, котят, кроликов, все живое. Но Вы одним росчерком пера, одним мановением руки прольете сколько угодно крови и чьей угодно крови с черствостью и деревянностью, которой позавидовал бы любой выродок из уголовного мира. Вы, конечно, глубоко презираете вульгарных предателей и провокаторов. Вы — человек аморальный до последних глубин своего существа. Вы себе «по совести» разрешили преступать через все преграды, которые знает человеческая совесть. О, здесь Вы — чисто русский тип. История русской церковности, официальной и раскольническо-сектантской, знает хорошо людей этого морального склада, властных основателей старых и новых раскольнических «церквей», «кораблей» и «согласий», соединяющих в себе изуверско-апостольский фанатизм пустосвята с хитрецой расторопного, всегда «себе на уме» и всегда посмеивающегося себе в кулак мужичка-ярославца. Какой-нибудь изможденный и страстный архимандрит Фотий, этот «полуфанатик-полуплут», по незабываемому выражению Пушкина, есть истинно родной брат по духу «святого праотца Распутина». История революции тоже знает такое же жизненно-психологическое противоречие, такую же смесь плутоватости и фанатизма в нечаевщине. Нечаев, с его революционным иезуитством учивший, что революционер не должен бояться не только крови, но грязи, и должен уметь обращать на пользу революции ложь и клевету, подлоги и шантаж, убийство и насилие, — двоюродный брат Фотию и Распутину. Вы им духовная родня через Нечаева.

И никогда, ни в чем не сказались с такой яркостью эти Ваши социально-психологические черты, как в двух делах, которые Вам пришлось совершить, чтобы расчистить себе путь к власти. Эти два темных и грязных дела — расстрел 5 января 1918 года мирной уличной манифестации петроградских рабочих и разгон Учредительного Собрания.

О, я знаю, что одно из этих двух дел — разгон Учредительного Собрания Вы, наоборот, поставите себе в историческую заслугу. И я вовсе не хочу поднимать здесь вопроса о том, можно ли оправдать это Ваше деяние исторически и политически. Я говорю не о том, что Вы сделали, а как Вы сделали. Предположим даже на минуту, что надо было в интересах страны разогнать Учредительное Собрание. Это можно сделать двояко. Можно было выступить против него открыто и мужественно, так, как умеет делать честный враг. И можно было действовать так, как делал Иуда, «целованием предавший Сына Человеческого», положив в основу всего предприятия ложь и фальшь. Вам, Владимир Ильич, Вам, душе и вдохновителю Центрального Исполнительного комитета большевистской партии, я напоминаю о воззвании этого Комитета от 30 сентября 1917 года. Там, меньше чем за месяц до октябрьского переворота, Вы обвинили правительство Керенского в том, что при нем создается «законосовещательный «булыгинский» предпарламент, призванный по плану кадетов заменить собой Учредительное Собрание». Вы хорошо знали, однако, что тогда заменить Учредительное Собрание не отважился и подумать никто, кроме самого Вас. Вы утверждали в том же обращении, что Учредительное Собрание может быть создано только вопреки нынешнему коалиционному правительству, которое делает и **сделает все, чтобы сорвать его.**

Вы давеча предсказывали: «контрреволюционеры пойдут на все, чтобы сорвать Учредительное Собрание». Если понадобится, **они откроют для этого фронт немецким войскам.** Вы сами знаете, что после этого произошло. *Учредительное Собрание сорвали Вы, и фронт немецким войскам открыли также Вы.*

Вам, Владимир Ильич, конечно, известно, какой незамысловатый, но часто удающийся трюк пускают в ход вульгарные воры, боящиеся быть пойманными. Они бегут, изо всей силы крича: «Держи вора». Сбитые с толку этими криками ищут вора повсюду и во всех, кроме настоящего виновника.

Теперь скажите мне, Владимир Ильич, видите ли Вы по совести хоть какую-нибудь разницу между этим воровским криком и тем политическим приемом, который Вы пустили в ход с Учредительным Собранием.

Ваша фракция, демонстративно удаляясь из предпарламента, свое заявление об уходе заканчивала возгласом: **«Да здравствует Учредительное Собрание».** *Скажите, Владимир Ильич, чем эта здравица Учредительному Собранию отличалась от знаменитого в истории Иудиного поцелуя, этого вечного образца нравственной фальши и лицемерия?*

*Вы хорошо знаете, Владимир Ильич, какая организация произвела в Петрограде переворот в ночь с 24 на 25 октября. Это был Ваш Военно-Революционный Комитет г. Петрограда. И в самый день 24 октября эта организация заявила во всеуслышание, заявила не правительству, нет, а всему народу: вопреки всяким слухам и толкам Военно-Революционный Комитет заявляет, что он существует **отнюдь не для того, чтобы подготовлять и осуществлять захват власти.** Скажите, Владимир Ильич, эта публичная ложь, этот заведомый обман народа, чем он отличается от иезуитского «и ложь во спасение»?*

Скажите, Владимир Ильич, у Вас не выступает краска на лице, когда Вы теперь вспоминаете, до чего изолгаться приходилось Вашим органам, говоря об Учредительном Собрании? От имени Областного Петроградского Съезда — Первого Крестьянского Съезда, на котором Вы овладели большинством, — 13 октября 1917 г. Вы опубликовали радио, где утверждаете, будто Съезд Советов сорвет Учредительное Собрание, Вы торжественно называли клеветою.

Овладев властью, от имени Петроградского Совета 25 октября 1917 г. Вы обещали «скорейший созыв подлинного демократического Учредительного Собрания». Тогда от имени II Съезда Советов было обещано, что новая власть обеспечит своевременный созыв Учредительного Собрания.

И Вы сами, лично, Владимир Ильич, Вы торжественно и всенародно обещали не только собрать Учредительное Собрание, но и признать его той властью, от которой в последней инстанции зависит решение всех основных вопросов. Вы и в своем докладе по «Декрету о мире» заявили дословно следующее: «Мы рассмотрим всякие условия мира, всякие предложения. Рассмотрим, это еще не значит, что примем. Мы внесем их на обсуждение Учредительного Собрания, которое уже будет властно решить, что можно и чего нельзя уступить».

Вы и в заключительном слове своем по тому же вопросу повторили: «Мы не связываем себя договорами... Мы все предположения мира внесем на заключение Учредительного Собрания».

В своем докладе по «Декрету о земле» вы опять-таки говорили текстуально и дословно следующее: «Как демократическое правительство мы не можем обойти постановление народных низов, хотя бы мы с ним были не согласны... И если даже крестьяне пойдут дальше за С. Р-ами и если этой партии дадут в Учредительном Собрании большинство, то и тут мы скажем: пусть так». Вы и в самом «Декрете о земле», говоря о земельных преобразованиях, поставили эти же нынче облегчающие Вас слова: «впредь до окончательного их решения Учредительным Собранием».

От Вас не отставали и другие Ваши товарищи, уверявшие весь народ о признании ими высшего авторитета Учредительного Собрания. Так, например, в своем обращении к стране 29 октября 1917 года народный комиссар по просвещению А.Луначарский столь же торжественно, столь же лживо давал народу заверение: «Окончательно порядок государствен-

ного руководства просвещением будет, разумеется, установлен Учредительным Собранием».

Мне известно, Владимир Ильич, что впоследствии Вы не раз пытались ссылкою на целый ряд Ваших статей и речей показать, насколько разгон Вами Учредительного Собрания был подготовлен Вашей предыдущей литературною пропагандой. О, да, лично я, как и все, внимательно следившие за Вашими писаниями, этому акту удивиться не могли — напротив, вправе были ожидать его. Вот почему в то самое время, как Вы и Ваши товарищи давали перед лицом всей страны торжественные обещания уважать волю Учредительного Собрания как последней и решающей властной инстанции, — мы Вам не верим. Мы были убеждены, что противоречие между Вашими всенародными обещаниями и Вашей собственной предыдущей деятельностью есть лишь доказательство Вашего двуязычия.

Николай II присягал на верность Финляндской Конституции и нарушил собственную присягу.

За это и Вы согласно объявили его изобличенным клятвопреступником. Вы тоже дали, так сказать, свою гражданскую, советскую «присягу», торжественное обещание подчиниться воле Учредительного Собрания.

После его разгона Вы стали в положение изобличенного лжеца, обманом и обещаниями укравшего народное доверие и затем кощунственно растоптавшего свое слово, свои обещания. Вы сами лишили себя политической чести.

Но этого мало. В тот самый день, когда собиралось Учредительное Собрание — 5 января 1918 года, — Вы дали во все газеты сообщение о том, что Совет Народных Комиссаров признал возможным допустить мирную манифестацию в честь Учредительного Собрания на улицах Петрограда. После такого сообщения расстрел мирных демонстрантов я вправе заклеймить именем изменнического и предательского, а самое сообщение — величайшей политической провокацией. Это предательство, эта провокация неизгладимым пятном легла на Ваше имя. Эта впервые пролитая Вами рабочая кровь должна жечь Ваши руки. Ничем, никогда Вы ее не смоете, потому что убийство, связанное с обманом и предательством, смешивает кровь с грязью, а эта ужасная смесь несмываема.

Ваша власть взошла, как на дрожжах, на явно обдуманном и злостном обмане. Я доказал это документально. Отпереться от собственных слов Вы не можете. Написанного пером не вырубишь топором. Но когда власть в самом происхождении своем основывается на глубочайшей лжи, на нравственной фальши, то эта зараза пропитывает ее насквозь и тяготеет на ней до конца.

Ваш коммунистический режим есть ложь — он давно выродился в бюрократизм наверху, в новую барщину, в подневольные, каторжные работы внизу. Ваша «советская власть» есть сплошь ложь — плохо прикрытый произвол одной партии, издевающейся над всякими выборами и обращающей их в недостойную комедию. Ваша пресса развращена до мозга костей возможностью лгать и клеветать, потому что всем остальным зажат рот и можно не бояться никаких опровержений. Ваши комиссары развращены до мозга костей своим всевластием и бесконтрольностью. При таких условиях не кричите о «примазывающихся». Сходное притягивается сходным. Моральное вырождение личного состава коммунистической партии — это логическое последствие того метода, которым добывали ей власть и упрочивали ее. А если это вырождение, это развращение доходит до «последней» черты в практике ваших Чрезвычайных Комиссий, дополняющих мучительство и издевательство, воскрешающих азефщину, насаждающих предательство и провокацию, не брезгующих и не боящихся ни крови, ни грязи, — то вспомните, что той же смесью крови и грязи, обмана и предательства, измены и провокаций было запечатлено само пришествие Ваше к власти в роковые дни, увенчанные 5 января 1918 г. 9 января — в траурную годовщину расстрела петроградских рабочих Николаем II — были погребены Ваши первые жертвы из рядов таких же мирных, невооруженных рабочих манифестантов. Они похоронены там же, где похоронены жертвы 9 января 1905 года.

Русские рабочие на забудут этого траура. В дни 5 и 9 января (по новому стилю 18 и 22 января) они будут чествовать скорбную память своих собратьев по классу, невинных жертв старого и нового деспотизма.

И это печальное чествование будет худшим наказанием виновников.

В этот день, Владимир Ильич, яснее, чем когда-либо, будут представлять себе рабочие Вашу внутреннюю сущность, Ваш истинный моральный облик «Торквемады», переплетенного с Нечаевым, этим Распутиным русской революции «полуфанатиков, полуплутов, разрешающих себе» по совести преступать через все грани совести и открывающим этим глубочайшие бездны политического иезуитства, в которые когда-либо падал человек и революционный деятель. Но какими бы софизмами Вы и Ваши ближайшие ни оправдывали Ваших спусков в эти бездны и какими бы лаврами не увенчивали Вас за них Ваши восторженные поклонники, а траурные дни 5 и 9 января, я верю, не оставят непоколебленными Вашего душевного равновесия. **В этот день рабочая кровь будет жечь Ваши руки, в этот день воспоминания о многократной публичной лжи перед всем народом будут вызывать на Вашем лице краску стыда. Это будет Вашей моральной казнью.**

Виктор Чернов»[42] (выделено мной. — А.А.).

От себя добавлю: краска стыда за содеянное большевистским вождем должна выступать на лице у всех тех, кто продолжают и теперь защищать палача, хотя хорошо знают, что у того руки по локоть и выше в человеческой крови.

О каком стыде большевиков можно было говорить, если они собирались уничтожить миллионы граждан России, и это не скрывали. На прошедшем III Всероссийском съезде Советов (10—18 января 1918 г.) известный своей воинственностью матрос Железняков нагло заявил, что «большевики готовы расстрелять не только 10 000, но и миллион народа, чтобы сокрушить всякую оппозицию»[43]. Уголовный преступник не ошибался: красный террор против народов России начинал набирать обороты. Во главе бандитов, рецидивистов и наркоманов, совершающих эту омерзительную акцию, стоял Ленин.

Ужас, Позор всех Времён и Народов.

ГЛАВА 13

АРХИВОИНСТВУЮЩИЙ АТЕИСТ

Итак, не бойтесь их. Ибо нет ничего сокровенного, что не открылось бы, и тайного, что не было узнано.

(Мат. 10, 26)

История христианства исчисляется тысячелетиями. Христианство возникло и распространилось по всему миру, оказывая в течение многих столетий огромное влияние на весь ход человеческой истории. Оно стало духовной основой жизни человека.

Начиная с IV века нашей эры (с 301 г.) христианство становится государственной религией многих стран. В X веке в христианскую семью вошло и Великое Российское государство...

При русском царе Иване IV Грозном окончательно оформилась концепция православного государства. Спустя три с половиной века «первый вождь революции» В.И.Ульянов стал разрабатывать концепцию государства атеистического.

Как же произошла эта метаморфоза, ведь он был православным россиянином?

Володя Ульянов был крещен в Симбирской Николаевской Церкви 16* апреля 1870 года. Спустя 17 лет он предает свою веру и становится неверующим, ярым врагом Православной Церкви и вообще любой другой религии. Справедливости ради должен сказать, что отец его, Илья Николаевич, был глубоко верующим человеком и как педагог воспитывал своих детей и чужих в духе любви к Богу. Сохранился документ, адресованный попечителю Казанского учебного округа, под которым стоит подпись Ильи Николаевича Ульянова. В нем, в частности, говорится:

«...Преподавание только тогда и плодотворно, когда носит на себе печать истины. А истина проявляется тогда, когда в преподавателе Закона Божия ученики видят человека Божия, соединяющего с надлежа-

---

* Старого стиля.

щим образованием святость жизни и постепенную ревность о славе Божией и о вечном спасении учеников, — если уроки наставления его исходят из сердца, полного христианской любви, то они проникнут и в сердце детей; когда и все прочие наставники ведут детей в том же духе уважения к Церкви и религии»[1].

Как же могло случиться, что сын почтенного и верующего человека вдруг становится на антирелигиозный путь? Какой «бес» в него вселился? Не пробудились ли в нем гены прадеда?

Так или иначе, но Володя Ульянов превращается в вероотступника и решительно становится на путь борьбы с религией.

Еще в 1905 году в статье «Социализм и религия» Ленин требует «бороться с религиозным туманом»[2]. Подняв на щит безнравственный лозунг «Религия есть опиум народа», он с присущим ему фанатизмом и настойчивостью воспитывал у большевиков чувство ненависти к религии, особенно к христианству. Он разрабатывает антирелигиозную доктрину и направляет ее против Русской Православной Церкви и многомиллионной массы верующих. Реакционная сущность ленинского воинствующего атеизма со всей откровенностью представлена в следующем высказывании: **«Всякая религиозная идея о всяком боженьке, всякое кокетничанье с боженькой есть невыразимейшая мерзость, ...самая опасная мерзость, самая гнусная зараза»**[3].

Конечно, каждый вправе определить свое отношение к Богу, но выражать в Его адрес непристойные слова — значит публично признать свою невоспитанность.

В печати и публичных выступлениях Ленин в вопросе борьбы с религией вроде бы не высказывал против позиций Маркса и Энгельса. Напротив, во всем с ними соглашался. Например, в статье «Об отношении рабочей партии к религии», опубликованной в газете «Пролетарий» 13 (26) мая 1909 года, он писал: «Обвиняя, желавшего быть ультрареволюционным, Дюринга[4] в желании повторить в иной форме ту же глупость Бисмарка[5], Энгельс требовал от рабочей партии уменья терпеливо работать над делом организации и просвещения пролетариата, делом, ведущим к отмиранию религии, а не бросаться в авантюры политической войны с религией»[6]. На деле же Ленин готов был в одно мгновение уничтожить все Церкви и храмы, учинить физическую расправу над духовенством.

Я часто задумывался над вопросом, почему Ленин с такой неприязнью и ненавистью относился к религии вообще, к Православной Церкви в частности. Оказывается, вождя большевиков не устраивало то, что Церковь выступала против насилия и террора в общественных отношениях, против всякого рода проявлений зла по отношению к людям, властям и государству. Так, в Святом Евангелии в этой связи говорится: «Всякая душа да будет покорна высшим властям; ибо нет власти не от Бога». А «противящийся власти противится Божию установлению». И далее: «И потому надобно повиноваться не только из страха наказания, но и по совести» (Рим. 13, 1, 2, 5). Отсюда и обязанности людей в обществе: «Повиноваться и покоряться начальству и властям, быть готовыми на всякое доброе дело» (Тит. 3, 1).

Разумеется, до прихода к власти возможности активной борьбы с религией у Ленина были ограничены. Но, осуществив государственный переворот, он объявил беспощадную борьбу всем верованиям. Провозгласив лозунг «Церкви и тюрьмы сровняем с землей», он приступает к террору против Церкви.

Первый удар был нанесен уже 26 октября 1917 года, когда монастырские и церковные земли были изъяты государством. Ленин дает указание «провести беспощадный массовый террор против... попов»[7]. По его инициативе была подвергнута запрету деятельность Поместного Собора — самого представительного собрания (съезда) духовенства и мирян Православной Церкви.

Бездушным актом антирелигиозного вандализма большевиков стал обстрел Кремля в ноябре 1917 года. Как считают специалисты, с военной точки зрения в нем не было никакой необходимости, поскольку юнкера, занимавшие Кремль, по свидетельству участника тех событий — Давидовского, опасаясь оказаться в плену, ночью покинули его пределы. Красногвардейцы и рабочие отряды утром 3 ноября беспрепятственно вошли в Кремль через Никольские ворота. Красноречивые факты приводит в своей книге «Как большевики захватили власть» известный русский историк С.П.Мельгунов: «Немногочисленный командный состав, который формально был привлечен к орудийному обстрелу Москвы, искал всякого повода для того, чтобы уклониться от стрельбы... Появились, правда, чужаки, которым мало было дела до Кремлевских «святынь» — как одним из налаживающих обстрел, явился артиллерист из военнопленных, майор австрийского ген. штаба».

Кстати, касаясь событий в Москве октября-ноября 1917 года, должен отметить, что в годы коммунистического режима был распространен миф о кремлевском расстреле, якобы учиненном над красногвардейцами юнкерами 56-го запасного стрелкового полка. Между тем установлено, что никаких расстрелов в Кремле не было: все это было выдумкой большевистских идеологов, пытавшихся искусственно породить у народа ненависть к русскому офицерству.

Антирелигиозная пропаганда возведена в ранг государственной политики. В стране организуются судебные процессы над духовенством — «пособниками врагов революции», — оно подвергается непрерывной травле и террору.

Должен сразу отметить, что в борьбе с религией Ленин не был одинок. В этой омерзительной акции активное участие принимали его ближайшие соратники и единомышленники. Это Свердлов, Сталин, Троцкий, Зиновьев, Каменев, Дзержинский, Володарский, Ярославский, Демьян Бедный, Скворцов-Степанов и многие другие.

23 января (5 февраля) 1918 года правительство издает «Инструк-

цию по проведению в жизнь декрета от 20 января 1918 года «Об отделении церкви от государства».

25 января (7 февраля) Поместный Собор[8] Русской православной Церкви выразил свое отношение к декрету. В постановлении в этой связи говорилось: «1. Изданный Советом народных комиссаров декрет об отделении Церкви от государства представляет собой, под видом закона о свободе совести, злостное покушение на весь строй жизни Православной Церкви и акт открытого против нее гонения.

2. Всякое участие в издании сего враждебного Церкви узаконения, так и попытка провести его в жизнь несовместимо с принадлежностью к Православной Церкви и навлекает на виновных кары вплоть до отлучения от Церкви...»

В постановлении Поместного Собора содержалось и осуждение и требование:

«1. Московский Кремль объявить собственностью русского народа и всякое посягательство на него признавать оскорблением народной веры и чувств.

2. Все имеющие военное значение учреждения перевести из Кремля, и помещения таковых предоставить под культурные, благотворительные и просветительные учреждения.

3. Защиту и охрану Кремля Священный Собор от имени православного русского народа вверяет православному населению православной Москвы, о чем должно быть объявлено Московскому населению особым посланием»[9].

Резко отрицательно отреагировала широкая общественность на антинародный декрет правительства в отношении Церкви. Повсеместно отмечались возмущения и недовольства политикой большевистского правительства. Несмотря на декрет о печати, публиковались статьи и отдельные работы, в которых осуждались действия правительства в отношении Православной Церкви. Так, например, весной 1918 года типография товарищества Рябушинских выпустила книжку Н.Зенина «Трилогия. Христос и Антихрист». В ней автор прямо указывает, от кого исходят беды народов вообще, христиан в частности: «...К.Маркс, Лассаль, Энгельс, Лафарг и т. п., это у немцев, но ведь и у нас вожаки с.-д. из тех же: Стекловы-Нахамкисы, Троцкие-Бронштейны, Зиновьевы-Апфелбаумы, Каменевы-Розенфельды и другие...»[10]

В ответ большевистское правительство усилило наступление на Православную Церковь, ужесточило репрессивные меры против проповедников и всех верующих.

28 августа (9 сентября) Патриарх Тихон* направил в СНК послание, в котором, в частности, писал:

«...Участились преследования церковных проповедников, аресты и заключения в тюрьмы священников, и даже епископов. Таковы: безве-

---

* В миру — Василий Иванович Белавин.

стное похищение Пермского епископа Адроника, издевательская посылка на окопные работы Тобольского епископа Гермогена и затем казнь его, недавний расстрел без суда Преосвященного Макария, бывшего епископа Орловского...» Патриарх Тихон просил отменить «Инструкцию по проведению в жизнь декрета от 23 января 1918 года»[11].

Но 30 августа прозвучали выстрелы в Ленина. Хотя этот акт был для большевиков весьма неприятен, но, с другой стороны, он стал «удачным» поводом для усиления террора против всех их политических противников, в числе которых находились, разумеется, и служители русской Православной Церкви.

5 сентября было созвано заседание СНК. Не скрывая своих намерений, организаторами заседания (Свердлов и Дзержинский) был вынесен на обсуждение вопрос о необходимости применения в стране массового террора. После краткого доклада главы террористической организации — ВЧК, Совет Народных Комиссаров принял следующее постановление:

«Совет Народных Комиссаров, заслушав доклад Председателя Всероссийской Чрезвычайной Комиссии по борьбе с контрреволюцией, спекуляцией и преступлением по должности о деятельности этой комиссии, находит, что при данной ситуации обеспечение тыла путем террора является прямой необходимостью, что для усиления деятельности Всероссийской Чрезвычайной Комиссии по борьбе с контрреволюцией, спекуляцией и преступлением по должности и внесения в нее большой планомерности необходимо направить туда возможно большее число ответственных партийных товарищей, что необходимо обеспечить Советскую Республику от классовых врагов путем изолирования их в концентрационных лагерях; что подлежат расстрелу все лица, прикосновенные к белогвардейским организациям, заговорам и мятежам; что необходимо опубликовать имена всех расстрелянных, а также основания применения к ним этой меры»[12].

Постановление подписали: народный комиссар юстиции Д.И.Курский, народный комиссар по внутренним делам Г.И.Петровский и управляющий делами СНК В.Д.Бонч-Бруевич.

Началось планомерное уничтожение «классовых врагов».

По российской земле потекли реки крови. Жестокостям, террору, насилию и вандализму большевиков не было предела. Озабоченный судьбами миллионов россиян, Патриарх Тихон направил в СНК очередное послание:

«13 (26) окт. 1918.
Послание Патриарха Тихона Совету Народных Комиссаров
«Все, взявшие меч, мечом погибнут».
(Мф. 26, 52)
Это пророчество Спасителя обращаем Мы к вам, нынешние вершители судеб нашего Отечества, называющие себя «народными» комиссарами.

Целый год держите в руках своих государственную власть и уже собираетесь праздновать годовщину октябрьской революции. Но реками пролитая кровь братьев наших, безжалостно убитых по вашему призыву, вопиет к небу и вынуждает нас сказать вам горькое слово правды.

Захватывая власть и призывая народ довериться вам, какие обещания давали вы ему и как исполнили эти обещания?

Поистине, вы дали ему камень вместо хлеба и змею вместо рыбы (Мф. 7.9—10). Народу, изнуренному кровопролитной войною, вы обещали дать мир «без аннексий и контрибуций».

От каких завоеваний могли отказаться вы, приведшие Россию к позорному миру, унизительные условия которого даже вы сами не решались обнародовать полностью? Вместо аннексий и контрибуций великая наша Родина завоевана, умалена, расчленена, и в уплату наложенной на нее дани вы тайно вывозите в Германию не вами накопленное золото.

Вы отняли у воинов все, за что они прежде доблестно сражались. Вы научили их, недавно еще храбрых и непобедимых, оставить защиту Родины, бежать с полей сражения. Вы угасили в сердцах воодушевлявшее их сознание, что «больше сея любве никто же имать, да кто душу свою положит за други своя»* (Ин. 15, 13). Отечество вы подменили бездушным интернационализмом, хотя сами отлично знаете, что когда дело касается защиты Отечества, пролетарии всех стран являются верными его сынами, а не предателями.

Отказавшись защитить Родину от внешних врагов, вы, однако, беспрерывно набираете войска.

Против кого вы их ведете?

Вы разделили весь народ на враждующие между собой станы и ввергли его в небывалое по жестокости братоубийство. Любовь Христову вы открыто заменили ненавистью и, вместо мира, искусственно разожгли классовую вражду. И не предвидится конца порожденной вами войне, так как вы стремитесь руками русских рабочих и крестьян поставить торжество призраку мировой революции.

Не России нужен был заключенный вами позорный мир с внешним врагом, а вам, задумавшим окончательно разрушить внутренний мир. Никто не чувствует себя в безопасности; все живут под постоянным страхом обыска, грабежа, выселения, ареста, расстрела. Хватают сотнями беззащитных, гноят целыми месяцами в тюрьмах, казнят смертью, часто без всякого следствия и суда, даже без упрощенного, вами введенного суда. Казнят не только тех, которые перед вами в чем-либо провинились, но и тех, которые даже перед вами заведомо ни в чем не виновны, а взяты лишь в качестве «заложников», этих несчастных убивают в отместку за преступления, совершенные лицами не только им не единомышленными, а часто вашими же сторонниками или близкими вам по убеждению. Казнят епископов, священников, монахов и монахинь, ни в чем невинных,

---

* «Нет больше той любви, как если кто положит душу свою за друзей своих».

а просто по огульному обвинению в какой-то расплывчатой и неопределенной «контрреволюционности». Бесчеловечная казнь отягчается для православных лишением последнего предсмертного утешения — напутствия Святыми Тайнами, а тела убитых не выдаются родственникам для христианского погребения.

Не есть ли все это верх бесцельной жестокости со стороны тех, которые выдают себя благодетелями человечества и будто бы сами когда-то много потерпели от жестоких властей?

Но вам мало, что вы обагрили руки русского народа его братскою кровью: прикрываясь различными названиями — контрибуций, реквизиций и национализаций, — вы толкнули его на самый открытый и беззастенчивый грабеж. По вашему наущению разграблены или отняты земли, усадьбы, заводы, фабрики, дома, скот, грабят деньги, вещи, мебель, одежду. Сначала под именем «буржуев» грабили людей состоятельных; потом, под именем «кулаков», стали уже грабить более зажиточных и трудолюбивых крестьян, умножая, таким образом, нищих, хотя вы не можете не сознавать, что с разорением великого множества отдельных граждан уничтожается народное богатство и разоряется сама страна.

Соблазнив темный и невежественный народ возможностью легкой и безнаказанной наживы, вы отуманили его совесть, заглушили в нем сознание греха; но какими бы названиями ни прикрывались злодеяния — убийство, насилие, грабеж всегда останутся тяжкими и вопиющими к Небу об отмщении грехами и преступлениями.

Вы обещали свободу...

Великое благо — свобода, если она правильно понимается, как свобода от зла, не стесняющая других, не переходящая в произвол и своеволие. Но такой-то свободы вы не дали: во всяческом потворстве низменным страстям толпы, в безнаказанности убийств, грабежей заключается дарованная вами свобода. Все проявления как истинной гражданской, так и высшей духовной свободы человечества подавлены вами беспощадно. Это ли свобода, когда никто без особого разрешения не может провезти себе пропитание, нанять квартиру, когда семья, а иногда население целых домов, выселяются, а имущество выкидывается на улицу, и когда граждане искусственно разделены на разряды, из которых некоторые отданы на голод и разграбление? Это ли свобода, когда никто не может высказать открыто свое мнение, без опасения попасть под обвинение в контрреволюции? Где свобода слова и печати, где свобода церковной проповеди? Уже заплатили своею кровью мученичества многие смелые церковные проповедники; голос общественного и государственного осуждения и обличения заглушен; печать, кроме узко большевистской, задушена совершенно.

Особенно больно и жестоко нарушение свободы в делах веры. Не проходит дня, чтобы в органах вашей печати не помещались самые чудовищные клеветы на Церковь Христову и ее служителей, злобные богохульства и кощунства. Вы глумитесь над служителями алтаря, заставляете епископов рыть окопы (епископ Тобольский Гермоген) и посылаете священников *на грязные работы. Вы наложили свою руку на церковное достояние, со-бранное достояние, собранное поколениями верующих людей, и не задума-лись нарушить их посмертную волю. Вы закрыли ряд монастырей и домо-вых церквей, без всякого к тому повода и причины. Вы заградили доступ в Московский Кремль — это священное достояние всего верующего народа. Вы разрушаете исконную форму церковной общины — приход, уничтожа-ете братства и другие церковно-благотворительные просветительные уч-реждения, разгоняете церковно-епархиальные собрания, вмешиваетесь во внутреннее управление Православной Церкви. Выбрасывая из школ священ-ные изображения и запрещая учить в школах детей вере, вы лишаете их необходимой для православного воспитания духовной пищи.*

«И что еще скажу. Не достанет мне времени» (Евр. XI, 32), чтобы изобразить все те беды, какие постигли Родину нашу. Не буду говорить о распаде некогда великой и могучей России, о полном расстройстве путей сообщения, о небывалой продовольственной разрухе, о голоде и холоде, ко-торые грозят смертью в городах, об отсутствии нужного для хозяйства в деревнях. Все это у всех на глазах. Да, мы переживаем ужасное время ва-шего владычества, и долго оно не изгладится из души народной, омрачив в ней образ божий и запечатлев в ней образ зверя. Сбываются слова проро-ка — «Ноги их бегут ко злу, и они спешат на пролитие невинной крови; мысли их — мысли нечестивые; опустошение и гибель на стезях их» (Ис. 59, 7).

Мы знаем, что наши обличения вызовут в вас только злобу и негодо-вание и что вы будете искать в них лишь повода для обвинения Нас в противлении власти, но чем выше будет подниматься «столп злобы» ва-шей, тем вернейшим будет оно свидетельством справедливости Наших обличений.

Не наше дело судить о земной власти, всякая власть, от Бога допу-щенная, привлекла бы на себя Наше благословение, если бы она воистину явилась «Божиим слугой» на благо подчиненных и была «страшная не для добрых дел, но для злых» (Рим. XIII, 3—4). Ныне же к вам, употребляющим власть на преследование ближних, истребление невинных, простираем Мы Наше слово увещания: отпразднуйте годовщину своего пребывания у влас-ти освобождением заключенных, прекращением кровопролития, насилия, разорения, стеснения веры; обратитесь не к разрушению, а к устроению порядка и законности, дайте народу желанный и заслуженный им отдых от междоусобной брани. А иначе взыщется от вас всякая кровь праведная, вами проливаемая (Лук. XI, 51) и от меча погибнете сами вы, взявшие меч (Мф. XXVI, 52).

Тихон, Патриарх Московский и всея Руси»[13]

Однако послание Патриарха Тихона СНК не возымело действия. Напротив, большевистское правительство с удвоенной силой стало осу-ществлять террористические акты против народа России. С особой же-стокостью большевики стали расправляться со священнослужителями. Судя по документу и практическим делам, был взят курс на обезглавливание православной церкви. В 1917—1922 годах жертвами большевистского террора стали многие видные деятели Православной Церкви. Жесточайшим пыткам был подвергнут Пермский архиепископ Андроник: палачи вырезали у него щеки, выкололи глаза, обрезали уши и нос, и в таком изуродованном виде водили его по городским улицам, а затем расстреляли. Приехавший в Пермь в связи с этим трагическим событием Черниговский архиепископ Василий был схвачен большевистскими ультра и тут же расстрелян. В страшных муках и страданиях ушел из жизни епископ Тобольский и Сибирский Гермоген. Изуверы привязали его к колесу парохода и включили ход. Митрополит Киевский и Галицкий Владимир также был изувечен и расстрелян антихристами. Был убит и Петр Крутицкий.

Священнослужителей подвергали аресту, зверски пытали, топили в прорубях и колодцах, бросали в огонь, отравляли, заживо погребали, оскорбляли...

Весной 1922 года началась очередная, наиболее массовая и особо жестокая кампания против Православной Церкви и священнослужителей. Организатором и вдохновителем этой чудовищной, кровожадной акции был все тот же Ленин. 28 марта в «Известиях» был опубликован список «врагов народа». Первым в нем был указан Патриарх Тихон. 29 мая 1922 года большевистские палачи арестовали митрополита Петроградского и Гдовского Вениамина, архиепископа Сергия, епископа Венедикта, протоиерея Н.Ф.Огнева, председателя правления православных приходов Петрограда профессора уголовного права Петроградского университета Ю.П.Новицкого, присяжного поверенного и юрист-консультанта Лавры И.М.Ковшарова, настоятеля Казанского собора Н.К.Чукова, ректора Богословского института Л.К.Богоявленского, настоятеля Исаакиевского собора А.П.Чельцова, служителя Церкви Н.А.Елагина. В ночь с 12 на 13 августа митрополит Вениамин, архимандрит Сергий, Ю.П.Новицкий и И.М.Ковшаров решением трибунала были расстреляны. Остальным расстрел был заменен различными годами тюремного заключения. Арестовали и архиепископа Могилевского Константина Мстиславского. По всей стране прокатилась новая волна репрессий и террора. Не избежал террора и Патриарх Московский и всея Руси Тихон. При участии Ленина 4 мая 1922 года Политбюро постановляет за «антисоветскую деятельность» привлечь Патриарха Тихона к судебной ответственности. А 6 мая он был взят под стражу. Лишь тогда, когда Ленин из-за болезни вынужден был отойти от политической деятельности, в июне 1923 года ВЦИК принял постановление «О прекращении дела по обвинению Патриарха Тихона в антисоветских преступлениях».

Особо большие человеческие потери понесло православие при изъятии церковных ценностей. В этот период было расстреляно около 8100 священников и монахов. В их числе 63 религиозных деятеля.

По данным Д.А.Волкогонова, «арестованных, сосланных и расстрелянных было не менее 20 тысяч»[14].

Опасаясь расстрела, ареста и преследований, многие монахи покидали Россию, находили убежище в соседней Финляндии, а также в славянских странах. По сути, Ленин становится главным полицейским России, инквизитором и вандалом.

Сотни и тысячи памятников, возведённых в городах России до 1917 года, были снесены по личному указанию Ленина. Вместе с церквами и памятниками русского зодчества выбрасывались из истории имена тех, кто навеки прославил Россию. Так, с приходом к власти большевиков крейсеры «Адмирал Нахимов», «Адмирал Лазарев», «Память Меркурия» были соответственно переименованы на «Червона Украина», «Красный Кавказ», «Коминтерн». Линейный корабль «Севастополь» стал именоваться «Парижской коммуной».

То, что большевистские идеологи были большими спецами фальшивок, говорит следующий факт.

В 35-м томе сочинений Ленина (с. 569) говорится, что 4 (17) января 1918 года «Ленин председательствует на заседании Совнаркома, на котором обсуждаются вопросы об антисоветской политике Викжеля, о передаче учреждений красного креста и Всероссийского союза городов в государственную собственность и *др.*». Однако лукавые составители указанного выше тома не рискнули расшифровать содержание «*др.*». Между тем среди многочисленных неопубликованных документов, хранящихся в бывшем партархиве ЦК КПСС, значится специальное решение, принятое СНК именно 4 (17) января. Речь шла о реквизиции помещений Александро-Невской ларвы. На этом же заседании было принято постановление об упразднении придворного духовенства и реквизиции всего имущества, имеющегося в придворных церквах. В соответствии с постановлением реквизиции подлежало имущество церквей Московского Кремля.

После разгона Учредительного собрания Ленин перешел к более решительным действиям против Православной Церкви, призывая большевиков к «бескомпромиссному наступлению на реакционную поповщину», советуя не отрекаться «от задачи *партийной* борьбы против религиозного опиума, оглупляющего народ»[15]. 20 января (2 февраля) 1918 года он подписал «Декрет СНК об отделении церкви от государства и школы от церкви». В нем подчеркивалось: «Никакие церковные и религиозные общества не имеют права владеть собственностью. Прав юридического лица они не имеют»[16]. Кроме того, в декрете говорилось: «Все имущества существующих в России церковных и религиозных обществ объявляются народным достоянием»[17], иными словами, конфискуются. Для расширения оперативных действий Ленин 22 января (4 февраля) 1918 года направил радиограмму «Всем, всем», в которой прямо говорилось, что «опубликован декрет о полном отделении церкви от государства и о конфискации всех церковных имуществ»[18].

Радиограмма, по сути, являлась директивой местным органам немедленно приступить к грабежу. Используя ее, революционные фанатики громили Церкви и храмы, жестоко преследовали духовенство. Мародерство большевиков достигало неслыханных размеров. Параллельно с грабежом шел процесс варварского разрушения Церквей и храмов — неповторимых памятников архитектуры. Жгли иконы и церковную утварь.

Вандализму, проявленному большевиками в отношении Церкви, несомненно способствовали директивы и указания Ленина. Так, 3 августа 1918 года он поручил архитектору Н.Д.Виноградову «проведение работы по снятию памятников деятелям царской эпохи» и установлению памятников «революционному народу и его героям»[19].

В 1917 году в России было около 78 тысяч храмов и Церквей. В Москве насчитывалось 568 храмов и 42 часовни[20]. Из этого числа за годы Советской власти было разрушено 426, многие были закрыты и обезображены. Число церквей, разрушенных в стране, исчисляется тысячами. В 1922 году в Москве был снесен великолепный исторический памятник архитектуры — Часовня Александра Невского на Моисеевской площади (ныне часть Охотного ряда между гостиницей «Москва» и Госдумой РФ), построенная архитектором Чичаговым в 1883 году в память воинов, погибших в русско-турецкой войне.

Большевики взорвали, а затем сровняли с землей величественный и неповторимый памятник русской культуры и зодчества Храм Христа Спасителя, построенный на народные средства в ознаменование победы России над армией Наполеона. Позже были снесены Собор Казанской Божьей Матери на Красной площади, построенный в 1636 году в честь победы народного ополчения Минина и Пожарского над интервентами, и Часовня Иверской Божьей Матери в историческом проезде...

Во исполнение ленинского декрета об отделении Церкви от государства были закрыты свыше 200 московских домовых храмов.

Многие Церкви большевики стали переоборудовать под клубы. Превращали их в мастерские, склады и даже в конюшни, свинарники и гаражи. Когда они сносили и оскверняли Церкви и храмы, Демьян Бедный сочинял свои безбожные стихи:

Теперь мы сносим — горя мало,
Какой собор на череду...
Для нас она* не древней статью,
Не православной благодатью,
А красотой иной мила...

Большевистский вандализм коснулся и монастырей. При активном участии ВЧК и Наркомюста из Чудова, Богоявленского, Возне-

_____
* Москва.

сенского, Сретенского, Скорбященского, Заиконоспасского и других монастырей были выдворены монахи, насельники и насельницы.

В массовом порядке монастыри стали закрываться. Их новоиспеченные правители использовали для всяких других дел, например, для загона скота.

На 1-е января 1918 года в России насчитывалось 1253 монастыря и скита[21]. А в 1969 году, если верить советскому изданию, Русская Православная Церковь имела 7,5 тысяч храмов и 16 монастырей[22].

Должен сказать, что в актах вандализма, погромах и других преступных деяниях в отношении Церкви причастны не только Ленин, Сталин, Троцкий и другие члены ленинского Политбюро. В этих злодейских поступках «прославился» и небезызвестный Хрущев. При его активном участии в 1960—1964 годах в стране было закрыто 20 000 храмов, 69 монастырей, где было 30 000 духовенства. В годы правления Брежнева закрыли еще 8000 храмов и 18 монастырей, где было около 10 000 духовенства[23].

Большевистские ультра дошли до такого кощунства, что в Церкви Рождества Богородицы в Москве, где захоронены герои Куликовской битвы иноки Пересвет и Осляба, устроили компрессорную станцию завода «Динамо».

От большевистского вандализма и грабежа пострадали и другие Христианские Церкви. До октября 1917 года Армянская Апостольская Церковь имела на территории Российской империи 19 епархий, 1478 церквей и приходов. После октябрьского переворота все епархии и большинство приходов вынуждены были прекратить свою деятельность. Были закрыты все духовные школы. К началу первой мировой войны в России насчитывалось свыше 200 действующих католических костелов. Спустя 30 лет их осталось всего 2 — в Москве и Ленинграде.

Большевики грабили не только христианские Церкви, но и мусульманские мечети, буддийские храмы и еврейские синагоги.

Ленин не признавал свободу совести и прежде всего свободу религиозной совести, предполагающей присутствие в личности духовного начала. Он со всей жестокостью вытравливал из россиян все то, что составляло их духовную основу. Широкие слои населения России оказывали сопротивление идеологической экспансии большевиков в их жизнь. И это вполне объяснимо: классовая мораль коммунистов была чужда общечеловеческой духовности и нравственности. В борьбе с религией Ленин никого не щадил и с особой жестокостью относился к верующим коммунистам. 30 мая 1919 года он «пишет записку в Оргбюро ЦК о необходимости исключения из партии коммунистов, участвующих в церковных обрядах и придерживающихся религиозных предрассудков»[24]. В целях антирелигиозной пропаганды Ленин требует немедленно заказать для голодающей России антирелигиозные киноленты за границей[25]. В замечаниях на проект решения ЦК «О задачах РКП(б) в Туркестане» он рекомендует разработать **способы борьбы с**

духовенством и панисламизмом»[26]. В проекте постановления Политбюро ЦК РКП(б) о свободной продаже книг, хранящихся на складах Москвы, он требует изъять из продажи «книги духовного содержания, отдав их в *Главбум* на бумагу»[27].

В стране свирепствовал жесточайший голод, погибали миллионы людей, а в это время партийные лидеры и высокопоставленные чиновники наркоматов, ЦК РКП(б) и ВЦИК на конфискованные у Церкви ценности лечились и отдыхали за границей. В целях антирелигиозной пропаганды большим тиражом стал издаваться журнал «Безбожник», на страницах которого публиковались пасквилянтские статьи в адрес Церкви и ее деятелей. Большевистское правительство запретило производить колокольные звоны.

Ленин использовал любые средства, любую возможность и удобный случай, чтобы вести борьбу с религией. В статье «К четырехлетней годовщине октябрьской революции» он особо подчеркнул: «Мы с религией боролись и боремся по-настоящему»[28]. В начале 20-х годов в партийных документах появился еще более чудовищный антирелигиозный лозунг: *«Поповская голова для нас — это пень, на котором партия затесывает свои коммунистические колья»*. Нет, Владимир Ильич боролся не с религией: он боролся с многовековой историей России, с духовным миром и нравственностью людей.

С начала 1922 года начался новый этап разграбления Церквей и храмов. Следует отметить, что большую активность в этом омерзительном и безнравственном деле проявил соратник Ленина Л.Троцкий. Под видом помощи голодающим, он становится инициатором издания правительственного постановления об изъятии церковных ценностей. Приведенный ниже документ — свидетельство тому.

Кстати, в этой безнравственной акции приняла участие и жена Троцкого — Наталья Ивановна. Возглавляя Отдел по делам музеев, охране памятников и Главнауку при Наркомпросе, она 4 марта 1922 года подписала «Инструкцию по ликвидации церковного имущества».

Ленин пристально следил за тем, чтобы ценности из храмов и Церквей изымались как можно быстрее. Однако это безнравственное мероприятие продвигалось туго. Помехой была гражданская война, а также противодействие верующих. В связи с этим Президиум ВЦИК 16 февраля 1922 года постановил «приступить немедленно к изъятию ценностей храмов *всех* вероисповедований»[29]. Но и этим постановлением ВЦИК Ленин не удовлетворился. 12 марта он продиктовал срочную телефонограмму Молотову: «Немедленно пошлите от имени Цека шифрованную телеграмму всем губкомам о том, чтобы делегаты на (XIV. — *А.А.*) партийный съезд привезли с собой возможно более подробные данные и материалы об имеющихся в церквях и монастырях ценностях и о ходе работ по изъятию их»[30]. Таким варварским путем советское правительство пополняло государственную казну!

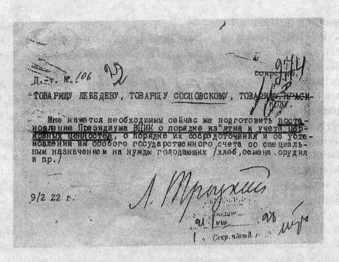

Письмо Л.Б.Троцкого в ВЦИК

«В секретном фонде» Ленина бывшего архива Института марксизма-ленинизма при ЦК КПСС содержались 3724 неопубликованных документальных материалов. Среди них — документы, приводящие в ужас. Вот докладная записка наркома внешней торговли Л.Б.Красина от 10 марта 1922 года, адресованная Ленину. В ней новоиспеченный большевистский нарком обосновывает необходимость создания за границей синдиката по продаже драгоценностей, реквизированных из Церквей и храмов. Ознакомившись с докладной запиской, Ленин пишет резолюцию:

«11/III. т. Троцкий! Прочтите, пожалуйста, и верните мне. Не провести ли директивы о сем в п. бюро?* (сведения насчет числа «очищенных» церквей, надеюсь, заказали?) Привет! Ленин».

А вот ответ Троцкого, на котором Ленин сделал лаконичную надпись *«В архив»*:

«В.И., из церквей не изъято фактически почти ничего. Комиссия из т. Лебедева — председателя от ВЦИК, Красикова и Сосновского (последний для агитации) за время моего пребывания вне Москвы ни разу не собиралась. Сейчас дело реорганизовано и, наряду с политической подготовкой последнего «удара», ведется через особую московскую комиссию (Сапронов, Уншлихт, Стуков, Галкин) организационно-техническая подготовка самого изъятия, с таким расчетом, чтобы оно произошло без по-

---

* Политбюро.

литических осложнений. Привлекаем к моменту натиска значительное количество попов, в том числе архиереев, и, кажется, митрополита, которые стоят на изъятие и поддержат против патриарха в критический момент. Воспользовавшись растяпанностью наших действий, патриарх выпустил контрреволюционное воззвание с ссылками на постановление соборов и пр. Изъятие ценностей будет произведено, примерно, к моменту партийного съезда. Если в Москве пройдет хорошо, то в провинции вопрос решится сам собой. Одновременно ведется подготовительная работа в Петрограде. В провинции кое-где уже изъяли, но подсчет, хотя бы и приблизительный пока еще невозможен.

Главная работа до сих пор шла по изъятию из упраздненных монастырей, музеев, хранилищ и пр. В этом смысле добыча крупнейшая, а работа далеко еще не закончена.

12/III—1922
Ваш Троцкий
*Послезавтра получите цифровую справку (очень грубую). **Троцкий»**[31].*

Не думаю, что эти бандитские сочинения нуждаются в каких-либо комментариях.

О жесточайшем и омерзительном терроре, организованном Лениным против духовенства и Русской Православной Церкви, повествует нижеприведенный документ, написанный собственноручно Лениным 19 марта 1922 года:

«Товарищу Молотову для членов Политбюро. Строго секретно. Просьба ни в коем случае копий не снимать, а каждому члену политбюро (тов. Калинину тоже) делать свои пометки на самом документе. Ленин.

По поводу происшествия в Шуе, которое уже поставлено на обсуждение Политбюро, мне кажется, необходимо принять сейчас же твердое решение в связи с общим тоном борьбы в данном направлении. Так как я сомневаюсь, чтобы мне удалось лично присутствовать на заседании Политбюро 20 марта, то поэтому я изложу свои соображения письменно.

Происшествие в Шуе должно быть поставлено в связи с тем сообщением, которое недавно РОСТА переслало в газеты не для печати, а именно сообщение о подготовляющемся черносотенцами в Питере сопротивлении декрету об изъятии церковных ценностей. Если сопоставить с этим фактом то, что сообщают газеты об отношении духовенства к декрету об изъятии церковных ценностей, а затем то, что нам известно о нелегальном воззвании Патриарха Тихона, то станет ясно, что черносотенное духовенство во главе со своим вождем совершенно обдуманно проводит план дать нам решающее сражение именно в данный момент.

Очевидно, что на секретных совещаниях влиятельнейшей группы черносотенного духовенства этот план обдуман и принят достаточно твердо. События в Шуе лишь одно из проявлений этого общего плана.

Я думаю, что здесь наш противник делает громадную ошибку, пыта-

ясь втянуть нас в решительную борьбу тогда, когда она для него особенно безнадежна и особенно невыгодна. Наоборот, для нас именно данный момент представляет из себя не только исключительно благоприятный, но и вообще единственный момент, когда мы можем с 99-ю из 100 шансов на полный успех разбить неприятеля наголову и обеспечить за собой необходимые для нас позиции на много десятилетий. Именно теперь и только теперь, когда в голодных местах едят людей и на дорогах валяются сотни, если не тысячи, трупов, мы можем (и поэтому должны) провести изъятие церковных ценностей с самой бешеной и беспощадной энергией, не останавливаясь перед подавлением какого угодно сопротивления. Именно теперь и только теперь громадное большинство крестьянской массы будет либо за нас, либо, во всяком случае, будет не в состоянии поддержать сколько-нибудь решительно ту горстку черносотенного духовенства и реакционного городского мещанства, которые могут и хотят испытать политику насильственного сопротивления советскому декрету.

Нам во что бы то ни стало необходимо провести изъятие церковных ценностей самым решительным и самым быстрым образом, чем мы можем обеспечить себе фонд в несколько сотен миллионов золотых рублей (надо вспомнить гигантские богатства некоторых монастырей и лавр). Без этого никакая государственная работа вообще, никакое хозяйственное строительство в частности и никакое отстаивание своей позиции в Генуе в особенности совершенно немыслимы. Взять в свои руки этот фонд в несколько сотен миллионов золотых рублей (а может быть и несколько миллиардов) мы должны во что бы то ни стало. А сделать это с успехом можно только теперь. Все соображения указывают на то, что позже сделать это нам не удастся, ибо никакой иной момент, кроме отчаянного голода, не даст нам такого настроения широких крестьянских масс, который бы либо обеспечил нам сочувствие этих масс, либо, по крайней мере, обеспечил бы нам нейтрализование этих масс в том смысле, что победа в борьбе с изъятием ценностей останется безусловно и полностью на нашей стороне.

Один умный писатель по государственным вопросам справедливо сказал, что если необходимо для осуществления известной политической цели пойти на ряд жестокостей, то надо осуществить их самым энергичным образом и в самый короткий срок, ибо длительного применения жестокостей народные массы не вынесут. Это соображение в особенности еще подкрепляется тем, что международному положению России для нас, по всей вероятности, после Генуи окажется или может оказаться, что жестокие меры против реакционного духовенства будут политически нерациональны, может быть, даже чересчур опасны. Сейчас победа над реакционным духовенством обеспечена полностью. Кроме того, главной части наших заграничных противников среди русских эмигрантов, т. е. эсерам и милюковцам, борьба против нас будет затруднена, если мы именно в данный момент, именно в связи с голодом проведем с максимальной быстротой и беспощадностью подавление реакционного духовенства.

Поэтому я прихожу к безусловному выводу, что мы должны именно теперь дать самое решительное и беспощадное сражение черносотенному духовенству и подавить его сопротивление с такой жестокостью, чтобы они не забыли этого в течение нескольких десятилетий. Самую кампанию проведения этого плана я представляю следующим образом:

__Официально выступать с какими бы то ни было мероприятиями должен только тов. Калинин,__ — никогда ни в коем случае не должен выступать ни в печати, и иным образом перед публикой тов. Троцкий.

Посланная уже от имени Политбюро телеграмма о временной приостановке изъятий не должна быть отменяема. Она нам выгодна, ибо посеет у противника представление, будто мы колеблемся, будто ему удалось нас запугать (об этой секретной телеграмме, именно потому, что она секретна, противник, конечно, скоро узнает).

В Шую послать одного из самых энергичных, толковых и распорядительных членов ВЦИК или других представителей центральной власти (лучше одного, чем нескольких), причем дать ему словесную инструкцию через одного из членов Политбюро. __Эта инструкция должна сводиться к тому, чтобы он в Шуе арестовал как можно больше, не меньше, чем несколько десятков, представителей местного духовенства, местного мещанства и местной буржуазии по подозрению в прямом или косвенном участии в деле насильственного сопротивления декрету ВЦИК об изъятии церковных ценностей. Тотчас по окончании этой работы он должен приехать в Москву и лично сделать доклад на полном собрании Политбюро или перед двумя уполномоченными на это членами Политбюро. На основании этого доклада Политбюро даст детальную директиву судебным властям, тоже устную, чтобы процесс против шуйских мятежников, сопротивляющихся помощи голодающим, был проведен с максимальной быстротой и закончился не иначе, как расстрелом очень большого числа самых влиятельных и опасных черносотенцев г. Шуи, а по возможности также и не только этого города, а и Москвы и нескольких других духовных центров.

Самого Патриарха Тихона, я думаю, целесообразно нам не трогать, хотя он несомненно стоит во главе этого мятежа рабовладельцев. Относительно него надо дать секретную директиву Госполитупру, чтобы все связи этого деятеля были как можно точнее и подробнее наблюдаемы и вскрываемы, именно в данный момент. Обязать Дзержинского, Уншлихта лично делать об этом доклад в Политбюро еженедельно.

На съезде партии устроить секретное совещание всех или почти всех делегатов по этому вопросу совместно с главными работниками ГПУ, НКЮ и ревтрибунала. На этом совещании провести секретное решение съезда о том, что изъятие ценностей, в особенности самых богатых лавр, монастырей и церквей, должно быть произведено с беспощадной решительностью, безусловно ни перед чем не останавливаясь и в самый кратчайший срок. __Чем большее число представителей реакционной буржуазии и реакционного духовенства удастся нам по этому поводу расстре-__

лять, тем лучше. Надо именно теперь проучить эту публику так, что-
бы на несколько десятков лет ни о каком сопротивлении они не смели и
думать.

Для наблюдения за быстрейшим и успешнейшим проведением этих мер
назначить тут же на съезде, т. е. на секретном его совещании, специаль-
ную комиссию при обязательном участии т. Троцкого и т. Калинина, без
всякой публикации об этой комиссии с тем, чтобы подчинение ей всей
операции было обеспечено и проводилось не от имени комиссии, а в общесо-
ветском и общепартийном порядке. Назначить особо ответственных наи-
лучших работников для проведения этой меры в наиболее богатых лаврах,
монастырях и церквях.

Ленин.

Прошу т. Молотова постараться разослать это письмо членам По-
литбюро вкруговую сегодня же вечером (не снимая копий) и просить их
вернуть Секретарю тотчас по прочтении с краткой заметкой относи-
тельно того, согласен ли с основою каждый член политбюро или письмо
возбуждает какие-нибудь разногласия. Ленин»[32] (выделено мной. — А.А.).

Омерзительное письмо! Подобное сочинение могло выйти лишь
из-под пера мизантропа. И тем не менее оно сделало свое грязное дело.
Были изъяты церковные ценности в Страстном монастыре и в Храме
Христа Спасителя в Москве. Началось планомерное изъятие церковных ценностей по всей стране. В Красногорском государственном архиве кинофотодокументов сохранились киноленты, в которых запечатлены грабительские акции большевиков[33]. Награбленные из Церквей и
храмов ценности большевистское правительство переправляло за рубеж. Для закупки хлеба для голодающих россиян?

Посмотрим, что конкретно было сделано правительством Ленина, чтобы спасти от голода и смерти миллионы граждан России.

Да, правительство действительно закупило около 3 млн пудов хлеба и незначительное количество других сельскохозяйственных продуктов[34]. Если учесть, что в рассматриваемый период 1 пуд ржи стоил 1 руб.
37 коп., а 1 пуд пшеницы 2 руб. 93 коп.[35], то на закупку хлеба было
затрачено максимум 9 млн рублей. Это было весьма и весьма мало.
При этом следует учесть, что голодом были охвачены не только губернии Поволжья. Голод поразил еще пять южных губерний Украины —
Николаевскую, Екатеринославскую, Донецкую, Запорожскую, Одес-
скую. В этих губерниях голодало 40% из общего числа населения. В
указанных губерниях официально было зафиксировано до 50 случаев
людоедства[36]. Между тем хлеб в стране имелся, но он отправлялся за
границу. Фактов более чем достаточно. Так, например, в июне
1922 года в Мареупольском порту в течение нескольких недель находилось около 300 тысяч пудов хлеба[37]. Так что действия советского правительства по оказанию помощи голодающим были незначительными,

если не сказать большего. Для сравнения отметим, что АРА к сентябрю 1922 года закупила для России хлеба, продуктов питания и других товаров на 66 млн долларов[38]. Было доставлено голодающим России около 30 млн пудов продовольствия, одежды, медикаментов[39]. Благотворительную помощь бедствующим людям России оказывали также Комитет Нансена, Международный Союз помощи детям, Французский Красный Крест, Шведский Красный Крест, Швейцарский Красный Крест, Итальянский Красный Крест, Католическая миссия и другие. Создается мнение, будто у советского правительства не было больше средств для закупки гораздо большего количества хлеба и других сельскохозяйственных продуктов для голодающих губерний. Однако это не так, и это видно из следующих фактов.

Так, в Отчете VIII (ликвидационного) отдела Народного Комиссариата Юстиции VIII Всероссийскому Съезду Советов за 1920 год подчеркивалось: «Общая сумма капиталов, изъятых от церковников, по приблизительному подсчету, исключая Украину, Кавказ и Сибирь, равняется — **7 150 000 000 руб.**»[40].

Изъятие церковных ценностей продолжалось и в последующие годы. К 1 апреля 1923 года большевистские конкистадоры изъяли ценностей в количестве:

золота — 26 пудов 8 фунтов 36 золотников;

серебра — 24 565 пудов 9 фунтов 51 золотник;

серебряных монет — 229 пудов 34 фунта 66 золотников;

изделий с жемчугом — 2 пуда 29 золотников;

бриллиантов и других драгоценных камней — 1 пуд 34 фунта 18 золотников[41].

Операция по изъятию церковных ценностей к маю 1922 года дала в руки советского правительства астрономическую сумму — **8 триллионов рублей*** (в дензнаках того времени)[42]! Для сравнения отметим, что бюджет Советской России на 1922 финансовый год был определен в **76 449 669 882 рубля**[43].

И тем не менее население Поволжья в тяжких страданиях погибало. Судите сами: из 31 миллиона 714 человек, составляющих население пострадавших от засухи районов Поволжья, голодали 20 113 800 человек[44].

Исследователь И.Я.Трифонов в своей книге, без ссылки на источник, пишет, что «с лета 1921 г. по апрель 1923 г. Советское государство передало голодающему населению 160 млн пудов хлеба, израсходовав на борьбу с голодом 156 млн рублей золотом»[45]. Эти сведения не подкреплены документами или иными материалами. Если советское правительство действительно оказало бы такую большую помощь голодающим, то вряд ли погибло бы столько людей.

---

* Сумма изъятых советским правительством церковных ценностей в сто раз (!) превышала сумму годового бюджета страны.

Деньги правительство расходовало на разные сомнительные цели. Об этом ярко свидетельствуют приведенные ниже документы:

23 сентября 1921 года член коллегии Наркомвнешторга, председатель комиссии по экспорту при СТО М.В.Рыкунов обратился к секретарю Политбюро со следующим запросом:

«Для создания экспортного фонда, который является в данное время насущной задачей Н.К.В.Т., требуется до 4000 миллиардов рублей. Наркомфин не в состоянии снабдить нас таким количеством денежных знаков.

В распоряжении Н.К.В.Т. имеется 6 1/2 миллионов колод карт, которые по минимальной расценке (10 000 руб.) составят 65 миллиардов рулей в советских знаках. Часть данного запаса карт передана ближайшим заграничным Отделениям Н.К.В.Т. (Польше, Латвии, Литве, Эстонии), другую часть предположено сдать нашим Уполномоченным Областных Управлений для реализации на территории Р.С.Ф.С.Р. Чрезвычайная Комиссия по Экспорту, оставляя в стороне этические соображения и исходя из нужд создания экспортного фонда, просит Вас поставить на одном из ближайших заседаний Полит-Бюро вопрос о разрешении сдачи части запаса карт для реализации на внутреннем рынке. О последующем прошу известить»[46].

Письмо Л.Б.Красина В.И.Ленину от 15 сентября 1921 года:

«На Вашу записку вх. 854/14.IX о забронировании 100 000 золотом за т. Томским с указанием на необходимость войти «в рассмотрение по существу» отвечаю: при отпуске золота я не могу руководствоваться иными принципами, чем те, которых придерживается Ц.К. Р.К.П.

Ц.К., за исключением опрометчивой ассигнации 30 миллионов Гуковскому и свыше 40 миллионов Ломоносову (в обоих случаях наши реальные потери были огромны), никому нигде подотчетных в золоте не представлял. Я сам, Нарком Внешней торговли, не имею в своем распоряжении никакого золотого фонда и по неоднократно дававшимся мне директивам «не вправе ни одного золотого рубля расходовать без предварительного разрешения Совнаркома».

При таких условиях давать Томскому аванс в 100 тысяч руб. на торговые надобности полагаю излишним и противоречащим общему нашему порядку.

Если же Ц.К. из других соображений найдет нужным Томскому дать, что вот я и пишу: больше 50 000 ни в коем разе не давать.

Вся эта «пограничная и приграничная работа», вообще говоря, дала нам очень мало, и если Томский (по докладу «пограничников») просит 100, то дать ему 50 — это даже слишком щедро. На торговые же цели — ни гроша. Пусть учится торговать без золота или каждый раз с мотивировкой запрашивает Москву»[47].

Как видим, у советского правительства было более чем достаточно средств, чтобы не допустить гибели свыше 5 млн человек, но оно не сделало это. Советское правительство во главе с Лениным совершило тягчайшее и чудовищное преступление перед народом России, перед всем человечеством. Они никогда не простят этого большевистским мизантропам.

Несмотря на большую занятость, связанную с ведением государственных дел, Ленин, придя к власти, стал разрабатывать все новые, более изощренные способы и формы борьбы с религией. На почве патологической ненависти к Церкви у Ленина рождается идея, несовместимая с общечеловеческой моралью. 22 октября 1918 года при разграблении церковного имущества в Александро-Свирском монастыре Олонецкой губернии впервые в истории православной России были вскрыты мощи святых. Ленинский эксперимент принес успех: было реквизировано 40 пудов чистого серебра.

Окрыленный успехом, «пролетарский вождь» входит во вкус. В начале января 1919 года, в разгар гражданской войны, он дает указание осуществить беспрецедентную в истории цивилизацию акцию — организовать в монастырях и храмах публичные вскрытия могил видных деятелей русской Православной Церкви. Для этого выделялись специальные группы, которые под непосредственным руководством партийных и советских органов власти должны были выполнить поставленную задачу. Такого надругательства над чувствами верующих история еще не знала.

28 января 1919 года в 4 часа дня состоялось вскрытие раки святого отца Тихона в Богородицком монастыре в городе Задонске Воронежской губернии. Все это происходило на глазах многочисленной разгневанной толпы. Фильм «Вскрытие мощей Тихона Задонского»[48] снимал фотограф Б.И.Корзун. Главную цель, которую ставили перед собой организаторы этой зловещей акции, — показать, что мощи святых тлеют и что Церковь якобы путем обмана грабит людей, а заодно проверить, не хранятся ли в могилах святых отцов драгоценности.

8 февраля в 4 часа 15 минут в Митрофановском монастыре в Воронеже было произведено вскрытие раки святого Митрофания. И здесь это, с позволения сказать, мероприятие не прошло без возмущения народа.

Процесс вскрытия был заснят кинематографистами. Фильм демонстрировался в Москве и по всей стране.[49]

Ленин строго следил за выполнением своих указаний. По свидетельству управляющего делами СНК В.Д.Бонч-Бруевича, он при разговорах, связанных с кино, спрашивал: «Неужели у нас нет сил... разработать всевозможные сюжеты для борьбы с религией... Снимают ли киноленты, когда вскрывают мощи различных святых? Показать то, чем были набиты попами эти чучела, показать, что покоилось, какие именно «святости» в этих богатых раках, к чему так много веков с благоговением относился народ и за что так умело стригли шерсть с простолюдина служители алтаря, — этого одного достаточно, чтобы оттолкнуть от религии сотни тысяч лиц», — не раз говорил Владимир Ильич»[50].

Но и этого было для Ленина, очевидно, недостаточно. Он решается осквернить могилу легендарной личности, чье имя золотыми буквами вписано в героическую историю России: вскрыть мощи преподобного Сергия Радонежского (1321—1391), основателя и игумена Троице-Сергиевой Лавры, который благословил князя Дмитрия Донского перед битвой на Куликовом поле в 1380 году.

Этот, мягко выражаясь, непристойный и безнравственный акт был совершен большевистскими фанатиками 11 апреля 1919 года с 20 часов 50 минут до 22 часов 50 минут. Вскрытие древней раки с мощами святого отца Сергия проводилось на виду рыдающего народа. Во время этой низменной процедуры снимался заранее запланированный кинотделом Наркомпроса фильм «Вскрытие мощей Сергия Радонежского»[51]. Его снимали кинооператоры Д.Вертов, Л.Кулешов и Э.Тиссе. О чудовищном надругательстве над останками отца Сергия свидетельствует также запись в протоколе вскрытия: «Нижняя челюсть отделилась, в ней семь зубов... Всюду много мертвой моли, бабочек и личинок»[52]. На следующий день, во время заседания Совнаркома, учитывая особый интерес Ленина к событиям в Троице-Сергиевой Лавре, ему передал записку член коллегии наркомата юстиции П.Красиков. В записке говорилось: «Владимир Ильич, Сергия Радонежского в Троицкой Лавре благополучно вскрыли. Ничего, кроме трухи и старых костей, не оказалось. Монахи присутствовали, доктора, кинематографисты, понятые от волостей и представители жителей и толпы, собравшейся у лавры. Протокол и киноленты будут готовы к опубликованию. П.Красиков»[53]. На обороте этой записки Ленин начертал поручение секретарю: «Надо *проследить и проверить,* чтобы поскорее показали это кино по всей Москве»[54]. Потом потребовал дать ему эти фотографические снимки, отснятые во время вскрытия в Троице-Сергиевой лавре. Бонч-Бруевич «лично показывал ему фотографии из киноленты... и он остался ими весьма удовлетворен»[55].

«Заключительной» кощунственной акцией против Православной Церкви и верующих людей явилось принятие двух документов. 1) На проходящем под председательством Ленина заседании СНК 16 июня 1920 года было принято постановление: «Поручить Наркомюсту разработать вопрос о порядке ликвидаций мощей во всероссийском масштабе». 2) 21 июня 1920 года Ленин подписывает декрет СНК «Об обращении Троице Сергиевой лавры в музей».

Должен отметить, что вскрытия мощей святых Православной Церкви совершались на территории многих губерний России. Так, с 1 февраля 1919 года по 28 сентября 1920 года в Архангельской, Владимирской, Вологодской, Воронежской, Московкой, Новгородской, Олонецкой, Псковской, Тамбовской, Тверской, Саратовской и Ярославской губерний было совершено 63 вскрытия[56].

Кощунственные деяния большевиков не прекращались и в последующие годы. 12 мая 1922 года в Свято-Троицком соборе Александро-Невской лавры в Петрограде было произведено вскрытие раки легендарного великого князя Александра Невского, причисленного к лику святых. Вскрытие осуществили вооруженные специальными партийными мандатами «тов. Урбанович и Наумов»[57].

Разграблению подверглась и сама Александро-Невская лавра. Оттуда было вывезено 4 пуда золота, более 41 пуда серебра, 40 бриллиантов различных величин. Грабители пошли за добычей и в Новодевичий монастырь. Вот циничная публикация «Петроградской правды» от 5 мая 1922 года об этом походе: «...изъято всего 30 пудов. Главную ценность представляют две ризы, усыпанные бриллиантами. На одной только иконе оказался 151 бриллиант, из которых 31 крупных... кроме того, на ризе были жемчужные нитки и много мелких бриллиантов. На другой иконе оказалось 73 бриллианта... 17 рубинов, 28 изумрудов, 22 жемчуга. Большую ценность... представляют венчики икон, почти сплошь усыпанные камнями... По определению оценщиков Губернского финансового Отдела, все эти камни представляют крупную ценность, так как один бриллиантовый карат теперь оценивается в 200 миллионов рублей. Таким образом, изъятые ценности Ново-Девичьего монастыря стоят в общей сложности **около ста миллиардов**».

Был совершен поход и в Исаакиевский собор. О его результате та же газета 22 мая сообщала: «18 мая проходило изъятие ценностей из Исаакиевского собора. Изъятые ценности вывезли на 2-х грузовых автомобилях. При изъятии присутствовало много публики, содействующей в работе членам комиссии. Ценности доставлены непосредственно в Губфинотдел, где производится точная опись и взвешивание их».

Не отставали от питерских реквизиторов и их московские коллеги. Берлинская газета «Накануне» 11 мая подробно сообщала о вывезенных ценностях из столичных храмов. Вот основные цифры награбленного: более 2-х пудов золота, 3 тысячи пудов серебра в изделиях, 3658 бриллиантов и алмазов, 1178 рубинов, 1387 изумрудов, 902 других драгоценных камня, прочих дорогих камней общим весом 1 пуд и 72 золотника.

Реквизиция церковных ценностей вызвала возмущение широких слоев населения. Начались массовые волнения верующих в Владимирской, Вологодской, Ивановской, Костромской, Олонецкой, Рязанской, Северо-Двинской, Тверской, Ярославской и других губерниях. Пресса отмечала, что к концу правительственной кампании по изъятию церковных ценностей было зафиксировано более 1400 столкновений между представителями власти и прихожанами церквей. Власти беспощадно расправлялись со священнослужителями и верующими людьми. К концу 1922 года число жертв от большевистских судебных расправ над священниками и верующими гражданами России составило более 6 тысяч человек[58].

Власти ни на день не останавливали наступление на Церковь. Они изобретали все новые формы и методы борьбы с религией. Судите сами. 2 октября 1922 года Ленин, после первого приступа болезни, приведшего к частичному параличу правой руки и правой ноги и расстройству речи, возвращается из Горок в Москву и приступает к работе. А 13 октября Оргбюро ЦК РКП(б) принимает решение «О создании комиссии по антирелигиозной пропаганде». Нетрудно догадаться, какими методами и средствами собиралась вести партия «меченосцев» антирелигиозную пропаганду, если учесть, что этим решением в состав комиссии вводились руководители и ответственные сотрудники ГПУ. Именно они, в первую очередь, были организаторами вандализма и террора против Православной Церкви!

Должен отметить, что для антирелигиозной пропаганды большевистское правительство не жалело средств. Возглавлял эту безнравственную, с позволения сказать, работу соратник Ленина Ярославский. Вот один из его пропагандистских призывов: «Пора нам рассеять туман, который буржуазия на нас напустила. *Долой эту сволочь, эту религию*»[59] (выделено мной. — *А.А.*). По инициативе Ярославского стал издаваться журнал «Безбожник», на страницах которого печатались всякие грязные и пошлые статьи и стихи против Церкви и священнослужителей, в нем помещались многочисленные антирелигиозные лозунги. Вот содержание некоторых большевистских лозунгов:

«Богослужение — инструмент массового убийства»[60].

«Богородица — покровительница разбойников»[61].

Многотысячным тиражом изготовлялись плакаты, которые развешивались на улицах и в общественных местах городов. Читателю небезынтересно будет ознакомиться с текстом одного из таких плакатов, выпущенных большевистскими пропагандистами:

«Бросим шутить с попами шутки,
в яму богов и чертей и все предрассудки».

В партийной печати продолжали публиковаться статьи, в которых оскорбляли Патриарха Тихона и других деятелей Православной Церкви. Так, например, в статье, опубликованной в «Известиях» 17 февраля 1924 года, говорилось: «Тихон — большое поповское чучело, набитое магизмом, рутиной, ремеслом и червонцами...»

С религией активно боролся и наркомат просвещения во главе с Луначарским. «Икона, — писал он, — перед которой висит лампада в функционирующей церкви, в *десять тысяч* раз опаснее, чем икона в собрании Остроухова»[62].

Вот таким способом большевистские идеологи пытались искоренить религию на российской земле.

Репрессивные меры большевистского правительства против священнослужителей и верующих граждан России, погромы и расхищения ценностей Церквей, храмов и монастырей вызвали негодование широкой общественности не только внутри страны, но и Европы. В этой связи лорд Керзон открыто заявил, что «эти преследования и казни являются частью сознательной кампании, предпринятой советским правительством с определенной целью уничтожения всякой религии в России и замены ее безбожием»[63].

Однако главари большевиков совершенно не реагировали на возмущения российских граждан, а тем более мировой общественности.

Воинствующие атеисты торжествовали. Вручив безбожникам лозунг «Борьба с религией — борьба за социализм», они тем самым провозгласили открытое наступление на церковные организации и попрание религиозных настроений широких слоев населения, деятельность и взгляды которых со временем стали все более откровенно рассматриваться как контрреволюционные и антисоветские.

Не суждено было торжествовать антихристам. Несмотря на жесточайший террор и преследования, организованные воинствующими атеистами и мракобесами против верующих граждан России, им не удалось лишить их чувств и разума верить в Бога, любить Бога. Вандалам не под силу было «все церкви сравнять с землей», как этого хотел их вождь. Словно фениксы, из пепла и руин стали возрождаться храмы, часовни и монастыри на российской земле, продолжая быть духовными местами верующих россиян. Иначе и быть не могло. Выступая в Георгиевском зале Большого Кремлевского дворца 29 декабря 1997 года, Святейший Патриарх Московский и всея Руси Алексий II* сказал: «...Русская Православная Церковь на протяжении своей тысячелетней истории всегда была со своим народом — в радости и в испытаниях. Так было, так есть и так будет»[64].

---

* В миру Алексей Михайлович Ридигер.

ГЛАВА 14

ЛЕНИН ПРОТИВ УЛЬЯНОВА

Бывает столько же вреда,
Когда
Невежда не в свои дела вплетется,
И поправлять труды ученого возьмется.
И.Крылов

Многие десятилетия коммунистические идеологи, анализируя политическую деятельность Ленина, навязчиво подчеркивали, что его произведения «содержат неоценимое идейное богатство, представляют поистине неисчерпаемый источник знаний о законах общественного развития, о путях строительства коммунизма»[1].

Касаясь конкретно национального вопроса, биографы сделали такую запись: «Великий вклад В.И.Ленин внес в разработку национального вопроса»[2].

Молчаливое большинство советских граждан, особенно из числа людей интеллектуального труда, понимало, что это далеко не так, но увы, оно по известным причинам не решалось выступить в роли оппонентов ревнивых ленинцев. Давайте на конкретных материалах проследим, каков в действительности был этот «вклад».

Бесспорно, Ленин был крупным политическим стратегом. Но им он стал не сразу. Есть основание считать, что искусством руководства общественно-политической борьбой он овладел на рубеже XIX—XX веков. К этому времени он четко уяснил, что в одиночку и даже с группой единомышленников (как рассчитывали народовольцы) захватить власть в такой огромной стране, как Россия, ему не удастся. Понимал он и другое: одной партии не под силу создать на территории многонациональной России большевистское государство. Для этого, по его глубокому убеждению, нужна широкая поддержка со стороны так называемых сочувствующих и демократических сил, особенно из национальных регионов, заинтересованных в падении царского самодержавия и образования самостоятельных государств. Этим можно объяснить столь пристальное внимание Ленина к пропаганде положения о праве наций на политическое самоопределение вплоть до выхода из Российской империи. В общей сложности эта проблема нашла отражение в более чем 80 работах, статьях, выступлениях и речах Ленина. Но справедливости ради нужно отметить, что сама идея самоопределения наций не принадлежала ему. Еще в XVII—XVIII веках вопрос самоопределения наций ставился в различных странах. В 1867 году, то есть за 3 года до рождения Ленина, Маркс требовал отделения Ирландии от Англии. Правда, это еще вовсе не означает, что он был прав. Надо было глубоко и всесторонне исследовать столь серьезный национальный вопрос, прежде чем выставлять будоражащее и ирландцев, и англичан требование.

Лондонский международный социалистический конгресс в 1896 году еще раз подтвердил принцип самоопределения наций. Но он не являлся той признанной мировым сообществом организацией (например, как Лига Наций или ООН), решение которой должны выполняться всеми странами.

Впервые Ленин обратился к вопросу о праве наций на самоопределение в 1902 году. Он включил в Проект программы РСДРП специальный пункт, «обеспечивающий» «признание права на самоопределение за всеми нациями, входящими в состав государства»[3]. Это положение отвечало интересам сепаратистски настроенных слоев национальных меньшинств в губерниях российского государства. Надо прямо сказать, что определенная часть демократической общественности национальных регионов, заинтригованная этим подстрекательским положением социал-демократов, оживила свою деятельность в надежде на скорое освобождение от гнета царского самодержавия. Однако в порыве борьбы за национальное освобождение политически незрелая общественность национальных меньшинств не догадывалась о коварных планах большевиков и не подозревала, каким насилиям и эксплуатации они подвергнутся в случае прихода последних к власти. А Ленин подбрасывал «националам» все новые идеи и лозунги. Например, в брошюре «Пересмотр аграрной программы партии», изданной в 1906 году, он, полемизируя с экономистом Масловым, подчеркивает, что «право национальностей на самоопределение признано нашей программой и, следовательно, Закавказье «вправе» самоопределиться, отделившись от Питера»[4].

Нельзя не заметить, что, выступая в роли ученого-теоретика и «благодетеля» национальных меньшинств, Ленин пытается демагогическими заявлениями приобрести дешевый авторитет, оказать воздействие на чувства сознательной части масс.

Осмелюсь сказать, что юрист Ленин слабо разбирался в правоведении вообще, в истории народов Закавказья в частности. Это совершенно определенно. Ведь он абсолютно не учитывает обстоятельства, при которых народы Закавказья стали полноправными гражданами Российской империи.

Напомним читателю, что 4 августа 1783 года в крепости Георгиевск (Северный Кавказ) по просьбе Ираклия II был заключен Георгиевский трактат о переходе Грузии под покровительство России. Российское правительство гарантировало автономию Грузии и ее защиту в случае войны. А в 1801 году Восточно-грузинское царство вошло в состав Российской империи.

А теперь рассмотрим обстоятельства вхождения Армении в состав России. Но сначала необходимо, на мой взгляд, дать небольшую историческую справку.

В XI веке Армению постигло огромное несчастье: она лишилась своей государственности и стала объектом страшного нашествия кочевых племен, вторгавшихся в страну с востока. Дикие орды наносили экономике и культуре Армении невосполнимый урон. С начала XVI века на Армению обрушилась еще более тяжелая трагедия. Страна превратилась в арену непрекращающихся военных столкновений двух деспотических государств, претендующих на господство в Передней Азии и Ближнем Востоке, — шахской Персии и султанской Турции.

Более трех веков Армения, разделенная на части, стонала под игом персидских и турецких захватчиков. И все эти годы армянский народ не прекращал поиск путей своего освобождения. С конца XVII века деятели армянского освободительного движения стали связывать свои устремления и надежды с великой северной державой — Россией. Начиная с 1701 года армянские общественные и религиозные деятели неоднократно обращались к Российскому правительству с просьбой оказать помощь Армении в ее освободительной борьбе. И такую помощь Армения получила от христианской России. В результате блестящих побед России в русско-персидских войнах народ Восточной Армении получил долгожданную свободу. Подписанием Гюлистанского (1813) и Туркменчайского (1828) договоров между Россией и Персией Карабахское, Ериванское и Нахичеванское ханства вошли в состав Российской империи. И, надо сказать, что это политическое решение отвечало волеизъявлению армянского народа.

18 апреля 1913 года Ленин выступил в Кракове с докладом «Современная Россия и рабочее движение», в котором настойчиво и с пафосом отстаивал идею самоопределения наций. «Российская социал-демократия, — говорил он, — полностью признает право каждой нации на «самоопределение», на решение своей судьбы, даже на отделение от России»[5]. Далее Ленин сказал: «Вопросом, от которого зависит демократизация России, является не национальный, а аграрный вопрос»[6]. Удивительно, что Ленин, на протяжении многих лет занимающийся политикой, так и не понял, в чем состоят сущность и принципы демократизации общества.

В свете рассматриваемой проблемы особого внимания заслуживает и небольшая, но интересная статья Ленина «О национальной программе РСДРП». В ней он, излагая позицию марксистов в национальном вопросе, на конкретном примере из международной практики указывает пути реализации права наций на самоопределение. «Есть один случай, — пишет он, — когда марксисты обязаны, если они не хотят изменить демократии и пролетариату, отстаивать одно специальное требование в национальном вопросе, именно: право наций на самоопределение (§ 9 программы РСДРП), т. е. политическое отделение»[7].

Ленин гневно обрушивается на сторонников державы, которые, по его мнению, в национальном вопросе «просто плетутся в хвосте национал-либерализма, развращают рабочий класс национал-либеральными идеями»[8].

Изучая сочинения и публичные выступления Ленина по национальному вопросу, прихожу к убеждению, что Владимир Ильич хорошо помнил и одобрял содержание крамольной оды А.Н.Радищева «Вольность», в которой он открыто призывает к разрушению огромной российской империи с целью создания на ее развалинах малых светил, то есть крохотных государств, чтобы затем объединиться в новый союз — «дружества».

Давайте еще раз прочитаем строфы этой оды:

Из недр развалины огромной
Среди огней, кровавых рек,
Средь глада, зверства, язвы темной,
Что лютый дух властей возжег, —
Возникнут мелкие светила.
Незыблемы свои кормила
Украсят дружества венцом,
На пользу всех ладью направят
И волка хищного задавят,
Что чтил слепец своим отцом[9].

Накануне мировой войны, в развязывании которой Ленин, как уже известно читателю, принял известное участие, делает все возможное и даже, казалось, невозможное, чтобы подтолкнуть сепаратистски настроенные круги в губерниях России к активным деструктивным действиям, их руками раздробить и максимально ослабить Российскую державу и тем самым облегчить захват власти в стране большевиками. Отсюда и его новое «научное» определение понятия самоопределения наций, которое дается в его статье.

«Под самоопределением наций, — пишет он, — разумеется государственное отделение их от чуженациональных коллективов, разумеется, образование самостоятельного национального государства»[10].

Но давайте на минуту представим, что станет, например, с Англией, Россией, США, Францией, если в этих странах в целях образования своего национального государства все нации станут отделяться «от чуженациональных коллективов». Ведь это планетарная граждан-ская война! Вековая война!

Во всемирной истории отмечены различные и многочисленные военно-политические события и коллизии, в том числе и на нацио-нальной и религиозной почве. Эти факты нельзя вычеркнуть из исто-рии; они не могут так просто выветриться и из народной памяти. Ду-шевные раны значительно медленнее заживают, чем телесные. Опыт показывает, что душевные боли человека ослабевают и смягчаются при определенных социальных, политических и правовых условиях. Такие условия создаются при таком общественном строе, законы которого способны гарантировать права и свободы всех граждан общества, неза-висимо от их национальности, расовой принадлежности и вероиспове-дания. В цивилизованном государстве в целях улаживания конфликтов, возникших на социальной, национальной и религиозной почве, нельзя прибегать к силовым методам.

Интересна заочная полемика Ленина с кавказским большевиком С.Г.Шаумяном по вопросу автономии в будущем социалистическом государстве. В своем письме Ленину и в статьях Шаумян высказывался против автономии, выступая за областное (губернское) самоуправле-ние, то есть он считал, что существующее административно-террито-риальное деление в российском государстве не будет являться помехой для разрешения национального вопроса. Шаумян выступал и против федерации. Вот что он писал в этой связи:

«Общего и независимого принципа разрешения национального воп-роса, как, например, того, что каждая нация должна быть государ-ством, — каждая нация должна «национально» решать свои нацио-нальные дела, такого рода принципа для нас не существует... Разделе-ние объединенной России на несколько федеративных органов мы счи-таем вредным, и в этом случае мы решительно против федерации»[11].

6 декабря 1913 года Ленин пишет из Кракова в Астрахань ответ Шаумяну. Вникнем повнимательнее в его суть: «...Мы против **федера-ции. Мы за якобинцев против жирондистов. Но бояться автономии — в России... помилуйте, это смешно. Это реакционно!** Приведите мне при-мер, придумайте пример, где автономия может стать вредной! Не при-ведете... **Автономия есть наш план устройства демократического государ-ства. Отделение вовсе не наш план. Отделения мы вовсе не проповедуем. В общем, мы против отделения.** Но мы стоим за *право* на отделение ввиду черносотенного великорусского национализма, который так ис-поганил дело национального сожительства, что иногда *больше* связи по-лучится *после* свободного отделения!!»[12]

Вспомним, что он говорил в 1906 году. Создается впечатление, что Ленин состоял из сплошных противоречий. Выступал против федера-ции, но он все же ее создал.

По вопросу административно-территориадьного деления в много-национальном государстве имелась своя позиция и у Сталина. Она наиболее четко была сформулирована в работе «Марксизм и национальный вопрос», написанной в Вене в начале 1913 года. В ней Сталин недвусмысленно выразил свое негативное отношение как к культурно-национальной автономии, так и к федерации. В этих образованиях Сталин усматривал опасные для государства тенденции. Вот что он писал в этой связи: «Можно оспаривать или не оспаривать существование логической связи между организационным федерализмом и культурно-национальной автономией. Но нельзя оспаривать того, что последняя создает благоприятную атмосферу для безбрежного федерализма, переходящего в полный разрыв, в сепаратизм. Если чехи в Австрии и бундовцы в России, начав с автономии и перейдя потом к федерации, кончили сепаратизмом, — то в этом, несомненно, крупную роль сыграла националистическая атмосфера, которую естественно распространяет культурно-национальная автономия. Это не случайность, что национальная автономия и организационная федерация идут рука об руку»[13].

Сталин, отвергая национальную автономию, указывает на выход из сложного положения в национальном вопросе: *областная автономия, как необходимый пункт* в решении национального вопроса»[14]. Он выступает (на словах, конечно) за *национальное равноправие во всех его видах (язык, школы и пр.)*[15]. При этом указывает на условия, при которых может быть обеспечено национальное равноправие: «Необходим... общегосударственный закон, данный на основе полной демократизации страны и запрещающий все без исключения привилегии и какое бы то ни было стеснение или ограничение прав национальных меньшинств»[16].

Небезынтересно отметить, что Ленин дал положительную оценку статье Сталина. Так, в письме Горькому он писал: «...Статья *очень хороша*. Вопрос боевой, и мы не сдадим ни на йоту принципиальной позиции против бундовской сволочи»[17].

С поразительным терпением Ленин внушает массам идею братства и равенства всех национальностей. При этом он отмечает негативную роль «великорусского пролетариата». «С точки зрения интересов именно великорусского пролетариата, — писал он, — необходимо длительное воспитание масс в смысле самого решительного, последовательного, смелого, революционного отстаивания полного равноправия и права на самоопределение всех угнетенных великороссами наций»[18]. Однако Ленин чуть было не разоблачил себя, сказав однажды: «Пролетарская партия стремится к созданию возможно более крупного государства, ибо это выгодно для трудящихся, она стремится *к сближению и дальнейшему слиянию наций, но этой цели она хочет достигнуть не насилием**, а исключительно свободным, братским союзом рабочих и трудящихся масс всех наций»[19]. (Это он писал в декабре 1914 года. А

---

* В 15-й главе будет показано, каким способом достигалась эта цель.

спустя три года, после захвата власти в России, он огнем и мечом стал загонять все нации и народы в республику «Советов».) И как бы уточняя свою мысль о ненасильственном объединении наций, он в мае 1917 года пишет «Наказ выбираемым по заводам и по полкам депутатам в Совет рабочих и солдатских депутатов». В нем подчеркивалось: «Великороссы не будут насильно удерживать ни Польши, ни Курляндии, ни Украины, ни Финляндии, ни Армении, **вообще ни одного народа. Великороссы предлагают братский союз всем народам и составление общего государства по добровольному согласию каждого отдельного народа, а никоим образом не через насилие, прямое или косвенное»**[20] (выделено мной. — *А.А.*).

На основе анализа рассмотренных работ можно безошибочно сделать вывод, что Ленин в течение 15 лет хитроумно пропагандировал идею о праве на самоопределение любой нации и образовании ею своего государства. Однако нельзя не заметить и другое: после статьи «Задачи революции», опубликованной 9 и 10 октября 1917 года в газете «Рабочий путь», в которой еще говорилось о необходимости обеспечить иноплеменникам в России «полную свободу, вплоть до свободы отделения»[21], Ленин заметно меняет свою позицию. Взять, к примеру, статью «К пересмотру партийной программы». В ней он выдвигает совершенно новый тезис, в котором с удивительной виртуозностью и изворотливостью изменяет весь смысл и юридическое содержание положения о праве наций на самоопределение: «Завоевав власть, мы безусловно тотчас признали бы это право и за Финляндией, и за Украиной, и за Арменией, и за всякой угнетавшейся царизмом (и великорусской буржуазией) народностью. Но мы, со своей стороны, вовсе отделения не хотим. Мы хотим как можно более крупного государства, как можно более тесного союза, как можно большего числа наций, живущих по соседству с великорусами; мы хотим этого в интересах демократии и социализма, в интересах привлечения к борьбе пролетариата как можно большего числа трудящихся разных наций. Мы хотим *революционно-пролетарского* единства, *соединения,* а не разделения»[22].

Таким образом, Ленин, пропагандируя право наций на самоопределение, хотел сначала разобщить народы и нейтрализовать их, чтобы ослабить российское государство и тем самым упростить захват власти в метрополии, а затем вновь поодиночке покорить и аннексировать земли отделившихся народов в целях создания «как можно более крупного государства». Поэтому он ставит разрешение этого вопроса в прямую зависимость от «великорусов». Здесь видно, как Ленин выступает против своих же принципов, отстаиваемых им целых полтора десятка лет.

С приходом к власти Ленин стал на деле демонстрировать подлинные цели своей национальной политики. Беспощадно подавляя народные восстания против большевиков, движения народов к возрождению государственности и национальной независимости, Ленин создавал унитарную коммунистическую империю, которая, по его замыслу, должна была перерасти затем в мировую.

После насильственной советизации многочисленных губерний и национальных регионов, большевистское правительство стало по своему усмотрению и разумению перекраивать и разбазаривать земли, исконно принадлежащие тем или иным народам, грубо попирая их права и национальные интересы. Во главе этих чудовищных бесчинств и самоуправств стоял Ленин.

Наглядной иллюстрацией служит его подход к законным правам и интересам армянского народа. Чтобы разрушить намечавшийся военно-политический союз Турции со странами Антанты и привязать ее к мировой революции, Ленин дает понять туркам, что он одобряет их внешнюю политику. Затем, за спиной армянского народа признает захват Турцией 8/10 части национальной территории Армении и большей части Восточной (Карсскую область и Сурмалинский уезд). На крохотной территории, оставшейся после турецкого грабежа, осталось всего 700 тысяч армян, а за ее пределами в условиях оккупации — более 1 миллиона.

Тем не менее летом 1920 года для Армении создались благоприятные условия для восстановления ее государственных границ. По Севрскому договору (10 августа 1920 г.), подписанному Великобританией, Францией, Италией, Японией, Арменией, Бельгией, Грецией, Геджасом (Аравия), Польшей, Португалией, Румынией, Югославией, Чехословакией, с одной стороны, и Турцией — с другой, последняя, в частности, обязалась признать самостоятельность армянского государства, предоставив ему выход к морю[23].

Однако вскоре новое турецкое правительство во главе с Мустафой Кемаль-пашой, обменявшись представителями с Кремлем, резко меняет свой курс. Заручившись материальной и моральной поддержкой правительства РСФСР, Турция отказывается от своих обещаний, зафиксированных в Севрском договоре. Фактически соглашение между правительством РСФСР и Турцией развязало последней руки. Но этим соглашением предательские деяния Ленина не закончились. 16 марта 1921 года в Москве был подписан договор *О дружбе и братстве* между правительством РСФСР и Турцией. Следует особо подчеркнуть, что с согласия Ленина (и, конечно, не без участия Сталина) в договор было включено антиармянское положение, на основании которого Нахичеванская область отторгалась от Армении, образуя «автономную территорию под протекторатом Азербайджана», да еще «при условии, что Азербайджан не уступит сего протектората третьему государству», то есть его законному владельцу — Советской Армении (ст. 13)[24]. Однако произвольное перекраивание исторической границы Армении этой циничной сделкой не завершилось. На пленуме Кавказского бюро РКП(б) 4—5 июля 1921 года верные ученики Ленина — Сталин, Киров, Орджоникидзе, Нариманов и другие — приняли решение о включении Нагорного Карабаха в состав Азербайджанской ССР на правах автономной области. Заметим, что в момент принятия этого решения армянское население Карабаха составляло 95%.

Подобным образом Ленин обошелся и с другими народами, пытавшимися создать суверенные государства.

Летом 1922 года в ЦК РКП(б) начал обсуждаться вопрос о дальнейшем объединении республик в единое союзное государство. 11 августа Оргбюро ЦК по предложению Политбюро ЦК РКП(б) образовало комиссию, которая должна была подготовить к очередному пленуму ЦК вопрос о взаимоотношениях РСФСР и независимых национальных советских республик. В состав комиссии Оргбюро ЦК вошли И.В.Сталин, Г.Я.Сокольников, В.В.Куйбышев, Г.К.Орджоникидзе, Х.Г.Раковский, а также представители национальных республик — С.А.Агамалиоглы (Азербайджан), А.Ф.Мясников (Армения), П.Г.Мдивани (Грузия), Г.И.Петровский (Украина), А.Г.Червяков (Белоруссия) и другие.

Сталин разработал проект резолюции комиссии Оргбюро ЦК — «О взаимоотношениях РСФСР с независимыми республиками». Проект, учитывая негативное отношение его автора ко всяким автономным и федеративным образованиям, предусматривал вступление Украины, Белоруссии, Азербайджана, Армении и Грузии в Российскую Федерацию на правах автономных республик. Формулируя основной пункт резолюции, Сталин исключал в будущем юридическую возможность проявления этими республиками сепаратизма.

Этот проект вместе с резолюцией и протоколами заседаний комиссии, а также резолюциями ЦК компартий Азербайджана, Армении и Грузии был послан Ленину. Ознакомившись со всеми материалами, Ленин написал письмо членам Политбюро, в котором выступил против идеи Сталина об «автономизации» национальных республик. На мой взгляд, не потому, что в таком виде проект не годился, а потому, что он исходил не от него, вождя партии и главы государства. Ленин предложил создать принципиально другое объединение — Союз Советских Социалистических Республик. В письме Л.Б.Каменеву для членов Политбюро ЦК РКП(б) от 26 сентября 1922 года Ленин, в частности, писал: «Одну уступку Сталин уже согласился сделать. В § 1 сказать вместо «вступление» в РСФСР «Формальное объединение вместе с РСФСР в союз советских республик Европы и Азии»[25].

Сталин, учитывая, что большинство в Политбюро ЦК РКП(б) безропотно поддержат Ленина, не стал настаивать на своем и переработал резолюцию комиссии Оргбюро ЦК. Новый проект резолюции подписали Сталин, Молотов, Орджоникидзе, Мясников. Первый пункт новой резолюции был сформулирован следующим образом:

«1. Признать необходимым заключение договора между Украиной, Белоруссией, Федерацией Закавказских Республик и РСФСР об объединении их в «Союз Социалистических Советских Республик» с оставлением за каждой из них права свободного выхода из состава «Союза»[26].

Формально 30 декабря 1922 года на I Всесоюзном съезде Советов был образован Союз Советских Социалистических Республик, но национальные проблемы практически оставались нерешенными многие десятилетия. Более того. За годы тоталитарного режима узел этих проблем был затянут еще туже, затянут так, что развязать его стало делом весьма сложным и драматичным.

Национальная политика Ленина, равно как и экономическая и социальная, от начала и до конца была порочной и антиобщественной — об этом свидетельствуют факты. Большевики захватили власть в России, чтобы варварски грабить и разбазаривать достояние ее народа. Небезынтересен в этой связи такой факт. 3 мая 1923 года Политбюро дало инструкцию председателю советской делегации на переговорах с Японией Адольфу Иоффе. В ней говорилось о возможности продать Японии остров Сахалин за миллиард долларов при условии, что последняя должна будет 9/10 из общей суммы заплатить наличными. К счастью, японцы сочли, что большевики слишком дорого запросили за остров, и сделка не состоялась[27].

За годы советской власти было создано около четырех десятков автономных республик, областей и национальных округов. Жизнь показала, насколько ошибочна была эта политическая акция.

Разрабатывая псевдонаучную национальную политику, создавая в стране автономные области и республики, разрушая исторически сложившееся административно-территориальное деление — губернии с их социально-экономическими и политическими структурами, ломая уклад материальной и духовной жизни людей, Ленин тем самым подкладывал под Великое Российское Государство и его народ мины замедленного действия. И то, что на этих минах по сей день подрываются тысячи невинных людей, что не прекращаются межнациональная рознь и взаимные претензии, и на этой почве в различных регионах бывшего «союза нерушимых» (Северный Кавказ, Закавказье, Таджикистан и др.) проливается человеческая кровь — все это полностью на совести Ленина, его соратников и последователей. Это результат порочной, бездумной и преступной национальной политики большевистского ЦК во главе с Лениным.

Права наций и народностей, независимо от их численности, безусловно надо уважать. Но прибегать к авантюризму и хамелеонству при решении национального вопроса, как поступал Ленин, не делает чести любому политическому деятелю.

ГЛАВА 15

«ПРОЛЕТАРСКИЙ» НЕОКОЛОНИЗАТОР

Есть у банд один закон:
Кто не в банде, тех в загон.

Е.Евтушенко

Едва утвердившись в Петрограде и став главой так называемого Временного рабочего и крестьянского правительства, Ленин повел большевиков на борьбу за повсеместную победу новой, советской власти. Однако «шествие» ее не было «триумфальным», как это потом представила народу красная профессура.

В стране происходили бурные политические процессы, вызванные Февральской революцией. На карте бывшей Российской империи одно за другим появлялись самостоятельные государства: Бухарский эмират; Войсковое правительство Уральского казачества; Украинская Центральная Рада; Западноукраинская народная республика (ЗУНР); Кокандская автономия; Молдавская Народная Республика; Правительство Алаш-орды в Казахстане; Сибирское независимое государство; Закавказская демократическая Федеративная Республика и другие.

Остановимся на событиях в Закавказье, судьба которого является ярким примером колониальной политики Ленина.

После Февральской буржуазно-демократической революции 9 (22) марта 1917 года Временным правительством был создан особый Закавказский Комитет (ОЗАКОМ). Он просуществовал до середины ноября 1917 года. 15 (28) ноября в результате консолидации политических партий при поддержке широкой общественности демократическим путем образовались Закавказская республика и Закавказский комиссариат. Последний в феврале 1918 года упразднили и вместо него был избран Закавказский сейм, провозгласивший Закавказскую демократическую федеративную республику (ЗДФР). Однако это политическое объединение просуществовало недолго: в мае 1918 года оно распалось. 26 мая Грузия была объявлена независимой республикой. К этому времени относится также образование Армянской и Азербайджанской самостоятельных республик. О событиях в Азербайджане следует сказать особо.

Пользуясь слабостью Временного правительства, большевистские комиссары (местные и «прикомандированные»), опираясь на политически неграмотную часть рабочих и солдат, 31 октября 1917 года провозгласили советскую власть в Баку. На какое-то время комиссарам удалось номинально распространить ее на незначительную прибрежную часть Азербайджана (Шемаха, Куба, Ленкорань). Но вскоре население советизированных районов поняло, что большевики не в состоянии наладить хозяйственную деятельность и решить социально-экономические задачи, обеспечить население продуктами и предметами первой необходимости, прежде всего хлебом. Национализированные нефтяная промышленность, Каспийский торговый флот и банки пришли в упадок. Еще более усложнилась политическая ситуация в связи с социализацией беко-ханских земель. В сложной и напряженной обстановке 25 июля 1918 года было созвано Чрезвычайное заседание Бакинского Совета для обсуждения вопроса о политическом и военном положении в Баку в связи с наступлением турецкой армии. Не рассчитывая на помощь Советской России, большинством голосов Совет принял резолюцию о приглашении в Баку английских войск. Стало очевидно, что широкая общественность Азербайджана выступает против всяких связей с правительством Ленина. 29 июля тот, в разговоре по прямому проводу с членом Астраханского военного Совета, спрашивал: «Сколько времени рассчитывает продержаться власть большевиков в Баку?»[1] Но этого времени уже не было. 31 июля они сложили свои «полномочия» и ушли с политической арены. Однако по предписанию вновь сформированного коалиционного правительства «Диктатуры Центракаспия», в которое вошли представители партии эсеров, меньшевиков и дашнаков, узурпаторы — 26 бакинских комиссаров — были арестованы и расстреляны.

Политические события в Закавказье весьма встревожили Ленина. Разогнав Учредительное собрание, укрепив свою политическую власть в центре, а также заключив 3 марта 1918 года сепаратный мирный договор с Германией, он поставил в повестку дня план аннексии закавказских республик. В речи по политическому отчету Центрального Комитета на VII экстренном съезде РКП(б) 7 марта 1918 года он, в частности, сказал: «Только благодаря тому, что наша революция попала в этот счастливый момент, когда ни одна из двух гигантских групп хищников не могла немедленно ни броситься одна на другую, ни соединиться против нас, — только этим моментом международных политических и экономических отношений могла воспользоваться и воспользовалась наша революция, чтобы проделать это свое блестящее триумфальное шествие в Европейской России, **перекинуться в Финляндию, начать завоевывать Кавказ, Румынию**»[2] (выделено мной. — *А.А.*). Однако эти захватнические планы пришлось ему временно отложить в связи с тем, что весной 1918 года в результате введения продразверстки, началась гражданская война.

Но в конце 1919 года, после ряда неудач войск Добровольческой, Донской и Кавказской армий на юге России, Ленин вновь вернулся к плану захвата Кавказа.

В советской историографии эта военно-политическая акция преподносится в строгом соответствии с установками идеологического аппарата. В двенадцатитомной «Истории СССР», равно как и в книгах «Борьба за победу Советской власти в Грузии», «Великая Октябрьская социалистическая революция и победа Советской власти в Армении», «Борьба за победу Советской власти в Азербайджане» и в сотнях других работ, вторжение войск 11-й, 9-й армий и группы войск Терской области Кавказского фронта в пределы Закавказских республик объясняется как «помощь» и «поддержка» трудящихся, якобы поднявшимся на вооруженное восстание против своих правительств. Между тем многочисленные источники, и прежде всего труды Ленина, документы Центрального Государственного архива Советской Армии, бывшего архива ЦК КПСС, высказывания партийных и военных деятелей того времени, а также свидетельства очевидцев убедительно доказывают, что аннексия Закавказья была заранее спланированной акцией идеолога большевиков.

Еще 23 декабря 1919 года в соответствии с директивой командующего Юго-Восточным фронтом[3] (за № 4428/с), командованием 11-й армии был создан экспедиционный корпус для операции по овладению районом Кизляра и дальнейшего продвижения на Кавказ[4]. В состав корпуса (командир Ю.П.Бутягин) вошли: 1-я кавалерийская бригада 34-й стрелковой дивизии; 37-й кавалерийский полк 7-й кавалерийской дивизии; 1-й, 2-й и 4-й десантные отряды военных моряков; Особый отряд по охране штаба 11-й армии[5]. Не вызывает сомнения, что командующий фронтом, отдавший приказ о создании экспедиционного корпуса, имел на этот счет директивы от главкома и правительства республики. 14 января 1920 года в штаб 11-й армии поступила директива командования Кавказским фронтом (за № 4773/с), в которой, в частности, содержалось предписание: «...Экспедиционному корпусу готовиться к выполнению намеченной операции по овладению районом Кизляра»[6].

Большевистскому правительству была нужна бакинская нефть, и Ленин торопил командование Кавказским фронтом (командующий М.Н.Тухачевский)[7] захватить Баку. Телеграмма Ленина, направленная в Реввоенсовет (РВС) Кавказского фронта И.Т.Смилге и Г.К.Орджоникидзе 17 марта, — яркое тому свидетельство. Вот ее содержание: «Взять Баку нам крайне, крайне необходимо. Все усилия направить на это, причем обязательно в заявлениях быть сугубо дипломатичными и удостовериться максимально в подготовке твердой местной Советской власти. То же относится к Грузии, хотя к ней относиться советую еще более осторожно. О перебросках (войск. — А.А.) условьтесь с Главкомом. Ленин»[8]. В эти дни 11-я армия (командующий М.К.Левандовский), захватив Армавир, Пятигорск и овладев Владикавказской железной дорогой, стремительно продвигалась к Дербенту. 22 марта в 18 часов в РВС Кавказского фронта шифром шла директива Главкома (№ 1659/ от 165/ш) о наступлении на Баку. В ней, в частности, содержался приказ: «...2. С занятием Терской области продолжать наступление в общем направлении на Баку с задачей овладения районом всей бывшей Бакинской губернии. Главком С.Каменев. Член РВСР Курский. Зам. наштаревсовета (начальник штаба. — *А.А.*) Шапошников»[9].

Выполняя строгое требование главы советского правительства регулярно информировать о положении дел на фронтах, Главком 28 марта 1920 года (то есть ровно за месяц до отправления (?) временным ревкомом Азербайджана телеграммы Ленину с просьбой оказать военную помощь в его борьбе за власть) направил Ленину доклад (за № 1805/оп) о выполнении директивы правительства. Речь идет о директиве, которая была дана Главкому республики в конце 1919 года. Приведем ту часть доклада Главкома, которая раскрывает содержание директивы правительства (то есть Ленина): «**1. Первоначальная задача, поставленная директивой правительства на Кавказском фронте, выполнена. 2. Приступлено к выполнению последней директивы правительства о дальнейшем развитии наших операций на Кавказе в направлении Баку**»[10] (выделено мной. — *А.А.*). Для усиления 11-й армии, нацеленной вторгнуться в Азербайджан со стороны Каспийского моря, Главком направил в район военных действий дополнительные войсковые подразделения. В этой связи он сообщал 1 апреля командованию Кавказского фронта, что «отдельным приказом, для действий против Азербайджана, намечается сосредоточить до 13 стрелковых и до 5 кавалерийских дивизий...»[11] Судя по количеству войск, можно думать, что они предназначались также для вторжения в Армению и Грузию.

Сосредоточение больших военных сил у границ республики не могло не встревожить азербайджанское правительство. В телеграмме на имя Чичерина от 15 апреля 1920 года министр иностранных дел Азербайджанской республики писал: «...Ныне наблюдается концентрация значительных войсковых сил российского советского правительства в пределах Дагестана в Дербентском районе у границ Азербайджанской республики. Азербайджанское правительство, не будучи осведомлено о намерениях Советского правительства, просит срочно уведомить о причинах и целях концентрации войск в указанных районах...»[12] Однако ответа на эту телеграмму министр не дождался. Большевистское правительство решило не отвечать на его запрос. До вторжения частей 11-й армии в пределы Азербайджана оставалось десять дней.

Тем временем шла подготовка войск Кавказского фронта для вторжения в Грузию через Черноморское побережье. С выходом частей 9-й армии в прибрежные районы последовала директива командования Кавказским фронтом (№ 1341/оп) от 4 апреля за подписью Тухачевского и Пугачева, в которой содержалось требование: «Левому флангу 9 армии ставлю задачу стремительным наступлением овладеть Туапсе и не позже 12 апреля очистить от противника все Черноморское побережье от Джубской до Гагра включительно»[13]. 7 апреля 1-я конная ворвалась в Туапсе.

18 апреля, отвечая на запрос полевого штаба, командование Кавказского фронта направило доклад, в котором говорилось, что «для наступления вдоль западного побережья Каспийского моря сосредотачиваются почти все наличные силы 10 и 11 армий, а именно: 20, 28, 32 и 39 стрелковые дивизии, части 49 стрелковой дивизии и бывшего экспедкорпуса и конкорпуса в составе 7 кавдивизий, кавдивизии Курышко и Таманской кавбригады, развертываемой в дивизию путем слияния ее с I Московской кавдивизией...»[14]

К началу третьей декады апреля стрелковые и кавалерийские части 11-й армии были сосредоточены у государственной границы Азербайджана. В боевом порядке находились и бронепоезда под командованием М.Г.Ефремова. В море крейсировали военные корабли Каспийского флота и Волжской флотилии с десантными войсками (под общим командованием Ф.Ф.Раскольникова). Убедившись в готовности армии и флота к вторжению в Азербайджан, командование фронта директивой (№ 490) от 21 апреля за подписью Тухачевского, Орджоникидзе и Захарова отдало приказ 11-й армии и Волжско-Каспийскому флоту. В нем подчеркивалось: «...1. Командарму 11-й **27 апреля** сего года перейти границу Азербайджана и стремительным наступлением овладеть территорией Бакинской губернии. 2. Комфлота Раскольникову ко времени подхода частей 11 армии к Апшеронскому полуострову произвести в районе ст. Алят десант небольшого отряда, который должен быть выделен в распоряжение командарма 11. Быстрым налетом овладеть в Баку всем наливным флотом, не допустить порчи нефтяных промыслов...»[15]. Спустя два дня, 23 апреля, в штаб армии поступила уточняющая директива: «В дополнение и изменение директивы № 490 приказываю: конечной задачей 11 армии считать **не овладение Бакинской губернией, а овладение всей территорией Азербайджана.** О получении донести. Командкавказ Тухачевский. Член РВС Орджоникидзе. Наштафронта Пугачев»[16] (выделено мной. — *А.А.*). Заметим, что план захвата Азербайджана претворялся в жизнь тогда, когда в республике еще не был образован так называемый Временный революционный комитет и о вооруженном восстании там не помышляли. Что же касается телеграммы Временного ревкома Азербайджана, отправившего (?) ее 28 апреля Ленину с просьбой «немедленно оказать реальную помощь путем присылки отрядов Красной Армии»[17], то это всего лишь неудачный и низкопробный политический фарс. В сущности, в телеграмме не было нужды, поскольку в момент ее «отправки» части 11-й армии уже были в Баку. И естественно, Ленин на нее не отреагировал. Эти факты находят всестороннее документальное подтверждение.

Узнав о надвигающейся опасности со стороны Красной Армии и

не имея средств для защиты государства, мусаватистское правительство Азербайджана на вечернем заседании 27 апреля, в условиях вооруженной блокады, вынуждено было приступить к рассмотрению политического положения страны и, после бурного обсуждения, в 2 часа ночи приняло постановление о передачи власти коммунистам. Постановление принималось в то время, когда части 11-й армии и бронепоезда находились в пригороде Баку (Баладжары), а десант Волжско-Каспийской флотилии высадился на Апшеронский полуостров и на побережье к югу от азербайджанской столицы, закрыв тем самым путь внешней помощи. Следует отметить, что в этой операции участвовала вся морская флотилия. В телеграмме Орджоникидзе в Москву в этой связи говорилось: «С 27 на 28 в два часа ночи власть в Баку перешла к Азербайджанскому Ревкому. В 4 часа ночи вошли наши бронепоезда. Следите за Черноморским побережьем[18]. Сообщите Ильичу об Уратадзе оттягивать[19]. С продовольствием отвратительно. Выезжаю в Баку. Орджоникидзе»[20].

Здесь должен отметить, что в установлении большевистского господства на Кавказе видную роль играли также С.М.Киров, А.И.Микоян, Н.Н.Нариманов и другие деятели большевистской партии.

Необходимо упомянуть еще об одном небезыинтересном документе, уточняющем и дополняющем приведенные выше факты. Речь идет о телеграмме Ленина Смилге и Орджоникидзе от 17 марта 1920 года. На копии этой телеграммы Орджоникидзе позже собственноручно сделал пометку следующего содержания: «Телеграмма относится к периоду подготовки наступления на Баку. Операция была подготовлена, и под командой Левандовского **25—26 апреля перешли границу Азербайджана,** 28 были уже в Баку»[21]. И все же последнюю дату следует уточнить. В Центральном Государственном Архиве кинофотодокументов СССР хранится фотография командующего группой бронепоездов М.Г.Ефремова. В аннотации, сделанной, очевидно, ее автором, ясно записано, что бронепоезда заняли Баку 27 апреля 1920 года[22].

Оккупировав Баку, части 11-й армии приступили к выполнению директивы командования Кавказским фронтом (№ 6214/с) от 2 мая, предписывавшей «овладеть всей территорией Азербайджана в пределах бывшей Русской империи»[23]. Практически части 11-й армии уже были нацелены на захват всего Закавказья, поэтому они стремительно продвигались к его южным границам. Следует отметить, что, несмотря на падение Баку, в Азербайджане были отмечены вооруженные выступления патриотических сил. Однако их малочисленные и плохо вооруженные отряды не могли, конечно, противостоять огромной армии. Выступления ополченцев были жестоко подавлены оккупантами. В подавлении восстаний и демонстраций принимали участие китайцы. Судя по поступившим сведениям из Баку, последние выполняли там роль палачей. Так, по рассказу одного китайца, за ночь «им пришлось расстрелять 160 человек, похоронить их и засыпать общую могилу»[24].

С захватом Баку политическая обстановка вокруг Армении с каждым днем стала все более осложняться и драматизироваться. Еще 4 мая 1918 года глава правительства Армянской Демократической Республики А.Оганджанян направил Народному Комиссару иностранных дел РСФСР Чичерину телеграмму следующего содержания: «2-й Всероссийский съезд Советов рабочих, солдатских и крестьянских депутатов объявил права Армении на самоопределение, а председатель Совета народных комиссаров Ленин 13 декабря 1918 года провозгласил Декрет об Армении. Ссылаясь на эти документы, правительство независимой, единой и демократической Армении предлагает правительству социалистической России начать переговоры о заключении договора между двумя республиками на основе признания независимости Армении и права армян на самоопределение»[25]. На телеграмму правительства Армении кремлевские политики не отреагировали: они сочли, что с правами наций на самоопределение лучше всего разберутся военные.

11 мая командующий фронтом Смилга отдал приказ: «Левому флангу 11 армии выдвинуться в район Нахичевань — Ордубад — Шуша и впредь до разрешения вопроса о границе между Азербайджаном и Арменией смешанной комиссией правительств обоих этих государств иметь в указанном районе гарнизоны достаточно сильные для поддержания порядка и недопущения резни»[26].

Руководствуясь этим приказом, части 11-й армии приступили к захвату территорий, искони принадлежавших Армении. Фактически Армения оказалась в тисках между Россией и кемальской Турцией. 22 мая Орджоникидзе направил телеграмму советскому правительству, в которой сообщал: «Ночью вернулся из Карабаха... Думаю, что районы Шуша, Нахичевань, Ордубад, Джульфа будут заняты без сопротивления...»[27] Однако расчеты большевистского комиссара не оправдались. Части Красной Армии встретили сопротивление со стороны армянских патриотов в Карабахе, Нахичевани и других районах. Особенно выделялись в этом отношении карабахцы. Они мужественно оборонялись, оказывая яростное сопротивление 28-й дивизии 11-й армии. Об этих событиях Орджоникидзе информировал Ленина, Сталина и Чичерина: «Восстание в Карабахе ликвидировано, захвачено 8 орудий с упряжью, лошадьми, 26 пулеметов, большие склады огнеприпасов, винтовок, пулеметов»[28]. Примечательно, что в Нахичеванском районе против армянских войск сообща действовали 28-я дивизия 11-й армии и турецкая Баязетская дивизия. Кстати, в частях 11-й армии также были турки, взятые в плен русскими войсками в период мировой войны. Орджоникидзе весьма лестно отзывался о турецких аскерах. Одного из них — Сулеймана Нури — решением ЦК КПА и Военсовета 11-й армии в начале июля 1920 года даже направили в качестве комиссара (!) в Карабах для подавления восстания. После неравных сражений армянские отряды вынуждены были отступить. Утром 28 июля 1-й кавалерийский полк 28-й дивизии вошел в Нахичевань. Здесь полк вошел в контакт с подразделениями турецкой Баязетской дивизии. Примечательно, что между захватчиками при взятии Нахичевани никаких эксцессов не было отмечено. Напротив, стороны проявляли друг к другу дружелюбие. 31 июля части 11-й армии заняли Шушу, Ордубад, Джульфу. Забегая вперед, следует отметить, что повстанческое сопротивление частям 11-й армии продолжалось и после провозглашения советской власти в Армении: оно было настолько сильным, что 18 февраля 1921 года красные части 11-й армии вынуждены были оставить Еривань[29].

Говоря о захватнических планах большевистского правительства в Закавказье и, в частности, в Армении, следует, однако, особо отметить, что они рассматривались им в свете общей (глобальной) восточной политики, в основе которой лежала бредовая идея «мировой революции». И в этом плане, по замыслу большевистских лидеров, Турция должна была стать «знаменем борьбы народов Востока против империализма». Поэтому Кремль готов был любой ценой поддержать политические интересы и территориальные притязания Турции в Закавказье и этим удержать ее в антиантантовской коалиции. Эта позиция ясно прослеживается в ряде документов, ранее засекреченных фондов партийного архива ЦК КПСС. Так, например, 8 июля 1920 года Сталин по прямому проводу продиктовал для Орджоникидзе в Ростов-на-Дону следующую записку: **«Передать по возможности до 24 часов срочно. Мое мнение таково, что нельзя без конца лавировать между сторонами, нужно поддержать одну из сторон определенно, в данном случае, Азербайджан с Турцией. Я говорил с Лениным, он не возражает. Сталин»**[30]. Как видим, большвистское правительство приносит в жертву национальные интересы армянского народа, ориентируясь на Турцию, как на потенциального союзника в борьбе против «мировой буржуазии». Фактически советское правительство совместно с турецким приступило к реализации идеи Халиль-паши*, который еще в начале весны 1920 года предложил С.Кирову совместными военными усилиями захватить всю Армению[31] и, разумеется, разделить ее между Россией и Турцией.

Из других документов вновь убеждаемся, что политические лидеры Москвы и Анкары сообща действовали против Республики Армении. Так, в телеграмме Сталина и Орджоникидзе в Москву Чичерину от 5 сентября 1920 года, в частности, говорится: «Пятое — считаем абсолютно необходимым немедленную отправку в Турцию Кемалю полномочных лиц с целью...** и информации Москвы, в срочном порядке Азербайджан. Вместе с нами Прокопий Мдивани, Джелал Кархмазов и Бейбут Шахтахтинский, которым немедленно нужно прислать мандаты на переговоры с правительством Кемаля, **этой же тройке следовало**

---

* Халиль-паша Кут — турецкий генерал, командующий войсками, вторгшимися в Закавказье в 1918 году.
** Здесь и ниже пропуски в тексте телеграммы.

бы дать и директивы по вопросу о наступлении на Армению. Опоздание с нашей стороны опасно. (Мы и так опоздали.) Шлите мандаты немедленно, экстренным поездом»[32]... (Выделено мной. — *А.А.*). На следующий день Сталин и Орджоникидзе отправили очередную телеграмму Чичерину: «Приехал Легран* с проектом договора, ультиматума Армянскому правительству им не было предъявлено. Проект договора предоставляет Армении Нахичеванский и Зангезурский уезды, мы получаем право провоза в Турцию оружия и проч., если турки под нашим давлением отходят к границе 1914 года. **Проект не может быть подписан немедленно, и начинается** в подробном рассмотрении и существенном изменении.** Следовало бы выехать Леграну в Москву для разъяснений. Сталин, Орджоникидзе»[33] (выделено мной. — *А.А.*).

Не трудно понять, что большевистские эмиссары на Кавказе советуют Чичерину затягивать подписание договора с Арменией до тех пор, пока войска 11-й армии не вторгнутся в ее пределы с целью советизации. Однако, готовя широкомасштабную военную интервенцию против Армении, политики коммунистического государства понимали, что эта акция может вызвать в правительственных кругах и в общественной среде Запада нежелательный резонанс с непредсказуемыми последствиями. Достаточно вспомнить ноту английского министра иностранных дел лорда Джорджа Керзона в период советско-польской войны, в которой он решительно потребовал от советского правительства прекратить наступление Красной Армии на линии, принятой Верховным советом Антанты в декабре 1919 года, угрожая в противном случае начать войну против России. Поэтому одновременно с военными приготовлениями большевики проводили активную политическую, дипломатическую, агентурно-агитационную и подрывную деятельность с целью, и насколько возможно, закамуфлировать готовившуюся агрессию против суверенной Армянской Республики.

Так, за неделю до вторжения турецких войск в Армению Сталин посылает Ленину и Чичерину телеграмму, в которой он, рисуя политическую обстановку в Армении и вокруг нее, информирует их о проводимой в жизнь задачи, состоящей, по его мнению, в том, чтобы «**расколоть дашнаков*** и **повести за собой левую часть в деле образования ревкома...**»[34] (Выделено мной. — *А.А.*).

До вторжения советских войск в глубь Армении оставалось считанные дни. Командование Кавказским фронтом лихорадочно сосредоточивало войска вокруг Армении. 3 ноября Сталин по поручению Политбюро отправляет по прямому проводу директивную записку Орджоникидзе, в которой говорит о возможности ввода войск в

---

* Легран Б.В. — глава дипломатической миссии Советской России в Армении.
** В подлиннике «начинается», но, вероятнее всего, «нуждается».
*** Дашнакцутюн — «Союз», правящая в Армении в 1918–1920 годы партия.

Армению «по распоряжению командования фронтом»[35], выгораживая этим правительство.

В отличие от большевиков, турецкое правительство не собиралось скрывать свои агрессивные планы против Армении. «...Мы решили, — заявил Мустафа Кемаль на Великом национальном собрании, — что нападение на Карс, Сарыкамыш, Олты и Аргадан — также разрешение вопроса дипломатическим путем...»[36] Следует заметить, что так называемые дипломатические вопросы Россия и Турция решали путем координации своих действий в Армении. Так, из зашифрованной телеграммы Сталина в Москву узнаем, что **«для связи с турками Россия отправила в Турцию специальную радиостанцию»**[37]. Более того, Россия снабжала Турцию оружием и боеприпасами. Телеграмма Сталина членам Политбюро — яркое свидетельство тому:

«...Дабы поддержать левое крыло кемалистов предлагаю теперь же начать погрузку оружием присланного турками в Новороссийск парохода, о чем сообщить туркам через Мдивани*»[38].

Кстати, предложение Сталина об отгрузке оружия нельзя рассматривать лишь как его инициативу: в соответствии с соглашением от 24 августа 1920 года правительство РСФСР обязывалось оказывать военную помощь Турции. И как только первая партия российского оружия поступила в Турцию, она незамедлительно напала на Армению. Справедливости ради надо сказать, что, когда турки совместно с большевиками готовили агрессию против беззащитной Армении, правительство Великобритании оказало ей, пусть небольшую, военную помощь: в июне и июле 1920 года оно отправило в Армению 25 тысяч винтовок и 40 тысяч комплектов обмундирования[39].

Начавшаяся в сентябре 1920 года война между Турцией и Арменией** до основания подорвала и без того слабое военно-экономическое положение последней.

И еще одно любопытное свидетельство. В семейном архиве В.А.Трифонова, члена РВС Кавказского фронта, сохранилась копия секретной записки, полученной им от Орджоникидзе в период войны Турции с Арменией. Текст ее приводит в своей документальной повести «Отблеск костра» сын комиссара, писатель Юрий Трифонов: «...В связи с наступлением Кемаля на Армению вероятнее всего, что нам придется вмешаться для спасения Армении и придется советизировать, для чего понадобится главным образом кавалерия».

На всякий случай 30 ноября, из глухой деревни — Дилижана (с целью «дипломатического прикрытия») Ревком Армении направил (?) Ленину телеграмму, в которой, в частности, говорилось, что Ревком

---

* Представитель большевистского правительства по особым поручениям в Закавказье.
** 23 сентября турецкие войска без объявления войны вторглись в пределы Армении.

объявил «Армению Социалистической Советской Республикой» и что он «в полной надежде, что освободительница угнетенных народов Востока — героическая Красная Армия великой социалистической России — окажет нам реальную помощь в нашей трудной борьбе»[40]. Так на практике осуществлялась принятая III Всероссийским съездом Советов «Декларация прав трудящегося и эксплуатируемого народа», в которой приветствовалась политика Совета Народных Комиссаров под руководством Ленина, «объявившего свободу самоопределения Армении»[41].

В заключение, на мой взгляд, целесообразно привести еще один важный документ, раскрывающий омерзительную политику большевистского правительства в отношении Армении. Это телеграмма Орджоникидзе в Москву от 2 декабря 1920 года:

«...Надя передай Ленину и Сталину следующ. Только что получено сообщение из Еривани от Леграна, что в Еривани провозглашена Сов. власть. Старое правит(ельст)во отстранено, вся власть временно до прибытия Ревкома передана военному командованию во главе с Дро*. Военным комиссаром Армении назначен Силин, войскам отдан приказ о передаче их в распоряжение Ревкома. Ревком в настоящее время (в) Дилижане. Завтра утром поедет в Еривань. Ревком получил приветственную телеграмму от Карабекира**. Кязим... вместе с ревкомом в Дилижане, который завтра будет почетным караулом Ревкома на пути в Еривань, в связи с этим надо по-моему разрешить следующее:

1) Разрешить нам официально согласно приглашения ревкома ввести красноармейские части в Армению.

2) Необходимо сегодня же получить ответную телеграмму Ленина на имя Ревкома.

Прибывший сегодня из Александрополя тов. сообщает, что среди кемалистских войск настроение в высшей степени дружественное к нам. Войска носят крас(ные) значки и считают (себя) красно(армей)цами. Среди них циркулирует слух, что идут на Тифлис для соединения с большевиками.

Азербайджан вчера уже декларировал отказ в пользу Сов. Армении Нахичевана, Зангезура и Нагорного Карабаха. Все. Ответ сейчас же.

Орджоникидзе»[42] (выделено мной. — *А.А.*).

На эту телеграмму Сталин дал краткий ответ:

«Ленин в отъезде. Ответ получишь завтра днем. Теперь я вижу, что ты догадался. Сталин»[43].

---

* Дро (Д.Кананян) — армянский патриотически настроенный генерал.
** Карабекир-Кязим-паша — командующий турецкими войсками на Восточном фронте.

Напрашивается вопрос: о чем же догадался Орджоникидзе? Ведь Ленин и Сталин в спорном территориальном вопросе между Азербайджаном и Арменией советовали поддержать «Азербайджан с Турцией». А вот в чем. Хитроумный, но коварный замысел Ленина и Сталина заключался в том, чтобы на первом этапе указанные выше три области, по тактическим соображениям, временно передать Армении и, пользуясь эйфорией армянского народа и его поддержкой, свергнуть дашнакское правительство. А когда в Республике окрепнет большевистская власть, пересмотреть ранее вынесенное решение, придерживаясь стратегической линии, направленной на тесное содружество с Турцией.

Этот документ срывает маску с лица большевистских лидеров: оккупировав Армению, они задним числом оформляют документы, «свидетельствующие», что ввод в Армению частей 11-й армии был произведен по приглашению Ревкома.

Многочисленные факты, содержавшиеся в приведенных выше документах, наглядно и убедительно доказывают, что аннексия Армении осуществлялась на основе бесспорно существовавшего соглашения о совместных действиях большевиков и кемалистов. Сдается мне, что тайный сговор между большевистским вождем Владимиром Ульяновым и главой националистического турецкого правительства Мустафой Кемалем о территориальном разделе Республики Армении в 1920 году, спустя 20 лет (в 1939 г.), был использован в качестве методического пособия при разработке и заключении зловещего пакта Риббентропа — Молотова.

Тучи нависли над последним суверенным демократическим государством Кавказа — Грузией, с которой РСФСР 7 мая 1920 года в Москве подписала мирный договор, состоящий из 16 статей. Две из них представляют особый интерес.

«Статья 1. Исходя из провозглашенного Российской Советской Федеративной Социалистической Республикой права всех народов на свободное самоопределение вплоть до полного отделения от государства, в состав которого они входят, **Россия безоговорочно признает независимость и самостоятельность грузинского государства и отказывается добровольно от всяких суверенных прав, кои принадлежали в России в отношении к Грузинскому народу и земле.**

Статья II. Исходя из провозглашенных в предшествующей статье 1-й настоящего договора принципов, **Россия обязуется отказаться от всякого вмешательства во внутренние дела Грузии**»[44].

Однако этот договор был подписан правительством РСФСР, чтобы усыпить бдительность правительства Грузии. Еще 25 апреля, в день вторжения частей 11-й армии на территорию Азербайджана, Орджоникидзе направил Ленину телеграмму, в которой, в частности, сообщалось, что в Грузии «настроение всюду за нас, ждут прихода советских войск»[45]. Ленин не отреагировал на это сообщение по причине, о которой будет сказано ниже.

После вторжения советских войск в пределы Азербайджана и захвата Баку, командование нацелило правый фланг 11-й армии на Грузию. Овладев железной дорогой Баку — Батум и шоссейными дорогами севернее от нее, части 11-й армии, включая бронепоезда, стремительно двинулись в направлении Ганджа — Акстафа — Тифлис. А часть войск, включая 18-ю кавдивизию, получила приказ двигаться в направлении Шеки — Закаталы — Лагодехи. Воодушевленное успехами 11-й армии в Азербайджане, где оно не встречало сколько-нибудь серьезного сопротивления, командование Кавказским фронтом дало указание Левандовскому вторгнуться на территорию Грузии, что и было сделано в начале мая 1920 года. 3 мая Орджоникидзе направил телеграмму Ленину, в которой сообщал, что «не позднее 15 мая он надеется быть в Тифлисе»[46]. На следующий день Ленин получил вторую телеграмму, в которой Орджоникидзе сообщал о возможном занятии Тифлиса 12 мая[47]. В тот же день Политбюро ЦК РКП(б), обсудив телеграммы Орджоникидзе, «постановило немедленно послать телеграмму с запрещением «самоопределять Грузию». «ЦК обязывает Вас, — говорилось в телеграмме, — отвести части из пределов Грузии к границе и воздержаться от наступления на Грузию»[48]. Подписывая и направляя эту телеграмму, Ленин руководствовался далеко идущим планом, о котором Орджоникидзе и Киров, как мне представляется, не знали. Этот план заключался в том, чтобы взять Грузию в железные клещи со всех сторон. Его можно было реализовать лишь после захвата Армении, прохода 9-й армии вдоль Черноморского побережья и проникновения в Грузию через Военно-Грузинскую и Военно-Осетинскую дороги войск Терской области. Нельзя было не считаться и с наличием в Грузии английских войск.

Разобравшись с замечаниями ЦК РКП(б) и проанализировав реальную обстановку на Кавказе, Орджоникидзе и Киров 7 мая направили Ленину телеграмму, в которой говорилось: «Ваше приказание будет исполнено с точностью...»[49] В тот же день в Москве между Грузией и Советской Россией, как уже известно, был подписан мирный договор. 13 июня был подписан также договор между Грузией и Азербайджаном. Однако правительства РСФСР и Советского Азербайджана не собирались выполнять свои обязательства.

Вплоть до января 1921 года командование 11-й армии было занято вопросом дележа территории Армении и ее советизации. Но одновременно шла подготовка войск для вторжения в Грузию. 27 января 1921 года Сталин направил Орджоникидзе в Баку зашифрованную телеграмму:

«...Цека принял решение вести подготовительную работу в предположении, что может понадобиться **военное вмешательство и оккупация Грузии.** Решено также послать Кавфронту запрос о состоянии наших военных сил и о том, сколько еще понадобится сил для того, чтобы наверняка победить Грузию, ибо Троцкий уверяет, что мы на нашем фронте крайне слабы. Сообщи, на мое имя обязательно, можем ли рассчитывать на решительную победу при наличном количестве сил. Если придется начать, то после подписания договора с Англией, которое состоится приблизительно через один-два месяца. Я и Ильич ждем точного, непреувеличенного сообщения от тебя. № 1225.

Сталин»[50].

После обмена телеграммами между Сталиным и Орджоникидзе, части 11-й армии без объявления войны небольшими силами стали вторгаться в пределы Грузии. Об этом Орджоникидзе информировал Москву. Понятно, что действия российских войск могли быть расценены грузинским правительством как агрессия. Ночью 3 февраля Сталин по прямому проводу передал Орджоникидзе записку-инструктаж: «Тов-щу Орджоникидзе. **Частичный ввод войск, проводимый с большой осторожностью, разрешаем. Ввод войск должен быть произведен по распоряжению фронта или армии и от имени фронта или армии, но не от имени правительства. Соблюдай большую осторожность.** Авантюристам волю не давай. Втягиваться нам в войну нельзя. Подумай о материальном обеспечении Армении, направь туда побольше коммунистов. О ходе дел сообщай ежедневно и обязательно. Мы думаем, что ты не должен отлучаться ни на один день. Момент очень важный и твое присутствие в Баку необходимо. О проводе обмундирования, а также об Элиаве* сообщу завтра. По поручению Политбюро ЦК Сталин»[51]. А вот ответ Орджоникидзе Сталину:

«Понял. Все будет сделано. Сегодня ночью выезжают в район Казаха и дальше тов. Михайлов** и Геккер***. Что ты на это скажешь? Связи я с ними не потеряю, а на месте они ориентируются. Гоните всех коммунистов-армян из Москвы и других городов России.

Орджоникидзе»[52].

В начале февраля 1921 года удобный момент для вторжения в Грузию большими силами наступил. К этому времени Грузия была взята в кольцо частями Красной Армии с семи направлений. По свидетельству бывшего начальника штабов Кавказского фронта и Отдельной Кавказской армии С.А.Пугачева, военные действия по овладению Тифлисом начались частями 11-й армии 10—11 февраля 1921 года. Он также признал, что в армиях Кавказского фронта насчитывалось более 14 тысяч человек из числа австро-венгерских, немецких и турецких военноплен-

---

* Элиава Ш.З. — большевик, член РВС Восточного и Туркестанского фронтов. После аннексии Грузии, нарком военно-морского флота.
** Личность не установлена.
*** Командующий 11-й армии.

ных[53]. Позже, 14 и 15 февраля, когда бои фактически шли на территории Грузинской республики, были получены две телеграммы от Ленина, в которых давалось разрешение РВС 11-й армии на занятие Тифлиса, подчеркивалось, что «мы ожидаем от РВС 11 энергичных и быстрых действий, не останавливающихся перед взятием Тифлиса»[54]. Эти сведения подтвердил в беседе с автором современник тех событий А.Г.Мискин[55]. Он утверждал, что за Триалетским хребтом 9—10 февраля уже шли бои между вооруженными отрядами Республики и частями 11-й армии и что последние, по свидетельству раненых грузинских ополченцев, потерпев неудачу, вынуждены были отступить к Цалке. Со стороны же Гянджи части 11-й армии имели успех.

К середине второй декады февраля части 11-й армии уже находились на подступах к грузинской столице. 15 февраля в 16 часов Сталин отправил Орджоникидзе коротенькую зашифрованную записку: «Сейчас передан шифрованный ответ Цека, а пока предлагаю **ехлаве ...аиге калаки***! Сталин»[56]. Приказ Сталина подстегнул командование 11-й армии: оккупационные войска перешли к решительным действиям. При поддержке бронепоездов они 16 февраля заняли Пойлы, а 18-го — Сандары, находящиеся в 48 верстах к югу от Тифлиса. 16 же февраля, когда часть территории Грузии уже была оккупирована, в Шулаверах (южнее Марнеули)** образовался ревком Грузии в составе М.Цхакая, Г.Елисабедашвили и некого Аракела. По примеру Азербайджана и Армении он также направил телеграмму Ленину, в которой, в частности, говорилось: «Мы уверены, что страна не только Великой пролетарской революции, но и великих материальных возможностей не оставит нас в неравной борьбе и придет на помощь новорожденной Социалистической Советской Республике Грузии»[57].

Во всех этих событиях определенно просматривается предательская роль Сталина и Орджоникидзе. Последний из кожи лез, чтобы выглядеть перед Москвой настоящим большевиком-ленинцем. В сообщении по прямому проводу Сталину 17 февраля он докладывал: «...Трудящиеся Грузии, измученные голодом и насилиями грузинского правительства, восстали против бесшабашного пира буржуазии, царившего в их стране, и мощной лавиной двинулись в Тифлис, чтобы свергнуть насильников и эксплуататоров и установить там рабоче-крестьянскую власть. Красные повстанцы Грузии обратились за помощью к братской им Красной Армии, которая не замедлила откликнуться на их призыв...»[58]

Еще большей ложью пронизан доклад Сталина «Об очередных задачах партии в национальном вопросе», сделанный на X съезде РКП(б) 10 марта. В нем он, в частности, говорил, что «Турция... под-

---

* На грузинском языке: «сейчас же возьми город!» (Имеется в виду столица Грузии Тифлис. — *А.А.*).
** Фактически на территории, уже оккупированной большевиками.

няла знамя борьбы и сплотила вокруг себя народы Востока против империализма»[59]. В то время, когда Сталин произносил восторженные речи в адрес Турции, войска последней, вероломно вторгнувшись в пределы Грузии, находились уже в предместьях Батума. Но это Сталина не волновало, равно как и то, что на его родине большевики с помощью наемных убийц уничтожают суверенную демократическую республику. И чего стоил его доклад по национальному вопросу, коль в нем он и словом не обмолвился об истекающей кровью грузинской нации.

Итак, грубо нарушив мирный договор, Советская Россия начала вероломное вторжение в пределы суверенной Грузии.

Судя по фактам, первая попытка 11-й армии овладеть Тифлисом захлебнулась. 18 февраля последовала директива командования Кавказского фронта армиям (№ 28/кф) за подписью В.Гиттиса (сменившего Тухачевского) и члена РВС В.Трифонова: «А.Командарму 11:1) По овладению Тифлисом быстрым выдвижением вперед занять Гори, Сурам и Боржом, выслать конную разведку на Ахалкалаки, **коей войти в связь с турецкими частями у границы Грузии;** отдельным отрядом занять Душет в целях содействия совместно выдвигаемыми из Теробласти нашими частями восстанию и организацией Советской власти в Северной части Грузии. 2) Немедленно по... восстановлении железнодорожного движения через Пойлинский мост, перебросить несколько бронепоездов, направив в первую очередь один бронепоезд с отрядом с целью занятия Батума. 3) Учитывая значительное расширение района действий армии и углубление большей части сил в пределах Грузии, обеспечивать тыл занятием гарнизонами наиболее важных пунктов — Шуша, Ганджа, Сигнах, Телав и других»[60]. Далее ставилась задача Комвойск Теробласти: «Восстановить взорванный грузинами Дарьяльский мост на Военно-Грузинской дороге и быстро выдвинуть по этой дороге отряд... имея задачей войти в связь с частями 11 армии севернее Тифлиса... По сосредоточении 98 бригады у ст. Даргкох направить ее по Военно-Осетинской дороге вслед за Сводным осетинским батальоном, имея целью занятие Кутаиса»[61]. Днем раньше, директивой (№ 23/кф), командующему 9-й армии предписывалось «немедленно перейти из районов Сочи — Адлер в наступление, имея ближайшей задачей разбить противника... овладеть районом Гагры, развивая в дальнейшем наступление в целях создания угрозы поднять повстанческое движение Абхазии...»[62]

В боевых действиях должны были участвовать, кроме бронепоездов, также танки и авиация. Однако и после организационно-тактических мер, принятых командованием Кавказского фронта, войсковые части, нацеленные на захват Тифлиса, успеха не имели. Более того, на подступах к Тифлису на разных направлениях они терпели поражение от правительственных войск, состоящих из офицерских и юнкерских частей и «Народной гвардии». В приказе командующего Кавказским фронтом от 21 февраля (№ 31/кф) в этой связи подчеркивалось, что «во время попыток захвата Тифлиса потерпела поражение 26-я бригада на правом фланге, 96-я бригада была разбита на левом фланге»[63]. О поражении частей 11-й армии сообщала 27 февраля 1921 года и газета «Руль». Отход потерпевших поражение красных частей прикрывал венгерский батальон, сформированный из военнопленных Австро-Венгерской армии.

Должен отметить, что газета «Руль» в целом правильно освещала события на Кавказе, но все же кое-что следует уточнить. Венгерский батальон действительно участвовал в боях за захват Грузии зимой 1921 года, но он состоял из курсантов-венгров Бакинской школы старших командиров. Это были те самые венгры, которые после их подавления у себя на родине, как узурпаторов власти, вместе с Бела Куном бежали из Венгрии.

Командованию 11-й армии пришлось срочно подтянуть для захвата Тифлиса резервы. В частности, в Коджори была стянута 12-я кавдивизия[64]. 18-я кавдивизия подходила к Сартачале, были брошены части и из-под Караяз[65]. Пользуясь большим превосходством в численности и вооружении, части 11-й армии 19 февраля заняли Коджори, а 22-го — Сартачалы и Вазиани. Упорные бои разгорелись на подступах к Тифлису 23 февраля. Кульминационным моментом стало 24 февраля, когда сопротивление защитников столицы Грузии было сломлено. 25 февраля в 12 час. 30 мин. командование фронта в донесении главкому сообщало: «Решительная операция, начавшаяся с утра 25 февраля, закончилась сегодня утром взятием Тифлиса. Подробности выясняются. Есть сведения, что правительство эвакуировано в Кутаис»[66]. Кремлевский диктатор ликовал.

Покидая столицу, глава Грузинского государства Н.Жордания написал обращение:

«НАРОДАМ ЕВРОПЫ.

Советское правительство России сорвало, наконец, свою социалистическую маску и открыло лицо беспощадного завоевателя. Оно бросило свои полки против Грузии, сначала со стороны Армении и Азербайджана, потом, 19 февраля, с севера, со стороны России, оно сделало это без всякого предлога, без объявления войны, без всякого предупреждения.

Советское правительство использовало националистические страсти армянского и русского населения, чтоб бросить эти народы на Грузию.

В этой войне большевики базируются не на различиях интересов, существующих между разными классами, как они возвещают повсюду, но на национальных различиях, на примитивных расовых инстинктах.

Подвергшаяся со всех сторон нападению маленькая демократическая Грузия, без всякой помощи извне, ведет войну на четырех фронтах: со стороны Армении, со стороны Азейрбайджана и со стороны России, по побережью Черного моря и в направлении Владикавказа. В то же время правительство Ангоры *, пользуясь нашим тяжелым положением, захватило две наши провинции, пограничные с Турцией — провинции Ардагена и Артвина.

С единодушным энтузиазмом, редким в истории, весь грузинский народ поднялся, как один человек, чтоб отбросить большевиков. В несколько дней вся страна превратилась в военный лагерь. Рабочий класс стал во главе обороны. Заводы и фабрики опустели. Пролетариат с красными знаменами двинулся на фронт. В боях, продолжавшихся с 11-го по ночь 24 февраля и закончившихся сражениями под стенами Тифлиса, противник потерпел большое поражение. Наступавшие потеряли больше 4000 пленными, много пушек, пулеметов и вооружения, но после этого поражения противник, подкрепленный своими дивизиями, бросил против нас все технические средства, которыми он располагал, включая блиндированные поезда и танки. Отбив все эти атаки, мы решили эвакуировать Тифлис, чтоб сохранить наши живые силы. Армия и все военные материалы были эвакуированы в полном порядке. Мы приготовляемся к защите на новой стратегической линии. Все население Тифлиса, так же как пролетариат, сражающийся на фронте, покинуло город вместе с войсками. Бывшие чиновники царского режима торжествуют, составлены длинные проскрипционные списки. Грузинский народ полон готовности сражаться с московским варварством, но он один в этой борьбе.

Мы обращаем на это преступление большевиков против Грузии особое внимание тех, кто в Европе имеет симпатии к нам. На глазах цивилизованных народов красные империалисты уничтожают наиболее демократическое государство, когда-либо бывшее в мире, государство, управляемое социалистами. Это столкновение двух принципов: большевизма и социализма. Большевистские методы применяются в России, в то время как мы, в Грузии, осуществляли методы социализма. В настоящее время большевики хотят разрешить спор между двумя методами грубой силой пушек и штыков. Гибель Грузии будет ударом не только по грузинскому народу, но всему социализму. Только единодушное и энергичное вмешательство рабочего класса и демократии всей Европы может положить конец московскому варварству.

Грузинская демократия потеряла в это войне много своих лучших сынов, но это нас не обескураживает. Мы продолжаем эту неравную борьбу с удвоенной энергией. Мы истекаем кровью, защищая великие принципы человечества, но мы надеемся, что европейская демократия окажет нам помощь и моральную поддержку, и, уверенные в этой помощи и в этой поддержке, мы решительно идем к свободе или к смерти.

Жордания.
Председатель правительства Грузии.
Февраль 1921 года»[67].

---

* Так называли в то время столицу Турции Анкару.

27 февраля, преследуя отступающие правительственные войска, кавалерийские части захватили бывшую столицу Грузии Мцхету, а 2 марта пал город Гори.

К началу марта части 9-й армии уже были на подступах к Сухуми. 4 марта командование фронта шифром (№ 4949/с 502/ш) отдало приказ: «По овладении районом Сухум — Кале развить дальнейшее наступление по побережью с целью выхода на Поти — Ново — Сенаки, где установить связь с войсками Теробласти и 11-й армии, действующими в Кутаисском направлении»[68]. Как тут не вспомнить фальшивку в «Истории СССР», где говорится, что «после освобождения Тифлиса Красная Армия и отряды повстанцев двинулись **на север** (?), на помощь восставшему народу. Ими были освобождены Гагра, Гудаута, Сухуми»[69].

С оставлением Тифлиса сопротивление правительственных войск заметно ослабело. Не хватало боеприпасов и людей, да и моральное состояние войск было уже не таким, как в начале войны. Силы сторон были явно неравными. 8 марта части 11-й армии заняли Хашури, Боржоми, Ахалцих. 9 марта обороняющиеся правительственные части были вынуждены оставить Зугдиди, а 10 марта — Кутаис и Квирили (Зестафони). 14 марта части 9-й армии вступили в портовый город Поти. Захватом Батуми 18 марта завершилась полная аннексия Грузинской Республики. Начались массовые репрессии.

После аннексии Грузии большевики выслали в Берлин 62 политических деятеля[70].

Позже, по свидетельству очевидцев, из Грузии было депортировано за границу и в глухие районы России значительное число интеллигенции. Эти факты привели в беседе с автором жители г. Тбилиси **А.Е.Сагарян, Г.Н.Авоян, С.С.Самхадзе, Р.И.Шаумов, А.А.Ашимли, А.Г.Мискин, А.Н.Бондаренко, М.Г.Цителаури, О.С.Согомонов, С.Г.Мурадов**. Они рассказывали также о зверствах большевиков в Грузии, особенно в Тбилиси.

Аннексировав Кавказ, Ленин незамедлительно стал прибирать к рукам его национальные богатства. В первую очередь оккупанты начали вывозить золото. Грабежу подверглись также природные богатства региона. Из Азербайджана полным ходом стали вывозить нефть, из Армении — скот, из Грузии — марганец и другие ископаемые. Так, уже 30 марта 1921 года, то есть вскоре после полной аннексии Грузии, Ленин шифром отправляет телеграмму в Тифлис, в которой от имени Политбюро требует «изо всех сил постараться возобновить старые концессии, как можно скорее и всячески постараться заключить новые...»[71]. 5 апреля он вновь телеграфирует Орджоникидзе, подчеркивая, что концессии на ткварчельские и чиатурские копи имеют «гигантское значение и для Грузии и для России, ибо концессии, особенно с Италией и Германией, необходимы безусловно, как и товарообмен за нефть, в большем масштабе с этими странами, а потом и с другими»[72].

Эти факты со всей очевидностью показывают, что Ленин был не только душителем свободы народов России, но и алчным колонизатором большевистского образца.

Чтобы у читателя не осталось хоть капли сомнения, что в отношении Закавказских и других республик со стороны большевистского правительства России была допущена прямая агрессия, обратимся за разъяснением к В.И.Ленину, санкционировавшему эту военно-политическую акцию:

«Под аннексией или захватом чужих земель правительство понимает, сообразно правовому сознанию демократии вообще и трудящихся классов в особенности, всякое присоединение к большому или сильному государству малой или слабой народности без точно, ясно и добровольно выраженного согласия и желания этой народности, независимо от того, когда это насильственное присоединение совершено, независимо также от того, насколько развитой или отсталой является насильственно присоединяемая или насильственно удерживаемая в границах данного государства нация. Независимо, наконец, от того, в Европе или в далеких заокеанских странах эта нация живет. Если какая бы то ни было нация удерживается в границах данного государства насилием, если ей, вопреки выраженному с ее стороны желанию — все равно, выражено ли это желание в печати, в народных собраниях, в решениях партий или возмущениях и восстаниях против национального гнета, — не предоставляется права свободным голосованием, при полном выводе войска присоединяющей или вообще более сильной нации, решить без малейшего принуждения вопрос о формах государственного существования этой нации, то присоединение ее является аннексией, т. е. захватом и насилием»[73].

Думается, что такое разъяснение в комментариях не нуждается.

Так, ценой огромных людских и материальных жертв, впервые в истории человечества создавалось государство цивилизованного рабства, основой которого, по замыслу Ленина, должен был быть жесточайший порядок — **«беспрекословное подчинение единой воле... беспрекословное повиновение воле одного лица... беспрекословное повиновение воле советского руководителя, диктатора»**[74].

ГЛАВА 16

ПСЕВДОТЕОРЕТИК, ИЛИ «КРЕМЛЕВСКИЙ МЕЧТАТЕЛЬ»

*Каждый хочет быть умным, а тот, кто
не может быть им, почти всегда хитер.*
Самюэл Джонсон

За три десятилетия политической, литературной и публицистической деятельности Ленин сочинил множество работ. В них он затрагивает различные аспекты социальной, политической и экономической жизни общества и перспективы его развития, критически анализирует сочинения философов, историков, экономистов, социологов, литераторов и прочих деятелей умственного труда, делает попытку развить учения основоположников так называемого научного коммунизма.

При жизни сочинения Ленина не принесли ему желаемого успеха. Более того, большинство его работ до октября 1917 года не были опубликованы. А те, которые увидели свет, были подвергнуты жесточайшей критике со стороны видных и авторитетных русских и европейских ученых и публицистов.

Ленин умер, так и не получив признания как теоретик со стороны научной общественности. Лишь после его смерти коммунистические идеологи приступили к широкой пропаганде трудов своего «вождя и учителя», целенаправленной работе по обожествлению его личности. И должен заметить, что эта работа проводилась небезуспешно, и в этом большая заслуга Сталина.

В советской историографии имя Ленина без возвышенных эпитетов не упоминается: «гений человечества», «гениальный мыслитель и революционер», «великий продолжатель революционного учения К.Маркса и Ф.Энгельса», «блестящий стратег и тактик», «непревзойденный диалектик», «великий полководец», «архитектор и строитель величественного здания социализма»... Этот перечень можно продолжить. Однако пришла пора беспристрастно рассмотреть и проанализировать труды «гениального теоретика и великого зодчего социализма» и выявить гносеологические корни его «учения».

Прежде всего следует разобраться в главном: что такое марксизм-ленинизм, какова его сущность? Апологеты этого «нового завета» утверждают, что он — научная система философских, экономических и социально-политических взглядов, составляющих мировоззрение рабочего класса, наука о познании и революционном преобразовании мира, о законах развития общества, природы и человеческого мышления, о законах революционной борьбы рабочего класса, трудящихся за свержение капитализма, построение социалистического и коммунистического общества...

Можно ли согласиться с таким разъяснением?

Марксизм-ленинизм нельзя признать наукой прежде всего потому, что он в корне противоречит именно законам экономического развития мировой цивилизации, предполагающим стихийное саморазвитие и самосовершенствование. Сегодня очевидно — всякая попытка насильственным путем изменить общественно-экономическую систему чревата непредсказуемыми последствиями. А поскольку марксизм-ленинизм противопоставляет насилие естественному общественному развитию, деспотическое государство — демократическому, диктатуру — свободе и демократии, принудительный труд — свободному труду, плановую социалистическую экономику — рыночной, то все теоретические «обоснования» следует отнести к лженауке, имеющей антиобщественное реакционное содержание.

На протяжении всей истории общество в своем экономическом развитии двигалось вперед эмпирическим путем. Причем когда оно переходило от одного способа производства к другому (более развитому), то никакими теоретическими разработками, насколько известно, не пользовалось. Смешно даже допустить мысль, что кем-то когда-то были получены патенты на разработку модели рабовладельческой, феодальной или капиталистической общественно-экономических формаций. И лишь в середине XIX века нашлись эпигоны вроде К.Маркса и Ф.Энгельса, у которых зародилась идея превратить утопический социализм в реальный коммунизм. Почти 150 лет назад они записали в «Манифесте Коммунистической партии»: «Призрак бродит по Европе — призрак коммунизма». Так заявить могли лишь люди, страдающие галлюцинациями. И тем не менее многие в Европе были возбуждены этим лозунгом. Поверив призракам, доморощенные марксисты стали утверждать, будто русская почва наиболее благодатна для осуществления идей «научного коммунизма».

Но даже вопреки утопическим предсказаниям Энгельса о том, что «пролетариат берет государственную власть и превращает средства производства прежде всего в государственную собственность»[1], власть в России захватила кучка заговорщиков. Правда, после переворота все средства производства стали превращаться в государственную собствен-

Банда

ность. Но от этого пролетариату легче не стало, поскольку распоряжалась ею все та же «команда». И хотя постановлением СНК от 29 октября 1917 года рабочий день был ограничен 8-ю часами, эксплуатация трудящихся усилилась. За единицу времени большевики выжимали с рабочего гораздо больше, чем это делали предприниматели до октября 1917-го. Заметно возрастала и доля неоплачиваемого труда. (Рабочий так называемого «социалистического» государства получал зарплату в 6—8 раз меньшую, чем рабочий цивилизованных стран, именуемых «капиталистическими».)

Но вернемся, однако, к «гениальному теоретику». Какие, собственно, труды Ленина обогатили мировую науку?

Идеологи марксизма-ленинизма на протяжении всех лет советской власти широко пропагандировали сочинения вождя. Что же касается их объективного анализа, то его просто невозможно было провести. Это чревато было бы последствиями.

Для начала отметим, что первые работы Ленина «Новые хозяйственные движения в крестьянской жизни» и «По поводу так называемого вопроса о рынках», написанные в 1893 году, пролежали неопубликованными соответственно 25 и 44 года. Правда, первую работу он отправил в «Русскую мысль», но редакция не сочла нужным даже опубликовать ее. Эти работы не представляли особого интереса даже для ортодоксальных марксистов. Они выделяли прежде всего работы «Что такое «друзья народа» и как они воюют против социал-демократов?» и «Развитие капитализма в России». Первая была написана в 1894 году, вторая —1899-м. На первую работу научная общественность не отреагировала, поскольку она была отпечатана на гектографе небольшим тиражом и не получила широкого распространения. Что касается второй, то спустя несколько месяцев после ее опубликования в печати появилось несколько разгромных рецензий. Заметим, что среди оппонентов были не только представители «господствующего класса», но и марксисты.

Так, например, известный экономист и статистик П.Н.Скворцов в статье «Товарный фетишизм», опубликованной в «Научном Обозрении», подверг уничтожающей критике книгу Ленина «развитие капитализма в России», убедительно показал компиляционное содержание работы и указал на грубые, глубоко ошибочные, антинаучные выводы и обобщения ее автора. Он со всей откровенностью заявил, что **«для изображения процесса** (развития. — *А.А.*) **в целом необходимо свое понимание капиталистического способа производства»**, а **«не ограничиваться» чужими мыслями и выводами.** Скворцов обвинил своего оппонента также в тенденциозности и дилетантстве в вопросе подбора, обработки и анализа источников, в **«непонимании»** марсовой теории капитализма вообще, и теории реализации в частности[2]. Отметим также, что этот труд советская историческая наука восприняла как неоспоримую истину, как исследование, не подлежащее критике.

Отсюда и единодушная общая оценка: «величайшее достижение научной мысли», «творческое развитие марксистского учения» и т. д. и т. п.

Между тем в указанной работе имеется ряд абсурдных положений и неточностей. Так, например, в своих выводах о значении капитализма в русском земледелии Ленин пишет: «До капитализма земледелие было в России господским делом, барской затеей для одних, обязанностью, тяглом — для других, поэтому оно не могло вестись иначе, как по вековой рутине, необходимо обусловливая полную оторванность земледельца от всего того, что делалось на свете за пределами его деревни»[3]. Перечитывая эти строки, трудно поверить, что они принадлежат Ленину. У него получается, что феодальный способ производства в земледелии — не результат исторического развития общественных отношений, не ступень в общественном развитии, характеризующаяся определенным единством производственных сил, отношений и соответствующей надстройкой, а — всего лишь «господское дело, барская затея».

Подобными абсурдными выводами насыщены все, без исключения, главы названной книги. Главный же вывод автор выдает читателям в заключительной части своего труда («Миссия» капитализма). В ней он назойливо и категорично навязывает мысль воспринимать общественно-политический строй в России **«с полным признанием отрицательных и мрачных сторон капитализма, с полным признанием неизбежно свойственных капитализму глубоких и всесторонних общественных противоречий, вскрывающих исторически преходящий характер этого экономического режима»**[4] (выделено мной. — *А.А.*).

И эту, с позволения сказать, «мысль» идеологи марксизма-ленинизма рекламируют как часть теории научного коммунизма!

Лаконичная, но высокая оценка этих работ содержится и в докладе (на торжественном заседании 21 апреля 1970 года), посвященном столетию со дня рождения Ленина: «Опираясь на теорию марксизма, Ленин доказывает, что Россия развивается по тем же законам, как и любая капиталистическая страна. Этот вывод Ленин обосновывает в ряде «фундаментальных» исследований, в том числе в таких работах, как «Что такое «друзья народа» и как они воюют против социал-демократов?» и «Развитие капитализма в России»[5].

Но какой был смысл доказывать уже доказанное? Тем более Ленин сам считал: «Главный труд Маркса — «Капитал» посвящен изучению экономического строя современного, т. е. капиталистического, общества»[6]. Он также отметил, что «опыт всех капиталистических стран, как старых, так и новых (имея в виду Россию. — *А.А.*), показывает наглядно с каждым годом все большему и большему числу рабочих правильность этого учения Маркса»[7]. Однако о процессе создания внутреннего рынка и развития капитализма в России писал еще Энгельс в статье «Социализм и Германия»[8]. Так что в доказательстве, что Россия развивается по общим законам капитализма, была такая же необходимость, как, скажем, необходимость доказывать, что русские женщины рожают так же, как женщины во Франции или в Чаде.

В марте 1902 года в Штутгарте (Германия) вышла книга Ленина «Что делать? (Наболевшие вопросы нашего движения)». Забегая вперед, отметим: в предисловии к 6-му тому сочинений Ленина Институт марксизма-ленинизма при ЦК КПСС подчеркнул: «Книга «Что делать?» завершила идейный разгром «экономизма», который Ленин рассматривал как разновидность международного оппортунизма (бернштейнианства) на русской почве»[9].

Сколько лицемерия и лжи в этих строках! А правды и искренности ни на йоту. Попробуем показать, что это так.

17 июля 1903 года в Брюссель* (Бельгия) съехались 57 делегатов от 26 социал-демократических организаций с целью образования марксистской партии «нового типа». И что из этого получилось?

Во-первых, на этом форуме на почве идейно-политических и организационных разногласий вместо объединения социал-демократических комитетов и групп произошел раскол. Во-вторых, вместо единой марксистской партии, как это планировалось, из части делегатов (менее половины из общего числа присутствовавших на съезде) образовалось ядро экстремистской большевистской организации во главе с Лениным. Что же касается идейного разгрома «экономизма», то об этом и речи не могло быть, поскольку «экономизм» как течение в русском и европейском социал-демократическом движении находил большое понимание в рабочей среде и, думается, оно, это понимание, сохранилось и в наши дни.

А теперь немного о содержании самой книги. Опуская злобные и необоснованные нападки автора книги на журнал «Рабочее Дело», выступивший в поддержку сторонников свободы критики марксизма, экономической борьбы трудящихся, отбрасывая несостоятельную полемику «о соотношении сознательного и стихийного элементов рабочего движения», многочисленные демагогические рассуждения, агрессивные и бестактные выпады против инакомыслящих оппонентов, остановлюсь на периодизации истории русской социал-демократии, данной Лениным в своей книге.

По мнению автора, «история русской социал-демократии явственно распадается на три периода»: 1884—1894 гг., 1894—1898 гг., 1898—?»[10]. Представленная периодизация не выдерживает научной критики, поскольку ее хронологические рамки построены искусственно и тенденциозно, а содержание периодов не отвечает объективной истине. Так, по данной периодизации получается, что деятельность группы «Осво-

_____
* С 29 июля по 10 августа съезд продолжил свою работу в Лондоне.

бождение труда» (возникла осенью 1883 г.), в состав которой входили такие известные деятели русской социал-демократии, как Г.В.Плеханов, П.Б.Аксельрод, Л.Г.Дейч, В.И.Засулич, В.Н.Игнатов, не являлась социал-демократическим движением. А это в корне противоречит действительности.

Абсурдный вывод Ленин делает и по деятельности социал-демократов второго периода: «Большинство руководителей, — пишет он, — совсем молодые люди, далеко не достигшие того «тридцатипятилетнего возраста»... Благодаря своей молодости, они оказываются неподготовленными к практической работе и поразительно быстро сходят со сцены»[11].

Попробуем возразить автору. Во-первых, это не так, поскольку, как известно, приведенные выше и многие другие социал-демократы не только не сошли «со сцены», а, напротив, еще более активизировали свою деятельность. Иные (Потресов, Мартов, Троцкий, Зиновьев, Каменев, Сталин и др.), не достигшие даже тридцатилетнего возраста, занимали видное место в социал-демократическом движении. Во-вторых, если брать всерьез надуманный Лениным возрастной фактор в определении степени подготовленности того или иного социал-демократа «к практической работе», то получается, что и его самого нельзя было отнести к разряду подготовленных, поскольку к моменту написания книги «Что делать?» ему было всего лишь неполных 32 года. Не трудно заметить, что этот возрастной ценз понадобился Ленину для того, чтобы принизить роль социал-демократов второго периода и чохом убрать их с исторической «сцены», то есть из истории русской социал-демократии.

Мрачную оценку дает Ленин третьему периоду:

«Это — период разброда, распадения, шатания. В отрочестве бывает так, что голос у человека ломается. Вот и у русской социал-демократии этого периода стал ломаться голос, стал звучать фальшью, — с одной стороны, в произведениях г.г. Струве и Прокоповича, Булгакова и Бердяева, с другой стороны — у В.И.-на и Р.М., у Б. Кричевского и Мартынова»[12].

Так, одним росчерком пера Ленин решил очернить целую плеяду русских социал-демократов и ученых, стал оскорблять их грубыми насмешками и придирками. Откуда столько желчи и зла? Откуда такая зависть, недоброжелательность? Не потому ли Ленин дает нелестную оценку ученым и общественно-политическим деятелям «третьего периода», злобно обрушивается на них, что он в это время был не у дел, находясь в ссылке в Шушенском? Быть может, имеются другие причины, о которых мы не знаем?

Возомнив себя большим специалистом в области философии, политэкономии и других общественных наук, Ленин берется за повальную и огульную критику всех до единого трудов ученых. Взять, к примеру, работу С.Н.Прокоповича[13]. На эту книгу Ленин в конце 1899 года написал рецензию, но, к счастью, ни одно издание не взяло ее опубликовать*.

Внимательно изучая «Рецензию», читатель поймет, что это грубая, далекая от научного анализа, амбициозная стряпня. Например, в книге Ленин находит (?) серьезную теоретическую «ошибку», но вместе с тем, не осмеливаясь аргументированно показать «несостоятельность» выводов автора книги, он пишет: «Мы не можем, к сожалению, с достаточной обстоятельностью остановиться на разборе этой ошибки г. Прокоповича и должны отослать читателя к вышеупомянутой книге Каутского против Бернштейна...»[14] Зато Ленин с лихвой восполняет слабые стороны своей «рецензии» набором бестактных и некорректных слов: «слышал звон, да не понял, откуда он», «русский перепеватель», «страшный г. Прокопович!», «храбрый критик», «геркулесовы столпы», «молиться самоновейшему божку», «не жалея своего лба» и прочие пошлости. В заключительной части своей «рецензии» Ленин, очевидно, потеряв контроль за ходом своих мыслей, проливает свет на неприязнь к Прокоповичу: «Мы, конечно, не стали бы так долго заниматься подобным «исследованием», повторяющим известную песенку: «наше время не время широких задач», повторяющим проповедь «малых дел» и «отрадных явлений», если бы имя г. С.Прокоповича не было уже рекомендовано всей Европе, если бы «растерянность» не возводилась многими в наше время в какую-то заслугу, если бы не распространялась мода походя лягать «ортодоксию» и «догму»...»[15]

В книге множество сомнительных и ошибочных мыслей и высказываний. Например, Ленин считает, что «о самостоятельной, самими рабочими массами в ходе их движения вырабатываемой идеологии не может быть и речи...»[16] Думается, что в этом высказывании содержится мысль об интеллектуальной ограниченности рабочих, что в корне ошибочно. Автор книги «Что делать?» не учитывал способности рабочих (особенно одаренных) к самообразованию, саморазвитию, позволяющие им сочетать физический труд с умственным. Не менее ошибочен и такой тезис, где он говорит, что «стихийное развитие рабочего движения идет именно к подчинению его буржуазной идеологии...»[17].

Абсурдность этого тезиса совершенно очевидна. И все же стоит сделать одно замечание. Если бы все шло так, как пишет наш «теоретик», то вряд ли буржуазия стала бы подавлять и преследовать рабочее движение.

Завершая свой труд «Что делать?», Ленин выплескивает наружу всю свою реакционность и сгусток бредовых мыслей. Выражая твердую уверенность, что на смену третьего периода — «арьергарда оппортунизма» придет четвертый период, который «поведет к упрочению воинствующего марксизма», Ленин предлагает... вычеркнуть из истории де-

---

* Рецензия была опубликована лишь 29 лет спустя в 7-м томе Ленинского сборника в 1928 году.

ятельность социал-демократов третьего периода. Вот дословно, что он пишет: «В смысле призыва к такой «смене» и сводя вместе все изложенное выше, мы можем на вопрос: что делать? дать краткий ответ: Ликвидировать третий период»[18].

Несколько слов о том, как отнеслась научная общественность к книге Ленина «Что делать?».

Книга подверглась критическому анализу ученых уже вскоре после ее выхода в свет. Известный экономист и философ С.Н.Булгаков, прочитав ее, довольно лаконично и образно заметил: *«Ленин нечестно мыслит... До чего это духовно мелко! От некоторых страниц и несет революционным полицейским участком»*[19].

А видный ученый-экономист, профессор М.И.Туган-Барановский дал обобщающую характеристику Ленину, как ученому:

«Я не буду касаться Ленина как политика и организатора партии. Возможно, что здесь он весьма на своем месте, но экономист, теоретик, исследователь — он ничтожный»[20].

Невозможно что-либо добавить к сказанному.

С неменьшим энтузиазмом рекламировалось сочинение Ленина «Государство и революция»*, названное «гениальным трудом», «выдающимся произведением», «учением о диктатуре пролетариата», «программным документом пролетарской революции», «учением о социалистической демократии»...

Для начала сошлюсь на самого Ленина, который в предисловии к работе обозначает задачи: «Мы рассматриваем сначала учение Маркса и Энгельса о государстве, останавливаясь особенно подробно на забытых или подвергшихся оппортунистическому искажению сторонах этого учения. Мы разберем затем специально главного представителя этих искажений, Карла Каутского, наиболее известного вождя II Интернационала (1889—1914), который потерпел такое жалкое банкротство во

---

* В данном исследовании я сознательно опускаю и не рассматриваю работу Ленина «Материализм и эмпириокритицизм», и делаю это по двум причинам: во-первых, я не философ, а во-вторых, эта работа вскоре после ее издания (май, 1909 года) была основательно раскритикована специалистами. В журналах, газетах и отдельных брошюрах были опубликованы отрицательные рецензии А.Богданова, С.Булгакова, В.Базарова, Л.Аксельрод, П.Юшкевича и других авторов. Достаточно привести лаконичное резюме Л.Аксельрод: «Книга Л. (Ленина. — *А.А.*) никуда негодная»[21]. Кстати, за критические выступления против книги Богданов по инициативе Ленина был выведен из ЦК партии. Нападки на Богданова и критика его трудов особенно осуществлялись в советское время. Беспринципно приспосабливаясь к канонизированному сочинению Ленина «Материализм и эмпириокритицизм» и послушно выполняя сталинское руководящее указание в области философской науки, советские ученые создавали отрицательный образ одного из известных представителей философской мысли XX столетия — А.А.Богданова. Мне думается, настало время в корне пересмотреть общественно-политическую и научную биографию А.А.Богданова.

время настоящей войны. Мы подведем, наконец, главные итоги опыта русских революций 1905 и особенно 1917 года. Эта последняя, видимо, заканчивает в настоящее время (начало августа 1917 г.) первую полосу своего развития, но вся эта революция вообще может быть понята лишь как одно из звеньев в цепи социалистических пролетарских революций, вызываемых империалистической войной»[22].

Как видим, Ленин ставил перед собой три основные задачи, из которых последнюю (3-ю) — «опыт русских революций 1905 и 1917 годов» — сам же решил «отложить надолго...»[23].

Так что же содержится в этом сочинении? Прежде чем ответить на вопрос, следует сказать, что из всего объема работы пятую часть составляют цитаты из трудов Маркса, Энгельса, Каутского, Паннекука и других, взятые в кавычки. Так, в четвертой главе почти 40 процентов ее объема занимают тексты, взятые из чужих работ; примерно десятую часть представляет настоянная на сквернословии «вода» («герои гнилого мещанства», «пошлейший оппортунизм», «политическая проститутка» и т. п.); пятую часть текста Ленин отводит «критике» трудов Плеханова, Каутского, Шейдемана, Вандельвельда, анархистов и других представителей различных революционно-демократических партий и течений. Основную часть работы «Государство и революция» (около половины от всего объема) он посвящает изложению и пересказу общеизвестных работ Маркса и Энгельса. Так в чем же заключается «гениальность» сочинения? На этот вопрос ответить непросто. Во-первых, непросто потому, что в столь огромном количестве «воды», сквернословия, абстрактных рассуждений и цитат из чужих трудов читателю сложно найти собственные идеи и мысли автора. А находя их, недоумеваешь: как можно было охарактеризовать эту работу «выдающимся произведением», если в ней сплошь надуманные и абсурдные тезисы да глубоко ошибочные выводы. Для наглядности приведем одну цитату: «Чем демократичнее «государство», состоящее из вооруженных рабочих и являющееся «уже не государством в собственном смысле слова», тем быстрее начинает отмирать всякое государство»[24]. И самое интересное в размышлениях нашего «теоретика» то, что вплоть до полного отмирания государства одна часть общества (малая — вооруженные рабочие) будет продолжать осуществлять террор и насилие над его большей частью, при необходимости будет прибегать к быстрым и серьезным наказаниям «тунеядцев, баричей, мошенников и тому подобных «хранителей традиций капитализма» ... (ибо вооруженные рабочие — люди практической жизни, а не сентиментальные интеллигентики, и шутить они собой едва ли позволят)»[25]...

Как видим, в этих высказываниях научной теории нет.

А вот компиляции и псевдокритики здесь предостаточно. Так, например, приводится рассуждение Каутского: «В социалистическом обществе... могут существовать рядом друг с другом... самые различные формы предприятий: бюрократическое... тред-юнионистское, кооперативное, единоличное»²⁶. Далее следует замечание Ленина: «Это рассуждение ошибочно, представляя из себя шаг назад по сравнению с тем, что разъясняли в 70-х годах Маркс и Энгельс на примере уроков Коммуны»²⁷.

И это называется критикой? Кстати, Каутский-то оказался прав: в экономике СССР были представлены практически все формы собственности.

Каутский допускает политическую борьбу, целью которой остается «завоевание государственной власти посредством приобретения большинства в парламенте и превращение парламента в господина над правительством»²⁸.

Но Ленина этот способ не устраивает. Он признает лишь такую борьбу за власть, при которой осуществляется акт насилия, проливается человеческая кровь (но не своя, конечно). Поэтому он считает, что размышления Каутского о политической борьбе за власть через парламент — «чистейший и пошлейший оппортунизм, отречение от революции на деле, при признании ее на словах»²⁹. Словом, оскорбления по адресу Каутского — налицо, а научная аргументация критики отсутствует, что попахивает демагогией и фразерством. Каутский явно цивилизованнее и демократичнее Ленина, который даже не хочет понять идейное содержание и реалистичность тактики политической парламентской борьбы за власть.

И еще один вопрос, касающийся «вклада» Ленина в разработку «теории советского государства». На эту тему написаны сотни работ, защищены сотни докторских и кандидатских диссертаций. Между тем, как выясняется, *до октябрьского переворота Ленин не имел понятия, как распорядиться властью, если удастся ее захватить.* Он знал только лишь, что она ему нужна. Такая постановка вопроса, возможно, покажется странной. Но, как говорится, факты — упрямая вещь. Они содержатся в письме членам Центрального Комитета РСДРП(б)*, написанном Лениным вечером 24 октября 1917 года. В нем он всячески пытается убедить членов РСДРП(б) начать вооруженное восстание и захватить власть, не дожидаясь на этот счет решения Второго съезда Советов. Очевидно, в состоянии крайнего возбуждения Ленин делает откровенное и, я бы сказал, поразительное признание в отношении дальнейшей судьбы Российского государства. Вот что он пишет: **«Взятие власти есть дело восстания; его политическая цель выяснится после взятия»**³⁰. Этим признанием Ленин фактически дал понять, что никакой теории пролетарской революции, теории построения социализма и коммунизма нет и что все это подлежит выяснению уже после захвата власти.

Не имея собственных научных идей и разработок, Ленин слепо восторгается критикой Энгельса Готской программы, где тот говорит,

---

* В действительности письмо было адресовано рядовым членам партии, а не «членам ЦК», как это указано в 34-м томе сочинений Ленина.

Вот Именно!!!

что «пролетариат еще нуждается в государстве, он нуждается в нем не в интересах свободы, а в интересах подавления своих противников...». Не замечая всей абсурдности суждения Энгельса, Ленин и так, и эдак пересказывает его содержание, обрушивается то на «оппортуниста» Бебеля, то на «анархиста» Бакунина, еще больше запутывает вопрос об исторической роли и значении государства. События в Восточной Европе и в бывшем СССР в конце 80-х — начале 90-х годов, приведшие к полному краху коммунистической системы, ярко и наглядно показали всему миру всю несостоятельность и вредность так называемой марксистско-ленинской идеологии вообще, и очевидную нелепость «учения» о государстве в частности.

В работе «Государство и революция» Ленин затрагивает и вопрос о диктатуре пролетариата. «В капиталистическом обществе, — пишет он, — мы имеем демократию урезанную, убогую, фальшивую, демократию только для богатых, для меньшинства. Диктатура пролетариата, период перехода к коммунизму, впервые даст демократию для народа, для большинства, наряду с необходимым подавлением меньшинства, эксплуататоров»[31].

Как нам сегодня оценить это заявление? Дай Бог, чтобы в нашей стране было столько же демократии, сколько ее сегодня в так называемых «капиталистических» странах. Более 80 лет прошло со дня захвата Лениным власти, а правового государства у нас нет и по сей день. 10 декабря 1948 года Генеральная Ассамблея ООН приняла резолюцию о вступлении в силу Всеобщей декларации прав человека. Этим правом пользуется весь цивилизованный мир. В первой же статье декларации провозглашается: «Все люди рождаются свободными и равными в своем достоинстве и правах». Между тем у так называемого теоретика, Ленина, читаем наиабсурднейшую запись: «Пока есть государство, нет свободы. Когда будет свобода, не будет государства»[32]. Более 40 лет прошло со дня принятия Всеобщей декларации прав человека, а парламент СССР все не мог решиться, точнее, не желал ратифицировать этот гуманнейший документ. Вот цена «самого гуманного в мире демократического государства»! И это потому, что Ленин создал полицейское государство, в котором народу была отведена роль раба, лишенного подлинной свободы. В сущности, он основал общественно-политический строй, на целый порядок отбросивший общество назад.

Но в то время Ленин не имел морального права критиковать буржуазную демократию. Судите сами.

В ночь с 1 на 2 марта 1917 года Временное правительство вынесло постановление о полной и немедленной амнистии по всем политическим и религиозным делам, террористическим покушениям и военным восстаниям. Оно провозгласило политическую свободу во всех формах: свободу слова, печати, союзов, собраний и стачек. Причем эти свободы распространялись и на военнослужащих. Временным правительством было образовано Особое совещание по подготовке проекта закона о выборах в Учредительное собрание... А с чего началось «царствование» Ленина? Чем реально стала его власть для народа? Вспомним его требования без суда и следствия расстреливать на месте инакомыслящих, сомнительных и колеблющихся, включая стариков и детей. Вспомним тюрьмы и концлагеря, куда он сажал своих политических противников (или высылал их за пределы страны). Ленин упразднил все политические свободы, публично разогнал Учредительное собрание. По его приказу расстреливали мирные демонстрации и митинги. И все это называлось пролетарской демократией.

В связи с этим нелишне будет вспомнить и то, что арестованному Ленину в 1896 году разрешалось без ограничений писать письма, получать книги, одежду, заниматься литературной деятельностью. Он был обеспечен продуктами, причем имел даже возможность соблюдать диету. По его заказу, в тот же день, приносили минеральную воду из аптеки. Спал он по девять часов в сутки. С его слов известно также, что политические ссыльные получали пособие на жизнь от государства. Причем оно выдавалось и на членов их семей[33]. Знал Ленин и о судьбе члена революционной организации «Народная Воля» — Веры Засулич, стрелявшей в петербургского градоначальника Ф.Трепова (в отместку за приказ наказать розгами политического заключенного Боголюбова) и оправданной 31 марта 1878 года судом присяжных. Знал он и о том, что Александр II приехал взглянуть на молодую героиню, дерзнувшую бороться с жестокостью и несправедливостью властей...

И последнее замечание.

В 33-м томе «полного» собрания сочинений Ленина, в котором опубликована работа «Государство и революция», отмечается, что она «написана В.И.Лениным в подполье (в Разливе и Гельсингфорсе) в августе — сентябре 1917 года» (с. 343). На страницах же 391—406 указанного тома приведен указатель литературных работ и источников, цитируемых и упоминаемых В.И.Лениным в работе «Государство и революция». Между тем в этом указателе имеются работы, опубликованные в 1918—1919 годах. Напрашивается вопрос: каким образом Ленин, находясь в «шалаше» летом 1917 года, использовал работы, опубликованные в советское время? Пикантная история, нечего сказать.

★ ★ ★

О диктатуре пролетариата Маркс и Энгельс писали еще в «Манифесте Коммунистической партии». Не раз эту идею повторял (в различных интерпретациях) и Ленин. Но в его рассуждениях имеется тщательно скрываемая подоплека. Чего, например, стоит положение IX пункта «Проекта программы Российской социал-демократической рабочей партии»: «Чтобы совершить... социальную революцию, пролетариат должен завоевать политическую власть, которая сделает его господином положения и позволит ему устранить все препятствия, стоящие на пути его великой цели. В этом смысле диктатура пролетариата составляет необходимое политическое условие социальной революции»[34]. Прекрасный образчик демагогического приема! И, надо сказать, подобными приемами Ленин владел великолепно.

В заметке «К истории вопроса о диктатуре» Ленин преподносит еще одну любопытную мысль. «Дело в том, — пишет он, — что бывает диктатура меньшинства над большинством, полицейской кучки над народом, и бывает диктатура гигантского большинства народа над кучкой насильников, грабителей и узурпаторов народной власти»[35]. И тут он в своем амплуа! Известно, что после октябрьского переворота (как и до него) крестьянство составляло абсолютное большинство (80%) населения России. И это большинство подверглось грабежу и насилию со стороны коммунистов, составляющих меньшинство, которые насильственным путем изъяли у него в 1918—1919 гг. 110 млн пудов, в 1919—1920 гг. — 220, в 1920—1921 гг. — 285 млн пудов хлеба[36]. Кстати, лозунг диктатуры пролетариата вступал в противоречие с провозглашенным Лениным союзом рабочего класса и крестьянства. О каком союзе между грабителями и их жертвами могла идти речь? Поэтому «диктатура пролетариата» была отрицательно воспринята крестьянством. Но эти вопросы не интересовали ни Ленина, ни его единомышленников. Для них был важен итог политической борьбы.

Что же касается пролетариата, то он никогда не был «господином положения» и не обладал властью. Фактически она всегда была в руках партийной верхушки. Выработанные центральным партийным аппаратом формы взаимоотношений обеспечивали ей ведущую роль в системе диктатуры пролетариата. Последняя была не чем иным, как диктатурой одной партии, а точнее, диктатурой высшего партийного руководства во главе с Лениным. Как тут не вспомнить слова Г.В.Плеханова, который пророчески писал: «Диктатура одной партии кончится диктатурой одного человека».

Еще одна работа Ленина примечательна с точки зрения методов управления общественно-политической и хозяйственной жизнью страны. В «Черновом наброске проекта программы» партии, обсуждавшемся на VII экстренном съезде РКП(б), он поставил перед коммунистами задачу «довести до конца, завершить начатую уже экспроприацию помещиков и буржуазии, передачу всех фабрик, заводов, железных дорог, банков, флота и прочих средств производства и обращения в собственность Советской республики»[37].

Однако он понимал, что одной экспроприацией вопрос управления экономикой не решить. За пять месяцев большевистского террора производство было дезорганизовано, в стране царил полный хаос. В этих условиях, в апреле 1918 года, Ленин пишет статью «Очередные задачи Советской власти», в которой делает попытку наметить конкретные пути социалистического переустройства экономики страны.

Трудно сказать, кому предназначалась данная статья. Во всяком случае, не рабочим и крестьянам. Разумеется, нельзя ее признать и научной. Да и как можно выдавать за «теорию социалистического строительства» и «принципы руководства народным хозяйством» набор демагогических положений, перемежаемых сквернословием («хищники», «моськи») в адрес своих политических противников? Чего, например, стоит тезис о том, что «в буржуазных революциях главная задача трудящихся масс состояла в выполнении отрицательной или разрушительной работы уничтожения феодализма, монархии, средневековья. Положительную или созидательную работу организации нового общества выполняло имущее, буржуазное меньшинство населения»[38]. Но такое распределение «ролей» со всей очевидностью противоречит фактам. Например, во времена буржуазной революции в Нидерландах (XVI в.) борьбу за ликвидацию испанского и феодального господства буржуазия и народные массы вели совместно. В борьбе против феодально-абсолютистского строя в период Великой французской революции (1789—1794) объединились буржуазия, крестьянство и городской плебс. В буржуазной революции в Венгрии (1848—1849 гг.) вместе с трудовым населением участвовала и буржуазия. Следует учесть, что эти исторические факты нашли отражение не только в зарубежной, но и в русской (советской) историографии буржуазных революций.

Далее Ленин говорил, что «социализм должен *по-своему,* своими приемами — скажем конкретнее, *советскими* приемами — осуществить это («сознательное и массовое». — *А.А.*) движение вперед»[39]. Что это за советские приемы? По Ленину, один из них заключается в том, чтобы «всеобщим учетом и контролем» *«за высокую оплату»* подчинить «себе полностью и буржуазных специалистов»[40], одновременно «воспитывать массы и на опыте учиться, вместе с ними учиться строительству социализма»[41]. Гениально, нечего и говорить! А когда «сознательные передовики рабочих и крестьян, — пишет он далее, — успеют, при помощи советских учреждений, в один год организоваться, дисциплинироваться, подтянуться, создать могучую трудовую дисциплину, тогда мы через год скинем с себя эту «дань» (то есть высокую плату буржуазным специалистам. — *А.А.*)[42].

Таким образом, Ленин планировал через год (то есть в 1919 г.) понизить оплату труда специалистов и, пользуясь хлебной монополией, а также учетом и контролем за производством и распределением продуктов, заставить всех без исключения трудящихся работать за низкую зарплату. Таков один из советских приемов социалистического строительства, разработчиком которых являлся Ленин. А чтобы буржуазные специалисты не отказывались работать, он выдвигает на первый план «введение трудовой повинности для богатых»[43]. Кстати, еще в первоначальном варианте статьи «Очередные задачи Советской власти» Ленин указал на средство, с помощью которого легко можно будет заставить работать все трудовое население. «От трудовой повинности в применении к богатым, — писал он, — Советская власть должна будет перейти, а вернее, одновременно должна будет поставить на очередь задачу применения соответственных принципов к большинству трудящихся, рабочих и крестьян»[44].

Выходит, Ленин планировал применение методов принуждения уже против самих носителей «диктатуры пролетариата», которые помогали ему узурпировать власть? Получается, что существовали две диктатуры: одна формальная, не имеющая власти, так называемая «диктатура пролетариата», а другая, реальная, была целиком сосредоточена в руках правительства.

Ленин был уверен, что разработанный им принцип всеобщей трудовой повинности сработает безотказно, поскольку «все условия жизни обрекают громадное большинство этих разрядов населения на необходимость трудиться и на невозможность скопить какие бы то ни было запасы, кроме самых скудных»[45]. И он не ошибся в своих расчетах. Куда было деваться советским рабам XX века?!

В специальной главе Ленин рассматривает вопрос повышения производительности труда в так называемом социалистическом государстве. Он подчеркивает, что после решения задачи «экспроприировать экспроприаторов и подавить их сопротивление», на первый план выдвигается «коренная задача создания высшего, чем капитализм, общественного уклада, именно: повышение производительности труда, а в связи с этим (и для этого) его высшая организация»[46]. При этом он с уверенностью отмечает, что «разработка... естественных богатств приемами новейшей техники даст основу невиданного прогресса производительных сил»[47].

Создается впечатление, что цитируемые строки принадлежат не образованному человеку, а историку-дилетанту. Он почему-то «забыл», что рабовладельческие государства рушились по одной простой причине: принудительный труд был малопроизводителен, и стимулировать его рост не могла никакая современная и сверхсовременная техника. В подневольном труде раб попросту не видел заинтересованности. (Кстати, производительность общественного труда в СССР составляла в 1970—1980 гг. примерно 40% от производительности в США; в промышленности — около 55%, в строительстве — немногим более 65%, в сельском хозяйстве — около 20%)[48].

Особый интерес в данной работе вызывает небольшая глава под названием «Стройная организация» и диктатура». Из ее содержания нетрудно понять, что прежде всего Ленин планирует создать по всей стране жесточайший аппарат принуждения и насилия («стройную организацию»). Поразительно, но он не скрывает того, что претендует на личную диктатуру. Более того, в данной главе он даже «доказывает» историческую обусловленность и необходимость подобной диктатуры. «Диктатура отдельных лиц, — пишет он, — очень часто была в истории революционных движений выразителем, носителем, проводником диктатуры революционных классов, об этом говорит непререкаемый опыт истории»[49]. Отметим, что в своих рассуждениях Ленин «не замечает», что покушается на демократические права и личные свободы граждан России. Напротив, он делает абсурдное заявление, что «решительно никакого принципиального противоречия между советским (т.е. социалистическим) демократизмом и применением диктаторской власти отдельных лиц нет»[50]. Здесь все предельно ясно: он хочет закрепить за собой, как диктатор, право применять против народа любое насилие и принуждение. Отсюда и его требование: не увольнять с работы лиц за нарушение трудовой дисциплины на предприятиях, как это делалось при царском режиме, а **виновных в этом надо уметь находить, отдавать под суд и карать беспощадно**»[51].

Ленин отмечал, что для перехода от капитализма к социализму необходимо применять против трудящихся методы принуждения. Для этого, по его мнению, «нужна железная рука», которой мог стать представитель советской власти на местах (на заводах, фабриках и прочих хозяйствах). Но он понимает, что представитель власти на местах также должен быть наделен известными диктаторскими правами, чтобы подчинить своей воле волю людей. Он ставит перед обществом следующую бредовую задачу: «*бесплатное* выполнение государственных обязанностей *каждым* трудящимся, по отбытии 8-часового «урока» производительной работы»[52]. Дальше уже идти некуда!

Нереалистические и примитивные подходы основателя большевизма к вопросам социалистической революции, строительства советского государства и коммунизма, как нам кажется, были вызваны его деспотизмом, диким упрямством и «революционным» фанатизмом. Это особо замечали современники. Здесь уместно особо остановиться еще на одном и весьма серьезном недостатке нашего «ученого»-марксиста. Из-за неумения вести научную полемику с оппонентами, отсутствия литературной и общечеловеческой этики и должного воспитания, Ленин довольно часто подменял объективную и аргументированную критику чужих трудов такими словами, как: *«никуда не годится», «сплошная издевка марксизма», «вопиющая нелепость», «финтифлюшка», «глупое бесплодное занятие», «гоголевский Петрушка», «жует жвачку», «во сне мочалку жует», «смердящий труп», «ползать на брюхе», «филистеры в ночном колпаке», «мерзавцы буржуазии», «иудушка», «негодяй», «банда кровопийц», «кабинетный дурак», «ослиные уши», и другие непристойные выражения и пошлости.*

Любопытно следующее свидетельство очевидца. Николай Суханов вспоминает, что «во время всеоплевывающего выступления» Ленина в Таврическом дворце на совместном заседании всех социал-демократов 4 апреля 1917 года «стали раздаваться протесты и крики негодования... Не выдержав «галиматью» и раскольнические взгляды Ленина, Богданов крикнул с места: «Ведь это бред, это бред сумасшедшего». А выступивший Гольденберг сказал, что в словах Ленина «слышатся истины изжитого примитивного анархизма»[53].

Ленина осуждали и критиковали не только Богданов и Гольденберг: против него с резкими замечаниями выступали Плеханов, Засулич, Каменев, Зиновьев, Спиридонова, Чернов, Мартов, Володарский и многие другие. Они обвиняли его в реакционности, палачестве (Спиридонова), авантюризме, анархизме и в непристойных делах. Очевидно, не без основания. Судя по всему, Лениным были совершены серьезные проступки, если его, как он сам признавался, судили партийным судом. К этому сюжету партийной биографии Владимира Ульянова мы еще вернемся в 20-й главе.

За многие десятилетия существования Института марксизма-ленинизма при ЦК КПСС его сотрудники приложили невероятные усилия, чтобы отметить «гениальную прозорливость» Ленина по всем вопросам социально-экономического, политического и культурного развития России в послеоктябрьский период. Так, например, в предисловии к 43-му тому «полного» собрания сочинений Ленина отмечается, что он в выступлениях на X съезде РКП(б), а также в работах, написанных после съезда, «теоретически обосновал необходимость новой экономической политики в переходный период от капитализма к социализму, раскрыл ее сущность и значение... разработал вопрос об использовании рынка, торговли... считал возможным допущение свободы торговли»[54].

Полнейший абсурд! Фальсификация исторических фактов!

Понимаю, что мое строгое замечание требует научной аргументации — от этой ответственности я не собираюсь уклоняться. Итак, приступим к рассмотрению фактов, удостоверяющих объективную истину и в этом спорном вопросе. На мой взгляд, следует привлечь к исследованию в хронологической последовательности целый ряд исторических источников, в которых отражена принципиальная позиция Ленина по вопросу о свободе торговли вообще, о свободе торговли хлебом в частности.

28 августа 1919 года в «Известиях ВЦИК» была опубликована статья Ленина «Письмо к рабочим и крестьянам по поводу победы над Колчаком». В ней он осуждает крестьян, осуществляющих вольную продажу хлеба на рынке. «Кто не сдает излишков хлеба государству, — пишет он, — тот помогает Колчаку, тот изменник и предатель рабочих и крестьян, тот виновен в смерти и мучениях лишних десятков тысяч рабочих и крестьян в Красной Армии». И далее: «За вольную продажу хлеба сознательно стоят *только богачи, только злейшие враги рабочей и крестьянской власти*»[55] (выделено мной. — *А.А.*).

В августе Ленин написал еще одну статью, озаглавив ее «О свободной торговле хлебом». К счастью, она в то время не увидела свет; ее опубликовали большевистские идеологи лишь в **1930 году**. И тем не менее стоит ознакомиться с ее содержанием. Здесь вождь большевиков более чем категоричен. «...Мы все знаем, — пишет он, — какой разгул наживы, воровства, преступлений, голодных мук для массы рабочих, обогащения немногих пройдох связан с пресловутой *свободой торговли*» хлебом[56]. Он ругает социалистов-революционеров, которые «постоянно в вопросе о продовольственной политике советской власти становятся на сторону капитализма, требуя уступочек в пользу «частного торгового аппарата», «индивидуальной предприимчивости»[57]. Он говорит, что «рабоче-крестьянское правительство, вся Советская республика, все... рождающееся социалистическое общество находится в состоянии самой тяжелой, отчаянной, бешеной, смертельной борьбы против капитализма, против спекуляции, против свободной торговли хлебом»[58].

Не менее решительно и жестко Ленин выступил против крестьян и сторонников свободной торговли хлебом на I Всероссийском совещании по партийной работе в деревне 18 ноября 1919 года: ...«не все понимают, что **свободная торговля хлебом есть государственное преступление... Свободная торговля хлебом означает обогащение благодаря этому хлебу, — это и есть возврат к старому капитализму, это мы не допустим, тут мы будем вести борьбу во что бы то ни стало**»[59] (выделено мной. — А.А.).

А вот что говорил Ленин в докладе ВЦИК и СНК на VII Всероссийском съезде Советов 5 декабря 1919 года: «...крестьянин есть собственник, он хочет «свободы торговли», он не понимает, что свобода продажи хлеба в голодной стране есть свобода спекуляции, свобода наживы для богачей. **И мы говорим: на это мы не пойдем никогда, скорее ляжем костьми, чем сделаем в этом уступки**»[60] (выделено мной. — А.А.). Все ясно сказано.

Позиция Ленина не изменилась и в 1920 году. В речи на беспартийной конференции рабочих и красноармейцев Пресненского района 24 января 1920 года он, в частности, сказал: **«Мы должны, чего бы ни стоило, уничтожить свободную торговлю»**[61].

Спустя три дня в речи на III Всероссийском съезде Советов народного хозяйства он вновь осудил крестьянство за привычки и тяготение «к единоличному хозяйству, а следовательно, к свободе торговли и спекуляции...»[62].

Как видим, Ленин неправомерно отождествляет продажу излишков хлеба, выращенного крестьянами собственным трудом, с перепродажей, осуществляемой скупщиками зерна.

В докладе о работе ВЦИК и СНК 2 февраля 1920 года Ленин выступает за дальнейшее завинчивание гаек «военного коммунизма», за создание больших запасов продовольствия способом «социалистическим, а не капиталистическим, по твердым ценам, разверсткой между крестьянами, а не продажей на вольном рынке...»[63].

В своих речах и публикациях Ленин нередко прибегал к шантажу и запугиванию крестьян. Так, в докладе на I Всероссийском съезде трудовых казаков 1 марта 1920 года он сказал: *«Крестьяне, имеющие излишки хлеба, должны дать хлеб государству за бумажные деньги — это и значит ссуда. Этого не понимает, не сознает только сторонник капитализма и эксплуатации, тот, кто хочет, чтобы сытый нажился еще больше за счет голодного. **Для рабочей власти это недопустимо, и в борьбе против этого мы не остановимся ни перед какими жертвами»**[64]* (выделено мной. — А.А.).

Пытаясь настроить рабочих против крестьян, Ленин сделал на III съезде профсоюзов абсурдное заявление: «Мы, — сказал он, — окружены мелкой буржуазией, которая возрождает свободную торговлю и капитализм»[65].

В том же духе, к тому же с оскорблениями в адрес крестьян, Ленин выступил и на III съезде рабочих текстильной промышленности: *«Крестьяне же, — говорил он, — по-прежнему хозяйничают поодиночке, сбывая излишки на вольном рынке, тем самым еще больше обогащая кучку хищников... Но свободная торговля есть возврат к капиталистическому рабству. Чтобы избегнуть этого, нужно по-новому организовать труд, а это некому сделать, кроме пролетариата»*[66]. Иными словами, Ленин решает загнать крестьян-единоличников в коллективные хозяйства руками рабочих.

Едва ли ни в каждом публичном выступлении и в печати Ленин обрушивается на крестьян за то, что те продают излишки хлеба на вольном рынке, подчеркивает, **«что продавать эти излишки в условиях настоящего времени было бы преступлением»**[67]. Справедливости ради следует сказать, что в правительстве и ВСНХ были здравомыслящие люди (Рыков, Троцкий, Милютин и другие), которые в противовес ленинскому доктринерству выступали за отмену продразверстки, считали, что без свободного рынка, свободы торговли народное хозяйство невозможно восстановить, оживить.

Так, еще в феврале 1920 года Троцкий внес в ЦК предложение по вопросу аграрной политики партии. В нем он, в частности, писал: **«Нынешняя политика уравнительной реквизиции по продовольственным нормам, круговой поруки при ссылке и уравнительного распределения продуктов промышленности направлена на понижение земледелия, на распыление промышленного пролетариата и грозит окончательно подорвать хозяйственную жизнь страны».** В качестве основной практической меры он предлагал: **«Заменить изъятие излишков известным процентным отчислением — своего рода подоходно-прогрессивный налог — с таким расчетом, чтобы более крупная запашка или лучшая обработка представляли все же выгоду»**[68]. В целом представленный Троцким в ЦК документ был, по сути дела, планом перехода к новой экономической политике в деревне. Но, как позднее писал Троцкий, **«предложения эти были тогда Центральным Комитетом отклонены... Можно сейчас по-разному оценивать,** в какой мере переход к новой экономической политике был целесообразен уже в феврале 1920 г. Я лично не сомневаюсь, что от такого перехода мы были бы в выигрыше»[69].

Однако Ленин все же добивается принятия на заседании СНК 25 мая 1920 года постановления*, в 3-м пункте которого записано:

«...3) Применение повсеместной разверстки к заготовке сырья обязательно, равно и твердых цен»[70].

Несколько раньше, на заседании Моссовета, он упрекнул крестьян за то, что они *«считают своим священным правом осуществлять свободную торговлю хлебными излишками, думая, что это право за ними может оставлено».* В его речи были и слова угрозы: **«Такой крестьянин — наш враг, и мы с ним будем бороться со всей решимостью, со всей беспощадностью»**[71] (что и делал на практике).

Ленин «прокатился» по крестьянам-труженикам и на IX съезде РКП(б): *«Есть еще,* — говорил он, — *много людей бессознательных, темных, которые стоят за какую угодно свободную торговлю»*[72]. По Ленину получается, что весь цивилизованный мир состоит из темных и серых людей.

Гневно осуждал Ленин крестьян и на III Всероссийском съезде профсоюзов. Вот его остерегающий вывод: *«Каждый случай продажи хлеба на вольном рынке, мешочничество и спекуляция есть восстановление товарного хозяйства, а следовательно, и капитализма».* Поэтому он вслух размышляет: *«Нужно подумать, как и при каких условиях пролетариат, имеющий в своих руках такой сильный аппарат принуждения, как государственная власть, может привлечь крестьянина, как труженика, и победить или нейтрализовать, обезвредить его сопротивление, как собственника»*[73].

Не трудно заметить, что Ленин направляет рабочих против крестьян — производителей хлеба.

А вот телеграмма Ленина советскому правительству Украины и штабу Южного фронта от 16 октября 1920 года, в которой он подчеркивает, что *«надо бы считать программой: 1) коллективную обработку; 2) прокатные пункты; 3) отобрать деньги у кулаков сверх трудовой нормы; 4) излишки хлеба собрать полностью, вознаграждая незаможников хлебом; 5) сельхозорудия кулаков брать на прокатпункты; 6) все эти меры проводить только под условием успеха коллективной обработки и под реальным контролем...»*[74].

Позиция Ленина в вопросе о свободе торговли оставалась неизменной и на X съезде РКП(б). Вот что сказал он при открытии съезда 8 марта 1921 года: **«Мы должны внимательно присмотреться к этой мелкобуржуазной контрреволюции, которая выдвигает лозунги свободы**

---

* Впервые опубликовано в Ленинском сборнике XXXV в 1945 году.

торговли. **Свобода торговли, даже если она вначале не так связана с белогвардейцами, как был связан Кронштадт, все-таки неминуемо приведет к этой белогвардейщине, к победе капитала, к полной его реставрации. И, повторяю, эту политическую опасность мы должны сознавать ясно»**[75].

Негативное отношение Ленина к свободе торговли подверглось на съезде широкому и серьезному осуждению. Поэтому в докладе о замене разверстки натуральным налогом, с которым выступил Ленин 15 марта, он вынужден был согласиться *«до известной степени восстановить свободу торговли»*[76].

Однако, пойдя на этот шаг, он все же сумел включить в предварительный проект замены разверстки налогом (в конце 8 параграфа) положение, допускающее хозяйственный оборот, то есть свободу торговли, лишь *в местных пределах*. А поскольку местный рынок в хлебных районах был ограничен для свободной торговли, то это положение, по сути дела, принуждало крестьян-земледельцев к сдаче излишков хлеба и других сельскохозяйственных продуктов государству по твердым ценам, то есть по ценам значительно ниже рыночных. Получалось, что формально X съезд признавал свободу торговли, а на деле большевистское правительство, руководимое Лениным, продолжало за бесценок приобретать выращенный крестьянами хлеб.

И тем не менее Ленин был явно недоволен решением съезда о переходе к НЭПу. Он при каждом удобном случае высказывал свое недовольство по этому поводу. Так, в докладе на II Всероссийском съезде политпросветов 17 октября 1921 года Ленин сказал, что весной *«потребовалось то, что, с точки зрения нашей линии, нашей политики, нельзя назвать не чем иным, как сильнейшим поражением и отступлением»*[77]. Касаясь же смысла НЭПа, он сказал: *«Новая экономическая политика означает замену разверстки налогом, означает переход к восстановлению капитализма в значительной мере. В какой мере — мы не знаем... Уничтожение разверстки означает для крестьян свободную торговлю сельскохозяйственными излишками, не взятыми налогом, а налог берет лишь небольшую долю продуктов. Крестьяне составляют гигантскую часть всего населения и всей экономики, и поэтому на почве этой свободной торговли капитализм не может не расти»*[78].

Рассмотренные выше факты, на мой взгляд, вполне позволяют сделать вывод о том, что Ленин не только не являлся разработчиком новой экономической политики, как об этом писали адепты марксистско-ленинской идеологии, а, напротив, был ее явным противником.

В заключение несколько слов о так называемом «политическом завещании» Ленина. Принято было считать, что в него вошли последние письма и статьи, продиктованные им в период болезни, с 23 декабря 1922 года по 2 марта 1923 года («Письмо к съезду», «О придании законодательных функций Госплану», «К вопросу о национальностях» или об «автономизации», «Странички из дневника», «О кооперации», «О нашей революции», «Как нам реорганизовать Рабкрин», «Лучше меньше, да лучше»). *«Значение последних статей и писем Ленина неоценимо,* — отмечал Институт марксизма-ленинизма при ЦК КПСС. — *Органически связанные между собой, они представляют, по сути дела, единый труд, в котором Ленин, развивая выводы и положения, содержащиеся в его предшествующих произведениях и выступлениях, завершил разработку великого плана строительства социализма в СССР и изложил в обобщенном виде программу социалистического преобразования в России в свете общих перспектив мирового освободительного движения»*[79] (выделено мной. — А.А.).

Но давайте вспомним хотя бы некоторые из заветов Ильича своим преемникам. Так, в одном месте он советует заменить одного палача-генсека другим, при условии, что новый должен отличаться от прежнего (Сталина) «только одним перевесом, именно более терпим, более лоялен, более вежлив и более внимателен к товарищам, меньше капризности»[80]; в другом рекомендует «для поднятия авторитета ЦК и для серьезной работы... аппарата «увеличить число членов ЦК «до нескольких десятков или даже до сотни»[81] из числа рабочих, которые, как мне представляется, безропотно соглашались бы со всяким решением партийных боссов; в третьем, по сути дела, берет курс на дальнейшее укрепление административно-командной системы в народном хозяйстве («О придании законодательных функций Госплану»)[82].

Все это мы, как говорится, уже проходили. Однако до сих пор адепты коммунистической идеологии пытаются выдать эти рекомендации, как и все ленинское наследие, за «титанический научный подвиг», за «великое учение». Лучше было бы, во всяком случае для нас, если бы он не писал всю эту галиматью.

Так упрямо, слепо и с исступленной религиозностью верить в эти бредовые идеи и мысли способны только люди, доведенные до крайнего безрассудства.

Признаться, я считал, что на этом следует поставить точку. Но неожиданно вспомнил сообщение моего товарища о том, что в фонде А.А.Богданова в бывшем партийном архиве при ЦК КПСС имеются интересные, отличающиеся оригинальностью, замечания в отношении марксизма. Отложив рукопись, я направился в архив. И теперь, когда я своими глазами «отснял» из записной книжки Богданова текст его замечаний, с удовлетворением хочу закончить отложенную главу.

Вот что пишет А.А.Богданов о марксизме в своей заочной полемике с его ревностными адептами:

«Скажите, наконец, прямо, что такое ваш м-зм (марксизм. — А.А.), наука или религия? Если он наука, то каким же обр(азом), когда все другие науки за эти десятилетия пережили огромные перевороты, он один остался

неизменным? Если религия, то неизменность понятна; но тогда так и скажите, а не лицемерьте и не протестуйте против тех, кто остатки былой религиозности честно одевает в религиозную терминологию. Если м-зм истина, то за эти годы он должен был дать поколение новых истин. Если, как вы думаете, он не способен к этому, то он — уже ложь»[83].

Так просто, аргументированно и интеллигентно показать несостоятельность, ненаучность марксизма мог только большой ученый-философ.

ГЛАВА 17

КОММУНИСТИЧЕСКИЙ ШТАБ «МИРОВОЙ РЕВОЛЮЦИИ»

Идея, которая не может быть претворе-
на в жизнь, подобна мыльному пузырю.
Ауэрбах Бертольд

В адрес Ленина, как революционера, в советское время было выска-
зано неисчислимое количество лестных эпитетов: «Выдающийся революционер», «Революционер марксистской закваски», «Легендарный революционер», «Гений революции», «Пламенный революционер»,
«Вождь революционной России», «Знаменосец мировой революции».
Продолжают повторять эти избитые и затасканные эпитеты и сегодня,
правда, значительно реже. И как ни парадоксально, лестные эпитеты
можно услышать и от критиков Ленина. Например, известный биограф
вождя большевиков Д.А.Волкогонов считал, что «Ленин был крупней-
шим революционером XX века»[1].

Оставим на время наши замечания по поводу высказанных эпитетов и разберемся сначала с понятиями «революция» и «революционер», чтобы строго определить свою позицию в отношении этого социального явления и людей, принимавших в нем участие.

На мой взгляд, по столь серьезному вопросу за разъяснением следует обратиться к одному из «основоположников научного коммунизма» и «корифеев революционной науки» Фридриху Энгельсу.

Итак, что же такое революция?

«Революция, — пишет Энгельс, — **есть, несомненно, самая автори-
тарная вещь, какая только возможна. Революция есть акт, в котором часть
населения навязывает свою волю другой части посредством ружей, штыков и пушек, то есть средств чрезвычайно авторитетных. И если победив-
шая партия не хочет потерять плоды своих усилий, она должна удерживать
свое господство посредством того страха, который внушает реакционерам
ее оружие»**[2].

Коротко это разъяснение можно сформулировать так: революция

412

есть террор, насилие и самоуправство, осуществляемые одной частью общества против другой.

С позицией Энгельса мы не можем согласиться по трем серьезным и принципиально важным причинам.

Во-первых, жестоко, несправедливо и безнравственно навязывать свою волю другим людям или части общества, к тому же путем угроз, террора и насилия с применением оружия. Люди, независимо от национальности, расовой принадлежности и вероисповедания имеют право жить и трудиться при таком общественном строе, который выработало в своем развитии общество, удовлетворяет их материальные и духовные запросы. Это право дано им Богом. И насильственно изменять их быт, сложившиеся традиции, лишать веры и культурных ценностей, накопленных за многие годы, это большой грех.

Во-вторых, никто никому не давал право ради каких-то бредовых и сомнительных идей совершать насилие и самочинно приносить в жертву огромное количество человеческих жизней, уничтожать формы и способы производственных отношений, лишать общество самого дорогого — Свободы.

В-третьих, кто может дать гарантию, что новый общественно-политический строй, навязанный обществу так называемыми революционерами, явится прогрессивным по отношению к прежнему строю? Такая постановка вопроса не лишена оснований. 70-летний опыт жизни при авторитарном режиме показал, что надуманный большевистскими теоретиками и навязанный российскому обществу строй не может обеспечить такой уровень развития производительности труда и в целом экономики страны, какой достигнут в передовых государствах Запада и Востока.

Несомненно, Ленин читал труды Маркса и Энгельса и, насколько мне известно, конспектировал их. Однако, как ни странно, его ничуть не смутило, что основоположники научного коммунизма рекомендуют построить новый общественный строй посредством ружей, штыков и пушек, иными словами, варварскими способами и средствами. Видимо, разъяснения Энгельса пришлись ему по душе. Поэтому он, не колеблясь, взял на вооружение все разъяснения и методические указания Маркса и Энгельса, касающиеся революции в целях воплощения их в жизнь. Более того, эти рекомендации Ленин превратил в своеобразный лозунг и при каждом удобном случае стал их цитировать. Так, торжествуя на VIII съезде РКП(б) по поводу успешного проникновения «бациллов большевизма» в Венгрию, Австрию, Германию, он с трибуны съезда заявил: *«Прекрасная вещь революционное насилие и диктатура,* если они применяются, когда следует и против кого следует»[3].

Разобравшись с понятием революция, теперь легко можно сказать, кто такой революционер, придерживаясь разъяснения, данного Энгельсом. Революционер есть террорист, насильник, убийца и диктатор. Туг очень кстати привести замечательный афоризм известного русского писателя и фельетониста Власа Дорошевича. «Революции, — говорил он, — задумывают идеалисты, выполняют палачи, пользу извлекают проходимцы»[4].

Ленину было совершенно безразлично, сколько понадобится загубить человеческих жизней, чтобы осуществить «мировую революцию». Важно было достичь заветной цели — захватить власть. А захватив ее, он возводит террор и насилие в ранг государственной политики. Поэтому ленинизм следует рассматривать как антропофагию*, безжалостно пожирающую невинных людей.

Вернемся, однако, еще раз к высказыванию Энгельса о революции, где он говорит о части населения, вооруженным путем навязывающей свою волю другой части. Из приведенной выше цитаты трудно понять, о каких частях населения ведет речь ее автор. Мне думается, что Энгельс сознательно опустил этот момент, понимая, что такая информация может дискредитировать авторитет авторов революционной теории.

Мы не можем оставить этот важный вопрос открытым. Давайте разберемся с ним сообща. Мировой опыт показывает, что грабежами, насилиями и террором над преобладающим большинством населения во всех странах и во все времена занимались небольшие, но хорошо вооруженные группы людей. Это были банды грабителей, экстремистов и террористов, действующих под предводительством главаря, атамана. Сюда следует отнести и пиратов. Занимаясь грабежами населения, терроризируя его, они, однако, не ставили перед собой политические цели.

Различные тайные общества и организации, ставившие перед собой задачу захвата власти в том или ином государстве с целью изменения в нем общественного строя, стали появляться с середины XIX столетия. Одну из таких зловещих организаций политического гангстеризма в самом начале XX века создал В.И.Ульянов (Ленин). Собрав вокруг себя единомышленников, среди которых было немало чужеземцев, рецидивистов и прочих уголовных элементов, он задумал стать властелином мира. Сначала намеревался захватить власть в России, потом двинуть вооруженные силы на Запад и аннексировать страны Европы, а затем и Америку, создав, таким образом, мировую коммунистическую империю.

Ну как тут не вспомнить определение империализма, данное Лениным в своей работе «Империализм, как высшая стадия капитализма». «Политически, — пишет он, — империализм есть вообще стремление к насилию и реакции»[5].

Какое саморазоблачительное заявление! В самом деле, если учесть, что после прихода к власти большевистское правительство развязало агрессивную войну против Польши, насильственно аннексировало го-

---

* Антропофагия (греч.) — людоедство.

сударства Закавказья, организовало вооруженные мятежи в странах Запада и Востока (Венгрия, Бавария, Персия), то вполне справедливо поставить знак равенства между большевизмом и империализмом.

Хотелось бы затронуть еще один интересный вопрос, тесно связанный с политической деятельностью Ленина и других лидеров партии большевиков. Суть вопроса в следующем.

На протяжении многих лет научной работы по избранной проблеме передо мной неоднократно всплывал один и тот же вопрос: почему большевики во главе с Лениным первым объектом для осуществления государственного переворота и захвата власти избрали Россию, а не любое другое европейское государство? Ведь Ленин неоднократно и задолго до мировой войны (еще в 1908 году) ставил вопрос о «всемирной революции пролетариата». И какая для него была разница, с какой страны начать мировую революцию. Почему бы большевикам-интернационалистам не начать революционное шествие, скажем, с той же Швейцарии, где они прочно обосновались, или Франции. Обстоятельный ответ на этот вопрос на документальной основе был дан в 3—10-й главах. Поэтому здесь читателю напомню лишь, что план захвата власти в России международной экстремистской организацией был предложен Ленину немецкими спецслужбами летом 1914 года, и он воплотил его в жизнь. Чем все это обернулось для страны и ее народа, мы хорошо знаем.

В связи с рассматриваемым вопросом вспоминаю одну весьма интересную историю.

Вскоре после воссоединения ГДР с ФРГ я имел очень приятную встречу с представителями немецкой интеллигенции, приехавшими в Москву из Франкфурта-на-Майне. В оживленной и в духе открытости беседе мы говорили об огромном моральном значении для народа объединения искусственно созданных двух немецких государств. Говорили и о перспективах политического, экономического и культурного развития единой Германии. Коснулись и дальнейшей судьбы первого в истории цивилизации социалистического государства — СССР. Гости были единодушны во мнении, что социализм в СССР доживает свои последние дни, искренне сочувствовали нашему народу, ставшему подопытным кроликом в экспериментах коммунистических вождей.

Воспользовавшись небольшой паузой, пожилая учительница сказала: «Еще в прошлом веке «железный» канцлер германской империи Отто фон Бисмарк по поводу социализма высказал весьма интересный афоризм: «Если хотите построить социализм, то выберите страну, которую не жалко». Я очень сожалею, что таким объектом для своих экспериментов большевистские лидеры выбрали вашу страну, Россию», — сказала гостья.

Да, Ленин знал, с какой страны следует начать распространять бациллы большевизма по всему свету. И как только подвернулся удачный случай в начале весны 1917 года, в Россию хлынул поток так называемых революционеров-эмигрантов, уголовных элементов и прочих сомнительных личностей вроде Ганецкого и Радека, никак не связанных с Россией. В «пломбированном» вагоне и несколько позже другим поездом через Германию и Болгарию в Россию примчались политические авантюристы, гангстеры и мошенники, чтобы захватить власть. Возглавил поход этой международной преступной организации в Россию страстный властолюбец Владимир Ульянов.

Г.В.Плеханов, многие годы общаясь с Лениным, хорошо изучил его. Это давало ему право высказать свое мнение о нем. Еще в 1906 году Г.В.Плеханов в печати, в частности, заявил: «Ленин с самого начала был скорее бланкистом, чем марксистом. Свою бланкистскую контрабанду он проносил под флагом самой строгой марксистской ортодоксии»[6]. Иными словами, Плеханов в лице Ленина видел не марксиста-революционера, а типичного заговорщика, взявшего на вооружение тактику борьбы за власть Луи Огюста Бланки. Эту тактику Ленин стал настойчиво внедрять в большевистскую партию, Петроградские Советы. С этого времени Петроградские Советы из «баранов»* стали превращаться в существа с повадками диких зверей. А после III «Всероссийского» съезда Советов, прошедшего в январе 1918 года, этот марионеточный орган власти, состоящий в основном из сподвижников Ленина, становится в руках большевистских лидеров орудием для осуществления преступных акций и безнравственных поступков. Как выразился один из старейших социал-демократов Г.Д. Кучин-Оранский, **«Советы это реакционное учреждение. Поэтому боязни разгона Совета при перевыборах не должно быть»**[7].

Ленин создавал и создал в России авторитарный строй. Более того, по мере упрочения своей власти, он стал экспортировать свое чудовищное изобретение — большевизм — в страны Запада и Востока, называя эту политическую диверсию «мировой революцией».

Но вскоре магистр ордена меченосцев заметил, что, несмотря на огромные материальные затраты, дело с экспортом революции в страны мира пробуксовывает, не дает желаемых результатов. Ленин понял, что допустил тактическую ошибку, отказывавшись от идеи создания международной военно-политической организации, призванной стать центральным коммунистическим штабом «мировой революции».

Идея основания принципиально новой международной организации, которая объединила и координировала бы для организации левые силы, подготовила и осуществила бы государственные перевороты в странах Европы и Азии с целью насильственного захвата политической власти, у Ленина зародилась задолго до мировой войны. Однако в условиях функционирования II Интернационала Ленину не так просто было создать альтернативную организацию. Он был достаточно умен, чтобы не понимать, что на фоне корифеев международного

---

* Ярлык, который был навешан на Советы Лениным.

социал-демократического движения, признанных лидеров II Интернационала, его личность была малозаметной. Он осознавал этот бесспорный факт и, тем не менее, выбрал не лучший способ добиться признания и популярности в общественно-политических кругах Европы. Эту сложную задачу он берется решить путем интриг и деструктивных действий, как это делал в борьбе за власть в РСДРП. Практически все предвоенные годы Ленин провел в сплошных интригах против русских и европейских социал-демократов. Но, не добившись желаемого результата, в июне 1912 года Ленин неожиданно покидает Париж и переезжает в Краков.

Но, находясь в Кракове, Ленин не прекращает свою борьбу с лидерами европейского социал-демократического движения, но пытается это делать чужими руками. Так, в письме Г.В.Плеханову в Сан-Ремо (Италия) от 4 ноября 1912 года Ленин просит его сообщить комиссии Базельского конгресса II Интернационала о несогласии большевиков со статьей К.Каутского «Der Krieg und die Internationale» («Война и Интернационал»), напечатанной 8 ноября 1912 года в № 6 журнала «Neue Zeit», в которой автор рекомендует воздерживаться от революционных стачечных выступлений. Ленин просит также побеседовать на эту тему с Каменевым[8].

Как видим, Ленин начал борьбу против «оппортунизма» и «ренегатства», лидеров II Интернационала за несколько лет до начала войны. Попробуем установить истину и в этом вопросе.

Начавшаяся 19 июля (1 августа) 1914 года мировая война высветила позицию лидеров II Интернационала и социал-демократических партий Европы в этой ужасной исторической трагедии человечества. Отметим сразу, что отношение большинства известных представителей международной социал-демократии, включая Россию, к войне, пусть с оговорками, сводилось к патриотизму и поддержке позиций своих правительств в военно-политическом конфликте между европейскими государствами.

Выдворенный 6 августа из тюрьмы Нового Тарга (Галиция) и оказавшийся с помощью спецслужб Австро-Венгрии и Германии в Швейцарии, Ленин, прикрывшись мнимым «знаменем пролетарского интернационализма», приступает к осуществлению своих авантюристических планов мировой революции и выполнению задания германского правительства, заключающегося в подрыве военно-экономической мощи России.

Этот период советская историография охарактеризовала так: «...только большевики во главе с Лениным заняли правильную, революционную позицию по отношению к войне. Еще задолго до войны большевистская партия вела последовательную борьбу против милитаризма, за предотвращение войны»[9]. Это чистой воды ложь! Вспомним хотя бы письмо Ленина Горькому от ноября 1913 года, в котором он *ратовал за войну.*

Позиция Ленина по отношению к войне и социализму была чужда и непонятна многим известным лидерам европейской социал-демократии и II Интернационала. Ленин не ладил и не находил взаимопонимания по этим вопросам с большинством социал-демократов Европы и России. В причинах легко разобраться. Как только Ленин обнаруживал у кого-нибудь из социал-демократов иную, отличную от его мнения, позицию в вопросах войны и мира, теории и практики социализма, революционной борьбы и рабочего движения, он тут же навешивал на них ярлыки «оппортунист», «ренегат», «шовинист», и с этого момента все они становились его злейшими врагами. Никто не застрахован от ошибок. Но несерьезно думать, что все социал-демократы ошибались и лишь он один, Ленин, всегда и во всем был прав.

Небезынтересно ознакомиться с именами известных лидеров европейской и российской социал-демократии и II Интернационала, попавших в черный список Ленина: Каутский, Берштейн, Гильфердинг, Гуго, Давид (Германия); Бауэр, Адлер В. (Австрия); Вандервельде (Бельгия); Стаунинг (Дания); Брантинг (Швеция); Бурдерон, Лонге, Гильбо (Франция); Грабер, Грейлих, Нобс, Гримм (Швейцария); Турати (Италия); Плеханов, Потресов, Засулич... О каком взаимопонимании могла идти речь, если Ленин выдвигал все новые бредовые и утопические идеи (например, лозунг о мировой революции), вызывающие у трезво мыслящих социал-демократов Запада не только удивление, но и возмущение.

6 сентября 1914 года Ленин выступил с докладом на собрании Бернской группы большевиков-эмигрантов, в котором изложил свою позицию по отношению к войне и выдвинул задачи, сформулированные в «Тезисах о войне». В корне извратив и исказив причины и характер европейской войны, Ленин обрушивается на немецкую, французскую и бельгийскую социал-демократические партии за их «национально-либеральную политику», поддержание немецкими социал-демократами военного бюджета своего государства, измену социализму, вступление вождей бельгийской и французской социал-демократических партий «в буржуазные правительства», отрицание социалистической революции, классовой борьбы, отказ от лозунга превращения военных столкновений государств Европы «в гражданскую войну». Ленин особо упрекал европейских социал-демократов за то, что они «под видом патриотизма и защиты отечества» игнорируют или отрицают основную истину социализма, изложенную в «Коммунистическом Манифесте», что «рабочие не имеют отечества». Обвиняя вождей европейских социал-демократических партий в измене социализму и революции, Ленин делает вывод, что все это «означает идейно-политический крах... Интернационала».

Опуская бредовые мысли, демагогические лозунги и сомнительные выводы, следует выделить основную цель, которую ставил перед собой Ленин:

1) дискредитировать II Интернационал и создать III Интернационал, взяв руководство им в свои руки;

2) широко пропагандировать среди российских социал-демократов и всего народа России идею поражения царской монархии в европейской войне.

Обосновывая (?) необходимость создания III Интернационала, Ленин говорит: «Так называемый «центр» немецкой социал-демократической партии и других социал-демократических партий на деле трусливо капитулировал перед оппортунистами. *Задачей будущего Интернационала должно быть бесповоротное и решительное избавление от этого буржуазного течения в социализме*»[10] (выделено мной. — *А.А.*). Иными словами, Ленину нужен был такой международный политический центр, который не пропагандировал бы парламентскую борьбу за власть, социально-политические и экономические реформы и защиту Отечества, а был бы способен превратить мировую войну в гражданскую, способен был разжечь пожар всемирной социалистической революции.

«Тезисы о войне»[11] не получили сколько-нибудь широкого распространения и не были поддержаны социал-демократами европейских стран и России. Ленин не смог опубликовать и небольшую статью «Европейская война и международный социализм». Она также была опубликована в «Правде» спустя пять лет после смерти ее автора.

1 ноября 1914 года в нелегальной газете «Социал-Демократ» (№ 33) появляется манифест «Война и российская социал-демократия». В ней Ленин более пространно обрушивается на социалистические партии Европы и их вождей, особенно немецкой, которая, по его мнению, «граничит с прямой изменой делу социализма»[12]. Достается и вождям социалистического II Интернационала, которые, как он пишет, якобы «пытаются подменить социализм национализмом... отрицая социалистическую революцию и подменяя ее буржуазным реформизмом»[13]. Не обошел Ленин и российских социал-демократов, социалистов-революционеров, кадетов и народников. Он призывает «обязательно заклеймить шовинистические выступления... Е.Смирнова, П.Маслова и Г.Плеханова»[14]. Но ни слова не говорит, в чем заключается их шовинизм.

Завершив нападки на своих политических противников, Ленин переходит к **главному** вопросу. Он выдвигает на повестку дня вопрос создания нового интернационала. *«Рабочие массы, —* пишет он, *— через все препятствия создадут новый Интернационал... Превращение современной империалистической войны в гражданскую войну есть единственно правильный пролетарский лозунг... Да здравствует пролетарский Интернационал, освобожденный от оппортунизма!»*[15]. Однако, насколько известно, он не был согласован и обсужден с членами ЦК, избранными на пражской партийной конференции.

В том же номере «Социал-Демократа» была помещена статья Ленина «Положение и задачи социалистического Интернационала».

Обильно полив помои на головы европейских и русских «оппортунистов» и «шовинистов» и вновь демагогически рассуждая о войне, революции и социализме, Ленин заканчивает статью постановкой задачи: «II Интернационал умер, побежденный оппортунизмом. Долой оппортунизм и да здравствует очищенный не только от «перебежчиков» (как желает «Голос»), но и от оппортунизма III Интернационал... III Интернационалу предстоит задача организации сил пролетариата для революционного натиска на капиталистические правительства, *для гражданской войны против буржуазии всех стран за политическую власть, за победу социализма!»*[16] (Выделено мной. — *А.А.*).

Весть об объявлении Германией войны России была встречена во всех слоях российского общества возмущением и негодованием. Волна патриотического движения вихрем охватила всю Россию. На Отечественную войну по зову сердца шли тысячи добровольцев, не ожидая официального их призыва в армию. Россияне шли на фронт, чтобы защитить Отечество, шли «убивать, чтобы не быть убитыми».

В «Русском Слове» было напечатано воззвание «От писателей, художников и артистов», написанное в духе патриотизма, осуждения германских шовинистов, развязавших мировую войну. В воззвании, в частности, подчеркивалось: «...Каждый новый день приносит новые страшные доказательства жестокостей и вандализма, творимых германцами в этой кровавой брани народов...»

Под воззванием поставили подписи более *300* (!) человек. Среди них почетные академики, видные деятели литературы, культуры, искусства и общественных организаций. Советская историография (прежде всего сотрудники ИМЭЛ) сознательно скрывала их имена. Приведем лишь некоторые: А.Бахрушин, Ив.Бунин, М.Горький, А.Серафимович, П.Скиталец (Петров), М.Чехов, К.Успенский, П.Струве, Н.Михайлов, Д.Тихомиров, А.Васнецов, В.Васнецов, С.Коненков, К.Коровин, С.Меркулов, Л.Пастернак, Ф.Шаляпин, А.Нежданова, М.Ермолова, Е.Вахтангов, В.Качалов, К.Станиславский, Вл.Немирович-Данченко, Ив.Москвин, А.Южин (кн. Сумбатов), А.Яблочкина, В.Пашенная, А.Остужев, А.Истомина, П.Садовская, А.Таиров, А.Хохлов, Н.Шевелев, М.Ипполитов-Иванов...[17]

Ленин возмущенно отреагировал на это воззвание. В статейке «Автору «Песни о Соколе», опубликованной в 34-м номере «Социал-Демократа» 5 декабря 1914 года, он назвал воззвание «шовинистски-поповским протестом против немецкого варварства». В нем он советует Горькому «беречь свое доброе имя и не давать его для подписи под всякими дешевенькими шовинистическими протестами, которые могут ввести в заблуждение малосознательных рабочих»[18]. Статейку Ленина иначе, как отповедью циника, нельзя назвать.

В связи с завершением работы конференции заграничных секций РСДРП (февраль 1915 г.) в 4-м номере «Социал-Демократа» Ленин публикует очередную интриганскую статью. В ней он вновь обрушивается на социал-демократический центр «с Каутским во главе», который якобы «вполне скатился к оппортунизму, прикрывая его особо вредными лицемерными фразами и фальсифицированием марксизма под империализм». Но и здесь он не упускает случай, чтобы выступить за поражение России в войне, которое, по его мнению, **«при всех условиях представляется наименьшим злом»**[19].

Обращает на себя внимание тот факт, что Ленин неустанно выступает за поражение России в войне, а не Германии, развязавшей эту ужасную бойню. Своими гнусными и предательскими статьями он расплачивался перед германскими властями за свою безбедную жизнь в Швейцарии. И в этом убеждаемся, ознакомившись со статьей «По поводу Лондонской конференции». Приведем лишь одну цитату из этой работы, чтобы ясно понять, на кого работал так называемый правдолюбец: **«Войну с целью разорения и ограбления Германии, Австрии, Турции ведет англо-французская плюс русская буржуазия»**[20]. Так беззастенчиво мог писать только Ленин.

В августе 1915 года Ленин вместе с Зиновьевым пишет большую статью «Социализм и война»*. В этой работе дана субъективная оценка войне и сделан ряд абсурдных и неверных выводов. Например: «Царизм ведет войну *для захвата Галиции и окончательного придушения свободы украинцев, для захвата Армении, Константинополя и т. д.»*[21] (выделено мной. — А.А.). Ну зачем, например, захватывать Армению, если она находилась в составе России? Сущий бред!

Эти строки насквозь пронизаны фальшью и лицемерием. Когда «защитник» угнетенных народов сочинял свою статью, именно в это время турки вырезали 1,5 млн армян. Но это «правдолюбец» не замечает. Самое интересное в этой истории то, что армяне русских называют **освободителями,** а не захватчиками, как об этом пишет Ленин. Чтобы окончательно развеять вымысел германофила Ленина, достаточно привести слова великого армянского просветителя Хачатура Абовяна, выразившего чувства своих соотечественников к русскому народу и государству: *«Да будет благословен тот час, когда русские благословенной своей стопой вступили на нашу священную землю и развеяли проклятый злобный дух кызылбашей»*[22].

Что же касается войны России с Турцией в 1914—1917 годах, то она была вынужденной мерой, поскольку последняя сама была ее зачинщицей, выступившей против России, Англии и Франции в союзе с Австро-Венгрией и Германией.

И все же главной мишенью отравленных «стрел» Ленина в брошюре являются опять «социал-шовинисты» и «оппортунисты» К.Каутский, Г.Плеханов, В.Адлер, Э.Вандервелье, Г.Алексинский, Н.Чхеидзе, В.Гейне и другие, ставшие на позиции защиты отечества в европейской войне.

---

* Напечатана отдельной брошюрой в августе 1915 года в Женеве.

Особо острой критике Ленин подвергает германскую социал-демократию, являющуюся, по его мнению, «наиболее сильной и руководящей партией во II Интернационале», за то, что она «нанесла самый чувствительный удар международной организации рабочих»[23].

Ленин обрушил шквал брани и на головы социалистов «пацифистского оттенка» за то, что они без всяких условий выдвигают лозунг о скорейшем прекращении войны. «Бороться за скорейшее прекращение войны, — пишет он, — необходимо. Но только при призыве к *революционной* борьбе требование «мира» получит пролетарский смысл. Без ряда резолюций так называемый демократический мир есть **мещанская утопия**»[24]. И далее Ленин пишет: «Третий Интернационал, по нашему мнению, должен был создаться именно на такой революционной базе. Для нашей партии не существует только вопрос осуществимости этого в ближайшее время в интернациональном масштабе... Ближайшее будущее покажет, назрели ли уже условия для создания нового марксистского Интернационала». При этом он подчеркивает: «...мы знаем, наверное, в чем убеждены непоколебимо, это — в том, что *наша* партия в *нашей* стране среди *нашего* пролетариата будет неутомимо работать в указанном направлении и всей своей повседневной деятельностью будет создавать российскую секцию марксистского Интернационала»[25].

Так рассуждал чужой для России политэмигрант Ленин. Но преобладающее большинство россиян было настроено патриотически, клеймя позором германский милитаризм, насажденный воинствующим Бисмарком. Все периодические издания, кроме большевистских, гневно осуждали агрессивный пыл Германии, призывали граждан России встать на защиту Отечества. Вот что, в частности, писала в своей брошюре З.К.Пименова: «Прусский дух, прусская военная сила по-прежнему господствует в Германии, подавляя все стороны духовной жизни германского народа и заставляя его отдавать весь свой гений и всю свою изобретательность на службу богу войны»[26].

Чтобы понять всю демагогическую фразеологию большевистского теоретика, достаточно вспомнить, на какие рабские (в угоду Германии) условия пошел он при подписании Брестского мира, хотя до захвата власти в России чуть ли не на каждом углу кричал о мире «без аннексии и контрибуции».

Абсурдность мыслей Ленина очевидна. Эти, мягко выражаясь, несерьезные размышления и выводы ставят «пролетарского вождя» в довольно казусное положение: получается, что все договоры о мире и дружбе, заключенные между различными государствами в XX веке, ничто иное, как «мещанская утопия». Сущий вздор!

Вздор не вздор, но Ленин продолжает свою работу по созданию III Интернационала. Увлекшись навязчивой идеей создания III Интернационала, Ленин стал выдавать желаемое за действительное. В «Открытом письме Борису Суворину»[27] он без всякого стеснения пишет:

«Третий Интернационал уже родился. *И если он еще не освящен первосвященниками и попами II Интернационала,* а, наоборот, проклят ими... это все же не мешает ему приобретать день ото дня новые силы. Третий Интернационал даст возможность пролетариату избавиться от оппортунистов, и он же приведет массы к победе в социальной революции, которая назревает и приближается»[28] (выделено мной. — *А.А.*).

После возвращения из эмиграции Ленин с головой уходит в работу по мобилизации сил для осуществления государственного переворота (июльский мятеж). Но мысль о создании III Интернационала его не покидала. В статье «О задачах пролетариата в данной революции», опубликованной в «Правде» 7 апреля 1917 года, в 10-м пункте своих тезисов подчеркивает: «Обновление Интернационала. Инициатива создания революционного Интернационала, Интернационала против *социал-шовинистов* и против «центра»[29].

На VII (Апрельской) Всероссийской конференции РСДРП(б) Ленин вновь поднимает вопрос об Интернационале. Однако его тезис о разрыве с Циммервальдским большинством не был поддержан делегатами конференции. Конференция выступила и *против* попытки Ленина создать III Интернационал. Большинство делегатов проголосовало за участие большевиков в III Циммервальдской конференции.

Однако Ленин понимал, что для создания этого нового политического центра по руководству мировой революцией необходима подготовительная работа. С этой целью он 29 мая 1917 года пишет письмо Радеку в Стокгольм, в котором излагает свое чаяние: «Если бы поскорее международное совещание левых, то Третий Интернационал был бы основан»[30]. 17 июня Ленин вновь пишет Радеку: «...если левые шведы взяли в свои руки Циммервальд и если они захотят путаться, надо им поставить ультиматум: *или* они объявляют на первой же Циммервальдской конференции Циммервальд распущенным и основывают III Интернационал, или мы уходим. Так или иначе надо похоронить поганый («гриммовский»: все же он гриммовский) Циммервальд *во что бы то ни стало и основать настоящий III Интернационал только из левых, только против каутскианцев.* Лучше маленькая рыбка, чем большой таракан»[31].

Как видим из текста письма и других приведенных выше материалов, Ленин плел интриги и против «левых», и против «правых», и против «центра», и против Циммервальда... Словом, он был против всех, без исключения, кто не одобрял его политическую позицию. В этих условиях весьма сложно было найти единомышленников, на кого можно было бы возложить задачу составления Интернационала. И не находя на свободе нужной кандидатуры для этой цели, Ленин останавливается на... находящемся в заключении немецком социал-демократе Карле Либкнехте: «Только такие люди (группы, партии и т. п.), как немецкий социалист Карл Либкнехт, сидящий в каторжной тюрьме, только люди, борющиеся беззаветно и *со своим* правительством, и *со своей* буржуазией, и со своими социал-шовинистами, и *со своим* «центром», могут и должны немедленно составить необходимый народам Интернационал»[32].

На этом Ленин временно прекращает свои выступления относительно создания III Интернационала, поскольку он полностью посвящает себя задаче осуществления государственного переворота. А после провала июльского путча вопрос о создании III Интернационала переносится на задний план. И даже после захвата власти большевиками в октябре 1917 года Ленину было не до Интернационала, поскольку повсеместно на территории России началось сопротивление большевистской власти. Вплоть до окончания мировой войны и даже позже Ленин и его соратники были целиком заняты так называемым «триумфальным шествием советской власти» и ее упрочением в центре и на местах.

Однако вскоре после окончания мировой войны в общественно-политических кругах Запада стали прослеживаться проявления, которые не могли не насторожить вождя большевиков. В частности, лидеры ряда социал-демократических партий стали заявлять, что необходимо возродить деятельность II Интернационала. Конкретные шаги организационного характера предприняли руководители Лейбористской партии Англии, обратившись к социалистам всех стран с предложением созвать 6 января 1919 года в Лозане (Швейцария) Международную социалистическую конференцию в целях возрождения II Интернационала. А вот как отреагировал Ленин на действия лидеров английских лейбористов. Напуганный столь неожиданным оборотом дела, ЦК РКП(б) по инициативе Ленина разослал 24 декабря 1918 года радиограмму, в которой призывал все революционно-интернационалистические элементы отказаться от участия «в конференциях врагов рабочего класса, прикрывающихся именем социализма»[33].

Одновременно Ленин ставит вопрос о срочном созыве международной социалистической конференции коммунистов и левых социал-демократов с целью создания III Интернационала. Конкретные шаги организационного характера он излагает в директивном письме Наркому иностранных дел Г.В.Чичерину: «...т.Чичерин! Нам надо спешно (до отъезда «спартаковца»* утвердить в ЦК) подготовить международную социалистическую конференцию для основания III Интернационала. (В Берлине (открыто) или в Голландии **(тайно)**, *скажем, на* 1.II.1919) [вообще очень скоро]...»[34]

Маховик большевистской идеологической машины завертелся. К работе по созданию III Интернационала были подключены все партийные и государственные органы, включая ВЧК. Вскоре Ленин убедился, что совершенно нереально пытаться создать Интернационал за рубежом: было очевидно, что эта затея может закончиться полным про-

---

* Члена немецкого Центрального Совета «Союза Спартака» Э.Фукса.

валом, и для него лично — плачевно. Поэтому было решено созвать международную конференцию для основания III Интернационала в Москве. Однако организаторам политического шоу никак не удавалось зазвать на него зарубежных представителей. И тут выручила смекалка Ленина. Было решено заполнить аудиторию конференции представителями многочисленных национальностей и народностей России. В этой интернациональной среде легко можно было бы «растворить» так называемых зарубежных делегатов, которых можно было счесть на пальцах одной руки. Для Ленина важно было разрекламировать факт созыва международной коммунистической конференции. И первым шагом в этом направлении было воззвание «К первому съезду Коммунистического Интернационала», которое от имени ЦК РКП(б) и нескольких компартий было разослано по странам Запада и Востока.

Как бы то ни было, 2 марта 1919 года в Москве открылась Учредительная, так называемая Международная коммунистическая конференция. Большевистская пресса широко освещала работу конференции, искусственно раздувала ее международное значение и масштабность. Вместе с тем коммунистическая пресса особо не афишировала делегатов этого политического спектакля, прибывших (?) из зарубежных стран. Они мельком упоминаются лишь в отдельных работах, а также в научных исследованиях. Так, например, в 37-м томе сочинений Ленина говорится, что в работе конференции «приняли участие 52 делегата (В.И.Ленин, В.В.Воровский, Г.В.Чичерин, Г.Эберлейн (М.Альберт), О.В.Куусинен, Ф.Платтен, Б.Рейнштейн, С.Рутгерс, И.С.Уншлихт (Юровский), Ю.Сирола, Н.А.Скрипник, С.И.Гопнер, К.Штейнгард (И.Грубер), И.Файнберг, Ж.Садуль и др.»[35]. Отметим, что из 52 делегатов Конгресса более половины являлись членами РКП(б), постоянно проживающие в России. В их числе: Ленин, Сталин, Троцкий, Зиновьев, Клингер, Бухарин, Чичерин, Радек, Воровский, Оболенский (Осинский), Скрипник, Уншлихт, Куусинен, Балабанова, Раковский и другие.

Многие приведенные выше фамилии нерусского происхождения, на первый взгляд, производят впечатление, будто на этом форуме были представлены коммунистические и социал-демократические партии чуть ли не всех европейских стран. Но стоит поближе познакомиться с биографией этих делегатов, как сразу же обнаруживаешь, в какое смешное положение поставили себя организаторы III Интернационала 80 лет тому назад. В этом очень легко убедиться.

Начнем с Г.Эберлейна, так называемого немецкого коммуниста, ведущего раскольническую (по примеру большевиков) деятельность в своей партии, борющегося с инакомыслящими. Именно при его активном участии на II съезде в октябре 1919 года произошел раскол Коммунистической партии Германии и были исключены из партии немецкие «меньшевики» за то, что они отрицали вооруженную борьбу, отказывались принимать участие в реакционных профсоюзах. Не случайно Ленин в своем письме Павлу Леви, Кларе Цеткин и Гуго Эберлейну, выполняющих роль креатур, писал, что «необходим раскол с каутскианцами»[36].

О.В.Куусинен и Ю.Сирола на конференции представляли коммунистическую партию Финляндии. Это на бумаге. На деле после 1918 года Куусинен постоянно жил и работал в Советской России, занимал ряд ответственных партийных и государственных должностей, был членом Президиума, затем Политбюро ЦК КПСС. «За особые заслуги перед советским государством (?) в 1961 году ему было присвоено звание Героя Социалистического Труда».

Что касается Сиролы, то даже в справочном разделе сочинений Ленина нет указаний, что он был делегатом конгресса Коминтерна. Подчеркивается лишь, что «в 1921−1922 и 1928−1936 годах — член Интернациональной контрольной комиссии Коминтерна»[37]. Он также жил в Москве.

Фриц Платтен известен читателю как агент германского генштаба, осуществляющий секретные связи большевиков с немецкими властями. Эти сведения стали достоянием швейцарских общественных кругов. Поэтому он вынужден был покинуть родину и переехать на постоянное место жительства в Россию. Однако 12 марта 1938 года Платтен был арестован*. Он был обвинен по статье 58 (измена) и статье 182 (незаконное хранение оружия) и приговорен к четырем годам исправительных работ. 22 апреля 1942 года Платтен скончался в больнице исправительного лагеря под Архангельском. Кстати, незадолго до ареста Платтену было предложено добровольно покинуть СССР и вернуться в Швейцарию. Однако он наотрез отказался. Очевидно, он понимал, что там его сладкая жизнь не ожидает.

Любопытна биография В.И.Рейнштейна. Он россиянин. Какое-то время жил в США, работал в Американской социалистической рабочей партии и даже был ее представителем во II Интернационале. В 1917 году Рейнштейн возвратился в Россию и в апреле 1918 года вступил в партию большевиков. Почти 20 лет работал в Коминтерне, затем в Профинтерне. Так что никакую зарубежную партию он в III Интернационале не представлял.

Забавная история получается с Себальдом Рутгерсом. Он действительно голландец. Но весь казус с этим делегатом международной коммунистической конференции заключается в том, что он с 1918 года по 1938-й работал в РСФСР, затем в СССР; в 1921−1926 годах являлся (по решению Политбюро ЦК РКП(б)) руководителем автономной индустриальной колонии (АИК) по восстановлению и эксплуатации угольной и химической промышленности Кузбасса, то есть вел предпринимательскую деятельность.

Поиск источников, где можно было бы почерпнуть информацию о

---

* 4 июня 1939 года была арестована и его жена, Берта Циммерман.

К.Штейнгарде, не дал положительных результатов. Создается впечатление, что эта фамилия вымышлена, чтобы пустить пыль в глаза читателям, и в первую очередь мировой общественности.

Об И.И.Файнберге говорится в литературе, что он один из основателей Коммунистической партии Великобритании. Но известно также, что он в 1918 году переехал в Россию и до конца своей жизни жил и работал в СССР. Поэтому говорить о том, что он представлял в Коминтерне английских коммунистов, не приходится.

Завершает приведенный список делегатов конференции Жак Садуль, который служил, по словам Ленина, **верой и правдой французскому империализму**[38]. Это офицер французской армии. В 1917 году был командирован в Россию в качестве члена французской миссии. После октябрьского переворота вступил во французскую секцию РКП(б) и добровольцем в Красную Армию. На родине военным судом заочно приговаривался к смертной казни. Но это, очевидно, был политический трюк, поскольку по возвращении во Францию (в 1924 г.) он никаких наказаний не понес. Почему — остается загадкой. Кстати, на конференции присутствовал еще один француз — Анри Гильбо, но он в приведенный выше список не попал, и понятно почему: вскоре выяснилось, что он, оказывается, не разделяет политику большевиков, а позже стало очевидно, что ему близка... троцкистская политическая позиция. Вот только непонятно, чем отличался Троцкий от Ленина и других лидеров большевиков.

Сделав экскурс в историю образования III Интернационала, можно теперь перейти к рассмотрению его практической деятельности. Но для начала надо бы ознакомить читателя с одной фальшивкой, которую распространил Ленин в мае 1919 года в журнале «Коммунистический Интернационал». Вот что он писал: **Третий Интернационал фактически создался в 1918 году...**[39] Поскольку это не первая фальшивка, исходящая от Ленина, поэтому примем ее к сведению и перейдем к главным вопросам, связанным с деятельностью и сущностью Коммунистического Интернационала.

Формально международный центр планирования, организации и осуществления государственных переворотов в странах Европы и Востока образовался 2 марта 1919 года. Практически же большевистские лидеры приступили к этой деятельности, как уже говорилось выше, еще осенью 1918 года.

Особое внимание Ленин и его ближайшие соратники (Троцкий, Зиновьев, Сталин, Иоффе, Ганецкий, Свердлов, Радек и др.) уделяли Германии и Австро-Венгрии. Именно в эти страны в первую очередь были направлены эмиссары Иоффе и Радек. Прикрываясь дипломатическим статусом, они путем агитации и прямого подкупа разжигали революционные страсти рабочих, подстрекали их к решительным действиям, к захвату власти. Так, за участие в восстании «Спартака», организованном немецкими ультралевыми социал-демократами, Карл Радек был посажен в Берлинскую тюрьму «Маобит». Немецкий генерал Людендорф, критикуя германское правительство за пассивные действия против большевистских агентов в рассматриваемый период, писал, что оно «созерцало, как Иоффе в Берлине раздавал деньги и воззвания и подготовлял революцию... Социалисты большинства, как партия, признавали великую опасность большевизма... В конце октября* Иоффе был наконец выслан, и мы вновь перешли в состояние войны с Россией»[40].

А.Иоффе, являющийся с апреля по ноябрь 1918 года полпредом РСФСР в Берлине, действительно был выдворен из Германии, но этот большевистский деятель за полгода сумел сделать многое. В конце сентября 1918 года политическая обстановка в Германии и Австро-Венгрии была близкой к тому, чтобы разразилась гражданская война. Ленин остро чувствовал, что сегодня-завтра в этих странах могут произойти серьезные политические события. 1 октября он из Горок отправляет письмо Свердлову и Троцкому:

«...Дела так «ускорились» в Германии, что нельзя отставать и нам. А сегодня мы уже отстали. Надо созвать *завтра* соединенное собрание ЦИК Московского Совета Райсоветов Профессиональных Союзов и прочая и прочая. Сделать **ряд** докладов *о начале революции в Германии*. (Победа *нашей* тактики борьбы с германским империализмом. *И. т. д.*)

Принять резолюцию.

Международная революция приблизилась *за неделю* на такое расстояние, что с ней надо считаться как с событием *дней ближайших*.

Никаких союзов ни с правительством Вильгельма, ни с правительством Вильгельма II + Эберт и прочие мерзавцы.

Но немецким рабочим массам, немецким трудящимся миллионам, когда они начали своим духом возмущения (пока еще *только* духом), мы братский союз, *хлеб,* помощь военную начинаем готовить.

Все умрем за то, чтобы помочь немецким рабочим в деле движения вперед начавшейся в Германии революции.

Вывод: 1) вдесятеро больше усилий на добычу хлеба (запасы *все* очистить и для нас *и для немецких* рабочих), 2) вдесятеро больше *записи* в войско. Армия в 3 миллиона должна быть у нас к *весне* для помощи международной рабочей революции.

Эта резолюция должна в среду ночью пойти всему миру по телеграфу...»[41]

Ленин слова на ветер не бросал. Материальная и практическая помощь немецким экстремистам была оказана. 7 ноября 1918 года в Баварии было провозглашено образование социалистической республики. Правда, она просуществовала недолго.

---

* 1918 года.

Весьма интересные сведения о методах и средствах, стимулирующих деятельность левых сил Европы, содержатся в воспоминаниях А.И.Балабановой[42]. После октябрьского переворота по рекомендации Ленина она была направлена в Стокгольм для установления тесных контактов с европейскими социал-демократическими организациями и группами левого толка. Любопытен отрывок воспоминаний Балабановой, в котором наглядно отражен метод экспорта революции:

«Корабли прибывали в Стокгольм каждую субботу. Они привозили мне огромное количество денег. Цель подобных денежных перемещений была мне непонятна... Я получила письмо от Ленина, в котором он писал: «Дорогой товарищ Балабанова. Отлично, отлично (подчеркнуто три раза — это привычка Ленина придавать особое значение своим словам), Вы наш самый способный и достойный сотрудник. Но я умоляю Вас, не экономьте. Тратьте миллионы, много миллионов». Мне разъяснили, что я должна использовать деньги для поддержки левых организаций, подрыва оппозиционных групп, дискредитации конкретных лиц и т. д.»[43].

Ум и способность уловить черты характера человека, его внутренний мир и нравственные устои позволили А.И.Балабановой показать Ленина таким, каким он был в действительности. Вот что она писала в своих воспоминаниях: *«Ленину нужны были соучастники, а не соратники. Верность означала для него абсолютную уверенность в том, что человек выполнит все приказы, даже те, которые находятся в противоречии с человеческой совестью... Ленин никогда не отрицал тех действий и поступков, за которые он нес ответственность, так же как не пытался он уменьшить тяжесть их последствий, потому что он всегда действовал с самонадеянностью в правоте своего дела и был пропитан уверенностью, что только его теория — большевизм — сможет восторжествовать... Он был нетерпимым, упрямым, жестоким и несправедливым в общении со своими оппонентами...»[44].*

Финн Эйно Рахья никогда не был оппонентом Ленина. Напротив, он был верным соучастником преступных дел Ленина, беспрекословно выполнял все его поручения и приказы. Поэтому, когда Рахья от имени руководства (?) финских коммунистов обратился к Ленину с просьбой оказать компартии Финляндии материальную помощь на сумму 10 миллионов финских марок, то тот, не моргнув глазом, дал свое согласие на это[45].

20 февраля 1919 года заместитель наркома по иностранным делам Л.М.Карахан направил Ленину письмо с просьбой о срочном отпуске кредитов в сумме 200 тысяч рублей на поддержание «рабочих организаций» и для целей агитации и пропаганды на Востоке. Ленин на этом письме делает лаконичную запись: «в СНК»[46].

14 июля того же года председатель ЦИК Калмыкии А.Чапчаев послал Ленину докладную записку по вопросу об использовании пропа-

ганды и агитации «против господства англичан в Азии». Ленин ставит резолюцию: «в оргбюро Цека. По моему направить к Чичерину для подгот.(овительных) мер. 16/VII Ленин»[47].

Как видим, Востоку Ленин уделяет внимание, но его взор все же был направлен на Запад, где, по его мнению, вот-вот должны были вспыхнуть революционные очаги.

Выступая с отчетным докладом ЦК на VIII съезде РКП(б) 18 марта, Ленин говорил: «Сотни тысяч военнопленных из армий, которые империалисты строили исключительно в своих целях, передвинувшись в Венгрию, в Германию, в Австрию, создали то, что *бациллы большевизма захватили эти страны целиком*»[48] (выделено мной. — А.А.). Поразительное признание Ленина в болезнетворности большевизма! Но вместе с тем информация, которую дает Ленин, безошибочна: бациллы большевизма плюс деньги и оружие сделали свое дело. 22 марта 1919 года по радио было получено известие об образовании 21 марта Венгерской Советской Республики. Во главе правительства оказался **член РКП(б),** политический авантюрист и международный преступник Бела Кун. По поручению VIII съезда РКП(б) Ленин послал от имени съезда приветственную радиотелеграмму правительству Венгерской Советской Республики и сообщил, что *рабочий класс России всеми силами спешит к вам на помощь*». Очевидно, в порыве эйфории Ленин завершил приветствие словами: *Да здравствует международная коммунистическая республика!*»[49].

Идеей мировой революции были заражены почти все члены большевистского Политбюро. В этом вопросе Ленин был главным идеологом и вдохновителем. Но совершенно очевидно, что Троцкий не меньше, чем Ленин, был заражен этой навязчивой идеей. Он был глубоко уверен, что наступит день, когда революция победит на всей планете. Вскоре после создания III Интернационала он писал: «Если сегодня центром Третьего Интернационала является Москва, то, — мы в этом глубоко убеждены, — завтра этот центр передвинется на Запад: в Берлин, Париж, Лондон... Ибо международный коммунистический конгресс в Берлине или Париже будет означать полное торжество пролетарской революции в Европе, а стало быть, во всем мире»[50].

Когда в Мюнхене коммунистические экстремисты 13 апреля 1919 года подняли путч и, пользуясь слабостью силовых структур в городе, объявили Баварскую Советскую Республику, то Троцкий ликовал. События в Баварии вселили в Троцкого уверенность, что костер мировой революции начал разгораться и что погасить его будет уже невозможно. Вести из Баварской столицы произвели на Троцкого такое сильное впечатление, что он поспешил дать политический прогноз: **«Советская Германия,** — заявил он, — **объединенная с Советской Россией, оказались бы сразу сильнее всех капиталистических государств, вместе взятые!»**[51]

В порыве эйфории, вызванной осуществлением коммунистического путча в Баварии, большевистские лидеры стали активизировать свои действия по экспорту революционных бацилл в страны мира. Большевистская пропаганда «мировой революции» достигла и американского континента. Она вызвала у американского общества вполне объяснимую тревогу и озабоченность. Эти чувства стали проявляться в публичных выступлениях и в антибольшевистских демонстрациях; они нашли отражение и в печати. Например, на первой странице газеты «Чикаго Трибун» в июле 1920 года была опубликована пространная статья, в которой ее автор, Джон Клайтон, раскрывает политические цели большевиков, как международной преступной организации, пытающихся дестабилизировать общественно-политическую жизнь в странах мирового сообщества. Уже в самом заглавии автор статьи подчеркивает: **«Большевизм только орудие для достижения определенной цели».** А цель, по мнению Клайтона, — это *«установление мирового господства».* Автор конкретизирует эти цели.

«Работа большевизма направлена на разрушение существующего строя общества. ...В рядах коммунистов есть группа, принадлежащая к этой партии, которая на коммунизме не останавливается. Для вождей коммунизм имеет лишь второстепенное значение... Они готовы использовать для своих целей безразлично все, что угодно, будь это восстание Ислама, ненависть центральных держав к Англии, японские вожделения на Индию или торговое соперничество между Америкой и Англией. Как подобает всякой мировой революции, так и данная прежде всего направлена против Англо-Саксов...»[52]

Следует сказать, что большевистские лидеры не скрывали своих намерений. Широко распространяя пропагандистский лозунг «Пролетарии всех стран, соединяйтесь!», штаб Коммунистического Интернационала разрабатывал все новые планы государственных переворотов в странах Европы и Азии. Для этих целей выделялись огромные материальные средства. На эту военно-политическую акцию работала вся идеологическая машина большевистского правительства — печать, радио, искусство, литература, поэзия. Приведенные ниже строфы Владимира Маяковского тому свидетельство:

Ломая границ узы,
шагая горами веков,
и к вам придет,
французы,
красная правда большевиков.
Все к большевизму ведут пути,
не уйти из-под красного вала,
Коммуне по Англии неминуемо пройти,
рабочие выйдут из подвалов.

Что для правды волн ворох,
что ей верст мерка!
В Америку Коммуна придет. Как порох,
вспыхнет рабочая Америка[53].

В условиях разрухи, нищеты и голода советское правительство выделяло огромные средства на пропаганду идей III Интернационала и «мировой революции». Под руководством Коминтерна и с участием Пролеткульта разрабатывались и в большом количестве изготовлялись пропагандистские плакаты и транспаранты, которые распространялись по всей стране. В скульптурных, художественных и проектных мастерских, а также на фарфоровых заводах изготовлялись различные изделия, иллюстрирующие коммунистические идеи и призывающие пролетариат всех стран объединиться и разжечь пламя «мировой революции» по всей планете.

«Пролетарский фарфор» первых лет Советской власти. Государственный фарфоровый завод. Петроград, 1920 г.

Бесспорно, как оратор Троцкий превосходил Ленина, но уступал ему как аналитик. Информация, которой владел Ленин, не давала ему оснований быть убежденным в успешном исходе событий в Баварии. Очевидно, этим можно объяснить то, что приветствие Баварской Советской Республике[54] он пишет аж 27 апреля (!)*, то есть тогда, когда «независимые социал-демократы» выпроваживали всех коммунистов во главе с их лидером Е.Левине** со всех руководящих постов. А 1 мая правительственные войска вступили в Мюнхен, и вскоре мятеж авантюристов был подавлен.

Такая же участь ожидала Венгерскую Советскую Республику. 1 августа 1919 года она была свергнута. Бела Кун со своим войском бежал в Россию и, пользуясь доверием и покровительством Ленина, принимал активное участие в кровавой ликвидации офицеров армии Врангеля и истреблении сопротивляющихся против большевистского правительства народов России.

Забегая вперед, отметим, что большевистское правительство открыто поддерживало мятеж в Гамбурге, организованный немецкими экстре-

---

* Нет сведений о том, что оно было отправлено в Мюнхен.
** Настоящая фамилия Ниссен.

мистами в октябре 1923 года. И на этот раз мятежники были жестоко разгромлены.

Мне представляется, что Ленин предвидел исход «революционных» вспышек в цивилизованных странах Европы. Однако, не ослабляя усилия по их материальной и моральной поддержке, вместе с тем он с весны 1919 года больше внимания стал уделять отсталому Востоку. Судя по всему, он возлагал большие надежды на Турцию, рассчитывал, что именно она станет знаменем борьбы народов Востока с «мировым империализмом», фиаско в Баварии, а затем и в Венгрии убеждают Ленина в том, что надо активизировать военно-политическую деятельность в странах ближнего и дальнего Востока. Более того, из Туркестана стали поступать обнадеживающие сведения.

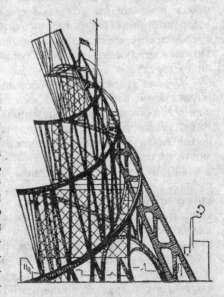

«Планетарная архитектура». Проект памятника III Интернационалу в Москве. Здание-календарь. 1919—1920 гг. Автор В.Е.Татлин

Так, 24 мая 1919 года Реввоенсовет Туркестанской Республики направил докладную записку в Реввоенсовет РСФСР, в которой подчеркивалось: «...Афганистан, видимо, готов заключить с нами союз борьбы с Англией». В этом документе, подписанном председателем Реввоенсовета Казаковым и начальником Главного штаба Домогатским, содержится и просьба: «Дайте ваши инструкции относительно линии поведения с правительством Афганистана»[55].

Эти сведения подкреплялись еще тем, что в конце апреля 1919 года из Кабула выехало в Советскую Россию чрезвычайное посольство во главе с Мухаммед Вали-ханом. Последний при беседе с Лениным сказал: «Я протягиваю Вам дружескую руку и надеюсь, что Вы поможете освободиться от гнета европейского империализма всему Востоку»[56].

Анализируя сложившуюся политическую ситуацию в Европе и на Востоке, Троцкий приходит к выводу: «...Красная Армия на арене европейских путей мировой политики окажется довольно скромной величиной не только для наступления, но и для обороны... Иначе представляется положение, если мы станем лицом к Востоку... Дорога в Индию может оказаться для нас в данный момент более проходимой и более короткой, чем дорога в Советскую Венгрию...»[57].

Давайте проследим, как и какими средствами большевистский штаб прокладывал дороги (короткие, средние и длинные), ведущие к «мировой революции». Изучение источников позволило выявить основные средства, которые использовались большевистскими вождями и теоретиками в целях создания «Международной коммунистической республики».

Первое. Это экспорт идей большевизма в страны Запада и Востока. Этим делом до образования Коминтерна занимался Народный комиссариат иностранных дел. Чиновники НКИД, распространяющие за границей революционные идеи, получали большие денежные вознаграждения. Были установлены даже тарифные ставки агитаторам в зависимости от страны, в которой они вели работу. Например, премия за агитационную работу в Северном Китае и Корее составляла 10 тысяч рублей, а в Южном Китае — 20 тысяч рублей[58]. Должен заметить, что коммунистическая пропаганда в странах Востока проводилась не только штатными чиновниками аппарата НКИД. Ленин умел использовать любую возможность, чтобы организовать и проводить коммунистическую пропаганду среди народов других стран. Даже в условиях гражданской войны он дважды созывает в Москве съезд представителей мусульманских организаций. Он принимает активное участие в работе съезда, выступает с докладом, прилагает большие усилия к тому, чтобы превратить делегатов съезда в проводников коммунистических идей в странах Востока.

Так, выступая на II съезде коммунистических организаций народов Востока 22 ноября 1919 года, он, обращаясь к делегатам, говорил: *«Перед вами стоит задача, чтобы и дальше заботиться о том, чтобы внутри каждой страны, на понятном для народа языке велась коммунистическая пропаганда... В этом вам поможет, с одной стороны, тесный союз с авангардом всех трудящихся других стран, а с другой — уменье подойти к народам Востока, которых вы здесь представляете... вы должны проложить дорогу к трудящимся и эксплуатируемым массам каждой страны и сказать на понятном для них языке, что единственной надеждой на освобождение является победа международной революции и что международный пролетариат является единственным союзником всех трудящихся и эксплуатируемых сотен миллионов народов Востока»[59].*

Ленин пристально следил за идейными течениями в левом социализме и коммунизме и различными движениями в социал-демократических организациях Запада. В письме Чичерину от 4 января 1920 года он в этой связи писал: «...Надо добиться (и от Литвинова и всех членов РКП за границей и от всех «бюро» и агентур), чтобы были *наняты* прикосновенные к литературе люди в *каждой* стране (для начала достаточно в Дании, Голландии и т. п.) с *обязанностью* собирать по 4—5 экземпляров *каждой* социалистической и анархической и коммунистической брошюры и книги, *каждой* резолюции, *всех отчетов и протоколов о съездах* и т. д. и т. п. *на всех языках*. Все доставлять в Копенгаген, в Стокгольм, в Вену и т. п. (в Берлин также)... Надо заранее собирать через *нанятых* лиц (*русские неряхи и никогда аккуратно делать этого не будут*). Жалеть на это деньги глупо...»[60] (Выделено мной. — *А.А.*).

Из доклада Временного Военно-революционного Совета Туркестанской Республики, адресованного во ВЦИК и Реввоенсовет РСФСР, стало известно, что этот регион не имеет пограничной стражи и что граница «с Китаем, Индией, Бухарой и Афганистаном дает самую широкую почву иностранному шпионажу»[61]. Политбюро, которому фактически и практически подчинялся Коминтерн, быстро сообразило, как использовать эту прозрачную границу в целях создания в странах Востока филиалов III Интернационала. Архивные источники указывают, что с согласия Политбюро в Туркестане была организована так называемая «индусская база» по подготовке и внедрению в страны Востока пропагандистов, распространяющих в них революционные идеи, и что на эти цели, с согласия Ленина, выделяются 2 млн рублей золотом[62]. Думается, что в качестве инструкторов в «индусской базе» работали не только чиновники НКИД и деятели Коминтерна, но и сотрудники ВЧК.

Второе. Оно касается денежной помощи мнимым коммунистическим организациям Запада и Востока. С уверенностью могу отметить, что сегодня никто не сможет сказать, сколько всего было отпущено средств на «мировую революцию». Дело в том, что на поддержание коммунистических и прокоммунистических организаций Запада и Востока выделялись не только золотые рубли: выдавались и драгоценности, которые строго не оценивались. Более того, большевистские чиновники из НКИД и Коминтерна, передавая крупные суммы и большое количество драгоценностей представителям компартий зарубежных стран, на этом хорошо наживались. А получатели материальных средств бесконтрольно тратили их, а то и просто присваивали себе миллионы золотых рублей.

Так, например, проверка* деятельности главного так называемого казначея «Франкфуртского фонда» (Германия) Джеймса Рейха** показала, что хищение денежных средств Коминтерна, исчисляемое в нескольких миллионах немецких марок, имело место[63]. И все же, «товарищ Томас» совершал не такие тяжкие преступления, как Ленин. Миллионы россиян гибли от голода, от болезней, а он одним росчерком пера разбазаривал народное добро в целях осуществления бредовой идеи «мировой революции». Материальное обеспечение Коминтерна обходилось народу России многими миллионами рублей золотом. Так, например, в мае 1919 года Политбюро ЦК РКП(б) с ведома Ленина принимает решение отпустить Коминтерну драгоценности (бриллианты, изделия из платины, золота, жемчуга и других драгоценных камней) на сумму в несколько сот тысяч рублей золотом[64]. А в 1920 году Комин-

---

* Осуществлял И.А.Пятницкий.
** Подпольная кличка — «товарищ Томас».

терну было выплачено 2 053 000 рублей золотом[65]. Вспомним, как Ленин умолял Балабанову: «Не экономьте. Тратьте миллионы, много миллионов». Вспомним, как с его ведома Рахья увез в Финляндию огромное количество драгоценностей. Не он ли дал добро на вывоз в Германию 450 кг российского золота?! Такого (по масштабам) преступления не совершил ни один глава государства, царь, фараон, эмир. Он бесспорно вошел в историю России как *один из величайших преступников*.

Третье. Трудно озаглавить данный раздел. Но попробую попроще раскрыть его суть. Речь идет об организации военных и диверсионных действий на территории сопредельных с Россией государств, а также террористических акций против общественных и политических деятелей зарубежных стран и проживающих в них русских эмигрантов. Целью этих агрессивных, жестоких и безнравственных действий и поступков являлись: устрашение и физическое уничтожение политических противников; дестабилизация социальной обстановки и создание благоприятных условий для распространения большевистского влияния на другие государства.

Страны и общественно-политические лица, против которых должны были осуществляться диверсионные и террористические акции, определялись в кабинете Ленина, обсуждались в Политбюро. Коминтерну в этих чудовищных делах отводилась роль координатора. Исполнителями же таких зловещих планов являлись части особого назначения (ЧОН) и печально известное ведомство Дзержинского. На эти, с позволения сказать, мероприятия Ленин также не жалел денег. Например, в ноябре 1921 (!) года, то есть тогда, когда голодом были охвачены 18 губерний России, когда ежедневно погибали тысячи граждан, Ленин подписывает постановление Совета Труда и Обороны (СТО) о выделении ВЧК дополнительно к ранее отпущенным средствам еще 792 000 рублей золотом[66]. Для какой цели отпускались ВЧК столь большие средства, в постановлении не расшифровывается.

В бывшем архиве ЦК КПСС сохранился документ, который проливает свет на цели, для которых так щедро отпускал народные средства Ленин. Это набросок плана вторжения в приграничные населенные пункты Польши вооруженных бандитских групп для осуществления там террористических акций среди мирного населения. Автор плана — заместитель народного комиссара по военным делам и заместитель председателя Реввоенсовета Республики Э.М.Склянский. Но, судя по всему, инициатива по разработке плана исходила от Ленина.

А теперь давайте ознакомимся с отзывом и замечаниями Ленина на этот план:

«Прекрасный план! Доканчивайте его вместе с Дзержинским. Под видом «зеленых» (мы потом на них и свалим) пройдем на 10—20 верст и перевешаем кулаков, попов, помещиков. Премия: 100 000 р. за повешенного...»[67]

В том же архиве имеются документы, свидетельствующие о том, что большевистские эмиссары вели активную деятельность в Персии (Иран). Выявляя местных экстремистов московской ориентации, они оказывали им практическую помощь в деле подготовки и осуществления государственного переворота, в надежде, что пришедшее к власти «революционное» правительство окажется послушным вассалом кремлевских правителей. Трудно сказать, на что рассчитывали находящиеся в Персии большевистские эмиссары Ф.Раскольников, Б.Абуков и другие. Но тем не менее они просят Москву оказать неотложную материальную помощь в виде драгоценностей организатору персидской «революции» Мирзе Кучуку[68].

Четвертое. Выступая на торжественном заседании Московского совета, посвященном годовщине III Интернационала, 6 марта 1920 года, Ленин с присущим ему фанатизмом заявил: *«Нет ни одной страны в мире — даже самой неразвитой, где бы все мыслящие рабочие не присоединялись к Коммунистическому Интернационалу, не примыкали к нему идейно. В этом полная гарантия того, что победа Коммунистического Интернационала во всем мире в срок не чрезмерно далекий — эта победа обеспечена»*[69]. А так ли это было в действительности? Не выдавал ли Ленин желаемое за действительное?

В 15-й главе достаточно подробно были показаны средства и методы, с помощью которых ленинская партия осуществляла победное шествие советской власти по территории бывшей Российской империи. Эти средства и методы использовались большевиками и против других народов, в частности, против польского народа. Об этом свидетельствуют документы, приведенные в 10-й главе. Однако, несмотря на наличие документально подтвержденных фактов вооруженного вторжения большевиков в пределы польского государства, физическое истребление его народа, советская историография преподносила читателям грубую и циничную фальшивку. Так, в главе «Партия в период иностранной военной интервенции и гражданской войны (1918—1920 годы)» Истории КПСС ее авторы пишут: «Польская армия, сформированная и снабженная Антантой, вторглась в Литву и Белоруссию»[70]. Это событие отнесено коммунистическими учеными к весне* 1919 года. Ровно через 10 страниц читаем: «25 апреля 1920 года польская армия напала на Советскую страну»[71]. Такая же фальшивка нашла отражение и в Истории СССР[72].

Приведенные выше сведения находятся в полном противоречии с действительным положением дел, они лживы.

Чтобы опровергнуть откровенную ложь коммунистических историков, достаточно сослаться на директиву командования Юго-Западного фронта № 20/оп от *9 января 1920 года,* в которой, в частности, содержится приказ 12-й Армии: «усилив путем соответствующей пере-

---

* К маю.

437

группировки свой правый фланг и центр, *выйти в кратчайший срок на линию* р. Птичь — р. Уборть — м. Олевск — г. Новоград-Волынский — р. Случь — м. Любар — ст. Синява — ст. Жмеринка — ст. Рахны. Армии быть готовой на случай осложнения с поляками и *перейти в решительное наступление в направлении Ровно-Дубно*»[73].

А вот еще один документально подтвержденный факт. 3 апреля 1920 года 1-я Конная армия из Майкопа выступила на Польский фронт[74]. Ниже увидим причины образования этого фронта.

В научной литературе ни словом не говорится и о том, что в рассматриваемый период украинский народ, как и поляки, вел борьбу с большевистским нашествием и хозяйничанием на родной земле, отстаивал независимость Украинской Народной Республики. Ведь наглость большевистских правителей не имела границ. Взять хотя бы такой возмутительный факт, как назначение Лениным уголовного преступника, пьяницу и развратника Орджоникидзе чрезвычайным комиссаром Украины. Это ведь было надругательством над чувствами украинского народа!

Изучение документов Центрального Государственного архива Советской Армии убедительно показывает, что большевистское правительство после октябрьского переворота сразу же приступило к советизации всей территории, некогда входящей в состав российской империи. В документах* Западного и Юго-Западного Фронтов и Главкома[75] со всеми подробностями прослеживаются военные действия Красной Армии, в частности против поляков, стремившихся после окончания мировой войны возродить польское национальное государство. К этому, кстати, стремились и украинские патриоты. Противником же устремлений польских и украинских патриотов выступало большевистское правительство. На почве этих глубоких политических разногласий с 1919 года начались острые конфликты, переросшие затем в вооруженные столкновения между Россией и Польшей.

О боевом настрое польских войск говорит такой факт: остановив продвижение частей Красной Армии, польские войска перешли в контрнаступление на Западном фронте, заняли ряд населенных пунктов, а 20 апреля 1919 года вошли в г. Вильно[76]. Из разговора по прямому проводу командующего Западным фронтом Надежным с начальником штаба Белорусско-Литовской армии Новиковым выясняется, что польские войска, **успешно отбив наступательные действия 17-й дивизии, сами перешли в наступление и в конце мая заняли ряд населенных пунктов в минском направлении**[77].

Однако в середине июня в связи с политическими осложнениями Польши и Германии польское командование вынуждено было перебросить часть войск с Западного фронта на германскую границу. Этим

---

* Директивы, приказы, записи разговоров по прямому проводу высших военных должностных лиц.

воспользовалось командование Западного фронта и приказало 15-й и 16-й армиям **«перейти к энергичным действиям...»**[78]. Но из последующих сообщений выясняется, что в начале июля инициатива снова на стороне поляков. В приказе командующего Западным фронтом № 033 от 7 июля 1919 года говорится, что **«поляки, овладев вилейско-молодечненским районом, направляют главный удар на Минск. Кроме того, ими ведется концентрическое наступление со стороны Ганцевичи, Логишина и Видибора на Лунинец»**[79].

Как видим, между Россией и Польшей идет война. Известны и планы сторон: если первая стремится загнать поляков в коммунистические казармы, то последние ведут справедливую борьбу за возрождение своего национального государства, окончательно ликвидированного третьим разделом Польши в конце XVIII столетия. Так что писать о том, что белорусский и украинский народы поднялись «на освободительную борьбу против польских захватчиков»[80], как это делали адепты коммунистической идеологии, по меньшей мере безнравственно.

Между тем истинные захватчики — большевики, сосредоточив большие силы против Польши, в начале июня 1920 года перешли в наступление. В первых числах июля войска Западного фронта вступили на территорию Польши, а войска Юго-Западного фронта вторглись в Западную Украину. Казалось, что Польша находится на грани полного поражения.

11 июля из Спа (Бельгия), где проходила конференция стран Антанты с участием представителей Германии, министр иностранных дел Англии Джордж Керзон направил ноту советскому правительству, в которой требовал остановить наступающую Красную армию в 50 километрах к востоку от *линии Гродно — Яловка — Немиров — Брест-Литовск — Дорогуск — Устилуг, восточнее Грубешова, через Крылов и далее западнее Равы Русской, восточнее Перемышля до Карпат*. Эта линия была определена специальной территориальной комиссией по польским делам, созданной Парижской мирной конференцией в 1919 году. В ответной ноте от 17 июля советское правительство заявило, что оно принимает предложение британского правительства, выразило готовность установить мирные отношения с Польшей, но при этом подчеркнуло, что Польша сама должна непосредственно обратиться к Советской России с просьбой о перемирии и заключении мира. Было очевидно, что советское правительство идет на дипломатические трюки с целью оттяжки времени, необходимого для реализации задуманных планов. А эти планы четко прослеживаются в документах, которые приведены ниже.

Так, в телефонограмме Сталину в Харьков от 12 июля Ленин, проинформировав адресата о ноте Керзона, просит:

«1) *ускорить распоряжение о бешеном усилении наступления;*

2) *сообщить мне его, Сталина, мнение...»*[81].

В тот же день Ленин пишет записку Склянскому:

«т. Склянский! Международная обстановка, особенно предложение Керзона... требует *бешеного* ускорения наступления на Польшу. Делается ли? Все ли? Энергично ли?»[82]

В ответ на советскую ноту Керзон 20 июля по радио сообщил, что союзники рекомендуют польскому правительству немедленно начать самому переговоры с Россией. Вместе с тем Керзон предупредил, что если по получении от Польши просьбы о мире советские войска будут продолжать наступление, то союзники окажут Польше поддержку. Польша не подозревала о коварном плане Ленина. Он прояснился после того, когда она получила предложение советского правительства выслать парламентеров... *к 30 июля.*

А коварный план Ленина заключался в том, чтобы всякими маневрами и уловками оттянуть начало переговоров о перемирии и мире, а тем временем завершить военный разгром Польши и советизировать ее. На это у вождя большевиков имелись основания. Вначале третьей декады июля передовые части Юго-Западного фронта стремительно продвигались к польской столице — Варшаве. Военные успехи Красной Армии в войне с поляками были настолько очевидны, что Ленину уже мерещился призрак советизированной Польши в составе «Международной советской республики». Окрыленный успешным наступлением советских войск на Варшаву, Ленин 23 июля посылает зашифрованную телеграмму в Харьков Сталину:

«Положение в Коминтерне превосходное. Зиновьев, Бухарин, а также и я думаем, что следовало бы поощрить революцию тот час в Италии. Мое личное мнение, что для этого надо советизировать Венгрию, а может, также Чехию и Румынию. Надо обдумать внимательно. Сообщите ваше подробное заключение. Немецкие коммунисты думают, что Германия способна выставить триста тысяч войска из люмпенов против нас. Ленин»[83] (выделено мной. — А.А.).

Ну чем не наполеоновский план? Заметим, что в этом документе ничего не говорится о Польше. Очевидно, Ленин считал, что она уже у него в «кармане», поэтому он излагает план дальнейших действий Красной Армии в осуществлении «мировой революции».

Но как жестоко просчитался теоретик большевизма. На защиту своей страны встал едва ли не весь польский народ, от мала до велика. Чувством ответственности за судьбу родины были проникнуты все слои польского общества. Польская армия после больших неудач в июле сумела все же оправиться. Ее ряды стали пополняться новыми силами. Польская армия сумела не только отстоять Варшаву, но и вскоре перешла в контрнаступление. Успеху польской армии способствовало и то, что на ее стороне выступали войска украинской Центральной Рады, возглавляемой С.В.Петлюрой, а также галицинские войска. Красная Армия беспорядочно стала отступать на восток. Фактически Западный фронт развалился. Это был крах большевистского плана захвата и советизации Польши.

И тем не менее, касаясь советско-польской войны, Ленин нагло и цинично заявил на совещании председателей уездных, волосных и сельских исполкомов Московской губернии 15 октября 1920 года: **«Мы остались победителями»**[84]. Но это был чистейший обман народа. Ссылаясь на заявление Ленина, участник советско-польской войны, А.М.Василевский, повторяя ложь вождя и от себя добавляя, пишет: **«Так была наказана (?!) агрессия. Поэтому объективным результатом этой кампании, указывал В.И.Ленин, следует считать поражение врага и победу Советской России»**[85] (выделено мной. — *А.А.*).

Вот только непонятно, по каким международным правилам «победительница» Советская Россия стала платить контрибуцию **«побежденной»** Польше (?!).

Спустя пять месяцев после своего лицемерного заявления, Ленин вынужден был пойти на дипломатические уловки, чтобы как-то замазать сказанную им ложь.

Касаясь поражения Красной Армии в войне с Польшей, Ленин в своей речи на X съезде РКП(б) 8 марта 1921 года, в частности, сказал: *«При нашем наступлении, слишком быстром продвижении почти что до Варшавы, несомненно, была сделана ошибка. Я сейчас не буду разбирать, была ли это ошибка стратегическая или политическая, ибо это завело бы меня слишком далеко, — я думаю, что это должно составлять дело будущих историков, а тем людям, которым приходится в трудной борьбе продолжать отбиваться от всех врагов, не до того, чтобы заниматься историческими изысканиями»*[86].

Не трудно заметить, что изворотливый Ленин уходит от ответственности за поражение в войне с Польшей. Я уже не говорю о агрессии, совершенной им против этой страны. Странно, что спустя 5 месяцев после подписания в Риге (12 октября) «Договора о перемирии и прелиминарных* условиях мира между РСФСР и УССР, с одной стороны, и Польшей — с другой», он дипломатично не раскрывает ошибку, приведшую к позорному поражению большевиков в советско-польской войне, перекладывает этот вопрос на плечи «будущих историков». Мне думается, что у большевистского вождя не хватило мужества признать, что в конфликте с Польшей была допущена грубая политическая ошибка и что ее основу составлял авантюризм. Документы, которые были приведены выше, наглядно и убедительно показывают, что автором этой авантюры был Ленин. А она дорого обошлась российскому народу. Не считая сотен тысяч погибших на полях сражений, число которых по сей день никому неизвестно, более 30 тысяч сынов России оказались в плену у поляков. Их судьба также на совести Ленина.

Авантюристическая затея Ленина вооруженным путем осуществить

---

* Предварительных.

советизацию Польши и присоединить ее к России стоила для голодной России контрибуции в 10 миллионов рублей золотом и другими драгоценностями. Уже в 1921 году Россия выплатила Польше в счет контрибуции 5 010 300 рублей золотом[87]. Советскому правительству было откуда брать золото, чтобы расплатиться с Польшей. В «Отчете по золотому фонду» указано: «...поступило на приход (за время с октября 1917 года по 1 февраля 1922 года) монеты, слитков бывших частных банков, слитков и монеты из сейфов, золото от Главзолото и т. д. — 84 356 234 рубля 95 копеек»[88].

Польша справедливо добилась включения в Договор пункта, в соответствии с которым советское правительство обязывалось вернуть ей культурные ценности, вывезенные из страны царским правительством[89]...

Так позорно закончилась спровоцированная большевистским правительством советско-польская война*.

Да, изворотливым и хитроумным политиком был Ленин. Он прекрасно знал, каким историкам будет поручено написать историю большевизма вообще, историю создания и деятельности Коминтерна в частности. Эта задача была возложена на красную профессуру. А она умела извращать и фальсифицировать историю. Вряд ли имеет смысл приводить новые факты, подтверждающие ту непреложную истину, что советская историография насквозь пронизана обманом и ложью.

Возможно, был слишком строг, но, очевидно, по-своему прав Сервантес, когда писал, что *лживых историков следовало бы казнить, как фальшивомонетчиков*.

---

* Следует отметить, что в советской историографии советско-польская война озаглавлена так: «Поражение помещичье-буржуазной Польши» (см., например: История Коммунистической партии Советского Союза. Издание второе, дополненное. М. 1962. С. 780).

ГЛАВА 18

БОЛЬШЕВИЗМ И ФАШИЗМ

*Кто прячет прошлое ревниво, тот вряд
ли с будущим в ладу...*

А.Твардовский

Признаюсь, я сознательно отодвинул эту главу ближе к концу исследования. Преследовал одну лишь цель. Мне представлялось, что вооружившись разносторонней информацией и ознакомившись с многочисленными документами и материалами, читатель значительно легче и, главное, с пониманием воспримет приведенный ниже исторический материал, обобщения и выводы, сделанные в данной главе.

О большевизме и большевиках написано огромное количество монографий, коллективных трудов, диссертаций, очерков и статей. Эта тема получила широкое отражение в художественной литературе, изобразительном искусстве, кинематографе, драматургии и музыкальных произведениях. Однако, посвятив этой проблеме более 26 лет, должен со всей ответственностью сказать, что в ходе научного исследования я не обнаружил ни одного сочинения (опубликованного до 1991 года), в котором правдиво раскрывалась бы сущность большевизма, то есть внутреннее содержание этого политического течения, объективно показывались бы внешние формы и признаки ее проявления. Более того, из опубликованной литературы совершенно отчетливо видно, как коммунистические идеологи и их прислужники десятилетиями одурачивали и обманывали народы России, скрывали от них правду истории, в извращенном виде преподносили им политические и социально-экономические процессы, происходившие в обществе и государстве, и роль в них большевизма.

Обратимся, однако, к главному вопросу темы. Так что же такое большевизм? Какова его сущность? Где его социальные корни?

Советская историография дает следующее объяснение термину «большевизм»: «*Большевизм — революционное последовательно марксистское течение политической мысли в международном рабочем движении, возникшее в начале XX века в России и получившее свое воплощение в про-летарской партии нового типа, партии большевиков, созданной В.И.Ле-ниным»*[1].

С таким разъяснением нельзя согласиться, поскольку оно нахо-дится в полном противоречии с исторической действительностью.

В самом деле, как можно массовые грабежи, террракты, геноцид против народов России, массовые репрессии, агрессивные войны и про-чие бандитские акции, совершенные большевиками, выдавать за рево-люционное течение, политическую мысль? Это, по меньшей мере, без-нравственно.

Во-вторых, в корне ошибочно считать, что большевизм есть *пос-ледовательно* (то есть логически обоснованное, закономерное) марк-систское течение в международном рабочем движении, поскольку в основе его образования лежит не система научных принципов, идей и мыслей, обобщающих практический опыт рабочего движения и отра-жающих закономерности развития общества, а крайне экстремистские и реакционные замыслы кучки международных гангстеров, политичес-ких авантюристов и преступников, претендующих на мировое господ-ство.

В-третьих, большевизм возник отнюдь не в рабочем движении и не в России, как об этом заявляют адепты коммунистической идеоло-гии. Вот что, например, пишут по поводу возникновения большевизма составители приведенного выше политического справочника: *«Больше-визм воплотил в себе единство революционной теории и практики, соче-тая идейные, организационные и тактические принципы, выработанные Лениным»*[2]. Между тем хорошо известно, что основные положения боль-шевизма разрабатывались Лениным на курортах Швейцарии и Фран-ции, а не в России, и в этих псевдонаучных изобретениях опыт рабоче-го класса России никоим образом не отражен. Что же касается един-ства «революционной теории и практики», то должен отметить, что народы России на себе испытали «прелести» этого «единства»; об этом обстоятельно было сказано во 2—3-й, 5-й, 11—17-й главах, на докумен-тальной основе рассмотрено и в других главах данного исследования.

А теперь обратимся к вопросу о времени образования большевиз-ма как идеологии. На мой взгляд, здесь также требуются существенные уточнения.

Общепринято было считать, что большевизм образовался в 1903 году. Впервые эту дату внес в историю большевизма Ленин. Она приводилась им неоднократно. Так, в работе «Детская болезнь «левиз-ны» в коммунизме» он пишет: «Большевизм существует как течение политической мысли и как политическая партия с 1903 года»[3]. Однако это исторически не верно.

Действительно, на II съезде РСДРП в августе 1903 года в результате раскола образовались большевики и меньшевики. Этот факт не подле-жит оспариванию. Наше принципиальное несогласие в другом. Мы не можем согласиться с таким явлением, когда коммунистические идеологи произвольно отождествляют слова «большевик» и «большевизм». Это абсолютно не правомерно.

Дело в том, что эти два слова совершенно разные по смыслу, значению и понятию. Если слово «большевик» (от «большинство») выделяет сторонников Ленина, составивших на Лондонском съезде большинство при выборах членов редакции «Искры», то под словом «большевизм» надо понимать систему взглядов, идей и мыслей, характеризующих эту политическую группу, организацию. Поэтому глубоко ошибочно считать, что большевизм образовался после выборов редакции «Искры» 7 (20) августа 1903 года.

Большевизм образовался не вдруг. Он стал формироваться задолго до II съезда РСДРП. Достаточно обратиться к ленинскому теоретическому наследию, чтобы убедиться в этом. Так, в статье «С чего начать?», опубликованной в 4-м номере «Искры», Ленин подчеркивает пригодность и необходимость применения террора в период сражения, не отказываясь от него в перспективе[4]. В 5-м номере той же «Искры» призывает рабочих готовиться «к новой решительной борьбе с полицейским правительством»[5]. В сентябре 1901 года все в той же газете советует рабочим «грозить, требовать и, бросив игру в бирюльки, приняться за настоящую работу»[6]. А в ноябре, в статье «Каторжные правила и каторжный приговор», призывает к сплочению «всех революционных сил» и заняться «систематической подготовкой общенародного восстания!»[7]. Разве эти мысли и политические призыва не являются большевистскими?

Не менее подстрекательской является статья Ленина, опубликованная в № 13 «Искры». Обращаясь к рабочим, он пишет: «Не теряйте времени! Помните, что вы должны поддерживать всякий протест и борьбу против башибузуков* самодержавного правительства!»[8] В том же номере «Искры» Ленин опубликовал еще одну небольшую заметку, в которой содержится призыв перейти «от стачечно-экономической борьбы к широкой революционной борьбе с русским самодержавным правительством»[9].

Подчеркивая значение общерусской газеты, Ленин в книге «Что делать?» писал: «Организация, складывающаяся сама собою вокруг этой газеты... будет именно готова на все, начиная от спасенья чести, престижа и преемственности партии в момент наибольшего революционного «угнетения» и кончая подготовкой, назначением и проведением всенародного вооруженного восстания»[10]. А в Проекте Программы Российской социал-демократической рабочей партии, написанной им между 25 января и 18 февраля 1902 года, он прямо говорит: «Российская социал-демократическая рабочая партия ставит своей ближайшей политической задачей низвержение царского самодержавия и замену

---

* Разбойников, головорезов.

его республикой на основе демократической конституции...»[11] Разве это не идеологические мысли?

Не надо быть политологом, чтобы понять, что приведенные выше цитаты из сочинений Ленина являются, по сути дела, идеей, политической мыслью. Они более чем убедительно доказывают, что большевизм, как идеология, де-факто складывался на протяжении многих лет, и таких примеров можно привести не один десяток. Это хорошо известно современным коммунистическим идеологам. Между тем они сознательно уходят от правдивого освещения истории образования большевизма, скрывают истинные цели и задачи этого политического образования.

И последнее по вопросу о времени образования большевизма. Признав де-юре образование большевизма на II съезде РСДРП, следует сказать, что он, как инструмент в руках высшей партийной элиты для управления людьми, постоянно совершенствовался и дополнялся все новыми политическими приемами, изощренными методами и средствами, оттягивая с их помощью на какое-то время гибель искусственно созданного в России тоталитарного режима.

Теперь, когда уже расставлены все точки над «i», установлено время образования большевизма, изучен его механизм и проанализированы организационные, идейные и тактические принципы, конкретными фактами показаны деяния большевиков с начала образования их партии, можно дать и определение этому коммунистическому изобретению.

Большевизм — это крайне реакционная, опасная и вредная для человечества идеология, разработанная узкой кучкой политических авантюристов и властолюбцев во главе с Лениным. Большевизм — это идейные, стратегические, тактические и организационные принципы руководства большевистской партии в борьбе за захват власти в России и средство управления государством. Что же касается организации, именуемой РСДРП(б) — РКП(б) — ВКП(б) — КПСС, то она на протяжении всех лет своего существования вплоть до августа 1991 года была придатком, бесправным, но послушным орудием в руках высшей партийной верхушки (Политбюро), являющейся надгосударственным органом, сосредоточившим в своих руках всю полноту власти в государстве и над его гражданами.

Большевизм — это террор, насилие, разгул экстремизма, бандитизма и грабежей, это — тюрьмы, концлагеря, расстрелы и ссылки.

Большевизм — это лишение граждан политических и общечеловеческих свобод, это политическая цензура, осведомительство и преследования.

Большевизм — это рабский труд, чудовищная эксплуатация, нищета, голод, болезни, преждевременная смерть.

Большевизм — это агрессивные войны, искусственное нагнетание международной напряженности, железный занавес.

Будучи порождением международного политического экстремизма, одержимого идеей мирового господства, большевизм на протяже-

Именно!!!

446

нии всего периода своего существования вплоть до августа 1991 года выражал политические интересы и цели партийных боссов. Главный идеолог большевиков — Ленин — отводил большевизму ведущую роль в достижении мирового господства. Фетишизируя большевизм, искусственно создавая вокруг своего *детища* ореол славы и пытаясь сделать его *«мировым»* учением революционной теории и тактики, Ленин цинично писал: «...с каждым днем становится все яснее, что большевизм указал верный путь к спасению от ужасов войны и империализма, что большевизм *годится как образец тактики для всех»*[12].

Не без основания сомневаясь в оценке Ленина, данной большевизму, должен поделиться выводом, к которому я пришел в результате исследования.

По своей сущности, проявлениям и влияниям на общественную жизнь большевизм и фашизм очень и очень схожи. Пользуясь словами В.Маяковского, большевизм и фашизм выглядят как *«близнецы-братья»*, причем старшим братом следует считать большевизм. В связи с этим имеются все основания утверждать, что в историографии фашизма допущен парахронизм.

В самом деле, если учесть основные черты и проявления большевизма, его целевые установки, тактические принципы, масштабы жертв, понесенных народами России, Европы, да и всего мира, а также нравственный урон в результате насилия, массовых террактов, искусственного голода, чудовищных зверств, идеологических диверсий и многих других преступлений и аморальных поступков, совершенных большевиками, то имеются все основания утверждать, что большевизм, как предтеча и как методологическая основа формирования фашизма, возник на нашей планете в самом начале XX века. Его основателем, теоретиком, идейным руководителем и вдохновителем был Владимир Ильич Ульянов (Ленин).

Вполне сознаю, что мой вывод нуждается в научной аргументации. Поэтому перехожу к параллельному изложению исторических фактов и событий из богатой биографии большевизма и фашизма, чтобы убедить читателя в том, что большевизм и фашизм — понятия во многом адекватные и идентичные по своей сути.

Возможно, кому-то такая постановка вопроса покажется несколько странной. Но мне представляется, что в исторических сопоставлениях двух идеологий о большевизме как идеологии мы сможем узнать значительно больше правдивой информации и что такой подход к делу может дать ключ для лучшего понимания сложных политических процессов и исторических событий, происшедших в мировом сообществе.

С характеристикой большевизма читатель, надеюсь, уже знаком, прочитав предыдущие главы и часть данной главы. Уверен, что ему в общих чертах известна и характеристика фашизма. И тем не менее обновим наши знания. Вот как определяют его политологи:

— Фашизм* — наиболее реакционное политическое течение, выражающее интересы самых агрессивных кругов империалистической буржуазии; это открыто террористическая диктатура монополистического капитала. Для фашизма характерны крайний шовинизм, расизм, антикоммунизм, уничтожение демократических свобод, развязывание захватнических войн.

Понимаю, что в своем исследовании затрагиваю весьма деликатный вопрос, и тем не менее небезынтересно в целях выявления истины произвести сравнительный анализ характеристик этих двух политических течений.

Как заметил читатель, в них имеется много общего, много схожих положений; схожи и их проявления.

Мне могут возразить, что словесная характеристика большевизма не объективна и бездоказательна, поэтому вроде бы неправомерно проводить исторические параллели, а тем более ставить между большевизмом и фашизмом знак равенства. Предвидя такое возражение, я в своем исследовании провел источниковедческий анализ документов и фактов, относящихся к истории большевизма и германского фашизма. Проведенная исследовательская работа выявила не только разительное сходство в делах и проявлениях большевизма и фашизма, но и взаимосвязь двух идеологий. Более того, на определенном этапе развития двух партий — большевистской и нацистской наблюдается их сближение. Разумеется, имеются расхождения в идеологии. И это не удивительно: ведь были же расхождения по различным вопросам среди стран, входящих в социалистическое содружество.

Приход к власти фашистов в Германии был не таким уж простым делом, как это представляется многим. История германского фашизма показывает, что нацисты прошли большой и сложный путь, прежде чем захватить власть. Она также показывает, насколько разительно схожа история фашизма с историей большевизма.

Начнем с главного. Как большевики, так и фашисты создали свои партии как средство борьбы за власть. Ленин основал Российскую социал-демократическую рабочую партию (РСДРП) и стал ее фактическим вождем. После избрания председателем национал-социалистической германской рабочей партии (НСДАП) 19 июля 1922 года Гитлер** также становится ее вождем. Примечательно, что фашисты основным цветом своего знамени избрали, как и большевики, красный. По-видимому, в этом кроется какой-то смысл.

Для захвата власти в России Ленину понадобилось 14 лет (с 1903 по 1917 год). Ровно столько же понадобилось Гитлеру, чтобы захватить власть в Германии (с 1919 по 1933 год).

В середине 1907 года закончилась поражением так называемая пер-

---

* Fascismo, fascio (ит.) — пучок, связка, объединение.
** Настоящая фамилия Шикльгрубер.

вая русская революция. Лишь спустя 10 лет большевикам удалось совершить государственный переворот и прийти к власти в России.

В ноябре 1923 года властями Баварии был подавлен вооруженный путч в Мюнхене, организованный Гитлером и его сообщниками, пытавшимися образовать «национальное правительство». Но он все же пришел к власти, но спустя 10 лет после провалившегося путча. Удивительное совпадение!

Как уже известно читателю, Ленина и большевиков как до октября 1917 года, так и после него субсидировали владельцы германских синдикатов и банков. Гитлера и его партию регулярно, особенно с весны 1927 года, также финансировали крупные немецкие промышленные монополии и банки. Например, в 1932 году глава «Стального треста» Ф.Тиссен передал национал-социалистам более 3 млн марок[13]. Всего же за время нахождения фашистов у власти через фонд Гитлера нацистская партия получила около 700 млн марок[14]. Как видим, большевикам и фашистам щедро оказывали финансовую помощь промышленные монополии и банковские воротилы Германии.

Должен сказать, что Гитлер, идя к власти, видел перед собой ленинский образец государства: *единая,* обязательная для всего населения идеология; *единая* руководящая и направляющая общество политическая партия во главе с фюрером; *полный* контроль партии над вооруженными силами; *полный* контроль партии над всеми средствами массовой информации; *стремление* власти к централизации управления экономикой страны; *неограниченный террор* государственной политической полиции.

В октябрьском перевороте ядром боевых сил большевиков были созданные после Февральской революции вооруженные отряды Красной гвардии и пролетарской милиции.

Национал-социалисты, разумеется, не с голыми руками собирались захватить власть в Германии. Они также создавали вооруженные штурмовые отряды — СА (Sturmalteilungen) и отряды безопасности — СС (Schutztaffeln) — и стали готовиться к перевороту. Заняв в НСДАП руководящее положение, Гитлер развернул широкую пропагандистскую деятельность. Используя демагогические приемы, заимствованные у большевистских вождей, национал-социалисты вели систематическую и целенаправленную работу, направленную на оболванивание немецкого народа, внушали ему мысль о его превосходстве над другими нациями. Они обещали ему «искоренить марксизм в германии» как вредное и опасное для общества политическое течение, ликвидировать безработицу и поднять жизненный уровень всех слоев населения Германии, добиться «расширения немецкого жизненного пространства на Востоке» и создать «третью империю».

Фашистские идеологи выдвинули пропагандистский лозунг: *«Мир должен принадлежать немцам!».* Иными словами, вести войну за захват чужих земель.

В области политической, фашистами Германии был взят курс на открытую террористическую диктатуру, на отказ от *парламентской демократии и замену ее фашистской тиранией.*

Одной из наиболее характерных черт германского фашизма являлся милитаризм. Эта черта особо ярко стала проявляться с приходом национал-социалистов к власти.

Все это так, но давайте сравним планы и действия национал-социалистов с планами, обещаниями, заявлениями и делами большевиков. Начнем с политической платформы, изложенной Лениным в докладе на собрании большевиков 4 (17) апреля 1917 года*. Вот, что он сказал в этой связи: «...*Не парламентская республика,* — возвращение к ней от С.Р.Д. было бы шагом назад, — а республика Советов рабочих, батрацких и крестьянских депутатов по всей стране, снизу доверху»[15]. Прикрываясь именем рабочих, батраков и крестьян, Ленин фактически желал создать государство, в котором безраздельно властвовала бы большевистская тирания.

Второе. В том же докладе Ленин ставит задачу в аграрной области: «...*Национализация всех* земель в стране... создание из каждого крупного имения... образцового хозяйства под контролем Совета батрацких депутатов и на общественный счет»[16]. Иными словами, Ленин хотел создать коммунистические латифундии, в которых подвергались бы жесточайшей эксплуатации рабы новейшего времени — советские крестьяне. И это удалось ему, хотя еще не в масштабе всей страны. К 1920 году в стране уже было создано 10 600 коллективных хозяйств[17]. Начатое Лениным дело завершил его прилежный ученик — Сталин, насильственно загнав все крестьянство в колхозы, а «мироедов» и непослушных — в суровые края Сибири, Казахстана, на Колыму и даже на берег Ледовитого океана.

Марксизм большевики, конечно, не собирались искоренять. Пожалуй, это единственное расхождение с нацистами. Напротив, с его помощью они небезуспешно оболванивали народы, обещая им «светлое будущее». Для несчастных россиян нужно было время, чтобы разобраться в авантюристической затее большевиков. Что же касается немцев, то они были не настолько глупы (как об этом писал Ленин**), чтобы слепо верить марксовым басням.

Как известно, в целях успешного осуществления своих зловещих планов как большевики, так и фашисты прибегали к пропагандистским лозунгам. Небезынтересно сравнить эти лозунги и разобраться в их сущности.

Например, Ленин призывал рабочих и крестьян России осуществить

---

* Доклад в целом был настолько бредовым и чуждым для большинства, особенно крестьян, что большевистская печать не решилась его опубликовать. Он был опубликован лишь 7 ноября 1924 года в «Правде».

** Об этом см. в 20-й главе.

«мировую коммунистическую революцию» и образовать «международную коммунистическую республику». Гитлер также ставил задачу перед ~~неменким~~ народом расширить «жизненное пространство» и образовать «третий рейх», способный установить господство над всем миром. В сущности, как большевики, так и фашисты преследовали одни и те же цели. Примечательно, что для достижения своих целей они использовали одни и те же средства и методы.

Захватив власть, большевики во главе с Лениным вскоре после подписания Брестского мирного договора с Германией приступили к активным действиям по воплощению в жизнь «мировой революции». В разных формах и разными средствами они стали проводить экспорт «революции». В европейские государства большевики завозили, как выразился Ленин, «бациллы большевизма». В ряде стран (Германия, Австрия, Швеция, Норвегия и др.) большевистские агенты путем щедрых денежных вознаграждений призывали рабочих совершить государственный переворот и захватить власть.

Против некоторых государств большевистские вожди организовывали и прямую агрессию. Вспомним, как Ленин давал указание чекистам вторгнуться на территорию Польши с целью убийства там *кулаков, попов, помещиков*, требовал от военных руководителей *«бешеного ускорения наступления на Польшу»*, планировал *«захватить Кавказ, Румынию»*, советовал *«поощрить революцию... в Италии... советизировать Венгрию* (повторно. — *А.А.*)*... Чехию и Румынию»*, возбуждать революционную страсть толпы в странах Востока...

Реакционная внешняя политика большевистского правительства являлась как бы зеркальным отображением идеологического и политического содержания созданного Лениным государства. Овладев государственной властью, большевики стали устанавливать в стране террористическую диктатуру. Так называемая Советская власть утверждала себя на крови и костях российского народа; террор и насилие против народов России был возведен большевиками в ранг государственной политики. Осуществляя массовый террор, большевистские идеологи внушали оболваненным исполнителям этой чудовищной акции мысль, что физическое истребление своих политических противников и всех тех, кто отрицательно воспринял октябрьский переворот, есть торжество коммунистических идей. По свидетельству Лангвагена, жители Петрограда пришли в шоковое состояние, увидев летом 1918 года шествие большевистских ультра с плакатами *«Да здравствует красный террор!»*. Кстати, этот факт запечатлел на кинопленку неизвестный оператор[18].

Вряд ли целесообразно вновь указывать число жертв по городам и регионам России — такие факты уже приводились в 11-й главе. По-видимому, здесь достаточно отметить, что потери населения России за период «триумфального шествия Советской власти» (с 1917 по 1920 год) составили 18 млн человек. Кроме того, 4,4 млн человек в возрасте от

16 до 49 лет стали инвалидами[19]. И это все на совести Ленина, его соратников и членов большевистской организации. Ну чем это не фашистская диктатура?!

А теперь обратимся к фактам и событиям, относящимся к истории прихода к власти Адольфа Гитлера.

Не удивлю читателя, сказав, что приходу к власти Гитлера способствовали кремлевские пастыри во главе со Сталиным. Большевистское правительство, оказывая материальную и моральную поддержку немецким коммунистам, тем самым содействовало свержению демократического правительства Германии. Известно, что в парламенте Германии коммунисты и нацисты действовали единым фронтом. Эта тактика лишила парламент большинства. К этому времени национал-социалисты завершили тайные переговоры с крупными магнатами, банкирами и влиятельными лицами. Нацисты были близки к победе. Острая политическая обстановка в стране вынудила престарелого президента Гинденбурга 28 января 1933 года дать отставку фон Шлейхеру и поручить Гитлеру сформировать новое правительство. Так, 30 января совершился «дворцовый переворот», и фашистская партия овладела всей полнотой власти. В Германии установилась фашистская диктатура во главе с Гитлером.

Получается, что нацисты, по сравнению с большевиками, пришли к власти цивилизованным путем?

24 марта 1933 года рейхстаг предоставил правительству Гитлера чрезвычайные полномочия: в его руках сосредотачивалась вся законодательная и исполнительная власть в стране*. По примеру большевиков, в Германии началась физическая расправа с политическими противниками, всеми инакомыслящими.

Сталин назвал РКП(б) *«орденом меченосцев»*. Гитлер назвал НСДАП *«рыцарским орденом»*. (Следует отметить, что еще в 1919 году Троцкий заявил, что введением в армии института военных комиссаров «мы получили новый коммунистический *орден самураев»*[20].)

Еще один, но весьма примечательный факт. Для фашистов Германии символом силы и власти была свастика. Однако этот символ нацисты заимствовали не от буддийской религии, распространенной в странах Востока в VI веке до н.э., а от большевиков, которые еще в 1918 году стали печатать его на советских деньгах.

Известный ученый-исследователь профессор В.Н.Плахотнюк в одной из своих статей, подкрепляя научные выводы вещественными доказательствами, пишет, что «свастика в годы гражданской войны изображалась на первых советских деньгах (рис. 1). Более того, она имелась на нарукавных нашивках и флажках воинов Красной Армии Юго-Восточного фронта (рис. 2)... В Германии впервые интерес к свастике про-

---

* Со смертью Гинденбурга 2 августа 1934 года пост президента страны был упразднен.

явило немецкое общество «Туле» (филиал Тевтонского ордена) в начале 20-х годов. Не исключено, что там она объявилась не из Тибета или Индии, как считалось ранее, а из... России, где тогда, в обход Версальского договора, стажировались немецкие военные специалисты (как раз в войсках Юго-Восточного фронта!)»[21].

Рис. 1   Рис.2

Рис. 1. Деньги, печатавшиеся в России в период с 1917 по 1922 год
Рис. 2. Нарукавная нашивка для бойцов Красной Армии.
Юго-Восточный фронт, 1918 год

Чтобы развязать себе руки и начать массовый террор против своих политических противников и конкурентов, фашистские главари пошли на поджог рейхстага. Это был сигнал к переходу в наступление. В ночь на 28 февраля 1933 года в Берлине было арестовано 1500 человек. Всего же по всей Германии аресту подверглось более 10 тысяч человек[22]. Фашистские палачи расправились с неугодными им лицами так же, как это делали большевики: расстреливали их без суда и следствия, бросали в тюрьмы и концентрационные лагеря.

Захватив власть, большевики стали разрушать храмы и церкви, сжигать иконы, хоругви и священные книги. Нацистам было с кого брать пример. С приходом к власти в 1933 году они стали сжигать книги выдающихся деятелей мировой культуры: Генриха Гейне, Стефана Цвейга, Томаса Манна, Эриха Ремарка и других.

Гитлеровцы взяли курс на полное искоренение в стране и коммунистов, и социал-демократов. Советская историография отмечает (без ссылки на источник), что всего во всей Германии было уничтожено 200 тысяч человек и около миллиона томились в заключении[23]. Фашистами были брошены в концлагерь Ораниенбург немецкие социал-демократы Браун, Гизеке, Магнус, Флеш, Хейльман, Эберт и многие другие.

В апреле 1933 года указом Геринга по образцу ВЧК в Пруссии была создана государственная тайная полиция (гестапо), ставшая впоследствии одним из управлений Главного Управления имперской безопасности. Складывается мнение, что фашистские главари создавали карательные структуры, разработанные большевиками.

1 декабря 1933 года фашистское правительство издало закон «Об обеспечении единства партии и государства». Первый параграф закона гласил, что нацистская партия *«является носителем идей государства и неотделима от государства...»*[24]. Сдается мне, что большевики заимствовали у фашистов этот параграф и, несколько перефразировав текст, внесли его 6-й статьей в Конституцию СССР.

Летом 1934 года вспыхнули волнения в отрядах СА. Для Гитлера они стали предлогом для расправы с руководством СА. По приказу Гитлера с 30 июня по 2 июля 1934 года было расстреляно свыше 1070 руководителей СА во главе с Эрнстом Ремом и арестовано 1120 человек[25]. Были убиты и два генерала: фон Шлейхер и фон Бредов.

При деспотическом правлении Сталина перед началом второй мировой войны было уничтожено более 40 тысяч офицеров Красной Армии[26]. По официальным сведениям, «с мая 1937 года по сентябрь 1938 года подверглись репрессиям около половины командиров полков, почти все командиры бригад и дивизий, все командиры корпусов и командующие войсками округов, члены военных советов и начальники политических управлений округов, большинство политработников корпусов, дивизий и бригад, около трети комиссаров полков, многие преподаватели высших и средних военных учебных заведений»[27]. Были расстреляны три маршала — В.К.Блюхер, А.И.Егоров, М.Н.Тухачевский, начальник Главного политического Управления РККА Я.Б.Гамарник, десятки командармов, в их числе А.И.Корк, И.П.Уборевич, Р.П.Эйдеман, И.Э.Якир и другие.

Как расценить эти действия? Мне думается, что ответ на этот вопрос совершенно точно и профессионально дал великий ученый — психиатр В.М.Бехтерев. 22 декабря 1927 года он был приглашен к Сталину как невропатолог по поводу сухорукости пациента. Попутно ученый поставил еще один диагноз: *«тяжелая паранойя»*. Этого было достаточно, чтобы он расстался с жизнью[28]. Паранойя главы государства порождала параноидальные действия тоталитарного государства по отношению к своим гражданам.

Известно, что Анри Барбюс был приверженцем коммунистической идеологии. И все же в книге о Сталине, мне думается, он точно писал: «Сталин — это Ленин сегодня»[29]. И в самом деле, в кровавых расправах с неугодными лицами и своей жестокостью Сталин буквально копировал Ленина. Он шел кровавой дорогой, проложенной Лениным, как говорится, стопа в стопу.

Изучив документы и материалы, относящиеся конкретно к данной теме, я пришел к выводу, что свои действия и решения большевики и национал-социалисты постоянно согласовывали и копировали друг у друга. Более того, в осуществлении тех или иных акций прослеживается согласованность и преемственность; во многих случаях отмечается и удивительная синхронность и последовательность действий. Обратимся к такого рода фактам.

С 26 января по 10 февраля 1934 года в Москве проходил XVII съезд ВКП(б). После съезда Сталин уничтожил 1108 делегатов съезда, включая 108 членов и кандидатов в члены ЦК ВКП(б)[30]. Был убит и главный «конкурент» Сталина, секретарь Ленинградского обкома партии, член Политбюро, секретарь ЦК ВКП(б) С.М.Киров*. Официально XVII съезд партии был назван *«съездом победителей»*. В том же году в Нюрнберге прошел шестой съезд НСДАП. После съезда Гитлер также провел чистку партийных рядов, в ходе которой были ликвидированы многие члены НСДАП. Среди них был, как уже говорилось, главный соперник Гитлера, руководитель СА Э.Рем. Норнбергский съезд официально был признан *«съездом победивших»*.

Широко известно, что конечной целью большевиков было построение коммунистического общества. Вряд ли необходимо говорить об иллюзорности и утопичности планов марксистов-ленинцев. Куда интереснее отметить, что Гитлер тоже заявлял о стремлении его партии построить бесклассовое общество. В частности, в монографии «Майн Камф» («Моя борьба») он писал: «Национал-социалистическое государство не знает «классов». Оно в политическом отношении знает только граждан, пользующихся совершенно одинаковыми правами и несущих одинаковые обязанности»[31].

Не ошибусь, сказав, что высказывание Гитлера о равноправии граждан и «бесклассовом» государстве следует отнести к разряду пропагандистской демагогии, чтобы замаскировать истинные цели так называемого национал-социалистического государства. Между тем эти цели открытым текстом изложил в своем журнале нацистский «Союз геополитики». В нем он призывал: «Не ограничивайся рамками тесного, небольшого пространства, а мысли масштабами великих и обширных пространств, масштабами континентов и океанов, и следуй этим путем за своим фюрером! ...Тому, кто поддерживает фюрера в народной борьбе за жизненное пространство, требуется не только размах, но также выдержка и стойкость»[32].

Это был открытый призыв к установлению мирового господства, которое большевики на своем политическом языке называли «мировой революцией».

Во второй половине 30-х годов два претендента на мировое господство — Германия и СССР форсированными темпами стали наращивать свой военно-экономический потенциал, готовили свои вооруженные силы к серьезным военно-политическим акциям. Главари двух го-

---

* Настоящая фамилия Костриков.

сударств и военные деятели искали плацдарм, где можно было бы дать своим бойцам и командному составу возможность приобрести опыт ведения войны и заодно проверить готовность своих вооруженных сил к большой войне.

Такой плацдарм неожиданно появился летом 1936 года на Пиренейском полуострове, когда там началась гражданская война. Германия и СССР приняли в ней активное участие, хотя и заняли различные стороны баррикад. Германия и СССР превратили Испанию в полигон для испытания боевой техники. Кроме того, оба государства поставляли ее своим подопечным в Испанию. С той лишь разницей, что Советский Союз делал военные поставки за счет золотого запаса Испании, с октября 1936 года депонированного в Госбанке СССР*.

За первые два года войны в Испанию поставили:[33]

	Германия	СССР
Самолетов	650	648
Танков	200	347
Артиллерийских орудий	700	1183

Немцы поставляли новейшие бомбардировщики Ю-88, истребители «Мессершмитт». Говоря, в частности, о «Мессершмиттах», известный авиаконструктор А.С.Яковлев писал, что «преимущество этих самолетов перед И-15 и И-16** было очевидным». И далее: «Вышло так, что по всем типам боевой авиации перевес оказался у немцев»[34]. Между тем в советской прессе о военных действиях в Испании сообщалось обратное. Так, в «Известиях» за 10 ноября 1937 года была опубликована заметка под заголовком «Успешные действия республиканской авиации», в которой отмечалось: «За последние дни имели место многочисленные воздушные бои, вновь подтвердившие превосходство республиканской авиации над фашистской».

Как известно, 986-дневная война в Испании закончилась поражением подопечных большевиков. И тем не менее советские так называемые добровольцы, в числе которых были будущие Маршалы Советского Союза Р.Я.Малиновский, К.А.Мерецков, Н.Н.Воронов и многие другие командиры Красной Армии, получили в Испании определенный опыт ведения войны, выявили недостатки и просчеты. Советская историография умалчивает этот неоспоримый факт, точнее, особо не распространяется на эту тему. По-видимому, потому, что нечем было похвастаться. Вот только непонятно, за какие заслуги 59 советских «добровольцев» получили звание Героя Советского Союза. Не за то ли, что

---

* Общая сумма находящегося в СССР испанского золота составляла более полмиллиона долларов.
** Советские истребители.

456

убивали испанцев? А вот гитлеровский генерал Вальтер Рейхенау летом 1938 года откровенно признал, что «Испания для Германии стала высшей школой войны»[35]...

При чтении периодической печати, политической и художественной литературы, при просмотре фильмов (например, «Парень из нашего города») у абсолютного большинства советских людей складывалось ложное представление об истинном взаимоотношении между СССР и Германией после окончания первой мировой войны. Из той информации, которую они получали, невозможно было заметить, что начиная с 1918 года между этими двумя странами складываются широкие связи. Чтобы понять, на чем основывались связи и взаимоотношения Советской России и Германии, необходимо, на мой взгляд, совершить небольшой экскурс в историю дипломатии после окончания мировой войны 1914—1918 годов.

...28 июля 1919 года был подписан Версальский мир. Условия договора состояли из трех блоков вопросов: территориальный, экономический и военный. В частности, по последнему блоку вопросов всеобщая воинская повинность в побежденной Германии отменялась. Германская армия, состоящая из добровольцев, не должна была превышать 100 тысяч человек. Причем офицерский состав ограничивался 4 тысячами человек. Генеральный штаб распускался. Германии запрещалось иметь подводный флот, военную и морскую авиацию, ограничивался ее военно-морской флот, запрещалось иметь какие бы то ни было дирижабли. Были и другие запрещения.

И опять большевистское правительство приходит на помощь Германии. Так, в период Генуэзской конференции советская делегация, получив инструкцию от Ленина сорвать ее, 16 апреля 1922 года в итальянском местечке Рапалло подписывает с немцами межправительственное соглашение, в соответствии с которым между Россией и Германией были восстановлены дипломатические отношения. По Рапалльскому договору оба правительства взаимно отказывались от возмещения военных расходов и невоенных убытков, причиненных им и их гражданам во время войны. Оба государства обоюдно прекращали платежи за содержание военнопленных. Были согласованы и другие вопросы по экономическим проблемам.

Подписанию договора предшествовали продолжительные секретные переговоры (начатые еще 5 мая 1921 года) Леонида Красина и Карла Радека с сотрудниками Министерства обороны Германии*. Радек был даже лично принят фон Зеектом. Темой переговоров было укрепление российской военной промышленности с помощью Германии[36].

---

* В переговорах приняли участие: глава немецкой стороны генерал-лейтенант фон Зеект, генералы Курт фон Шлейхер, Йоган Хасс, полковник Герман фон Лиц-Томсен, майоры Оскар Риттер, фон Нидермайер и Вит Фишер.

Учитывая запреты и ограничения, которые были определены Версальским договором в отношении Германии, немецкие власти и военные проявили повышенный интерес к переговорам с советскими представителями. Генерал Зеект лично информировал рейхсканцлера Иозефа Вирта о ходе переговоров с русскими эмиссарами. Переговоры завершились тем, что 11 августа 1922 года были подписаны секретные соглашения. Эти соглашения должны были оказать исключительно благоприятное воздействие на развитие «Люфтваффе» в Германии, поскольку Россия заявила о своей готовности предоставить в распоряжение Германии аэродромы и персонал, необходимый для подготовки летных кадров, испытания новых немецких воздушных судов и авиационного оборудования.

Не ошибусь, сказав, что в этой сделке советское правительство было не менее заинтересовано. Совершенно очевидно, что оно рассчитывало с помощью немецких субсидий и специалистов заложить основы развития авиационной и других отраслей промышленности в Советской России. К этим вопросам мы еще вернемся. А пока продолжим рассмотрение дальнейших шагов, предпринимаемых *близнецами-братьями* в деле развития военно-политического и экономического сотрудничества между Германией и Советской Россией.

Как заметил читатель, все это было сделано при жизни Ленина. Руководствуясь этим соглашением, в целях расширения контактов между германским военным ведомством и РККА в феврале 1923 года Германия направила в Москву делегацию, возглавляемую генералом Хассом, руководителем войскового отдела министерства обороны рейха. В состав делегации был включен специалист по авиационной технике из отдела вооружения и технического оснащения германской армии. А в декабре 1923 года в Москве было открыто представительство рейхсвера под камуфлированным названием «Московский центр». Его возглавил полковник рейхвера Томсен, работавший под псевдонимом фон Лиц, а затем — майор (в отставке) фон Нидермайер[37]. О деятельности этой организации говорят, в частности, секретные переговоры, на которых были рассмотрены следующие проблемы:

О реконструкции заводов подводных лодок в городе Николаеве концерном «Blom und Foss»;

О создании в России самолетостроительных заводов «Юнкерс» и «Фоккер»;

О направлении на работу в советские конструкторские бюро немецких специалистов (в первую очередь в самолетостроительные, моторостроительные, артиллерийские, танковые и боеприпасов).

Должен отметить, что принятые на секретных переговорах решения оперативно стали воплощаться в жизнь. Например, выполняя секретный заказ рейхсвера, советская промышленность в 1926 году поставила Германии 400 000 снарядов для 3-дюймовых орудий. В связи с этими поставками отмечен неприятный казус для германских властей: эти сведения, несмотря на секретность перевозки, стали достоянием прессы. Этого было достаточно, чтобы кабинету министров Маркса уйти в отставку. Но это ничуть не смутило советское правительство. Напротив, следуя указанию Сталина, наркомат иностранных дел и ответственные руководители промышленности по производству военной продукции стали предпринимать шаги, направленные на увеличение поставок рейхсверу.

Несмотря на версальский вердикт в отношении Германии, последняя в союзе и с помощью Советской России стала наращивать свою военную мощь. Этому способствовали заключенные новые тайные и официальные договоры и соглашения. Так, 12 октября 1925 года был заключен советско-германский экономический договор. Спустя шесть месяцев, 24 апреля 1926 года, был подписан «Договор о дружбе и нейтралитете между Германией и СССР». Началась новая гонка вооружений, которая вызвала беспокойство широких масс во всем мире.

Учитывая это обстоятельство, 6-я сессия Лиги Наций 25 сентября 1925 года вынесла резолюцию о подготовке конференции по сокращению и ограничению вооружений. И хотя Советский Союз не являлся членом Лиги Наций, тем не менее он был приглашен на заседания подготовительной комиссии. Советская дипломатия проигнорировала приглашение Лиги Наций и пропустила первые три ее сессии. Вот что писала французская газета «Temps» 13 января 1926 года: «Неизвестно, в какой мере Советский Союз присоединится к решениям о сокращении вооружения. Ведь всякому здравомыслящему человеку ясно, что большая опасность заключается в ослаблении средств обороны Европы, в то время как революционная Россия оставалась бы вооруженная до зубов».

30 ноября 1927 года советская делегация все же прибыла в Женеву, но... с целью саботажа работы конференции. Своей абсурдной и демагогической декларацией, содержащей программу о немедленном и полном разоружении, роспуске всего личного состава вооруженных сил, уничтожения вооружений и боеприпасов, отмене законов об обязательной воинской службе, закрытии военных заводов, прекращении отпуска средств на военные цели т. п., советская делегация фактически стала на путь срыва работы конфедерации по сокращению и ограничению вооружений. И это понятно. Чтобы не быть голословным, обратимся к фактам.

С 25 по 30 марта 1926 года в Берлине состоялась строго секретная встреча руководителей военных ведомств СССР и Германии. Главным вопросом этой встречи являлись меры, направленные на усиление сотрудничества между двумя странами в военной области. Ответственными лицами в деле решения всех вопросов военного сотрудничества были назначены: в Берлине — генерал-полковник фон Зеект; в Москве — заместитель председателя ОГПУ И.С.Уншлихт. Непосредственная организация контактов между сторонами возлагалась на советского военного атташе в Берлине Лунева, а в Москве — представителя рейхсвера полковника Томсена.

Следует отметить, что после секретной встречи руководителей военных ведомств СССР и Германии советско-германское сотрудничество стало приобретать все более широкие формы. Оно стало охватывать как чисто военные, так и военно-промышленные сферы деятельности. Так, было решено на взаимной основе осуществлять:

знакомство с состоянием и методикой учебно-боевой подготовки армий двух стран, для чего стороны должны были направлять своих представителей на учения и маневры;

развернуть более тесное взаимодействие в вопросах разработки проблем военной науки, для чего должны были направлять представителей командного состава на обучение в военно-учебные заведения сторон;

направлять в Германию представителей советских военных управлений (военно-воздушных сил, научно-технического комитета, артиллерийского управления, главного санитарного управления и других военных ведомств) для изучения немецкого опыта, в том числе в секретных областях;

организовать и проводить химические опыты;

развернуть в СССР три центра боевого применения: авиации — «Липецк»; бронетанковых войск — «Кама»; химических войск — «Томка».

О том, как реализовывались совместные решения, можно судить по фактам. Например, по программе развития Luftwaffe, разработанной германским военным командованием, ежегодно отбирались 60 человек и направлялись на 18-месячные курсы летчиков. Курс был разбит на два этапа. В течение года обучающиеся проходили теоретическую подготовку в Германии, а затем их направляли на 6-месячную практическую подготовку в Липецкую авиационную школу. Липецкое летное училище было первым настоящим центром подготовки летчиков для германской военной авиации после окончания первой мировой войны. И не удивительно, что этот центр был включен в организационную структуру германских военно-воздушных сил*. Так, начиная еще с 1924 года в Липецкой военно-авиационной школе в глубокой тайне от мировой общественности немецкие летчики совершенствовали приемы высшего пилотажа, осваивали полеты на больших высотах, производили учебную стрельбу из пулеметов по движущим мишеням и наземным целям, бомбометание на полигонах с больших высот и с пикирования штурмовали наземные объекты. В Липецке прошли летную и учебно-боевую подготовку многие известные немецкие летчики-асы — Блюме, Блюмензаат, Гейц, Макрацки, Рессинг, Теецман, Фосс и другие.

_____
* Структуру подразделений, связанных с авиацией, см. ниже.

Примечательно, что в липецкой школе повышал свое летное мастерство один из фашистских главарей Г.Геринг и другие летчики из командного состава военно-воздушных сил Германии.

ПОДРАЗДЕЛЕНИЯ ВНУТРИ ВОИНСКОГО ОТДЕЛА, СВЯЗАННЫЕ С АВИАЦИЕЙ.
1 ОКТЯБРЯ 1929 ГОДА — 31 МАРТА 1933 ГОДА.*

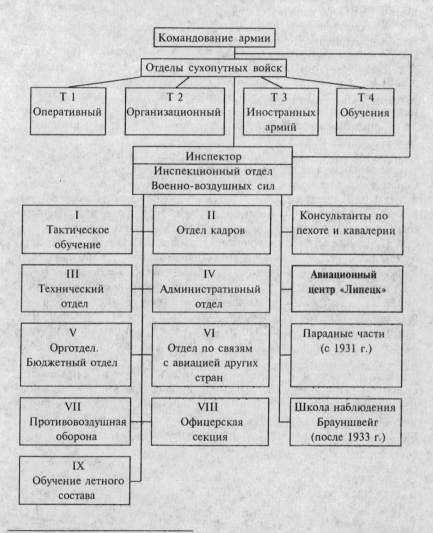

_____

* Схема заимствована из: The Development of the German Air Forse. 1919–1939. USA. «Air Universty», 1968.

Правительства двух дружественных стран — Германии и СССР — позаботились и о том, чтобы немецким летчикам было на чем летать и совершенствовать летное мастерство. Так, на авиационном заводе в Филях был размещен германский заказ по производству немецких «Юнкерсов». В строительстве самолетов в СССР принимал участие инженерно-технический персонал Германии. По свидетельству генерала авиации (в отставке) Гельмута Фельми, рейх вложил более 100 млн марок в предприятия «Юнкерс», большая часть которых пошла на строительство дочернего завода в Фили[38].

В танковой школе «Кама» (сокращенное название от *Казань* и фамилии первого начальника школы полковника *Мальбранта*) прошли курс обучения сотни немецких военных. В их числе будущие командующий 2-й танковой группы генерал Гудериан и командующий 4-й танковой группы генерал Геппнер, многие известные военачальники нацистской Германии. В военных учебных заведениях СССР немцы находились под вымышленными фамилиями, носили форму Красной Армии.

Сверхсекретной учебной и научной химической базой была «Токма», находящаяся близ города Вольска (ныне поселок Шиханы). Здесь немецкие специалисты отрабатывали опыты применения отравляющих веществ (ОВ) авиацией, артиллерией, а также способы дегазации и действия на зараженной местности. На этой же базе проводились испытания ОВ и новые образцы противогазов. (Во время нахождения в госпитале Приволжского военного округа в Шиханах (Саратовская область) от хорошо осведомленных лиц мне стало известно, что там задолго до начала второй мировой войны немецкие и советские специалисты совместно работали над созданием и испытанием химического оружия. В 1993 году во время работы Международной конференции «КГБ: вчера, сегодня, завтра», прошедшей в Москве, один из ее участников из Шихан подтвердил этот факт. По неизвестным причинам на пленарном заседании во второй день работы конференции этого делегата уже не было.)

Эти антигуманные и опасные для людей и природы, с позволения сказать, мероприятия проводились под пристальным контролем начальника химического управления РККА Фишмана. О ходе проводимых работ Фишман регулярно докладывал наркому обороны К.Е.Ворошилову. Одним из объектов в плане развития советско-германского сотрудничества было строительство в 1927 году химического завода «Берсоль» в Ивашенково (с 1929 года Чапаевск) в Куйбышевской области. Нужно ли говорить об опасности выпускаемой заводом продукции, если в сутки производилось 6 тонн ОВ?! Кстати, завод «Полимер» в том же Чапаевске стал производить снаряды для корабельной артиллерии. На этом заводе немецкие специалисты отрабатывали взрывчатые вещества малой гидроскопичности для артиллерии военно-морского флота и других военных целей.

Особо надо сказать о деятельности академий Генерального штаба двух дружественных стран.

Сегодня уже не является секретом то, что советские военачальники являлись слушателями академии Генерального штаба Германии. Среди них — известные имена: И.И.Баранов, И.П.Белов, П.Е.Дыбенко, И.Н.Дубовой, А.И.Егоров, Н.А.Катков, А.И.Корк, М.К.Левандовский, С.А.Межеников, К.А.Мерецков, В.М.Примаков, В.К.Триандофиллов, И.П.Уборевич, И.С. Уншлихт, И.Ф.Федько, И.Э.Якир и другие.

Слушателями Академии Генерального штаба им.Фрунзе являлись и немецкие военачальники. Здесь совершенствовали свои военные знания будущие фельдмаршалы рейха Браухич, Кейтель, Манштейн и Модель, генералы Бломберг, Горн, Фейге и другие.

Приведенные выше факты ярко показывают, что правительство, военно-промышленные магнаты, банкиры и военщина рейха закрывали глаза на условия Версальского мирного договора, под которым поставили свои подписи министр иностранных дел Германии Мюллер и министр юстиции Белл. Они больше думали о реванше за поражение своей страны в мировой войне. Их вовсе не интересовало, что в этой кровавой бойне погибли миллионы невинных людей, миллионы остались калеками и обездоленными, были уничтожены огромные материальные ценности, созданные трудом народов. Столь наглая позиция правящих кругов Германии объяснялась еще и тем, что их поддерживало беспринципное, к тому же реакционное большевистское правительство во главе с Лениным, а позже — его прилежным учеником Сталиным.

Так или иначе, Германия с помощью советского руководства вновь стала наращивать свой военно-экономический потенциал. А с приходом к власти Адольфа Гитлера темпы возрождения военной мощи Германии стали все более ускоряться.

Не отставал в этом и Советский Союз. Обладая большими природными ресурсами и дешевой рабочей силой, большевистское правительство расширяло военный арсенал страны. О том, какого уровня достигло производство оборонной промышленности СССР в середине 30-х годов, говорят следующие цифры: в 1935—1937 годах она ежегодно производила 3537 самолетов, 3139 танков, 5020 орудий всех видов. Началось конструирование первых образцов реактивных установок. Пополнялся и Военно-Морской Флот. Наивно думать, что эта армада боевой техники Сталину нужна была для того, чтобы два раза в год проводить парады на Красной площади. В связи с этим мне трудно согласиться с теми авторами, которые в своих сочинениях утверждают, что война никак не входила в планы Сталина. Напротив, факты говорят об обратном — о воинственном духе и пыле вождя ордена меченосцев.

Следует отметить, что милитаризация всей экономической, общественной и политической жизни двух воинствующих держав, их вооруженное вмешательство во внутренние дела других государств, прямая агрессия против суверенных стран сопровождались дальнейшим наступлением на права и свободы граждан, перманентными массовыми репрессиями внутри страны. Обратимся к фактам истории, подтверждающим этот вывод.

Во второй половине 30-х годов Германию покинуло более двух тысяч видных ученых, представителей науки, искусства и литературы*. В их числе Альберт Эйнштейн, Арнольд Цвейг, Томас Манн, Лион Фейхтвангер, Франц Верфель. Десятки тысяч немецких граждан были брошены в тюрьмы и концлагеря. Особому террору и преследованию подвергались лица еврейской национальности.

Должен сказать, что в репрессивных мерах нацистов против своих граждан принимало участие большевистское правительство. Например, известно, что органы НКВД выдали гестапо 800 немецких коммунистов[39].

Все это, конечно, ужасно. Но должен заметить, что гитлеровский фашизм все же «умеренно» повторял то, что творил ленинский большевизм. После октябрьского переворота Россию покинули более двух миллионов самых образованных и культурных ее подданных. Тюрьмы и лагеря были переполнены репрессированными. Руками заключенных строили все новые лагеря. В организации этих, с позволения сказать, мероприятий, Ленин принимал самое деятельное участие. Так, на заседании Политбюро, проходившем под председательством Ленина 20 апреля 1921 года, когда миллионы людей голодали, было принято решение о строительстве концлагеря под Ухтой на 10—20 тысяч человек[40]. В середине 30-х годов страна состояла из сплошных лагерей. К этому времени было завершено раскулачивание во всей стране. По мнению академика ВАСХНИЛ В.А.Тихонова, под раскулачивание попало примерно 10 млн человек[41].

После физической расправы над Бухариным, Зиновьевым, Каменевым, Радеком, Рыковым и другими деятелями большевистской партии по всей стране прокатилась волна арестов «врагов народа». Жертвами репрессий стали сотни тысяч человек, все слои населения страны — рабочие, крестьяне, интеллигенция, военные. Репрессиям подверглись народы всех национальностей. В годы большевистского правления были изгнаны с родных мест и сосланы в суровые районы страны вплоть до берегов Северного Ледовитого океана представители многих народов — армяне, айсоры (ассирийцы), балкарцы, белорусы, гагаузцы, греки, грузины, ингуши, калмыки, казаки, карачаевцы, корейцы, латыши, литовцы, молдаване, ~~немцы~~, поляки, русские, татары, турки-месхетинцы, украинцы, чеченцы, эстонцы...

Против невинных граждан по ложным доносам правоохранительные органы организовывали судебные процессы. Многим досталось от большевистского террора и вседозволенности. В мизантропических ак-

---

* После присоединения Австрии к Германии часть австрийской интеллигенции также покинула страну.

циях чрезмерное усердие проявляли сотрудники ОГПУ. Своими жесто-костями, они превзошли средневековых инквизиторов. В послании к ОГПУ в связи с его 15-летием Сталин, отмечая именно эту черту кара-тельного органа, писал: «Да здравствует ОГПУ, обнаженный меч рабо-чего класса!»[42]. А те, прикрываясь именем рабочего класса, продолжа-ли совершать очередные преступления.

Ленин, Сталин и их соратники по партии совершили против наро-дов России такие тягчайшие преступление, какие не совершили против своего народа такие тираны, как Нерон, Тамерлан, Иван Грозный и даже кровожадный маньяк Гитлер. Большевистское правительство во главе с Лениным создавало в стране искусственный голод. Например, когда в 1921 году в Сибири, Поволжье, Крыму и в других регионах вслед-ствие неурожая был голод, Политбюро и думать не хотело приостано-вить экспорт хлеба и других продуктов. Из голодной Татарии вывозили многие тысячи туш конины. Чиновники Внешторга в Крыму добра-лись до запасов марочных и коллекционных вин из подвалов бывшего императорского имения «Массандра». В конце октября 1921 года Вне-шторгу было передано 10 217 ведер живительной влаги, в том числе: 455 ведер коллекционного Токая «Ай-Даниль» урожая 1810 года; 2098 ведер муската и мадеры 10—16-летней выдержки; 5760 ведер раз-личных марок знаменитого портвейна «Ливадия»[43]. Продолжали вывоз хлеба за границу. А тем временем миллионы людей погибали от голо-да, становились жертвой преступных деяний большевистского прави-тельства.

Мы вплотную подошли к рассмотрению события, которое зани-мает значительное место в истории народов и государств мира. Речь идет о второй мировой войне, в которой два государства — большевист-ское и фашистское — приняли самое активное участие, фактически развязали ее.

Общепринято было считать, что вторая мировая война 1939—1945 годов началась с вероломного нападения фашистской Германии на Польшу 1 сентября 1939 года. За несколько дней до вторжения фа-шистов в Польшу Гитлер цинично заявил своим генералам: «Я дам про-пагандистский повод для развязывания войны, а будет ли он правдопо-добен — значения не имеет. Победителя потом не спросят, говорил он правду или нет».[44]

Эсесовские главари правильно поняли мысль своего фюрера. Про-пагандистским поводом для нападения гитлеровской Германии на Польшу послужила бандитская провокация в городе Глайвице (Глави-це), подготовленная по приказу фашистских главарей и осуществлен-ная вечером 31 августа 1939 года. Группа нацистской службы безопас-ности ворвалась в здание радиостанции пограничного с Польшей горо-да Глайвице. Инсценируя нападение польских военнослужащих на гер-манскую территорию, эсесовцы стали производить беспорядочные вы-стрелы у микрофона, а затем зачитали текст на польском языке. Смысл зачитанного заключался в том, что «наступило время войны Польши против Германии». Для большей убедительности руководители бандитской шайки расстреляли на месте привезенных с собой немецких уголовников, переодетых в польскую военную форму. Руководил этой инсценированной провокационной акцией известный эсесовец, любимец Гитлера Отто Скорцени. Фашистская военная машина была приведена в действие. Началась вторая мировая война.

Следует отметить, что большевистские идеологи стали прикрывать бандитскую акцию германских фашистов. Так, 2 сентября «Правда» опубликовала заявление Гитлера на заседании рейхстага 1 сентября в связи с ратификацией советско-германского договора от 23 августа 1939 года. Касаясь, в частности, начала военных действий между Германией и Польшей, большевистский рупор сообщал: «Гитлер отметил также, что вчера вечером польские регулярные части перешли германскую границу и что сегодня утром германские войска выступили против поляков». Вот так советская пресса распространяла среди населения страны фальшивку, исходящую от главаря фашистской Германии, покрывала варварскую акцию Гитлера против Польши.

Ранним утром первого сентября немецко-фашистские войска вероломно вторглись в пределы Польши. Не ошибусь сказав, что мандат на эту агрессивную акцию гитлеровцы получили 23 августа 1939 года подписанием в Москве пакта Риббентропа—Молотова и Секретного дополнительного протокола к нему.

Впрочем, предоставим читателю возможность ознакомиться с текстом этого секретного протокола, полагая, что это поможет ему составить собственное мнение по данному вопросу.

«При подписании договора о ненападении между Германией и Союзом Советских Социалистических Республик нижеподписавшиеся уполномоченные обеих сторон обсудили в строго конфиденциальном порядке вопросы о разграничении сфер обоюдных интересов в Восточной Европе. Это обсуждение привело к нижеследующему результату:

1. В случае территориально-политического переустройства областей, входящих в состав Прибалтийских государств (Финляндия, Эстония, Латвия, Литва), северная граница Литвы одновременно является границей сфер интересов Германии и СССР. При этом интересы Литвы по отношению к Виленской области признаются обеими сторонами.

*2. В случае территориально-политического переустройства областей, входящих в состав Польского государства, граница сфер интересов германии и СССР будет приблизительно проходить по линии рек **Нарева, Вислы и Сана.***

Вопрос, является ли в обоюдных интересах желательным сохранение независимого польского государства и каковы будут границы этого государства, может быть исключительно выяснен только в течение дальнейшего политического развития.

Во всяком случае, оба Правительства будут решать этот вопрос в порядке дружественного обоюдного согласия.

3. Касательно юго-востока Европы с советской стороны подчеркивается интерес СССР к Бессарабии. С германской стороны заявляется о ее полной политической незаинтересованности в этих областях.

4. Этот протокол будет сохраняться обеими сторонами в строгом секрете.

По уполномочию Правительства СССР
В.Молотов
Москва, 23 августа 1939 года
За правительство Германии
Риббентроп»[45].

Стоит ли комментировать этот варварский большевистско-фашистский документ? Мне представляется, что любой здравомыслящий человек, прочитав его, поймет, что во втором пункте секретного протокола речь идет о разделе Польши между СССР и Германией с четким определением границ.*

СОСТАВ ВООРУЖЕННЫХ СИЛ ГЕРМАНИИ, СССР И ПОЛЬШИ В ГЕРМАНО-СОВЕТСКО-ПОЛЬСКОЙ ВОЙНЕ**

	Германия	СССР	Польша
Численность вооруженных сил	1,6 млн чел.	600 тыс. чел.	1 млн чел.
Танки	2800	4000	870 (из них 650 танкетки)
Самолеты	2000	2000	824
Артиллерийские орудия и минометы	6000	5500	4300

На мой взгляд, прав был американский ученый Зимке, когда 30 лет тому назад писал, что советско-германский договор был заключен на основе *«раздела сфер влияния в Европе»*[46].

Здесь, думается, уместно сказать об одном интересном факте. После подписания договора во время беседы с Риббентропом Сталин предложил тост за Гитлера. «Я знаю, — сказал он, — как сильно германская нация любит своего Вождя, и поэтому мне хочется выпить за его здоровье»[47].

---

* См. «Карту раздела Польши».
** Таблица составлена на основе сведений, приведенных в томе III Истории второй мировой войны 1939—1945 годов и журнала «Большевик» № 30 за 1939 год.

Карта раздела Польши между Германией и СССР.
(Первоначальный вариант)

В связи с подписанием Договора о ненападении между Германией и Советским Союзом и Секретным дополнительным протоколом к нему интересно ознакомиться с воспоминаниями Н.С.Хрущева. Вот что он пишет:

«...У Сталина мы собрались 23 августа к вечеру. Пока готовили к столу наши охотничьи трофеи, Сталин рассказал, что Риббентроп уже улетел в Берлин. Он приехал с проектом договора о ненападении и мы такой договор подписали. Сталин был в очень хорошем настроении, говорил: вот, мол, завтра англичане и французы узнают об этом и уедут ни с чем. Они в то время еще были в Москве. Сталин правильно оценивал значение этого договора с Германией. Он понимал, что Гитлер хочет нас обмануть, просто перехитрить. Но полагал, что это мы, СССР, перехитрили Гитлера, подписав договор. Тут же Сталин рассказал, что согласно договору к нам фактически отходят Эстония, Латвия, Литва, Бессарабия и

Финляндия таким образом, что мы сами будем решать с этими государ-
ствами вопрос о судьбе их территорий, а гитлеровская Германия при сем
как бы не присутствует, это будет сугубо наш вопрос. Относительно
Польши Сталин сказал, что Гитлер нападет на нее, захватит и сделает
своим протекторатом. Восточная часть Польши, населенная белорусами и
украинцами, отойдет к Советскому Союзу. Естественно, что мы стояли
за последнее, хотя чувства испытывали смешанные. Сталин это понимал.
Он говорил нам: «Тут идет игра, кто кого перехитрит и обманет»[48].

Как видно из приведенных выше документов и мемуаров Хрущева, главари нацистов и большевиков 23 августа 1939 года обсудили и подписали «в порядке дружественного обоюдного согласия» план агрессии Германии и СССР против Латвии, Литвы, Эстонии, Польши, Румынии и Финляндии с целью захвата их земель. И как признался Хрущев, все присутствующие у Сталина одобрили этот план. Вот только жаль, что он не добавил, что это соответствовало большевистской идеологии. Впрочем, как и нацистской.

Выступая по радио 22 июня 1941 года, Молотов сказал, что Гитлер нарушил пакт о ненападении и вероломно напал на СССР. Хотелось бы знать: думал ли он в то время о нарушении Советским Союзом пакта о ненападении, заключенного между СССР и Польшей в 1932 году, когда подписывал с нацистским министром коварный договор о разделе Польши?

Должен отметить, что этот коварный план исходил от Сталина, откровенно враждебно настроенного против Польши и ее народа. Он считал, что Польша это фашистское государство. В беседе с Генеральным секретарем Исполнительного Комитета Коммунистического Интернационала Г.Димитровым, которая состоялась с 22 часов 50 минут 7 сентября до 00 часов 10 минут 8 сентября в присутствии В.М.Молотова, А.А.Жданова и Д.З.Мануильского[49], Сталин, в частности, сказал: «Уничтожение этого государства в нынешних условиях означало бы одним буржуазным фашистским государством меньше! Что плохого было бы, если бы в результате разгрома Польши мы распространили социалистическую систему на новые территории и население»[50].

Высказывания Сталина в адрес польского государства послужили для деятелей ИККИ директивой, которую следовало неукоснительно выполнять. Поэтому буквально на следующий же день, точнее, в тот же день после ночной беседы «отца народов» с Димитровым, Президиум Исполкома Коминтерна в оперативном порядке стал рассылать во все ведущие страны руководящее указание Секретариата ИККИ следующего содержания: «**Международный пролетариат не может защищать фашистскую Польшу, отвергающую помощь Советского Союза, угнетающую другие национальности**»[51]. Примечательно, что этот вопрос стал предметом серьезного обсуждения в Коминтерне. Так, на **секретном заседании** Секретариата ИККИ 15 сентября 1939 года слушали вопрос:

«Об отношении компартий к национальным легионам»*. В постановлении по этому вопросу читаем:

«...2. а) Предложенный проект решения Секретариата принять.

б) Поручить тов. Готвальду на основе прений внести изменения, чтобы совершенно четко и ясно было выражено наше отрицательное отношение к добровольному вступлению коммунистов и революционных элементов в национальные легионы.

в) Проект с поправками представить на утверждение тов. Димитрову, после чего считать его окончательным решением Секретариата»[52].

Меры, принятые Коминтерном против Польши и ее народа, лишний раз показывают сущность этой реакционной и марионеточной политической организации. Постановление Секретариата ИККИ от 15 сентября и другие директивные его указания, направленные в коммунистические партии мира, как нельзя лучше показывают и доказывают, что это ленинское детище — Коминтерн — был и оставался реакционной политической организацией, стоящей на службе большевистско-фашистским режимам.

Хотел бы привести еще два весьма важных документа, характеризующих ближайшего соратника Сталина. Так, в ночь на 9 сентября Молотов, узнав о захвате немецкими войсками Варшавы**, направил через посла Германии в СССР Ф.Шуленбурга телеграмму Риббентропу следующего содержания: *«Я получил Вашу информацию о вступлении немецких войск в Варшаву. Я прошу Вас передать правительству Третьего Рейха мои поздравления и приветствия. Молотов»*[53].

В 16 часов 10 минут того же дня Шуленбург, после встречи с Молотовым, отправил в Берлин совершенно секретную телеграмму:

«Молотов заявил мне сегодня в 15.00, что советские военные действия начнутся в ближайшие дни. Вызов военного атташе в Москву действительно с этим связан. Также сказал, что призваны многочисленные резервисты»[54].

А теперь вернемся к событиям на фронтах войны.

К середине сентября ~~немецко~~-фашистские войска вышли на линию Сувалки — Белосток — Брест — Любомль — Львов — Стрый и далее на юг***. Были задействованы все рода войск рейха.

В ряде направлений они продвинулись значительно глубже. Например, части 19-го танкового корпуса Гудериана 15 сентября, захва-

---

* Речь шла о добровольных военных формированиях эмигрантов-антифашистов, которые приняли решение участвовать в военных действиях на стороне Польши и англо-французской коалиции против нацистской Германии.
** Сообщение о захвате немецкими войсками Варшавы было ложным. Варшава пала 28 сентября.
*** См. ниже карту «Военные действия Германии против Польши. Сентябрь 1939 г.».

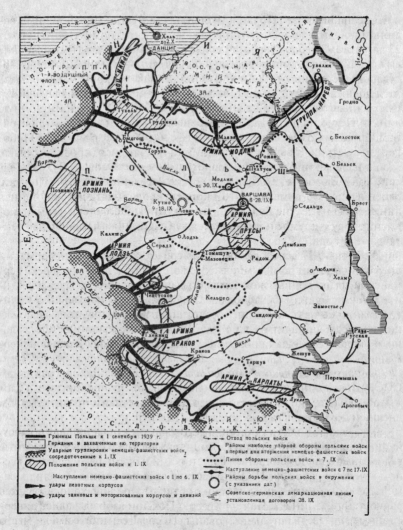

Карта боевых действий немецко-фашистских войск в Польше
с 1 сентября по 2 октября 1939 г.

тив Брест, продвинулись на несколько десятков километров на восток вдоль железных дорог Брест — Минск и Брест — Пинск. Такое продвижение еще раньше имело место на северо-востоке от Белостока. Однако в целом 19-й танковый корпус стремительно двигался из Иоханнесбурга и Лика (Восточная Пруссия) на юг, имея намерение перейти указанную выше линию. Сегодня со всей достоверностью можно сказать, что демаркационная линия была обговорена, согласована и нанесена на карте* Польши гитлеровскими и большевистскими военными и дипломатами и приложена к секретному Протоколу от 23 августа 1939 года. Имеются и другие документы, подтверждающие агрессивные действия нацистов и большевиков против польского государства и его народа. Они будут приведены несколько ниже. Здесь же я должен сказать, что в ходе военных действий немцы внесли существенные коррективы в согласованную с СССР демаркационную линию в свою пользу: она была перенесена от южных границ Восточной Пруссии до Перемышля на восток на 50, а местами на 150 и более километров. К западу от этой линии находились города: Варшава, Люблин, Демблин, Сувалки, Августов, Ломжак, Осовец, Луков, Седлец, Холм, Замостье, Толмашев и другие населенные пункты Польши. Забегая вперед, отметим, что скорректированная демаркационная линия была нанесена на карту, приложенную к советско-германскому договору о дружбе и границе между СССР и Германией от 28 сентября 1939 года.

Вплоть до 17 сентября советские средства массовой информации широко освещали германо-польскую войну, подчеркивали успехи германской армии на польской земле, создавали у советских граждан ложное мнение, будто СССР соблюдает нейтралитет в этих военно-политических событиях. Более того, на предприятиях организовывали лекции и беседы на политические темы, на которых, как ни парадоксально, осуждалась внешняя политика польского правительства, а не Германии.

Однако все это в корне было не так, как преподносили гражданам СССР. Достаточно привести несколько фактов, чтобы у читателя сложилось объективное мнение о проводимой советским правительством внешней политики в рассматриваемый период.

Уже вскоре после подписания договора о ненападении для координации своих действий против Польши германские и советские военные ведомства стали обмениваться советниками и офицерами связи. В тесном контакте работали НКВД и гестапо, для наведения немецких самолетов на военно-промышленные объекты Польши использовалась радиостанция Минска. На территорию Польши забрасывались диверсионные и разведывательные группы. После 1 сентября имели место случаи, когда советские бомбардировщики ночью, с заходом с запада, наносили бомбовые удары по аэродромам и военно-стратегическим объектам Польши. Как стало мне известно от хорошо осведомленного человека, занимающего высокие и ответственные должности в аппарате государства и в вооруженных силах, в агрессивной войне против польского суверенного государства участвовали смешанные воинские формирования германских и советских войск. Должен сказать, что этот сенсационный факт позднее нашел документальное подтверждение. В

_____

* См. карту, приведенную на с. 468 .

частности, в кино и фотодокументах. Известны и другие факты помощи СССР Германии.

Так, закупленные в Англии, США и в других странах каучук, цинк и другие материалы СССР частично передавал Германии. Из Афганистана, Ирана и других стран Востока через морские порты и по железной дороге СССР транзитом отправлялись в Германию хлопок и другое стратегическое сырье. Из Советского Союза продолжали поступать в Германию лес, нефть, хром, никель, кожа, марганец, хлеб и другие сельскохозяйственные продукты*. Это позволило Германии успешно проводить военные операции против Польши.

«Военные поставки из России в третий рейх, — пишет немецкий исследователь Гильдебрант, — помогли преодолеть внешнюю зависимость Германии от сырья и продовольствия»[55].

Вот и получается, что официально Советский Союз вроде бы не участвовал в войне против польского государства, а фактически с 1-го же сентября руки большевистских главарей уже были замараны кровью польского народа, и от этого факта им невозможно увернуться.

Однако, чтобы не оказаться обделенным, советское правительство решило перейти к более активным действиям. Кстати, этого добивались немцы, чтобы как можно быстрее разделаться с Польшей и как можно быстрее перенести военные действия против других европейских государств.

Утром 17 сентября правительство СССР вручило ноту польскому послу в Москве Вацлаву Гжибовскому, в котором заявило, что поскольку польское государство развалилось, то договор между СССР и Польшей прекратил свое действие. В ноте подчеркивалось, что в этих условиях советское правительство дало распоряжение командованию Красной Армии дать приказ перейти государственную границу и взять под защиту жизнь и имущество населения Западной Белоруссии и Западной Украины. Оно заявило также, что намерено помочь польскому народу зажить мирной жизнью.

Заявление Молотова послу Польши иначе как наглым не назовешь. Напрашивается вопрос: для чего нужно было вручать ноту польскому послу, если, как заявил Молотов, польское государство развалилось?

В этот же день по радио выступил Председатель Совета Народных Комиссаров В.М.Молотов. Повторив основные положения ноты советского правительства, врученной польскому послу, он сказал, что советское правительство «намерено принять все меры к тому, чтобы вызволить польский народ из злополучной войны, куда он был ввергнут его неразумными руководителями».

Как видим, всю вину за войну и бедствия, понесенные польским

---

* См. фотодокументы ниже.

народом, большевистский лидер свалил на польское правительство, ни слово не сказав об истинных виновниках войны. Между тем они, виновники, пошли дальше.

18 сентября «Правда» опубликовала германо-советское коммюнике. Вот его полное содержание: «Во избежание всякого рода необоснованных слухов насчет задач советских и германских войск, действующих в Польше, правительство СССР и правительство Германии заявляют, что действия этих войск не преследуют какой-либо цели, идущей в разрез интересов Германии или Советского Союза и противоречащего духу и букве пакта о ненападении, заключенного между Германией и СССР. Задача этих войск, наоборот, состоит в том, чтобы восстановить в Польше порядок и спокойствие, нарушенные распадом польского государства, и помочь населению Польши переустроить условия своего государственного существования».

Более наглого и циничного заявления трудно даже представить. Из этого заявления вполне может создаться мнение, будто польское государство распалось стихийно, а не в результате агрессивных действий против него двух договорившихся между собой государств — СССР и Германии.

Чтобы читатель на фактах мог бы увидеть, каким способом «миротворцы» восстанавливали в польских землях *порядок и спокойствие*, дадим ему возможность ознакомиться с «Оперативной сводкой Генштаба РККА», опубликованной в «Правде» 18 сентября:

«С утра 17 сентября войска Рабоче-Крестьянской Красной Армии перешли границу по всей линии от реки Западная Двина (наша граница с Латвией) до реки Днестр (наша граница с Румынией). *Отбрасывая слабые передовые части и резервы польской армии*, наши войска к вечеру 17 сентября достигли: на севере — в Западной Белоруссии — м. Глубокое, ст. Парафианово, овладели железнодорожным узлом *Молодечно**в м. Воложин. На Барановическом направлении частями Красной Армии форсирована река Неман и заняты м. Корелицы, м. Мир, Полонечка, железнодорожный узел Барановичи и Снов. На юге — в Западной Украине — наши войска заняли: города Ровно, Дубно, Збараж, Тернополь, Коломыя. Наша авиация сбила: 7 польских истребителей и вынудила к посадке 3 тяжелых бомбардировщика, экипажи которых задержаны. Население встречает повсеместно части Красной Армии с ликованием».

Все страницы центральных и местных газет буквально пестрели сообщениями об успехах германских войск и Красной Армии в боевых действиях против Польши. Прикрываясь именем народа, «Правда» публиковала фальшивки и призывы. Вот некоторые из них:

---

* Сообщение «Правды» не соответствует действительности. Ниже читатель из сообщений той же «Правды» заметит, что советские войска заняли город Молодечно 20 сентября.

«Решение Советского правительства — воля 170-миллионного народа»;

«Желания советского народа воплощены в жизнь»;

«Освободим своих братьев от гнета польских панов»;

«Население Западной Украины восторженно встречает своих освободителей»;

«Красная Армия с честью выполняет свой долг»...[56]

Следует отметить, что для выполнения этого «долга» советское военное командование выставило против Польши 54 стрелковых и 13 кавалерийских дивизий, 18 танковых бригад и 11 артиллерийских полков. Общая численность личного состава двух фронтов (Белорусского и Украинского) составляла более 600 тысяч человек. В них насчитывалось около 4 тысяч танков, более 5500 орудий, более 2 тысяч самолетов и другой боевой техники.

Читая строки сводки Генштаба РККА, граждане СССР понимали, что даже слабоумные легко могли обнаружить в публикации фальшивку. И в самом деле, как могло население Польши с ликованием встречать Красную Армию, если она на виду у всех убивала его сынов — защитников родины, уничтожала материальные ценности страны?! Так нагло могли врать только большевики и нацисты.

Моя жесткая критика не беспочвенна. После окончания Отечественной войны я некоторое время (до сентября 1948 года) служил в Западной Украине (Городок Львовской области, Станиславль, ныне Ивано-Франковск, Коломыя). Я собственными глазами многократно видел, с каким «ликованием» и «сердечностью» встречало и провожало нас население этих областей. Один эпизод я запомнил на всю жизнь. Как-то недалеко от нашего аэродрома под Коломыей на берегу реки Прут я встретил пожилого гуцула. У старика не было левой руки. И тем не менее он с необыкновенной ловкостью сворачивал самокрутку. До боли сжалось у меня сердце. То ли от смущения, то ли случайно клочок газеты порвался и самосад рассыпался по траве. Я достал пачку «Беломора» и протянул раздосадованному человеку. Но он отказался брать папиросу. После моей убедительной просьбы он все же взял папиросу, и мы закурили. Я не решался спросить, где он потерял руку. Как бы читая мои мысли, неожиданно старик помахал пустым рукавом и сказал: «Вот какую память о себе оставил ваш Ленин в двадцатом году». Мне все стало ясно, но я ему ничего не ответил. Также молча встал, положил ему на колени пачку папирос и, попрощавшись, зашагал в сторону аэродрома.

Вернемся, однако, к событиям, происходящим в сентябре 1939 года на польской земле.

«Правда» начиная с 19 сентября регулярно публиковала «Оперативную сводку Генштаба РККА». Вот что она сообщала:

19-го сентября.

Части Красной Армии заняли Вильно, Пружаны, м. В.Берестовица, Владимир Волынский, Сокаль, Броды, Бобрска, Рогатин, Долина.

20-го сентября.

Гродно, Коваль, **Молодечно,** Сарны, Львов.

21-го сентября.

Город Пинск (в 19 часов).

22-го сентября.

Белосток, крепость Брест-Литовск...[57]

Должен повторить, что «Правда» публиковала сплошные фальшивки. Любой читатель, посмотрев на карту, придет к убеждению, что так не могло быть, когда 18 сентября советские войска заняли *Пружаны,* а 21 сентября — *Пинск,* находящийся в 170 км восточнее Пружан. Грешили и историки, когда писали, что оставленная без помощи своими западными союзниками Польша была захвачена немецко-фашистскими войсками. При этом они ни слова не говорят о захватах польских земель советскими войсками.

Поскольку «Правда» не уточняла, при каких обстоятельствах Красная Армия «занимала» польские города и села, не раскрывала тайные договоренности между правительствами Германии и СССР, то, на мой взгляд, есть смысл вновь обратиться к воспоминаниям Н.С.Хрущева, который был участником этой грязной войны.

«...Мы вышли на границу, — пишет Хрущев, — *определенную августовским договором. Некоторые территории, намеченные как наши, уже были заняты немцами,* но Гитлер играл с большим размахом и не хотел «по мелочам» создавать с нами конфликты. Напротив, он хотел тогда расположить нас к себе и показать, что он *«человек слова». Поэтому немецкие войска были частично отведены, и наши войска вышли на линию границы, обусловленной договором, подписанным Риббентропом и Молотовым».* Хрущев откровенно пишет, что советские войска заняли земли *«у Белостока, где издавна жило польское население»*[58] (выделено мной. — *А.А.*).

Интересные факты сообщает и известный дипломат профессор В.М.Бережков, служивший в 1939 году в Военно-Морском Флоте: *«...На рассвете 17 сентября* вместе с другими частями Красной Армии вступили на территорию Польши, *имея карты с указанием линии, на которой мы встретимся с немцами... В Пинске был совместный парад германских и советских войск, проходивших вперемежку перед трибуной, на которой стояли германские генералы и командиры Красной Армии»*[59] (выделено мной. — *А.А.*).

(Во время моей поездки за границу в 1976 году коллега из Германии показал мне фотографию, на которой командир корпуса В.И.Чуйков пожимает руку гитлеровского генерала Г.Гудериана. Снимок сделан в помещении, где находились немецкие офицеры и командиры Красной Армии. Судя по тому, что у советских военачальников на гимнастерках старые знаки различия — нашивки на рукавах и петлицы на воротничках, то можно предположить, что снимок сделан в период войны Германии и СССР против Польши.

Признаться, я тогда усомнился в подлинности этого фотоматериала: подумал, что это фотомонтаж. Но спустя два месяца в Москве меня убедили, что такой факт в действительности имел место.)*

Как стало известно, совместные военные парады германских и советских войск состоялись, кроме Пинска, также в Бресте, Гродно, во Львове и в других городах Польши. Из достоверных источников мне стало известно, что, например, в Гродно военный парад германских и советских частей принимали будущий маршал Советского Союза В.И.Чуйков, гитлеровский генерал Г.Гудериан и другие военачальники. Спустя два десятилетия об этом факте знали уже миллионы во всем мире.

В свете приведенных выше фактов возникает вполне закономерный вопрос: каким образом гитлеровский генерал Гудериан вместе со своими войсками 20 сентября оказался в занятом частями Красной Армии городе Гродно и как советское правительство собиралось «взять под защиту жизнь и имущество населения Западной Белорусии и Западной Украины», если на указанной территории уже находились немецкие войска? Как фашистские войска оказались в Пинске и во Львове? Совершенно очевидно, что коммунистические главари нагло обманывали советских людей и всю мировую общественность своими циничными заявлениями и фальшивыми публикациями. Очевидно также, что варварский захват польских городов и сел осуществлялся совместными действиями войск вермахта и Красной Армии в полном соответствии с дополнительным секретным протоколом, подписанным Молотовым и Риббентропом.

К концу сентября стало ясно, что Польша как государство уже не существует. Правда, отдельные группы польских патриотов продолжали мужественно сражаться против захватчиков вплоть до середины октября.

27 сентября в Москву прибыл министр иностранных дел Германии Риббентроп. Очевидно, с целью подвести итог успешной военной операции СССР и Германии против суверенного Польского государства. Так оно и было.

28 сентября в Кремле был подписан германо-советский договор о дружбе и границе между товарищами по оружию — СССР и Германией. Вот содержание договора:

«Правительство СССР и Германское Правительство после распада бывшего польского государства рассматривают исключительно как свою задачу восстановить мир и порядок на этой территории и обеспечить

---

* Публикуемые ниже фотодокументы, которые были подвергнуты научной экспертизе, свидетельствуют подлинность фотографии, увиденной мной за рубежом летом 1976 года.

народам, живущим там, мирное существование, соответствующее их национальным особенностям. С этой целью они пришли к соглашению в следующем:

Статья I
Правительство СССР и Германское Правительство устанавливают в качестве границ между обоюдными государственными интересами на территории бывшего Польского государства линию, которая нанесена на прилагаемую при сем карту и более подробно будет описана в дополнительном протоколе.

Статья II
Обе Стороны признают установленную в статье I границу обоюдных государственных интересов окончательной и устранят всякое вмешательство третьих держав в это решение.

Статья III
Необходимое государственное переустройство на территории указанной в статье I линию производит Германское Правительство, на территории восточнее этой линии — правительство СССР.

Статья IV
Правительство СССР и Германское Правительство рассматривают вышеприведенное переустройство как надежный фундамент для дальнейшего развития дружественных отношений между своими народами.

Статья V
Этот договор подлежит ратификации. Обмен ратификационными грамотами должен произойти возможно скорее в Берлине.

Договор вступает в силу с момента его подписания.

Составлен в двух оригиналах, на ~~немецком и~~ русском языках. Москва, 28 сентября 1939 года». *германском*

Договор подписали Молотов и Риббентроп.

В договоре все вещи так ясно и откровенно названы своими именами, что вряд ли необходимо их комментировать — это может сделать каждый.

На мой взгляд, читателю не менее интересно будет ознакомиться с заявлением Риббентропа, сделанным им после подписания договора. Покидая Москву 29 сентября, Риббентроп сделал ТАСС следующее заявление:

«1. Германо-советская дружба теперь установлена окончательно.

2. Обе страны никогда не допустят вмешательства третьих держав в восточно-европейские вопросы.

3. Оба государства желают, чтобы мир был восстановлен и чтобы Англия и Франция прекратили абсолютно бессмысленную и бесперспективную борьбу против Германии.

4. Если, однако, в этих странах возьмут верх поджигатели войны, то Германия и СССР будут знать как ответить на это»[60].

Вот она дипломатия международных гангстеров — нацистов и большевиков, которые не только физически уничтожили польское государство, не только развязали вторую мировую войну, но и пытались наглым образом свалить совершенные ими преступления на другие страны. Более того, фашистский дипломат даже угрожает правительствам Англии и Франции, если они посмеют вмешаться «в восточно-европейские вопросы». Однако коварная и злодейская роль дипломатии Гитлера и Сталина сегодня уже разоблачена и маска с их лица сорвана.

А теперь почитаем, что пишет спустя полвека советская историография о реакции большевистского правительства на агрессию гитлеровцев против Польши: «В этих условиях Советское правительство вынуждено было осуществить дипломатические и военные акции, чтобы защитить население Западной Украины и Западной Белоруссии от фашистского порабощения. Верное своему интернациональному долгу, правительство СССР отдало приказ Советской Армии 17 сентября 1939 года перейти государственную границу и предотвратить дальнейшее продвижение гитлеровской агрессии на восток. Советские войска выполнили этот приказ»[61].

Со всей ответственностью должен сказать, что в этих строках нет ни на йоту правды. Все это красиво выдумано — что-что, а это большевики умели.

Во-первых, как уже было сказано, немецко-фашистские войска к 17 сентября уже перешли так называемую демаркационную линию и продвинулись на восток на 200 и более км. К тому же советские войска не собирались мешать гитлеровской агрессии, поскольку в ней они сами принимали участие как союзники Германии.

Во-вторых, напрашивается вопрос: каким образом большевистское правительство собиралось защитить население Западной Украины и Западной Белоруссии, если оно к 17 сентября уже находилось в плену гитлеровцев? Получается, что решение советского правительства было запоздалым. Между тем это было не так. Вспомним второй пункт секретного протокола от 23 августа 1939 года, в котором говорится, что вопрос сохранения независимого Польского государства оба правительства будут решать *«в порядке дружественного обоюдного согласия»*. Поэтому советское правительство хладнокровно смотрело, как гитлеровцы бомбили польские города и военно-промышленные объекты, уничтожали граждан Польши, среди которых были и белорусы, и украинцы. Более того, оно само участвовало в этой варварской акции.

Кстати сказать, находящиеся в составе польской армии украинцы и белорусы сражались как против немецких войск, так и против советских.

В-третьих. Как объяснить, что 17 (?) сентября советские войска получили приказ о переходе государственной границы с Польшей, а спустя сутки, пройдя с боями более 250 км, оказались в Бресте и приняли, совместно с немцами, участие в военном параде? Объясняется этот трюк следующим.

Формально приказ советским войскам о переходе государственной границы с Польшей возможно и был дан 17 сентября*, но фактически вторжение отдельных групп спецподразделений на польскую территорию произошло почти одновременно с началом военных действий германских войск против Польши. К такому убеждению я пришел не сразу и не без основания.

Как-то я со своим старшим братом был в гостях у нашего родственника В.Н.Разуваева. Говорили о многом. Вспомнили и то, как он учил меня плавать на озере Кумиси**. Затронули и советско-польскую войну. Я поинтересовался некоторыми деталями этого военно-политического события. В.Н.Разуваев хорошо знал командующего Белорусским Особым военным округом Михаила Ковалева и многих других военачальников. Несколько фамилий из командного состава я запомнил и на всякий случай записал в записную книжку. Это Чуйков, Голиков, Кожевников, Кузин, Саркисьян, Сергеев. Он также сказал, что при немецких штабах находились небольшие группы советских войск, которые были предназначены для спецзаданий и выполнения функций военных комендатур. Сославшись на одного из своих знакомых, Владимир Николаевич сказал, что тот в составе группы военной разведки Белорусского фронта в день своего рождения, 4 сентября, находился в польском городке Лунинце. Несколько позже в разговоре с автором этих строк жители села Синявка*** утверждали, что красноармейцы появились в лесу у их села 10 сентября, но почему-то они были одеты в польскую военную форму. Эти факты не вызывают сомнения. Напротив, они находят подтверждение. Достаточно сказать, что 9 сентября под Дубно погиб троюродный брат моей мамы. Об этом сообщил нам его товарищ. Но задолго до этого сообщения семья получила официальное письмо из воинской части, в котором сообщалось, что «ваш сын погиб при исполнении служебных обязанностей». Кстати, на 31 странице указанного выше III тома Истории второй мировой войны ее авторы приводят общие потери гитлеровских войск и польской армии в германо-польской войне. Приводят и числа попавших в плен и пропавших без вести. Однако они ни слова не говорят об общих потерях сторон на советско-польском фронте. Создается впечатление, что Красная Армия без единого выстрела, парадным маршем прошла 250—300 км по польской территории и к 25 сентября «завершила свою освободительную миссию». Но ведь это совершенно неверно. Можно пред-

---

* Скорее всего, до 17 сентября, поскольку, как пишет В.Бережков, советские войска вступили на территорию Польши *на рассвете 17 сентября*.
** Озеро находится в 15 км южнее г. Тбилиси. В предвоенные годы В.Н.Разуваев служил в штабе Закавказского военного округа.
*** Село находится в 100 км западнее Слуцка.

ставить, какое сопротивление оказывали частям Красной Армии польские защитники, если для захвата, например, Пинска советским войскам понадобилось более трех суток (85 часов), хотя город находился всего лишь в 90 км к западу от государственной границы. А отделенный от границы всего лишь на 30 км город Молодечно удалось захватить Красной Армии спустя аж трое суток.

Красная Армия несла большие потери, но, как правило, советские официальные органы всегда их занижали, чтобы подчеркнуть превосходство советских вооруженных сил. Вот что сказал в этой связи В.М.Молотов на заседании Верховного Совета Союза ССР 31 октября 1939 года: «При боевом продвижении Красной Армии... у наших воинских частей были местами (?) серьезные стычки с польскими частями, а стало быть, были и жертвы... На белорусском фронте в частях Красной Армии, считая начальствующий и рядовой состав, мы имели убитых — 246 и раненых — 503, а всего — 749. На украинском фронте мы имели убитых из начальствующего и рядового состава — 491 и раненых — 1359, а всего — 1850. Следовательно, общее количество жертв, понесенных Красной Армией на территории Западной Белоруссии и Западной Украины, составляют: убитых — 737; раненых — 1862, то есть в целом — 2599 человек»[62].

Приведенные Молотовым цифры потерь Красной Армии не соответствуют действительным потерям — они были значительно большими. Вспомним, как сознательно советское правительство занижало наши потери в Великую Отечественную войну. При Сталине писали, что людские потери СССР составили 6 млн, при Хрущеве стали говорить о 10 млн, затем 14 млн. При Брежневе признали, что общие потери в войне достигли 20 млн человек. Но и эта цифра была не верна. На самом деле народы нашей страны потеряли за годы войны около 30 млн человек. Здесь следует сказать, что, когда польские патриоты героически защищали свое государство от нападения фашистских захватчиков, «Правда» навешивала на них ярлыки «банды»[63]. Клевета была, но о правде — ни слова.

Советские историографы обошли молчанием и судьбу более чем двадцати тысяч польских военнопленных. Об их трагической судьбе будет сказано несколько ниже, в следующей главе, так, к слову, хотя сегодня уже имеются серьезные публикации польских и российских исследователей на эту тему. А вот о репрессиях советского правительства против мирных украинских и белорусских граждан, на мой взгляд, следует сказать.

Это произошло буквально после ликвидации польского государства. Как и после октябрьского (1917), репрессиям подверглась украинская и белорусская интеллигенция. Конечно, не вся. Они были департированы из родных мест и переселены в суровые края Российской Федерации и других республик. Карательные меры были применены и против рабочих и крестьян. Последним, прежде всего зажиточным, досталось особо. С ними власти расправлялись так же, как и с кулаками в нашей стране в начале 30-х годов.

Репрессии против граждан Западной Украины продолжались вплоть до 1958 года. Отметим, что в это время Сталина уже не было в живых. Тогда первым лицом в государстве был Н.С.Хрущев. За годы после присоединения Западной Украины к Советскому Союзу пострадало более 400 тысяч украинцев. Их имущество целиком было конфисковано. Вот каким образом советское правительство брало «под защиту жизнь и имущество населения Западной Белоруссии и Западной Украины». Что же касается поляков, то они поголовно были сосланы в отдаленные районы страны. Я их встречал даже в зоне тундры, у самого берега Северного Ледовитого океана.

Раз уж я упомянул Хрущева, уместно здесь высказать свое мнение и о нем.

Поклонники Хрущева дали своему кумиру прозвище «Миролюб», а годы его правления охарактеризовали как время «хрущевской оттепели». Я не могу согласиться с такой характеристикой, поэтому попробую фактами аргументировать свою позицию в оценке политической деятельности Хрущева.

Будучи слушателем Промакадемии, Хрущев по заданию партийных боссов накануне XVI съезда ВКП(б), 26 мая 1930 года, выступил в «Правде» с подстрекательско-провокационной статьей против «правых уклонистов» в партии (Бухарин, Рыков, Томский, Угланов и другие). По мнению критиков, главной опасностью в условиях «развертывания наступления социализма по всему фронту» являлся правый уклон, якобы объективно представляющий «агентуру кулачества в партии». Известно, чем закончилась судьба всех «уклонистов и оппозиционеров». Зато Хрущев накопил на судьбе репрессивных людей политический капитал, необходимый для продвижения вверх по партийной лестнице.

Находясь в должности первого секретаря МК и МГК партии, Хрущев принимал участие в массовом уничтожении невинных людей, репрессиях против них. Это относится и к чистке Москвы и Московской области от «уголовных элементов» и «политически неблагонадежных», которая была организована вскоре после убийства Кирова. Это относится и к массовым репрессиям, осуществленным против делегатов XVII съезда ВКП(б). Это относится и к массовым репрессиям против высшего и среднего командного состава Красной Армии. Как может Хрущев оправдаться за участие в массовых репрессиях против невинных граждан, если на многих списках граждан, подлежащих уничтожению или аресту, рядом с подписями Сталина, Молотова, Микояна, Жданова, Кагановича, Ворошилова и других членов Политбюро стоит и его подпись?!

Хрущев приложил руку и к репрессиям, осуществленным на Украине, хотя официально он был назначен на пост первого секретаря ЦК партии Украины в конце января 1938 года. В этом вопросе в его мемуарах, мягко выражаясь, много лукавства.

Большинство граждан Российской Федерации и бывших республик СССР не знает, что 9 марта 1956 года в Тбилиси пролилась кровь. Подразделения МВД, дислоцированные в чертах города, в упор расстреливали митингующих в центре грузинской столицы. Хрущев не может уйти от ответственности за содеянное.

Осенью того же 1956 года Хрущев выступил в роли международного палача, в крови потопив Венгерскую революцию. В этой омерзительной акции он поступил с венгерским народом точно так же, как поступил с ними император Николай I в середине XIX века. А убийство Имре Надя было осуществлено по тому же сценарию, что и расстрел Николая II.

К «заслугам» Хрущева следует отнести и строительство Берлинской стены, утверждающей раздел Германии.

В начале июня 1962 года вновь пролилась кровь на нашей многострадальной земле. Расстрел трудящихся в Новочеркасске — это еще одно подтверждение чудовищной идеологии партии меченосцев, которую последовательно проводил в жизнь Президиум ЦК КПСС во главе с Хрущевым.

На совести Хрущева-«миролюбца» и карибский кризис октября 1962 года, который едва не привел планету Земля к термоядерной катастрофе...

Не могу не описать в данной работе и воспоминание одного из активных участников войны в Польше. Думается, что ознакомившись с ним, читатель легко может разобраться, где правда, а где ложь. Вот что пишет Маршал Советского Союза В.И.Чуйков: «По войскам был отдан приказ войти на территорию Западной Белоруссии и Западной Украины, *чтобы спасти от фашистской оккупации родственные нам белорусский и украинский народы.* Я командовал 4-й армией, которая должна была продвинуться до Бреста. **Этот поход ничего общего с военными действиями не имел.** *Население Западной Белоруссии и Западной Украины встречало нас с ликованием и радостью. Танки и автомашины буквально осыпали цветами. Попы и ксендзы выходили навстречу с иконами и хоругвями. Там, куда вступила Красная Армия, дорога фашизму была закрыта»*[64] (выделено мной. — А.А.).

Интересно, появилась ли на лице командарма Чуйкова краска стыда, если бы ему показали фотографию, на которой он плечом к плечу стоит с фашистским генералом Гудерианом на трибуне, принимая парад в честь победы над польскими войсками?

А теперь приступим к рассмотрению еще одного вопроса советско-польской войны осени 1939 года.

Как уже говорилось выше, эта война исходила из реакционной сущности большевистской идеологии и была запрограммирована документами, уже известными читателю. Но должен заметить, что у большевистского тирана на этот счет была еще и другая, причем довольно веская причина. Дело в том, что он почти два десятилетия не мог смириться с тем жестоким (но заслуженным) поражением, которое потерпела большевистская армия от поляков в 1920 году. Жажда мести присутствовала в его сознании все эти годы. Он буквально мучился. И все эти годы Сталин ждал удобного случая, чтобы отомстить полякам за то поражение. И такой случай подвернулся летом 1939 года, когда на политической арене Европы развернул захватническую деятельность его единомышленник, политический маньяк Адольф Гитлер. Два вампира, не мешкая, решили поделить между собой намеченную жертву, и они осуществили свой коварный план.

Резюмируя вышеизложенное, должен сказать следующее. Польское суверенное государство в течение одного месяца было расчленено и ликвидировано действиями вооруженных сил гитлеровцев и большевиков. Военно-политическая акция двух государств — Германии и Советского Союза — против Польши завершилась праздничным банкетом, на котором «близнецы-братья» торжественно отметили четвертый раздел Польши. И тысячу раз прав Александр Твардовский, когда писал:

«Кто прячет прошлое ревниво,
  тот вряд ли с будущим в ладу...»

Рассмотрим теперь вкратце обстоятельства, при которых возник военный конфликт, точнее, пожар войны между Советским Союзом и Финляндией. Но сначала обновим немного нашу память небольшой исторической справкой.

Как известно, после октябрьского 1917 года переворота Финляндия обрела независимость. 14 октября 1920 года между двумя соседними государствами был заключен пакт о ненападении, который был пролонгирован в 1934 году на 10 лет. Казалось, ничто не может омрачить отношение между СССР и Финляндией. К сожалению, получилось так, что стороны в течение 104 дней зимой 1939—1940 годов находились в состоянии войны. Причина войны в следующем.

Советское правительство, подталкиваемое руководителями вооруженных сил, еще с середины 30-х годов вынашивало план присоединения части финской территории на Карельском перешейке и полуострова Ханко в Финском заливе, намереваясь построить там оборонительные рубежи и Военно-Морскую базу. С начала 1939 года советское правительство приступило к реализации этого плана. Сталинские дипломаты во главе с В.М.Молотовым перешли к активным действиям. С конца марта и по 13 ноября 1939 года, по инициативе СССР, с перерывами прошли три тура советско-финских официальных переговоров по территориальному вопросу. Они, как и следовало ожидать, закончились безрезультатно. Этот вопрос получил подробное освещение в опубликованной литературе[65], поэтому нет смысла еще раз здесь на нем останавливаться. Есть смысл показать, с какой наглостью советское правительство на переговорах нагнетало обстановку, шантажировало и запугивало финскую делегацию. Об этом, в частности, свидетельствует заявление Молотова делегации Финляндии 3 ноября 1939 года: «Мы, гражданские лица, — сказал он, — не достигли никакого прогресса. Сегодня получают слова солдаты»[66]. Откровеннее не скажешь! Это же прямая угроза!

Не менее нагло и цинично заявил Сталин членам финской делегации Ю.К.Паасикиви (глава делегации) и Таннеру в конце переговоров. Подчеркнув желание советской стороны, заключающееся в том, «чтобы расстояние от Ленинграда до границы было 70 км», он вместе с тем сделал довольно остроумное афористическое замечание: «Ленинград, — сказал он, — мы отодвинуть не можем, а поэтому должна отодвинуться граница»[67]. На это Паасикиви решительно ответил, что Финляндия не пойдет на территориальные уступки ни в районах Карельского перешейка, ни на полуострове Ханко[68].

Тем временем стороны готовились к войне с разными задачами: Советский Союз — к наступательной, захватнической; Финляндия — к оборонительной.

Участник советско-финской войны генерал В.Н.Разуваев в беседе с автором этих строк дословно сказал следующее: «Получив назначение явиться в распоряжение Ленинградского военного округа, я совершенно не сомневался, что еду воевать, а не в туристическое путешествие». Он также сказал, что «еще в конце октября 1939 года, когда практически шли советско-финские переговоры, Военный Совет Ленинградского Военного округа направил Народному комиссару обороны Ворошилову «План операции по разгрому сухопутных и морских сил финской армии». По сведениям В.Н.Разуваева, Ленинградский фронт, пополненный людьми и боевой техникой из других военных округов, к началу декабря 1939 года имел в своем составе около 500 тысяч человек, до 1600 орудий, свыше 1500 танков, 2500 боевых и военно-транспортных самолетов. «Мы, — сказал он, — превосходили противника: в людях 3,3 раза, в самолетах — 10 раз, танках — 26 раз, орудиях — 4 раза». По его словам, Красная Армия была готова начать боевые действия против Финляндии, но ждала приказа. Однако для этого нужен был предлог. Об этом позаботились советские дипломаты сообща со специалистами НКВД. Собственно, они и не собирались придумывать что-то новое: был скопирован у нацистов Германии сценарий, по которому фашистские гестаповцы инсценировали нападение польских военнослужащих на немецкую радиостанцию в Грейвице.

Вот как излагает советская историография причину войны между СССР с его северным соседом — Финляндией. «26 ноября 1939 года артиллерия с финляндской территории обстреляла советские войска, находящиеся под Ленинградом. Среди советских бойцов были убитые и раненые»[69]. В той же работе читаем: «28 ноября 1939 года правительство СССР вынуждено было заявить финскому правительству, что денонсирует договор о ненападении. На другой день оно отозвало из Финляндии своих политических и хозяйственных представителей и отдало распоряжение «немедленно пресекать возможные новые вылазки со стороны финляндской военщины. Ввиду того, что вылазки на советскую территорию не прекращались, у Советского правительства оставался один путь к достижению безопасности северо-западной границы — отдать приказ войскам Ленинградского военного округа дать решительный отпор агрессивной финской военщине. Приказ последовал 30 ноября»[70].

Оставим на время без анализа и комментария эти доводы о причине войны СССР с Финляндией, изложенные советскими историографами, и обратимся к официальным источникам по данному вопросу, а также к свидетельствам непосредственных участников советско-финской войны.

Так, 26 ноября 1939 года Народный Комиссар Иностранных Дел СССР В.М.Молотов принял посланника Финляндии А.С.Ирие-Коскинена и вручил ему официальную ноту советского правительства по поводу провокационного обстрела советских войск финляндскими воинскими частями, дислоцированными на Карельском перешейке. В ноте говорилось, что «26 ноября, в 15 часов 45 минут, наши войска, расположенные на Карельском перешейке у границы Финляндии, около села Майнила, были неожиданно обстреляны с финской территории артиллерийским огнем. Всего было произведено семь орудийных выстрелов, в результате чего убито трое рядовых и один младший командир, ранено семь рядовых и двое из командного состава. Советские войска, имея строгое приказание не поддаваться провокации, воздержались от ответного обстрела»[71]. Любопытна заключительная часть ноты: «Ввиду этого Советское Правительство, заявляя решительный протест по поводу случившегося, предлагает финляндскому правительству незамедлительно отвести свои войска подальше от границы на Карельском перешейке — на 20—25 километров, и тем предотвратить возможность повторных провокаций»[72].

27 ноября 1939 года посланник Финляндии в СССР А.С.Ирие-Коскинен от имени своего правительства вручил В.М.Молотову ответную ноту. В ней подчеркивалось, что «финляндское правительство в срочном порядке произвело расследование. Этим расследованием было установлено, что пушечные выстрелы, о которых упоминает Ваше письмо, были произведены 26 ноября между 15 часами 45 минутами и 16 часами 5 минутами по советскому времени с советской пограничной стороны, близ упомянутого Вами села Майнила. С финляндской стороны можно было видеть даже место, где взрывались снаряды, так как селение Майнила расположено на расстоянии всего 800 метров от границы, за открытым полем»[73]. Дав обстоятельную аргументацию фак-

там, финляндский посланник отклонил протест советского правительства, изложенный в ноте от 26 ноября 1939 года[74].

Что можно сказать по поводу приведенных выше двух нот — советского правительства и правительства Финляндии? На первый взгляд, вроде бы трудно разобраться, кто говорит правду, а кто — ложь. Но давайте подойдем к этому вопросу с другой стороны. Кто, например, поверит, что Финляндия, население которой меньше числа жителей Ленинграда, могла угрожать безопасности СССР? Ясно, что советские дипломаты несут бред. Если учесть, что на протяжении всех лет своего существования большевики, особенно их лидеры, многократно врали и извращали факты истории — это документально было доказано выше, то становится ясно, что мы имеем дело с коммунистическими фальсификациями и в рассматриваемом эпизоде. О каком артиллерийском обстреле советской территории под Ленинградом финнами может идти речь, если, как свидетельствовал генерал В.Н.Разуваев, оперативный план войны Советского Союза против суверенного финского государства в присутствии Сталина был широко обсужден на Военном Совете еще в конце лета 1939 года. И тем не менее считаю своим профессиональным долгом привести уникальные свидетельства участников советско-финской войны — О.Погосова и М.Дронина. Вот что рассказал О.Погосов 24 мая 1953 года.

«Помню, это было в конце ноября 1939 года на границе с Финляндией. Наша часть находилась недалеко от деревни Майня* севернее Ленинграда. Была ранняя и очень холодная зима. Неожиданно днем, это было после обеда, начался артиллерийский обстрел. Снаряды падали в метрах 500—600 севернее деревни. Я позднее видел воронки от взорвавшихся снарядов. Конфигурация этих воронок была такова, что даже слепой наощупь смог бы определить, что стреляли с нашей территории. Да и грохот от выстрела пушки доносился с нашего тыла, из ближнего леса. Но болтать на эту тему никто не решался».

Должен отметить, что факты, изложенные в рассказе Погосова, подтвердил артиллерист, в то время сержант срочной службы М.Дронин. Более того, он сказал, что все семь выстрелов были сделаны из одной пушки 45-миллиметрового калибра. Пушка на конной тяге была доставлена на опушку леса, находящегося в двух километрах к югу от деревни. А еще Дронин сказал, что в орудийном расчете, производившем выстрелы, не было ни одного красноармейца.

В одной из моих встреч с В.Н.Разуваемым я рассказал ему о свидетельствах Погосова и Дронина и попросил высказать свое мнение по этому вопросу. Немного задумавшись, Владимир Николаевич ответил на мой вопрос так: «Струна военной машины к ноябрю 39-го года была настолько натянута, что на Корейском перешейке можно было ожи-

---

* Рассказчик немного запамятовал. В указанном им районе нет деревни с таким названием. Он имел в виду деревню Майнила.

дать любой инцидент, чтобы использовать его как предлог для начала боевых действий против Финляндии. В стенах НКВД было достаточно специалистов по этим делам, чтобы осуществить нужную акцию. Насколько мне известно было, осенью 1939 года в Кремле финский вопрос рассматривался прежде всего и больше всего в политическом плане, нежели в территориальном. В те дни мне казалось, что Сталин намеревался насильственно советизировать Финляндию и присоединить ее к СССР. После взятия частями 7-й армии города Териоки 1 декабря, политработники не без ведома ПУРККА стали распространять среди личного состава Красной Армии текст «Обращения ЦК Коммунистической партии Финляндии» к населению, в котором содержался открытый призыв к созданию народного правительства с левыми силами во главе. Спустя несколько дней в среде высшего командного состава штаба фронта прошел слух об образовании так называемого народного правительства Финляндии. Эти факты еще больше убедили меня в том, что Сталин действительно был намерен присоединить Финляндию к Советскому Союзу. Однако объективные трудности в военном отношении и позиция западных стран в финском вопросе вынудили Сталина отказаться от этой политической авантюры».

Как выясняется теперь, Владимир Николаевич был прав. Опубликованные за последние десять лет документы и материалы внешней политики СССР, научно-исследовательские работы, а также свидетельства современников, имевших прямое отношение к данной проблеме, убеждают нас в этом.

В этой связи хотелось бы привлечь внимание читателя исключительно на три факта. Первый нашел отражение в журнале посетителей кремлевского кабинета Сталина. Так вот, в нем отмечается, что член ИККИ О.В.Куусинен в сентябре-октябре 1939 года побывал у Сталина около 20 раз! Причем в некоторые дни, например 22 октября, он бывал у «вождя» дважды[75]. Несомненно, собеседники, так часто встречающиеся, говорили о Финляндии, о ее судьбе.

Два других факта приводит в своих воспоминаниях советский разведчик, резидент НКВД в Финляндии в рассматриваемый период Евсей Синицын. Он буквально раскрывает основное содержание бесед Сталина с Куусиненом. Вот что пишет Синицын по первому факту: «В начале сентября 1939 года я был приглашен к Сталину, где уже находились Ворошилов и Куусинен. Сталин сказал Куусинену, что в Европе сложилась кризисная ситуация, угрожающая безопасности Советского Союза, а наши северо-западные границы слабо защищены от нападения потенциального агрессора. В случае, если Финляндия добровольно не согласится на обмен территориями, нам придется применить силу. Проведение такой операции Сталин поручил Ворошилову и мне»[76].

Второй факт стал достоянием Синицына в салоне специального вагона, прицепленного к поезду «Красная Стрела», в котором он вместе с О.В.Куусиненом и другими лицами финского происхождения ехал в Ленинград. О.В.Куусинен подошел к Синицыну и сказал: «Хочу представить вам министров правительства Финляндии, сформированного мною в Москве из числа финских граждан и финских эмигрантов, проживающих в Советском Союзе. На днях в Москве будет объявлено о признании моего правительства Советским Союзом и через 2-3 дня последует сообщение о подписании с правительством Демократической Республики Финляндии, т. е. с моим правительством, договора о сотрудничестве и взаимопомощи»[77].

Как видим, намерения большевистского правительства в отношении Финляндии целиком подтвердились. И то, что кремлевские идеологи руками военных инсценировали артиллерийский обстрел советской территории финнами, чтобы развязать себе руки в захватнических намерениях, у европейских политиков и военных специалистов еще 60 лет тому назад не вызвало сомнения. И не удивительно поэтому, что 14 декабря 1939 года Совет Лиги Наций принял резолюцию об исключении СССР из этой международной организации, осудив его как агрессора.

Развязанная советским правительством война с Финляндией оказалась тяжелейшей и кровопролитной для Красной Армии, обременительной для страны. Однако, несмотря на большие потери в живой силе и технике, превосходящие над финнами силы Красной Армии хотя и медленно, но все же продвигались вперед, занимая все новые территории Финляндии. После взятия частями Красной Армии города-крепости Выборг, овладения рядом островов в Финском заливе, нависла прямая угроза над Хельсинки. Опасаясь полного поражения и передачи власти в стране марионеточному «Народному Правительству Финляндской Демократической Республики» (НПФДР), заблаговременно, с одобрения Коминтерна, образованного в Москве, правительство Финляндии вынуждено было согласиться с предложением СССР начать мирные переговоры.

Начавшиеся переговоры в Москве завершились заключением 12 марта 1940 года мирного договора, по которому все военные действия на суше и на море прекращались с 12 часов 13 марта. Сталин торжествовал: он отхватил во много крат больше финской территории, чем рассчитывал получить в ходе переговоров с финской делегацией в ноябре 1939 года. Так, в соответствии с договором новая граница СССР севернее Ленинграда проходила за линией Выборг-Сортавала еще на несколько километров. Фактически весь Карельский перешеек и территория, прилегающая к северу от него, были включены в состав СССР. Досталось все Ладожское озеро с значительной территорией к западу и северо-западу от него. Ряд островов в Финском заливе, территория с городом Куолоярви, часть полуостровов Рыбачий и Средний также отошли к СССР. Советский Союз получил в аренду на 30 лет полуостров Ханко. В договоре подчеркивалось, что «обе Договаривающиеся Стороны обязуются взаимно воздерживаться от всякого нападения одна на другую и не заключать каких-либо союзов или участвовать в коалициях, направленных против одной из Договаривающихся Сторон»[78].

Так закончилась еще одна зловещая акция, организованная кремлевским диктатором.

Война СССР с Финляндией стоила жизни сотен тысяч людей как с одной стороны, так и с другой. В данной работе я не преследовал цель произвести тщательный подсчет потерь сторон в той войне, поскольку этим вопросом уже занимались исследователи. В мою задачу входило, как уже заметил читатель, показать сущность большевизма и тот огромный урон, который был нанесен мировому сообществу этой идеологией.

Следующий сюжет из истории двух родственных политических организаций — нацистов и большевиков.

В начале апреля 1940 года (с 9 по 14) фашистские войска вторглись в Данию и Норвегию и оккупировали эти страны. Понимая, что страна не в состоянии защитить себя от нашествия фашистской армии, правительство и король Дании приняли решение не оказывать сопротивление гитлеровским войскам и капитулировать. Норвегия же оказала вооруженное сопротивление захватчикам. И несмотря на поражение, патриоты Норвегии продолжали борьбу с гитлеровцами до тех пор, пока они не были изгнаны из страны.

Синхронно с фашистами действовали большевики. Так, под предлогом нарушения правительствами Латвии, Литвы и Эстонии пакта о взаимопомощи и защиты территории этих стран от прямого вторжения немецко-фашистских войск, большевистское правительство, опираясь на войска, дислоцированные в этих странах, и с помощью своих агентов совершило там большевистский переворот. Эта военно-политическая акция была проведена словно под копирку. Вспомним как 11 марта 1938 года гитлеровские агенты совершили фашистский переворот в Австрии. Под предлогом защиты немцев и наведения порядка фашистские войска в этот день вторглись в Австрию и включили ее в состав германского рейха.

То же самое произошло и с Чехословакией. В мае того же года, под предлогом защиты судецких немцев, фашисты подтянули свои войска к западным границам Чехословакии, а затем вторглись в ее пределы. Вооружившись решением Мюнхенской конференции четырех государств (Англия, Франция, Германия и Италия), 15 марта 1939 года фашисты ввели свои войска в Прагу и окончательно ликвидировали Чехословакию как суверенное государство.

В начале августа 1940 года седьмая сессия Верховного Совета СССР, заслушав заявление марионеточных полномочных (?) комиссий Народных сеймов Латвии и Литвы и Государственной Думы Эстонии, приняла законы о вступлении Литвы, Латвии и Эстонии в состав СССР. Сегодня мы знаем, к чему привела эта авантюристическая акция большевиков-ленинцев.

Широко известно, что во время карательных операций против партизан в годы второй мировой войны фашисты гнали впереди себя женщин, стариков и детей. Между тем этот метод впервые был применен большевиками еще осенью 1919 года. Автором этой омерзительной, с позволения сказать, разработки был вождь большевиков В.И.Ленин. Датирован этот документ 22 октября 1919 года и адресован Троцкому. Документ в урезанном виде под № 113 опубликован в 51-м томе сочинений Ленина. К сожалению, составители тома опустили ту часть документа, где видны мизантропические черты характера большевистского вождя. Сегодня появилась возможность воспроизвести (с выделением) пропущенную часть текста, что мы и делаем: «...покончить с Юденичем (именно покончить — *добить*) нам *дьявольски* важно. Если наступление начато, нельзя ли мобилизовать еще тысяч 20 питерских рабочих **плюс тысяч 10 буржуев, поставить позади их пулеметы. Расстрелять несколько сот** и добиться настоящего массового напора на Юденича?..»[79] (Выделено мной. — *А.А.*).

На оккупированной гитлеровцами территории в годы второй мировой войны фашисты в обеспечение каких-нибудь требований брали в заложники мирных граждан. Как уже известно читателю из 11-й главы, к этому методу большевики прибегали значительно раньше, еще в первые годы советской власти. Примечательно, что именно Ленин советовал и требовал от чекистов применять этот метод.

Фашисты и большевики совершили перед человечеством еще более тяжкие преступления. В гитлеровских фабриках смерти фашистские палачи расстреляли, сожгли в электрических и газовых печах многие тысячи пленных, в частности поляков. В сталинских концентрационных лагерях (Катынь, Медное, Харьков) по решению большевистского Политбюро от 5 марта 1940 года были расстреляны более двадцати тысяч польских военнопленных и мирных граждан.

Как известно, в годы второй мировой войны гитлеровские палачи в душегубках уничтожали военнопленных и мирных граждан. Особо пострадали от фашистских извергов граждане еврейской национальности. Страшно подумать, что это чудовищное орудие было изобретено в 30-х годах в СССР и что его испытывали на политических заключенных. Об этом поведал нам один из участников Международной конференции «КГБ: вчера, сегодня, завтра» 29 мая 1993 года.

Поскольку мы уже коснулись концентрационных лагерей, то, на мой взгляд, о них следует сказать подробнее.

Начав реализовывать свои захватнические планы, германский фашизм приступил к массовому уничтожению народов, не относящихся к арийской расе. Для этой цели фашисты стали строить руками своих жертв десятки концентрационных лагерей. В годы второй мировой войны фабрики смерти были построены в Бухенвальде, Быдгощи, Дахау, Захсенхаузене, Освенциме, Равенсбрюке, Торуни, Флоссельбурге, Ченстохове и других местах. В этих концлагерях фашисты уничтожили миллионы беззащитных людей. В одном лишь Освенциме фаши-стами было уничтожено не менее 4 млн граждан СССР, Польши, Че-хословакии, Румынии, Венгрии, Болгарии, Голландии, Бельгии и дру-гих стран[80].

Германский фашизм просуществовал четверть века. По историчес-ким меркам это не такой уж большой срок. Но он оставил во всемир-ной истории такой кровавый след, что грядущие поколения тысячеле-тиями будут помнить о злодеяниях фашистов. Бухенвальд, Освенцим, Маутхаузен всегда будут напоминать об этом.

Однако, рассматривая вопрос о концлагерях, необходимо отме-тить, что это чудовищное изобретение фашистов было заимствовано у большевиков. Концлагеря стали появляться на российской земле вско-ре после октябрьского переворота. Туда большевики загоняли своих политических противников и всех, кто отрицательно воспринял совет-скую власть. Инициатором создания концлагерей, как уже говорилось выше, был Ленин. С лета 1918 года число концлагерей стало быстро расти. Фактически концлагеря были почти во всех губерниях и краях. А на Колыме число лагерей исчислялось десятками. В тяжелых усло-виях содержания и работы погибало большое количество заключен-ных.

После подавления кронштадтского восстания строительство кон-цлагерей было поставлено на «промышленную» основу. Оно находи-лось под постоянным контролем большевистских вождей и лично Ле-нина. Однако, чтобы эти лагеря не доставляли властям много хлопот, на заседании Политбюро, проходившем под председательством Ленина 14 мая 1921 года, было принято решение «О расширении прав ВЧК в отношении применения высшей меры наказания»[81]. Иными словами, ей давали право расстреливать невинных людей без суда и следствия.

В годы правления ученика и соратника Ленина, тирана Сталина, количество концлагерей значительно увеличилось. Продолжались аре-сты «врагов народа», массовые высылки невинных людей, преследова-ния инакомыслящих и подозрительных лиц, ученых и писателей, труды которых были признаны марксистами-ленинцами «политически вред-ными и идеологически враждебными».

После окончания второй мировой войны уцелевшие узники фа-шистских концлагерей получили возможность вернуться на родину. Среди них были миллионы советских граждан. Каково же было чувство этих несчастных, изможденных, морально и физически разбитых лю-дей, когда они узнали, что их везут в сталинские концлагеря. В сибир-ских лагерях оказались и те советские офицеры и солдаты, которые бежали из немецких застенков и сражались в рядах итальянского со-противления. Навесив на них ярлык «изменник родины», сталинские палачи расстреляли 157 тысяч сынов и дочерей нашей страны.

Буквально несколько слов о содержании заключенных в советских лагерях. По официальным подсчетам, на строгом режиме содержания пища политического заключенного составляла 900 килокалорий в день. А это на 10% меньше, получаемой узниками Освенцима![82]

★ ★ ★

Вторая мировая война закончилась сокрушительным поражением германского фашизма, а большевизм вышел из этой войны победителем. Эта победа досталась ценой десятков миллионов жизней советских людей. Ничуть не умаляя великий подвиг народов нашей страны в годы Великой Отечественной войны, а, напротив, подчеркивая решающий их вклад в разгром фашистской Германии и ее сателлитов, должен отметить, что эта историческая победа была одержана не только потому, что Советский Союз был сильнее всех своих противников, обладал большими людскими и материальными ресурсами, но и потому, что на его стороне в той тяжелейшей военно-политической обстановке выступили мощные демократические и прогрессивные силы мира. Такой выбор был сделан демократическими государствами Запада отнюдь не потому, что их симпатии были на стороне большевизма, а потому, что в то время германский фашизм представлял наибольшую опасность для мировой цивилизации. Позицию демократических государств Запада со всей определенностью сформулировал премьер-министр Великобритании У.Черчилль. Выступая вечером 22 июня 1941 года по радио с обращением к английскому народу, он сказал: «Никто не был более упорным противником коммунизма, чем я, в течение последних 25 лет. Я не возьму назад ни одного из сказанных мною слов, но сейчас все это отступает на второй план перед лицом разворачивающихся событий. Опасность, угрожающая России, — это опасность, угрожающая нам и Соединенным Штатам...»[83]

Так или иначе, усилиями 26 государств, выступивших против реакционного блока (Германия, Италия, Япония), фашизм в Европе был разгромлен и перестал представлять опасность для мира. Нюрнбергский международный военный трибунал строго осудил фашистских главарей. Главные идеологи фашизма и военные преступники были казнены. Фашистская диктатура в Европе потерпела полный крах. Нацистская идеология и партия были поставлены вне закона. С одним злом было покончено.

Между тем большевизм продолжал существовать. Более того, воспользовавшись победой над своим противником-конкурентом, он не безуспешно стал распространять бациллы большевистской идеологии в Европе и по всему миру. Штыками своей громадной армии большевистские правители создали в Восточной Европе так называемое социалистическое содружество.

Очень кстати здесь следует сказать о численности советской армии в послевоенный период. Не ошибусь, заметив, что она была самая громадная в мире. Судите сами, летом 1951 года, в частности, на сроч-

493

ной службе в Военно-Воздушных силах находились военнослужащие рядового и сержантского состава аж 8 возрастов! Это молодые люди, родившиеся в 1925—1932 годах. Особо досталось парням 1925—1927 годов рождения. Это были участники войны. За их плечами была 6-летняя служба уже после войны. Попробовали бы они выразить вслух недовольство. И тем не менее в 1951 году вышло постановление Совета Министров СССР, на основании которого срок службы указанных выше возрастов продлевался еще на один год.

Хотелось бы несколько слов сказать и о «холодной войне», которая затем, что и следовало ожидать, по вине «отца народов» и его единомышленников превратилась в горячую войну. Так вот, факты убеждают нас в том, что международная напряженность после окончания второй мировой войны стала возникать на почве реакционной внешней политики коммунистических лидеров во главе со Сталиным. Война лишь частично ослабила активность большевистских лидеров в реализации программы «мировой революции». Но вскоре после войны они, окрепнув, с новой силой и решительностью взялись за претворение ее в жизнь.

Как и следовало ожидать, коммунистические главари наряду с экспортом марксистско-ленинской идеологии вновь стали прибегать к агрессивным действиям против суверенных государств, подавлять демократические свободы и усиливать репрессии против граждан и целых народов как других государств, так и своей страны. Отметим лишь некоторые, наиболее чудовищные преступления, совершенные большевиками ленинского пошиба в годы второй мировой войны и после ее окончания.

1939 год (сентябрь) — участие СССР совместно с Германией в захватнической войне против Польши и ее разделе.

1939 год (26 ноября — 12 марта 1940 г.) — агрессивная война СССР против Финляндии с целью ее советизации.

1940 год (5 марта) — Постановление Политбюро ЦК ВКП(б) о расстреле польских офицеров и гражданских лиц. Всего было расстреляно и погибло в сталинских лагерях 21 157 поляков.

1940 год (июнь-август) — осуществление государственного переворота в Латвии, Литве и Эстонии и присоединение этих стран к Советскому Союзу.

1940 год (июнь) — при поддержке фашистской Германии Советским Союзом был осуществлен вооруженный захват Северной Буковины и Бессарабии.

1941 год (осень) — высылка граждан ~~немецкой~~ национальности, компактно проживающих в Люксембургском районе (ныне Больнисский) Грузинской ССР и со всего Закавказья в Северный Казахстан и Урал.

1943 год (27 декабря) — упразднение Калмыцкой АССР и депортация калмыцкого народа с конфискацией всего имущества.

494

1944 год (март) — упразднение Чечено-Ингушской АССР, депортация чеченцев и ингушей с конфискацией всего имущества.

1944 год — депортация более 200 тысяч крымских татар с конфискацией всего имущества.

1944 год — упразднение Карачевской Автономной области и применение репрессивных мер против балкарцев, гагаузцев и карачаевцев.

1944 год (лето-осень) — сознательная приостановка наступления советских войск на Варшавском направлении (вплоть до 14 января 1945 года), в результате которой погибло около 200 тысяч участников Варшавского восстания.

1948—1949 гг. — массовая депортация из Закавказья армян с конфискацией и разграблением их имущества. Отметим, что, когда несчастных и поруганных граждан с семьями в товарных вагонах вывозили в Северный Казахстан и Сибирь, в это время идеологи ВКП(б) готовились помпезно отметить 70-летие «отца народов». Многие репрессированные погибали в пути.

1948—1949 гг. — депортация 43 тысяч граждан Латвийской ССР.

1950 год (июнь) — *1953 год* (июль) — организация совместно с КНДР и КНР агрессивной войны против республики Корея, которая закончилась поражением коммунистического триумвирата. Потери *только* в самолетах составили 1737 единиц: 1187 реактивных истребителей МиГ-15 и МиГ-15 бис (из них 335 управлялись советскими летчиками); 150 поршневых самолетов; 400 единиц составили потери на земле. Сколько всего погибло советских летчиков, остается тайной. Похоронены все они в основном на кладбищах Даляна, Пхеньяна и Бог знает еще где. Родные и близкие узнавали об их гибели по секретной почте.

1952 год — арест «врачей-отравителей» (в основном евреев).

1953 год — военные подавления народных волнений в ГДР (в Восточном Берлине и в Магдебурге).

За отказ стрелять в восставших немецких рабочих был расстрелян 51 советский военнослужащий.

1956 год (9 марта) — расстрел митингующих в Тбилиси, в результате которого погибли и были ранены более сотни человек*.

1956 год (23 октября — 31 декабря) — вооруженное подавление революции в Венгрии. По официальным источникам Венгрии, за период военных действий погибли 2502 и получили ранения 19 226 венгерских граждан. Венгерские события стали предметом серьезного обсуждения на XI сессии Генеральной Ассамблеи ООН. На заседании 12 декабря 1956 года большинством государств была принята резолюция, осуждающая Советский Союз за «нарушение политической независимости Венгрии».

---

* Автор этих строк был очевидцем этих событий.

1962 год (2 июня) — кровавая расправа над трудящимися в Ново-черкасске. Погибли 26 человек, получили ранения — 59.

1968 год (август) — вооруженное подавление революции в Чехословакии и оккупация страны войсками государств Варшавского договора во главе с СССР. Сразу же было убито 53 жителя Чехословакии, а к концу октября число убитых достигло 90 человек. Многие получили ранения.

1979 год — организация государственного переворота и ведение агрессивной войны в Афганистане. В ходе войны погибли около 16 000 солдат и офицеров Советской Армии.

1980 год — демонстрация военной мощи и подготовка интервенции в Польшу.

1989 год (9 апреля) — кровавая расправа с молодежью в Тбилиси, в результате которой погибли 19 человек (3-е мужчин и 16 женщин), многие получили телесные повреждения.

1990 год (20 января) — ввод войск в Баку и применение военной силы. Погибли 134 человека, многие получили ранения.

1991 год (13 января) — применение военной силы в Вильнюсе. В результате погибли 14 человек, десятки получили ранения.

В послевоенные годы в тюрьмах и лагерях содержалось большое количество политических заключенных. Об этом свидетельствуют следующие факты. Так, в рапорте министра внутренних дел СССР Сталину от 23 января 1950 года сообщалось: «МВД СССР докладывает о состоянии и работе исправительно-трудовых лагерей и колоний за 1949 год. На 1 января 1949 года в них содержалось 2 550 275 заключенных. Из них за контрреволюционную деятельность — 22,7%...»[84] Если эти проценты перевести на количество, то получается, что в сталинских лагерях и тюрьмах томились 578 912 политических заключенных!

Объяснить эти вопиющие факты несложно. Большевистским идеологам нужны были жертвы, чтобы держать народ в постоянном страхе. И они их находили; превращали честных людей во «врагов народа» и расстреливали. Так, например, диктора радио города Караганды, как записано в одном из приговоров «тройки», поставили к стенке за то, что он «заражал скот сибирской язвой через эфир»[85].

Хотелось бы сказать и о тех фактах, которым я был свидетелем. Наш двор, в котором прошли мои детство и юность, состоял из двух трехэтажных корпусов. В каждом корпусе было 18 квартир, по три комнаты в каждой. Все квартиры были, естественно, коммунальные. Так вот, из 36 квартир в 1937 году были репрессированы 9 человек — все мужчины. Среди них: военных — два человека, учитель, врач, пять рабочих. Вернулся живым в 1956 году лишь один рабочий. Остальные были расстреляны или погибли в лагерях. А сколько всего по всей стране невинных людей пострадало?

Один очень осведомленный ответственный работник аппарата Совмина, пожелавший остаться неназванным, сказал, что *после смерти*

Ленина до 1952 года включительно в нашей стране было репрессировано более 23 млн человек.

Реакционная, антинародная сущность коммунистического правительства проявлялась и в других делах. Продолжая курс на милитаризацию государства, правительство не останавливалось ни перед чем. Наращивая производство средств массового уничтожения, оно нередко ставило под угрозу здоровье и жизнь многих людей страны. Приведу лишь один пример. На протяжении многих лет в открытых карьерах в районе населенного пункта Озерный* без всяких средств индивидуальной защиты производилась добыча радиоактивного химического элемента Торий (Th). Трудно сказать, какое количество людей стало жертвой этих преступных действий правительства. Но бесспорно одно: это был своеобразный геноцид, сознательно осуществленный большевистским правительством против народа. Такие преступления против своего народа могли совершаться только в государствах, где у власти находились фашисты и большевики, где господствовал реакционный режим.

Завершая главу, хотелось бы затронуть еще один, на мой взгляд, принципиально важный вопрос. Он заключается в следующем.

Среди некоторой части общества (в основном это люди умственного труда) бытует мнение, будто после 1953 года большевизм начал трансформироваться, стал другим, менее воинствующим и жестким. Должен сразу сказать, что это мнение не выдерживает никакой научной критики, поскольку оно вступает в полное противоречие с действительностью. Давайте обратимся к фактам. После окончания второй мировой войны Советский Союз участвовал в 190 вооруженных конфликтах[86]. Причем большая часть этих участий выпадает на 50-е и 80-е годы. Участие СССР в агрессивных акциях, военно-политических переворотах, вооруженных конфликтах и вмешательствах во внутренние дела других государств в послевоенный период были отмечены в Европе, Азии, Африке и Латинской Америке.

В рассматриваемый период в стране продолжали существовать политзаключенные, строго соблюдалась цензура печати, систематически нарушались права граждан, формально закрепленные в Конституции СССР.

В 50—80-е годы продолжали преследовать, подвергать жесточайшей травле и аресту видных ученых, писателей, поэтов, артистов, музыкантов, учителей, художников, скульпторов, инженеров, рабочих, крестьян и студентов — всех неугодных режиму. Особо доставалось инакомыслящим, правозащитникам, людям высокой морали. В послевоенные годы жертвами режима стали Б.Пастернак, Л.Копелев, И.Войнович, А.Галич, В.Дудинский, И.Бродский, А.Синявский, Г.Вишневская,

---

* Находится в 70 км севернее Екатеринбурга. Автор этих строк был в этом поселке.

М.Ростропович, Ю.Орлов, Л.Плющ, А.Марченко, П.Григоренко, С.Григорьянц, А.Щаранский, А.Гинзбург, В.Буковский, С.Ковалев, А.Солженицын, А.Сахаров... Всех не перечесть. А сколько своих сыновей и дочерей потеряла наша страна за все годы правления большевиков и их последователей? По мнению одного из исследователей, «большевистское государство за годы своего существования уничтожило свыше 98 млн своих граждан!»[87] Известный диссидент-правозащитник Ю.Ф.Орлов считает, что в годы коммунистической власти погибло «шестьдесят пять миллионов»[88]. Ссылаясь на подсчеты ученых, писательница М.Пирумова пишет, что «только в России за годы советской власти в результате голода, войн, репрессий, лагерного террора и «чисток» было уничтожено 79,85 миллионов человек»[89]. Трудно сказать, какое из приведенных выше чисел более точное. Но то, что на совести коммунистических правителей и их прислужников десятки миллионов человеческих жизней, бесспорно.

Однако экономика страны, основанная на социалистической системе общественных и производственных отношений, не выдержала гонку вооружений. Она, неимоверно перегруженная военными расходами, не в состоянии была вынести такую нагрузку. Было очевидно, что социалистическая система управления народным хозяйством не только исчерпала свои возможности, но и оказалась в глубоком застое. В сущности, политическая и экономическая система стала разваливаться. Со второй половины 80-х годов уже наблюдалось падение коммунистического режима. Режим не в состоянии был в прежнем объеме выполнить все идеологические и экономические установки своего мозгового центра — Политбюро. Под воздействием мощного общественного движения он стал сдавать одну позицию за другой. Его крах был неминуем.

С этой точки зрения происходившие в стране с середины 90-х годов социально-экономические и политические перемены (возникновение частных предприятий, органов независимой печати «Гласность», «Экспресс-Хроника» и другие, созданные московской группой Международного общества прав человека (МОПЧ), свободных профсоюзов, движений «Демократическая Россия», «Демократический Союз», постановление Президиума Верховного Совета о «помиловании» политзаключенных, отмена 6-й статьи Конституции СССР о «руководящей и направляющей» роли КПСС, демократические выборы народных депутатов и другое) следует рассматривать не как результат трансформации большевистской идеологии, а как следствие длительной мужественной борьбы прогрессивных сил общества. При этом следует подчеркнуть, что все эти перемены происходили не благодаря доброй воле власти, а, напротив, вопреки ей.

Из изложенного в данной главе документального материала можно сделать следующее резюме.

Ленин, основываясь на большевистской идеологии, изначально создал в России тоталитарное государство со всеми присущими ему проявлениями и характерными чертами. Гитлер, создавая третий рейх в Германии, взял на вооружение квинтэссенцию модели ленинского изобретения и основные принципы большевистской идеологии и стал внедрять их в жизнь. Режимы этих государств весьма схожи.

Возможно, такая трактовка кое-кому и покажется странной. Между тем впервые между фашистским и большевистским режимами по их отношению к своим подданным поставил знак равенства выдающийся ученый академик Л.Д.Ландау. С ним трудно не согласиться.

ГЛАВА 19

ТАЙНЫ БОЛЕЗНИ И СМЕРТЬ

*Горе вам, книжники и фарисеи, лицеме-
ры, что строите гробницы пророкам и
украшаете памятники праведников.*

(Мат. 23, 29)

Почти 30 лет Ленин вынашивал заветную мечту осуществить государственный переворот в России и захватить власть. Однако, узурпировав
власть в России, Ленин правил государством практически чуть более
5 лет. Но за эти годы он причинил народам России столько горя и
страданий, сколько они не пережили за 500-летнюю историю российского государства. Даже будучи серьезно больным и беспомощным, он
все же продолжает вредничать и ехидничать, советует всех инакомыслящих по вопросу о формах развития мировой истории «объявить просто дураками»[1]. Остановить злого гения смог лишь рок.

Ленин уходил из жизни в страшных мучениях и страданиях. В по-
лупомешанном состоянии и лишенный речи, он продолжительно и бо-
лезненно переживал агонию, пока не наступил конец. Это случилось в
Горках 21 января 1924 года в 18 часов 50 минут.

В траурные дни партийные деятели организовывали многолюдные
шествия трудящихся по центральным улицам Москвы и Петрограда.
Люди несли большие транспаранты с абсурдными и глупыми надписями. Вот содержание одной из них:

Могила Ленина

Колыбель человечества

Мне думается, что эта надпись также красноречиво говорит о мен-
талитете большевистских руководителей.

27 января в 16 часов под залпы траурного салюта гроб с останками
«вождя, друга и учителя трудящихся всего мира» (?) был внесен в наспех сколоченный на Красной площади деревянный Мавзолей, позднее,
в 1930 году, замененный на гранитно-мраморный. В этот момент по
радио и всем телеграфным аппаратам СССР был передан сигнал:
«Встаньте, товарищи, Ильича опускают в могилу!».

Однако Ильича в могилу так и не опустили. Гроб с его телом, как музейный экспонат, поставили на постамент внутри Мавзолея, где, к сожалению, он и находится по сей день.

Фактически это мемориальное сооружение идеологи партии большевиков превратили в музей, с той лишь разницей, что вход в него бесплатный, и в отличие от других музеев его охраняли специальные подразделения КГБ.

Первый (временный) Мавзолей В.И.Ленина. Январь 1924 г.

24 января в «Правде» была опубликована статья, в которой были описаны последние минуты жизни Ленина: «...Бессознательным становился взгляд, Владимир Александрович* и Петр Петрович** держали его почти на весу на руках, временами он глухо стонал, судорога пробегала по телу, я*** держала его сначала за горячую мокрую руку, потом только смотрела, как кровью окрасился платок, как печать смерти ложилась на мертвенно побледневшее лицо. Проф. Ферстер и доктор Елистратов впрыскивали камфару, старались поддержать искусственное дыхание, ничего не вышло, спасти нельзя было...»[2]

Наивно было думать, что его можно было бы спасти. Это была судьба, в которой он сам сыграл основную роль.

Накануне «похорон», 25 января, в «Известиях» появилась статья наркома здравоохранения Н.А.Семашко, в которой он пространно описывает причины болезни и смерти Ленина. Ссылаясь на протокол вскрытия тела, автор статьи, в частности, писал, что «склероз поразил прежде всего мозг, то есть тот орган, который выполнял самую напряженную работу за всю жизнь Владимира Ильича, болезнь поражает обыкновенно «наиболее уязвимое место» (Abnutzungssclerose), таким «уязвимым» местом у Владимира Ильича был головной мозг: он постоянно был в напряженной работе, он систематически переутомлялся, вся напряженная деятельность и все волнения ударяли прежде всего по мозгу.

Самый характер склероза определен в протоколе вскрытия как *склероз изнашивания, отработки, использования сосудов*.

Этим констатированием протокол кладет конец всем предположениям (да и болтовне), которые делались при жизни Владимира Ильича у нас и за границей относительно характера заболевания. Характер ате-

---

* Фельдшер В.А.Рукавишников, выполняющий роль санитара.
** Начальник охраны П.П.Паколи.
*** Н.К.Крупская.

росклероза теперь ясен и запечатлен в протоколе «Abnutzungssclerose»...»[3] (Выделено мной. — *А.А.*).

В официальных же изданиях кратко говорится, что «Ленин умер от кровоизлияния в мозг». Подробности о болезни не сообщались. Более того, на научные исследования причин болезни и смерти Ленина было наложено строгое табу. Очевидно, члены Политбюро и соратники усопшего не без оснований опасались, что в ходе научных исследований могут всплыть на поверхность нежелательные факты. Но, как говорится, шила в мешке не утаишь.

Позволю себе, не без оснований, поставить под сомнение объективность описания Семашко причины болезни и смерти Ленина, а также выводы и заключения, сделанные учеными и врачами в протоколах патологоанатомического и микроскопических исследований.

Мои сомнения возникли не сразу и не на пустом месте, а из собранной за многие годы информации.

Так, известный русский ученый, невропатолог и психиатр Г.И.Россолимо в доверительной беседе со своим старым приятелем профессором Лечебно-санитарного управления Кремля В.А.Щуровским высказал свои соображения по поводу болезни Ленина. Он, в частности, отметил, что острые приступы и нарушения мозгового кровообращения у Ульянова, приведшие к параличу правой части тела и потере речи, отчасти были спровоцированы *психопатанией, наследственно обусловленной*. Он также сказал, что такого же мнения придерживаетс профессор Отфрид Ферстер.

Григорий Иванович рассказал и о консилиуме, который состоялся 21 марта 1923 года с участием Семашко, Штрюмпеля, Бумке, Геншена, Нонне, Ферстера, Минковского, Кожевникова, Крамера, Осипова, Обуха и других советских и иностранных врачей. Все присутствующие сошлись во мнении, что у пациента заболевание сифилитического происхождения. Особо категоричен был при определении окончательного диагноза один из старейших и опытнейших невропатологов профессор Штрюмпель, который после осмотра Ленина решительно заявил, что у больного сифилитически воспалены внутренние оболочки артерий, поэтому его лечение, сказал он, должно быть исключительно антилюестическим*. Все без исключения врачи, в том числе нарком Семашко, согласились с профессором Штрюмпелем.

В свою очередь В.А.Щуровский поделился со своим приятелем мнением Владимира Михайловича Бехтерева[4], который в частной беседе с ним выразил глубокую убежденность в том, что у Ульянова давно и серьезно больны сосуды головного мозга, о причине которой можно сказать лишь после патологоанатомических исследований. Он при этом добавил, что с ним полностью согласен доктор Василий Васильевич Крамер[5].

---

* Люес — синоним сифилиса.

Спустя более полвека после беседы коллег, которая состоялась на квартире Щуровского в Кривоарбатском переулке, представилась возможность еще раз убедиться в высоком профессионализме Г.И. Россолимо. Одна из болезней Ленина, выявленная Россолимо, оказалась безошибочной. Сенсационные материалы Житомирского областного архива дают основание предположить, что прадед Ленина, Мойша Ицкович Бланк, был психически больным человеком. А ведь известно, что гены передаются. И надо же было судьбе так жестоко обойтись с россиянами, чтобы их будущее оказалось в прямой зависимости от несбыточной мечты и авантюры потомка душевно больного человека!

А вот что пишет бывший министр здравоохранения академик Б.В.Петровский в статье «Ранения и болезнь В.И.Ленина», опубликованной в «Правде» в ноябре 1990 года: «По-видимому, имела место и наследственная предрасположенность к атеросклерозу». Автор подчеркивает также, что «вначале Владимир Ильич изредка жаловался на головные боли», и в то же время пишет, что *этой болезнью* (атеросклерозом. — *А.А.*) *Ленин страдал «не пять и не десять лет»*[6] (выделено мной. — *А.А.*). С мнением уважаемого академика можно согласиться. Головные боли Ленина действительно беспокоили давно и довольно часто. Удивляет другое: Б.В.Петровский внимательно и не раз изучал протокол вскрытия и материалы исследования мозга, но от их научного комментария почему-то уходил. Почему? Об этом читатель узнает чуть позже.

Спустя год с небольшим после публикации Б.В.Петровским своей статьи учеными-медиками были произведены новые научные исследования останков Ленина, в частности его мозга. Результаты исследования с научной достоверностью показали, что Ленин в молодости болел венерической болезнью. Этот факт получил отражение в средствах массовой информации. Быть может, подумалось мне, эту болезнь молодой Ульянов подцепил летом 1895 года, во время первой заграничной поездки, когда он, по собственному признанию, *«многонько пошлялся и попал...* * *в один швейцарский курорт»*[7] для лечения? Впрочем, какое имеет значение, где и когда он прихватил эту заразную болезнь. Важно сказать о другом: Ленин был не таким уж безгрешным ангелочком и чистоплотным человеком, как об этом писали и говорили все годы его ученики, соратники и поклонники. Но все это, как говорится, из области абстрактных декларативных суждений и высказываний. Нам же нужны факты, а именно: истинный диагноз болезни Ленина; материалы различных анализов (мочи, крови и проч.); сведения о средствах, которыми лечили пациента, и многое другое. Например, меня, как историка, заинтересовал такой вопрос: как давно начались у Ленина головные боли? Академик Б.В.Петровский считает, что этой болезнью Ленин страдал более десяти лет. А сколько более — 15, 20? Впрочем, не будем гадать, а обратимся к источникам.

---

* Многоточие поставлено Лениным.

Во время первой поездки за границу Ленин неожиданно 18 июля 1895 года оказывается в лечебном санатории в Швейцарии. В каком именно, он в письме не указывает. Об основной болезни, по причине которой он «попал» в это лечебно-оздоровительное учреждение, Ленин умалчивает. Между тем он оттуда пишет, что *«решил воспользоваться случаем,* чтобы вплотную приняться за надоевшую болезнь (желудка)... надеюсь дня через 4—5 выбраться отсюда»[8] (выделено мной. — *А.А.).* (Ленин ошибся: он выбрался из лечебного учреждения значительно позже.)

Но, насколько известно, даже при современном уровне медицины за 4—5 дней вылечить желудок больного невозможно. Отсюда следует вывод: Ленин скрывал от близких основную болезнь, которую врачи обещали вылечить, точнее залечить, за пять дней.

29 августа 1895 года Ленин посылает матери письмо из Берлина, в котором жалуется на неправильный образ жизни «в связи с наблюдением докторских предписаний». Каких конкретно не пишет, но просит прислать «рублей 50—100», выражая свое удивление: *«Деньги уходят черт их знает куда»*[9] (выделено мной. — *А.А.).*

В письме из Петербурга от 12 января 1896 года пишет сестре Анне: *«стараюсь соблюдать некоторую диету»*[10]. Судя по всему Ленин (и, в первую очередь, врачи) не догадывался, что обострение психического заболевания (повышенная раздражительность, головные боли и другие неприятные проявления) вызываются основной болезнью — болезнью сосудов мозга. И то, что во время второй поездки (эмиграции) 16 июля 1900 года Ленин имел при себе адреса проживающих в Лейпциге *врачей — невропатологов и психиатров*[11], свидетельство сказанному.

Любопытная информация содержится и в письме от 13 июля 1908 года, посланном младшей сестре — Марии: *«Мою работу по философии болезнь моя задержала сильно»*[12]. Чем он болеет, опять ничего не пишет. Но ясно одно: запущенная болезнь все чаще и сильнее давала о себе знать. Но матери он не писал о своем серьезном недуге, чтобы она не переживала. Это он себе позволял в письмах к сестрам. Так, в письме Марии Ильиничне от 15 февраля 1917 года из Цюриха Ленин прямо писал: «...работоспособность из-за больных нервов отчаянно плохая»[13].

Как видим, он о болезни желудка ни слова не говорит.

После возвращения из эмиграции Ленин, как уже известно читателю, с головой уходит в работу по подготовке и осуществлению государственного переворота. Физические и умственные нагрузки значительно возрастают. За 4 дня до июльского вооруженного путча, организованного большевиками, Ленин уезжает на отдых на дачу В.Д.Бонч-Бруевича. В своих воспоминаниях В.Д.Бонч-Бруевич пишет, что у Ленина на даче *«появились головные боли,* его *лицо побледнело,* глаза говорили о большом утомлении» (выделено мной. — *А.А.)*[14].

Вспомним, как вечером 15 октября 1917 года на конспиративной квартире у Ленина начался приступ, сопровождающийся сильными головными болями.

Совершенно очевидно, что с годами болезнь Ленина все более обострялась. Писатель Г.И.Коновалов в публицистической статье «Сын Волги», освещая события лета 1918 года, пишет, что у Ленина «однажды... *закружилась голова, был легкий обморок*». Он также отмечает, что Ленин переносил *немыслимые головные боли*»[15]. В своих воспоминаниях М.И.Ульянова также подчеркивала, что «зимой 20—21, 21—22 /годов/ *В.И. чувствовал себя плохо. Головные боли, потеря работоспособности сильно беспокоили его*»[16] (выделено мной. — *А.А.*).

В данной главе автор не ставил перед собой задачу повторять факты из истории болезни Ленина, а тем более проводить анализ протоколов вскрытия и микроскопического исследования — это дело специалистов, и мы ниже к их мнению еще обратимся. Автор рассматривает *всего лишь хронологические рамки болезни Ленина,* и думается, это историку по силам.

Анализ источников и литературы показывает, что головные боли беспокоили Ленина более четверти века. Одна из причин головных болей, по мнению ученых-медиков (Россолимо, Ферстера и др.), это психическая болезнь, что же касается второй болезни, то думается, что для ее выявления следует подключить к этой работе читателя, снабдив его тремя историческими документами. Первый документ родился 22 января 1924 года. Второй — 16 февраля 1924 года. А третий... Впрочем, не будем торопить события, и представим в распоряжение читателя эти документы.

*Документ № 1** (протокол патологоанатомического исследования). «Пожилой мужчина, правильного телосложения, удовлетворительного питания. На коже переднего конца правой ключицы линейный рубец, длиной 2 сантиметра. На наружной поверхности левого плеча еще один рубец неправильного очертания 2х1 сантиметр (первый след пули). На коже спины под углом левой лопатки кругловатый рубец 1 сантиметр (след второй пули). На границе нижней и средней части плечевой кости ощупывается костная мозоль. Выше этого места на плече прощупывается в мягких тканях первая пуля, окруженная соединительной оболочкой.

Череп — по вскрытии — твердая мозговая оболочка утолщена по ходу продольного синуса, тусклая, бледная. В левой височной и частично лобной области имеется пигментация желтого цвета. Передняя часть левого полушария, по сравнению с правой, несколько запавшая. Сращение мягкой и твердой мозговых оболочек у левой Сильвестровой борозды.

---

* Документы 1 и 2 приводятся с теми же сокращениями, с которыми были опубликованы Б.В.Петровским.

Головной мозг — без твердой мозговой оболочки — весит 1340 граммов. В левом полушарии, в области процентральных извилин, теменной и затылочной долях, парацентральной щели и височных извилин — участки сильного западения поверхности мозга. Мягкая мозговая оболочка в этих местах мутная, белесоватая, с желтым оттенком.

Сосуды основания мозга. Обе позвоночные артерии утолщены, не спадаются, стенки их плотные, просвет на разрезе резко сужен (щель). Такие же изменения в задних мозговых артериях. Внутренние сонные артерии, а также передние артерии мозга плотные, с неравномерным утолщением стенок; значительно сужен их просвет.

Левая внутренняя сонная артерия в ее внутричерепной части просвета не имеет и на разрезе представляется в виде сплошного плотного, белесоватого тяжа. Левая Сильвиева артерия очень тонка, уплотнена, но на разрезе сохраняет небольшой щелевидный просвет...

При разрезе мозга желудочки его расширены, особенно левый, содержит жидкость. В местах западений — размягчение ткани мозга с множеством кистозных полостей. Очаги свежего кровоизлияния в области сосудистого сплетения, покрывающего четвертохолмие...

Внутренние органы. Имеются спайки в плевральных полостях. Сердце увеличено в размерах, отмечается утолщение полулунных и двухстворчатых клапанов. В восходящей аорте небольшое количество выбухающих желтоватых бляшек. Венечные артерии сильно уплотнены, просвет их зияет, ясно сужен.

На внутренней поверхности нисходящей аорты, а также и более крупных артерий брюшной полости — многочисленные, сильно выбухающие желтоватые бляшки, часть которых изъязвлена, петрифицирована.

Легкие. В верхней части левого легкого имеется рубец, на 1 сантиметр проникающий в глубину легкого (след пули. — Б.П.). Вверху фиброзное утолщение плевры.

Селезенка, желудок, печень, кишечник, поджелудочная железа, органы внутренней секреции почти без видимых особенностей».

Анатомический диагноз
«Распространенный атеросклероз артерий с резко выраженным поражением артерий головного мозга. Атеросклероз нисходящей части аорты. Гипертрофия левого желудочка сердца, множественные очаги желтого размягчения (на почве склероза сосудов) в левом полушарии головного мозга в периоде рассасывания и превращения в кисты. Свежее кровоизлияние в сосудистое сплетение мозга над четверохолмием.

Костная мозоль плечевой кости. Инкапсулированная пуля в мягких тканях верхней части левого плеча».

Заключение

«Основой болезни умершего является распространенный атериосклероз сосудов на почве преждевременного их изнашивания (Abnutzyngssclerose). Вследствие сужения просвета артерий мозга и нарушения его питания от недостаточности подтока крови наступали очаговые размягчения ткани, объясняющие все предшествовавшие симптомы болезни (параличи, расстройства речи). Непосредственной причиной смерти явилось 1) усиление нарушения кровообращения в головном мозгу и 2) кровоизлияние в мягкую мозговую оболочку области четверохолмия.

Горки, 22 января 1924 года».

Протокол патологоанатомического исследования (вскрытия) подписали: А.И.Абрикосов, В.В.Бунак, Б.В.Вейсброд, Ф.А.Гетье, А.А.Дешин, П.И.Елистратов, В.П.Осипов, В.Н.Розанов, Н.А.Семашко (нарком здравоохранения), О.Ферстер. Двое из них (А.И.Абрикосов и А.А.Дешин) в лечении Ленина не принимали участия.

Всего же в лечении Ленина и консилиумах приняли участие 8 иностранных и 19 советских врачей.

Советские врачи

1. М.И.Авербах
2. В.М.Бехтерев
3. В.В.Бунак
4. Б.В.Вейсборд
5. Ф.А.Гетье
6. С.М.Доброгаев
7. С.П.Доршкевич
8. П.И.Елистратов
9. А.М.Кожевников
10. В.В.Крамер
11. М.Б.Кроль
12. Л.Г.Левин
13. В.А.Обух
14. В.П.Осипов
15. В.Ф.Попов
16. В.Н.Розанов
17. Г.И.Россолимо
18. Н.А.Семашко
19. Д.В.Фельберг

Иностранные врачи

1. Ю.Борхард
2. О.Бумке
3. Е.Геншен
4. Г.Клемперер
5. О.Минковски
6. П.Нонне
7. О.Ферстер
8. А.Штрюмпель

Некоторые из иностранных врачей приезжали в Москву несколько раз (например, профессора Форстер, Штрюмпель). Все они получали большие гонорары в долларах и фунтах стерлингов.

Кроме врачей постоянно для обслуживания у Ленина находилась медсестра Е.И.Фомина и санитар, студент медфака МГУ В.А.Рукавишников.

Вызывает удивление, что от этого ответственного исследования были отстранены лечащие врачи — профессор В.В.Крамер и приват-доцент Л.М.Кожевников. Особенно настораживает и тот факт, что в этом чрезвычайно важном исследовании не принимает участие видный ученый, директор института мозга В.М.Бехтерев. Что же касается профессора О.Ферстера (единственного иностранного врача, подписавшего протокол), то это высокооплачиваемый специалист подписал протокол не глядя, поскольку не владел русским языком. К тому же содержание протокола его не интересовало: его вполне удовлетворяли те десятки тысяч фунтов стерлингов, которые он получил из государственной казны по указанию ЦК РКП(б). Немало получили и другие иностранные профессора.

Документ № 2 (протокол микроскопического исследования)*
«Имеет место утолщение внутренних оболочек в местах атеросклеротических бляшек. Всюду присутствуют липоиды, относящиеся к соединениям холестерина. Во многих скопищах бляшек — кристаллы холестерина, известковые слои, петрификация.

Средняя мышечная оболочка сосудов атрофична, склеротична во внутренних слоях. Наружная оболочка без изменений.

Головной мозг. Очаги размягчения (кисты), рассасывание мертвой ткани, заметны так называемые зернистые шары, отложения зерен кровяного пигмента. Уплотнение глии — небольшое.

Хорошее развитие пирамидальных клеток в лобной доле правого полушария, нормальный вид, размеры, ядра, отростки.

Правильное соотношение слоев клеток справа. Отсутствие изменений миелиновых волокон, невроглии и внутримозговых сосудов (справа).

Левое полушарие — разрастание мягкой мозговой оболочки, отек.
Заключение. 26 февраля 1924 года.

Атеросклероз — склероз изнашивания.

«Таким образом, — пишет А.И.Абрикосов, — микроскопическое исследование подтвердило данные вскрытия, установив, что единственной основой всех изменений является атеросклероз артериальной системы, с преимущественным поражением артерий мозга.

Никаких указаний на специфический характер процесса (сифилис и др.) ни в сосудистой системе, ни в других органах не обнаружено»[17].

Ничуть не ставя под сомнение авторитет и компетентность ученого столь высокого ранга, произведшего микроскопическое исследование, должен отметить, что создается впечатление, будто профессор А.И.Абрикосов единолично занимался исследованием. Вот этому как раз трудно поверить. Напрашивается вопрос: почему исследованием мозга умершего не занимался Институт мозга по изучению мозга и психической деятельности, возглавляемый академиком В.М.Бехтеревым? Ведь в заключении патологоанатомического исследования однозначно

_____

* Исследование проводил академик А.И.Абрикосов.

говорится, что непосредственной причиной смерти Ленина явилось «усиление нарушения кровообращения в головном мозгу и кровоизлияние в мягкую мозговую оболочку области четверохолмия».

Между тем и вскрытие тела, и микроскопическое исследование, как явствует из публикаций, поручается *только* (?) патологоанатому А.И.Абрикосову. Воздержимся от комментария по этому факту и, как договорились, представим читателю возможность ознакомиться с последним документом. Но прежде хотелось бы ознакомить читателя с краткой историей нахождения этого, на мой взгляд, ценного и чрезвычайно важного документа.

Этот документ был найден профессором русской истории университета Западного Онтарио (Канада) Д.Песпеловским. Документ принадлежит перу доктора Владимира Михайловича Зернова. Его отец, Михаил Степанович Зернов, до большевистского переворота был знаменитым московским врачом, филантропом и общественным деятелем, создателем бесплатных медицинско-санаторных учреждений в Ессентуках и Сочи.

Автор документа, В.М.Зернов, родился в Москве в 1904 году. После октября 1917 года эмигрировал с семьей в Югославию. Окончил в Белграде медицинский факультет, работал в Париже. Специализировался по иммунитету и физиологии изолированных органов. Вот полное содержание документа:

Документ № 3. «Медицинские показания о болезни В.И.Ленина прогрессивным параличом*.

Дина Михайловна Мазе, занимавшаяся переводами книг по психиатрии и неврологии, рассказывала мне, что в начале 30-х годов она видела в Париже ее старого друга и сотрудника по России проф. Моск. Университета Залкинда[18] (работавшего раньше у Бехтерева). Он остановился в Париже проездом в Америку на научный съезд. Проф. Залкинд, убежденный коммунист, рассказывал ей, что он был одним из тех, кому было поручено исследование мозга Ленина. Мозг Ленина, по его словам, представлял из себя характерную ткань, переродившуюся под влиянием сифилистического процесса. Через некоторое время в России был научный конгресс психиатрии и неврологии. Д.М.Мазе поручила ее знакомым французам, ехавшим на этот конгресс, разыскать проф. Залкинда и передать ему какое-то поручение. Французы никак не могли его найти. Наконец, кто-то из московских ученых сказал им: «Не ищите Залкинда, его уже нет в Москве» **. По-видимому, он был ликвидирован.

---

* Прогрессивный паралич — психическое заболевание, обусловленное сифилисом центральной нервной системы... (БСЭ, 3-е издание. М. 1975. Т. 21. С. 30–31).

** В первом издании БСЭ сведения о Залкинде А.Б. имеются (см. БСЭ. М. 1933. Т. 26. С. 115). В последующих изданиях он уже не упоминается.

В 1928 или 1929 году в Париж приезжал проф. И.П.Павлов[19]. Хорошо зная моего отца, д-ра Михаила Степановича Зернова, проф. Иван Петрович Павлов приходил к нам обедать вместе с сыном и своим другом — проф. С.И.Метальниковым. Проф. Павлов говорил, что в завещании Ленина было написано: «Берегите Павлова». Поэтому его не трогали и он не боялся, что его арестуют, но он опасался, что после его смерти правительство отомстит его сыну. Советский строй он сравнивал с тремя самыми страшными болезнями: сифилисом, раком и туберкулезом. По словам Павлова, советская система страшна тем, что она старается духовно разложить человека. Проф. Павлов утверждал, что Ленин был болен сифилисом и в период своего управления Россией был типичным больным прогрессивным параличом.

Проф. Павлов лично знал ученых, которым было поручено исследование мозга Ленина, и он подтвердил, что они нашли изменения, характерные для последствий сифилиса и прогрессивного паралича. Им под угрозой смерти было запрещено об этом говорить.

Париж, 6 декабря 1964 года.
Д-р Владимир Зернов
Прошу не опубликовывать этот документ в течение 10 лет.
Вл. Зернов»[20].

Конечно, можно усомниться в достоверности завещания доктора Владимира Михайловича Зернова, но имеются принципиальные вопросы, которые не позволяют это сделать. Например, почему известный врач и ученый А.Б.Залкинд в начале 30-х неожиданно исчезает, и после 1933 года его имя в справочной литературе перестает упоминаться? Почему на публикацию завещания В.М.Зернова не отреагировало Министерство здравоохранения СССР? Не думаю, что, публикуя свою статью о ранении и болезни Ленина, академик Б.В.Петровский не был осведомлен о документе, опубликованном в журнале «Посев» в январе 1984 года. Я более чем уверен, что такой крупный ученый, как академик Б.В.Петровский, был знаком с выводами консилиума врачей, который проходил 21 марта 1923 года, а также с публикацией записей в дневниках профессора А.Штрюмпеля, содержанием книги профессора М.Нонне и статей доктора В.Флерова. Но поскольку мнения и выводы упомянутых выше врачей не нашли отражения в работах Б.В.Петровского, то мне самому придется ознакомить читателя с ними.

Начну с профессора А.Штрюмпеля, и вот почему: мне давно хотелось ознакомиться с первоисточником, а не ограничиться информацией, дошедшей до меня из третьих рук. И это, к счастью, удалось. Так, в начале октября 1997 года, находясь во Франкфурте-на-Майне, я ознакомился с содержанием дневниковых записей профессора Штрюмпеля, которые были опубликованы в газете «Frankrurter Allgemeine Zeitung».

Все, что записывал Штрюмпель, конечно, интересно, особенно специалистам. Но я проявлял повышенный интерес к диагнозу болезни Ленина, который был поставлен этим знаменитым, всемирно признанным неврологом и невропатологом. Вот дословное содержание диагноза: *«Эндартериит люеса»** с вторичными очагами размягчения, вероятнее всего. Но люес несомненен. (Вассерман в крови и спинномозговой жидкости негативный. Спинномозговая жидкость нормальная.) *Лечение, если вообще возможно, должно быть специфическим»*[21] (выделено мной. — *А.А.*).

За комментариями по диагнозу, поставленному профессором Штрюмпелем, обратимся к академику Ю.М.Лопухину. Вот что он пишет по этому поводу: «Лечащие врачи и особенно Ферстер и Кожевников все-таки не исключали полностью сифилитический генез мозговых явлений. Об этом, в частности, свидетельствует назначение инъекций мышьяка, который, как известно, долгое время был основным противосифилитическим средством»[22].

В книге Ю.М.Лопухина содержится, на мой взгляд, и интересное замечание. Отбирая и изучая архивные материалы лабораторных анализов мочи и других веществ Ленина, ученый пишет: «А вот аккуратно сброшюрованные красивые книжечки с черным коленкоровым переплетом и серебряным тиснением, содержащие огромное количество анализов мочи и длиннейших графиков динамики основных ее показателей — анализов, в принципе не очень нужных и ничего не проясняющих. Но зато как аккуратна и добросовестна лечебно-санитарная служба Кремля, как красиво все оформлено!.. К сожалению, в архивах не нашлись анализы крови, хотя известно, что их делали многократно...»[23].

Не вызывает сомнения, что материалы анализов крови были изъяты из архива и уничтожены, чтобы они не смогли бы уточнить диагноз болезни Ленина.

Осторожная, но вместе с тем понятная для специалиста информация содержится в высказываниях опытного специалиста по сифилису мозга профессора М.Нонне: «...Нонне, вернувшись из Москвы, сказал на собрании врачей в Бремене, что он обязался не называть диагноз (болезни Ленина. — *А.А.*), «хотя здесь, в нашей стране, каждый врач знает, к каким заболеваниям мозга меня вызывают!»[24]

В самом деле, для какой цели приглашали в Москву опытного специалиста по сифилису головного мозга, если пациент страдал атеросклерозом мозга?!

В опубликованной же монографии «Начало и цель моей жизни» Нонне пишет, что «в литературе, посвященной Ленину и последствиям сифилиса для нервной системы, можно встретить, что у Ленина был сифилис головного мозга или паралич...»[25] Думается, что «осто-

---

* Сифилитическое воспаление сосудов.

рожный» Нонне, хотя и косвенно, но все же подтверждает диагноз, поставленный Штрюмпелем и им поддержанный в Горках 21 марта 1923 года.

Известно, что нарком здравоохранения Н.Семашко регулярно докладывал Политбюро ЦК РКП(б) о консилиумах врачей и ходе лечения Ленина. Отмечены и случаи, когда вожди партии встречались непосредственно с врачами, чтобы из их уст услышать правду о болезни Ленина. Естественно, что во время этих встреч присутствовал и технический работник аппарата ЦК, который вел протокол. Я уже не говорю о переводчике, в услуге которого безусловно нуждались некоторые члены Политбюро. Не вызывает сомнения, что таким ответственным работником, ведущим протокол, был секретарь генсека Сталина Б.Бажанов. Совершенно очевидно, что в своих воспоминаниях Бажанов опирался на ту информацию, которая исходила от врачей. Отсюда и объективные сведения, которые приводит в своей книге Бажанов: «Врачи были правы: улучшение (здоровья Ленина. — А.А.) было кратковременным. Нелеченный в свое время сифилис был в последней стадии»[26].

А теперь предоставим возможность сделать как бы резюме доктору В.Флерову.

«...В медицинской литературе, — пишет Флеров, — описано немало случаев, когда первая и вторая стадии (сифилиса. — А.А.) протекали незаметно и только явления третьей стадии вели к установлению диагноза. Вероятно, так могло бы быть с Лениным: замедленный наследственный или приобретенный сифилис прошел незаметно, а поскольку обе формы ведут к одинаковым изменениям мозга, то для диагноза их дифференциация не важна.

Симптоматика болезни Ленина более походит на сифилис сосудов мозга, чем на прогрессивный паралич. Диагноз профессора Штрюмпеля, неопубликование микроскопического исследования мозга и подбор врачей (Штрюмпель, Бумке, Нонне и Осипов), а также множество косвенных данных делают сифилис гораздо более вероятным, чем артеросклероз. Отсюда следует, что советские органы фальсифицировали диагноз и результат вскрытия»[27].

Трудно не согласиться с доктором Флеровым, выводы которого, по сути дела, основаны на свидетельствах видных медицинских светил. Что же касается фальсификаций фактов, то это не вызывает у меня сомнения. В этом у идеологов большевиков имелся опыт.

За годы советской власти официальная историография так часто публиковала различные сомнительные материалы и факты, что у читателя невольно возникало подозрение к каждому слову. И не секрет, что фальсификации берут свое начало с момента возникновения большевизма. Очевидно, так было и тогда, когда Ленин страдал от серьезной и неизлечимой болезни.

В качестве примера фальсификации приведем два факта, относящиеся к одному и тому же времени. Весна 1923 года. Ленин после двухчасового припадка 10 марта потерял всякую возможность общаться и мыслить, лишился речи, полностью была парализована правая рука, непослушна была и левая, плохо стал видеть. По свидетельству дежурного врача, Ленину «дали сухари, но он долго не мог сразу попасть рукой на блюдце, а все попадал мимо»[28]. А вот что говорил нарком просвещения, выступая с речью в Томске: «Рука и нога, которые у Владимира Ильича *несколько* парализованы... восстанавливаются; речь, которая была одно время *неясной,* тоже восстанавливается. Владимир Ильич уже давно сидит в кресле, *довольно спокойно может разговаривать,* в то время как прежде его очень мучила неясность речи»[29] (выделено мной. — *А.А.*).

Вот так врали большевистские лидеры и под угрозой смерти заставляли делать это всех, кто по воле судьбы оказывался под их властью. Исключением не являлись и врачи. Одни на лжи делали себе карьеру, а другие, не способные воспринять ложь как средство улучшения своего благополучия, погибали. К их числу относится А.Б.Залкинд.

К сожалению, врачи и ученые, подписавшие протоколы вскрытия и микроскопических исследований, не смогли перешагнуть барьер страха и пошли на сделку со своей совестью. Они прекрасно понимали, что их может ожидать, если в материалах экспертизы окажутся хотя бы незначительные факты или предположения, бросающие тень на авторитет вождя. За этим особенно следил большевик Семашко. Я уже не говорю о Сталине. Именно по его указанию засекречивалось все, что было связано с болезнью Ленина. И самое ужасное то, что в этих омерзительных акциях принимали деятельное участие люди самой гуманной профессии — врачи, в их числе титулованные.

Приведу лишь несколько примеров, но весьма характерных. После изгнания из Белоруссии гитлеровских захватчиков, по личному указанию Сталина была создана специальная комиссия во главе с известным хирургом Президентом Академии медицинских наук академиком Н.Н.Бурденко. В ее состав вошли А.Н.Толстой, митрополит Николай, С.А.Колесников, Р.Е.Мельников, В.П.Потемкин, генералы А.С.Гундоров и К.И.Смирнов. Перед комиссией была поставлена задача: эксгумировать останки расстрелянных на территории Белоруссии (Катынь) польских военнопленных в целях проведения судебно-медицинского исследования. С 16 по 23 января комиссия проводила работу в Катыни. Но это был, по сути дела, политический спектакль, поскольку члены комиссии заранее знали, какое должны дать заключение по итогам экспертизы. Ответственное задание «отца народов» было выполнено. В конце января 1944 года материалы исследования были представлены правительству. В заключении протокола утверждалось, что тысячи польских военнопленных будто бы были расстреляны гитлеровцами в период оккупации ими территории Белоруссии. Члены комиссии сознательно фальсифицировали факты, с которыми они столкнулись в ходе исследования останков невинно расстрелянных польских пленных офицеров. Лишь спустя почти полвека мировая общественность узнала, что это чудовищное преступление было совершено сталинскими палачами. Стало достоянием мировой общественности и то, что члены Политбюро ЦК ВКП(б) (Сталин, Ворошилов, Молотов, Микоян, Калинин, Каганович) еще 5 марта 1940 года вынесли постановление за № 632 Ш о расстреле 14 700 польских офицеров, а также 11 000 других польских граждан, находящихся в различных тюрьмах и лагерях на западе Украины и в Белоруссии.

В связи с этим небезынтересно привести выдержку из циничного письма Сталина от 21 апреля 1943 года, адресованного У.Черчиллю. В нем тиран, в частности, писал: «...Враждебная Советскому Союзу клеветническая кампания, начатая немецкими фашистами по поводу ими же убитых польских офицеров в районе Смоленска, на оккупированной германскими войсками территории, была сразу же подхвачена правительством г. Сикорского и всячески разжигается польской официальной печатью. Правительство г. Сикорского не только не дало отпора подлой фашистской клевете на СССР, но даже не сочло нужным обратиться к Советскому Правительству с какими-либо вопросами или за разъяснениями по этому поводу...»[30]

Конечно, союзники по антигитлеровской коалиции знали, чьих рук дело расстрела беззащитных польских офицеров и гражданских лиц, но в то время, когда все усилия союзных держав были направлены на разгром фашистской Германии и ее сателлитов, они не хотели осложнять отношение с советским правительством.

Как не отметить, что цитируемый выше документ опубликован Комиссией по изданию дипломатических документов при МИД СССР под председательством члена Политбюро ЦК КПСС А.А.Громыко.

На протяжении всех лет тоталитарного строя советские психиатры (конечно, не все), выполняя волю партийной номенклатуры, искалечили жизнь не одной тысяче граждан страны Советов. Они без стыда и угрызений совести навешивали на здоровых людей ярлыки «душевно больной» и изолировали их от общества. К сожалению, подобные факты имеют место и сегодня. Причем эти преступные действия распространяются и на детей-сирот, находящихся в интернатах страны.

Политбюро, не считаясь с материальными затратами, целенаправленно и решительно вводило в жизнь народа поклонение уже мертвому телу своего вождя, любыми средствами добывалось от ученых мужей безусловных научно-обоснованных доказательств гениальности Ленина.

Так, вскоре после смерти Ленина у Политбюро зародилась идея организовать секретное научное исследование мозга усопшего «вождя мирового пролетариата» с целью материального обоснования его гениальности.

После предварительного обмена мнениями между партийными деятелями и учеными-медиками, состоявшегося 16 февраля 1925 года, на следующий день в стенах Института марксизма-ленинизма прошло организационное совещание по данному вопросу. В нем приняли участие руководители Института и приглашенные профессора: А.И.Абрикосов, В.В.Бунак, Б.В.Вейсборд, А.А.Дешин, В.В.Крамер, Л.С.Минор и директор нейробиологического института Берлинского университета профессор Фохт.

Организаторами совещания были заданы приглашенным несколько вопросов, в частности:

Может ли цитоархитектоническое* исследование дать указание на материальное обоснование гениальности В.И.Ленина? Все без исключения профессора ответили на этот вопрос утвердительно. Более того, профессор Фохт предложил командировать в Берлинский университет 2—3-х молодых русских ученых, которые, по его мнению, присутствуя при обработке мозга Ленина и получив некоторый опыт в данной области, могли бы потом после возвращения всех срезов мозга Ленина в Россию продолжить их исследование, начатое профессором Фохтом в Берлине.

Каков технический план исследования? — так был поставлен второй вопрос. На это ученые ответили: мозг должен быть разрезан на слои, толщиной 1,8 сантиметра; слои должны быть залиты в парафин, а потом должны быть сделаны тонкие срезы для патологоанотомического исследования и фотографирования...

Третий вопрос был поставлен так:

Почему необходима разработка за границей?

Последовал ответ: В Институте нейробиологии Берлинского университета имеется исключительно опытный персонал, работающий под руководством единственного в мире специалиста по данному вопросу профессора Фохта, и что там имеется вполне налаженный и приспособленный для таких работ инструментарий...

И последний вопрос:

Какие препятствия для разработки в Москве и какие препятствия можно устранить?

А вот ответ ученых мужей:

Препарат должен быть как можно скорее залит в парафин, так как, оставаясь в фиксирующей жидкости, он становится неспособным воспринимать красящее вещество, что лишает возможности его изучения. Срочность этой работы лишает возможности ее выполнения в Москве, где нет ни опытных для данного дела препаратов, ни инструментария...

Все участники совещания, возглавляемые помощником директора института И.Товстухой, скрепили составленный документ своими подписями. Наркомздрав Н.Семашко поддержал мнение ученых и сопроводительной запиской направил документ в Политбюро. А там, озна-

---

* Комплексное научное исследование строения и функции клетки.

комившись с документами, решили «святыню» (мозг Ленина) за границу не выпускать. Было решено организовать работу по исследованию мозга Ленина в Москве, для чего было дано указание о создании Института мозга. Деньги для ведения исследовательских работ и содержания Института мозга Совет народных комиссаров выделил сполна — неважно, что в это время в стране было огромное количество голодных и больных.

Однако профессор Фохт, с которым был заключен договор и который был назначен директором института, годами в Москве не появлялся. Иными словами, он фактически Институтом мозга не занимался. Между тем Фохт получил от Семашко один срез мозга Ленина, который он широко использовал в своих лекциях и публичных выступлениях в Германии. Причем из этого среза были сделаны для иллюстрации диапозитивы, которые сопоставлялись со срезами мозгов других людей, включая преступников.

Исследуя мозг Ленина, профессор Фохт на основе анатомического анализа выдвинул механистическую теорию гениальности. Суть этой теории аргументировалась наличием в мозге большого числа и своеобразно расположенных пирамидальных клеток. От этой теории в Кремле были в восторге. Но их радость и ликование были непродолжительными.

Дело в том, что вскоре после сенсационного «открытия» профессора Фохта в немецкой Энциклопедии душевных болезней и в других изданиях выступил профессор Шпильмейер с утверждением, что такого рода большое число пирамидальных клеток имеются и у... слабоумных[31].

Публикации профессора Шпильмейера получили в научных и общественных кругах широкий резонанс. В западной прессе появилось множество статей, в которых разоблачалась и высмеивалась попытка большевистских лидеров научно обосновать гениальность своего вождя. «Отец народов» был в ярости. Авантюристическая идея большевистского Политбюро за большие денежные вознаграждения получить от ученых безусловное доказательство гениальности Ленина и использовать эти результаты в пропагандистских целях позорно провалилась.

Однако этот печальный казус не обескуражил и не остановил большевистских идеологов. Они продолжали искусственно раздувать биографию своего вождя всякими небылицами и просто надуманными фактами, заполняя советскую историографию все новыми фальшивками.

После августа 1991 года со страниц многочисленных периодических изданий, а также по радио и телевидению до широкой общественности стала доходить правдивая информация о большевиках и их вожде Владимире Ульянове. Начиная с 1987 года было опубликовано множество материалов о Ленине, в том числе архивных, проливающих свет на подлинную его биографию. Народ стал понимать, кем он был на самом деле. С того времени люди, особенно москвичи, все чаще стали высказывать мнение, что Ленина надо убрать с Красной площади и по российским обычаям предать его останки земле. Тем более что таково было его желание.

В связи с этим небезынтересно привести свидетельство М.В.Фофановой по поводу просьбы Ленина, о которой рассказала ей Н.К.Крупская в апреле 1924 года. Вот что я записал со слов Маргариты Васильевны 25 мая 1971 года:

«...У Надежды Константиновны был подавленный вид. За три месяца со дня кончины Владимира Ильича она очень изменилась, состарилась. Она долго молчала, затем тихим голосом заговорила: «Надругается Сталин над Владимиром Ильичем. 6 марта*, когда у Володи случился рецидив и состояние его здоровья резко ухудшилось, он обратился ко мне с просьбой: «Надюша, — сказал он, — очень прошу постарайтесь с Маняшей сделать все, чтобы меня похоронили рядом с мамой».

Когда Володю перевезли из Горок в Москву, я передала его просьбу Сталину. А он дернул несколько раз за правый ус и сказал: «Владимир Ильич больше принадлежал партии, ей и решать, как с ним поступить». Я ничего не смогла ответить этому человеку».

Этот факт, как и многие другие исторические события жизни нашего общества и государства, к сожалению, все годы коммунистического режима скрывался от народа.

Людям нужно знать правду обо всем происходящем в нашей стране, какой бы она горькой ни была. Замолчать, скрыть от народа жгучие вопросы нашей истории — значит пренебречь правдой, неуважительно отнестись к памяти миллионов невинных жертв беззакония и произвола, обречь наш народ на возможность повторения подобных событий.

Ленин не представлял свою жизнь без власти, но обстоятельства сложились так, что удержать ее стало невозможно. Уместно вспомнить события 1923 года. 10 марта у Ленина началось очередное обострение болезни, которое привело к усилению паралича правой стороны тела и потери речи. Между тем 26 апреля Пленум ЦК РКП(б) избирает его членом Политбюро. «Вождь мирового пролетариата» не возражает. Дальше — больше, нечто похожее на комический спектакль. 6 июля постановлением ВЦИК Союза СССР он избирается главой советского правительства. Сомневаюсь, что это постановление было доведено до Ленина. Члены ВЦИК, избирая Ленина на эту высокую государственную должность, прекрасно понимали, что у него нет ни сил, ни разума, чтобы противиться этому решению. Они ясно представляли, что Ленин никогда больше работать не сможет и что его политической карьере и жизни пришел конец. На мой взгляд, прав был В.М.Чернов,

---

* 1923 года (*А.А.*).

который вскоре после смерти Ленина писал, что «духовно и политически он умер давно»[32].

Смерть человека, а тем более преждевременная, всегда печальна и горестна для родных, друзей и просто знакомых. Однако об ушедших в иной мир в памяти людей откладываются совершенно разные чувства. Об одних добрым словом вспоминают. Соприкасаясь с их делами и творениями, подвигами и высокой гражданственностью, искренне радуемся тому, что в Великой России были великие люди, которые день ото дня прославляли Отечество, делали его сильным, богатым, нравственным и красивым.

Пока живет наша Земля, будем помнить Александра Невского и А.С.Пушкина, Кузьму Минина и Дмитрия Пожарского, А.Ф.Можайского и Ф.М.Достоевского, Л.Н.Толстого и Н.И.Вавилова, Ф.И.Шаляпина и К.Э.Циолковского, Сергия Радонежского и Ю.А.Гагарина... Историю невозможно зачеркнуть или уничтожить. Она вечно будет жить и передаваться от поколения к поколению. Вспоминать будут даже тех, у кого на душе большой грех. Ну как можно забыть таких тиранов, как Нерон, Тамерлан, Гитлер или Сталин? Россияне, да и не только они, будут помнить и Владимира Ильича Ульянова как человека, лишившего миллионы людей — отцов, матерей, братьев, сестер, жен и детей. Будут помнить хотя бы потому, чтобы впредь не допустить появления на политическом олимпе Российского государства ему подобного вождя.

ГЛАВА 20

ПОРТРЕТ ВОЖДЯ БЕЗ РЕТУШИ

*Иной мерзавец может быть для нас тем
полезен, что он мерзавец.*

Вл.Ульянов

Биографии и общественно-политической деятельности Ленина почти
за 75 лет коммунистического режима было посвящено огромное количество работ. В них идеологи большевизма сделали все возможное, чтобы
вождь предстал перед советскими людьми этаким безгрешным ангелом, гением, вышедшим из народных глубин. Буквально с пеленок всех
учили, что он был «самым человечным человеком», якобы олицетворяющим русский народ и составляющим его гордость.

Кем же в действительности был Ленин? Каково его истинное лицо?
Чтобы ответить на эти сложные вопросы, нужно знать подлинную его
биографию. Для чего необходимо иметь тщательно проверенные и перепроверенные факты, документы и прочие свидетельства, а не фальшивки, которыми забиты и напичканы различные сомнительные издания и музеи страны.

Как ни странно, но за границей о нем знают гораздо больше, чем
у нас (многие работы, опубликованные на Западе, вышли из-под пера
тех авторов, которые лично знали Ленина). Так, например, ссылаясь
на Британскую энциклопедию, пишут, что Ленин якобы был не первым мужем Н.К.Крупской: оказывается, она прежде состояла в браке с
эсером Борисом Германом, близким другом Фанни Каплан. До последнего времени мы не знали и о первом браке Ленина. Несколько лет
назад сотрудник еженедельника «Аргументы и факты», журналист и
историк Анатолий Логинов, ссылаясь на архивы, сообщил, что Ленин
якобы был женат на Крупской вторым браком и что подробности о
первом браке находятся в архиве русского Жандармского отделения, к
которому его не допускают. (Об этом писала и «Советская молодежь»
16 января 1990 г.)

А вот еще одна сенсационная заметка под названием «Брак Ленина», которая была опубликована в газете «Грузия» 12 мая 1920 года:

«Мшак» («Рабочий», армянская газета, выходившая в то время в Тифлисе. — *А.А.*) сообщает: «По полученному из Москвы письму видно, что недавно главный лидер совдепии Ульянов-Ленин женился на грузинке-студентке Зинаиде Квитвашвили, которая предъявила условием обвенчаться по церковному обряду. Ленин вынужден был согласиться на церковный брак. Студентка Квитвашвили в обществе своих друзей известна как умная и по наружности очень красивая женщина, которая вследствие стесненных материальных средств служила в Московском исполкоме в качестве простой конторщицы».

Должен отметить, что подобные слухи и откровенные фальшивки рождались и распространялись в общественной среде по многим причинам: вследствие неприязни к личности Ленина, недоступности документальных источников по его биографии, отрицательного отношения к существующему строю.

В том, что двери архивных кладовых были плотно закрыты, имелась своя логика. В докладе о мире, сделанном на Втором Всероссийском съезде Р. и С. депутатов 26 октября 1917 года, Ленин демагогически говорил: «Тайную дипломатию правительство отменяет, со своей стороны выражая твердое намерение вести все переговоры *совершенно открыто* перед всем народом, приступая немедленно к полному опубликованию тайных договоров, подтвержденных или заключенных правительством помещиков и капиталистов с февраля по 25 октября 1917 года»[1]. Между тем, став главой правительства, он вступил *в секретные* соглашения с другими государствами, причем *вел тайную переписку,* направленную против своих политических противников, против народов России. Быть может, покажется странным, но потомки Ульяновых всячески скрывают от общественности и подлинную биографию Владимира Ульянова. Со всей ответственностью и определенностью можно сказать, что и Ленин сознательно скрывал свое происхождение и многое из своей личной биографии, понимая, что это может дискредитировать его и без того подмоченный авторитет. Однако ни Ленину, ни его родственникам, ни «руководящей и направляющей силе советского народа» — КПСС — не удалось скрыть от общества правду о человеке, имя которого Владимир Ильич Ульянов (Ленин).

Сегодня имеется достаточно документальных и иных материалов, чтобы показать его лицо без всякой ретуши.

При сопоставлении ряда источников выясняется, что в биографии Ленина много надуманного, тенденциозного и даже фальсифицированного. Так, например, в официальном издании, в частности, говорится: «За участие **в революционном движении** студентов в декабре 1887 г. арестован, исключен из университета и сослан в деревню Кокушкино Казанской губернии»[2] (ныне село Ленино), а в первом томе его сочинений сообщается: «Декабрь, 4 (16). Ленин участвует в **студенческой сходке** в Казанском университете»[3]. Но, наверное, и слепой заметить разницу между революционным движением и сходкой студентов в актовом зале университета. А разница весьма существенная, но открывать истину ни Ленину, ни его родственникам и соратникам было не выгодно. Ведь надо было показать роль борца, пострадавшего от самодержавия. Кроме того, из университета Ленин был исключен на основании прошения, которое он сам подал ректору, а не по инициативе администрации.

Вот полный текст этого прошения:

«Его Превосходительству господину Ректору Императорского Казанского Университета

Студента 1-го семестра юридического факультета Владимира Ульянова

«ПРОШЕНИЕ

Не признавая возможным продолжать мое образование в Университете при настоящих условиях университетской жизни, имею честь покорнейше просить Ваше Превосходительство сделать надлежащее распоряжение об изъятии меня из числа студентов Императорского Казанского Университета.

Студент 1-го семестра
юридического факультета
Владимир Ульянов. Казань. 5 декабря 1887 года»[4].

К приказу ректора университета приложен список *исключенных* и *уволенных*. Среди последних — *«Ульяновъ Владимиръ Ильинъ»*[5].

Самое пикантное в истории со ссылкой то, что в деревне Кокушкино находилось имение деда Ленина — А.Д.Бланка. Вот куда был «сослан» бунтовщик, который целых десять месяцев жил (?) в доме родного деда, но ничего о нем «не знал». Кстати, в официальных изданиях сказано, что Ленин в Кокушкино прожил около года. Однако это не так. Есть свидетельство самого Ленина о том, что в рассматриваемый период он проживал по адресу: «Казань, Профессорский переулок, дом Завьяловой, квартира Веретенниковой»[6], то есть у родной тетки по матери. А в Кокушкино Ленин бывал лишь в летние месяцы, как и все члены его семьи.

Здесь уместно привести некоторые сведения из жизни политических ссыльных. Так, из писем Ленина родным узнаем, что политические ссыльные до февраля 1917 года получали от государства пособие на жизнь, причем право на получение пособия имели и члены семьи ссыльного (жена, дети). Например, «Глеб» (Г.М.Кржижановский) и «Базиль» (В.В.Старков) получали 24 руб., а И.Л.Приминский — 31 руб.[7] Из письма Ленина матери от 12 октября 1897 года (из Шушенского) узнаем, что он «на полном пансионе», устроился «недурно». Правда, Ленин жаловался, что трудно найти *прислугу,* особенно летом. Сестра Ленина, А.И.Ульянова-Елизарова, писала, что в Сибири Ленин жил «на полном содержании на свое казенное пособие в 8 руб.»[8] Прислуге же своей он платил два с половиной рубля. А квартиру занимал «из 3-х комнат, одна в 4 окна, одна в 3 окна, и одна в 1», хотя Крупская жаловалась на «крупное неудобство: все комнаты проходные...»[9] В Шушенском Ленин получал всю необходимую литературу и даже «Frankfurter Zeitung». Ну и ссылка!

И еще один пример. На стр. 13 «Биографии» написано, что «по распоряжению Казанского губернатора Ленин был арестован и **заключен в тюрьму**»[10] (выделено мной. — *А.А.*). Между тем Анна Ильинична Ульянова-Елизарова в своих воспоминаниях отмечает: «Владимир Ильич был арестован на квартире с 4 на 5 декабря и просидел *несколько дней* с другими арестованными при участке»[11]. А ведь *участок* это далеко не *тюрьма*. Кроме того, Анна Ильинична не совсем точна. Как ни парадоксально, но сведение о том, что Ленин «просидел несколько дней», опровергает ее же родной брат, Дмитрий Ильич. Вот что он пишет: «Числа 6-го или 7-го Владимир Ильич в сопровождении околоточного надзирателя был привезен из Казани в Кокушкино»[12]. Если учесть время, необходимое для переезда, транспортные возможности и дороги того времени, то получается, что Ленин провел в участке всего лишь неполный день. Впрочем, и эти уточнения не столь уж важны, поскольку Ленин сам признавал, что жил в Казани, а не в Кокушкино в качестве ссыльного.

И последнее по данному вопросу. В многочисленных анкетах*, заполненных Лениным после октября 1917 года, нет признания того факта, что в декабре 1887 года он был сослан в деревню Кокушкино. Получается, что все это выдумки большевистских идеологов.

Трудно найти аспект в биографии Ленина, который был бы свободен от неточностей. Много любопытных сведений содержат различные анкеты и карточки, которые он заполнял в 1920—1922 годы. Так, в «Личной карточке члена Моссовета», оформленной между 16 и 19 февраля 1920 года, Ленин указывает, что состоит членом партии с «1893 *(до партии)*» и провел в ссылке «три года», а кроме того, отмечает, что привлекался по политическим делам три раза: «1) 1887 2) *1895* 3) 1900»[13]. Однако спустя месяц с небольшим, 29 марта подтвердив в «Личной анкете для делегатов 9-го съезда Р.К.П. (большевиков)» свое пребывание в партии «с 1893 года», отмечает, что «б(ыл) арестовываем 1887, *1894* и 1900»[14] (выделено мной. — *А.А.*). Это первое, так сказать, расхождение. Кстати, можно ли состоять членом еще не существующей партии?

В «Анкете для перерегистрации членов Московской организации РКП(б)», заполненной 17 сентября 1920 года, Ленин вновь подтверждает свое членство в партии: «с основания и раньше *(1893)*[15], но почему-то уклоняется от прямого ответа на вопрос: «Какой организацией приняты первоначально в члены РКП». Вместо ответа он отсылает:

---

* Анкету см. в Приложении.

«см. параграф 18». Однако и в этом параграфе разъяснение отсутствует. На вопрос: «Подвергались ли партийному суду, когда и за что», Ленин отвечает утвердительно, но не сообщает, за что именно. Не может он документально подтвердить и свое пребывание в нелегальной партийной организации, как это требовалось по анкете. Здесь он пишет: «история партии — документ»[16].

Не может не удивить читателя ответ Ленина на 5-й вопрос анкеты. Оказывается, 51-летняя жена Надежда Константиновна, 45-летний брат Дмитрий Ильич и 44-летняя сестра Мария Ильинична находились у него на иждивении. Не странно ли, что эти взрослые люди не работали, жили за счет Ленина?

Сомнителен ответ Ленина на 12-й пункт анкеты. Он пишет, что в загранице был в Швейцарии, Франции, Англии, Германии, Галиции*. Между тем его ответ не является полным и точным. Ведь известно, что кроме названных стран Ленин бывал в Австрии, Бельгии, Дании, Италии, Чехии и Швеции.

Не точно и не полно Ленин отвечает и на другие вопросы анкеты: где лукавит, а где и прямо лжет. Впрочем, это на Ильича похоже.

7 марта 1921 года Ленин заполняет «Анкету для делегатов X Всероссийского съезда РКП», где отмечает, что является членом партии... *с 1894 г.*[17]. Кстати, здесь он уже отрицает факт партийного суда над ним. И еще одно: Ленин пишет, что на X съезде ему был определен только «совещательный» голос, хотя известно, что он в основном занимался именно решением съездовских вопросов, подготовкой резолюций и участвовал в голосовании по их принятию[18].

В связи с анализом анкет должен отметить, что им, судя по публикациям, исследователи не придавали особого значения. Между тем они, на мой взгляд, являются ценнейшими историческими источниками по личностной и общественно-политической биографии Ленина. В них содержатся факты, в их числе сенсационные, которых нет в других документах. Например, в указанной выше анкете (вопрос № 29) Ленин признается в совершении *политического преступления,* за что неоднократно подвергался репрессиям.

Как могло случиться, что Ленин явился на съезд, не имея мандата делегата с решающим голосом? Этому есть объяснение: восставший Кронштадт отказался выдать мандат делегата X съезда РКП(б) «насильнику», то есть Ленину, и вообще отказался принять какое-либо участие в форуме «диктаторов». По словам кронштадтцев, коммунисты не имели «ни юридического, ни морального, ни какого иного права управлять народом».

Во время работы XI Всероссийской конференции РКП(б) Ленин заполняет очередную анкету. В ней он говорит, что вступил в партию *в 1895 году*[19].

---

* В подлиннике указана Голландия.

Итак, какой записи верить? Когда Ленин говорил правду, а когда лукавил? Сложно ответить на этот вопрос.

А теперь настала пора поговорить о Владимире Ульянове как о «самом человечном человеке».

Как известно, нравом он сильно походил на прадеда М.И.Бланка и деда — А.Д.Бланка. А «характером Александр Дмитриевич был круто-ват «...» любил настоять на своем «...». Беда была ослушаться Александра Дмитриевича и дома. Старшие дочери часто плакали с досады в подушку от папенькиных экспериментов. Они тянулись на волю «...». На ночь он обвертывал своих дочерей в мокрые простыни, чтоб укрепить (?) им нервы «...» Анна Александровна бунтовала против мокрых простыней отца»[20]. Александр Дмитриевич был человеком злопамятным и жестоким. Чего, например, стоило ему приказать поймать в деревне неизвестную собаку, доставить ее повару, «и чтоб немедленно изжарил ее к столу, с картошкой...»[21]

Что же касается характера и нравов прадеда, Мойши Ицковича, то о них достаточно подробно было сказано в первой главе.

Трудно сказать, гены ли проявились или что другое, но после расстрела манифестации в поддержку Учредительного собрания Ленин, так сказать, «входит во вкус».

На его совести уничтожение царской семьи: бывшего царя Николая II, который добровольно отрекся от престола, царицы Александры Федоровны и их малолетних детей — сына Алексея и дочерей Ольги, Марии, Татьяны и Анастасии. Вместе с ними были убиты доктор Боткин, комнатная девушка Демидова, слуга Труп и повар Тихомиров. Эта чудовищная акция была совершена в подвальном помещении Ипатьевского дома в Екатеринбурге в ночь с 16 на 17 июля 1918 года.

9 марта 1918 года Ленин подписал постановление СНК «О высылке Михаила Романова, Н.Н.Джонсона[22], А.М.Власова[23] и П.Л.Знаме-ровского[24] в Пермскую губернию»[25], хотя известно было, что еще 9 марта 1917 года великий князь Михаил письменно отказался от престола. 12 июня «претендент» на царский престол Михаил Романов и его секретарь Н.Джонсон были насильственно увезены ночью из Пермской гостиницы на Мотовилихинский завод и там расстреляны. А затем опубликовали официальное сообщение об их бегстве.

В Алапаевске (в 150 км севернее Екатеринбурга) на окраине города содержались другие Романовы. Среди них были сыновья великого князя Константина — Иоанн и Игорь, великий князь Сергей Михайлович, 18-летний Владимир Палей, великая княгиня Елизавета Федоровна, родная сестра бывшей царицы. Всех их в ночь с 17 на 18 июля вывезли за город. Там выстрелом в голову был убит Сергей Михайлович, остальных же избили прикладами ружей и живыми сбросили в заброшенную шахту «Нижняя Селимская», находящуюся в 12 км от Алапаевска. Эту варварскую акцию тоже преподнесли как побег. Позже, когда сведения о расстреле царя и царской семьи получили широкую огласку, появилась версия о самоуправстве местных властей, то есть Уральского Совета.

Абсурдность этой версии очевидна. Вряд ли большевики Екатеринбурга без санкции Центра решились бы осуществить эту акцию.

Допускаю, что формально решение о расстреле Романовых было оформлено в стенах Екатеринбургского Совета. Но несомненно то, что этому решению предшествовал властный приказ из Москвы. Подобная практика часто имела место в деятельности большевистского правительства. Вспомним, например, события на Кавказе в начале февраля 1921 года, когда Сталин от имени правительства по прямому проводу дал разрешение на ввод войск в Грузию, но при этом велел сделать это «от имени фронта или армии, но не от имени правительства».

Данную версию начисто отвергает и Троцкий. Вот что он пишет в своем «Дневнике»: «Я прибыл в Москву с фронта после падения Екатеринбурга. Разговаривая со Свердловым, я спросил:

— А где царь?

— Кончено, — ответил он, — расстреляли.

— А где семья?

— И семья с ним.

— Все? — спросил я, по-видимому, с оттенком удивления.

— Все! — ответил Свердлов. — А что?

Он ждал моей реакции. Я ничего не ответил.

— А кто решал? — спросил я.

— *Мы здесь решали. Ильич считал, что нельзя оставлять нам им живого знамени, особенно в нынешних трудных условиях*».

Комментируя это решение, Троцкий далее пишет: «По существу, решение было не только целесообразным, но и необходимым «...».

Казнь царской семьи нужна была не просто для того, чтобы напугать, ужаснуть, лишить надежды врага, но и для того, чтобы встряхнуть собственные ряды, показать, что впереди полная победа или полная гибель. В интеллигентских кругах партии, вероятно, были сомнения и покачивания головами. Но массы рабочих и крестьян не сомневались ни минуты: никакого другого решения они не поняли бы и не приняли бы. Это он хорошо чувствовал: способность думать и чувствовать за массу и с массой была ему в высшей мере свойственна, особенно на великих политических поворотах...»[26]

Конечно, не во всем можно полагаться на Троцкого. Но этим записям в его «Дневнике» вполне можно доверять. Бесспорно, что расстрелы были организованы центром: такая их синхронность в Екатеринбурге и Алапаевске могла обеспечиться подачей сигнала только с «центрального пульта», находившегося в кабинете Ленина. Наконец, не могли же согласовывать свои действия члены Уральского Совета со своими коллегами из Пермской губернии, на «свой» страх и риск принявшими решение о расстреле Михаила Романова. Как в Перми, так и в Екатеринбурге чекисты прекрасно понимали, насколько они рисковали бы, ликвидируя Романовых без приказа из Москвы. Приказ же из Москвы в Екатеринбург через Пермь был дан Свердловым, выполнявшим устное распоряжение Ленина.

О жестокостях Ленина подробно уже говорилось в предыдущих главах. И тем не менее, думается, нелишне будет ознакомить читателя со свидетельствами М.В.Фофановой и В.Д.Бонч-Бруевича, касающимися отношения Ленина к Романовым.

М.В.Фофанова:

«Владимир Ильич читал какую-то брошюру. Я несла ему чай, когда в дверь условным знаком постучали. Это был Рахья. Мы вместе прошли в комнату Ильича. Он на мгновение оторвался от чтения и восторженно сказал: «Вы, товарищ Рахья, только послушайте, что пишет Нечаев! **Он говорит, что надо уничтожить всю царскую семью. Браво Нечаев!**» Сделав небольшую паузу, Владимир Ильич продолжил: **«То, что не удалось осуществить этому великому революционеру, сделаем мы»**. Затем он закрыл брошюру и обратился к Рахье со словами: «Ну, рассказывайте, что с Пятницким?» Я ушла к себе, а они продолжали беседовать».

В.Д.Бонч-Бруевич:

«...Совершенно забывают, — говорил Владимир Ильич, — что Нечаев обладал особым талантом организатора, умением всюду устанавливать особые навыки конспиративной работы, умел свои мысли облачать в такие потрясающие формулировки, которые оставались памятны на всю жизнь. Достаточно вспомнить его ответ в одной листовке, когда на вопрос — **«Кого же надо уничтожить из царствующего дома?»,** **Нечаев дает точный ответ: «Всю большую ектению».** Ведь это сформулировано так просто и ясно, что понятно для каждого человека, жившего в то время в России, когда православие господствовало, когда огромное большинство так или иначе, по тем или другим причинам, бывали в церкви и все знали, что на великой, на большой ектении вспоминается весь царствующий дом, все члены дома Романовых. **Кого же уничтожить из них?** — спросит себя самый простой читатель. — **Да весь дом Романовых,** — должен бы был дать себе ответ. *Ведь это просто до гениальности!*»

И далее: «Нечаев должен быть весь издан. Необходимо изучить, дознаться, что он писал, расшифровать все его псевдонимы, собрать воедино и все напечатать», — неоднократно говорил Владимир Ильич»[27] (выделено мной. — *А.А.*).

Столь серьезные свидетельства убеждают нас в том, что организаторами расстрела Романовых были Ленин и его ближайший соратник и единомышленник Свердлов. Однако понимаю, что эти свидетельства все же не могут служить юридическим основанием для предъявления обвинения Ленину и Свердлову в организации расстрела царской семьи. Поэтому обратимся к приведенным ниже документальным материалам, подтверждающим преступные действия Ленина и Свердлова в отношении Романовых. Это отрывок из воспоминания одного из исполнителей расстрела царской семьи, Якова Юровского, телеграмма Белобородова в Москву Свердлову для Голощекина от 4 июля 1918 года и секретная телеграмма Белобородова в Москву Свердлову от 17 июля 1918 года. Уверен, проанализировав эти документы и другие, приведенные ниже, читатель сделает вполне объективный вывод: Мне же хотелось сказать о следующем. После отречения от российского престола, Николай Романов не представлял для государства ни политической, ни иной опасности. Однако Ленин и Свердлов, организовав насильственную смерть бывшего царя России, членов его семьи, ближайших родственников, домашнего врача и прислуги, проявили неслыханную кровожадность, жестокость и бесчеловечность. Народы России никогда не забудут эти злодеяния.

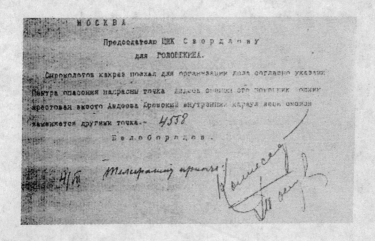

Телеграмма Белобородова в Москву

Москва
Председателю ЦИК Свердлову
для Голощекина
Сыромолотов как раз поехал для организации дела согласно указаний Центра опасения напрасны точка Авдеев сменен его помощник Мошкин арестован вместо Авдеева Юровский внутренний караул весь сменен заменяется другими точка — 4558
Белобородов
4/VII
Телеграмму принял: Комиссар (подпись неразборчива)

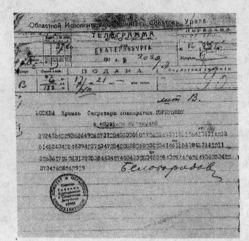

Секретная телеграмма Белобородова секретарю СНК Горбунову от 17 июля 1918 года

Расшифрованный текст: «Передайте Свердлову что все семейство постигла та же участь что и главу официально семья погибнет при эвакуации»

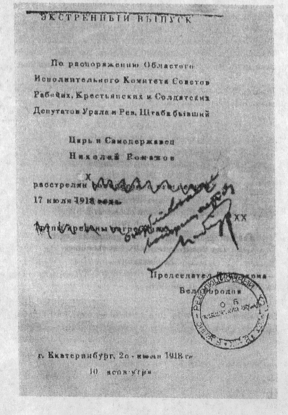

Проект экстренного сообщения Исполкома Совета Рабочих, Крестьянских и Солдатских Депутатов Урала

Зачеркнутые слова:
х — со всей его семьей;
Трупы преданы погребению
хх — Опубликовать воспрещается. Белобородов

План Екатеринбурга с пригородом, на котором показан путь, по которому были вывезены тела расстрелянных членов царской семьи для захоронения. Крестом обозначено место, где было совершено это злодеяние

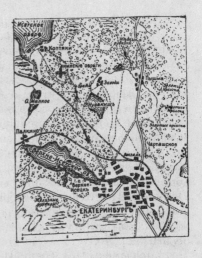

ВОСПОМИНАНИЯ

коменданта Дома Особого назначения в г.Екатеринбурге ЮРОВСКОГО Якова Михайловича, чл.партии с 1905 года о расстреле Николая II и его семьи.

16/VII была получена телеграмма из Перми на условном языке, содержавшая приказ об истреблении Романовых 16-го в 6 ч.веч. Филипп Голощекин предписал привести приказ в исполнение. В 12 часов ночи должна была приехать машина для отвоза трупов. В 6 часов увели мальчика Седнева (поваренка), что очень обеспокоило Романовых и их людей. Приходил д-р Боткин спросить, чем это вызвано? Было объяснено, что дядя мальчика, который был арестован, потом бежал, теперь опять вернулся и хочет увидеть племянника. Мальчик на следующий день был отправлен на родину /кажется, в Тульскую губернию/. Грузовик в 12 часов не пришел, пришел только в 1/2 второго. Это отсрочило приведение приказа в исполнение. Тем временем были сделаны все приготовления: отобрано 12 человек /в т.ч. 7 латышей/ с наганами, которые должны были привести приговор в исполнение. 2 из латышей отказались стрелять в девиц. Когда приехал автомобиль, все спали. Разбудили Боткина, а он всех остальных. Объяснение было дано такое: "ввиду того, что в городе неспокойно, необходимо перевести семью Романовых из верхнего этажа в нижний". Одевались с 1/2 часа. Внизу была выбрана комната, с деревянной оштукатуренной перегородкой/ чтобы избежать

Первая страница воспоминаний Я.М.Юровского

Ленин был беспощаден к любому инакомыслящему. Но особенно доставалось тем оппонентам, которые не разделяли взгляды вождя на общественно-политическую жизнь. Среди множества опальных был известный уже читателю ученый-историк профессор Николай Александрович Рожков, который при царском режиме был сослан в Восточную Сибирь. В феврале 1921 года Н.А.Рожкова большевики арестовали. Несколько месяцев он провел в тюрьме, но был освобожден. Однако осенью 1922 года по настоянию Ленина Рожкова вновь арестовывают. Но вскоре больного ученого тюремщики выпускают из-под стражи. Однако Ленин не перестает терроризировать несчастного Рожкова. Председательствуя на заседании Политбюро 26 октября 1922 года, Ленин добивается решения: «Рожкова выслать». Однако, пользуясь отсутствием Ленина на Политбюро 7 декабря (из-за болезни), участники заседания принимают решение не высылать престарелого и больного Рожкова из России. Но, будучи уже больным, в декабре 1922 года Ленин по телефону из Горок диктует письмо Сталину, в котором выражает несогласие с постановлением Политбюро ЦК РКП(б), принятым 7 декабря, о разрешении Н.А.Рожкову проживать в Москве. Ох и злопамятен был Владимир Ильич! 13 декабря, то есть спустя буквально пять дней после первого письма, он диктует в ЦК РКП(б) второе письмо с протестом против решения Политбюро от 7 декабря о Н.А.Рожкове[28].

Именно в этот день у Ленина было два приступа болезни. И тем не менее он продолжал терроризировать людей.

А вот еще один показательный случай. 14 февраля 1919 года народный комиссар путей сообщения послал Ленину телеграмму из города Козлова, в которой сообщал, что разразившаяся 12 февраля сильнейшая метель на участке железной дороги Кочетовка — Тамбов не позволила выполнить декрет СНК о борьбе со снежными заносами и что он «не выполняется местным населением отчасти и потому, что население вдоль полосы железной дороги мобилизуется не только военным комиссаром на фронте, но и совнархозами на подвозку дров, продовольствия и т. п.». Поэтому он обращался с просьбой внести в Совет Обороны предложение об освобождении населения в 20-верстной полосе вдоль железных дорог от мобилизации. В ответ ему Совет Рабоче-Крестьянской Обороны издал постановление от 15 февраля, подписанное Лениным: «Поручить Склянскому, Маркову, Петровскому и Дзержинскому немедленно арестовать нескольких членов исполкомов и комбедов в тех местах, где расчистка снега производится не вполне удовлетворительно. В тех же местностях взять заложников из крестьян с тем, что, если расчистка снега не будет произведена, они будут расстреляны»[29].

В известной степени раскрывает Ленина, как человека, случай, рассказанный Т.И.Алексинской в парижском журнале «Родная земля»: «Восприняв марксистскую доктрину с ее безличным методом, мы все-таки искали в вожде человека, в котором были бы соединены темперамент Бакунина, удаль Стеньки Разина и мятежность горьковского Буревестника. Такой живой фигуры не было перед нами; но мы хотели олицетворить ее в лице Ленина. И когда я увидела его впервые в 1906 году на одном из загородных митингов в Петербурге, я была страшно неудовлетворена. Меня удивила не его наружность... — а то, что, когда раздался крик: «Казаки!» — он первый бросился бежать. Я смотрела ему вслед. Он перепрыгнул через барьер, котелок упал у него с головы... С падением этого нелепого котелка в моем воображении упал сам Ленин. Почему? Не знаю!.. Его бегство с упавшим котелком как-то не вяжется с Буревестником и Стенькой Разиным. Остальные участники митинга не последовали примеру Ленина. Оставаясь на местах, они, как было принято в подобных случаях, вступили в переговоры с казаками. Бежал один Ленин...

Ленин был жестоко упрям во всех случаях жизни, не переносил чужих мнений, по поводу чего бы они ни высказывались, а не в одной политике. Завистливый до исступления, он не мог допустить, чтобы кто-нибудь, кроме него, остался победителем. Жестокое и злое проступало в нем как в любом споре, так и в игре в крокет или в шахматы, когда он проигрывал. Проявить независимость, поспорить с ним о чем угодно или обыграть его в крокет — значило раз и навсегда приобрести себе врага в лице Ленина»[30].

М.В.Фофанова однажды рассказала про один курьезный случай, связанный с Лениным. Днем второго дня после переезда Ленина к ней на квартиру, раздался тихий стук в дверь. Стук не был условным. Владимир Ильич весь побледнел и, не дав ей подойти к двери, побежал в комнату, чтобы попытаться по водосточной трубе или другим способом опуститься во двор. Маргарита Васильевна вовремя его остановила. Оказалось, что соседский мальчик, играя со сверстниками, случайно задел палкой в дверь.

В народе говорят, что жестокими и злыми людьми, как правило, бывают трусы. Если судить по характеристике Т.И.Алексинской, то Ленин действительно был архитрусливым человеком. И в самом деле. Взять хотя бы такой пример: он ни разу не сделал попытки бежать из ссылки, как это делали, скажем, такие ссыльные, как В.Акимов, М.Владимиров, Н.Алексеев, Ф.Дан (дважды), И.Дубровинский, Ф.Ильин, В.Курнатовский, И.Полонин, И.Присягин, С.Райчин, И.Сталин, М.Сычев, И.Смидович и многие другие.

Очевидно, на почве чрезмерной трусости Ленин много уделял внимания конспирации своей личности. Исследователи насчитали у него около 150 псевдонимов: Базиль, Большевик, Дядя, Иванов, Ивановский, Ильин, Карич, Карпов, Константинов, Куприянов, Ленин, Ленивцын, Мейер, Мирянин, Наблюдатель, Осипов, Петров, Пирючев, Посторонний, Постоянный, Правдист, Рихтер, Силин, Старик, Статистик, Тулин, Фрей, Читатель... Но один из них, **Ленин,** прочно вошел в его биографию. Любопытна история с этим псевдонимом.

Историку М.Г.Штейну удалось найти концы этой криминальной истории. Оказывается, дочь коллежского секретаря потомственного дворянина Николая Егоровича Ленина, Ольга Николаевна, выполняя просьбу подруги — Н.К.Крупской, уговорила своего брата Сергея взять паспорт у тяжело больного отца и передать его Владимиру Ульянову. Что и было сделано. С этим паспортом Владимир Ильич 16 июля 1900 года уезжает за границу. С этой фальшивой фамилией Владимир Ульянов в октябре 1917 года вступает на российский престол. С ней он ушел из жизни. Фальшивым именем назван и Мавзолей.

О большевиках написано немало, и везде они показаны как храбрые, решительные и умные люди. На последнем качестве создатели большевистского имиджа делали особый акцент. Между тем, оказывается, это далеко не так. Любопытная оценка содержится в одном из писем Ленина Горькому: «Известие о том, что Вас лечит *новым* способом *«большевик»*, хотя и бывший, меня ей-ей обеспокоило. *Упаси боже от врачей — товарищей вообще, врачей — большевиков в частности! Право же, в 99 случаях из 100 врачи — товарищи «ослы», как не раз сказал один хороший врач.* Уверяю Вас, что лечиться (кроме мелочных случаев) надо только у первоклассных знаменитостей. *Пробовать на себе изобретения большевика — это ужасно!!»*[31] (Выделено мной. — *А.А.*).

Здесь Ленин абсолютно прав. Действительно ужасно «пробовать на себе изобретения большевика». Поэтому он все свои жестокие, бесчеловечные изобретения большевиков пробовал..., на россиянах.

Авторы ряда публикаций о Ленине подчеркивают такие черты его характера, как доброта, интеллигентность. Между тем имеются авторитетные свидетельства о том, что Ленин в общении с людьми часто допускал грубости, пошлости и даже площадную брань. (Удивительно, но об этом писала в своих воспоминаниях Н.К.Крупская. Об этом писал и А.Бубнов.) О том, что Ленин в порыве гнева мог грубить, издеваться, говорила в беседе с автором этих строк и М.В.Фофанова.

А вот еще одно любопытное свидетельство сестры Ленина — Марии Ильиничны: «На одном заседании ПБ (Политбюро. — *А.А.*) Троцкий назвал Ильича «хулиганом»[32]. Думается, что без особой причины Троцкий не стал бы так говорить, тем более в присутствии членов Политбюро. Вероятно, Ленин оскорбил Троцкого и тем самым вывел его из равновесия.

Н.К.Крупская выявила еще одну «гуманную» черту «пролетарского вождя». Процитирую ее рассказ о зайцах и охотниках: «Позднею осенью, когда по Енисею шла шуга (мелкий лед), ездили на острова за зайцами. Зайцы уже побелеют. С острова деться некуда, бегают как овцы, кругом. **Целую лодку** настреляют, бывало, наши охотники»[33].

Ленин не стеснялся оскорблять в печати людей, политические партии и даже целые народы. Немецких социал-демократов — К.Каутского, Ф.Шейдемана и П.Леви — называл *навозные кучи;* членов «Армянской социал-демократической федерации» — *«подонками женевского болота!!»*. На лидера социал-демократической партии Швейцарии Гримма он навесил ярлык *«подлец»*. Троцкого называл *«пустозвоном»*, *«иудушкой»*, *«мерзавцем»*, Плеханова — *«свиньей»*, Горького — *«теленком»*. *«Бундовцы»* были у него *«проститутки»*, *«тупицы»*, *«дурачки»* и *«идиоты»*. «Глупый народ — *чехи и немчура»*[34], — писал он матери из Мюнхена в феврале 1901 года.

Полемизируя в печати со своими политическими противниками и оппонентами, Ленин часто употреблял ругательные слова, за что не раз получал замечания от издателей и вынужден был их «смягчать, а равно и неприличные выражения»[35].

Но, захватив власть, он беззастенчиво выплеснул на страницы печати всю свою «культуру». Читателю небезынтересно будет познакомиться с лексикой Ульянова-Ленина. Вот краткий перечень любимых определений, составленный на основе всего лишь трех томов его собраний сочинений: «балбес», «банда», «болтун», «вор», «говно», «гад», «гадкий», «горлопан», «глупый», «гнилое яйцо», «грязный натуришка», «дурачки», «жулик», «зад», «зверь», «зверек», «идиоты», «иуда», «клеветник», «кляузник», «лакей буржуазный», «лиса», «лошадиный барышник», «лжец», «мародер», «мерзавец», «мещанская сволочь», «мошенник», «мракобес», «моськи», «негодяй», «навозные кучи», «олух», «осел», «оппортунист», «палач», «пакостник», «паскуда», «паразит», «помойная яма», «поганое стойло», «подонки», «пошлый болтун», «пошляк», «презренные дурачки», «проститутки», «прохвост», «прихвостень», «ренегат», «самодур», «свинья», «собака», «сволочь», «спекулянт», «старые бабы», «торгаш», «труп», «трус», «тупица», «тупоум», «ученые дураки», «филистер», «хам», «шалопай», «шарлатан», «шантажист», «шайка», «шовинист», «штрейкбрехер», «шуты гороховые», «щенок»... Вот каков лексикон литератора.

Эти «культурные» словечки встречаются у Ленина не только в эпистолярных сочинениях: он вообще довольно часто позволял себе говорить фривольности. Более того, своими пошлыми выражениями и неприличными словечками из бульварной и кабацкой лексики так называемый литератор засорял и вульгализировал богатый самобытный русский язык.

Собственно, он и не скрывал свои «интеллигентные» привычки. Так, в письме Горькому от марта 1908 года Ленин писал: «Дорогой А.М. ...газету я забрасываю из-за своего философского запоя: сегодня прочту одного эмпириокритика и *ругаюсь площадными словами,* завтра другого и *ругаюсь матерными...»*[36] (Выделено мной. — *А.А.*).

По свидетельству людей, лично знавших Ленина, он, мягко выражаясь, был не совсем равнодушен к деньгам, понимая, что без них дальнейшее восхождение к власти может остановиться.

«Объявивши себя распущенным, Б.Ц. (Большевистский Центр. — *А.А.*) — кучка скомпрометированных личностей вокруг В.Ленина, —

писал в свое время Мартов, — продолжает существовать как организация действительного перманентного заговора против партии, как группа, претендующая держать в своих руках все нити правления пытающейся восстановиться партийной организации. Эта группа, связанная общностью личных интересов и единством антисоциалистических взглядов на роль «вождей» в рабочем движении, сохраняет возможность вести свою антипартийную линию постольку, поскольку не выполнила фактически своего собственного торжественного обязательства выпустить из рук денеж. суммы, которые она захватила. Ибо общественное развитие, делая все большим анахронизмом диктатуру этой группы над социал-демократией, все менее оставляет ей идейных средств удерживать эту диктатуру, все более обрекает ее на пользование методами нечаевщины и давления на дезорганизированную партию силой денег»[37]. Ю.О.Мартов настоятельно требовал «немедленной фактической передачи денег из рук т. Ленина в руки намеченных пленумом «держателей»[38].

Весьма интересную информацию по этому поводу дает и Г.В.Плеханов. На заседании конференции, созванной Интернациональным Социалистическим Бюро в Брюсселе 20 июня 1914 года, он публично заявил, что «главная причина непримиримости Ленина заключается в том, что он не желает выпустить из своих рук партийных денег, часть которых им была **захвачена воровским способом**»[39] (выделено мной. —*А.А.*).

Заглянем на минуту в его отроческие годы.

Известно, что юный Володя Ульянов был невнимателен и груб с детьми: как правило, огрызался на их приглашения поиграть с ними. «Дома все чаще слышно: Володя не груби. Тише, Володя... Брат Саша, приехавший к лету, на вопрос Анны: «Как тебе нравится наш Володя?» — ответил уклончиво и неодобрительно, сделал Володе замечание за нечуткое отношение к матери»[40].

Ленин в детстве, бывало, говорил неправду. Например, дома у тетки, в деревне Кокушкино, разбил графин и не признался в этом[41]. Ну уж это с кем не бывает. А вот когда он повзрослел, то обман и ложь стали для него постоянным средством в достижении цели. В приложении к I тому «Полного» собрания сочинений Ленина содержится любопытный документ. Это прошение Владимира Ульянова от 28 октября 1889 года, которое он послал Министру народного просвещения. В нем он, сетуя на сложности с трудоустройством, писал: «...крайне нуждаясь в каком-либо занятии, которое дало бы мне возможность поддерживать своим трудом семью, состоящую из **престарелой** матери и малолетних брата и сестры, имею честь покорнейше просить Ваше Сиятельство разрешить мне держать экзамен на кандидата юридических наук экстерном при каком-либо высшем учебном заведении...»[42] Нельзя не заметить здесь, мягко выражаясь, лукавства: «престарелой матери» в ту пору исполнилось всего лишь 54 года, и она еще долго разъезжала по Европе, скончавшись уже действительно престарелой, через 27 лет! А Владимир Ульянов, получив через два года вожделенный диплом юриста, вплоть до 1917 года продолжал выкачивать из бюджета «небогатой» и «престарелой» матушки крупные суммы. Вот так он старался «поддержать своим трудом семью».

Между тем «бедная» семья Ульяновых (если считать ее таковой) жила в те временя явно не по средствам. Например, лето 1897 года Мария Александровна провела вместе с дочерью Марией в Швейцарии. В том же году побывала за границей ее старшая дочь Анна. С 1900 по 1902 год Анна снова колесит по Европе — Мюнхен, Дрезден, Париж, Берлин... Причем во Франции ее навещает «престарелая» мать. Она вместе с детьми (Володей и Анной) пожила с месяц на севере Франции. В 1907 и 1911 годах Анна еще несколько раз выезжала за пределы России. Не отставала от нее и Мария. В общей сложности она побывала за границей еще пять раз. Помимо отдыха и лечения слушала лекции в Брюссельском университете, посещала Сорбонну. Наверно, излишне говорить, сколько члены семьи Ульяновых путешествовали по России!

Вернемся, однако, к фактам, обличающим Ленина в лукавстве. Например, в речи на Втором Всероссийском съезде Советов крестьянских депутатов 2-го (15) декабря 1917 года он вдруг поведал всем, что в «Совете Народных Комиссаров не одни большевики»[43]. Но это же был чистейший обман. Составленное в основном Лениным «для управления страной, впредь до созыва Учредительного собрания, Временное рабочее и крестьянское правительство»[44] (подчеркнуто мной. — А.А.) состояло исключительно из большевиков[45]. А вспомним его слова 1 мая 1919 года на Красной площади: «Большинство присутствующих... не переступивших 30—35-летнего возраста, увидят расцвет коммунизма...»[46] Несчастные и изголодавшиеся люди даже не подозревали тогда, что слушают демагога и политического авантюриста международного масштаба, что коммунизма не увидят даже их правнуки, что в жизни России спустя полвека после отмены крепостного права наступает новая фаза крепостничества — диктаторский режим, просуществовавший почти до начала XXI столетия.

Любопытны оттенки в характеристике Ленина, данной директором Сибирской классической гимназии Ф.М.Керенским, отцом российского премьера Временного правительства А.Ф.Керенского: «Присматриваясь ближе к домашней жизни и характеру Ульянова, я не мог не заметить в нем излишней замкнутости, чуждаемости, даже с знакомыми людьми, а вне гимназии и с товарищами и вообще нелюдимости»[47]. Насколько объективна характеристика, можно судить по такому факту.

В 1921 году двоюродный брат Ленина по отцу, Степан Николаевич Горшков, поехал в Москву, чтобы повстречаться со своим родственником. Не одну неделю он пробыл в Москве, тщетно пытаясь свидеться с братом. Ссылаясь на болезнь, Ленин не принимал Степана Горшкова.

Исчерпав терпение, Горшков уехал домой. Но до Астрахани он не доехал: якобы в дороге заболел (неизвестно чем) и умер.

Многие биографы Ленина наперебой награждают его такими качествами, как интернационализм, принципиальность, полководческий талант и т. д. Кстати, М.Горбачев в докладе «Слово о Ленине», посвященном 120-летию со дня рождения вождя, тоже не преминул подчеркнуть, что он «оставил нам непревзойденный пример — политический и нравственный — сочетания патриотизма и интернационализма»[48].

Однако и эта оценка не отвечает истине. Достаточно вспомнить Конференцию социал-демократических организаций России, которая проходила в Риге в сентябре 1905 года. Вот как «интернационалист» Ленин взывал к ЦК РСДРП: «Сугубо предостерегаю насчет «Армянской с.-д.федерации». Если вы согласились на ее участие в конференции, то сделали *роковую* ошибку, которую надо *во чтобы то ни стало* исправить»[49]. Так называемый интернационалист, оскорбляя армянских социал-демократов *подонками женевского болота!!*», со всей настойчивостью и «слезно» умоляет членов ЦК не допускать армян «на *русскую конференцию*»[50]. Между тем в работе «русской» конференции, как выяснилось, приняли участие представители ЦК РСДРП, организационной комиссии меньшевиков, Бунда, Латышской социал-демократии, Социал-демократии Польши и Литвы, Революционной украинской партии.

Своеобразно проявился «интернационализм» Ленина и в 1915 году, когда в Османской империи была устроена массовая резня армян. Тогда с осуждением этого геноцида выступили государственные, политические и общественные деятели многих стран, и среди них известные писатели: француз Анатоль Франц, австриец Франц Верфель, немец Армин Вегнер... Ленин, которого считали борцом за права угнетенных народов и интернационалистом, ни строчкой не упомянул о гибели 1,5 млн армян. Сегодня его молчание легко можно объяснить: Турция была союзницей Германии в войне против России, а Ленин в то время был на их стороне и получал немалые средства за подрывную деятельность в пользу кайзеровской Германии.

Мне представляется, что «интернационализм» Ленина следует рассмотреть несколько внимательнее и глубже, чтобы иметь обстоятельное представление об идейно-политических и нравственных принципах этого человека.

В одном из писем А.И.Ульяновой-Елизаровой от 22 ноября 1898 года Н.К.Крупская писала, что «к Матовым (здешним лавочникам — евреям)... Володя питает особенную антипатию»[51]. Думается, Надежда Константиновна что-то путает. Напротив, как показывают многочисленные факты, он к ним относился с особой притягательностью, если не сказать больше, и это подтверждается свидетельством близких к Ленину людей, делами и проявлениями его самого.

Начнем с письма Анны Ильиничны (старшей сестры Владимира

Ульянова), отправленного «отцу народов» 19 декабря 1932 года. Проинформировав Сталина, что она по поручению ЦК партии хорошо поработала в архиве Департамента полиции и исследовала документы своих предков по линии матери, Анна Ильинична перешла к главному вопросу:

«...Для вас, вероятно, не секрет, что исследование о происхождении деда показало, что он происходил из *бедной* еврейской семьи, был, как говорится в документе о его крещении, сыном житомирского мещанина, *Мойшки Бланк*. Этот факт, имеющий важное значение для научной биографии Вл. Ил-ча, *для исследования его мозга,* был признан тогда, при открытии этих документов, неудобным для разглашения. В Институте было постановлено не публиковать и вообще держать этот факт в секрете. В результате этого постановления я никому, даже близким товарищам, не говорила о нем... *Этот факт ...* вследствие уважения, которым пользуется Вл. Ильич, может сослужить большую службу в борьбе с антисемитизмом, а повредить, по моему, ничему не может. И я думаю, что кроме научной работы над этим материалом, на основе чего следовало бы составить теперь же популярную статью для газеты. У нас ведь не может быть никакой причины скрывать этот факт, а он является лишним подтверждением данных об исключительных способностях семитского племени и о выгоде для потомства смешивания племен, что разделялось всегда Ильичом. Ильич высоко ставил всегда евреев...»*[52] (Выделено мной. — А.А.).

Анна Ильинична абсолютно права: Ленин действительно высоко ставил евреев (унижая и оскорбляя другие народы), и это подтверждается документами. Не будем голословными, приведем несколько высказываний Ленина.

Так, в письме «дорогому товарищу» Берзину[53] от 18 октября 1918 года Ленин в целях улучшения работы по выпуску пропагандистской литературы коммунистического толка рекомендует «выписать из Цюриха *Колнера* или *Штейера*» и, оплачивая «архищедро», поручать им ответственные дела. А по поводу второстепенных работ, не требующих особого ума, дает указание: *«Русским дуракам раздайте работу:* посылать сюда вырезки, а не случайные номера, как делали это *идиоты* до сих пор...»[54] (Выделено мной. — А.А.).

А вот реплика Ленина, сделанная в письме** М.Горькому: *«Русский умник всегда еврей или человек с примесью еврейской крови»*[55]. Вряд ли можно усомниться в том, что Ленин имел в виду себя, говоря о человеке «с примесью еврейской крови».

Следует заметить, что мысль о превосходстве семитского племени над другими у Ленина зародилась давно. И что характерно, он при первой же возможности пытается подчеркнуть, выделить это «превосход-

---

* Непонятное слово.
** Данное письмо в опубликованных работах Горького отсутствует.

ство». Так, еще на II съезде РСДРП, давая картину основных группировок, сложившихся на съезде, он из общего числа присутствующих с решающим (43 чел.) и совещательным (12 чел.) голосами выделяет: «Евреи — 21 с решающим голосом и 4... совещательным»[56]. Между тем у «интернационалиста» Ленина за «кадром» остались представители остальных национальностей, присутствующих на съезде. Очевидно, *«дураков», «ослов», «идиотов», «глупых», «подонков»* и *«нерях»* он не учитывал. А то, что на высших государственных и партийных должностях в основном находились ближайшие соратники Ленина еврейской национальности, не вызывает сомнения. Троцкий, Каменев, Зиновьев, Свердлов Я., Свердлов В., Сокольников, Володарский, Склянский, Ганецкий, Радек, Стеклов, Ягода, Ломов, Штрейнберг, Яковлев, Сакс, Рязанов, Шлихтер, Теодорович, Литвинов, Трояновская, Адоратский, Владимирский, Гуковский, Данишевский, Лозовский, Козловский, Крестинский, Ольминский, Мануильский, Урицкий, Ярославский... Этот список можно было продолжить.

Здесь уместно сказать, что начальником охраны Ленина был Беленький А.Я., а шофером с 1917 по 1924 год — Гиль С.К.

Такой подбор кадров случайным не назовешь. Видимо, «пролетарский вождь» знал что делает, тем более что у него в руках была сосредоточена вся полнота государственной власти.

Как видим, права была Анна Ильинична, когда писала Сталину, что «Ильич высоко ставил всегда евреев».

А вот еще несколько примечательных фактов такого же характера из биографии «интернационалиста» Ленина.

6 июля 1918 года группа террористов во главе с сотрудником ЧК Я.Блюмкиным совершила покушение на главу дипломатической миссии Германии. Брошенной бомбой в кабинет был убит посол в Москве граф Вильгельм Мирбах. В телеграмме во все районные комитеты РКП, Совдепы и штабы Красной Армии Ленин писал: «...Мобилизовать все силы, поднять на ноги все немедленно для поимки преступников...»[57] Но когда главный преступник, Блюмкин, был задержан, не последовал приказ Ленина «расстрелять!», «повесить!», как обычно он делал в таких случаях по отношению к другим гражданам России. Более того, Блюмкин вскоре был освобожден «из-под стражи» и стал продолжать заниматься террором как сотрудник ЦК.

Не менее примечательна другая история. Известно, что Каменев и Зиновьев 18 октября 1917 года высказали в газете «Новая жизнь» свое несогласие с членами ЦК партии о вооруженном восстании. В этот же день Ленин написал «Письмо в Центральный Комитет РСДРП(б)», в котором осудил поступок Зиновьева и Каменева, расценивая его как предательство революции. «Я говорю прямо, — писал Ленин, — что *товарищами их обоих больше не считаю и всеми силами и перед ЦК и перед съездом буду бороться за исключение обоих из партии».* Но вскоре от принципиальности Ленина и следа не осталось.

Он легко простил «изменников», «подлых», «штрейкбрехеров», «жуликов», «лжецов», «наглецов» и «преступников», выдавших «Родзянке и Керенскому решение своей партии о вооруженном восстании...». «Оба «предателя» с его благословения остались членами Политбюро ЦК. Более того, после октябрьского переворота Зиновьев стал председателем Петроградского совета и председателем Исполкома Коминтерна. А Каменев — сначала председателем ЦИК, а затем — Моссовета. Более того, в качестве заместителя председателя Совнаркома он рука об руку работал с Лениным. Спустя пять лет, 24 декабря 1922 года, Ленин в «Письме к съезду» поставил в этом деле точку: «октябрьский эпизод Зиновьева и Каменева, конечно, не являлся случайностью, но что он также мало может быть ставим им в вину лично, как небольшевизм Троцкому»[58] (подчеркнуто мной. — А.А.).

Из этого следует один довольно грустный вывод: Ленин, Зиновьев, Каменев, Троцкий, Сталин, Свердлов, Ганецкий, Радек... — все они друг друга стоили.

Ознакомимся теперь с другими документами.

Протокол заседания Политбюро от 20 апреля 1921 года:

«...После отпуска в Берлин* на 3 недели, направить т.Шейнмана нашим торговым представителем в Грузию. Заместителем его в Грузию назначить тов.Рабиновича Ф.Я....»[59]

Протокол заседания Политбюро от 7 декабря 1922 года:

«...Утвердить при ВЦИК Комитет Содействия сельскому хозяйству... в составе: Оболенский (Осинский), Сосновский, Сокольников (Бриллиант), Шейнман, Шефлер...»[60]

По поводу подбора кадров в высшие государственные и партийные структуры С.К.Бельгард в записи в дневнике от 22 мая 1918 года отмечал, что во всех органах советской власти участвуют в огромном количестве евреи[61]. А вот Крупская почему-то это «не замечала».

По распоряжению Ленина, они действительно занимали ключевые позиции в аппарате государства. И это не сложно заметить, ознакомившись как с архивными, так и с опубликованными документами.

В годы застоя было опубликовано множество работ, в которых Ленин показан как «крупный военный деятель», «военный стратег», «величайший полководец...». Видимо, эти публикации были связаны с тем, что в тот период шел интенсивный процесс открытия другого «гениального полководца», чуть ли не предопределившего исход Великой Отечественной войны 1941—1945 гг. — Брежнева. Вот только жаль, что подлинные полководцы и герои войны читали эти фальшивки и молчали, не разоблачали лакействующих историков и публицистов. Что же касается полководческого таланта Ленина, то здесь следует обратиться к высказываниям военных специалистов времен граж-

---

* Вот где, как правило, отдыхали большевики.

данской войны. В этой связи, как мне кажется, любопытна стенограмма заседаний военной секции VIII съезда РКП(б), прошедших 20 и 21 марта 1919 года. Ленин, присутствовавший на вечернем заседании 21 марта, дважды выступал, делал различные замечания по отдельным вопросам, в которых явно не был компетентен, за что и подвергся справедливой критике. Так, член РВС 5-й армии Восточного фронта В.И.Смирнов в своей речи на этом заседании объяснил неуместные замечания главы правительства в адрес специалистов *«только военным незнанием товарища Ленина»*, а его нападки на военных руководителей отнес *«за счет военной невинности Ленина»*[62]. Заметим, что ни один из присутствующих, включая самого Ленина, не возразил против этой оценки.

Как глава правительства Ленин часто допускал волюнтаризм и самовластие, не считаясь с мнением членов СНК и ВЦИК. Так, однажды он вызвал М.В.Фофанову и без всяких предисловий сообщил:

— *Маргарита Васильевна, Вы с сегодняшнего дня — ректор Московского зоотехнического института. И не пытайтесь мне возражать — это, как Вы знаете, бесполезно. Архиважно, чтобы среди этой эсеро-меньшевистской публики был наш человек. Товарищ Дзержинский поможет Вам выкорчевать оттуда эту гнилую интеллигенцию и всю мещанскую сволочь*[63].

В этой связи весьма любопытно привести еще один рассказ Фофановой, касающийся И.Ф.Арманд, в которой, как известно, Ленин «души не чаял»:

— *В октябрьской революции Арманд не участвовала. Письма Ленина к Инессе Федоровне носили личный характер*[64]. *По просьбе Владимира Ильича она навещала его в моей квартире. О его теплых связях с Инессой Надежда Константиновна знала. На этой почве между ними еще до октября случались серьезные конфликты. Это было в Швейцарии, когда Владимир Ильич на несколько дней ушел к Инессе. Но особо обострились их отношения после революции, когда Владимир Ильич стал главой советского правительства. Владимир Ильич назначил Инессу Федоровну председателем Совнархоза Московской губернии и поселил ее у Кремлевской стены, напротив Александровского сада, рядом с квартирой своей сестры — Анны Ильиничны. Он часто навещал Инессу Федоровну. Надежда Константиновна заявила Владимиру Ильичу, что если он не прекратит связь с Арманд, то она уйдет от него. К сожалению, семейный конфликт стал достоянием членов ЦК партии и правительства, которые все знали и замечали. Вскоре после назначения Арманд на должность председателя Совнархоза Московской губернии обнаружилось, что она не справляется с этой, совершенно необычной для нее, работой. Тогда, по инициативе Владимира Ильича, ее назначили на вновь созданную должность заведующей женским отделом при ЦК РКП(б). При сомнительных обстоятельствах во время отдыха на Северном Кавказе 24 сентября 1920 года Инесса скоропалитель-*

но скончалась*. Очевидцы рассказывали мне, что во время ее похорон Владимир Ильич терял сознание и его удерживали от падения. Шли слухи, что Инессу Федоровну отравили, но в печати, в некрологе, говорилось, что она умерла от тифа[65].

Здесь уместно вспомнить похороны основоположника русской социал-демократии Г.В.Плеханова 9 июня 1918 года и отношение Ленина к этому печальному событию. У Казанского собора в Петрограде гроб Георгия Валентиновича несли члены группы «Освобождение труда» П.Б.Аксельрод, В.И.Засулич, Е.К.Брешко-Брешковская, Л.Г.Дейч, ближайшие соратники и друзья, представители рабочих от фабрик и заводов, русской интеллигенции. На похоронной процессии отсутствовал Ленин. От него не было даже венка. Узнав о кончине Г.В.Плеханова, Ленин уехал из Москвы. Именно в эти траурные дни он вместе с Н.К.Крупской и М.И.Ульяновой отдыхал на берегу Клязьмы в Мальце-Бродове Богородского уезда Московской губернии». Печальное известие не задело «самого человечного».

Ленин не был и на похоронах Веры Засулич. А вот на похороны М.Т.Елизарова, мужа сестры Анны Ильиничны, Ленин ездил в Петроград аж на четыре дня (с 11 по 14 марта 1919 г.). И это тогда, когда власть большевиков буквально висела на волоске.

Став главой советского правительства, Ленин не замедлил позаботиться о трудоустройстве своих родственников и близких. Так, «видный деятель Коммунистической партии»**, старшая сестра его, А.И.Ульянова-Елизарова, становится редактором журнала «Ткач». «Видный деятель...» (это уже младшая сестра вождя — М.И.Ульянова) была введена в состав редколлегии газеты «Правда», одновременно являясь ее ответственным секретарем.

Соратник, жена и друг Ленина — Н.К.Крупская, тоже «видный деятель Коммунистической партии и Советского государства», назначается членом коллегии наркомата просвещения, руководителем Главполитпросвета, заместителем Народного комиссара просвещения.

Младший брат Ленина, так называемый «профессиональный революционер» Д.И.Ульянов, после октябрьского переворота был направлен в Крым на партийную и советскую работу, а с 1921 года он перебирается в Москву для работы в Наркомздраве.

Не забыл Ленин позаботиться и о своем зяте, муже старшей сест-

---

* В понедельник, 11 октября, с 8 часов утра Ленин на Казанском вокзале встречал траурный вагон с гробом умершей в Нальчике И.Ф.Арманд, участвовал в траурном шествии к Дому Союзов. А 12 октября он шел за траурным кортежем от Дома Союзов к Красной площади, где состоялись похороны Арманд. На ее могилу он возложил венок с надписью: «Тов. Инессе — от В.И.Ленина».
** Здесь и ниже эпитеты заимствованы из «полного» собрания сочинений Ленина.

ры, «недотепе»* М.Т.Елизарове: после разгона Учредительного собрания, российский премьер назначает Елизарова народным комиссаром путей сообщения[66]. Ну, чем не добрый наш Ильич?

Во всех публикациях советского периода Ленин показан как принципиальный партиец. Однако некоторые факты дают основание усомниться и в этом. Видные революционеры, хорошо знавшие Ленина (Плеханов, Мартов, Дан, Владимиров, Луначарский, Эренбург и др.), по свидетельству Зиновьева, еще задолго до октябрьского переворота считали его методы в борьбе за политическую власть недопустимыми, отождествляли их с нечаевщиной, расценивали их как беспринципные и провокаторские. Так, Г.В.Плеханов решительно выступал против недемократических и нечестных методов формирования состава партийных съездов и конференций, которыми пользовался Ленин. В статье «Центризм и бонапартизм», опубликованной в газете «Искра» № 65 от 1 мая 1904 года, Плеханов писал: «Вообразите, что за Центральным Комитетом всеми нами признано пока еще бесспорное право «раскассирования». Тогда происходит вот что. Ввиду приближения съезда, ЦК всюду «раскассировывает» все недовольные им элементы, всюду сажает своих креатур и, пополнив этими креатурами все комитеты, без труда обеспечивает себе вполне покорное большинство на съезде. Съезд, составленный из креатур ЦК, дружно кричит ему: «Ура!», одобряет все его удачные и неудачные действия и рукоплещет всем его планам и начинаниям. Тогда у нас, действительно, не будет в партии ни большинства, ни меньшинства, потому что тогда у нас осуществится идеал персидского шаха»[67].

Естественно, эти справедливые замечания Г.В.Плеханова были отвергнуты Лениным и его единомышленниками. Напротив, порочный метод образования выборных органов был взят большевистскими лидерами на вооружение и применялся на протяжении всей истории советской власти.

А вот еще пример необычайной «принципиальности» Ленина. В письме к И.Арманд от 7 февраля 1917 года, высказывая свое отношение к швейцарским левым социал-демократам, Фрицу Платтену и Эрнсту Нобсу, он пишет: «Нобс и Платтен совсем бесхарактерные люди (если не хуже)... *архидрянь*»[68]. Между тем именно к «архидряни» Платтену Ленин обращается в марте 1917 года с просьбой «быть доверенным лицом в деле организации поездки и сопровождать их при проезде через Германию»[69]. Так мог поступить лишь человек, не имеющий никакого понятия о нравственности.

О лицемерии и беспринципности Ленина говорит и такой факт. В письме к И.Арманд, давая характеристику Радеку, подчеркивает, что он (Радек) *«тишинский торгаш, наглый, нахальный, глупый... дурачок и*

---

* Оценка Ленина.

мерзавец»[70]. А спустя два месяца пишет письма «мерзавцу» с обращениями: «Дорогой Радек!», «Дорогой друг!»[71]

Воистину: скажи мне, кто твой друг, и я скажу, кто ты, — гласит известная поговорка.

Да и о какой принципиальности Ленина можно говорить, если он, бывало, воздерживался от голосования по самым серьезным вопросам? Так, например, случилось 24 ноября 1922 года при опросе членов Политбюро ЦК РКП(б) о назначении комиссии для срочного рассмотрения заявления членов ЦК КП(б) Грузии, подавших 22 октября 1922 года в отставку[72].

А вот другой пример. В конце декабря 1922-го — начале 1923 года Ленин продиктовал свое «Письмо к съезду», но не пожелал его обнародовать, хотя прекрасно видел, что серьезнейшие разногласия в партии ведут к ее расколу и могут иметь пагубные последствия для государства. Напротив, он свои сочинения спрятал в сейф. Почему? По свидетельству Крупской, Ленин «выражал твердое желание, чтобы все его записи (личные характеристики некоторых членов ЦК. — *А.А.*) только после его смерти были доведены до сведения очередного партийного съезда»[73].

Конечно, право на ошибку имеет каждый человек, но нельзя же считать простыми ошибками подобные проявления и метаморфозы в деятельности политика и главы государства. Да и принципиальностью тут не пахнет.

В последнее время из лагеря ревнителей коммунистической идеи все чаще раздаются призывы «очистить Ленина от всяких наслоений». О каких наслоениях идет речь — непонятно. Возможно, ленинские адвокаты имеют в виду объективную и смелую работу В.Солоухина «Читая Ленина»? А быть может, те «наслоения», которые так подробно описал в своем историческом романе «Современники» Марк Александрович Алданов (Ландау)? Впрочем, предоставим читателю возможность ознакомиться с некоторыми сюжетами из его книги, которые весьма обогатят наше представление о биографии большевистского вождя.

Алданов отмечает, что Ленин придавал исключительное значение вопросу пополнения партийной кассы. Он пишет, что из множества способов добычи денег Ленин пустил в ход только три:

«...Первый способ был старый, классический, освященный традицией, которая через века идет от предприимчивых финикян к князю Виндишгрецу и его соучастникам. Способ этот заключается в подделке денег. Первоначально была сделана попытка организовать печатание фальшивых ассигнаций в Петербурге при содействии служащих Экспедиции Изготовления Государственных Бумаг. Но в последнюю минуту служащие, с которыми велись переговоры, отказались от дела.

Тогда Ленин перенес его в Берлин и поручил в величайшем от всех секрете «Никитичу» (Красину). Однако маг и волшебник большевистской партии, так изумительно сочетавший полное доверие Ленина с полным доверием фирмы «Сименс», оказался на этот раз не на высоте своей репутации. Или, вернее, на высоте своей репутации оказалась германская полиция. Раскрытое ею дело вызвало в свое время немало шума. «Спрашивается, как быть с ними в одной партии? Воображаю, как возмущены немцы», — с негодованием писал в частном письме Мартов. Чичерин (в ту пору еще большевик) потребовал назначения партийной следственной комиссии. Ленин охотно согласился на строжайшее расследование дела, организованного по его прямому предписанию. Глава партии имел основание рассчитывать, что концы прекрасно спрятаны в воду. Однако Чичерин неожиданно проявил способности следователя. Заручившись серией фотографий своих товарищей по партии, он представил их тому немцу, которому была заказана бумага с водяными знаками, годная для подделки ассигнаций. При предъявлении фабриканту карточки Л.Б.Красина он признал в нем то лицо, которое заказало ему бумагу с водяными знаками... Когда расследование Чичерина добралось до этих «деталей», Ленин провел в ЦК постановление о передаче расследования заграничному бюро ЦК, в котором добытые Чичериным материалы, разумеется, бесследно погибли» (М. Таинственный незнакомец. — «Социалистический Вестник», № 16 за 1922 год).

Насколько мне известно, заметка эта, подписанная буковкой М., принадлежит Мартову, который хорошо знал закулисные дела большевиков.

Второй способ, изобретенный Лениным для пополнения партийной кассы, был гораздо менее банален... Ленин поручил своим товарищам по партии жениться на двух указанных им богатых дамах и передать затем приданое в большевистскую кассу. Дело было сделано артистически: оба большевика благополучно женились, но заминка вышла после свадьбы: один из счастливых мужей счел более удобным деньги оставить за собою. Забавно то, что по делу этому состоялся суд чести, — рассказ о нем я слышал от одного из судей, не большевика, человека весьма известного и безупречного. Впрочем, независимо от суда Ленин довольно недвусмысленно грозил в случае неполучения денег подослать убийц к неоправдавшему его доверие товарищу. Об этом указании (вполне совпадающем со слышанным мною рассказом) есть в изданных не так давно письмах Мартова...

Этот Виктор* под покровительством Богданова и Ленина шантажом вымогал деньги в пользу большевиков, причем оперировал угрозой выписать «кавказских боевиков» (письмо Аксельроду от 3 сентября 1908 г.).

Краткое, зато весьма живописное упоминание обо всей этой исто-

---

* А.Р.Таратута, сутенер, мастер матримониального способа добычи денег. Этим занимался и его товарищ Н.А.Андриканис.

рии сохранилось и в рассказе самого Ленина. В.Войтинский в своих воспоминаниях пишет: «Рожков передавал мне, что однажды он обратил внимание Ленина на подвиги одного московского большевика, которого характеризовал как прожженного негодяя. Ленин ответил со смехом:

— Тем-то он и хорош, что ни перед чем не остановится. Вот вы, скажите прямо, могли бы за деньги пойти на содержание к богатой купчихе? Нет? И я не пошел бы, не мог бы себя пересилить. А Виктор пошел. Это человек незаменимый. (Вл.Войтович. Годы побед и поражений, т. II, с. 103. Это замечание Ленина, конечно, относится именно к указанному мною случаю.)

В результате суда Ленин получил немалую сумму денег. Но матримониальный способ пополнения кассы был, разумеется, лишь вспомогательным. Главное... внимание после провала первой революции было устремлено на то, что тогда игриво называлось «эксами» или «эксациями». В этой области ближайшим сотрудником и правой рукой Ленина стал уже в ту пору весьма известный кавказский боевик, по революционной кличке «Коба», он же «Давид», он же «Нижерадзе», он же «Чижиков», он же «Иванович», он же нынешний всемогущий русский диктатор Иосиф Виссарионович Сталин-Джугашвили...

С.Медведева-Тер-Петросян в своей брошюре «Герой Революции» («Истпарт», 1925 г.) пишет: «Под видом офицера Камо съездил в Финляндию, был у Ленина и с оружием и взрывчатыми веществами вернулся в Тифлис» (с.31). О роли Сталина в этом деле писал в свое время «Соц.вестник» — см. об «эксах» также старые брошюры Л.Мартова «Спасители или упразднители» (1911) и Л.Каменева «Две партии» (1911). Ленин не раз выступал печатно с принципиальной защитой экспроприаций*. Ленину для нужд партии и были позднее отвезены похищенные деньги...

Вожди большевиков покинули Кавказ. Камо перебрался в Берлин, где занялся новым полезным делом: он решил явиться к банкиру Мендельсону с тем, чтобы убить его и ограбить (разумеется, в пользу партии); по представлениям Камо, такой богач, как Мендельсон, должен был всегда иметь при себе несколько миллионов**. Однако германская тайная полиция заинтересовалась кавказским гостем с его самого приезда в столицу. У него был произведен обыск, при котором нашли чемодан с бомбами. По совету Красина, переславшего ему в тюрьму записку через адвоката, Камо стал симулировать буйное помешательство и притворялся помешанным четыре года! Германские власти под конец сочли полезным выдать этого сумасшедшего русскому правительству. Признанный тифлисскими врачами душевнобольным, Камо был переведен в психиатрическую лечебницу, откуда немедленно бежал — ра-

---

* Об этом подробно сказано во 2-й главе.
** Наводчиком ограбления Мендельсона был Л.Б.Красин.

зумеется, в Париж, к Ленину, которого он по-настоящему боготворил. «Через несколько месяцев, — рассказывает большевистский биограф, — с согласия Владимира Ильича Камо уехал обратно в Россию, чтобы добывать денег для партии...»[74]

Коммунистические идеологи не упускали случая, чтобы подвергнуть критике авторов книг, вышедших на Западе. Исключение не составлял и Марк Алданов. Не хотелось бы, чтобы у читателя сложилось мнение, будто я слепо цитирую книгу Алданова. Поэтому счел необходимым привести выдержку из омерзительного и циничного письма соратника Ленина Л.Б.Красина в Лейк-Плэссид (США) А.М.Горькому и М.Ф.Андреевой*, в котором показан один из примеров матримониального способа пополнения большевистской казны, идея которого принадлежала Ленину:

«...Вопрос о выдаче ее (Елизаветы**. — А.А.) замуж получает сейчас особую важность и остроту. *Необходимо спешить реализовать ее долю наследства, а это можно сделать только путем замужества, назначения мужа опекуном и выдачи им доверенности тому же Малянтовичу***. Было бы прямым преступлением потерять для партии такое исключительное по своим размерам состояние из-за того, что мы не нашли жениха.* Надо вызвать немедля Николая Евгеньевича (Буренина****. — А.А.). Он писал, что у него есть какой-то будто бы необыкновенный подходящий для этого дела приятель, живущий сейчас в Мюнхене. Надо, чтобы Ник. Евг. заехал в Женеву для совместных переговоров со всеми нами. *Если же эта комбинация не удастся, то тогда нет иного выхода, придется убеждать самого Ник. Евг. жениться. Дело слишком важно, приходится всякую сентиментальность отбрасывать в сторону и прямо уговаривать Н.Е., так как мы не имеем другого кандидата...»[75]* (Выделено мной. — А.А.).

Награбленные деньги бандит Камо вез Ленину в Куокхала (Финляндия). В этой связи небезынтересно привести один забавный эпизод из воспоминаний Крупской: «Камо часто ездил из Финляндии в Питер, всегда брал с собой оружие, и мама каждый раз особо заботливо увязывала ему револьверы на спине»[76]. Таким образом, Ленину удалось превратить свою старую тещу в подельницу профессионального бандита.

Так, Ленин с помощью бандитов, сутенеров, вымогателей и прочих уголовных элементов и мерзавцев пополнял большевистскую казну, и свою, конечно. О благосклонности Ленина к подобным лицам

---

* Гражданская жена Горького, актриса Московского художественного театра.
** Племянница фабриканта-миллионера С.Т.Морозова, убитого большевиками в Каннах 13 мая 1905 г. (Об этом см.: Тайны XX века. Непрочитанные страницы истории. Выпуск третий. «Всемирный следопыт». М., 1998. С. 3–40).
*** Адвокат Морозовых.
**** Друг Горького.

говорят его слова: **«Иной мерзавец может быть для нас тем полезен, что он мерзавец»**[77]. Такова мораль вождя большевиков.

Какую сторону жизни и деятельности Ленина ни возьми, сразу же возникают путаница, неточности, фальсификация, а то и прямой подлог. Мы всегда знали, что Владимир Ульянов родился 22 апреля 1870 года. И вот выясняется, что эта дата не верна. Вплоть до 1924 года и даже позже день рождения Ленина официально отмечался 23 апреля. В его трудовой книжке также записано, что он родился 23 апреля 1870 года. Почему? Оказывается, 22 апреля родился также А.Ф.Керенский. Поэтому любитель фальшивок, Ленин, сменил дату своего рождения с 22 на 23 апреля.

А на поверхность всплывают все новые и новые факты его биографии. Примечательно, но из общей информации, касающейся личности Ленина, трудно выделить основные и второстепенные факты — все они настолько важны и разнообразны, что с трудом поддаются систематизации.

Вот один «свежий» пример. В зале № 1 бывшего Центрального музея В.И.Ленина висел в рамке диплом об окончании юридического факультета Петербургского Императорского Университета. Экскурсоводы особо подчеркивали, что Ленин за короткое время (несколько месяцев) экстерном сдал экзамены по курсу и окончил вуз. Между тем в дипломе крупными буквами и ясно указан владелец данного диплома: *Владимиръ Ивановъ Ульяновъ.* Вот это казус! Ясно, что на этот диплом Владимир Ильич Ульянов не имел право претендовать.

В биографии Ленина отмечены и такие забавные казусы. В ноябре 1917 года норвежские так называемые социал-демократы внесли в Комитет по Нобелевским премиям предложение о присуждении Ленину Международной премии Мира за 1917 год. В обращении подчеркивалось: «До настоящего времени для торжества мира больше всего сделал Ленин, который не только всеми силами пропагандировал мир, но и принимает конкретные меры к его достижению»[78]. Ходатайство норвежских друзей Ленина было отклонено.

В мае 1918 года с таким же ходатайством обратились в Комитет по Нобелевским премиям профессора и студенты философского факультета Стамбульского Университета*. Однако это ходатайство Нобелевский Комитет вообще не стал рассматривать, считая, что сам факт рассмотрения данного предложения может дискредитировать Комитет.

Напомним читателю, что именно в мае 1918 года в результате преступной политики Ленина по отношению к трудовому крестьянству началась гражданская война в России.

---

* Очевидно, за то, что по требованию Германии Ленин вывел русские войска с территории «турецкой» Армении и снабжал оружием Турцию для агрессии против Армении и Грузии.

Еще один пикантный штрих. Во всех анкетах Ленин подчеркивает, что он русский. А так ли это? Ведь общеизвестно, что национальность любого человека определяется по его родителям. Насколько известно, мать Ленина была полунемкой, полуеврейкой. А отец — полукалмык, получуваш. Поэтому трудно согласиться, что у нерусских супругов рождались бы русские дети. Это равносильно тому, что у эфиопа и нигерийки родился бы ирландец.

Во всех анкетах Ленин указывал, что он литератор. Между тем, как выясняется, он не только не был знатоком русской изящной словесности, но и вообще плохо разбирался в литературе. Что можно говорить о «литераторе», который не только не понимал, но и, по свидетельству В.Бонч-Бруевича, «беспощадно осуждал... реакционные тенденции творчества Достоевского». Об отношении Ленина к Достоевскому говорится и в книге русского эмигранта Н.Валентинова (Вольского) «Мои встречи с Лениным». Ссылаясь на В.В.Воровского, Валентинов приводит высказывание Ленина по поводу романов Достоевского: «На эту дрянь у меня нет свободного времени». По словам Воровского, «Бесы» и «Братья Карамазовы» Ильич читать не пожелал: «Содержание сих обоих пахучих произведений мне известно, для меня этого предостаточно. «Братья Карамазовы» начал было читать и бросил; от сцены в монастыре стошнило... Что касается «Бесов», — это явно реакционная гадость»...[79]

Напрашивается вопрос: не потому ли наш «литератор» навесил на Достоевского ярлык «архискверный», что узнал в центральном персонаже романа «Бесы» Петре Верховенском себя — фанатичного последователя иезуитского нечаевского течения? В романе «Бесы» Федор Михайлович предупреждал соотечественников, что террором и насилием нельзя добиться общественного прогресса, человеческого блага. Однако большевистский палач не желал внять совету великого мыслителя, ценой миллионов человеческих жизней продолжал осуществлять чудовищный коммунистический эксперимент.

Не лучшую оценку дал Ленин роману видного украинского писателя В.К.Винниченко «Заветы отцов». В письме И.Ф.Арманд от июня 1914 года он в этой связи отмечал: «Прочел сейчас, me dear friend*, новый роман Винниченко, что ты прислала. Вот ахинея и глупость! Архискверное подражание архискверному Достоевскому... Муть, ерунда, досадно, что тратил время на чтение»[80]. Завершая свое письмо, Ленин навесил на Винниченко ярлык: «претенциозный махровый дурак, любующийся собой...»[81].

Не избежал гневного осуждения Ленина и Л.Н.Толстой. Какие только ярлыки не навешивает, в каких только «грехах» не обвиняет гениального художника большевистский цензор. «Пессимизм, непротивленство, апелляция к «Духу», — пишет Ильич, — есть идеология». А по-

_____

* Мой дорогой друг.

скольку эта «идеология» противоречит его идеологии, призывающей к террору, насилию, кровопролитию и узурпации власти, то он заключает: «Учение Толстого безусловно утопично и, по своему содержанию, реакционно в самом глубоком значении этого слова». По его мнению, Толстой стоял на пути большевиков, «сдерживал» революционные силы. Толстовское «непротивление злу насилием» для Ленина было как кость в горле. Исходя из этого, он делает категорический вывод: «...В наши дни всякая попытка идеализации Толстого, оправдания или смягчения его «непротивленства», его апелляций к «Духу», его призывов к «нравственному самосовершенствованию», его доктрины «совести» и всеобщей «любви», его проповеди аскетизма и квиетизма и т. п. приносит самый непосредственный и самый глубокий вред»[82].

Вожака «волков революции» явно раздражала и «Исповедь» Л.Толстого, который, после многолетних мучительных переживаний и размышлений, все же признал, что «всякий человек произошел на этот свет по воле бога... бог сотворил человека...».

Кого только не очернил Ленин. Известного философа Н.А.Бердяева, принявшего участие в сборнике «Вехи», окрестил реакционером, контрреволюционером, оплакивающим «грядущие похороны» свободы и культуры» при торжестве «стихии безумия»[83].

Досталось и С.Н.Булгакову. Он его обвинял в «извращении» «теории Маркса», «нелепой попытке» «воскресить мальтузианство». «Непревзойденный» критик считал Булгакова «контреволюционным либералом», «философом буржуазной демократии». В нем он видел «заведомого врага демократии». А сборник «Вехи», в котором Булгаков также принимал участие, назвал «энциклопедией либерального ренегатства»[84].

Не обошел Ленин философа, социолога, экономиста и врача А.А.Богданова. В своем труде «Материализм и эмпириокритицизм» Ленин пишет, что в вопросе об абсолютной и относительной истине «Богданов... обнаружил... свое абсолютное незнание ни материализма, ни диалектики». Более того, он отмечает, что философская теория Богданова «служит... реакции»[85]. А оценка его научных трудов, кажется, прозвучала так: «Вся его философия укладывается в пятикопеечную брошюру». Как видим, и тут проявляется феномен и «интеллект» нашего «ученого» — марксиста и «литератора».

О так называемом литераторе Ленине, который, как пишут его биографы, с медалью закончил гимназию, хотел бы сказать еще несколько нелицеприятных слов. Так вот, внимательно изучив первоисточники (письма, документы, записки и другие материалы), написанные собственноручно Лениным, прихожу к выводу, что он с грамматикой в дружбе не состоял.

Много и назойливо говорили о скромности Ленина. Следует отметить, что тон в этом деле задал его «верный ученик» И.Сталин. Так, в речи на вечере кремлевских курсантов 28 января 1924 года он, в частности, сказал: «Простота и скромность Ленина, это стремление оставаться или, во всяком случае, не бросаться в глаза и не подчеркивать свое положение, — эта черта представляет одну из самых сильных сторон Ленина»[86].

В чем же конкретно выражалась эта «простота и скромность» Ленина, о которых так старательно и страстно говорил его боевой друг и соратник по партии?

Потомок «крепостных крестьян» смолоду вел «скромный» образ жизни. Он объездил почти всю Европу. Хотя бы бегло взглянем на перечень городов и курортных мест, где побывал «вождь рабочего класса» Владимир Ульянов: Берлин, Лейпциг, Мюнхен, Нюрнберг, Штутгарт (Германия); Брюссель (Бельгия); Вена, Зальцбург (Австрия); Варшава, Краков, Поронин, Закопане (Польша); Гельсингфорс (Хельсинки), Куоккала, Оглбо, Стирсудден, Таммерфорс (Финляндия); Женева, Берн, Базель, Зоренберг, Изельтвальд, Кларан, Люцерн, Лозанна, Лак де Бре, Фрутиген, Цюрих (Швейцария); Копенгаген (Дания); Лондон (Англия); Остров Капри, Неаполь (Италия); Прага, Берн (Чехия); Париж, Бомбон, Лонжюмо, Марсель, Фонтебло, Порник, Ница (Франция); Стокгольм, Мальме, Троллеборг, Хапаранда (Швеция)...

И в самом деле, почему бы не поездить? Благо средств на это хватало. «Правдолюбец» гулял по Европе, развлекался, охотился и без угрызения совести тратил деньги, которые сполна взымались с крестьян, арендовавших земли Ульяновых в д. Кокушкино и хуторе близ деревни Алакаевка под Самарой. Кстати сказать, этот хутор, площадью 83,5 десятин (более 91 га)*, мать Ленина купила уже после смерти кормильца большой семьи Ульяновых, Ильи Николаевича, — в 1889 году. Приплюсуем сюда пенсию, которую Мария Александровна получала за покойного мужа. Пенсия составляла 100 рублей в месяц — большие деньги по тем временам, если учесть, что Ленин в Шушенском однажды прожил месяц на 8 рублей.

А как жил и гулял Ленин, легко можно определить по его же письмам в Россию. Вот о чем он писал родным из Швейцарии в июле 1895 года: «...Жизнь здесь обойдется, по всем видимостям, очень дорого; лечение еще дороже»[87]. В начале июля 1904 года Ленин и Крупская отправили письмо М.А.Ульяновой из Лозанны (Швейцария), где они целый месяц отдыхали: «Спим по 10 часов в сутки, купаемся, гуляем — Володя даже газеты толком не читает... Мы с Володей заключили условие — ни о каких делах не говорить, дело, мол, не медведь, в лес не убежит...»[88] — так рассуждали и «скромно» жили «борцы за на-

---

* Следует отметить, что по соседству с хутором Ульяновых было 34 двора (семейства) из 197 душ, земельная площадь которых составляла 65 десятин, то есть менее двух десятин на семью.

родное счастье». Не менее интересная информация содержится и в письме Ленина сестре — Марии Ильиничне, отправленном из Стирсуддена (Финляндия) в июне 1907 года: «Мы отдыхаем чудесно и бездельничаем вовсю»[89].

Еще «скромнее» жила чета в Париже, приехав из Женевы в середине декабря 1908 года: сначала в гостинице, затем переехали на «очень хорошую квартиру, шикарную и дорогую: 840 frs + налог около 60 frs да консьержке тоже около того в год... (4 комнаты + кухня + чуланы, вода, газ)...»[90].

В конце июля 1909 года Ленин, сестра Мария, Крупская и ее мать Елизавета Васильевна едут на шесть недель (!) на отдых в пансион в Бомбон (под Парижем). Пансион недорогой (?), всего 10 франков в день[91]. Отдыхать так отдыхать! А в середине июля, то есть спустя шесть месяцев, Ленин переезжает на новую квартиру в престижном районе Парижа, в доме № 4 по улице Мари-Роз. Разумеется, тоже четырехкомнатную. А вот еще один любопытный факт. Оказывается, выросший в интеллигентной дворянской семье Владимир Ульянов упорно не желал приобщиться к культуре. Так, в одном из писем матери он из Берлина прямо пишет: «Мне вообще шляние по разным народным вечерам и увеселениям нравится больше, чем посещение музеев, театров, пассажей и т. п. ... пришли мне рублей 50—100»[92]. А то, что Ленин не любил посещать музеи, подтверждала Крупская[93]. (Об отрицательном отношении Ленина к музеям знали и его ближайшие соратники и при удобном случае выражали «свое» мнение по этому поводу в угоду своему вождю. Так, в опубликованной в «Правде» 21 апреля 1919 года статье в честь 49-й годовщины Ленина Е.Ярославский, в частности, задавал вопрос: «Нужно ли тратить народные деньги и силы на сбор музейных экспонатов? Мы прямо отвечаем: рабочему классу не нужно».) Но, очевидно, последовало замечание Марии Александровны, поэтому молодой Ульянов иногда стал посещать и царство Мельпомены. Вот, к примеру, сообщение из Мюнхена: «был на днях в опере, слушал с великим наслаждением «Жидовку»... В театрах (немецких) я был тоже несколько раз...»[94]. А вот его письмо из Лондона от 4 февраля 1903 года: «В театре немецком были раз, — хотелось бы в русский Художественный, посмотреть «На дне»[95].

Неплохо проводил он свой культурный досуг и в Париже. Из его письма А.И.Ульяновой-Елизаровой: «Собираемся с Маняшей в театр — на русский спектакль. Дают «Дни нашей жизни» Андреева»[96]. «Я стал налегать на театры: видел новую пьесу Бурже «La barricade». Реакционно, но интересно»[97], — сообщает он в январе 1910 года матери. Но «по-настоящему» Владимир Ильич *налег* на театры несколько позже, и к этому мы еще вернемся.

Вот так говорят нам факты. Между тем большевистские фальсификаторы всячески пытаются извратить их.

Так, после смерти Ленина М.Владимиров* в своей книжке пишет: «*Ленин, как и все другие большевики, **жил впроголодь**, и отдавал последние копейки для создания своей газеты. Владимир Ильич всегда **бедствовал** в первой своей эмиграции. Вот почему, возможно, наш пролетарский вождь так рано умер*»[98] (выделено мной. — А.А.).

В Советской России Ленин отдыхал так же «скромно», как и за границей. В основном в Подмосковье. Нравилось ему, например, бывать в Морозовке: останавливался в шикарном и красивом доме бывшего фабриканта, любил охотиться в окрестных лесах. Отдыхал и на бывшей даче Проскурякова в поселке Сходня Химкинского района — одном из живописнейших мест близ Москвы. А с 25 сентября 1918 года постоянным местом отдыха Ленина и его родни стали Горки Подольского уезда Московской губернии. Здесь находилось имение царского генерала Рейнбота, бывшего градоначальника Москвы. Огромная усадьба, большой двухэтажный дом с колоннами, старинный парк на берегу Пахры — здесь пребывали Ленин с Крупской, его сестры и брат с семьей.

Чего-чего, но в отдыхе и особенно в охоте Ленин ни при каких обстоятельствах себе не отказывал. В 1918—1922 годы, то есть в годы гражданской войны, Ленин не один десяток раз выезжал на отдых и на охоту. География мест, где он совершал прогулки, отдыхал и охотился, охватывает несколько губерний (областей): Московская, Владимирская, Смоленская, Тверская. Вот конкретные места отдыха и охоты Ленина: Акулово, Апарники, «Архангельское» (Дом отдыха), Барвиха, Баулино, Бельск, Васильевское, Воробьевы горы, Воронки, Горки (Подольского уезда), Голицыно, Елино, Жаворонки, Жуково, Завидово, Звенигород, Иваньково (Дом отдыха), Ильинское, Ирининское, Истра, Калошино, Комаровка, Костино, Кашино, Корзинкино, Кунцево, «Ледово» (совхоз), Льялево, Люберцы, Мальце-Бродово, Минино, Моденово, Морозовка, Новлинское, Новые Горки (Бронницкий уезд), Петушки, Подсолнечная, Посевьево, Решетниково, Сергиев-Посад, Сенежское озеро (Дом отдыха), Середниково (Дом отдыха), Сидорово, Сияново, Снегири, Сокольники (лесопарк), Солнечная Гора, Старая Руза, Сходня, Усово, Фирсановка, Химки, Черная Грязь, «Шеметово» (совхоз), Ям, Ярополец... Во многих местах Ленин бывал неоднократно. Проичем, как выясняется, на отдыхе находился не только в субботние, воскресные и праздничные дни, но и в будние.

Проследим за действиями «полководца» Ленина, когда его армия под натиском противника беспорядочно отступала, оставляя один город за другим. 4 мая 1919 года Красная Армия оставила Луганск, а в это время Ленин охотится под деревней Посевьево в Александровском уезде Владимирской губернии. 30 июня большевики вынуждены были ос-

---

* М.К.Шейнфинкель, бывший наборщик газеты «Искра», член РСДРП с 1903 года.

тавить Царицын. Именно в это время глава государства отдыхает и охотится на Сенежском озере, что в Клинском уезде Московской губернии. Во время сдачи портового города Николаева 18 августа вождь опять охотится в Середниковских лесах Московского уезда и губернии...

Но самое примечательное то, что он не отказывал себе в отдыхе и охоте даже тогда, когда германские войска находились в нескольких сотнях километров от Москвы, а армия генерала Деникина, захватив Воронеж и Орел, приближалась к Туле. Как видим, война для Ленина не являлась помехой для отдыха и развлечений.

В связи с пристрастием Ленина к охоте, уместно привести один не очень лицеприятный факт: он нередко занимался браконьерством. Причем, несмотря на предупреждение егерей, он продолжал нарушать правила, регламентирующие отстрел зверей и пернатых.

Рассмотрим другие сюжеты из жизни Ленина, относящиеся к периоду, когда он возглавил так называемое «рабоче-крестьянское правительство». Кстати, чтобы его внешность хотя бы немного соответствовала этому названию, Ленин по пути в Россию приобрел пролетарскую фуражку, но на Финляндский вокзал прибыл все же в котелке. Это как бы в качестве замечания в адрес художников и создателей фильмов о Ленине.

Вечером 11 марта 1918 года он вместе с другими членами Совнаркома и ЦК приезжает из Петрограда в Москву и поселяется в гостинице «Националь», а на следующий день вместе с Крупской, Свердловым и Бонч-Бруевичем осматривает помещения в Кремле на предмет дальнейшего проживания. Позднее выяснилось, что глава «рабоче-крестьянского правительства» занимал в Кремле целых 16 комнат общей площадью около 430 кв. м. Чем не царские замашки?

«Скромный» Ленин посещает собрания, посвященные «его чествованию как вождя Коммунистической партии и руководителя Советского правительства». Причем эти чествования организуются не в знаменательные дни (юбилеи, день рождения и т. д.), а в будни (например, 20 ноября 1918 г. в Пресненском районе Москвы[99]).

Нелишне вспомнить, что Ленина рисовали более 30 художников, причем 9 — непосредственно в его кабинете. Счет современным «иконам» открыл И.Владимиров, впервые запечатлев Ленина в Смольном. Имеются сведения, что он позировал художникам (Рыжковскому — 1903 г., Берингову — 1907 г., Гиньяку — 1915 г.), находясь в эмиграции, а некоторым (например, И.Бродскому) давал автограф на собственном же портрете.

В начале весны 1918 года Ленин в беседе с наркомом просвещения выдвигает идею «монументальной пропаганды» — установки на площадях и других местах памятников видным революционерам. Новоиспеченный «пролетарский» нарком понял намек своего «скромного» патрона, пожелавшего увидеть памятники в свою честь еще при жизни. Вскоре в стенах Наркомпроса был подготовлен проект, соответствующий идеям вождя. 12 апреля 1918 года Ленин подписывает декрет Совнаркома («О памятниках революции») о снятии монументов, воздвигнутых в честь царей и о создании проектов памятников, «долженствующих ознаменовать великие дни революции». Заметим, что эти мероприятия глава советского правительства организовывал в голодной и нищей стране, во время гражданской войны. Одной рукой Ленин подписывает секретную директиву командующему уничтожить Черноморский флот и коммерческие суда, а другой — утверждает ассигнование средств на установку «памятников великим деятелям русской революции»!

В июле 1918 года Ленин беседует со скульптором С.Д.Меркуровым «об установлении в Москве 50 памятников великим людям». Скульптору нетрудно было понять, о каких «великих людях» ведет речь его собеседник. Не пройдет и года, как на всех предприятиях, в клубах, парках и многих других общественных местах столицы будут установлены скульптуры «великого человека». Задание «вождя» было выполнено и перевыполнено.

Ответственным же за претворение в жизнь декрета «О памятниках революции» был назначен архитектор Н.Д.Виноградов. Однако в условиях гражданской войны дело шло туго, поэтому 12 октября Ленин написал письмо в Президиум Московского Совета рабочих и красноармейских депутатов, в котором, выражая свое недовольство, в частности, рекомендовал: «Весь Президиум и Виноградова, по моему мнению, надо бы на неделю посадить в тюрьму за бездеятельность»[100].

Видимо, эта угроза сыграла свою роль. 19 февраля 1919 года художник и скульптор Г.Алексеев закончил работу по изготовлению первого бюста Ленина. Алексеева прилично вознаградили, и вскоре производство памятников вождю поставили на промышленную основу. С 5 августа 1919 года по 24 февраля 1920-го, то есть в самый разгар войны, когда советская власть находилась на грани гибели, скульптурные портреты Ленина были установлены в 29 (!) городах России — Москве, Смоленске, Петрограде, Уфе, Ржеве, Череповце, Александрове и других.

После окончания гражданской войны памятники Владимиру Ильичу вырастали словно из-под земли. Приведу весьма характерный пример. 25 февраля 1921 года части 11-й армии Кавказского фронта захватили Тифлис, а 21 сентября в городе состоялось открытие монумента Ленину. Это мероприятие приурочили к 3-й годовщине Отдельной Кавказской Армии (бывшей 11-й), и оно было отражено в документальном фильме[101].

Ленин принимал личное участие в уничтожении памятников, воздвигнутых до октября 1917 года. Бессмысленно разрушая исторические памятники, по сути дела, он возглавил большевистский вандализм. Обратимся к одному из свидетелей, бывшему коменданту Смольного, затем Кремля — П.Д.Малькову:

«...Вышел Владимир Ильич. Он был весел, шутил, смеялся. Когда я подошел, Ильич приветливо поздоровался со мной, поздравил с праздником (1 мая 1918 г. — *А.А.*), а затем внезапно шутливо погрозил пальцем:

— Хорошо, батенька, все хорошо, а вот это безобразие так и не убрали. Это уже не хорошо, — и указал на памятник, воздвигнутый на месте убийства великого князя Сергея Александровича.

Я сокрушенно вздохнул.

— Правильно, — говорю, — Владимир Ильич, не убрали. Не успел, рабочих рук не хватило.

— Ишь ты, нашел причину! Так, говорите, рабочих рук не хватает? Ну, для этого дела рабочие руки найдутся хоть сейчас. Как, товарищи? — обратился Ильич к окружающим. Со всех сторон его поддержали дружные голоса.

— Видите? А вы говорите, рабочих рук нет. Ну-ка, пока есть время до демонстрации, тащите веревки.

Я мигом сбегал в комендатуру и принес веревки. Владимир Ильич ловко сделал петлю и накинул на памятник.

— А ну, дружно! — задорно командовал Владимир Ильич.

Ленин, Свердлов, Смидович и другие члены ВЦИК и Совнаркома и сотрудники немногочисленного правительственного аппарата впряглись в веревки, налегли, дернули, и памятник рухнул на булыжник.

— Долой его с глаз, на свалку! — продолжал распоряжаться Владимир Ильич.

Десятки рук схватили веревки, и памятник загремел по булыжнику к Тайницкому саду...

Владимир Ильич вообще терпеть не мог памятников царям, великим князьям, всяким прославленным при царе генералам...

По предложению Владимира Ильича в 1918 году в Москве были снесены памятники Александру II в Кремле, Александру III возле храма Христа Спасителя, генералу Скобелеву... Мы снесли весь этот хлам, заявил он, и воздвигнем в Москве и других городах Советской России памятники Марксу, Энгельсу, Марату, Робеспьеру, героям Парижской Коммуны...»[102]

После всего этого вряд ли следует удивляться, что подобный вандализм стали совершать в последующие годы оболваненные большевиками «дети октября». Ну как тут не вспомнить афоризм древних: Qualis pater, talis filius*.

Мало кто знает, что имя Ульянова-Ленина начали присваивать городам и многим населенным пунктам именно в годы гражданской войны. Обратимся к фактам.

Так, с одобрения вождя, городок Пришиб Царицынской губернии в 1919 году переименовали в Ленинск, а Саблино Петроградской губернии с 1922 года стало называться Ульяновкой. С переименованием

---

* Каков отец, таков и сын (лат.).

Пришиба все ясно: «ходатайствовали» красноармейцы, освободившие его от деникинских войск. А вот с Саблино получается весьма пикантная история. Оказывается, там летом 1904 года отдыхали на даче мать и сестры Ленина — «Анюта и Маняша». Ну как было не увековечить это «историческое событие»?!

В годы гражданской войны Ленин не раз бывал в Большом театре, МХАТе, Малом и в других театрах Москвы, на концертах и иных зрелищных и музыкальных представлениях, на которых выступали такие корифеи русской сцены, как Ф.И.Шаляпин, М.Н.Ермолова, А.А.Яблочкина, А.В.Нежданова, И.М.Москвин, Л.В.Собинов и другие. Неудобно было отказаться от приглашения. Он умудрялся слушать даже дневной симфонический концерт оркестра Большого театра, который исполнял Девятую симфонию Бетховена. А в это самое время многие тысячи россиян погибали от голода и холода, или становились жертвой необузданного большевистского террора.

Буквально с первых дней прихода узурпаторов к власти стало ясно, что духовность и нравственность широких слоев трудящихся России и кучки властолюбивых и надменных большевистских лидеров, многие годы проживших вне России и *в основном на нетрудовые доходы,* полярно противоположны. Как ни странно покажется, но должен сказать, что для аргументации своих выводов вынужден прибегнуть к примерам и фактам из жизни и деятельности того же Ульянова-Ленина.

Лето 1918 года. По признанию большевистских идеологов, страна в это время находилась *«в тисках разрухи и голода».* Ленин пребывает на даче на реке Клязьме, недалеко от деревни Комаровка, и отсюда небезуспешно организует реквизицию хлеба и других сельскохозяйственных продуктов у крестьян, ведет работу по подавлению массовых народных восстаний против большевистского правительства. Именно здесь у «борца за счастье и благополучие трудящихся» зарождается феноменальная идея, которую он предельно ясно и лаконично излагает в письме секретарю СНК Л.А.Фотиевой: «...здесь можно устроить санаторий *для наркомов»*[103] (выделено мной. — *А.А.*).

Не менее поразителен и другой сюжет.

Однажды в конце ноября 1918 года Ленин посетил театр и... возмутился, что *«в «советской» ложе... были железнодорожники».* Это послужило ему основанием написать в малый Совнарком и потребовать постановление СНК «переделать так, чтобы постоянная ложа была и для СНК, и для Московского Совдепа, и для Всероссийского совета профессиональных союзов, и для ЦИК»[104]. Невольно думаешь: не Ленин ли заложил основу привилегий партократии?

Но главное здесь другое — отношение к театрам, о чем говорилось выше, у главы государства стало изменяться... в худшую сторону. 25 августа 1921 года народный комиссар просвещения А.В.Луначарский обратился к Ленину с просьбой принять его по вопросу реорганизации Художественного театра. А вот ответ Ленина телефонограммой: *«При-*

нять никак не могу, так как болен. **Все театры советую положить в гроб. Наркому просвещения надлежит заниматься не театром, а обучением грамоте»**[105] (выделено мной. — А.А.).

Между тем известно, что на I Всероссийском съезде пролеткульта, проходившем в Москве с 5 по 12 октября 1920 года, был принят обсужденный на Политбюро ЦК РКП(б) проект резолюции, написанной *лично* Лениным, в котором подчеркивалось, что *«съезд вменяет в безусловную обязанность всех организаций Пролеткульта рассматривать себя как подсобные органы сети учреждений Наркомпроса...»*[106] (Выделено мной. — А.А.).

4 сентября 1921 года Ленин пишет письмо Молотову для Политбюро ЦК РКП(б), в котором требует «отменить решение Президиума ВЦИКа(!) о выдаче 1 миллиарда на театры»[107].

А дальше — хуже. Находясь в Горках, Ленин 12 января 1922 года пишет письмо Молотову для Политбюро ЦК РКП(б): *«Узнав от Каменева, что СНК единогласно принял совершенно неприличное предложение Луначарского о сохранении Большой оперы и балета, предлагаю Политбюро постановить:*

1. Поручить Президиуму ВЦИК отменить постановление СНК...

4. Вызвать Луначарского на пять минут для выслушивания последнего слова обвиняемого и поставить на вид как ему, так и всем наркомам, что внесение и голосование таких постановлений, как отменяемое ныне ЦК, впредь повлечет за собой со стороны ЦК более строгие меры»[108]. В этот же день Политбюро ЦК РКП(б) безропотно приняло решение: *«Поручить Президиуму ВЦИК отменить постановление СНК о сохранении Большой оперы и балета»*[109].

Так Ленин мог подавить волю любого члена партии, любого наркома, любого человека.

Вот что пишет в этой связи Н.Суханов: «Большевистская партия — это дело рук Ленина, и притом его одного. Мимо него на ответственных постах проходили десятки и сотни людей, сменялись одно за другим поколения революционеров, а Ленин незыблемо стоял на своем посту, целиком определял физиономию партии и ни с кем не делил власти»[110].

В целом, соглашаясь с Сухановым, вместе с тем должен высказать свое понимание расстановки политических сил в верхнем эшелоне государственной власти и роли в нем Ленина сразу же после октябрьского переворота. Это понимание сложилось в результате изучения многочисленных фактов из деятельности Политбюро ЦК РКП(б) и его «крестного отца» — Ленина. Они, эти факты, как нельзя лучше и убедительнее показывают, что с первых же дней узурпации большевиками власти в России Политбюро ЦК РКП(б) становится всесильной надгосударственной политической и административной структурой, в которой Ленину принадлежала ведущая и определяющая роль. Правда, на первых порах ВЦИК своими робкими решениями (пример приведен выше) попытался напомнить Политбюро о своих правах, но вскоре с помощью ВЧК и ГПУ представительный орган власти был очищен от «строптивых» и «непослушных» членов, и все стало на свои места.

6 февраля 1922 года Президиум ВЦИК, рассмотрев абсурдное решение Политбюро ЦК РКП(б) и письмо наркома просвещения Луначарского, принял решение: «Довести до сведения Политбюро ЦК РКП(б), что фракция Президиума ВЦИК, рассмотрев письмо Луначарского и заслушав объяснения Малиновской»[111], находит закрытие Большого театра хозяйственно нецелесообразным»[112]. Это решение ВЦИК явилось пощечиной Ленину.

Представляется, что причина, мягко выражаясь, абсурдных поступков Ленина заключалась в особенностях его характера и «интеллекта», о которых писал Н.Бердяев: «Ленин философски и культурно был реакционер, человек страшно отсталый, он не был даже на высоте диалектики Маркса, прошедшего через германский идеализм. Это оказалось роковым для характера русской революции: революция совершила настоящий погром высокой русской культуры»[113].

Ленин неимоверно испытывал жажду власти над людьми. По-видимому, ему были по душе слова Людовика XIV: L'etat c'est moi»*. Он распоряжался богатствами страны и судьбами десятков миллионов россиян исключительно по своему разумению и желанию. Ленин был для российского народа сущим демоном.

Мне думается, что в данной главе было приведено достаточно фактов и свидетельств, чтобы у читателя сложилось свое мнение о Владимире Ульянове. Однако считаю необходимым привести еще два документа, извлеченных из «секретного» фонда бывшего архива ЦК КПСС, которые помогут полнее понять, каков на самом деле в жизни был претендент на Нобелевскую премию.

В записке от ноября 1920 года, адресованной заместителю председателя РВС Республики Э.М.Склянскому, Ленин дает инструктаж, какие карательные меры следует применить против Латвии и Эстляндии за их дружелюбное (!) отношение к вооруженным формированиям генерала Булак-Балаховича:

«...1) Недостаточно послать дипломатический протест.

2) Даже лучше отсрочить его, чтобы попытаться лучше поймать Латвию и Эстляндию.

3) Сугубые меры принять, дабы их поймать с поличным (т. е. собрать больше и более доказательных улик).

4) *Принять военные меры, т. е. постараться наказать Латвию и Эстляндию военным образом (например, на «плечах» Балаховича **перейти где-либо границу** ** хоть на одну версту и повесить там 100—1000 их чиновников и богачей)...*»[114] (Выделено мной. — А.А.).

---

* Государство — это я (фр.).
** Суверенного государства.

Второй сюжет из биографии «самого человечного человека». Советская историография широко рекламировала любовь Ленина к детям, подчеркивала, что к ним он относился с особым вниманием и заботой. Насколько эта характеристика соответствовала истине, мы можем судить по фактам.

Вряд ли необходимо ещё раз описывать страшный голод, которым была охвачена страна в годы гражданской войны и после её окончания. Озабоченная столь ужасным национальным бедствием, уносящим миллионы человеческих жизней, Общественная Комиссия по улучшению жизни детей в ноябре 1921 года обратилась в Политбюро с ходатайством пересмотреть решение ЦК РКП(б) о пайках для детей. Политбюро с участием Ленина, Сталина, Троцкого, Каменева, Молотова и Калинина рассмотрело ходатайство Комиссии и... отклонило его. Решение было принято единогласно[115]. На увеличение пайка детям у большевистского правительства не было (?!) хлеба: он шел на Запад, в Германию. Вот так заботился Ленин о российских детях.

★ ★ ★

Вот уже 75 лет как Ленина нет в живых. Однако все эти долгие годы, невзирая на нищенские условия жизни советских людей, огромную армию обездоленных, партократия продолжала превращать Ленина в икону, бесконтрольно тратя на это народные средства. За годы советской власти именем Ленина было названо свыше 40 городов и других населенных пунктов, построено и оборудовано 51 553 ленинских музеев, мемориальных домов, квартир-музеев и комнат-музеев[116]. Памятники, бюсты и мемориальные доски вождю были установлены в 2176 городах, в более 4000 поселках городского типа, в 42 000 сельских Советах, в общественных местах, учреждениях и на производствах. Исчисляются они в миллионах. Все это сильно смахивает на всеобщее религиозное исступление. А приведенные сведения явно просятся в книгу рекордов Гиннеса.

На этом можно было бы поставить точку, но мне представляется, что для относительно полного воссоздания облика Владимира Ульянова, его моральных, духовных и психических свойств, нелишне обратиться к воспоминаниям и свидетельствам тех людей, которые хорошо знали нашего «героя», близко с ним общались. В этом отношении особого внимания, на мой взгляд, заслуживают воспоминания и характеристики известных людей — писательницы А.В.Тырковой-Вильямс, социал-демократов Н.В.Валентинова, Г.А.Соломона, А.А.Богданова и Н.А.Бердяева.

Начнем с лаконичного описания видного литератора и публициста А.В.Тырковой-Вильямс: «Злой человек был Ленин. И глаза у него волчьи, злые»[117].

Н.В.Валентинов[118], который с Лениным был, как говорится, на «ты», так воспроизводит его внешний облик:

«...Глаза были темные, маленькие, очень некрасивые... Лицо было очень подвижно, часто меняя выражение: настороженная внимательность, раздумье, насмешка, колючее презрение, непроницаемый холод, глубочайшая злость. В этом случае глаза Ленина делались похожими на глаза — грубое сравнение — злого кабана»[119].

Валентинов писал и о степени учености Ленина, в частности, в области философской науки. Вот что он говорил: «Суждения Ленина о философии я слышал от него впервые и убедился, что об этих вопросах с ним лучше не говорить. Страсти спорить у него много, а знаний мало»[120].

Н.В.Валентинова дополняет Г.А.Соломон[121]. В его феноменальной памяти сохранились многие характерные черты, как он выразился, «об зловещей для России исторической личности». К ним мы и обратимся:

«...Невысокого роста, с неприятным, прямо отталкивающим выражением лица... Он был очень плохой оратор, без искры таланта... Он был большим демагогом... Ленин был очень интересным собеседником в больших собраниях, когда он не стоял на кафедре и не распускал себя, поддаваясь свойственной ему манере резать, прибегая даже к недостойным приемам оскорблений своего противника: перед вами был умный, с большой эрудицией, широко образованный человек, отличающийся изрядной находчивостью. Правда, при более близком знакомстве с ним вы легко подмечали и его слабые и, скажу прямо, просто отвратительные стороны. Прежде всего отталкивала его грубость, смешанная с непроходимым самодовольством, презрением к собеседнику и каким-то нарочитым (не нахожу другого слова) «наплевизмом» на собеседника, особенно инакомыслящего и не соглашавшегося с ним и притом на противника слабого, не находчивого, не бойкого... Он не стеснялся в споре быть не только дерзким и грубым, но и позволять себе резкие личные выпады по адресу противника, доходя часто даже до форменной ругани. Поэтому, сколько я помню, у Ленина не было близких, закадычных, интимных друзей... Так, мне вспоминается покойный П.В.Аксельрод, невыносивший Ленина, как лошадь не выносит вида верблюда. Он мне лично, в Стокгольме, определял свое отношение к нему. П.Б.Струве в своей статье-рецензии по поводу моих воспоминаний упоминает имя покойной В.И.Засулич, которая питала к Ленину чисто физическое отвращение. Могу упомянуть, что знавшая хорошо Ленина моя покойная сестра В.А.Тихвинская[122], несмотря на близкие товарищеские отношения с Лениным, относилась к нему с какой-то глубокой внутренней неприязнью...»

Георгий Александрович пишет в своих книгах, что, когда Ленин не находил аргументированного ответа на высказывание оппонента, грубо и вульгарно отмахиваясь, говорил: «Плевать я хотел на него».

Соломон приводит массу вопиющих фактов. «Ленин был особенно груб и беспощаден со слабыми противниками: его «наплевизм» в самую душу человека был в отношении таких оппонентов особенно нагл и отвратителен. Он мелко наслаждался беспомощностью своего противника и злорадно, и демонстративно торжествовал над ним свою победу, если можно так выразиться, «пережевывая» его и «перебрасывая» его со щеки на щеку». В нем не было ни внимательного отношения к мнению противника, ни обязательного джентльменства... Но сколько-нибудь сильных, неподдающихся ему противников Ленин просто не выносил, был в отношении них злопамятен и крайне мстителен, особенно если такой противник раз «посадил его в калошу»... Он этого никогда не забывал и был мелочно мстителен...»

В памяти Соломона запечатлелась еще и такая черта характера Ленина: «...он никогда не обращал внимания на страдания других, он их просто не замечал и оставался к ним совершенно равнодушным...»

В характеристике, данной Ленину, Соломон не одинок: он приводит слова, касающиеся отношения Л.Б.Красина к Ленину. Красин в беседе с Соломоном прямо сказал ему: «Ты не знаешь Ильича так хорошо, как знаю его я... Ленин не стоит того, чтобы его поддерживать. Это вредный тип, и никогда не знаешь, что какая дикость взбредет ему в его татарскую башку, черт с ним!»

Многочисленные свидетельства дают основание утверждать, что Ленин никого не любил, никого искренне не уважал: в нем сильно были развиты эгоизм и эготизм. Он мог кого угодно оскорбить, принизить, очернить. Выше было приведено множество фактов подобного рода. Здесь же хотелось бы дать читателю возможность еще раз послушать Соломона, который, на мой взгляд, беспристрастно передает то, что сам слышал или узнал от ближайших соратников Ленина о его отзывах о разных деятелях.

О Горьком: «Это, доложу я вам (Соломону. — *А.А.*), тоже птица... Очень себе на уме, любит деньгу... тоже великий фигляр и фарисей...»

О Луначарском: «Скажу прямо, совершенно грязный тип, кутила и выпивоха и развратник... моральный альфонс, а, впрочем, черт его знает, может быть, не только моральный...»

О Троцком, лаконично, но метко: «Троцкий — страшный трус». (Признаться, я не могу согласиться с такой оценкой.)

А вот в Литвинове Ленин обнаружил «хорошего спекулянта и игрока... умного и ловкого еврея-коробейника». Характеристику своему соратнику Ленин закончил словами: «Это мелкая тварь, ну и черт с ним». Нелестную характеристику Ленин дал и Воровскому: «Это типичный Молчалин*... он и на руку не чист и просто стопроцентный карьерист»[123]...

---

* Персонаж комедии А.Грибоедова «Горе от ума».

И, как ни парадоксально, все они, именно они (кроме «буревест-ника революции» — Горького) после октябрьского переворота вошли в состав так называемого рабоче-крестьянского правительства.

Впрочем, это не удивительно: в ленинской гвардии трудно найти человека с незапятнанной репутацией — все они были, как говорится, одного поля ягоды, которые своей жестокостью и террором наводили на россиян ужас, отравляли их души бредовой идеей коммунизма, во что сами не верили.

Г.А.Соломон с особой искренностью рассказывает об одном из по-литических течений, вызванном революционным движением 1905—1907 годов — максимализме.

Вот что он пишет по этому поводу: «Течение это, создавшееся на моих глазах и против которого все тогдашние партии вели ожесточен-ную борьбу (и меньшевики, и большевики...), объединяло собою, глав-ным образом, наиболее зеленую русскую молодежь и выражалось в стремлении немедленно осуществить в жизни социалистическую про-грамму *максимум*. Конечно, течение это было совершенно утопично и необоснованно *(большевики осуществили эту утопию!..)* и выражало собою только молодую горячность и, само собою, *глубоко политичес-кое невежество*. И я позволю себе заметить, что *современный «лени-низм», или «большевизм», говоря грубо, представляет собою именно этот самый максимализм, доведенный до преступления перед Россией и челове-чеством вообще...*»[124] (Выделено мной. — *А.А.*).

Обратимся теперь к высказыванию А.А.Богданова.

Так, в одной из пространных записей 1914 года, в которой дана характеристика Ленина как ученого и человека, Александр Александ-рович писал:

«...В.Ильин*.

Фигура менее сложная, хотя, по-своему, не менее крупная, чем Плеханов. Его мировоззрение... Сам Ильин считает себя последова-тельным и выдержанным, архи-ортодоксальным марксистом. Но это иллюзия. В действительности, его взгляды скудны и «эклектичны». Мы уже видели, какая путаница получилась у него в общефилософской ра-боте по основным вопросам... Допустим, что это — результат его не-опытности в чуждой ему сфере. Но социальная философия, область близкая всякому материалисту? Как применяет Ильин принципы и методы исторического материализма?

В.Ильин мало компетентен в вопросах общетеоретических. Почему это так, мы легко поймем, если, прочитав произведения В.Ильина, по-пробуем по ним составить себе понятие о размерах и характере науч-ного опыта, ему доступного.

В хорошее время Ильин был человеком большой и полезной ра-боты; в плохое, трудное время он стал *человеком тяжелых ошибок. Но в*

---

* Псевдоним В.И.Ульянова.

его характеристике не это — худшая черта. Еще сильнее поражает его бешеная *ненависть к свидетелям и способы борьбы против них.*

Мы видим, какой ненавистью преследовал он покойную литературную группу «Вперед», заодно и живое впередовцев... **Ильин не смущается, когда обличают сказанную им неправду...**

Для великого класса, в котором живет чистый порыв и высокий идеал, *культурно недопустимы* **приемы борьбы мелкие, грязные, унижающие.**

Но, кроме беспринципности в выборе средств, **у него есть более глубокая черта расхождения с новой культурой. Это его авторитаризм.**

Я говорю не просто о грубой властности характера — недостатке, который может быть уравновешен и исправлен влиянием товарищеской среды. **Я имею в виду самый способ мышления»**[125].

Богданов отмечал и другие непристойные поступки Ленина в общественных отношениях. Так, в письме членам женевского идейного кружка «Вперед» от 9 июня 1913 года он писал: «...Вероятно, Вы читали в № 95 «Правды» *клеветническую выходку Ленина против впередовцев* (137). Обеспечив себе «Алексинского и К°», Ленин возвращается к плану «центра», с *борьбой направо и налево.* Может быть, тут есть давление Плеханова, вероятнее — *Ленин хочет задним числом оправдать свою роль в расколе большевиков»*[126].

А вот лаконичная оценка личности Ленина, данная Н.А.Бердяевым: **«В философии и искусстве, духовной культуре Ленин был очень отсталый и элементарный человек...»**[127]

Мне думается, излишне комментировать приведенные выше характеристики, но следует сказать о другом, на мой взгляд, важном.

Ленин никогда не любил людей вообще, а россиян в частности. Он, как выясняется, не любил и Россию, которая считалась его родиной. Трудно объяснить такое отношение к земле, которая вскормила, вырастила, дала ему образование.

Ленин не любил не только Россию, но и ее сердце — Москву, являющуюся гордостью и славой российского государства, его народа. И это он не скрывал. В письме старшей сестре Анне от 8 марта 1898 года он писал: **«...А ведь скверный город Москва, а?... и почему это вы за нее держитесь?»**[128].

Пройдет ровно двадцать лет и новоиспеченный премьер Российского государства переедет из Петрограда в этот «скверный город» и обоснуется в Кремле, сделав его своей резиденцией. Кстати, после переезда большевистского правительства в Москву, СНК РСФСР выделил для ремонта Кремля, главным образом, для будущих правительственных зданий и жилых помещений для «вождей пролетариата», **около 400 тысяч золотых рублей**[129].

Ленин был чужим для России человеком. В откровенной полемике с Г.А.Соломоном о социализме, островке «Утопия» в России, которая проходила в Петрограде осенью 1917 года, он прямо сказал: «Дело не в России, *на нее, господа хорошие, мне наплевать,* — это только этап, через который мы проходим к мировой революции...»[130] Ленин не любил людей, обзывал их «дураками», «неряхами», «идиотами», «ослами», «швалью». Он их безжалостно уничтожал, и даже с применением химического оружия. Он их гноил в тюрьмах и концентрационных лагерях. Начиная с лета 1918 года количество ГУЛАГов в стране начинает расти. Инициатором строительства концлагерей был Ленин. Его по праву можно считать «крестным отцом» ГУЛАГов.

Ленин с особой антипатией относился к трудовому крестьянству. Вот свидетельство об этом того же Соломона: **«Черт с ними и с крестьянами — ведь они тоже мелкие буржуа, а значит, — говорю о России — пусть и они исчезнут так же с лица земли, как рудимент...»**[131]

Таков вкратце портрет вождя большевиков.

ЭПИЛОГ

Здесь строят для людей бетонные бараки,
Колючей проволокой покрыты лагеря.
Здесь строят общество с моралью бешеной собаки
И в Мир несут преступные идеи Октября.

В.Счастливый

...Москва, 12 марта 1918 года. Манеж бывшего Алексеевского военного училища заполнен десятью тысячами рабочих, солдат и интеллигенции столицы. Здесь проходит торжественный митинг, посвященный годовщине Великой Февральской революции 1917 года. Одного оратора сменяет другой. Все единодушно отмечают историческое значение Февральской революции, открывшей народам России путь свободного развития.

Во второй половине дня, после выступления на заседании Московского Совета (тоже посвященном этой годовщине), на митинг неожиданно приезжают Ленин и Свердлов. Оценив обстановку, Ленин выступает с речью по текущему моменту. Цель его была проста: попытаться переломить настроение присутствующих. Однако, по свидетельствам очевидцев[*], Ленина буквально освистали, и он вынужден был покинуть митинг.

Заметим, что если его речь в Моссовете была опубликована в «Известиях ВЦИК» 14 марта и нашла отражение в «полном» собрании сочинений[1], то о выступлении в Алексеевском училище — нигде ни слова. И это понятно.

В чем же дело? Почему так неприветливо встретила Ленина общественность Москвы? Здесь можно ответить совершенно однозначно: к этому времени многие уже осознали масштабы совершившейся трагедии. За истекшие со дня октябрьского переворота пять месяцев люди

---

[*] В их числе был упомянутый выше Г.А.Новицкий.

увидели, чего стоили большевистские обещания свободы и подлинного народовластия. Закрытие демократических изданий, конфискация церковной и частной собственности, экспроприация денежных вкладов населения, позорный Брестский мир, расстрел демонстрантов в Петрограде 5 января 1918 года и разгон Учредительного собрания — было яркое тому свидетельство.

А вот что думал в те дни о возглавляемых Лениным Советах лидер меньшевиков Ю.О.Мартов: «...*После всего пережитого рабочими за 6 месяцев всякому должно быть ясно, что «власть Советов» — это сказка, и притом сказка не прекрасная... На деле, в жизни, «власть Советов» превратилась в безответственную, бесконтрольную, несправедливую, тираническую и дорогостоящую власть комиссаров, комитетов, штабов и вооруженных банд*»[2].

Еще раньше истинное значение большевистской авантюры понял «буревестник революции» — М.Горький. Даже многолетняя дружба с Лениным не помешала ему смело и открыто заявить еще в 1917 году: «*Ленин, Троцкий и сопутствующие им отравились гнилым ядом власти, о чем свидетельствует их позорное отношение к свободе слова, личности и ко всей сумме тех прав, за торжество которых боролась демократия*»[3]. (К сожалению, это были лишь слова. На деле же Горький не навсегда порвал связь с Лениным и большевиками: беспринципность не позволяла ему сделать это. Более того, перешагнув через всякие нравственные границы, он оказался в объятиях палача Сталина, не менее страшного, чем его учитель.)

Конечно, в России были политические лидеры, видевшие бессмысленность и абсурдность «социалистической революции» и делавшие все для того, чтобы предотвратить ее. Но Ленин рвался к власти, мечтал о пожаре «мировой революции», чтобы создать в России и на всей планете надуманный и чуждый человеческому естеству общественный строй, именуемый коммунизмом...

Почти столетие ленинская партия буквально поносила мировую общественно-экономическую и политическую систему, основанную на частной собственности и свободном рынке труда, систему, которая совершенствовалась на протяжении четырех веков. Опыт экономически более развитых государств показывает, что «западная модель», хотя и не идеальная, не только не исчерпала своих возможностей, а, напротив, имеет большие потенциальные резервы и с успехом их реализует. Главное ее достоинство — стабильный рост благосостояния народа, укрепление социальной защищенности и утверждение демократических свобод. В цивилизованных странах Запада и Востока из года в год повышается продолжительность жизни людей.

Все гуманнее становится и само общество. Оно всегда готово протянуть руку помощи людям, странам, попавшим в беду. Не раз в трудный для нашей страны час так называемые капиталистические страны оказывали нам разностороннюю материальную помощь и поддержку.

Так было в начале 20-х годов и в годы Великой Отечественной войны, после Чернобыльской аварии и землетрясения в Армении. Так они поступают и сегодня, осуществляя гуманитарную помощь России и другим странам СНГ.

А социалистическая система тем временем потерпела полный крах. Глубочайший экономический кризис, охвативший страну, приблизил нас к крайнему рубежу. Система оказалась неспособной даже накормить страну, не говоря уже о других благах.

Почему социализм не достиг успехов ни в СССР, ни в странах Восточной Европы, ни в Азии, ни в Америке?

По мнению Д.А. Волкогонова, социализм потерпел крупную историческую неудачу «в результате поражения, нанесенного ему сталинизмом»[4]. На мой взгляд, это мнение глубоко ошибочно. Причина краха социализма не в Сталине, а в самой идее построения социализма и коммунизма, которая изначально была глупой и утопичной. Эту идею Ленин и его сподвижники насильственно стали воплощать в жизнь. Что из этого получилось — мы хорошо знаем.

Социализм, как социальный строй, не имел никаких шансов на победу. После Сталина апологеты ленинизма (Хрущев, Брежнев, Горбачев) почти четыре десятилетия пытались исправить ошибки Сталина и построить коммунизм. Особые усилия приложил к этому так называемый реформатор Хрущев, получивший в народе прозвище «кукурузник». Более пяти лет ЦК КПСС готовил новую Программу партии. В ней ставились грандиозные задачи. Она была принята на XXII съезде КПСС в октябре 1961 года. В Программе, в частности, подчеркивалось: «Партия ставит задачу в течение ближайшего десятилетия превратить нашу страну в первую индустриальную державу мира, добиться преобладания над США как по абсолютному объему промышленного производства, так и по объему производства промышленной продукции на душу населения. Примерно к тому же времени СССР в полтора раза превысит современный уровень США по душевному производству продукции сельского хозяйства и превзойдет уровень США по национальному доходу. Но это первый рубеж. Мы на нем не остановимся. В течение второго десятилетия — до 1980 года — наша страна далеко оставит позади Соединенные Штаты Америки по производству на душу населения промышленной и сельскохозяйственной продукции»[5].

Подчеркивая значение Программы, Хрущев в своем докладе сказал: «При подготовке проекта Программы *мы постоянно советовались с Лениным, исходили из его прозорливых предначертаний, из его гениальных идей о строительстве социализма и коммунизма. Поэтому мы с полным основанием можем и эту Программу назвать ленинской*»[6]. Но, как показала жизнь, эта новая ленинская Программа КПСС оказалась очередной химерой политических авантюристов. Поэтому она полностью провалилась. И это вполне закономерно. Поражение ленинской Программы, а значит, ленинизма как учения о социалистическом переустройстве мира было исторически неизбежно, поскольку оно не исходило из объективных законов развития общества. И тем не менее последователи ленинизма и сегодня продолжают утверждать, что дело Ленина окончательно не потерпело крах. Они все еще рассчитывают построить коммунизм. Здравомыслящие люди прекрасно понимают, что так рассуждать могут только политические авантюристы да фанатики. Именно политические авантюристы, пытаясь искусственно, путем террора и насилия, создать в России новый общественный строй, именуемый социализмом, ввергли страну в страшную бездну. Естественно рожденная и на практике проверенная структура экономических и общественных отношений была подменена большевистскими теоретиками умозрительной схемой. Это уточнение необходимо, поскольку ни у Ленина, ни у его единомышленников и последователей научно обоснованной модели социализма не было и быть не могло.

И тем не менее надуманная схема 80 лет тому назад была навязана неискушенным людям, поверившим на слово профессиональным авантюристам. Невольно вспоминается высказывание президента Чехии* Вацлава Гавела, который в своей книге «Слово о Слове» писал: **«Опыт состоит в том, что всегда полезно относиться к словам с подозрением и быть к ним предельно внимательным, что никакая осторожность тут не может быть излишней и чрезмерной».** Это высказывание служит предостережением тем, кто готов поверить новейшим призывам ленинцев «обновить» дискредитировавший себя большевистский социализм. Но сегодняшнее поколение уже не то, чтобы слепо поверить новой бредовой идее необольшевиков о построении «гуманного демократического социализма» (можно подумать, что в природе существует негуманный социализм!). Следует помнить, что все это очередной маневр партократии, стремящейся вернуть себе власть. Но тщетны усилия и старания необольшевиков. Иллюзорны их планы и на будущее. Мифу о коммунизме пришел конец. Нам же предстоит окончательно развеять и похоронить его раз и навсегда. Ведь мифы создавали люди. Им же разрушать их.

Разрушая миф о коммунизме и о «самом человечном человеке», вместе с тем необходимо, на мой взгляд, оставить грядущим поколениям и Памятную записку:

«Ленин создал вредную и опасную для человечества коммуно-фашистскую идеологию и внедрил ее в России.

Ленин в колыбели уничтожил зарождающееся Российское демократическое государство и основал тоталитарный строй.

Ленин заложил основы духовного и нравственного разложения российского народа.

Ленин уничтожил российскую интеллигенцию — цвет Великой нации, внесшей огромный вклад в мировую науку и культуру.

---

* В то время Чехословакии.

Ленин был знаменосцем большевистской армии воинствующих атеистов, разрушающих не только исторически сложившуюся Православную Церковь, не только духовность десятков миллионов верующих христиан, но и уничтожающих шедевры русского зодчества и культуры.

Ленин лишил российский народ самого дорогого — Свободы! Он создал на одной шестой части Земли государство нищеты, голода и бесправия.

Ленин лишил крестьянство земли — основы богатства и благополучия государства и его народа.

Ленин был самым отъявленным и ненавистным врагом для народа Великой России.

Ленин вошел в историю народов как международный политический авантюрист и как преступник века!»

ПОСТСКРИПТУМ

Жалкий человек.
Чего он хочет!.. небо ясно.
Под небом места много всем,
Но беспрестанно и напрасно
Один враждует он — зачем?
М.Ю.Лермонтов

Мне, автору этой книги, посвятившему более четверти века исследованию биографии В.И.Ульянова-Ленина, хотелось бы в заключение поделиться с читателем своим видением современности. Ведь настоящее неотделимо от прошлого, и этап развития общества, переживаемый нами сейчас, неразрывно связан с историческими процессами и событиями, изложенными в этой книге.

Говоря о настоящем, я имею ввиду не только все то, что связано с нашей страной, но и те политические, социальные процессы и перемены, которые произошли в странах Восточной Европы и в других государствах мира за последние десять лет. К наиболее существенным, имеющим важное политическое, экономическое и историческое значение для дальнейшей судьбы многих народов планеты, следует отнести крах коммунистической идеологии и развал искусственно созданного социалистического лагеря.

С конца 80-х годов эта чуждая человеческому естеству идеология с необыкновенной быстротой и неудержимо, словно рыхлая горная порода, стала проваливаться в пропасть. Этому явлению предшествовала многолетняя интеллектуальная деятельность миллионов людей Европы и других стран мира, на себе испытавших все «прелести» коммунистической идеологии, силой навязанной им после окончания второй мировой войны. Шло время, и народ все яснее стал понимать, кто есть кто и что есть что. И, главное, он не захотел больше жить в условиях партийно-административного диктата и отсутствия элементарных человеческих свобод. Не мог он мириться и с низким уровнем жизни. Передовая общественность разобралась в марксистско-ленинской идеологии и пришла к твердому убеждению, что именно она препятствует прогрессу, подлинной демократии, свободе, счастью и благополучию людей.

Со второй половины 50-х годов в странах, где у власти находились ставленники Кремля, начались бурные антикоммунистические процессы. Людей, стремившихся к демократическим преобразованиям, не испугали ни жестокое подавление народного восстания в Будапеште в 1956 году, ни ввод советских войск в Прагу в 1968 году. Рухнуло, как карточный домик, так называемое «социалистическое содружество». Не могли спасти его ни танки, ни ракеты, ни заградительные сооружения Берлина.

Один из немецких футурологов буквально за несколько недель до воссоединения ГДР с ФРГ предсказывал, что такого социально-политического процесса в ближайшие пятьдесят лет не следует ожидать. Но не оправдались прогнозы социолога. Бетонные стены Берлина не выдержали силы народного гнева и рухнули. Эхо грохота от развалившейся берлинской стены вихрем долетело до бастионов коммунистической метрополии. Затаив дыхание, мир ждал часа, когда «Россия воспрянет ото сна». И он наступил. Три августовских дня 1991 года положили конец коммунистическому режиму в России. О возврате к прошлому теперь уже не может быть и речи. Россияне выбрали естественный путь развития, проложенный многовековым опытом цивилизованного мира, и вряд ли свернут с него.

Однако на этом пути мы переживаем колоссальные трудности. Причин этому много. Мне хотелось бы рассмотреть, с точки зрения историка, наиболее важные из них.

Прежде всего, надо отметить тот неоспоримый факт, что переход от социализма к капитализму мы осуществляем впервые. В течение семи десятилетий в стране господствовал тоталитарный режим с административно-командной системой во всех сферах общественной жизни и экономики. В условиях этой системы прожило несколько поколений граждан. И совершенно естественно, что ни у руководителей всех уровней, ни у рядовых граждан не было ни малейшего опыта работы в новых условиях рыночных отношений. Поэтому сложность перехода к новым формам организации экономической жизни и создания механизма управления всей хозяйственной деятельностью в масштабе такого огромного государства, каким является Россия, заключалась в том, что ВСЕ надо было начинать с нуля!

Не было готовых рецептов безболезненного перехода к непривычным для народа общественным отношениям. И, наверное, несправедливо осуждать реформаторов за их ошибки. Конечно, надо было более тщательно продумать все организационные, технические и социальные вопросы, связанные с переходом к рыночным отношениям, чтобы не допустить резкого падения жизненного уровня трудящихся и особенно пенсионеров. И тем не менее хочется верить, что реформаторы руководствовались искренним желанием возродить Россию. Думается, история позднее оценит их усилия: как известно, «...большое видится на расстоянии». Несмотря на все ошибки, их роль велика хотя бы потому, что они сдвинули с места проржавевший механизм больной экономики, перевели стрелки с ее тупикового пути на перспективные рельсы, дали ход застоявшемуся локомотиву и тем самым создали для него объективные условия потихоньку двигаться в правильном направлении.

Другой важной причиной трудностей является яростное сопротивление оппозиции, которая не может понять, что часы истории остановить нельзя и возврата к прошлому уже не будет. Коммунистические чиновники и идеологи, в большинстве своем мимикрировав в «демократов», получив большинство сначала в Верховном Совете, а затем в Госдуме, всеми способами саботируют принятие законов, необходимых для быстрого проведения реформ в стране. То, что до сих пор не принят жизненно важный для России закон о частной собственности на землю, возрождающий идею П.А.Столыпина о развитии деревни и в корне изменивший бы ситуацию в сельском хозяйстве, не случайно. Думское большинство понимает, что этот закон положит конец действию преступного декрета о земле, навязанного большевиками российскому народу в 1917 году. И в самом деле: после отмены крепостного права Россия бурными темпами стала двигаться вперед и уже в начале XX века вошла в число экономически развитых стран Европы, а спустя столетие некогда великая и мощная держава занимает аж 55-е место в мире по уровню своего развития. Именно коммунистический режим отбросил нашу страну назад. Принятие закона о частной собственности на землю довершило бы слом порочной экономики, во многом расчистило бы путь для новых рыночных отношений, послужило бы, по словам Столыпина, *«залогом нашего сытного будущего»*.

Хотел бы высказать замечание в адрес исполнительной власти, которая, на мой взгляд, не эффективно и недостаточно профессионально работала последние годы. Она не сумела использовать объективные условия для перевода всего народного хозяйства и работоспособного населения на рельсы новых экономических отношений, как того добились, например, в Венгрии, Польше, Чехии. А, главное, правительство не всегда поступало честно и говорило народу правду. Доверчивые же средства массовой информации стали говорить о росте производства и прочих мнимых успехах народного хозяйства после 1996 года. Но, как сегодня выясняется, все это было далеко не так.

Что же касается роста производства и экономических успехов, то хотелось бы поставить вопрос: что является мерилом оценки общественного прогресса? На мой взгляд, на этот вопрос весьма удачно и, главное, правильно ответил 32-й американский президент Франклин

Рузвельт. *«Наш прогресс, — говорил он, — проверяется не увеличением изобилия у тех, кто уже имеет много, а тем, способны ли мы достаточно обеспечить тех, кто имеет слишком мало»*[1]. Бесспорно, Рузвельт прав. Но, по-видимому, чтобы на должном уровне обеспечить малоимущих граждан, надо с умом управлять и экономическими, и политическими процессами. Управлять страной должны профессионалы, талантливые, инициативные и одаренные люди, способные вывести страну из кризисного состояния, стабилизировать финансы, создать условия для реального роста производства, устойчивого развития экономики. Управлять страной должны идейные люди, люди с высокими моральными и нравственными качествами. России нужны *Сперанские, Солдатенковы, Столыпины, Солженицыны, Сахаровы*. России нужны искренне любящие свою Родину патриоты.

Вот еще один серьезный момент. До распада Союза в стране насчитывалось около трех миллионов партфункционеров, бывших номенклатурой и обладавших всеми возможными привилегиями. По сути дела, они жили «как при коммунизме». После августа 1991 года никто из них ни морально, ни материально не пострадал, не оказался не у дел. Почему? А вот почему: многоопытная партийно-государственная элита своевременно сориентировалась в политической ситуации и не поддержала гекачепистов. В награду она не только сохранила за собой власть, но и прибрала к рукам большую часть собственности, принадлежащей всему народу. Директора заводов, председатели колхозов, партийные и комсомольские деятели, прибрав к рукам эту собственность, благодаря ошибкам приватизации, владеют теперь огромными богатствами, но при этом совершенно не заботятся о развитии производства. Сплошь и рядом наблюдаются случаи, когда работникам месяцами не выплачивается зарплата, а директора и государственные деятели (вчерашние и сегодняшние), народные избранники находят валютные средства на поездки за границу, помпезно и с размахом отмечают свои юбилеи на виду у голодных людей. При этом они выливают ушаты грязи на реформаторов, обвиняя их за тяжелое экономическое положение страны.

Тысячу раз прав А.И.Солженицын, сказав: *«Часы коммунизма свое отбили. Но бетонная постройка еще не рухнула. И как бы нам, вместо освобождения, не расплющиться под его развалинами»*. Это предостережение полезно помнить всем, и прежде всего, стоящим у штурвала нашего государства. К сожалению, у нашего президента Б.Н.Ельцина не хватило политической воли и решимости для издания в 1991 году указа, ставящего компартию **вне закона.**

В стране множество молодых, энергичных и талантливых людей с новыми, прогрессивными взглядами, настоящих профессионалов. Они с успехом смогли бы заменить коррумпированных чиновников, которые по-прежнему являются номенклатурой и, не будучи профессионалами, обладая устаревшими взглядами, заваливая одно дело за другим, пересаживаются из кресла в кресло, заботясь исключительно о собственной выгоде. Необходимо разрушить коррумпированную чиновничью поруку, сросшуюся с мафиозными уголовными структурами. Но это сложная задача, по-видимому, будет по плечу лишь следующему поколению политиков демократического толка.

Хотелось бы привлечь внимание читателя к высказыванию партбосса КПРФ на их III съезде: «Сегодня, — говорил он, — история вновь оставляет народам нашей Родины тот же выбор, что и в 1917-м...». Он откровенно изложил и методы перехода от слов к реальным делам: «Наша стратегия, — сплочение прогрессивных, государственно-патриотических сил в действенный союз, способный отстранить от власти партию национальной измены, остановить вражду и хаос, начать настоящие реформы»[2]. Что это, не призыв ли к очередному государственному перевороту и подстрекательство к новой гражданской войне? Как гласит народная пословица, горбатого могила исправит. Коммунисты всегда были профессионалами только в организации гражданских войн, экспорте революций и подготовке террористов, растрачивая на эти преступные деяния национальные богатства России и труд миллионов людей. Но хочется верить, что наш народ не допустит ни новой гражданской войны, ни второго пришествия ордена меченосцев. Жизнь убедительно показывает, что революционный метод решения политических и экономических проблем не может дать желаемых результатов. Эволюция и только она, способна их решить. Да и вообще давно пора поставить точку в вопросе о месте марксистско-ленинской идеологии в общественно-политической жизни людей. Мировой опыт убедительно доказал, что коммунистическая идеология не имела и не может иметь будущего. Эта утопическая и реакционная идеология, бесспорно, займет место во всемирной истории, но, думается, такое же «значительное», какое заняла, скажем, алхимия.

Любому здравомыслящему человеку ясно, что, несмотря на тяжелейшие трудности, пути назад быть не может. Как бы ни звала в «светлое прошлое» КПРФ, многие поколения советских людей за десятилетия большевистского правления на деле убедились, что программа строительства «коммунистического рая» бесперспективна. В связи с этим вспоминаю один эпизод на массовом политическом митинге на Манежной площади весной 1991 года. Я обратил внимание на молодого человека, на груди которого висел большой щит со стихами поэта-самоучки:

В тупик надежно угодил
Тот самый паровоз,
Который нас в Коммуну вез,

Да так и не довез!
Прибыть куда-нибудь на нем
Вовек не суждено.
Пора менять локомотив
И рельсы заодно!

Надо признать, что у коммунистов был единственный и последний шанс взять реванш и вернуть страну в тоталитарное прошлое. Это было в период президентских выборов летом 1996 года. Но их лишил этого решительный и трезво мыслящий генерал Александр Лебедь, отдав голоса своих избирателей перед вторым туром борьбы за кресло главы государства Б.Н.Ельцину. Прозорливость проявили тогда и избиратели, перекрыв дорогу властолюбцам.

Сегодня очевидно: партия, по вине которой погибли миллионы невинных людей, которая своей идеологией и делами скомпрометировала себя в глазах всего мира и отбросила нашу страну в ее развитии далеко назад, не имеет морального права на существование. И тем не менее в предсмертных судорогах все еще цепляется за власть. Они все также рвутся к власти, как и в 1917-м. А нам, не забывшим свою недавнюю историю, надо быть особенно бдительными, чтобы вновь не оказаться в большевистском плену.

Наша Великая Россия, безусловно, выйдет на мировую дорогу цивилизации и займет достойное место среди других стран. Мы преодолеем все трудности, выработаем национальную модель экономики с учетом достижений мировой науки и практики и твердо пойдем по пути, ведущему к благосостоянию всего народа. Сегодня многим очень тяжело, порой невыносимо, но большинство людей верят, что будет свет в конце туннеля. У нас огромная страна, замечательный, талантливый народ, много природных богатств — надо только умело ими воспользоваться. Нам всем надо учесть свои ошибки, много и честно работать каждому на своем месте.

Нам следует всемирно укрепить и совершенствовать государственный строй, содействовать внедрению в жизнь новых экономических институтов и систем управления, стимулирующих более эффективное развитие реформ, преодолевать все те препоны и рогатки, которые создают старая, отжившая система и ее защитники. И, что особенно важно, в преддверии выборов в Государственную Думу в 1999 году и выборов Президента в 2000-м, мы должны очень вдумчиво и критически отнестись к тем, кого мы будем выбирать. От этого зависит и дальнейшая судьба России, и судьба наших детей и внуков. Нельзя слепо и бездумно доверять словам и обещаниям необольшевистских идеологов. В этой связи уместно вспомнить мудрые слова древнегреческого поэта и драматурга Софокла, который говорил: *«Величайшие горести мы приносим себе сами»*.

Мы все сегодня в глубокой экономической пропасти, но вспомним, что говорил Ф.М.Достоевский упавшему в пропасть: «...Взгляни в небо, ты можешь подняться». Взывая обратиться к Богу, великий мыслитель был уверен, что с Божьей помощью человек сможет подняться, преодолеть трудности и победить. А вот большевикам, потерпевшим политический и моральный крах, это сделать не под силу. Им никогда больше не подняться!

Москва, 1971—1999 гг.

ПРИМЕЧАНИЯ

Глава 1
Родословная Владимира Ульянова

[1] Н.Ленин — Владимир Ильич Ульянов (Очерки жизни и деятельности). Петроград. 1918. С. 9.

[2] М... в А. Вождь деревенской бедноты В.И.Ульянов-Ленин. (Биографический очерк.) М.: Издательство крестьян. Отд.ВЦИК. 1918. С. 4.

[3] «Пролетарская революция». 1922. № 3. С. 347.

[4] Воспоминание о В.И.Ленине. Т.I. М. 1956. С. 9.

[5] Ульянова М. Отец Владимира Ильча — Илья Николаевич Ульянов (1831—1886). Соцэкиз. М.-Л., 1931. С. 9.

[6] См.: Шуб Д.Н. Биография Ленина. Нью-Йорк. 1948. С. 9.

[7] См.: ЦГИА Санкт-Петербурга. Ф. 19. Оп. 17. Д. 632.

[8] ГАЖО. Ф. 118. Оп. 14. Д. 268. Л. 168.

[9] Там же.

[10] Там же. Ф. 9. Оп. 1. Д. 27. Л. 77—78 об.

[11] Там же. Ф. 118. Оп. 14. Д. 268.

[12] Там же. Ф. 18. Оп. 1. Д. 152. Л. 18.

[13] Там же. Ф. 9. Оп. 1. Д. 27. Л. 71.

[14] Там же. Ф. 18. Оп. 1. Д. 158.

[15] Там же. Д. 152.

[16] Там же. Оп. 3. Д. 147.

[17] Там же. Оп. 1. Д. 27. Л., 152, 158.

[18] Там же. Оп. 3. Д. 147.

[19] РЦХИДНИ. Ф. 11. Оп. 2. Д. 52. Л. 752.

[20] ЦГВИА. Ф. 316. Оп. 69. Д. 57. Л. 109.

[21] Там же. Д. 15. Л. 36—43, 45—54; Д. 57. Л. 109.

[22] РЦХИДНИ, Ф. 11. Оп. 2. Д. 52. Л. 717, 718, 719, 741 об., 754, 769.

[23] ГАЖО. Ф. 18. оп. 1. Д. 152.

[24] Там же. Д. 158. Л. 1—3 об.; Ф. 10. Оп. 1. Д. 151; Ф. 9. Оп. 1. Д. 44.

[25] Там же. Ф. 692. Оп. 1. Д. 35. Л. 88—88 об.

[26] «Посев». 1984. № 1. С. 53.

[27] См.: Аросев А.Я. Материалы к биографии В.И.Ленина. М. 1925. С. 14.

[28] См.: «Большевик». 1938. № 12. С. 70.

[29] Воспоминание о Владимире Ильиче Ленине. Т. 1. С. 320.

[30] «Nene Zuricher Zeutung». 1983.25.02.

[31] Там же.

[32] Виллер Уно. Ленин в Стокгольме. 1970. С. 3.

[33] Там же. С. 5—6.

[34] РГАЛИ. Ф. 631. Оп. 15. д. 271. Л. 22—35.

[35] Там же. Л. 1—2.

[36] Там же. Д. 265. Л. 2.

[37] См.: М.Шагинян. Предки Ленина. Литературно-художественный сборник. Астрахань: Издательство газеты «Волга». 1958.

[38] Ульянова-Елизарова А.И. О В.И.Ленине и семье Ульяновых. М., 1988.

[39] Шагинян М. Семья Ульяновых. М. 1982. С. 81.

[40] См.: Ленин В.И. ПСС. Т. 55. С. XV.

[41] Крупская Н.К. О Ленине. М. 1983. С. 34.

[42] О Ленине — правду. Лениздат. 1990. С. 9.

[43] См.: Списки населенных мест. Т. XXV. Нижегородская губерния. Санкт-Петербург. 1862.

[44] Цит. по: Марков А. Ульяновы в Астрахани. Волгоград. 1970. С. 78.

[45] ГААО. Ф. 94. Оп. 5. Д. 32046. Л. 43—44.

[46] Марков А. Указ. работа. С. 32.

[47] Там же. С. 34.

[48] Шагинян М. Предки Ленина. С. 96.

[49] Там же.

[50] ГААО. Ф. 687. Оп. 5. Д. 21. Л. 181.

[51] Там же. Оп. 2. Д. 662. Л. 183—184.

[52] Там же. Ф. 480. Оп. 1. Д. 799. Л. 48.

[53] Там же. Ф. 877. Оп. 1. Д. 22. Л. 89.

[54] Там же. Ф. 480. Оп. 1. Д. 863. Л. 427.

[55] Там же. Ф. 630. Оп. 1. Д. 13. Л. 426.

[56] Разговор с товарищем. М. 1984. С. 25.

[57] Там же.

[58] Литература и ты (выпуск 4). М. 1970. С. 75—76.

[59] О Ленине — правду. С. 9.

[60] Там же.

[61] ГААО. Ф. 687. Оп. 1. Д. 97. Л. 22.

[62] Там же. Ф. 491. Оп. 1. Д. 5. Л. 5—6.

[63] См.: Могильников В.И. Предки В.И.Ульянова (Ленина). Пермь. 1995. С. 6, 7, 8, 13, 14.

[64] Ленин В.И. ПСС. Т. 55. С. 468.

[65] РЦХИДНИ. Ф. 2. Оп. 1. Д. 311. Л. 1—3.

Глава 2
Ленинские уроки большевизма

[1] Ленин В.И. ПСС. Т.1. С. 155.

[2] Там же. С. 194.

[3] Там же. С. 309—310.

[4] Там же. Т. 5. С. 7.

[5] Там же. Т. 6. С. 386.

[6] Там же. Т. 9. С. 303.

[7] Там же. С. 318.

[8] Там же. Т. 11. С. 341.

[9] Там же. Т. 13. С. 375.

[10] «Народная воля» — наиболее крупная и значительная революционная народническая организация. Возникла в Петербурге в 1879 г.

[11] К.Маркс, Ф.Энгельс. Собр. соч. Т. 35. С. 187.

[12] Гапон Г.А. (1870—1906) — религиозный деятель, организатор рабочих обществ в Петербурге. После трагических событий 9 января 1905 г. призывал все партии России войти в соглашение между собой и объединенными силами выступить за свержение самодержавия и установление демократических порядков. Обвиненный большевиками в провокаторстве и предательстве интересов трудящихся, был повешен экстремистами.

[13] История КПСС (Издание второе, дополненное). М.ГИПЛ. 1962. С.81—82.

[14] Там же. С. 82.

[15] «Правительственный вестник». 1905. № 7. 11(24) января.

[16] Ленин В.И. ПСС. Т. 9. С. 134.

[17] Там же. С. 143.

[18] Там же. С. 157.

[19] Там же. С. 159.

[20] См.: История Коммунистической партии Советского Союза. Издание второе, дополненное). ГИПП. 1962. С. 82.

[21] История КПСС. М. 1966. Т.2. С. 24.

[22] Там же.

[23] Горький М. Собр. соч. в 30 томах. М., 1953. Т. 23. С. 335—336.

[24] «Правительственный вестник». 1905. № 7, 11 (24) января.

[25] Там же.

[26] Гусев С.И. (Драбкин Я.Д.) (1874—1933) — большевик, в рассматриваемый период секретарь Бюро Комитетов Большинства и Петербургского комитета партии, участник «мирного шествия» 9 января 1905 г.

[27] Переписка В.И.Ленина и руководимых им учреждений РСДРП с партийными организациями 1905—1907 гг. Сборник документов. В 5 томах. Т.1. Кн. 1. М. 1979. С. 35.

[28] Там же. С. 234—235.

[29] Бобровский В.С. — большевик, член Бакинской организации РСДРП.

[30] Переписка В.И.Ленина... С. 224.

[31] Ленин В.И. ПСС. Т.9. С. 178.

[32] Там же. С. 227.

[33] Там же. С. 228—229.

[34] Там же. С. 240.

[35] Там же. С. 241.

[36] Там же. С. 281−282.

[37] Там же. Т.11. С. 339−343.

[38] Там же. С. 338.

[39] См.: Таланов А. Бессменный часовой. М. 1968. С. 5, 21−22, 27, 31, 62, 87.

[40] Ленин В.И. ПСС. Т.14. С. 418.

[41] КПСС в резолюциях и решениях съездов, конференций и пленумов ЦК. М. 1970. Т. 3. С. 154.

[42] Там же. с. 177.

[43] ЦГАОР. Ф. ДП. 7-е дел-во. 1905. Д. 4125. Ч. 2. Л. 1−4.

[44] Там же. Ф.63 (Московское охранное отделение). Д. 59. Л. 145.

[45] ЦГАОР СССР. Ф. ДП. Д. 86. Л. 1 об.

[46] Из воспоминаний дочери друга С.Т.Морозова Л.В.Фирганг.

[47] Витте С.Ю. Воспоминания. М. 1969. Т.3. С. 167.

[48] Ленин В.И. ПСС. Т. 26. С. 163.

[49] Там же. Т. 48. С. 155.

[50] Там же. Т. 26. С. 166.

[51] Там же. Т. 27. С. 464.

[52] Там же. С. 465.

[53] Там же. Т. 26. С. 27.

[54] Там же. С. 32.

[55] Там же. Т. 30. С. 182.

[56] Там же. Т. 55. С. 468.

[57] Там же. Т. 38. С. 324.

[58] Там же. С. 350.

Глава 3
Ренегатство по-ленински

[1] Ленин В.И. ПСС. Т.24. С. 127.

[2] Исследованием вопроса о немецко-большевистских связях и о германских субсидиях большевистским лидерам в разное время занимались отечественные и зарубежные исследователи: Никитин Б. Роковые годы. Париж. 1937; Мельгунов С.П. Золотой немецкий ключ к большевистской революции. Париж. 1940; Земан З.А. Германия и революция в России 1915−1918; Документы из архивов Министерства Иностранных дел. Сборник документов. Лондон — Нью-Йорк. 1958; Фатрелл М. Северные подпольные организации. Лондон. 1963; Поссони С. Ленин: Неизбежность революции. Чикаго. 1964; Скарлан В.Б., Земан З.А. Образ революционера: Жизнь Александра Халпханда. Лондон — Нью-Йорк. 1965; Катков Г. Немецкая политическая интервенция в России во время мировой войны — Революционная Россия. Симпозиум. Под редакцией Р.Пипейса. Кембридж. 1968; Рабинович А. Большевики приходят к власти. М.: «Прогресс». 1989; Гаутчи Вилли. Ленин в эмиг-

рации в Швейцарии. Цюрих, Кельн. 1973; Персон М. Опломбированный поезд. Нью-Йорк. 1975; Арутюнов Аким. Был ли Ленин агентом германского Генштаба? — «Столица». 1991. № 1, его же: Родимое пятно большевизма — «Столица» 1991. № 4; его же: Феномен Владимира Ульянова (Ленина). М.: «Прометей». 1992; его же: Резидент разведки германского Генштаба; Феномен Владимира Ульянова (Ленина). Прометей. М. 1992; его же: Резидент разведки германского Генштаба. «Посев». 1998. № 11; Хереш Э. Николай II. Вена. 1992.

[3] РЦХИДНИ. Ф. 4. Оп. 3. Д. 52. Л.1.

[4] Антанта — соглашение, заключенное между Англией и Францией 8 апреля 1904 г. 31 августа 1907 г. к нему примкнула Россия.

[5] РЦХИДНИ. Ф. 4. Оп. 3. Д.52. Л. 3—4.

[6] Там же. Л. 4.

[7] Ленин В.И. ПСС. Т. 49. С. 442.

[8] Там же. Т. 26. С. 6.

[9] В первой мировой войне Австро-Венгрия выступала на стороне Германии против России.

[10] РЦХИДНИ. Ф. 4. Оп. 3. Д. 38. С. 20.

[11] Ленин В.И. ПСС. Т. 55. С. 355.

[12] РЦХИДНИ. Ф. 4. Оп.2. Д. 38. Л. 29.

[13] Ганецкий (Фюрстенберг) Я.С. (1979—1937) — большевик, член ЦК РСДРП, агент германской разведки, тесно связанный с Лениным. После октябрьского переворота занимал ряд ответственных должностей. 26 ноября 1937 г. на закрытом судебном заседании Военной Коллегии Верховного суда Союза ССР, как враг народа, был приговорен к смертной казни.

[14] Ленин В.И. ПСС. Т. 49. С. 2.

[15] Там же. Т. 26. С. 559.

[16] Там же.

[17] Там же.

[18] РЦХИДНИ. Ф. 4. Оп. 3. Д. 38.

[19] Платтен Ф. Ленин из эмиграции в Россию. М.: «Московский рабочий». 1925. С. 11.

[20] См.: Ленин В.И. ПСС. Т.34. С. 528.

[21] РЦХИДНИ. Ф. 4. Оп. 3. Д. 38. Л. 18.

[22] Ленин В.И. ПСС. Т. 26. С. 21.

[23] РЦХИДНИ. Ф. 347. Оп. 1. Д. 19. Л. 89.

[24] Харитонов М.М. (1887—1948) — большевик, член РСДРП с 1905 г. С 1912 г. проживал в Швейцарии, входил в Цюрихскую секцию большевиков. Являлся посредником между Лениным и немецкими властями. Вместе с Лениным вернулся в апреле 1917 г. в Россию. После октябрьского переворота — на ответственных партийных должностях, в ЦКК-НКРКИ, Наркомате внешней торговли.

[25] См.: Гаутчи Вилли. Ленин в эмиграции в Швейцарии. Цюрих, Кельн. 1973. С. 169, 175.

первые сведения о Февральской буржуазно-демократической революции в России Ленин получил 2(15) марта 1917 года.

Мартов Л. Спасители или упразднители? (Кто и как разрушил Р.С.Д.Р.П.). Париж. 1911; Земан З.А. Германия и революция в России. 1915—1918: Документы из архивов Министерства Иностранных дел. Лондон-Нью-Йорк. 1958; Андреева М.Ф. Переписка — Воспоминания — Статьи — Документы. М. 1963; Таланов А. Бессменный часовой. (Товарищ Камо). М.: Политиздат. 1958; Валентинов Н. Недорисованный портрет. М. Терра. 1993.

[3] Ленин В.И. ПСС. Т. 55. С. 368.

[4] Там же. Т. 31. С. 7.

[5] Там же. С. 15—20.

[6] Там же. С. 33.

[7] Там же. С. 65.

[8] Там же. С. 11—59.

[9] Там же. Т. 49. С. 406.

[10] Ганецкий Я. О Ленине. Отрывки из воспоминаний. М. 1933. С. 59.

[11] Ленин В.И. ПСС. Т.49. С. 425.

[12] Там же. С. 417.

[13] Платтен Фридрих (Фриц) (1883—1942) — швейцарский социал-демократ, затем коммунист. Организатор переезда Ленина и других эмигрантов в Россию. По поручению Ленина вел переговоры с послом Германии в Швейцарии фон Ромбергом об условиях возвращения Ленина и его соратников в Россию. С 1923 г. проживал в СССР. Был арестован за незаконное хранение оружия. Умер в Архангельской ссылке в апреле 1942 г.

[14] «Русь». 1918. 2 января.

[15] Платтен Ф. Ленин из эмиграции в Россию. С. 61.

[16] Там же. С. 63.

[17] Там же. С. 128.

[18] Там же. С. 67.

[19] Там же.

[20] Ленин В.И. ПСС. Т.49. С. 408, 418.

[21] Платтен Ф. Указ. работа. С. 127—128.

[22] Там же. С. 66.

[23] «Русь». 1918. 9 января.

[24] Ленин В.И. ПСС. Т. 31. С. 119.

[25] Там же. С. 178.

[26] Там же. С. 119.

[27] Платтен Ф. Указ. работа. С. 39, 44, 49.

[28] Ленин В.И. ПСС. Т.31. С. 488.

[29] История гражданской войны в СССР. Т.1. М. 1935. С. 98.

[30] Платтен Ф. Указ. работа. С. 23.

[31] Там же. С. 184—185.

[32] Там же. С. 59.

[33] Там же. С. 50.

[34] Там же. С. 132.

[35] «Немецко-Большевистская Конспирация». С. 11.

[36] Ленин В.И. ПСС. Т.31. С. 243—244; 251—252.

[37] Подвойский Н.И. Год 1917. М. 1925. С. 23.

[38] К ним относились Каменев, Зиновьев, Ногин, Милютин и другие.

[39] «Правда». 1917. 16 апреля.

[40] «Маленькая газета». 1917. 14 апреля.

[41] Седьмая (Апрельская) Всероссийская конференция РСДРП (большевиков), апрель 1917 года. Протоколы. ИМЛ при ЦК КПСС. М.1958. С. 239.

[42] Ленин В.И. ПСС. Т.31. С. 131.

[43] История КПСС. Издание второе, дополненное. М.: Политиздат. 1962. С. 221.

[44] Ленин В.И. ПСС. Т.32. С. 173.

[45] Там же. С. 165.

[46] Там же. С. 167.

[47] Там же. С. 275.

[48] Там же. С. 277.

[49] Там же. С. 286.

[50] Там же. С. 287.

[51] Данное письмо было опубликовано впервые в «Правде» 16 апреля 1927 г.

[52] Ленин В.И. ПСС. Т.32. С. 21.

[53] См.: «Рабочая газета». 1917. 21 апреля.

[54] Ленин В.И. ПСС. Т.31. С. 325.

[55] «Правда». 1917. 15(2) мая.

[56] См.: Ленин В.И. ПСС. Т.31. С. 657—660.

[57] «Известия». 1917. 6 мая.

[58] «Русская воля». 1917. 15 июня.

[59] «Живое слово». 1917. 11 июня.

[60] «Живое слово». 1917. 22 июня.

[61] Вторая и третья петроградские конференции большевиков. С. 29.

[62] См.: «Новый журнал». 1971. № 102. С. 226.

[63] Ленин В.И. ПСС. Т.32. С. 362.

[64] Там же. С. 383.

[65] Там же. С. 409.

[66] РЦХИДНИ. Ф.4. Оп. 3. Д. 52. Л. 4.

Глава 5
Фиаско симбирского путчиста

[1] «Воля народа». 1917. 5 июля.

[2] Цит. по: Ленинградские рабочие в борьбе за власть советов. Ленинград. Госиздат. 1924. С. 24.

[3] Цит. по: «Социал-демократ». № 104. 1917. 11 июля.

[4] Дубровин А.И. (1855—1918) — организатор и руководитель черносотенного «Союза русского народа».

[5] Марков Н.Е. — крупный помещик Курской губернии, один из руководителей черносотенно-погромных организаций: «Союз русского народа» и «Палата Михаила Архангела».

[6] «Петроградская газета». 1917. 8 июля.

[7] «Голос солдата». 1917. 12 июля.

[8] «Красная летопись», 1926. № 4(19). С. 10—12.

[9] Свердлов Я.М. Избранные произведения. Т.2. М.1959. С. 28.

[10] Вторая городская конференция начала свою работу 1 июля, но 3 июля была прервана из-за начавшегося большевистского путча.

[11] Первый легальный Петербургский комитет большевиков в 1917 г. Сборник материалов и протоколов. М.-Л. 1927. С. 212.

[12] История СССР. С. 34.

[13] Вторая и третья петроградские конференции большевиков в июле и октябре 1917 г. Протоколы. М.-Л. 1927. С. 57—58.

[14] Первый легальный Петербургский комитет большевиков в 1917 г. С. 210—212.

[15] Там же. С. 211.

[16] Там же. С. 212.

[17] Там же. С. 213.

[18] Там же. С. 210.

[19] Вторая и третья петроградские конференции большевиков. С. 45, 51, 63.

[20] Там же. С. 62.

[21] Там же.

[22] Там же. С. 69.

[23] История КПСС. Т.3. Кн.1-я (март 1917 — март 1918). М.: Политиздат. 1967. С. 169.

[24] Тезисы под названием «Политическое настроение» были опубликованы 2 августа 1917 г. в газете «Пролетарское Дело».

[25] Ленин В.И. ПСС. Т. 34.С. 1—2.

[26] Там же. С. 2—5.

[27] Вторая и третья петроградские конференции большевиков. С. 144—145.

[28] Подробно по данному вопросу см.: «За ленинизм» М.-Л. 1925. С. 157—167.

[29] Ленин В.И. ПСС. Т.34. С. 12.

[30] Там же. С. 17.

[31] См. газету «Солдат», 1917. 16, 20, 29 августа.

[32] «Красная летопись». 1926, № 4(19). С. 7.

[33] «Кресты» — пересыльная тюрьма в Выборгском районе, построенная в 1892 г.

[34] «Красная летопись», 1928, № 2(26). С. 48.

[35] Шестой съезд РСДРП(б). Протоколы. М.: Госполитиздат. 1958; Ильин-Женевский. От февраля к захвату власти. Воспоминания о 1917 г. Л. 1927. С. 93.

[36] «Живое слово». 1917. 8 июля.

[37] Маркс К., Энгельс Ф. Соч. Т. 4. С. 331.

[38] Тридцать дней. 1934. № 1. С. 20.

[39] Ленин В.И. ПСС. Т. 33. С. 35.

[40] Бердяев Н. Судьба России. М. 1990. С. 310.

[41] История СССР. Эпоха социализма. М.: «Высшая школа». 1974. С. 34.

[42] «Рабочий и Солдат». 1917. 26—27 июля.

[43] «Красноармеец». 1919. № 10—15. С. 40.

[44] Цит. по: Суханов Н. Указ. работа. Книга 4. С. 511.

[45] Лацис М.И. Июльские дни в Петрограде. Из дневника агитатора. — «Пролетарская Революция». 1923. № 5(17). С. 104—105.

[46] «Живое слово». 1917. 5 июля.

[47] Там же.

[48] «Голос солдата». 1917. 6 июля.

[49] «Известия». 1917. 6 июля.

[50] «Петроградская газета». 1917. 7 июля.

[51] «Речь». 1917. 6 июля.

[52] «Речь». 1917. 7 июля.

[53] «Новое время». 1917. 8 июля.

[54] «Единство». 1917. 9 июля.

[55] «Рабочая газета». 1917. 11 июля.

[56] «Живое слово». 1917. 8 июля.

[57] «Речь». 1917. 9 июля.

[58] Никитин Б. Роковые годы. Париж. 1937. С. 112—114.

[59] РЦХИДНИ. Ф. 17. Оп. 1а. Д. 379.

[60] Никитин Б. Указ. работа. С. 116—117.

[61] «Известия». 1917. 11 июля.

[62] Ленин В.И. ПСС. Т. 34. С. 8, 9.

[63] Суханов Н. Указ. работа. Книга 5. С. 481—482.

[64] Заметки: «Где власть и где контрреволюция», «Гнусные клеветы черносотенных газет и Алексинского», «Злословие и факты», «Новое дело Дрейфуса».

[65] «Пролетарское Дело». 1917. 28 (15) июля.

[66] «Новая жизнь». 1917. 24 июля.

[67] «Рабочий и Солдат». 1917. 26—27 июля.

[68] Ленин В.И. ПСС. Т. 32. С. 415.

[69] Там же. Т. 34. С. 6—7.

[70] Там же. С. 31.

[71] Там же. Т. 32. С. 425.

[72] Там же.

[73] Ленинский сборник. Т. XXXVI. С. 18—20; ПСС.Т. 49.С. 441, 560, 625.

[74] Ленин В.И. ПСС. Т. 32. С. 511—512.

[75] Там же. С. 434.

[76] «Известия». 1917. 22 июля.

[77] См.: Ленин В.И. ПСС. Т. 49.

[78] Там же. Т. 31. С. 645.

[79] Там же. Т. 49. С. 437.

[80] Там же. С. 433.

[81] Там же. С. 424.

[82] Там же. С. 423.

[83] Там же. С. 425.

[84] Там же. С. 440.

[85] Zeman Z. Germaby and the Revolution in Russia 1915—1918: Document from the Archives of the German Foreign Ministry. L; N. 4. 1958. P. 70.

[86] Ленин В.И. ПСС. Т. 31. С. 120.

[87] «Руль». 1920. 20 декабря.

[88] «Руль». 1921. 3(18) марта.

[89] Людендорф Э. Мои воспоминания о войне 1914—1918 гг. Т. 2. М., 1924. С. 89.

[90] Из рассказа М.В.Фофановой.

[91] «Пролетарская революция». 1923. № 9(21). С. 231—232. См. также: РЦХИДНИ. Ф.2. Оп. 1. Д. 4544; Д. 4545.

[92] «Пролетарская революция». 1923. № 9(21). С. 227.

[93] Там же.

[94] Ленин В.И. ПСС. Т. 49. С. 424.

[95] Там же. С. 446.

[96] Там же.

[97] Платтен Ф. Указ. работа. С. 133.

[98] Ленин В.И. ПСС. Т. 49. С. 435.

[99] Там же.

[100] РЦХИДНИ. Ф.299. Оп. 1. Д. 48.

[101] Там же. Д. 47.

[102] Там же. Д. 46.

[103] Там же. Д. 52.

[104] Там же.

Глава 6
Большевики выходят из «окопов»

[1] История гражданской войны в СССР. ОГИЗ. М. 1935. Т. I. С. 779.

[2] Шестой съезд РСДРП(б). С. XI.

[3] Там же. С. 36.

[4] Там же. С. 319—337.

[5] Там же. С. 319—390.

[6] В редакционную комиссию были избраны: Сталин, Сокольников, Бубнов, Милютин, Бухарин, Ломов и Ногин.

[7] Шестой съезд РСДРП(б). С. 270.

[8] «Пролетарская революция». 1926. № 7(54). С. 35.

[9] Шестой съезд РСДРП(б). С. 11.

[10] Там же. С. 32.

[11] Там же. С. 33.

[12] Там же. С. 36.

[13] В следственных материалах отсутствовали лишь показания Ленина и Зиновьева.

[14] История КПСС. Т. 3. Кн. 1-я (март 1917 — март 1918). С. 155.

[15] «Правда». 1924. 28 март.

[16] «Известия». 1917. 14 июля.

[17] «Шестой съезд РСДРП(б)». С. 9. 68—69.

[18] Там же. С. 69.

[19] Там же. С. 81.

[20] Там же. С. 81—92.

[21] Там же. С. 85.

[22] Там же. С. 260.

[23] Из 21 члена ЦК, избранных съездом, в «Протоколах» указаны лишь 12, а из 10 кандидатов в члены ЦК — 5.

[24] «История СССР». С. 37.

[25] Шестой съезд РСДРП(б). С. 276.

[26] Ленин В.И. ПСС. Т. 34. С. 52.

[27] Там же. С. 77—78.

[28] Там же. С. 88.

[29] Плеханов Г.В. Год на Родине. Париж. 1921. Т. 1. С. 21.

[30] «Немецко-Большевиская Конспирация». Вашингтон. 1918 (см. документ № 5 и примечание к нему).

[31] Мартынов Е.И. Корнилов. Попытка военного переворота. Л. 1927. С. 17.

[32] 9 июля Л.Г.Корнилов был назначен главнокомандующим Юго-Западным фронтом, а 19-го — Верховным главнокомандующим.

[33] Мартынов Е.И. Указ. работа. С. 29.

[34] «Красная летопись», 1923, № 6. С. 39.

[35] Иванов Н.Я. Корниловщина и ее крах. Л. 1965. С. 39.

[36] Лукомский А.С. Воспоминания. В 2-х томах. Берлин. 1922. Т. 1. С. 227.

[37] Там же.

[38] Гиппиус З. Синяя книга. Петербургский дневник. 1914—1918 гг. Белград. 1919. С. 174.

[39] Государственное совещание. Л. 1930. С. 133.

[40] Бьюкенен Дж. Мемуары дипломата. Издание 2-е. М. Госиздат, 1925. С. 260.

[41] В рассматриваемый период Савинков Б.В. занимал пост товарища военного министра.

[42] Революционное движение в России в августе 1917 г. Разгром корниловского мятежа. М. Издательство АН СССР. 1959. С. 421.

[43] Эта мера не относилась к положению о цензуре.

[44] РЦХИДНИ. Ф. 17. Оп. 1 а. Д. 380.

[45] Революционное движение в России. С. 440.

[46] Там же. С. 448.

[47] Цит. по: История гражданской войны в СССР. Т. 1. М. ОГИЗ. 1935. С. 199.

[48] Ленин В.И. ПСС. Т. 34. С. 119—120.

[49] «Известия». 1917. 28 августа.

[50] Ленин В.И. ПСС. Т. 34. С. 75.

[51] «Пролетарий». 1917. 19 августа.

[52] «Рабочий и Солдат» 1917. 9 августа.

[53] «Пролетарий». 1917. 20 августа.

[54] Дрезен А.К. Большевизация Петроградского гарнизона. Сборник материалов и документов. М.-Л. 1932. С. 257.

[55] См.: Протоколы Петроградского совета профессиональных союзов за 1917 г. Л. 1927. С. 76; Владимирова В. Революция 1917 года. Хроника событий. Л. 1924. Т. 4. С. 162; Константинов А.П. Большевики Петрограда в 1917 г. Л. 1957. С. 478; Ильин-Женевский А.Ф. Большевики в тюрьме Керенского. С. 43—65.

[56] РЦХИДНИ. Ф. 4. Оп. 3. Д. 52. Л. 6.

Глава 7
Заговорщики готовятся к реваншу

[1] См.: «Известия». 1917. 3 сентября.

[2] Каменев, Луначарский, Калинин, Володарский, Милютин, Фенигштейн и другие.

[3] Статьи: «О компромиссах»,» Задачи революции», «Русская революция и гражданская война», «Один из коренных вопросов революции».

[4] Ленин В.И. ПСС. Т. 34. С. 134.

[5] Там же.

[6] Там же. С. 135.

[7] Там же.

[8] Первый легальный Петербургский комитет. С. 259—270.

[9] Переписка секретариата ЦК РСДРП(б) с местными партийными организациями. Сборник документов. Т. 17. Март-октябрь 1917 г. М. Госкомиздат. 1957. С. 186—187.

[10] РЦХИДНИ. Ф. 4. Оп. 3. Д. 52. Л. 4.

[11] Ленин В.И. ПСС. Т. 34. С. 200.

[12] Там же. С. 200—202.

[13] «Речь». 1917. 2 сентября.

[14] Ленин В.И. ПСС. Т. 34. С. 215.

[15] Там же. С. 216.

[16] Там же. С. 218.

[17] Там же. С. 220

[18] Там же. С. 222

[19] Там же. С. 228.

[20] Там же.

[21] Там же. С. 229.

[22] Там же. С. 231—238

[23] Владимирова В. Революция 1917 года. Т. 4. Л. 1924. С. 269.

[24] Данная работа впервые была опубликована в 1924 году в журнале «Пролетарская революция» в № 3 (посмертно).

[25] Ленин В.И. ПСС. Т. 34. С. 257.

[26] В состав комиссии вошли: Троцкий, Сталин, Каменев, Милютин, Рыков.

[27] Протоколы Центрального Комитета. С. 49.

[28] «Известия». 1917. 17 сентября.

[29] Ленин В.И. ПСС. Т. 34. С. 260.

[30] Там же. С. 239—241.

[31] Там же. С. 244.

[32] Там же. С. 245.

[33] Стасова Е.Д. Письмо Ленина в ЦК партии. — В Сборнике — «Воспоминания о В.И.Ленине». М. 1969. Т. 2. С. 454.

[34] «Пролетарская революция». 1922. № 10. С. 319.

[35] Протоколы Центрального Комитета. С. 65.

[36] «Пролетарская революция». 1927. № 10. С. 166.

[37] Октябрьское вооруженное восстание. Семнадцатый год в Петрограде. В 2-х томах. Т. 2. Л.: «Наука». 1967. С. 208—209.

[38] «Известия». 1917. 21 сентября.

[39] Протоколы Центрального Комитета. С. 261—262.

[40] Ленин В.И. ПСС. Т. 34. С. 248—256.

[41] Мельгунов Сергей. Как большевики захватили власть. Париж. 2-е издание. 1984. С. 20.

[42] Ленин В.И. ПСС. Т. 34. С. 245.

⁴³ В 1809 г. в результате русско-шведской войны 1808—1809 гг., Финляндия была присоединена к России.

⁴⁴ Балтийские моряки в подготовке и проведении Великой Октябрьской социалистической революции. Сборник. М.-Л.: Издательство АН СССР. 1957. С. 208.

⁴⁵ Ленин переехал в Финляндию 9 августа.

⁴⁶ В Предпарламенте участвовали 53 большевика. В его президиум входили Троцкий и Каменев.

⁴⁷ «Рабочий Путь». 1917. 29 сентября.

⁴⁸ В президиум Петроградского Совета от большевиков вошли Троцкий, Каменев, Рыков, Федоров.

⁴⁹ «Рабочий Путь». 1917. 26 сентября.

⁵⁰ Многие советские историки и некоторые зарубежные исследователи, ссылаясь на воспоминания Н.К.Крупской, Е.Д.Стасовой, а также организаторов переезда Ленина в Петроград А.Шотмана и Э.Рахья, ошибочно считают, что этот переезд произошел в пятницу 29 сентября. Однако решение ЦК РСДРП(б) «...предложить Ильичу перебраться в Питер...» было принято только 3(16) октября. М.В.Фофанова, на квартиру которой переехал Ленин, считала, что переезд действительно произошел в пятницу, но... 6 октября. По ее словам, «это было за день или два до рождества Пресвятой Богородицы». Здесь, на квартире М.В.Фофановой (Выборгская сторона, Сердобольская ул., д.1/92), Ленин прожил до 24 октября.

⁵¹ Ленин В.И. ПСС. Т. 34. С. 264—267.

⁵² Там же. С. 275, 277.

⁵³ Там же. С. 277—278, 281.

⁵⁴ Там же. С. 282—283.

⁵⁵ Например: «К рабочим, крестьянам и солдатам», «Советы постороннего», «Задачи нашей партии в интернационале», «Из дневника публициста», «Грозящая катастрофа и как с ней бороться» были опубликованы лишь после октябрьского переворота.

⁵⁶ «Нева». 1990. № 8. С. 192.

⁵⁷ Ленин В.И. ПСС. Т. 34. С. 284—285.

⁵⁸ Там же. С. 286.

⁵⁹ Там же. С. 340—341.

⁶⁰ Протоколы Центрального Комитета. С. 85—86.

⁶¹ Ленин В.И. ПСС. Т. 34. С. 262.

⁶² Протоколы Центрального Комитета. С. 74.

⁶³ «Известия». 1917. 6 октября.

⁶⁴ Протоколы Центрального Комитета. С. 87.

⁶⁵ Троцкий Л.Б. Сочинения. Т. 3. Часть 1-я. М. 1925. С. 456.

⁶⁶ «Известия». 1918. 6 ноября: «Петроградская правда». 1917. 5 ноября.

⁶⁷ «Речь». 1917. 8 октября. Подробно о «опломбированном» вагоне см. главу «Возвращение странствующего эмигранта».

⁶⁸ Организаторами переезда Ленина были А.Шотман и Э.Рахья.

⁶⁹ Крупская Н.К. Воспоминания о Ленине. М. 1957. С. 310.

⁷⁰ Ленин В.И. ПСС. Т. 49. С. 423.

⁷¹ РЦХИДНИ. Ф. 17. Оп. 1 а. Д. 33. Л. 6.

⁷² Там же. Л. 9.

⁷³ Там же.

⁷⁴ История КПСС. Т. 3. Книга 1-я. С. 303.

⁷⁵ РЦХИДНИ. Ф. 17. Оп. 1а. Д. 33. Л. 13.

⁷⁶ Там же. Л. 10.

⁷⁷ Ленин В.И. ПСС. Т. 34. С. 389—390.

⁷⁸ 10 октября эта статья была воспроизведена в Кронштадтской газете «Пролетарское дело».

⁷⁹ «Рабочий Путь». 1917. 8 октября.

⁸⁰ Бреслав В. Канун октября 1917 года. М.: Издательство политкаторжан. 1934. С. 31—22.

⁸¹ Там же. С. 21—22.

⁸² Цит. по.: «История гражданской войны в СССР». Т. 1. С. 292.

⁸³ «Известия». 1917. 17 октября.

⁸⁴ «Нева». 1990. № 8. С. 192.

⁸⁵ «Биржевые ведомости». 1917. 14 октября.

⁸⁶ Ленин В.И. ПСС. Т. 34. С. 575—576.

⁸⁷ Из беседы с М.В.Фофановой.

⁸⁸ Ленин В.И. ПСС. Т. 34. С. 576.

⁸⁹ «Новая жизнь». 1917. 15 октября.

⁹⁰ «Биржевые ведомости» (утренний выпуск). 1917. 14 октября.

⁹¹ «Газета — Копейка». 1917. 14 октября.

⁹² РЦХИДНИ. Ф. 558. Оп. 1. Д. 4341.

⁹³ Там же. Ф. 17. Оп. 1а. Д. 139.

⁹⁴ «Нева». 1990. № 8. С. 193.

⁹⁵ См.: «Рабочий Путь». 1917. 20 октября.

⁹⁶ Первый легальный Петербургский комитет. С. 308—309.

⁹⁷ Там же. С. 310—312.

⁹⁸ «Красная летопись». 1922. № 2—3. С. 318.

⁹⁹ Первый легальный Петербургский комитет. С. 312, 315.

¹⁰⁰ Там же. С. 313.

¹⁰¹ Там же.

¹⁰² Там же.

¹⁰³ Там же.

¹⁰⁴ Там же.

¹⁰⁵ Там же. С. 314.

¹⁰⁶ Там же.

¹⁰⁷ Там же. С. 314—315.

¹⁰⁸ Там же. С. 315.

¹⁰⁹ Плеханов Г.В. Год на Родине. Париж. 1921. Т. II. С. 267.

¹¹⁰ Первый легальный Петербургский комитет. С. 313, 316.

Глава 8
Октябрьский контрреволюционный переворот

[1] Протоколы Центрального Комитета. С. 100.

[2] Там же. С. 111.

[3] Там же. С. 112.

[4] Там же. С. 113.

[5] Там же.

[6] Там же. С. 114.

[7] Там же. С. 114—115.

[8] Там же. С. 114.

[9] Там же.

[10] Там же. С. 115.

[11] Там же. С. 116—117.

[12] Там же. С. 117—118.

[13] Там же. С. 118.

[14] Там же. С. 118—119.

[15] Там же. С. 120.

[16] Там же. С. 121.

[17] Там же.

[18] Там же. С. 122.

[19] Там же. С. 122—123.

[20] Там же. С. 123.

[21] Там же. С. 124.

[22] См.: Ленин В.И. ПСС. Т. 34. С. 397.

[23] Протоколы Центрального Комитета. С. 125.

[24] Там же. С. 126.

[25] Ленин В.И. ПСС. Т. 8. С. 321—335.

[26] Там же. С. 413.

[27] Протоколы Центрального Комитета. С. 128—129.

[28] «Новая жизнь». 1917. 25 октября.

[29] «Красноармеец». 1919. № 10—15.

[30] «Красная газета». 1923. 7 ноября.

[31] «Коммунист». 1957. № 1. С. 35.

[32] «Красная летопись». 1923. № 8. С. 16.

[33] Аввакумов С.И. Борьба петроградских большевиков за осуществление ленинского плана Октябрьского восстания. — Октябрьское вооруженное восстание. Семнадцатый год в Петрограде. В 2-х томах. Т. 2. М.-Л.: «Наука». 1957. С. 54—56.

[34] «Пролетарская революция». 1922. № 10. С. 87.

[35] «Голос солдата». 1917. 24 октября.

[36] Петроградский военно-революционный комитет. Документы и материалы. В 3-х томах. Т. 1. М.: «Наука». 1966. С. 74.

[37] Рябинский К. Хроника событий. Т. 5. С. 160.

[38] «День». 1917. 25 октября.

[39] «Пролетарская революция». 1922. № 10. С. 92.

[40] Запись рассказа М.В.Фофановой, сделанная автором.

[41] См.: «Рабочий путь». 1917. 19, 20 и 21 октября; Ленин В.И. ПСС. Т. 34. С. 398—418.

[42] «Речь». 1917. 25 октября, «Известия». 1917. 25 октября.

[43] «Известия». 1917. 25 октября.

[44] Там же.

[45] Керенский А.Ф. Россия и поворотный пункт истории. 1965. С. 435.

[46] «Известия». 1917. 25 октября.

[47] «Рабочая газета». 1917. 26 октября.

[48] Великая Октябрьская социалистическая революция. Сборник воспоминаний участников революции в Петрограде и Москве. М. 1957. С. 305.

[49] Там же.

[50] ЦГА ВМФ СССР. Ф. Р—95. Д. 56. Л. 27.

[51] ЦГВИА СССР. Ф. 1343. Оп. 2. Д. 106. Л. 333.

[52] Ленин В.И. ПСС. Т. 34. С. 436.

[53] ЦГВИА СССР. Ф. 1343. Оп. 2. Д. 106. Л. 361.

[54] Там же.

[55] «Красная летопись». 1926. № 5(20). С. 37.

[56] ЦГВИА СССР. Ф. 1343. Оп. 2. Д. 106. Л. 286.

[57] См., например: Балтийский флот в Октябрьской революции и гражданской войне. М.-Л.: Партиздат, 1932; Балтийские моряки в подготовке и проведении Великой Октябрьской социалистической революции. Сборник. М.-Л.: Издательство АН СССР. 1957; Антонов-Овсеенко В.А. Балтфлот в дни керенщины и Красного Октября. — «Пролетарская Революция». 1922. № 10; Дыбенко П.Г. Балтфлот в октябрьские дни. — В кн.: Великая Октябрьская социалистическая революция в Петрограде и Москве. М.: Госкомиздат. 1957; Раскольников Ф.Ф.Кронштадт и Питер в 1917 году. М.-Л.: Госиздат. 1925; Ховрин Н.А. Балтийцы идут на штурм. М.: Воениздат. 1968 и др.

[58] Рабинович Александр. Большевики приходят к власти. Революция 1917 года в Петрограде. Перевод с английского М. «Прогресс». 1989.

[59] Там же. С. 296.

[60] ЦГА ВМФ СССР. Ф. Р—95. Д. 56. Л. 23.

[61] Там же. Л. 26.

[62] Там же. Д. 24. Л. 39.

[63] Там же. Ф. 870. Оп. 6. Д. 78. Л. 66.

[64] Там же. Д. 18. Л. 66 об.

[65] Там же. Ф. Р—92. Оп. 1. Д. 109. Л. 258.

[66] Там же. Л. 265.

[67] «Пролетарская революция». 1922. № 10. С. 141—142.

[68] ЦГА ВМФ СССР. Ф. 870. Оп. 6. Д. 78. Л. 66.

[69] «Красный балтиец». 1920. № 6. С. 36.

[70] ЦГА ВМФ СССР. Ф. 870. Оп. 6. Д. 18. Л. 70 об.

[71] Суханов Н. Записки о революции. Т. 7. Кн. 1. Париж, 1923. С. 235.

[72] Немецко-Большевистская Конспирация. С. 20.

[73] Балтийские моряки в подготовке и проведении Великой Октябрьской социалистической революции. С. 270.

[74] Там же. С. 280.

[75] История КПСС (издание второе, дополненное). С. 254.

[76] Эсминцы российского флота имели скорость 16 узлов, то есть примерно 30 км в час.

[77] «Военный вестник». 1924. № 10. С. 78—79.

[78] Октябрьское вооруженное восстание в Петрограде. Документы и материалы. Т. 3. Л 1966. С. 414—415.

[79] Второй Всероссийский съезд Советов Р. и С.Д. М.-Л.: Госиздат. 1928. С. 33.

[80] «Пролетарская революция». 1922. № 10. С. 79.

[81] «Бакинский рабочий». 1927. 7 ноября.

[82] Антонов-Овсеенко В.А. Балтфлот в дни керенщины и Красного Октября. С. 124—129; его же.: Революция победила. — «Красная газета». 1923. 7 ноября.

[83] ЦГА ВМФ СССР. Ф. Р.—269. Д. 70. Л. 39.

[84] Второй Всероссийский съезд Советов. С. 4.

[85] Суханов Н. Указ. работа. С. 199.

[86] Второй Всероссийский съезд Советов. С. 4.

[87] Там же.

[88] Там же. С. 5.

[89] Хинчук Л.М. (1868—1944) — меньшевик, в РСДРП с 1903 г. В 1920 г. вступил в большевистскую партию, занимал ряд ответственных должностей.

[90] Второй Всероссийский съезд Советов. С. 5.

[91] Там же. С. 6.

[92] Там же. С. 7.

[93] Там же. С. 8—9.

[94] Там же. С. 9.

[95] Там же.

[96] Там же. С. 10.

[97] Там же. С. 11—12.

[98] Там же. С. 73.

[99] Там же. С. 74.

[100] Суханов Н. Указ. работа. С. 219—220.

[101] Чернин О. В дни мировой войны. Воспоминания бывшего австрийского министра иностранных дел. М.-Л.: Госиздат, 1923. С. 240, 246.

[102] Отхожее место, туалет.

[103] Очевидно, был убит большевиками за распространение газеты.

[104] См.: «Нева». 1990. № № 8, 9, 10.

[105] Рид Джон. Десять дней, которые потрясли мир. М.: «Художественная литература». 1968. С. 279.

[106] Горький М. Несвоевременные мысли. М.: «Советский писатель». 1990. С. 170.

[107] Чернов В. Рождение революционной России. Прага, 1934. С. 404.

[108] Цит. по: Троцкий Л. История русской революции. Берлин. 1933. Т. 2. Ч. 2. С. 86.

[109] РЦХИДНИ. Ф. 4. Оп. 3. Д. 52. Л. 5.

[110] Там же. Л. 5—6.

[111] О 60-й годовщине Великой Октябрьской социалистической революции. Постановление ЦК КПСС от 31 января 1977 г. М.: Политиздат, 1977. С. 3.

[112] Ленинская теория социалистической революции и современность. М.: Политиздат, 1972. С. 373.

[113] «Литературная газета». 1961. 31 июля.

[114] «Известия». 1991. 5 июля.

[115] «Военный вестник». 1924. № 42. С. 13.

Глава 9
Плата за российский престол

[1] История дипломатии. Т. 2. М.-Л., 1945. С. 311.

[2] Эрцбергер. Германия и Антанта. Перевод с немецкого М.П. 1923. С. 62.

[3] История дипломатии. Т. 2. С. 308.

[4] Ленин В.И. ПСС. Т. 35. С. 82.

[5] Людендорф Э. Указ. работа. С. 90.

[6] Ленин В.И. ПСС. Т. 35. С. 581.

[7] Zeman A. Germany and the Revolutuon in Russia. 1915—1918: Documents from the Archives of the German Foreigb Ministry. L; N.V. 1958. P.70.

[8] Мирные переговоры в Брест-Литовске. Т. 1. М. 1920. С. 264.

[9] «Русь». 1918. 18 января.

[10] Ленин В.И. ПСС. Т. 35. С. 490—491.

[11] Там же. С. 381.

[12] Гофман Макс. Записки и дневники. 1914—1918. Перевод с немецкого. — «Красная газета». Л. 1929. С. 114.

[13] Немецко-Большевистская Конспирация. С. 18.

[14] Воспоминание Гинденбурга. М.: «Мысль». 1922. С. 57.

[15] Сведения взяты из: О.Чернин. Указ. работа. С. 275.

[16] См.: Heresch Elisabeth. Nikolaus II. Fligheit, Luge und Verrat. Wien. 1992. S. 354—355.

[17] Там же. С. 356—357.

[18] Zeman A. Germany and the Russian Revolution. P. 70.

[19] Оликов С. Дезертирство в Красной Армии и борьба с ним. М. 1926. С. 27.

[20] Там же. С. 27—31.

[21] Цит. по: История дипломатии. Т. 2. С. 359.

[22] Там же. С. 359—360.

[23] Там же. С. 360.

[24] Там же. Л. 363.

[25] РЦХИДНИ. Ф. 5. Оп. 1. Д. 2761. Л. 45.

[26] Ленин В.И. ПСС. Т. 50. С. 431.

[27] Там же. С. 86.

[28] Там же. С. 112.

[29] РЦХИДНИ. Ф. 558. Оп. 1. Д. 3834.

[30] Там же. Ф. 6. Оп. 1. Д. 3103.

[31] Ленин В.И. ПСС. Т. 50. С. 547 (см. также: Т. 49. С. 652).

[32] Шкловский Г.Л. (1857—1937) — член РСДРП с 1898 г., большевик, с 1909 г. жил в Швейцарии. После Февральской демократической революции вернулся в Россию. До 1925 г. был на дипломатической работе, затем перешел на издательскую деятельность.

[33] Ленин В.И. ПСС. Т. 49. С. 275.

[34] Там же. С. 276.

[35] «Известия». 1932 г. 15 июня.

[36] Ленинский сборник. Т. XIII. М. 1930. С. 281—282.

[37] Там же. С. 276.

[38] Пальчинский П.И. (расстрелян сталинскими палачами в 1930 г.) — инженер, организатор синдиката «Продуголь». После Февральской революции 1917 г. — товарищ министра торговли и промышленности во Временном правительстве. Во время октябрьского переворота был начальником обороны Зимнего дворца.

[39] См.: Ленин В.И. ПСС. ТТ. 32, 34, 50.

[40] Там же. Т. 50. С. 214—215.

[41] См.: Арутюнов А. «Был ли Ленин агентом германского Генштаба?» — «Столица». 1991. № 1(7); его же: «Родимое пятно большевизма». «Столица» 1991. № 4(10). и др.

[42] Ленин, о котором спорят сегодня. М.: Политиздат. 1991. С. 103—104.

[43] Ленинский сборник. Т. 40. М. 1985. С. 91.

[44] Там же. С. 92.

[45] Стомоняков Б.С. (1882—1941) — член РСДРП с 1902 г., большевик. С 1904 г. жил заграницей. Поставлял оружие в Россию. В мировую войну служил в болгарской армии. С 1917 г. — член Болгарского посольства в Голландии. После октябрьского переворота переехал в Петроград. Выполнял ряд ответственных дипломатических функций советского правительства. С 1920-го по 1926 год являлся торговым уполно-

моченным Советской России в Берлине. С 1934-го по 1938 год — заместитель народного комиссара иностранных дел СССР.

[46] РЦХИДНИ. Ф. 2. Оп. 2. Д. 911. Л. 1—3.

[47] Там же. Оп. 1. Д. 22404.

[48] Владимир Ильич Ленин. Биографическая хроника. Т. 12. С. 34.

[49] Ленин В.И. ПСС. Т. 54. С. 524.

[50] РЦХИДНИ. Ф. 2. Оп. 1. Д. 25064. Л. 1.

[51] Там же.

[52] Там же. Л. 1 об.

[53] Там же.

[54] «Архивное дело». 1925. Вып. 2. С. 144.

[55] ЦГАОР СССР. Ф. 5325. Оп. 9. Д. 840. Л. 27.

[56] Там же. Д. 346. Л. 3.

[57] Там же. Д. 841. Л. 1.

[58] «Архивное дело». 1923. Вып. I. С. 96.

[59] ЦГАОР СССР. Ф. 5325. Оп. 9. Д. 536. Л. 209 об. — 210.

[60] ЦГАОР. Ф. 5325. Оп. 9. Д. 606. Л. 12.

[61] Там же. Д. 343. Л. 3.

[62] Там же. Д. 841. Л. 8.

[63] Там же. Д. 840. Л. 26—28.

[64] Там же. Д. 839. Л. 4.

[65] РГВИА. Ф. 800. Оп. 1. Д. 1000.

[66] См.: Васильева О.Ю., Кнышевский П.Н. Красные конкистадоры. М.: «Соратник». 1994. С. 255.

[67] ГАРФ. Ф. Р. 5325. Оп. 1. Д. 62. Л. 45—47.

[68] РЦХИДНИ. Ф. 71. Оп. 1. Д. 24. Л. 2.

[69] Там же. Л. 9.

[70] Там же. Л. 37.

[71] Там же. Л. 44.

[72] Там же. Ф. 347. Оп. 1. Д. 19. 57.

[73] Там же. Л. 3.

[74] Там же. Л. 78—87.

[75] Маклаков В.А. (1869—1957) — посол Временного правительства во Франции.

[76] РЦХИДНИ. Ф. 71. Оп. 3. Д. 4. Л. 14.

[77] Там же. Ф. 347. Оп. 1. Д. 19. Л. 89—90.

Глава 10
Секретные документы обличают

[1] Немецко-Большевистская Конспирация. Вашингтон. 1918. С. 1.

[2] «Известия». 1917. 19 июля.

[3] Декреты Советской власти. Т. 1. 25 октября 1917 г. — 16 марта 1928 г. М.: Госполитиздат, 1957. С. 24—25.

ᐧ

⁴ См.: «The journal of Modern Jistory». Vol.XXVIII. ND 2. June.1956. P.137.

⁵ Ibid. P.148.

⁶ Ibid. P. 151.

⁷ Ibid. P. 154.

⁸ См., например: «О Ленине — правду». Л., 1991; «Ленин, о котором спорят сегодня». М. 1991 и др.

⁹ См.: «Правда». 1993. 18 марта и 29 апреля; «Новая и новейшая история». 1993. № 5.

¹⁰ «Новая и новейшая история». 1993. № 5. С. 42.

¹¹ Ленин В.И. ПСС. Т.31. С. 325.

¹² «Русская Воля». 1917. 15 июня.

¹³ «Маленькая Газета». 1917. 14 апреля.

¹⁴ Керенский А.Ф. Россия на историческом повороте. Мемуары. М., 1992. С. 217.

¹⁵ «Новая и новейшая история». 1993. № 5. С. 45.

¹⁶ Там же. С. 45, 52.

¹⁷ Цит. по: «Огонек». 1990. № 48.

¹⁸ Цит. по: «Эхо планеты». № 40—41 (131—132). 1990. 1—12 октября.

¹⁹ Немецко-Большевистская Конспирация. С. 15.

²⁰ Там же.

²¹ В списках сотрудников Народного комиссариата финансов фон Толь не значится. Возможно, он сменил фамилию.

²² Немецко-Большевистская Конспирация. С. 10.

²³ Здесь и после каждого документа примечания сделаны Э.Сиссоном.

²⁴ Немецко-Большевистская Конспирация. С. 10.

²⁵ Залкинд И.А. (1885—1928) — советский дипломат, член большевистской партии с 1903 г. Один из организаторов НКИД РСФСР. В 1917—1918 гг. — сотрудник НКИД.

²⁶ Поливанов Е.Д. (1889—1938) — ученый-востоковед, член большевистской партии с 1919 г. После октября 1917 г. работал в НКИД, был заместителем наркома и заведующим отдела Востока.

²⁷ Мехоношин К.А. (1889—1938) — партийный и государственный деятель, член большевистской партии с 1913 г. С 1917 г. — член Военной организации при ЦК РСДРП(б), Всероссийского бюро военных организаций, член Петроградского ВРК. С ноября 1917 г. — заместитель наркома по военным делам.

²⁸ Иоффе А.А. (1883—1927) — советский государственный и политический деятель, дипломат. В 1918 г. — председатель, затем член советской делегации на переговорах с Германией в Брест-Литовске. Полпред РСФСР в Германии в 1918 г.

²⁹ Генрих (Гартвиг) — офицер Русского разведывательного отделения Генштаба Германии.

[30] Шенеман (Шейнман) М.М. — одно и то же лицо, советник в НКИД РСФСР.

[31] См.: Ленин В.И. ПСС. Т. 53. С. 64, 504.

[32] Немецко-Большевистская Конспирация. С. 5.

[33] Там же.

[34] Там же. С. 9—10.

[35] РЦХИДНИ. Ф. 4. Оп. 3. Д. 52. Л. 2.

[36] Немецко-Большевистская Конспирация. С. 7—9.

[37] Никитин Б. Указ. работа. С. 68.

[38] Там же. С. 105—106.

[39] Там же. С. 107.

[40] Там же. С. 108.

[41] Там же. С. 109.

[42] Там же. С. 110.

[43] Там же. С. 54.

[44] Нахамкис (Стеклов) О.М. (1873—1941) — участвовал в социал-демократическом движении с 1893 г., со II съезда РСДРП(б) перешел к большевикам. После октябрьского переворота — редактор газеты «Известия ВЦИК».

[45] См.: «Каторга и ссылка». 1927. С. 25—32.

[46] РЦХИДНИ. Ф. 4. Оп. 3. Д. 52. Л. 6.

[47] См.: Ленин В.И. ПСС. Т. 48. С. 295.

[48] Ленин В.И. ПСС. Т. 49. С. 23, 37, 65, 66, 78, 86, 156, 163, 199, 201, 209, 212, 224, 245, 277, 326, 339, 340, 344, 348, 363, 364, 365, 376, 377, 421, 438, 443...

[49] Там же. Т. 27. С. 82—83.

[50] Никитин Б. Указ. работа. С. 110.

[51] Скрипник Н.А. (1872—1933) — член партии с 1898 г., активный участник октябрьского переворота. С 1917 г. на государственной и партийной работе в Петрограде; народный комиссар внутренних дел УССР, член Президиума ВУЦИК, член ЦК КП(б)У, народный комиссар просвещения УССР.

[52] Горбунов Н.П. (1892—1938) — член большевистской партии с 1917 г., секретарь председателя СНК РСФСР, с 1920 г. управляющий делами СНК РСФСР и СТО.

[53] Немецко-Большевистская Конспирация. С. 15.

[54] Там же. С. 10—11.

[55] «Красная книга ВЧК». Т. 2. С. 140.

[56] Ленин В.И. ПСС. Т. 50. С. 213.

[57] Pipes Richard. Russia under the Bolchevik Regime. New Vork: Vintage boos. 1995. P. 60.

[58] РЦХИДНИ. Ф. 558. Оп. 1. Д. 6271.

[59] Там же. Д. 3574.

[60] «Руль». 1921. 1 марта.

[61] Венгерские интернационалисты в Октябрьской революции и гражданской войне СССР. Сборник документов. Т. IV. М., 1968. С. 91.

[62] Гофман Макс. Указ. работа. С. 262.

[63] Интернационалисты-трудящиеся зарубежных стран — участники борьбы за власть Советов на Юге и Востоке республики. Т. 11. М., 1969. С. 234.

[64] Там же. Т. 1. С. 15.

[65] Немецко-Большевистская Конспирация. С. 20.

[66] Там же. С. 28.

[67] Там же. С. 20.

[68] Там же. С. 16.

[69] Там же. С. 24.

[70] РЦХИДНИ. Ф. 4. Оп. 3. Д. 52. Л. 4.

[71] Немецко-Большевистская Конспирация. С. 15.

[72] РЦХИДНИ. Ф. 4. Оп. 3. Д. 52. Л. 4.

[73] Там же. Л. 5.

[74] Немецко-Большевистская Конспирация. С. 12.

[75] Там же. С. 21, 24.

[76] Там же. С. 10.

[77] Ленин В.И. ПСС. Т. 31. С. 93.

[78] Немецко-Большевистская Конспирация. С. 25.

[79] Благонравов Г.И. (1895—1937) — член большевистской партии с марта 1917 г. Участник октябрьского переворота. После прихода к власти большевиков — комиссар Петропавловской крепости.

[80] Здесь описка: надо читать «зам. народного комиссара».

[81] Немецко-Большевистская Конспирация. С. 16.

[82] Там же. С. 13.

[83] Володарский (Гольштейн) М.М. (1891—1918) — член большевистской партии с 1917 г. После октябрьского переворота — комиссар по делам печати, пропаганды и агитации, редактор «Красной Газеты».

[84] Немецко-Большевистская Конспирация. С. 19.

[85] Бонч-Бруевич М.Д. (1870—1956) — известный военный деятель, генерал-лейтенант, геодезист, специалист по аэросъемке. В царской армии занимал ряд штабных должностей, преподавал в Академии Генерального штаба. После октября 1917 г. перешел на сторону советской власти, занимал ряд ответственных должностей в военном ведомстве, но вскоре был освобожден от участия в работе в НК по военным делам и переведен на работу в систему ВСНХ.

[86] Кобозев П.П. (1878—1941) — член большевистской партии с 1898 г. С ноября 1917 г. по февраль 1918 г. являлся чрезвычайным комиссаром Оренбурско-Тургайской области.

[87] Личность Стреаборга не установлена.

[88] «Немецко-Большевистская Конспирация». С. 18.

[89] Там же. С. 11.

[90] Там же. С. 13.

[91] Там же. С. 11.

[92] Там же. С. 28.

[93] Там же. С. 22.

[94] Там же.

[95] Там же. С. 28.

[96] Там же.

[97] Маркин Н.Г. (1893—1918) — член партии большевиков с 1916 г. Активный участник октябрьского переворота. В рассматриваемый период работал одним из секретарей Троцкого.

[98] Сакс С.Е. (род. в 1889 г.) — в большевистской партии состоял с 1917 г. В 1918 г. — член коллегии Народного комиссариата по морским делам, затем член Реввоенсовета Каспийско-Кавказского фронта и командующий Астраханско-Каспийской флотилией. В 1919—1921 гг. — комиссар для особых поручений при управлении народного комиссариата по морским делам. Позднее работал в Главном управлении водного транспорта. В 30-х годах бесследно исчезает.

[99] Мельгунов С.П. Красный террор в России. М. СП «РИСО», «PS». Изд. 5-е. 1990. С. 36.

[100] «Известия». 1990. 25 октября.

[101] Ленин В.И. Военная переписка (1917—1920). М.: 1956. С. 36.

[102] Алексеев М.В. (1857—1918) — русский генерал. После Февральской революции 1917 г. — Верховный главнокомандующий, затем начальник штаба Верховного главнокомандующего Керенского. После прихода к власти большевиков возглавил Добровольческую армию, организованную на Северном Кавказе.

[103] РЦХИДНИ. Ф. 2. Оп. 2. Д. 22.

[104] Ленин В.И. ПСС. Т. 34. С. 93.

Глава 11
«Крестный отец» красного террора

[1] Каракозов Д.В. (1840—1866) — русский террорист. 4 апреля 1866 г. неудачно стрелял в императора Александра II. Повешен.

[2] Желябов А.И. (1853—1881) — революционный народник, один из создателей «Народной воли», ред. «Рабочей газеты», организатор покушения на Александра II. Повешен 3 апреля 1881 г.

[3] Перовская С.Л. (1856—1881) — революционный народник, член «Народной воли», организатор и участница покушения на Александра II. Повешена 3 апреля 1881 г.

[4] Халтурин С.Н. (1856—1882) — революционный народник, член «Народной воли». Покушался на Александра II. Повешен за участие в убийстве одесского военного прокурора В.С.Стрельникова.

[5] Балмашев С.В. (1881—1902) — эсер, повешен за убийство министра внутренних дел Сипягина.

⁶ Созонов Е.С. (1879—1910) — русский революционер, эсер, погиб на каторге.

⁷ Савинков Б.Б. (1879—1925) — эсер, организатор ряда террористических акций. Во временном правительстве занимал пост товарища военного министра. После октябрьского переворота, как политический противник большевизма, эмигрировал за границу. В 1924 г. был арестован чекистами при переходе границы. Осужден, покончил жизнь самоубийством (?).

⁸ Спиридонова М.А. (1884—1941) — эсерка, политический и государственный деятель. После Февральской революции — лидер партии левых эсеров. В июле 1918 года организовала вооруженное выступление против большевиков, проводивших антинародную продовольственную диктатуру и массовый террор. Была арестована, осуждена. После амнистии отошла от политической деятельности. Расстреляна в 1941 г. в заключении.

⁹ Карпович П.Я. (1874—1917) — эсер, в 1901 году смертельно ранил министра народного просвещения Боголепова. Был приговорен к 20-ти годам каторги. В 1907 г. бежал и эмигрировал. Член боевой организации эсеров. Позднее отошел от политической деятельности.

¹⁰ Ленин В.И. ПСС. Т. 5. С. 7.

¹¹ Сборник документов по истории СССР. Эпоха социализма. Выпуск 1. 1917—1920 гг. М. 1978. С. 55.

¹² Переписка секретариата ЦК РКП(б) с местными партийными организациями (январь-март 1919 г.): Сборник документов. М. 1971. Т. 6. С. 62.

¹³ Ленин и ВЧК. М., 1975. С. 281.

¹⁴ Гуль Роман. Дзержинский. (Начало террора.) Издание 2-е, исправленное. Издательство «Мос». Нью-Йорк. 1974. С. 12—13.

¹⁵ Сборник документов по истории СССР. С. 68—69.

¹⁶ Там же. С. 69.

¹⁷ Там же. С. с. 185.

¹⁸ Там же. С. 186.

¹⁹ Ленин В.И. ПСС. Т. 36. С. 316.

²⁰ Сталин И. Соч. Т. 4. С. 419.

²¹ Там же. С. 118.

²² Ленин В.И. ПСС. Т. 50. С. 116.

²³ Там же. Т. 32. С. 188.

²⁴ Там же. Т. 37. С. 176.

²⁵ ЦГАНХ СССР. Ф. 478. Оп. 16. Ед. хр. 50. Л. 39—40.

²⁶ Там же. Л. 73.

²⁷ Там же. Оп. 1. Ед. хр. 98. Л. 118.

²⁸ ЦГАСА. Ф. 60/100. Ед.хр. 10 С. Л. 151—153.

²⁹ «Воля народа». 1924. № 3.

³⁰ См.: Бирюков Ф. Трагедия народа. — «Москва». 1989. № 12.

³¹ См.: Ленин В.И. ПСС. Т. 37. С. 702.

[32] «Донские ведомости». 1919. 11(24) сентября.

[33] Трифонов Ю. Отблеск костров. М. 1988. С. 167.

[34] Ленин В.И. ПСС. Т. 50. С. 283.

[35] Там же. Т. 38. С. 35.

[36] Там же. С. 36.

[37] ЦГАСА. Ф. 100. Оп. 3. Д. 110. Л. 659.

[38] «Москва». 1989. № 12. С. 170.

[39] Ленин В.И. ПСС. Т. 50. С. 289—290.

[40] Там же. С. 290.

[41] Ленинский сборник. Т. XXXIV. С. 144—145.

[42] Ленин В.И. ПСС. Т. 50. С. 313.

[43] Там же. С. 314.

[44] Там же. С. 321.

[45] Троцкий Л. Терроризм и коммунизм. М.-Л. 1925, С. 24.

[46] ЦГАСА. Ф. 100. Оп. 3. Д. 100. Л. 135—136.

[47] Ленин В.И. ПСС. Т. 50. С. 387.

[48] Там же. Т. 38. С. 562.

[49] Декреты Советской власти. Т. 6. С. 25—28.

[50] Ленин В.И. ПСС. Т. 51. С. 62.

[51] Там же. Т. 50. С. 292, 482.

[52] Там же. Т. 42. С. 111—112.

[53] Декреты Советской власти. Т. 7. С. 391—392.

[54] «Руль». № 30. 1920. 21 декабря.

[55] Цит. по: Гуль Роман. Жизнь на фукса. М.-Л. 1927. С. 37.

[56] Декреты Советской власти. Т. 1. С. 162.

[57] «Русь». 1918. 18 января.

[58] Ленин В.И. ПСС. Т. 51. С. 52.

[59] Семенов Г. Военная и боевая работа партии социалистов-революционеров за 1917—1918 гг. Берлин, 1922.

[60] «Социалистический Вестник». № 7(29). 1922. 3 апреля.

[61] «Социалистический Вестник». № 13—14(35—36). 1922. 20 июля.

[62] «Голос России». № 1005* 1922. 11 июля.

[63] Ленин В.И. ПСС. Т. 54. С. 279.

[64] Там же. Т. 45. С. 708.

[65] Там же. Т. 54. С. 149.

[66] Там же.

[67] Красная книга ВЧК. Т. 1. М. 1989. С. 11.

[68] Лацис М.И. (Судрабс Я.Ф.). Два года борьбы на внутреннем фронте. М. 1920. С. 24.

[69] Ленин В.И. ПСС. Т. 12. С. 320.

[70] Троцкий Л. Терроризм и коммунизм. С. 64.

[71] Бухарин Н. Атака. Сборник теоретических статей. издание 2-е. М. Госиздат. 1926. С. 102.

[72] «Красный террор». 1918. 1 ноября.

[73] Лацис М.И. Указ. работа. С. 52.

[74] «Новая жизнь». 1918. 11 января.

[75] «Новая жизнь». 1918. 9 января.

[76] Протоколы заседаний Всероссийского центрального Исполнительного Комитета Совета Р., С., Кр. и Каз. Депутатов II созыва. Издательство ЦИК. М. 1918. С. 27.

[77] Там же. С. 28.

[78] Там же. С. 29.

[79] Там же. С. 40.

[80] Лацис М.И. Указ. работа. С. 75.

[81] Там же. С. 76.

[82] Там же.

[83] «Еженедельник ВЧК». 1918. № 1. С. 11.

[84] «Кубанская чрезвычайка». 1921. С. 228.

[85] «Руль». № 51. 1921. 18 января.

[86] «Последние новости». 1920. 20 ноября.

[87] «Руль». № 22. 1921. 11 декабря.

[88] «Общее дело». 1921. Январь.

[89] «За народ». 1921. № 1.

[90] Ленин В.И. ПСС. Т. 53. С. 61.

[91] Там же. С. 61—62.

[92] «Революционная Россия». 1920. № 12.

[93] Там же.

[94] «Последние новости». № 320. 1921. 5 мая.

[95] Ленин В.И. ПСС. Т. 52. С. 42.

[96] ЦГАСА. Ф. 3388. Оп. 2. Д. 383. Л. 171.

[97] См.: «Родина». 1994. № 5. С. 56.

[98] Ленин В.И. ПСС. Т. 52. С. 240.

[99] Цит. по: Капустин М. Конец утопии? М. 1990. С. 135.

[100] Там же.

[101] «Руль». № 19. 1920. 9 декабря.

[102] ЦГАСА. Ф. 3388. Оп. 2. Д. 383. Л. 14.

[103] ЦГАОР СПб. Ф. 1000. Оп. 4. Д. 125. Л. 196.

[104] Там же. Ф. 9550. Оп. 11. Д. 222.

[105] «Известия Временного Революционного Комитета Матросов, Красноармейцев и Рабочих г. Кронштадта». № 13. 1921. 15 марта.

[106] См.: «Родина». 1994. № 5. С. 56.

[107] «Последние новости», № 281. 1921. 6 октября.

[108] Сталин И. Соч. Т. 5. С. 71.

[109] Там же. С. 106.

[110] «Руль». 1920. 10 декабря.

[111] «Последние новости». № 351. 1921. 10 июля.

[112] Розанов Мих. Соловецкий концлагерь в монастыре. 1922—1935 гг. Факты — домыслы — «параши». Книга первая. С. 119.

[113] Цит. по: Красные конкистадоры. М.: «Соратник». 1994. С. 138.

[114] Геллер М., Некрич Б. Утопия у власти. История Советского Союза с 1917 года до наших дней. Изд. 2-е. Лондон. 1986. С. 125.

[115] Ленин В.И. ПСС. Т. 45. С. 189.

[116] Там же. С. 190.

[117] Там же. Т. 54. С. 265—266.

[118] См.: Капустин М. Указ. работа. 1990. С. 454.

[119] РЦХИДНИ. Ф. Оп. 1. Д. 45. Л. 2.

[120] Ленин В.И. ПСС. Т. 53. С. 109,

[121] Там же. С. 169.

[122] «Дни». 1922. 10 ноября.

[123] РЦХИДНИ. Ф. 5. Оп. 2. Д. 45. Л. 3.

[124] Там же. Оп. 1. Д. 2630. Л. 8.

[125] Фрейлина ее величества Анна Вырубова. — М.. Орбита. 1993. С. 329.

[126] РЦХИДНИ. Ф. 5. Оп. 1. Д. 2761. Л. 28.

[127] Там же. Л. 44.

[128] Там же. Ф. 76. Оп. 3. Д. 228. Л. 2.

[129] Троцкий Л. Моя жизнь. Опыт автобиографии. Берлин. 1930. С. 75.

[130] «Последние новости». 1921. 11 ноября.

[131] РЦХИДНИ. Ф. 17. Оп. 3. Д. 325. Л. 1—2.

[132] Ленин В.И. ПСС. Т. 50. С. 335.

[133] Там же. С. 343.

[134] Там же. С. 143—144.

[135] Там же. С. 165.

[136] Там же. С. 142.

[137] Там же. С. 219.

[138] Там же. Т. 35. С. 204.

[139] Там же. Т. 38. С. 388.

[140] Там же. Т. 37. С. 57—58.

[141] Там же. Т. 41. С. 147.

[142] РЦХИДНИ. Ф. 2. Оп. 1. Д. 6898. Л. 1.

[143] «Северная коммуна». 1918. 19 сентября.

[144] РЦХИДНИ. Ф. 2. Оп. 2. Д. 492. Л. 1.

Глава 12
Политический авантюрист

[1] Ленин В.И. ПСС. Т. 6. С. 210.

[2] Там же. Т. 7. С. 125.

[3] Там же. Т. 10. С. 274.

[4] Там же. С. 329.

[5] Там же. С. 342.

[6] Цит. по: «Огонек». 1990. № 11. С. 21.

⁷ Ленин В.И. ПСС. Т. 31. С. 8.

⁸ Там же. Т. 32. С. 43—44.

⁹ Там же. С. 165.

¹⁰ Там же. С. 170.

¹¹ Там же. С. 350—352.

¹² Там же. С. 433.

¹³ Там же. Т. 34. С. 436.

¹⁴ Там же. Т. 35. С. 17.

¹⁵ Там же. С. 27.

¹⁶ Там же. С. 443.

¹⁷ Троцкий Л.Д. О Ленине. Материалы для биографии. М. 1924. С. 75.

¹⁸ Там же.

¹⁹ Ленин В.И. ПСС. Т. 35. С. 125.

²⁰ Там же. С. 140.

²¹ Там же.

²² Там же. С. 20, 26.

²³ Там же. С. 160—161.

²⁴ Там же. С. 165.

²⁵ Там же. С. 166.

²⁶ Там же.

²⁷ Там же. С. 185.

²⁸ Второй съезд РСДРП. Июль-август 1903 г. Протоколы. М. 1959. С. 181.

²⁹ Ленин В.И. ПСС. Т. 35. С. 185.

³⁰ Второй съезд РСДРП. С. 182.

³¹ Ленин В.И. ПСС. Т. 35. С. 241.

³² Там же.

³³ Там же. Т. 34. С. 445—446.

³⁴ Там же. С. 576.

³⁵ Там же. Т. 35. С. 558; Ленинский сборник. Т. XVIII. С. 39.

³⁶ Там же. С. 295.

³⁷ Там же. С. 306.

³⁸ Там же. С. 285.

³⁹ Сборник документов по истории СССР. С. 41.

⁴⁰ Ленин В.И. ПСС. Т. 36. С. 307.

⁴¹ Там же. Т. 37. С. 199.

⁴² Цит. по: Арутюнов Аким. Указ. работа. С. 20—31.

⁴³ «Церковные ведомости». 1918. № 2. С. 115.

Глава 13
Архивоинствующий атеист

¹ РЦХИДНИ. Ф. 11. Оп. 1. Ед. хр. 34.

² Ленин В.И. ПСС. Т. 12. С. 145.

[3] «О религии и церкви». Сборник. М. 1977. С. 31.

[4] Дюринг Евгений (1833—1921) — немецкий философ и экономист.

[5] По инициативе рейхсканцлера Германии Отто Бисмарка (1815—1898) прусский министр культов Фальк провел через рейхстаг четыре закона, устанавливающие строгий контроль государства над деятельностью католической церкви.

[6] Ленин В.И. ПСС. Т. 17. С. 417.

[7] Там же. Т. 50. С. 143.

[8] При Временном правительстве был созван Поместный Собор, на котором избрали Патриарха Московского и всея Руси Тихона и восстановили институт патриаршества, упраздненный при Петре I в 1703 г.

[9] ЦГАОР. Ф. Р. 3421. Оп. 1. Д. 36. Л. 13.

[10] Зинин Н. Трилогия. Христос и антихрист. Типография Рябушинских. М. 1918. С. 14.

[11] ГАРФ. Ф. 4652. Оп. 1. Д. 2. Л. 154.

[12] Там же. Ф. 130. Оп. 2. Д. 2. Л. 241—242.

[13] Епархиальные ведомости. Томск. 1919. № 13—14.

[14] См.: Волкогонов Д.А. Ленин. Политический портрет. В двух книгах. Кн. 2. М.: «Новости». 1994. С. 217.

[15] Ленин В.И. ПСС. Т. 33. С. 76.

[16] Сборник документов по истории СССР. С. 74.

[17] Там же.

[18] Ленин В.И. ПСС. Т. 35. С. 322.

[19] Там же. Т. 37. С. 689.

[20] Александровский М. Указатель московских церквей. М. 1915.

[21] «Наука и религия». 1973. № 12. С. 62.

[22] См.: Большая Советская Энциклопедия. Изд. 3. М. 1969. Кол. 1442.

[23] См.: Степанов Владимир (Русак). Свидетельство обвинения. Т. 1. «Русское книгоиздательское товарищество». 1993. С. 268.

[24] Ленин В.И. ПСС. Т. 38. С. 560.

[25] Там же. Т. 40. С. 72.

[26] Там же. Т. 41. С. 436.

[27] Там же. Т. 44. С. 119.

[28] Там же. С. 146.

[29] Там же. Т. 54. С. 625.

[30] Там же. С. 206.

[31] РЦХИДНИ. Ф. 2. Оп. 1. Д. 21843.

[32] Там же. Д. 22947.

[33] ЦГАКФД. Киноотдел. 1—122; 0—709.

[34] См.: Плаксин Р.Ф. Крах церковной контрреволюции 1917—1923 гг. М.: «Наука». 1968. С. 155. См. также: «Наука и религия». 1977. № 10. С. 14.

[35] Хлебные цены и хлебный рынок. Финансовое издательство НКФ СССР. М. 1925. С. 184, 188.

[36] Голод 1921—1923 років в Україні. Київ.: Наукова думка. 1993. С. 203.

[37] Там же. С. 133.

[38] Приводится по: Степанов Владимир. Указ. работа. С. 228.

[39] Трифонов И. Очерки истории классовой борьбы в СССР в годы НЕПа (1921—1937). М. 1960. С. 25.

[40] «Революция и Церковь». 1920. №№ 9—12. С. 71.

[41] «После голода». 1923. № 3. С. 206.

[42] Трифонов И. Указ. работа. С. 35.

[43] «Известия ВЦИК Советов». 1922. 16 сентября.

[44] Итоги борьбы с голодом 1921—1922 гг. М. 1922. С. 459—460.

[45] См.: Трифонов И.Я. Указ. работа. С. 25.

[46] ЦГАОР. Ф. 6765. Оп. 1. Д. 12. Л. 102.

[47] РЦХИДНИ. Ф. 5. Оп. 1. Д. 1080. Л. 1.

[48] ЦГАФКД. Киноотдел. 1—122; 0—709.

[49] «Революция и Церковь». 1919. № 2. С. 10—12; 1920. № 9—12. С. 98.

[50] Самое важное из всех искусств. Ленин о кино. Сборник документов и материалов. М. 1973. С. 117.

[51] ЦГАКФД. Киноотдел. 0—423; 1—928.

[52] «Революция и Церковь». 1920. № 9—12. С. 43.

[53] «Искусство кино». 1964. № 4. С. 7.

[54] Ленин В.И. ПСС. Т. 50. С. 279.

[55] Самое важное из всех искусств... С. 117.

[56] «Революция и церковь». 1920. № 9—12. С. 74—81.

[57] ЦГАОР Санкт-Петербурга. Ф. 7384. Оп. 33. Д. 128. Л. 130.

[58] К канонизации новомучеников российских. Материал Комиссии Священного Синода РПЦ по канонизации святых. М. 1991. С. 30.

[59] Ярославский Ем. 10 лет на антирелигиозном фронте. Изд-во «Безбожник». 1927. С. 1.

[60] «Безбожник». 1926. № 8. С. 7.

[61] «Безбожник». 1926. № 21—22. С. 21.

[62] Луначарский А.В. Почему нельзя верить в Бога? М. 1965. С. 371.

[63] Международная политика новейшего времени в договорах, нотах и декларациях. Ч. 3. Вып. 1. М. 1928. С. 248—249.

[64] Запись выступления Патриарха Московского и всея Руси Алексия II., переданная по Центральному телевидению 28 декабря 1997 года.

Глава 14
Ленин против Ульянова

[1] Ленин В.И. ПСС. Т. 1. С. XIV.

[2] Там же. С. XVI.

[3] Там же. Т. 6. С. 206.

[4] Там же. Т. 12. С. 255.

[5] Там же. Т. 23. С. 58.

[6] Там же. С. 59.

[7] Там же. Т. 24. С. 226.

[8] Там же. Т. 25. С. 288.

[9] Радищев А.Н. Полное собрание сочинений. В 2-х томах. Т. 1. Спб. 1907. С. 229—230.

[10] Ленин В.И. ПСС. Т. 25. С. 259.

[11] Шаумян С.Г. Избранные произведения в двух томах. Т. 1. 1902—1914 гг. М.: Политиздат. 1978. С. 424—425.

[12] Ленин В.И. ПСС. Т. 48. С. 234—235.

[13] Сталин И. Соч. Т. 2. С. 363—264.

[14] Там же. С. 362.

[15] Там же. С. 363.

[16] Там же.

[17] Цит. по: Сталин И. Соч. Т. 2. С. 403.

[18] Ленин В.И. ПСС. Т. 26. С. 110.

[19] Там же. Т. 31. С. 167.

[20] Там же. Т. 32. С. 41.

[21] Там же. Т. 34. С. 232.

[22] Там же. С. 379.

[23] История дипломатии Т. 3. М.-Л., 1945. С. 95—96.

[24] Цит. по: Барсегов Ю.Г. Право на самоопределение — основа демократического решения межнациональных проблем. К проблеме Нагорного Карабаха. Ереван. «Айастан». 1989. С. 80.

[25] Ленин В.И. ПСС. Т. 45. С. 211.

[26] КПСС в резолюциях и решениях съездов, конференций и пленумов ЦК. Т. 2. Изд. 8. М. 1970. С. 401.

[27] См.: «Российское время». № 4—5 (25). Ноябрь 1992 г.

Глава 15
«Пролетарский» неоколонизатор

[1] Ленин В.И. ПСС. Т. 50. С. 130.

[2] Там же. Т. 36. С. 9.

[3] 15 января 1920 г. Юго-Восточный фронт был преобразован в Кавказский.

[4] ЦГАСА. Ф. 107. Оп. 1. Д. 18. Д. 176.

[5] Там же. Ф. 195. Оп. 4. Д. 10. Л. 185.

[6] Там же. Ф. 109. Оп. 10. Д. 44. Л. 4.

[7] Шорина на посту командующего Кавказским фронтом 31 января 1920 г. сменил М.Н.Тухачевский.

[8] Ленин В.И. ПСС. Т. 51. С. 163—164.

[9] ЦГАСА. Ф. 6. Оп. 4. Д. 302. Л. 33.

[10] Там же. Коллекция. Д. 3.

[11] Там же. Ф. 6. Оп. 4. Д. 302. Л. 47.

[12] «Пролетарская революция». 1923. № 9(21). С. 216.

[13] ЦГАСА. Ф. 109. Оп. 3. Д. 70. Л. 41.

[14] Там же. Коллекция. Д. 3.

[15] Там же.

[16] Там же.

[17] См.: Борьба за победу Советской власти в Азербайджане. Сборник документов. Баку. 1967. С. 463.

[18] Речь шла об активизации действий 9-й армии.

[19] Уратадзе Григорий Илларионович — член Учредительного собрания Грузии, наделенный правами подписать мирный договор с Советской Россией. Орджоникидзе просит Ленина оттягивать переговоры с Грузией, чтобы использовать время для ее захвата и аннексии.

[20] ЦГАСА. Ф. 109. Оп. 3. Д. 70. Л. 40.

[21] Эта копия вместе с рукописью Ленина хранилась в Центральном партийном архиве Института марксизма-ленинизма при ЦК КПСС (ныне РЦХИДНИ).

[22] ЦГАКФД СССР. Фотоотдел. 4—576—579.

[23] ЦГАСА. Ф. 6. Оп. 12. Д. 89. Л. 3.

[24] «Руль». 1920. 20 ноября.

[25] Оганесян Э. Век борьбы. Мюнхен-Москва: Изд-во «Феникс». 1991, Т. 2. С. 320.

[26] ЦГАСА. Ф. 109. Оп. 3. Д. 72. Л. 68.

[27] Великая Октябрьская социалистическая революция и победа Советской власти в Армении (Сборник документов). Ереван, 1957. С. 346.

[28] ЦГАСА. Коллекция. Д. 3; «Правда». 1937. 21 февраля.

[29] Там же. Ф. 3988. Оп. 2. Д. 365. Л. 243—244.

[30] РЦХИДНИ. Ф. 558. Оп. 1. Д. 4018.

[31] ЦГИА Армении. Ф. 68/200. Оп. 1. Д. 769. Л. 256.

[32] РЦХИДНИ. Ф. 558. Оп. 1. Д. 5224. Л. 1.

[33] Там же. Л. 2.

[34] Там же. Д. 5011.

[35] Там же. Д. 3319.

[36] «Коммунист» (Баку). 1920. № 143.

[37] РЦХИДНИ. Ф. 558. Оп. 1. Д. 3311.

[38] Там же. Д. 2018.

[39] Тер-Акопян Г. Последнее бедствие Армении. Константинополь. 1921. С. 88.

[40] Великая Октябрьская социалистическая революция. С. 429.

[41] См.: Сборник документов по истории СССР. С. 71.

[42] РЦХИДНИ. Ф. 558. Оп. 1. Д. 3318.

[43] Там же.

[44] Борьба за победу Советской власти в Грузии. Документы и материалы (1917—1921 гг.). Тбилиси. 1958. С. 587.

[45] Там же. С. 562.

[46] Ленин В.И. ПСС. Т. 51. С. 424.

[47] Там же.

[48] Там же. С. 191.

[49] Там же. С. 424.

[50] РЦХИДНИ. Ф. 558. Оп. 1. Д. 2043.

[51] Там же. Д. 3319.

[52] Там же. Д. 2043.

[53] Из рассказа С.А. Пугачева генералу В.Н.Разуваеву, с которым автор данной работы имел многократные встречи и беседы. Великую Отечественную войну В.Н.Разуваев закончил в должности командующего I Ударной армии. В 50-х годах являлся послом СССР в КНДР.

[54] Ленин В.И. ПСС. Т. 53. С. 71.

[55] Мискин А.Г. — персональный пенсионер союзного значения, репрессированный в годы сталинского террора, очевидец событий в Тифлисе в 1920—1921 гг.

[56] РЦХИДНИ. Ф. 558. Оп. 1. Д. 2054.

[57] Борьба за победу Советской власти в Грузии. С. 569.

[58] Цит. по: «Заря Востока». 1990. 25 февраля.

[59] Сталин И. Соч. Т. 5. С. 37.

[60] ЦГАСА. Ф. 109. Оп. 3. Д. 181. Л. 45—46.

[61] Там же. Л. 47.

[62] Там же. Л. 110.

[63] Там же. Л. 116.

[64] Там же.

[65] Там же. Л. 131—133.

[66] Там же. Л. 144.

[67] Цит. по «Заря Востока». 1990. 25 февраля.

[68] ЦГАСА. Ф. 7. Оп. 2. Д. 43. Л. 40.

[69] История СССР. Т. 7. С. 623.

[70] «Дни». 1922. 9 декабря.

[71] Ленин В.И. ПСС. Т. 52. С. 118—119.

[72] Там же. С. 126—127.

[73] Там же. Т. 35. С. 14.

[74] Там же. Т. 36. С. 200, 201, 203.

Глава 16
Псевдотеоретик, или «Кремлевский мечтатель»

[1] Энгельс Ф. Анти-Дюринг. М. 1983. С. 284.

[2] См.: Скворцов П.Н. Товарный фетишизм. — «Научное обозрение». 1899. № 12.

[3] Ленин В.И. ПСС. Т. 3. С. 310.

[4] Там же. С. 597.

[5] Дело Ленина живет и побеждает. Политиздат. 1970. С. 6.

[6] Ленин В.И. ПСС. Т. 23. С. 44—45.

[7] Там же. С. 46.

[8] См.: К.Маркс и Ф.Энгельс. Соч. Т. XVI. С. 239—254.

[9] Ленин В.И. ПСС. Т. 6. С. VIII.

[10] Там же. С. 180—181.

[11] Там же. С. 180.

[12] Там же. С. 181.

[13] См.: Прокопович С.Н. Рабочее движение на Западе. Опыт критического исследования. Т. 1. Германия. Бельгия. Спб. 1899.

[14] Ленин В.И. ПСС. Т. 4. С. 306.

[15] Там же. С. 309.

[16] Там же. Т. 6. С. 39.

[17] Там же. С. 40.

[18] Там же. С. 183.

[19] Цит. по: Валентинов Н. Встречи с Лениным. Нью-Йорк. 1953. С. 74.

[20] Там же. С. 73.

[21] РЦХИДНИ. Ф. 237. Оп. 1. Д. 23. Л. 5.

[22] Ленин В.И. ПСС. Т. 33. С. 4.

[23] Там же. С. 120.

[24] Там же. С. 102.

[25] Там же.

[26] Цит. по: Ленин В.И. ПСС. Т. 33. С. 108.

[27] Там же.

[28] Цит. по: Ленин В.И. ПСС. Т. 33. С. 117.

[29] Там же.

[30] Там же. Т. 34. С. 436.

[31] Там же. Т. 33. С. 90.

[32] Там же. С. 95.

[33] Там же. Т. 55. С. 15, 17, 18, 56, 76, 84 (письма).

[34] Там же. Т. 6. С. 205.

[35] Там же. Т. 41. С. 376.

[36] История КПСС. Наглядное пособие. В 4-х томах. Вып. 2. М., 1971. С. 115.

[37] Ленин В.И. ПСС. Т. 37. С. 71.

[38] Там же. С. 168.

[39] Там же. С. 178.

[40] Там же. С. 179.

[41] Там же. С. 180.

[42] Там же. С. 181.

[43] Там же. С. 183.

[44] Там же. С. 144.

[45] Там же.

[46] Там же. С. 187.

[47] Там же. С. 188.

[48] СССР в цифрах в 1978 году. М.: «Статистика». 1979. С. 52 (см. также за последующие годы).

[49] Ленин В.И. ПСС. Т. 36. С. 199.

[50] Там же.

[51] Там же. С. 197.

[52] Там же. С. 204.

[53] Суханов Н. Указ. работа. Т. 5. С. 39—40.

[54] Ленин В.И. ПСС. Т. 43. С. IX—X.

[55] Там же. Т. 39. С. 153.

[56] Там же. С. 158.

[57] Там же. С. 169.

[58] Там же.

[59] Там же. С. 315.

[60] Там же. С. 402.

[61] Там же. Т. 40. С. 70.

[62] Там же. С. 77.

[63] Там же. С. 106.

[64] Там же. С. 186.

[65] Там же. С. 310.

[66] Там же. С. 320.

[67] Там же. С. 333.

[68] Троцкий Л.Д. К истории русской революции. М. 1990. С. 196.

[69] Там же.

[70] Ленин В.И. ПСС. Т. 41. С. 123.

[71] Там же. С. 197—198.

[72] Там же. Т. 40. С. 252.

[73] Там же. С. 304.

[74] Там же. Т. 41. С. 367.

[75] Там же. Т. 43. С. 25.

[76] Там же. С. 62.

[77] Там же. Т. 44. С. 159.

[78] Там же. С. 159—160.

[79] Там же. Т. 45. С. XVI.

[80] Там же. С. 346.

[81] Там же. С. 343.

[82] Там же. С. 349—353.

[83] РЦХИДНИ. Ф. 259. Оп. 1. Д. 48. С. 96.

Глава 17
Коммунистический штаб «мировой революции»

[1] См.: Волкогонов Дмитрий. Ленин. Политический портрет. В двух книгах. Книга 1. М. 1994. С. 17.

[2] Маркс К., Энгельс Ф. Соч. Т. 18. С. 305.

[3] Ленин В.И. ПСС. Т. 38. С. 149.

[4] Цит. по: Бастунич Григорий. Масонство и русская революция. М. 1995. С. 7.

[5] Ленин В.И. ПСС. Т. 27. С. 388.

[6] Плеханов Г.В. Заметки публициста. М. «Современная жизнь». 1906. Декабрь.

[7] «Наша заря». 1918 г. (3—4) 20 мая.

[8] См.: Ленин В.И. ПСС. Т. 22. С. 577; Т. 48. С. 109—110.

[9] Ленин В.И. ПСС. Т. 26. С. IX.

[10] Там же. С. 1—7.

[11] Тезисы под названием «Задачи революционной социал-демократии в европейской войне» были опубликованы лишь в 1929 г.

[12] Ленин В.И. ПСС. Т. 26. С. 17.

[13] Там же. С. 17, 20.

[14] Там же. С. 21.

[15] Там же. С. 22—23.

[16] Там же. С. 41—42.

[17] «Русское Слово». 1914. № 223. 28 сентября (11 октября).

[18] Ленин В.И. ПСС. Т. 26. С. 96—97.

[19] Там же. С. 165—166.

[20] Там же. С. 177.

[21] Там же. С. 318.

[22] Цит. по: Казарян Г.М. Армянское общественно-политическое движение в 50—60-х годах XIX века и Россия. Ереван. Изд-во Ереванского ун-та. 1979. С. 3.

[23] Ленин В.И. ПСС. Т. 26. С. 337.

[24] Там же. С. 341.

[25] Там же. С. 342.

[26] Пименова Э.К. Железный канцлер Бисмарк — творец германской империи. М. 1914. С. 58.

[27] Письмо написано во второй половине декабря 1916 г., а было опубликовано с сокращениями лишь 27 января 1918 г. в газете «La Verite» № 48. На русском языке впервые было опубликовано в № 7 в 1929 г. в журнале «Пролетарская революция».

[28] Ленин В.И. ПСС. Т. 30, С. 268.

[29] Там же. Т. 31. С. 116.

[30] Ленин В.И. ПСС. Т. 49. С. 440.

[31] Там же. С. 443—444.

[32] Там же. Т. 31. С. 203.

[33] См.: «Правда». 1918. № 281. 25 декабря.

[34] Ленин В.И. ПСС. Т. 50. С. 227.

[35] Там же. Т. 37. С. 625.

[36] Там же. Т. 39. С. 253.

[37] Там же. Т. 35. С. 537.

[38] Там же. Т. 37. С. 55.

[39] См.: «Коммунистический Интернационал». 1919. № 1.

[40] Людендорф Э. Мои воспоминания о войне 1914—1918. М. 1924. Т. 2. С. 296.

[41] Ленин В.И. ПСС. Т. 50. С. 185—186.

[42] Балабанова А.И. (род. в 1878 г.) — социал-демократка, участница русского и итальянского социалистического движения. В 1897 г., находясь в эмиграции, примкнула к «Союзу русских социал-демократов за границей». Сыграла большую роль в Итальянской социалистической партии: входила в редакцию ее центрального органа «Avanti!» («Вперед!»), была членом ЦК соц. партии и представителем партии в Международном социалистическом бюро; участвовала в работе Циммервальдской, Кинтальской и III Циммервальдской конференции, входила в Циммервальдское объединение, была избрана членом Интернациональной социалистической комиссии. В 1917 г. вернулась в Россию, вступила в РСДРП. Участвовала в работе Первого конгресса Коминтерна, являлась ее секретарем. Ее политические взгляды во многом расходились со взглядами Ленина. В 1921 г. Балабанова вышла из рядов РКП(б) и эмигрировала за границу.

[43] Balabanov A. Impressions of Lenin> University of Michigan Press. 1984. P.29—30.

[44] Ibid. P. 152.

[45] РИХИДНИ. Ф. 2. Оп. 2. Д. 1299. Л. 1.

[46] Там же. Д. 1318. Л. 1.

[47] Там же. Д. 183. Л. 1.

[48] Ленин В.И. ПСС. Т. 38. С. 148.

[49] Там же. С. 186.

[50] Троцкий Л.Д. Пять лет Коминтерна. М.-Л. 1925. С. 39.

[51] Там же. С. 90.

[52] «Чикаго Трибун». 1920. 19 июля.

[53] Маяковский Владимир. Полное собрание сочинений. В 13 томах. Т. 3. М. 1957. С. 83.

[54] См.: Ленин В.И. ПСС. Т. 38. С. 321,

[55] ЦГАСА. Ф. 25859. Оп. 2. Д. 8. Л. 90—93.

[56] Цит. по: Ленин В.И. ПСС. Т. 39. С. 227.

[57] ЦГАСА. Ф. 33987. Оп. 2. Д. 32. 279—279 об.

[58] РЦХИДНИ. Ф. 2. Оп. 2. Д. 1318. Л. 1—2.

[59] Ленин В.И. ПСС. Т. 39. С. 330.

[60] Там же. Т. 51. С. 111.

[61] ЦГАСА. Ф. 25859. Оп. 1. Д. 31. Л. 93.

[62] РЦХИДНИ. Ф. 2. Оп. 2. Д. 448. Л. 1.

[63] Там же. Ф. 495. Оп. 19. Д. 15. Л. 24.

[64] Там же. Оп. 82. Д. 1. Л. 1.

[65] Там же. Ф. 5. Оп. 1. Д.276. Л. 28.

[66] Там же. Ф. 17. Оп. 3. Д. 239.

[67] Там же. Ф. 2. Оп. 2. Д. 380. Л. 1.

[68] Там же. Д. 329. Л. 1−2.

[69] Ленин В.И. ПСС. Т. 40. С. 211.

[70] История КПСС (Издание второе, дополненное). М.: Политиздат. 1962 . С. 312.

[71] Там же. С. 323.

[72] См.: «История СССР. Эпоха социализма. (Издание третье, дополненное). М.: Высшая школа. 1974. С. 142−143.

[73] ЦГАСА. Ф. 6. Оп. 12. Д. 82. Л. 29−30.

[74] ЦГАКФД. Киноотдел. 5−9419.

[75] См.: ЦГАСА. Фонды: 6. Оп. 4. Д. 297; Оп. 12. Д. 57; Оп. 12. Д. 82; Оп. 12. Д. 83; 102. Оп. 3. Д. 26; 104. Оп. 4. Д. 178; 201. Оп. 3. Д. 130; Оп. 1. Д. 119, и др.

[76] ЦГАСА. Ф. 6. Оп. 12. Д. 57. Л. 232.

[77] ЦГАСА. Ф. 201. Оп. 3. Д. 130. Л. 51−52.

[78] Там же. Ф. 104. Оп. 4. Д. 80. Л. 32.

[79] Там же. Д. 176. Л. 24−25.

[80] История СССР. С. 144.

[81] Ленин В.И. ПСС. Т. 51. С. 238.

[82] Там же.

[83] РЦХИДНИ. Ф. 2. Оп. 2. Д. 348. Л. 1.

[84] Ленин В.И. ПСС. Т. 41. С. 347.

[85] Василевский А.М. Дело всей жизни. М.: Политиздат. 1976. С. 52.

[86] Ленин В.И. ПСС. Т. 43. С. 11.

[87] РЦХИДНИ. Ф. 5. Оп. 1. Д. 2761. Л. 28.

[88] Там же. Л. 27.

[89] См.: История дипломатии. Т. 3. М.-Л. 1945. С. 86.

Глава 18
Большевизм и фашизм

[1] Краткий политический словарь. Издание 5-е, доп. М.: Политиздат. 1988, С. 40.

[2] Там же. С. 41.

[3] Ленин В.И. ПСС. Т. 41. С. 6.

[4] Там же. Т. 5, С. 7.

[5] Там же. С. 19.

[6] Там же. С. 94.

[7] Там же. С. 294.

[8] Там же. С. 372.

[9] Там же. С. 374.

[10] Там же. Т. 6. С. 177.

[11] Там же. С. 206.

[12] Там же. Т. 37. С. 305.

[13] G.Hallgarten. Hilter Reichswehr und Industrie. Frankfurt a/m. 1955. S. 100.

[14] Анатомия войны. Новые документы о роли германского монополистического капитала в подготовке и ведении второй мировой войны. Перевод с немецкого. М. 1971. С. 100.

[15] Ленин В.И. ПСС. Т. 31. С. 108.

[16] Там же. С. 109.

[17] Советское крестьянство. М. 1970. С. 54.

[18] ЦГАКФД. Киноотдел. Док. № 0−1811.

[19] К десятилетию интервенции. Сборник статей. М.-Л. 1929. С. 233.

[20] Троцкий Л.Д. Соч. т. XVIII. С. 326.

[21] Цит. по: «Техника-молодежи». 1998. 11/12. С. 26.

[22] Geschichte der dentschen Arbeiter bewegung Bd. Vc Berlin. 1966. S. 25.

[23] Сведения взяты из: История второй мировой войны. 1939−1945. Т. I. М. 1973. С. 136.

[24] Цит. по: Бланк А. Германский фашизм и западногерманский неонацизм (1919−1969). Ч. 1. Вологда. 1971. С. 117.

[25] W. Gorlits, H. Quint. Adolf Hitler. Line Biographie. Stutgart. 1952. S. 438.

[26] См.: «Книжное обозрение». 1989. № 1.

[27] История Великой Отечественной войны Советского Союза. 1941−1945. М. 1965. Т. 6. С. 124−125.

[28] См.: «Литературная газета». 1988. 28 сентября.

[29] Цит. по: Барбюс Анри. Мы обвиняем. М.: Изд-во худ. лит. 1949. С. 5.

[30] «Известия ЦК КПСС», 1989, № 12. С. 87.

[31] Hitler. A. Mein Kampf. Munchen. 1933. S. 465.

[32] «Zeitchruft fnr Geopolitik». 1936. № 4. S. 247.

[33] Сведения заимствованы из: История второй мировой войны. 1939−1945. Т. 2. С. 27, 53.

[34] Яковлев А. Цель жизни. М. 1972. С. 156, 157−158.

[35] Цит. по: История второй мировой войны. 1939−1945. Т. 2. С. 28.

[36] Suchenwirth Richard. The Development of the German Air Force, 1919−1939. Aeroshace studies Institute. June 1968. P. 11.

[37] Ibit. P. 13.

[38] Ibit.

[39] Коммунистический режим и народное сопротивление в России 1917−1991. М. «Посев». 1996. С. 32.

[40] РЦХИДНИ. Ф. 17. Оп. 3. Д. 153. Л. 2−6.

[41] «Литературная газета». 1987. 8 апреля. С. 12.

[42] «Правда». № 350. 1936. 20 декабря.

[43] ЦГАОР. Ф. 6765. Оп. 1. Д. 3. Л. 96.

[44] Цит. по: «Новая и новейшая история». 1969. № 5. С. 134.

⁴⁵ Цит. по: Документы внешней политики. Т. 22. Кн. 1. (1 января — 31 августа 1939 г.). М. 1992. С. 632.

⁴⁶ Zemke H. Stalingrad to Berlin: The German Defeat in the East. Washington. 1968. P. 24.

⁴⁷ Цит. по: СССР и Германия. 1939. Т. 1. Документы и материалы о советско-германских отношениях с апреля по октябрь 1939 г. Вильнюс. 1989. С. 69.

⁴⁸ «Вопросы истории». 1990. № 7. С. 86.

⁴⁹ Сведения взяты из: Посетители кремлевского кабинета И.В.Сталина. Журналы (тетради) записи лиц, принятых первым генсеком. 1924—1953 гг. (Публикацию подготовили А.В.Коротков, кандидат исторических наук А.Д.Чернев, доктор исторических наук А.А.Чернобаев.) — Исторический архив. 1995. № 5—6. С. 51.

⁵⁰ Цит. по: Фирсов Ф.И. Коминтерн: опыт, традиции, уроки — нерешенные задачи исследования. // Коминтерн: опыт, традиции, уроки. Материалы научной конференции, посвященной 70-летию Коммунистического Интернационала. М. 1989. С. 21—22.

⁵¹ Коминтерн и вторая мировая война. Часть 1. М. «Памятники исторической мысли». 1994. С. 11.

⁵² Там же. С. 95.

⁵³ Цит. по: Agresia soviecka na Polske 17 Wrzesnia 1939 w. Swietle dokumentow. N. 1. Warszawa. 1994. S. 112.

⁵⁴ Там же.

⁵⁵ Hildebrand K. Deutsche Ayssenpolitik 1933—1945. Stuttgart. 1971. S. 95.

⁵⁶ См.: «Правда». 1939. 18—28 сентября.

⁵⁷ См.: «Правда». 1939. 18—22 сентября.

⁵⁸ «Вопросы истории». 1990. № 7. С. 88.

⁵⁹ «Международная жизнь». 1989. № 8. С. 19.

⁶⁰ «Правда». 1939. 30 сентября.

⁶¹ История второй мировой войны. 1939—1945. Т. 3. С. 29.

⁶² «Большевик». 1939. № 20. С. 5.

⁶³ См.: «Правда». 1939. 25 сентября.

⁶⁴ «Новый мир». 1979. № 11. С. 198—199.

⁶⁵ См., например: Семиряга М.И. Тайна сталинской дипломатии. 1939—1941. Высшая школа. 1992; Баришников В.Н. От прохладного мира к зимней войне. Восточная политика Финляндии в 1930-е годы. СПб.: Изд-во С.Петербургского университета. 1997 и другие.

⁶⁶ Цит. по: Семиряга М.И. Указ. работа. С. 152.

⁶⁷ Цит. по: Ранкур-Лаферриер Д. Психика Сталина: психоаналитическое исследование. Перевод с английского. М.: Весь мир. ТОО «Прогресс — акад.». 1996. С. 134—135.

⁶⁸ Там же. С. 135.

⁶⁹ История второй мировой войны. В 12-ти томах. Т. 3. М. 1974. С. 361.

[70] Там же.

[71] Внешняя политика СССР. Об. документов. Высшая партийная школа при ЦК ВКП(б). В 6-ти томах. Составитель Тисминец А.С. Т. IV (1935 — июнь 1941). М. 1946. С. 462.

[72] Там же. С. 463.

[73] Там же.

[74] Там же. С. 464.

[75] См.: Посетители кремлевского кабинета И.В.Сталина. С. 48—60.

[76] Цит. по: Синицын Е. Резидент свидетельствует М. ТОО «Гея». 1996. С. 42—43.

[77] Там же. С. 41.

[78] Внешняя политика СССР. Т. IV. С. 495.

[79] РЦХИДНИ. Ф. 2. Оп. 1. Д. 11480.

[80] Нюрнбергский процесс над главными военными преступниками. Сб. материалов в 7-ми томах. Т. IV. М. 1959. С. 367—369.

[81] РЦХИДНИ. Ф. 4. Оп. 2. Д. 3590. Л. 7.

[82] Первая международная конференция — КГБ: вчера, сегодня, завтра. Общественный фонд «Гласность». М. 1993. С. 43.

[83] W. Churchill. The Second World War. Vol. III. London. 1950. P. 332—333.

[84] Цит. по: Волкогонов Д.А. Триумф и трагедия. Кн. I. Ч. 2. М. 1989. С. 240.

[85] «Известия». 1990. 24 февраля.

[86] Геллер М., Некрич У.А. Утопия у власти. История Советского Союза с 1917 года до наших дней. Изд. 2-е. Лондон. 1986. С. 710.

[87] Убожко Лев. Моя борьба против красного фашизма. М. 1992. С. 11.

[88] Орлов Ю.Ф. Опасные мысли. «Аргументы и факты». М. 1992. С. 14.

[89] Пирумова М. Пророчества сбываются. М. 1995. С. 177.

Глава 19
Тайны болезни и смерть

[1] Ленин В.И. ПСС. Т. 45. С. 382.

[2] «Правда». 1924. 24 января.

[3] «Известия». 1924. 25 января.

[4] Бехтерев В.М. (1857—1927) — видный ученый, невролог, психиатр и психолог, организатор и руководитель Психоневрологического института (1908) и Института мозга и психической деятельности (1918) Участвовал в лечении Ленина.

[5] Из записи племянницы В.А.Шуровского М.Л. Кавериной от 2 мая 1924 года.

[6] «Правда». 1990. 25—26 ноября.

[7] Ленин В.И. ПСС. Т. 55. С. 9—10.

[8] Там же. С. 10.

[9] Там же. С. 17.

[10] РЦХИДНИ. Ф. 2. Оп. 1. Д. 385. Л. 1.

[12] Ленин В.И. ПСС. Т. 55. С. 252.

[13] Там же. С. 368.

[14] Бонч-Бруевич В.Д. Воспоминание о Ленине. С. 96.

[15] Коновалов Г.И. Тугие крылья таланта. М. 1975. С. 13.

[16] «Известия ЦК КПСС» 1989. № 12. С. 197.

[17] Цит. по: О Ленине — правду. С. 51—53.

[18] Залкинд Арон Борисович (1889-?) — педагог, врач-психоневролог, автор ряда научных работ по вопросам психологии и педагогики. Расстрелян большевиками в начале 30-х годов.

[19] Павлов И.П. (1849—1936) — выдающийся русский физиолог, академик, разработавший учение о высшей нервной деятельности животных и человека, и заложивший основы материалистической психологии. Противник советской власти и коммунистической идеологии.

[20] «Посев». 1984, № 1. С. 55.

[21] «Frankfurten Allgemeibe Zeitung» 1974. 5 April.

[22] Лопухин Ю.М. Болезнь, смерть и бальзамирование В.И.Ленина. Правда и мифы. М. 1997. С. 19.

[23] Там же. С. 36.

[24] Цит. по: Флеров В. Болезнь и смерть Ленина. — «Независимая газета». 1991. № 10. 22 января.

[25] Nonne M. Anfand ynd Ziel Meines Leben. Gamburg. 1971. S. 224.

[26] Бажанов Б. Воспоминание бывшего секретаря Сталина. М. 1990. С. 40.

[27] Флеров В. Указ. работа.

[28] РЦХИДНИ. Ф. 16. Оп. 3. Д. 13.

[29] Цит. по: «Знание — сила». 1990. № 4. С. 22.

[30] Переписка Председателя Совета Министров СССР с президентами США и премьер-министрами Великобритании во время Великой Отечественной войны 1941—1945 гг. М.: Госполитиздат. 1957. Т. 1. С. 119.

[31] Цит. по: «Куранты». № 75. (1094). 1995. 22—23 апреля.

[32] «Воля России». 1924. № 3.

Глава 20
Портрет вождя без ретуши

[1] Ленин В.И. ПСС. Т. 35. С. 15.

[2] Советский энциклопедический словарь. М. 1984. С. 697.

[3] Ленин В.И. ПСС. Т. 1. С. 647.

[4] Там же. С. 551; Ленин Владимир Ильич. Краткая биография. М. 1955. С. 8.

[5] РГВИА. Ф. 1343. Оп. 2. Д. 495. Л. 4—5.

[6] Ленин В.И. ПСС. Т. 1. С. 552—553.

[7] Там же. Т. 55. С. 56, 76.

[8] Там же. С. L.

[9] Там же. С. 399, 409.

[10] Владимир Ильич Ленин. Биография. М. 1981. С. 5.

[11] Воспоминание о Ленине. Т. 1. С. 24.

[12] Там же. С. 92.

[13] Ленин В.И. ПСС. Т. 40. С. 353.

[14] Там же. С. 234—234 об.

[15] Там же. Т. 41. С. 466.

[16] Там же.

[17] Там же. Т. 43. С. 416.

[18] См.: X съезд РКП(б). 8—16 марта 1921 г. Стенографический отчет. М. 1963. С. 729.

[19] Ленин В.И. ПСС. Т. 44. С. 284.

[20] Шагинян М. Семья Ульяновых. С. 27—28.

[21] Там же. С. 28.

[22] Джонсон Н.Н. — секретарь Михаила Романова.

[23] Власов А.М. — делопроизводитель Гатчинского дворца.

[24] Знамеровский С.П. — начальник Гатчинского ж-д жандармского управления.

[25] Декреты Советской власти. Т. 1. С. 578.

[26] Троцкий Л.Д. Дневники и письма. Нью-Йорк. Эрмитаж. 1986. С. 101—102.

[27] Тридцать дней. 1934. № 1. С. 18.

[28] Ленин В.И. ПСС. Т. 45. С. 707—708.

[29] Декреты Советской власти. Т. 4. С. 627.

[30] «Родная земля», № 1. 1926. 1 апреля. С. 6.

[31] Ленин В.И. ПСС, Т. 48. С. 244.

[32] «Известия ЦК КПСС». 1989. № 12. С. 197.

[33] Крупская Н.К. Воспоминания о Ленине. Изд. 3-е, дополн. М. 1989, С. 32.

[34] Ленин В.И. ПСС. Т. 55. С. 204.

[35] Там же. С. 265.

[36] Письма Ленина Горькому. Партиздат ЦК ВКП(б). 1936. С. 24

[37] Мартов Л. Спасители или упразднители? (Кто и как разрушал Р.С.Л.Р.П.) Париж. 1911. С. 36.

[38] Там же. С. 46.

[39] Цит. по: Никитин Б. Указ. работа. С. 227.

[40] Шагинян М. Указ. работа. С. 418.

[41] Там же. С. 458.

[42] Ленин В.И. ПСС. Т. 1. С. 554.

[43] Там же. Т. 35. С. 140.

[44] Сборник документов по истории СССР. Эпоха социализма. 1917—1920. М. 1978. С. 52—53.

[45] Партийную принадлежность членов Совета Народных Комиссаров см.: ПСС. Т. 36. С. 510—535.

[46] Там же. Т. 38. С. 325.

[47] РЦХИДНИ. Ф. 4. Оп. 1. Д. 9. Л. 134.

[48] «Правда». 1990. 21 апреля.

[49] Ленин В.И. ПСС. Т. 47. С. 64.

[50] Там же. С. 65.

[51] Там же. Т. 55. С. 404.

[52] РЦХИДНИ. Ф. 13. Оп. 1. Д. 471. Л. 1—3.

[53] Берзинь-Зиемелис Я.А. (1881—1941). Большевик с 1902 г. Был членом Заграничного бюро ЦК РСДРП (1910 г.) и Бюро заграничных групп Социал-демократии Латышского края. После октябрьского переворота — на государственной и дипломатической работе. В рассматриваемый период занимался организацией выпуска коммунистической пропагандистской литературы для распространения на Западе.

[54] РЦХИДНИ. Ф. 2. Оп. 2. Д. 125. Л. 1.

[55] «Русский современник». 1924. № 4. С. 241.

[56] Ленин В.И. ПСС. Т. 7. С. 435.

[57] Ленин В.И. ПСС. Т. 50. С. 113.

[58] Там же. Т. 34. С. 419—427; Т. 45. С. 345.

[59] РЦХИДНИ. Ф. 17. Оп. 3. Д. 153. Л. 1.

[60] Там же. Д. 325. Л. 10.

[61] «Нева». 1990, № 12. С. 196.

[62] «Известия ЦК КПСС». 1989. № 11. С. 172.

[63] Из беседы М.В.Фофановой с автором.

[64] Речь идет о письмах, которые М.В.Фофанова по поручению Ленина отправляла И.Ф.Арманд.

[65] Из беседы М.В.Фофановой с автором.

[66] См.: В.И.Ленин. Биографическая хроника. 1870—1924. Т. 5. С. 433, 470, 525, 565—566; Ленин в Москве и Подмосковье. М.: «Московский рабочий». 1980. С. 331.

[67] Плеханов Г.В. Сочинения. Т. XIII. М.-Л. 1926. С. 90.

[68] Ленин В.И. ПСС. Т. 49. С. 383.

[69] Платтен Ф. Указ. работа. С. 46.

[70] Ленин В.И. ПСС. Т. 49. С. 330—332.

[71] Там же. С. 382, 440, 443.

[72] Там же. Т. 45. С. 702.

[73] Там же. С. 594.

[74] См.: Марк Алданов. «Современники». Париж. 1956.

[75] Андреева М.Ф. Переписка. — Воспоминания. — Статьи. — Документы. М., 1963. С. 168.

[76] Цит. по: Таланов А. Бессменный часовой (Товарищ Камо). М.: Политиздат. 1968. С. 24.

[77] Войтинский Вл. Годы побед и поражений. Кн. 2-я Берлин, 1924. С. 227.

[78] Цит. по: Владимир Ильич Ленин. Биографическая хроника. Т. 5. С. 68.

[79] См.: «А и Ф». 1990. № 25 (506).

[80] См.: Ленин В.И. ПСС. Т. 48. С. 294—195.

[81] Там же. С. 295.

[82] Там же. Т. 20. С. 19—24; 70—71; 100—104.

[83] Там же. Т. 14. С. 15.

[84] Там же. Т. 5. С. 107; Т. 9. С. 187; Т. 15. С. 218; Т. 19. С. 168, 172, 361; Т. 22. С. 366.

[85] Там же. Т. 18. С. 135, 346.

[86] Сталин И. Соч. Т. 6. С. 54—55.

[87] Ленин В.И. ПСС. Т. 55. С. 10.

[88] Там же. С. 235.

[89] Там же. С. 239.

[90] Там же. С. 264.

[91] Там же. С. 295—296.

[92] Там же. С. 12.

[93] Воспоминание о Владимире Ильиче Ленине. Т. 2. С. 47.

[94] Ленин В.И. ПСС. Т. 55. С. 202.

[95] Там же. С. 229.

[96] Там же. С. 267.

[97] Там же. С. 304.

[98] Владимиров М. Ленин в Женеве и Париже. М. 1924. С. 16.

[99] Ленин В.И. ПСС. Т. 37. С. 709.

[100] Там же. Т. 50. С. 191.

[101] ЦГАКФД. Киноотдел. 1—2198.

[102] Мальков П. Записки коменданта Кремля. М. 1967. С. 127.

[103] Ленин В.И. ПСС. Т. 50. С. 176.

[104] Там же. С. 212.

[105] Там же. Т. 53. С. 142.

[106] Там же. Т. 41. С. 337.

[107] Там же. Т. 53. С. 170.

[108] Там же. Т. 54. С. 110.

[109] Там же. С. 593.

[110] Суханов Н. Указ. работа. Книга 3. Берлин — Пб. — М. 1922. С. 54.

[111] Малиновская — директор Большого театра.

[112] Ленин В.И. ПСС. Т. 54. С. 593—594.

[113] Бердяев Н. Самопознание (опыт философской автобиографии). Париж. 1979—1983. С. 172.

[114] РЦХИДНИ. Ф. 2. Оп. 2. Д. 447. Л. 1.

[115] Там же. Ф. 17. Оп. 3. Д. 234. Л. 3.

[116] См.: «Правда». 1989. 27 сентября.

[117] Тырнова-Вильямс А. На путях к свободе. Лондон, 1953. С. 400.

[118] Валентинов (Вольский) Н.В. (род. в 1879 г.) — журналист, активный участник социал-демократического движения в России с 1898 г. За революционную деятельность был арестован. Был освобожден из тюрьмы, вскоре эмигрировал за границу. Выступал с критикой марксизма. Редактировал «Московскую газету» и другие издания. По многим вопросам философии и социал-демократического движения его взгляды не совпадали со взглядами Ленина. В 1930 г. порвал с большевиками и эмигрировал за границу. Опубликовал несколько книг, в которых содержатся интересные свидетельства о Ленине.

[119] Валентинов Н. Встречи с Лениным. Нью-Йорк, 1953. С. 35—36.

[120] Валентинов Н. Недорисованный портрет. М. Терра. 1993. С. 200.

[121] Соломон Г.А. (род. в 1868 г.) — активный деятель социал-демократического движения России конца XIX — в первые десятилетия XX в. Подвергался арестам царского правительства. В 1907 г. эмигрировал за границу. Вернулся в Россию после октябрьского переворота. Занимал ряд должностей в комиссариатах иностранных дел и внешней торговли. Однако он не воспринимал большевистскую идеологию и программу РКП(б), о чем откровенно высказывал Ленину. В 1922 году порвал всякие связи с правительством Ленина и остался за границей.

[122] Жена профессора М.М.Тихвинского, расстрелянного большевиками.

[123] Соломон Г.А. Вблизи вождя; свет и тени (Ленин и его семья). «Москвитянин». 1991. С. 3—54.

[124] Там же. С. 21—22.

[125] РЦХИДНИ. Ф. 259. Оп. 1. Д. 25. Л. 283—308.

[126] Цит. по: Неизвестный Богданов. А.А. Богданов и группа РСДРП «Вперед». 1908—1914 гг. Книга 2. М. «АИРО-XX». 1995. С. 233.

[127] Бердяев Н.А. Истоки и смысл русского коммунизма. Париж. 1955. С. 96.

[128] Ленин В.И. ПСС. Т. 55. С. 85.

[129] Васильева О.Ю. Кнышевский П.Н. Указ. работа. С. 249.

[130] Соломон Г.А. Указ. работа. С. 25.

[131] Там же. С. 26.

Эпилог

[1] См.: Ленин В.И. ПСС. Т. 36. С. 83—88.

[2] «Новая заря». 1918. № 1. С. 32.

[3] Горький М. Несвоевременные мысли. «Новая жизнь». 1917, 7 ноября.

[4] Цит. по: Капустин М. Указ. работа. С. 3.
[5] XXII съезд КПСС. Стенографический отчет. Т. 1. С. 170—171.
[6] Там же. С. 148.

Постскриптум

[1] Афоризмы: По иностранным источникам. М.: «Прогресс». 1985. С. 31.
[2] Материалы III съезда Коммунистической партии Российской Федерации. ГПИБ. РСФСР. № 548. 1996 г. С. 14.

ПРИЛОЖЕНИЯ

ГЕНЕАЛОГИЯ ВЛАДИМИРА ИЛЬИЧА УЛЬЯНОВА (ЛЕНИНА)

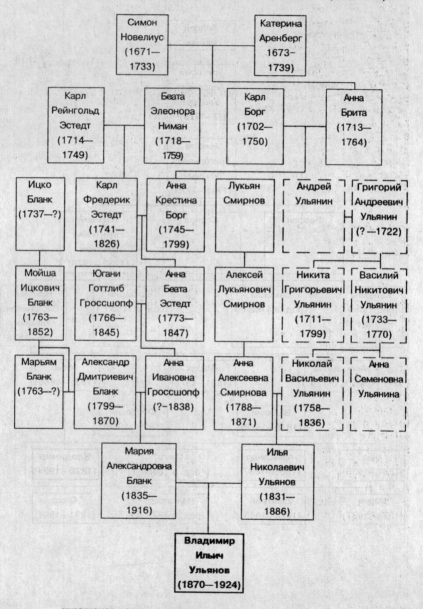

— — — чувашская ветвь — версия

ЧУВАШСКАЯ ВЕТВЬ (ВЕРСИЯ)

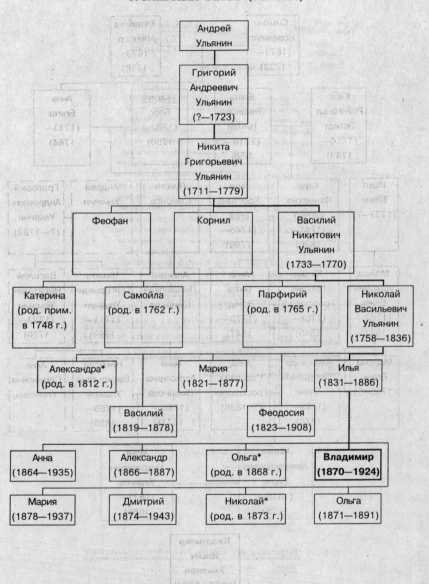

Андрей Ульянин

Григорий Андреевич Ульянин (?—1723)

Никита Григорьевич Ульянин (1711—1779)

- **Феофан**
- **Корнил**
- **Василий Никитович Ульянин (1733—1770)**

- **Катерина** (род. прим. в 1748 г.)
- **Самойла** (род. в 1762 г.)
- **Парфирий** (род. в 1765 г.)
- **Николай Васильевич Ульянин (1758—1836)**

- **Александра*** (род. в 1812 г.)
- **Мария** (1821—1877)
- **Илья** (1831—1886)

- **Василий** (1819—1878)
- **Феодосия** (1823—1908)

- **Анна** (1864—1935)
- **Александр** (1866—1887)
- **Ольга*** (род. в 1868 г.)
- **Владимир (1870—1924)**

- **Мария** (1878—1937)
- **Дмитрий** (1874—1943)
- **Николай*** (род. в 1873 г.)
- **Ольга** (1871—1891)

* — умерли в младенчестве

СЕКРЕТНОЕ ПИСЬМО ПОСЛА ГЕРМАНИИ В ШВЕЙЦАРИИ
ФОН РОМБЕРГА КАНЦЛЕРУ БЕТМАНУ ГОЛЬВЕГУ

Deutsche Gesandtschaft.

Bern, den 27. März 1917.

Nr. 855.

Ganz Geheim.

Ich hatte mit Weiss eine eingehende Besprechung, bei der es ihm hauptsächlich darauf ankam, festzustellen, wie wir uns der Revolution in Russland gegenüber verhalten würden. Insbesondere wollte er wissen, ob es nicht denkbar sei, dass wir unter Umständen eine reaktionäre Gegenrevolution unterstützen würden, wie vielfach angenommen und von unseren Gegnern geflissentlich verbreitet würde, ferner ob wir ernstlich beabsichtigten die pazifistischen Bestrebungen der Revolutionspartei zu fördern oder ob wir nur versuchen würden, die durch die Revolution hervorgerufene Desorganisation und verminderte Widerstandsfähigkeit der russischen Heere militärisch auszunützen. Einen ungünstigen Eindruck hätte bei den Revolutionären ein Artikel der als offiziös geltenden Lokalanzeigers hervorgerufen, indem ausgeführt worden sei, dass der Umsturz in Russland für Deutschland eine grosse Gefahr bedeute. Wenn Deutschland die pazifistische Richtung in Russland stärken wolle, müsse es alles vermeiden, was die Kriegshetzer in Russland und die Entente gegen uns ausschlachten könnten. Die Entente werde mit allen Mitteln trachten die russische Revolu-

—————— kann ich freilich nicht beschwören, dafür sind aber auch die Kosten unserer Beziehungen nicht hoch gewesen. Ich darf bis zum 1. April um Weisung bitten, ob ich Weiss 30.000 frs. auszahlen und ihm weitere Subsidien in Aussicht stellen darf. Ich sehe ihn am 2. April wieder.

Inhalt: Besprechung mit unserem russischen Vertrauensmann Weiss.

У меня была с господином Вайсом обстоятельная беседа, во время которой главной темой было установить, как мы должны относиться к революции в России.

В особенности, он хотел знать, допустимо ли, чтобы при определенных обстоятельствах поддержали бы контрреволюцию, как многократно предполагалось и распространялось нашими противниками, и имеем ли мы в дальнейшем твердое намерение способствовать пацифистским устремлениям революционной партии или мы будем пытаться использовать вызванные революцией дезорганизацию и уменьшение способности русской армии к сопротивлению.

Неблагоприятное впечатление в революционных кругах (оставила. — А.А.) статья, считающаяся официозной, местной газеты, в которой якобы объясняется, что переворот в России будет для Германии большой опасностью. Если Германия хотела бы усилить пацифистские настроения в России, следовало бы избегать всего того, из-за чего поджигатели войны в России и Антанта могли бы извлечь пользу.

Антанта будет стремиться направить против нас русское население. Возможно, снова развернутся кампании в прессе Антанты. Отсюда было бы желательно, чтобы немецкие компетентные инстанции приложили усилия убедить русских революционеров в том, что в Германии также наступают новые времена и что нет для нас ничего более опасного, чем тезис (лозунг) о том, что Германия — последний оплот революции, которая должна быть побеждена.

Особо благоприятное впечатление произвело бы, если бы в Германии по какой-либо причине была бы объявлена политическая амнистия, и более разумным, если кому-нибудь из немецких крайних левых, например, Ледебур, был бы разрешен выезд из страны, чтобы они вступили бы в контакт с русскими революционерами, так как с такими людьми, как Шейдеман, революционеры не захотели бы говорить.

Господин Вайс полагает также, что он сможет гарантировать с одинаковой определенностью с какой он сообщил, что революция будет весной этого года, что ...* будет зависеть от нашего поведения. У нас самих нет никакого интереса в том, чтобы препятствовать революции или использовать ее в военных интересах, если бы мы получили конкретные доказательства того, что она развивается в пацифистскую сторону.

У нас нет иного желания, как жить с нашим восточным соседом в мире. Если мы ранее держались за кайзеровскую династию, то это объяснялось только тем, что в более ранних периодах мы находили у нее почти только то понимание и содействие для нашей дружеской политики.

Если бы нашли у крайне левых такие же взгляды, это было бы для нас

---

* Здесь и ниже слова неразборчивы. Возможно, все...

кстати, и мы поддержали бы каждое направление, которое смогло бы привести к миру.

С другой стороны, нельзя было бы от нас требовать во время войны, чтобы мы бездеятельно наблюдали бы как в России обосновывается и усиливается новый режим, если мы не получили определенное доказательство того, что этого не происходит в ущерб нам. Ему (Вайсу. — А.А.) надо держать нас в курсе относительно дальнейших событий.

Господин Вайс был со мной совершенно согласен и сказал, что в интересах его партии посоветовал бы начать наступление, как только он увидет, что тенденция к миру не может одержать верх.

Он полагает, что уже в мае будет совсем ясно, в каком направлении развиваются события.

На мой вопрос, что думают в его партии по условии мира, он сказал, что из-за Эльзас-Лотаринг войну продолжать не будут, точно так же Курляндии. Для Польши следовало бы желать нейтралитета при гарантии соседних государств, так что Россия потеряла бы Польшу, но без того, чтобы усилить Германию.

Дальше следовало бы требовать интернационализации Дарданеллы.

В заключение был обсужден вопрос продолжения отношений с Вайсом. Он разъяснил мне, что кадеты вместе с Антантой располагают неограниченными средствами для своей пропаганды. Революционеры же, напротив, должны будут по-прежнему в этом отношении бороться с большими трудностями. Он до сих пор требовал от нас очень незначительные суммы из осторожности, так как владение большими суммами навлекло бы на него подозрение его же собственной партии. Это опасение сегодня уже не существует. Чем больше суммы мы предоставим в его распоряжение, тем больше он мог бы работать для достижения мира. Я хотел бы самым настоятельным образом рекомендовать предоставить в распоряжение Вайса на апрель месяц снова 30 000 франков, которые он в первую очередь хочет использовать, чтобы сделать возможным поездку в Россию важным товарищам по партии. Можно было бы предположить, что скоро между немецкими социалистами и русскими революционерами установится такая связь, и при этом будет приниматься в расчет финансовое содействие работе по достижению мира в более крупном масштабе. Будем ли мы в дальнейшем в сотрудничестве с господином Вайсом станет ясно позже. Пока я думаю, что это было бы не очень умно от него отказаться... Факты показали, что он во всяком случае информировал нас объективно, и нам, как кажется, давал полезные советы. В какой степени он внес практический взгляд в успех, я не могу доказать, для этого ... отношения не были высокими...

Я могу ли к 1 апреля просить указания о выдаче Вайсу 30 000 франков и могу ли я обещать ему дальнейших субсидий, я увижу его 2 апреля.

Подпись (Ромберг)
Содержание: совещание с нашим русским доверенным лицом Вайсом».

АНКЕТА ДЛЯ ПЕРЕРЕГИСТРАЦИИ
ЧЛЕНОВ МОСКОВСКОЙ ОРГАНИЗАЦИИ РКП(б)

1) Фамилия, имя и отчество: Владимир Ильич Ульянов

2) Возраст: 50 л.

3) Какой губернии, города, уезда, волости, деревни происходит: гор. Симбирск

4) Профессия родителей и их адрес: умерли

5) Состав семьи (по возрастам) и число находящихся на иждивении:

> жена 51
> брат 45
> сестра 44

6) Владеете ли недвижимостью (надел земли, дом) или средствами производства и где: нет

7) Национальность:
8) Родной язык: } русский

9) На каких языках, кроме русского, говорите, читаете, пишете (необходимое подчеркнуть):
французский, немецкий, английский; плохо все 3

10) Какая основная профессия: литератор

11) Какое образование получили и где

> а) Общее { гимназия
> б) Специальное { Экстерном сдал университетский экзамен в 1891 г. по юридическому факультету

12) Были ли за границей, когда и где:

1895; 1900—1905; 1907—1917 в эмиграции (Швейцария, Франция, Англия, Германия, Галиция).

13) Какие местности России хорошо знаете:

жил только на Волге и в столицах

14) Находились ли на военной службе в старой армии (чин, часть и сколько времени):   нет

15) Участвовали ли в боях и имеете ли ранение (где и когда):

нет

16) В каком предприятии или учреждении работаете в настоящее время (его адрес и № телефона), на какой должности:

СНК

17) Какое получаете жалованье и имеете ли побочный заработок: $13^{1}/_{2}$ тыс. (13 500) [182]

побочный — литературный

18) С какого времени состоите в РКП:

с основания и раньше (1893)

19) Вступили ли в партийную неделю: — нет —

20) Какой организацией приняты первоначально в члены РКП: см. § 18

21) Слушали ли лекции по общественно-политическим вопросам, где, когда, у кого и проходили ли курс школы политграмоты и какой ступени: Z

22) Членом какой ячейки состоите:

Кремлевский подрайон

23) Подвергались ли партийному суду, когда и за что:

меньшевиками в РСДРП при расколах

24) Состояли ли в другой партии, какой и когда и в качестве кого: нет

25) Какие документы или удостоверения имеются у Вас, указывающие на Ваше пребывание в нашей нелегальной партийной организации:

история партии — документ

26) Главные места прежней работы:

1. До Февральской революции: а) гражданской:
                               б) партийной:

2. До Октябрьской революции: а) гражданской:
                               б) партийной:

за границей и Петроград

27) В чем выражалось Ваше участие в Февральской революции: **кроме общепартийной работы, ни в чем (в эмиграции)**

28) Тоже, в Октябрьской революции: **член ЦК**

29) Подвергались ли репрессиям, <u>по политическим преступлениям</u>, где и когда; какое отбывали наказание:

арест 1887 (несколько дней)
  » 1895—1897 (14 месяцев и высылка на
              3 года в Восточную Сибирь)
  » 1900 (несколько дней)

30) В каком профессиональном союзе состояли, где и когда: нет

31) В каком профессиональном союзе сейчас состоите (указать № членской книжки): нет

32) Исполняли ли Вы выборные должности после Февральской революции и где:

а) Советские: **председатель СНК**
б) Профессиональные: пет
в) Партийные: **член ЦК**
г) Фабрично-заводские:
д) В воинских частях: } нет
е) Прочих:

33) Проходили ли военное обучение (воинское звание) и зарегистрированы ли в отряде особого назначения, в какую роту и за каким номером: нет

34) Были ли мобилизованы в Красную Армию, когда, какой организацией и в каком порядке (общая мобилизация или партийная), сколько времени и где пробыли на фронте (указать точно), какие обязанности выполняли, участвовали в боях, имели ли ранение, когда и где: нет

35) Мобилизован ли на транспорт, когда и какой организацией: **нет**

36) Какую партийную и советскую работу можете выполнять (организатор, администратор, лектор, агитатор, культурник и т. д.): *Z*

37) Приходилось ли Вам выступать на больших собраниях и председательствовать: **да**

38) Какую партийную работу несете в настоящее время: **член ЦК**

39) Какие дополнительные сведения желаете сообщить: *Z*

40) Ваш домашний адрес и № телефона: **Кремль. Верхний коммутатор**

41) Что прочитано Вами из сочинений Маркса, Энгельса, Ленина, Каутского и Плеханова: **почти все (подчеркнутых авторов)**

42) На какие темы Вам приходилось выступать перед рабочими и крестьянами или читать лекции: **большей частью на политические**

43) Пишете ли Вы статьи в газеты, где и на какие темы: **редко, на политические темы**

44) Можете ли писать листовки, воззвания и что Вами написано в этой области: **Да. Перечислить нельзя, было многовато.**

45) В какой области знания чувствуете себя особенно сильным и по каким вопросам можете читать лекции и вести занятия: **больше по политическим вопросам**

(Подпись) *В. Ульянов (Ленин)*

17/IX. 1920.

СПИСОК СОКРАЩЕНИЙ

АН СССР — Академия наук СССР

ВИКЖЕЛ — Всероссийский Исполнительный Комитет железнодорожников

ВКП(б) — Всесоюзная Коммунистическая партия (большевиков)

ВРК* — Военно-революционный комитет

ВСНХ — Высший совет народного хозяйства

ВЦСПС — Всероссийский Центральный Совет профессиональных союзов **ВЧК** — Всероссийская чрезвычайная комиссия

ВЦИК — Всероссийский Центральный Исполнительный Комитет

ГГС — Германский Генеральный штаб

ГДР — Германская Демократическая Республика

ГПУ — Государственное Политическое Управление

ГУЛАГ — Главное Управление лагерей

ЗДФР — Закавказская Демократическая Федеративная Республика

ЗУНР — Западноукраинская Республика

ИВСКД — Исполнительный Комитет Всероссийского Совета крестьянских депутатов

ИККИ — Исполнительный Комитет Коммунистического Интернационала

ИМЛ — Институт марксизма-ленинизма

ИМЭЛ — Институт Маркса-Энгельса-Ленина

КГБ — Комитет Государственной Безопасности

Коминтерн — Коммунистический Интернационал

КНДР — Корейская Народно-демократическая Республика

КНР — Китайская Народная Республика

КПРФ — Коммунистическая партия Российской Федерации

КПА — Коммунистическая партия Азербайджана

КПСС — Коммунистическая партия Советского Союза

МК — Московский Комитет

НКВД — Народный Комиссариат Внутренних Дел

НКЗ — Народный Комиссариат Земледелия

НКИД — Народный Комиссариат Иностранных Дел

НСДАП — Национал-социалистическая Германская рабочая партия

НЭП — Новая экономическая политика

---

* В январе 1921 года под таким названием был образован в Кронштадте Временный Революционный Комитет, возглавивший борьбу трудящихся, матросов и солдат против коммунистического режима

ОГПУ — Объединенное Государственное Политические Управление

ОИКАФПФ — Областной Исполнительный Комитет Армии, Флота, рабочих Финляндии

ОЗАКОМ — Особый Закавказский Комитет

ПУРККА — Политическое Управление Рабоче-Крестьянской Красной Армии

РВС — Революционный Военный Совет

РКИ — Рабоче-Крестьянская Инспекция

РВСР — Революционный Военный Совет Республики

РГАКФД — Российский Государственный архив кинофотодокументов

РККА — Рабоче-Крестьянская Красная Армия

РКП(б) — Российская Коммунистическая партия (большевиков)

РСДРП — Российская социал-демократическая рабочая партия

РСФСР — Российская Советская Федеративная Социалистическая Республика

РЦХИДНИ — Российский Центр хранения изучения документов новейшей истории

СА — Штурмовые отряды

СДКПиЛ — Социал-демократия Королевства Польши и Литвы

СНГ — Содружество Независимых Государств

СНК — Совет Народных Комиссаров

СС — Отряды безопасности

СССР — Союз Советских Социалистических Республик

ТАСС — Телеграфное Агентство Советского Союза

ФРГ — Федеративная Республика Германии

ЦГАОР — Центральный Государственный Архив Октябрьской революции

ЦГАСА — Центральный Государственный Архив Советской Армии

ЦЕКУБУ — Центральная комиссия по улучшению быта ученых

ЦК — Центральный Комитет

ЦИК — Центральный Исполнительный Комитет

ИМЕННОЙ УКАЗАТЕЛЬ

А

Абель (Бланк А.М.) 13, 14
Абовян Х. 421
Абрамович (Рейн) Р. 176
Абрамович А.Е. 74
Абрикосов А.И. 507, 508, 509, 515
Абуков В. 437
Аванесов В.А. 263, 282, 287
Авдеев 527
Авербах М.И. 507
Авксентьев Н.Д. 45
Авоян Г.Н. 387
Агамали-оглы 367
Агасфер (см. Любертц)
Адамович М. 267
Аделханов 31
Адлер В. 51, 52, 53, 418, 421
Адоратский В.В. 209, 538
Айзенхуд 72, 74
Акимов (Махновец) В.П. 531
Аксельрод Л.И. 396, 541
Аксельрод П.Б. 45, 394
Аксельрод Т.Л. 544, 560
Алабовы 24
Аладьин А. 124
Алданов (Ландау) М.А. 543, 546
Александр (Ульянов А.И.) 11
Александр II (Романов) 275, 400, 555
Александр III (Романов) 11, 275, 555
Александр Дмитриевич (см. Бланк А.Д.)
Александр Невский 518
Александра Федоровна (Алиса Гессен-
    Дармштадтская)
Александров П.А. 103
Алексеев Г. 554
Алексеев М.В. 240, 247, 274
Алексеев Н.А. 531
Алексеевский 241
Алексей (Романов) 524
Алексий II (Редигер А.М.) 358
Алексинская Т.И. 530, 531
Алексинский Г.А. 95, 96,97, 98, 100,
    101, 211, 421
Аллилуев С.Я. 101, 115
Анастасия (Романова) 524
Ангарский (Клестов) Н.С. 210, 211, 212

Андерс — см. Рубаков
Андреева (Юрковская) М.Ф. 288, 546
Андриканис Н.А. 544
Андроник (архиепископ) 338, 342
Андрюшкин П. 275
Анна — см. Ульянова-Елизарова А.И.
Анна (Бланк А.А.) 15
Анна (Бланк А.М.) 13
Анна (Смирнова А.А.) 20
Анна Ильинична — см. Ульянова-
    Елизарова А.И.
Антонов А.С. 298, 299, 300, 301
Антонов см. Антонов-Овсеенко В.А.
Антонов-Овсеенко В.А. 92, 127, 148,
    161, 163, 167, 172, 173, 180, 239,
    285, 300, 321
Апраксин А.И. 14, 15
Аракел 383
Арманд И. (Е.Ф.) 61, 74, 104, 108,
    150, 199, 540, 541, 542, 548
Арнаутов 240
Аросев А.Я. 16
Артем (Сергеев) А.Ф. 117
Архипов П. 241, 263
Афанасьев Ф.М. 56
Ашимли А.А. 387

Б

Бабин Е.В. 56
Багдасарян Т. 38
Багоцкий С.Ю. 61
Баден Виллен 246
Бажанов Б. 512
Базаров В.А. 396
Базилевич Г.Д. 282
Байдер 241
Байермейстер 225
Бакунин М.А. 399
Балабанова А.П. 273, 425, 429, 436
Баландин 92
Балашев 241
Балмашев С.В. 276
Балтинский А.А. 56
Бальцер 243
Балясин 241

Баранов А. 167
Баранов Д.О. 14,15
Баранов И.И. 463
Барбюс Анри 454
Бартельм 48
Бауер О. 418
Бауер Р. 217, 240, 250, 254, 267
Бахрушин А. 420
Бедный Демьян (Придворов Е.А.) 151, 336, 344
Беленький А.Я. 538
Белл 463
Белобородов (Вайнсбарт) Я.И. 527, 528
Белобородов А.Г. 282, 285
Белов И.П. 463
Белостоцкий И.С. 40
Белышев А. 171, 172
Бельгард С.К. 142, 178, 182, 539
Белявин (см. Тихон)
Бергер В. 45
Бердяев Н.А 394, 394, 549, 558, 559, 563.
Бережков В.М. 476, 480
Беренблит 245
Берзин (Берзинь-Зиемельс) Я.А. 117, 163, 537
Берингов 553
Бертольд Ауэрбах 412
Берштейн Э. 395, 418
Бетховен Л. 556
Бехтерев В.М. 454, 507, 508
Бинд 211
Бини 129
Бирюков 284, 285
Бисмарк Отто 335, 415
Благовещенский П.Ф. 56
Благонравов Г.И. 255
Бланк А.Д. 15, 16, 17, 521, 524
Бланк Д.А. 15
Бланк Д.Д. 15
Бланк Ицко 12
Бланк Л.А. 15
Бланк М.А. 28
Бланк М.И. 11, 12, 13, 14, 15, 537
Бланк Мирьям 13
Бланки Л.О. 416
Бломберг 463
Блюме 460
Блюмензаат 460
Блюмкин Я. 538
Блюхер В.К. 454
Бобровский 36

Богаевский М.П 240.
Богданов (Малиновский) А.А. 156, 396, 404, 405, 410, 544, 559, 562, 563
Богдасарян Т. 38
Боголепов 276
Богомолов П.С 24.
Богоявленский Л.К. 342
Бойс 225
Бойцов Н. (см. Радек (Собельсон) К.Б.) 73, 74
Бокий 157
Бокий Г.И. 91
Бокштыкович М.Ф. 56
Бондаренко А.Н. 387
Бонч-Бруевич В.Д. 84, 85, 338, 354, 355, 504, 526, 548, 553
Бонч-Бруевич М.М. 56, 251, 259, 260
Борг А.К. 18
Борецков 268
Бородин (Грузенберг) М.М.
Борхард Ю. 507
Боткин 524
Бочкарева 278
Бош Е.Б. 314
Боярский 239
Брантинг К. 45, 418
Браун 453
Браухич 463
Брежнев Л.И. 481, 539, 567
Брехов С.М. 21, 26
Брешко-Брешковская Е.К. 132, 541
Бриллиант см. Сокольников (Бриллиант) Г.Я. 74
Бродский И. 553
Бродский И.А. 8, 497
Брокдорф-Рантцау 106
Бронский М.Г. 189
Бросов И.П. 248
Броун 19
Брунджадзе Рамиз 71
Брусилов А.А. 56, 121
Бубнов А.С. 91, 117, 136, 143, 145, 147, 151, 153, 160, 163, 188, 189, 532
Буденный С.М. 279, 282
Буздерг 260
Букгольм 265
Буковский В. 498
Букреев Б.Я. 310
Булан-Балахович С.Н. 558
Булгаков С.Н. 394, 396, 549

Булин 92
Бумке О. 502, 507, 512
Бунак В.В. 507, 515
Бунин И.А. 420
Бурденко Н.Н. 513
Бурдерон А. 418
Буренин Н.Е. 546
Бурмейстер 241
Бурцев В.Л. 07, 138, 221, 232
Буттенгоф 260
Бутц 241
Бутягин Ю.П. 371
Бухарин Н.И. 91, 115, 116, 117, 136,
    137, 143, 145, 188, 189, 290, 293,
    425, 440, 464, 482
Бухгольц В.А. 210, 241
Бъернсон 49
Бэр (Байермейстер) 225

В

Вавилов 241
Вавилов Н.И. 517
Валентинов (Вольский) Н.В. 548, 559,
    560
Вальдейн В. 260
Вандервелье Эмиль 397, 418, 421
Василевский А.М. 441
Василий (архиепископ) 342
Васильев 92, 300
Васнецов А. 420
Васнецов В. 420
Вахтангов Е. 420
Вейсборд Б.В. 507, 515
Венедикт (епископ) 342
Вениамин (митрополит) 342
Веретенникова А.А. 521
Вертов (Кауфман) Д.А. 355
Верфель Ф. 464, 536
Верховенский П. 548
Веселовский В. 151
Вестник 282
Виктор — см. Таратута А.Р.
Виллерс Уно 18
Вильгельм II (Гогенцоллерн) 87, 97,
    164, 196, 277, 428
Вильсон В. 187, 216
Виндишгрец (граф) 543
Винке 49
Винниченко В.К. 548
Виноградов 154

Виноградов Н.Д. 344, 554
Винокуров 90
Витте С.Ю. 39
Вишневецкий 92
Вишневская Г. 308, 497
Владимир (митрополит) 342
Владимир Николаевич — см. Разува-
    ев В.Н.
Владимиров (Шейнфинкель) М.К.
    531, 552
Владимиров И. 553
Владимирский М.Ф. 538
Власов А.М. 524
Войнович Вл. 8
Войнович И. 497
Войтинский В.С. 545
Войтович В. 545
Волин (Фрадкин) Б.М. 238
Волкогонов Д.А. 343, 412, 567
Володарский В. (Гольштейн М.М.) 91,
    125, 157, 158, 231, 239, 263, 264,
    336, 405, 538
Вольф Ю. 225, 237, 241
Вонигель Вольф 248, 249
Воровский В.В. 73, 200, 251, 273, 425,
    548, 561
Воронов 25
Воронов Н.Н. 456
Ворошилов К.Е. 279, 282, 462, 482,
    485, 488, 514
Восканов Г.К. 56
Врангель П.Н. 296, 297
Вырубова (Танеева) А. 311
Вышеславцев Б. 308

Г

Гаазе Г. 110
Гавел Вацлав 568
Гаврилов 239, 241
Гагарин Ю.А. 518
Гайдман Г. 45
Гайфулин Н.Н. 16
Галич А.А.8, 497
Галкин 347
Гамарник Я.Б. 454
Ганецкий (Фюрстенберг) Я.С. 45, 47,
    48, 49, 50, 53, 55, 61, 63, 66, 69,
    73, 95, 97, 98, 99, 100, 101, 102,
    103, 104, 107, 108, 109, 115, 151,

179, 180, 186, 200, 201, 202, 206, 207, 210, 215, 235, 309, 416, 427, 538
Гапон Г.А. 32, 33, 34, 35, 37
Гарден 64
Гардинг Г.У. 216
Гартвиг 225
Гаутчи Вилли 55
Гед Ж. 45
Гезель 241
Гейне В. 421
Гейне Г. 453
Гейц 460
Геккер 238, 382
Геллер М. 308
Гендельман М. 176
Генералов 276
Генрих — см. Гартвиг
Геншен Е. 502, 507
Геппнер 462
Герасимов 282
Герасимова В.А. 19, 20
Геринг Г. 461
Герман Б. 519
Гермоген (епископ) 338, 340, 342
Гесен 154
Гетье Ф.А. 507
Геффеншефер 19
Гжельшак Франц 176
Гжибовский В. 473
Гизе А. 260
Гизеке 453
Гиль С.К. 538
Гильбо А. 418
Гильденбрандт 473
Гильфердинг Р. 418
Гинденбург П. 102, 191, 235, 452
Гинзбург А. 498
Гиннес 559
Гиньяк 553
Гитлер (Шикльгрубер) Адольф 449, 451, 452, 454, 455, 463, 465, 466, 467, 468, 469, 476, 484, 518
Гиттис В.М. 56
Гиттис В.М. 56, 282, 286, 384
Глушенко
Глушенко 241
Гоберман М.Л. 74
Гогенлое 49
Гоголь Н.В. 35
Годнев Т.В. 59

Гойи 241
Голдава П. 38
Голдберг 263
Голенидзе Б. 38
Голиков 480
Головин 239
Голощекин Ф.И. (Шайя Исхакович) 40, 527
Гольвег Бетман 54, 86, 106, 219
Гольдблант (Медем) В.Д. 323
Гольденберг Г.Д. 275, 405
Гольман 263
Гопнер С.И. 425
Горбачев М.С. 202, 536
Горбунов 263
Горбунов Н.П. 223, 235, 252, 253, 256, 259, 310
Горелик 154
Горн 463
Горшков С.Н. 535, 536
Горький (Пешков) А.М. 546, 556, 561, 562, 34, 36, 39, 277, 288, 289, 290, 293, 364, 417, 420, 532, 533, 537
Готвальд К. 470
Гофман 65
Гофман М. 105, 189, 198, 247, 248, 240
Грабер Э. 418
Граве 310
Гребельская Ф. 72, 74
Грейлих Г. 45, 51, 418
Грибоедов А.С. 561
Григоренко П. 498
Григорянц С. 498
Гримлунд О. 69
Гримм Р. 57, 61, 62, 63, 65, 418
Гриневский И.И. 275
Громыко А.А. 514
Гроссшопф А.И. 15, 17
Гроссшопф Готлиб Йоган 11, 18
Гроссшопф Карл 17
Грушевский 310
Грюнбальд Е. 291
Губарский 239
Гуго 239
Гудериан Г. 462, 476, 477, 483
Гуковская И. 151
Гуковский И.Е. 538
Гуль Роман 278
Гундоров А.С. 513

Гурвич 20
Гуров П.Я. 281
Гусев С.И. (Драбкин) Л.Д. 34, 35, 36, 43, 159, 296
Густав IV Адольф 18
Гучков А.И. 59, 127, 132, 134
Гюнтер Ф. 9

Д

Давид Э. 243, 250, 418
Давид, Иванович, Коба, Нижерадзе, Чижиков — см. Сталин (Джугашвили) И.В.
Давидовский 336
Дан (Гурвич Ф.И.) 45, 165, 166, 171, 291, 531
Дан Л. 291, 542
Данишевский К.Х. 225, 282, 538
Даниэль Ю. 8
Дарахвелидзе С. 38
Даттан 260
Дашкевич 92, 127
Де Лоне 360
Дейнгард 67
Дейч Л.Г. 394, 541
Дембицкий 267
Демидова 524
Деникин А.И. 282
Деннер 244
Деринг Н.И. 107
Дерр К. 57
Дешин А.А. 507, 514
Джеймсон Франклин 214, 217, 253
Джонсон Н.Н. 524
Джонсон Самюэл 389
Дзениц 92
Дзержинский Ф.Э. 116, 136, 145, 158, 160, 163, 189, 240, 260, 274, 278, 279, 282, 287, 309, 312, 315, 336, 338, 350, 436, 530
Диаманди 248
Диаманди Г. 51
Димитров Г. 469
Диршау 232
Дмитриевич Д. 41, 42
Дмитрий Ильич — см. Ульянов Д.И.
Дмитрий см. Бланк Д.А.
Дмитрий см. Бланк Д.Д.
Доброгаев С.М. 507
Домбровский А.В. 56
Домогатский 433

Дорогов А.А. 173
Дорошевич В. 414
Доршкевич С.П. 507
Достоевский Ф.М. 9, 518, 548
Дро (Кананян) Д. 379
Дробижев В.З. 41
Дронин М. 487
Дубовой И.Н. 463
Дубровин 87
Дубровинский И.Ф. 531
Дудинский В. 497
Дудинцев В.Д. 8
Дутов А.И. 193, 263
Духонин Н.Н. 186
Дыбенко П.Е. 92, 127, 167, 169, 173, 224, 225, 231, 239, 268, 271, 282, 643
Дюринг Е. 335

Е

Евтушенко Е. 369
Егоров (Эрих) 73, 74, 153
Егоров 92
Егоров А.И. 56, 238, 454, 463
Екатерина (Бланк Е.А.) 15
Екатерина (Бланк Е.М.) 13
Елагин Н.А. 342
Елизавета (Шмит Е.П.) 645
Елизавета Васильевна (Крупская) 551
Елизавета Федоровна (Гессен-Дармштадтская) 524
Елизаров М.Т. 96, 541, 542
Елисабодашвили Г. 383
Елистратов П.И. 507
Ельцин Б.Н. 573, 575
Ельчанинов Б. 72, 74
Емельянов Н.А. 101
Ермилов 19, 20
Ермолаев 92
Ермоленко Д.С. 94, 95
Ермолова М.Н. 420, 556
Ефремов (Штейман) М.Г. 343
Ефремов М.Г. 373

Ж

Жданов А.А. 469, 482
Железняков А.Г. 324, 333
Желинский 267
Желябов А.И. 275, 276

Жордания Н.Н. 45, 385, 386
Жук 239

З

Зазовский 19
Зайдель Р. 57
Залкинд А.Б. 509, 512
Залкинд И.А. 226, 231, 232, 242, 248
Занько 92, 239
Засулич В.И. 394, 400, 418, 541, 560
Захаров 373
Звягинцев В. 272
Земан А. 105, 187
Землячка (Залкинд) Р.С. 43, 296
Зензанов Н. 267
Зенин Н. 337
Зенковский В. 308
Зернов В.М. 509, 510
Зернов М.С. 509, 510
Зимке 467
Зинаида Васильевна (Лангваген) 101
Зинаида Григорьевна (Морозова) 39
Зингер 238
Зиновьев (Радомысльский) Г.Е. 41,
  64, 74, 76, 93, 97, 99, 100, 101,
  103, 104, 114, 117, 143, 144, 145,
  146, 147, 151, 158, 159, 160, 201,
  207, 225, 231, 232, 239, 263, 264,
  289, 291, 301, 336, 337, 394, 405,
  421, 425, 427, 440, 464, 538, 539,
  542
Зифельд А. 54, 55
Знамеровский П.Л. 524
Золотов 241
Зоф В.И. 101

И

Ибрагимов Ю.И. 56
Иван IV Грозный 334, 465
Иванов А.Е. 72, 73
Иванов В.И. 87
Иванов Я.К. 56
Иващенко Д.Е. 197
Игнатов В.Н. 394
Игорь (Романов) 524
Ильин И. 308
Ильин П.А. 251
Ильин Ф.Н. 531
Ильин-Женевский А.Ф. 92, 168

Ильинский 239
Илья Николаевич — см. Ульянов
  И.Н.
Инесса Федоровна — см. Арманд И.
  (Е.Ф.)
Инцкирвели С. 38
Иоанн (Романов) 524
Иоффе А.А. 136, 143, 189, 225, 226,
  227, 248, 250, 251, 254, 263, 368,
  427, 428
Ипполитов-Иванов М. 420
Ираклий II 361
Ирие-Коскинен А.С. 486
Истомина А. 420
Ишин И. 298

К

Каверин Л.Н. 87
Каганович Л.М. 482, 514
Какурин 301
Каландадзе В. 38
Каледин А.М. 132, 240, 242, 247
Калинин М.И. 90, 149, 156, 158, 282,
  285, 287, 350, 351, 514, 559
Кальманович М.И. 256
Каляев И.П. 276
Каменев (Розенфельд) Л.Б. 41, 75, 76,
  92, 100, 101, 114, 117, 127, 135,
  137, 143, 144, 145, 146, 147, 151,
  158, 159, 160, 163, 189, 211, 231,
  239, 163, 154, 185, 195, 309, 336,
  337, 367, 394, 405, 464, 538, 539,
  545, 559
Каменев С.С. 56, 372
Камков (Кац) Б.Д. 165, 176, 177
Камо (Симон Тер-Петросян) 38, 45
Каплан (Ройтман) Ф.Е. 519
Карабскир-Кязим-паша 379
Караваева А.А. 19
Каракозов Д. 275
Караулов 240
Карахан (Караханян) Л.М. 429
Карберг 49
Каринский Н.К. 103
Карл XII 18
Каропачинский 99
Карпинский В.А. 103, 104, 107
Карпович П. 276
Кархмазов Д. 346
Кассиль Л.А. 19

Катаев В.П. 19, 20
Катерина (Ульянина К.В.) 27
Катков Н.А. 463
Каутский Карл 45, 395, 396, 397, 398, 417, 418, 421, 532
Кац — см. Камков Б.Д.
Качалов В. 420
Каюров В.Н. 100
Квитвашвили З. 520
Кедров М.С. 268
Кедров С.Н. 82, 92
Кейтель 463
Кемаль Мустафа 378, 380
Кениг 230
Кеннан Джордж 216, 217, 218, 221, 250
Керенский А.Ф. 67, 83, 94, 103, 115, 121, 122, 124, 125, 128, 129, 140, 147, 162, 164, 165, 166, 167, 168, 182, 183, 184, 216, 220, 535, 539, 547
Керенский Ф.М. 59
Керзон Д. 358, 377, 439
Кескюла А.К. 54, 184
Кибальчич Н. 276
Кизиветтер А. 308
Кингисепп В. 271
Кирдорф 243
Киров (Костриков) С.М. 366, 374, 376, 381, 455
Кирх 243
Клайтон 431
Клаузевиц К. 138
Клемперер Г. 507
Клим 92
Клингер Г.К. 425
Клышко Н.К. 49
Коба см. Сталин И.В.
Кобозев П.А. 260
Ковалев М.П. 480
Ковалев С. 498
Ковальский 275
Ковальский И.М. 268
Ковшаров И.М. 342
Кожевников 480
Кожевников А.М. 502, 507, 508, 511
Кожина В. 53
Козловский М.Ю. 45, 67, 95, 99, 101, 102, 103, 107, 108, 109, 110, 201, 207, 215, 231, 232, 236
Козмин 266
Кокошкин Ф.Ф. 288

Колегаев А.Л. 285
Колесников
Колесников С.А. 286, 513
Коллонтай А.М. 92, 99, 104, 117, 127, 136, 143, 145, 151, 231, 232, 234, 263, 264
Колнер 537
Колоколов Н.П. 103
Колчак А.В. 282, 405
Кольцов (Фридлянд) М.Е. 323
Кольцов Ф. 19
Коменков С. 420
Кондратьев В.П. 281
Коновалов 92
Коновалов А.П. 59
Коновалов Г.И. 505
Коноплева Л. 289
Константин (Романов) 524
Константинович А.Е. 74
Коншин 236
Копелев Л. 497
Корзун Б.И. 354
Корк А.И. 454, 463
Корнилов Л.Г. 121, 122, 123, 124, 125, 126, 127, 129, 132, 136, 144, 182, 287
Коровин К. 420
Коропачинский 99
Косиор В.В. 189
Косова М. 298
Коцюбинский Ю.Н. 92
Кочубей 300
Кравчинский С.М. 275
Крамер В.В. 502, 507, 515
Красиков П.А. 347, 355
Красин Л.Б. 38, 45, 347, 353, 457, 543, 544, 545, 546, 561
Крестинский Н.Н. 117, 143, 189, 282, 315, 538
Кржижановский Г.М. 282, 521
Кригер Р. 260
Кричевский 394
Кроль М.Б. 507
Кропоткин Д.Н. 174, 272
Крупская Н.К. 16, 22, 36, 51, 74, 145, 149, 168, 501, 517, 519, 522, 532, 536, 539, 541, 543
Крутинский Петр (священник) 342
Крушавич П. 225
Крыленко Н.В. 54, 56, 82, 92, 127, 143, 148, 157, 239, 257, 282

Крылов И.А. 359
Крымов А.И. 123
Куделько 92
Кузин 480
Кузмин А. 241
Куйбышев В.В. 367
Кулешов Л. 355
Куль 241
Кульдер 241
Кульман 195
Кун Бела 43, 296, 440
Куприашвили Б. 38
Кураев В.В. 314
Курков П. 171, 174
Курнатовский В.К. 531
Курниус Эрнст 17
Курский Д.И. 282Ю 338
Курышко П.В. 56
Куусинен О.В. 425, 426, 488, 489
Кучин (Оранский) Г.Д. 176, 416
Кучук Мирза 437
Кшесинская М.Ф. 87, 88, 100, 234

Л

Лавров 300
Лавров П.Л. 300
Лазимир Павел 160, 162, 249
Ламшанов А.С. 309
Лангваген К.Я. 87, 101, 128
Ландау Л.Д. 499
Ландер 263
Лапшин И. 308
Ларин (Лурье) М.А. 116, 315
Лассаль Ф. 337
Лафарг 337
Лацис М.И. (Судрабс Я.Ф.) 82, 90,
    91, 139, 143, 144, 292, 293, 295
Лашкевич 114
Лебедев 347
Лебедь А.И. 375
Левандовский М.К. 371, 463
Леви (Гарштейн) П. 66, 532
Левин Л.Г. 507
Левине (Ниссен) Е. 432
Легин 250
Легран Б.В. 377
Ленин Н.Е. 532
Леонидов 19
Лермонтов М.Ю. 570
Лессинг 30

Либкнехт К. 423
Ливанов Н.А. 24, 25, 28
Линде И.А. 74
Линдхаген К. 69
Линкольн А. 317
Лисина Е.П. 24
Литвинов (Валлах) М.М. 38, 45, 434,
    538, 561
Ллойд Джордж 106
Логинов А. 519
Логинов В.Т. 202
Лозовский (Дридзо) С.А. 19, 20, 538
Локарт Роберт Брюс 221, 222, 223, 224
Ломинадзе Н. 38
Ломов (Оппоков) Г.И. 136, 143, 145,
    178, 189, 269, 538
Ломоносов Ю.В. 353
Лонге Ж. 418
Лопухин Ю.М. 511
Лосский Н. 308
Луженовский 276
Лукомский А.С. 121, 123
Луначарский А.В. 92, 110, 114, 127,
    143, 175, 177, 232, 263, 264, 282,
    285, 286, 330, 357, 542, 556, 557,
    558, 561
Лунев 460
Львов В.Н. 59, 124
Львов Г.Е. 59, 218
Люберте 95, 225, 264
Любертц 225
Любимов В.В. 56
Любовь Бланк Л.А. 15
Людендорф Э. 106, 187
Людовик XIV 558
Люце 241

М

Магнус 453
Мазе Д.М. 509
Майкова А.П. 296
Макарий (священник) 338
Макаров М. 285, 287
Маклаков В.А. 134, 211
Малиновский Р.В. 97, 103
Малиновский Р.Я. 456
Мальбрант 462
Мальков В.А. 218
Мальков П.Д. 554
Малянин 234

Малянтович 546
Мандельбаум Б.Д.
Манн Т. 453, 464
Мантейфель Х. 17
Мануилов А.А. 59
Мануильский Д.З. 114, 469, 538
Манштейн Э. 463
Маняша — см. М.И. Ульянова
Марат 555
Мария (Бланк М.А.) 15
Мария (Бланк М.М.) 13
Мария (Романова) 524
Мария Александровна — см. Ульянова М.А.
Мария Ильинична — см. Ульянова М.И.
Маркин Н.Г. 268, 269, 313
Марков Н.Е. 530
Маркс 413, 459
Маркс К. 32, 43, 337, 360, 389, 390, 392, 396, 397, 398
Мартов (Цедербаум Ю.А.) 45, 116, 156, 165, 174, 175, 176, 224, 263, 264, 289, 290, 291, 232, 394, 405, 534, 542, 544, 545, 549, 555, 566, 558
Мартынов (Пикер) А.С. 291, 394
Марченко А. 8, 498
Марьям — см. Бланк Марьям
Маслов П. 177, 360, 419
Мастер Я. 38, 45
Матиясевич 56
Матов 536
Матюхин И. 298
Махно Н.И. 299
Маяковский В.В. 431, 444
Мдивани П.Г. 367, 376, 378
Медведева — Тер-Петросян С. 545
Межеников С.А. 463
Мезенцев Н.В. 275
Мельгунов С.П. 137, 271, 308, 336
Мельденсон 545
Мельников Р.Е. 513
Менжинская Л.Р. 154
Менжинский В.Р. 223, 245, 246, 262
Меньшиков Л.П. 211
Мерецков К.А. 456, 463
Меркалин 232
Меркулов С. 420
Меркуров С.Д. 554
Метельников С.И. 510

Мехоношин К.А. 162, 223, 226, 227, 267, 280, 282
Микоян А.И. 374, 482, 514, 518
Миллер Р. 210
Милька 263
Милькенберг 232
Милюков П.Н. 59, 122, 126, 134, 327
Милютин В.П. 76, 117, 146, 157, 160, 163, 186, 189, 407
Минин 90
Минин К. 519
Минкин А.Е. 314
Минковски О. 502, 507
Минор Л.С. 515
Минц И.И. 272
Мирбах В. 192, 193, 194, 197, 538
Мирингоф Е. 72, 74
Мирингоф М. 72, 74
Миронов Ф.К. 285
Мирский 295
Мискин А.Г. 262, 383, 387
Миссиров К. 252
Митрофаний (священник) 354
Митрофанов А.Х. 10
Михаил (Романов) 524, 525
Михайлов 382
Михайлов Н. 420
Михайловский Н.К. 30
Мишле Ж. 302
Могильников В.И. 28
Модель В. 17
Можайский А.Ф.
Мойша Йцикович — см. Бланк М.И.
Молотов (Скрябин) В.М. 7, 91, 143, 205, 206, 297, 347, 348, 351, 367, 467, 469, 470, 473, 476, 477, 478, 481, 482, 484, 485, 486, 514, 557, 550
Молчалин 561
Молянин 234
Монтескье Шарль Луи 212
Моор Карл 198, 199, 200, 201, 202, 203, 204, 205, 206, 207
Моравский 52
Морозов С.Т. 39, 58, 546
Москвин И.М. 420, 556
Мосолов 256, 268
Мошкин 527
Мрачковский 41
Мстиславский (архиепископ) 342
Мстиславский С.Д. 146, 175
Муравьев М.А. 225

Мурадов С.Г. 387
Муранов М.К. 117
Мустафа Кемаль-паша 366, 380
Муури Уно 240
Мухаммед-Вали-хан 433
Мюллер 231, 235, 463
Мюллер Г. 57
Мюнценберг 64
Мясников (Мясникян) А.Ф. 54, 56, 116, 367

Н

Надежда Константиновна — см. Крупская Н.К.
Надь Имре 483
Надюша — см. Крупская Н.К.
Найда С.Ф. 9, 171, 281
Наполеон (Бонапарт) 122, 344
Нариманов Н.К. 366, 374
Наумов 154, 356
Нахамкес (Стеклов) О.М. 234
Невалайнен 252, 253
Невский Н.И. 90, 91, 94, 110, 146, 154, 161
Нежданова А. 420, 556
Нейбут 267
Неклюдов 286
Некрасов Н.В. 59, 94
Некрич Б. 308
Немирович-Данченко Вл. 420
Нерон 465, 518
Нечаев С.Г. 328, 329, 332, 526
Нивелиус Младший 18
Нивелиус Симон 18
Никита Григорьев (Ульянин) 27
Никитин — Королев (Карась) 298
Никитин 241
Никитин Б.В. 98, 99, 110, 233, 234, 237
Никитич — см. Красин Л.Б.
Николаевский Б. 291
Николай I (Романов) 483
Николай (митрополит) 513
Николай (Ульянин Н.В.) 27
Николай II (Романов) 36, 40, 58
Николай Васильевич (Ульянин) 11
Ниландова 84
Нир 234
Нобс Э. 57, 542
Новелиус Младший 18
Новелиус С. 18

Новицкий Г.А. 127, 565
Новицкий Ф.Ф. 56
Новицкий Ю.П. 342
Ногин В.П. 76, 91, 115, 117, 137, 143, 144, 146, 160, 186, 189
Нонне П. 502, 507, 510, 512
Нури Сулейман 375

О

Обух В.А. 502, 507
Овсянников 241
Оганджанян 375
Огнев Н.Ф. (протоиерей) 342
Ольберг 127, 250, 251
Ольга (Романова) 524
Ольга Николаевна (Ленина) 232
Ольденрогге В.А. 56
Ольминский М.С. 91, 538
Оппоков — см. Ломов (Оппоков) Г.И. 186
Орджоникидзе К.Г. 40, 100, 282, 366, 367, 373, 374, 375, 376, 377, 378, 379, 381, 382, 283, 438
Орлов Ю. 8, 498
Осинский Н. (Оболенский) В.В. 189, 297, 298, 425, 539
Осипов В.П. 276, 502, 507, 512
Осипов Г. 89
Осипов И. 89
Ослябя (инок) 345
Оссендовский А. 217
Остроухов 357
Остужев А. 420
Оуэн Роберт 43

П

Паасикиви Ю.К. 485
Павленко П.А. 19, 20
Павлов В. 171
Павлов Д.А. 161
Павлов И.П. 182, 510
Павлуцкий 310
Пажарский Д. 518
Пайкес А.К. 313
Паколи П.П. 501
Палей В. 524
Пальчинский П.И. 174, 201, 202
Панкратов В.С. 95, 96, 97, 98, 100, 101
Паннекук А. 397

Панов 260
Парвус (Гельфанд) А.Л. 49, 55, 63, 64, 66, 67, 95, 98, 102, 104, 110, 115, 186, 201, 210, 215, 233, 234, 235, 250, 251
Пассадовский (Мандельберг) В.Е. 323
Пастернак Б.Л. 8, 156, 497
Пастернак Л. 420
Пахомов 154
Пашенная В. 420
Пейнкайтис 268
Пельсон 19
Пельсон 19
Первухин 154
Переверзев П.Н. 94, 128
Перемытов А.М. 56
Пересвет (инок) 345
Перикл 302
Перовская С. 275, 276
Песпеловский Д. 509
Петерс Я.Х. 263
Петерсон К.А. 176
Петлюра С.В. 440
Петр I Великий 18, 314
Петриченко С. 304
Петров 255
Петров Е.П. 20
Петровский Б.В. 503, 505, 510, 530
Петровский Г.И. 338, 367
Петропавловский 169, 170
Петросян см. Камо (Симон Тер-Петросян)
Пименова З.К. 422
Пирумова М. 498
Платтен Фриц 52, 55, 61, 63, 64, 65, 66, 67, 68, 72, 74, 105, 425, 426, 542
Плахотнюк В.Н. 452
Плеве В.К. 276
Плеханов (Бельтов) Г.В. 45, 57, 97, 119, 132, 155, 156, 211, 323, 394, 416, 417, 418, 419, 421, 533, 541, 542, 562, 563
Плотников 310
Плотников 92
Плющ Л. 8, 498
Плясов 92
Поговская Б.Н. 73, 74
Погосов О. 487
Подвойский Н.И. 75, 82, 89, 91, 92, 101, 110, 143, 160, 161, 164, 172, 231, 239, 240, 248, 259, 266, 268, 285, 321
Пожарский Дм. 518
Покровский М.Н. 189
Полетаев Н. 100
Поливанов Е.Д. 226, 227, 231
Полковников П. 162
Полонин И. 531
Полуэктов 92
Попов В.Ф. 507
Порфирий (Ульянин П.В.) 27
Посадовский (Мандельберг) В.Е. 323
Поссель 241
Постников 239
Потемкин В.П. 513
Потресов А.Н. 45, 132, 394, 418
Преображенский Е.А. 116, 189, 263
Примаков В.М. 463
Приминский И.Л. 521
Принцип Гавриил 41, 42
Присягин И. 531
Прокопович С.Н. 394, 395
Прошьян П.П. 189, 294, 295
Публиций Сир 45
Пугачев С.А. 56, 372, 382
Пудиков А. 170
Пудиков М. 170, 171
Пукко 241, 242
Пуришкевич В.М. 127
Пушкин А.С. 328, 518
Пьяных И. 177
Пятаков Г.Л. 76, 188, 189, 239
Пятницкий (Фрейтаг) И.А. 149, 435, 526

Р

Рабинович Александр 169
Рабинович Ф.Я. 539
Равинский 115
Равич С.Н. 38, 74, 154, 157
Радек (Собельсон) К.Б. 41, 42, 45, 64, 65, 66, 73, 74, 104, 108, 109, 110, 186, 188, 200, 204, 207, 235, 250, 251, 416, 423, 425, 427, 457, 464, 538, 539, 542, 543
Радищев А.Н. 362
Радомысльская (Лилина) З.И. 73, 74
Радонежский Сергий 518
Разин Степан 531
Разуваев В.Н. 480, 485, 487
Разумов И. 268

Райчин С.Г. 531
Раковский Х.Г. 285
Раковский Х.Г. 367, 425
Раскин Я. 246
Раскольников Ф.Ф. 54, 82, 92, 101, 104, 127, 224, 225, 239, 240, 263, 269, 270, 271, 373, 437
Распутин (Новых) Г.Е. 328, 329, 332
Растропович М. 498
Рауш О. 225, 227, 237, 264
Рахья Э.А. 93, 149, 150, 154, 155, 156, 162, 168, 241, 242, 429, 526
Рейли (Розенблюм) Сидней 221
Рейнбот А.А. 552
Рейнштейн Б. 425
Рейнштейн Б. 425, 426
Рейх Д. 435
Рейхенау В. 457
Рейхссберг 64
Рем Э. 454, 455
Ремарк Э. 453
Ремнев 92
Рессинг 460
Риббентроп И. 7, 467, 470, 476, 477, 478
Рид Джон 178
Робеспьер М. 179, 198, 555
Рогачев 282
Родзянко М.В. 539
Рожков Н.А. 291, 530
Розалия Марковна (Плеханова) 211
Розанов В.Н. 507
Розенблюм Д.С. 74
Рокамболь 46
Рокотов 19
Романов 85
Романов М. 59
Романов С.А. 276
Романовы 524, 525, 526, 527
Россолимо Г.И. 502, 503, 505, 507
Рошаль 54, 82, 92, 104
Рубаков (Андерс) 73, 74, 153
Рудерман 20
Рузвельт Франклин 573
Рукавишников В.А. 501, 507
Русинов 92
Руссо Жан Жак 43
Рутгерс С. 425, 426
Руффер 83
Рухзерген И. 234
Рыбаков М. 24

Рыбаков Х.М. 24, 25, 28
Рыжковский 553
Рыков А.И. 76, 91, 114, 117, 136, 137, 143, 144, 146, 160, 189, 289, 315, 407, 464, 482
Рыкунов М.В. 353
Рябушинский П.М. 132, 134
Рязанов (Гольдендах) Д.Б. 137, 144, 146, 189, 538

С

Савельев 248
Савельев М.А. 85, 91, 151
Савинков Б.В. 122, 276
Савицкий 233
Сагарян А.Е. 387
Садовников 241
Садовская П. 420
Садовский 160, 162
Садуль Ж. 425, 427
Сакс С.Е. 271, 538
Салазкин 177
Салов 241
Самойла (Ульянин С.В.) 27
Самхадзе С.С. 287
Санбен 211
Сапронов Т.В. 347
Саркисян 480
Сафаров Г.И. 74
Сафарова-Мартошкина В.С. 74, 151
Сахаров 82, 239
Сахаров 54, 89, 92, 104
Сахаров А.Д. 8, 185, 498, 573
Сватиков С.Г. 211, 212
Свенсон 84, 109, 131, 237, 242
Свердлов В.М. 538
Свердлов Я.М. 89, 91, 100, 110, 112, 113, 116, 117, 136, 143, 145, 151, 156, 157, 160, 192, 263, 271, 282, 284, 295, 336, 338, 427, 428, 525, 526, 527, 538, 539, 553, 555
Свинхувуд Пер Эвинд 191
Седова Н.И. 311
Семашко Н.А. 54, 104, 200, 501, 507, 512, 523, 515, 516
Семенов (Васильев) 289
Семянский В. 298
Серафимович А. 420
Сервантес М. 275
Сергеев 480

Сергей (Романов) 524
Сергей Александрович (Романов) 555
Сергиевский Н.Л. 107
Сергий (архиепископ) 342
Сергий Радонежский 355
Серебряков Л.М. 272
Середа С.П. 282
Сиверс 232
Сикорский 514
Силин 379
Сильвестр 241
Симакова А. 22, 27
Симонов К.К. 20
Синицкий Е. 488, 489
Синявский А. 8, 497
Сипягин 276
Сирола Ю. 425, 426
Сиссон Э. 73, 74, 190, 216, 217, 218,
    221, 223, 224, 226, 231, 237, 240,
    243, 246, 249, 250, 251, 255, 258,
    262, 263, 264, 266, 269, 274
Скалов 158
Скворцов П.Н. 391
Скворцов-Степанов И.И. 336
Скиталец (Петров) П. 420
Скларц Г. 110
Склянский Э.М. 238, 265, 282, 298,
    299, 312, 436, 439, 440, 530, 538,
    558
Скобелев М.Д. 555
Сковно А.А. 74
Скоропись-Иолтуховский А. 95
Скорцени О. 466
Скрибанович 260
Скрибановский
Скрипник Н.А. 223, 235, 255, 256,
    258, 425
Славкин Е. 89
Слуцкая В.Б. 143, 178
Слюсарев Д. 72, 74
Смидович И.Г. 531, 555
Смилга И.Т. 82, 117, 139, 140, 143,
    148, 151, 279, 371, 374, 375
Смирнов 145, 189
Смирнов А.Л. 20, 26
Смирнов В.И. 540
Смирнов Е. 419
Смирнов К.И. 512, 513
Смирнов Л. 20
Смирнова А.А. 26, 27
Снегиревский 234
Собинов Л.В. 556

Соболев В. 87
Согомонов О.С. 387
Созонов Е. 276
Соколницкий 241
Сокольников (Бриллиант) Г.Я. 91,
    117, 136, 143, 145, 147, 148, 151,
    282, 285, 286, 367, 538
Солдатенков К.Т. 573
Солженицын А.И. 8, 498,
Соллерс 263
Соллогуб Н.В. 56
Соломон Г.А. 559, 560, 561, 562, 568
Солоухин В.А. 543
Сольц А.С. 284
Сосновский Л.С. 347, 539
Софокл 275
Софья (Бланк С.А.) 15
Спайдель Г. Г. 17
Спандарян С.С. 40
Сперанский М.М. 273
Спиридонова М.А. 189, 276, 405
Спундэ А.П. 189
Средневский 310
Сруль (Бланк С.М.) 13
Сталин (Джугашвили) И.В. 7, 40, 45,
    90, 91, 100, 101, 106, 115, 116,
    117, 126, 136, 143, 145, 147, 151,
    158, 160, 163, 206, 207, 238, 279,
    280, 282, 312, 336, 345, 364, 366,
    367, 375, 376, 377, 378, 379, 380,
    381, 382, 283, 384, 389, 394, 410,
    425, 427, 439, 440, 450, 452, 454,
    455, 459, 463, 465, 468, 469, 470,
    481, 482, 485, 488, 489, 492, 496,
    512, 513, 514, 517, 518, 525, 530,
    531, 538, 539, 545, 549, 559, 566,
    567
Станиславский К.С. 420
Старков В.В. 521
Стасова Е.Д. 16, 40, 115, 151, 159
Стаунинг 418
Стеклов О.М. — см. Нахамкис О.М.
Степанов Ф. 157, 287
Степин 233, 234
Степун Ф. 308
Столыпин П.А. 40, 85, 572, 573
Стомоняков Б.С. 204
Стреаберг 260
Стрем Ф. 69
Стриевский Р. 267
Струве П.Б. 45, 394, 560

Струве Р.Б. 420
Студер 263
Стуков 189
Стуков И.Н. 347
Стучка И.Н. 263, 271
Сукенников 49
Сулаквелидзе А. 38
Сулейман Нури 375
Сулиашвили Д.С. 72, 74
Сулимова М. 100
Сумейсон Е.М. 95, 98, 99, 100, 102,
    109, 231, 232, 235, 236, 237
Сурков А.А. 19, 20
Суттпер 241
Суханов (Гиммер) Н.Н. 101, 110, 144,
    145, 177, 179, 290, 404, 557
Сухарьков 160
Счастливый В.П. 565
Сырцов С.И. 282
Сычев М. 531

Т

Таиров А. 420
Тамерлан 465, 518
Тарасов 241
Тарасов-Родионов А. 182
Таратута А.Р. 45, 544
Татлин В.В. 433
Татьяна 9
Татьяна (Романова) 524
Твардовский А.Т. 20, 443, 484
Тельман 241
Теодорович И.А. 151, 189, 297, 538
Тер-Арутюнянц М. 82, 92, 127, 239
Терещенко М.И. 59, 94, 115
Террайль П. 46
Тесцман 460
Тетлин В.Е. 433
Тиссе Э. 355
Тиссен Ф. 449
Тихвинская В.А. 310, 560
Тихвинский М.М. 560
Тихомиров Д. 420, 524
Тихон (Белявин В.И.) 337, 338, 341,
    342, 348, 350, 357
Тихон (священник) 354
Тихон Задонский 354
Тихонов В.А. 464
Ткаченко 307
Товстуха И. 515

Толстой А.Н. 19, 572, 513
Толстой Л.Н. 10, 518, 548, 549
Томский М.П. 353, 482
Трепов Ф. 36, 400
Триандофиллов В.К. 463
Трилиссер Д. 45
Трильстр П. 45
Трифонов В.А. 284, 378, 384
Трифонов И.Я. 352
Трифонов Ю.В. 378
Троцкий (Бронштейн) Л.Б. 92, 97,
    105, 106, 114, 117, 127, 135, 136,
    137, 140, 143, 144, 145, 147, 152,
    176, 177, 179, 180, 186, 187, 189,
    211, 212, 214, 215, 222, 223, 224,
    225, 231, 232, 236, 247, 248, 249,
    252, 254, 255, 259, 263, 264, 266,
    269, 271, 272, 277, 279, 282, 286,
    289, 292, 296, 297, 304, 351, 394,
    407, 425, 427, 428, 432, 433, 452,
    491, 525, 532, 533, 538, 539, 559,
    561, 566
Трояновская (Розмирович) Е.Ф. 538
Трумэн Гарри 216
Труп 524
Трутман 194, 195
Трутовский В.Е. 189
Трушин 239, 268
Туган-Барановский М.И. 396
Тукин 304
Туллак 240
Туманов (князь) 178
Турати Ф. 418
Турин 241
Турпер 241
Тухачевский М.Н. 56, 279, 280, 282,
    299, 300, 301, 306, 371, 372, 373,
    384, 454
Тыркова-Вильямс А.В. 559
Тюрин 267

У

Уборевич И.П. 279, 454, 463
Угланов Н.А. 482
Удянин Андрей 28
Ульянин В.Н. 24
Ульянин В.Н. 26
Ульянина А. — Алексевна 26
Ульянина Ф.Н. 24
Ульянов А.И. 275
Ульянов Д.И. 43, 296, 522

Ульянов И.Н.
Ульянов И.Н. 11, 280
Ульянов Н.В. 22, 23, 26
Ульянова Александра 25
Ульянова М.А. 550
Ульянова М.И. 11, 149, 505, 541
Ульянова О.Д. 21, 22
Ульянова-Елизарова А.И. 11, 21, 521, 522, 536, 541
Ульяновы 12, 18, 43, 287, 550
Унов 18
Уншлихт И.С. 203, 205, 291, 347, 350, 425, 459, 463
Урбанович 356
Урицкий М.С. 117, 136, 145, 146, 147, 160, 188, 189, 292, 293, 294, 322, 538
Урутадзе 374
Усиевич (Кон) Е.Ф. 74
Усиевич Г.А. 74
Успенский К. 420

Ф

Фабрициус Я.Ф. 56, 263
Фадеев А.А. 19, 20
Файнберг И. 425, 427
Фарзен 131
Фаснахт 241
Федор Михайлович — см. Достоевский Ф.М.
Федоров Г.Ф. 313
Федосья (Ульянова Ф.Н.) 26, 27, 28
Федько И.Ф. 463
Фейге 463
Фейерабенд 256, 268
Фейхтвангер Л. 464
Фельберг Д.В. 507
Фельдман Г.К. 43, 296
Фельми Г. 462
Фенигштейн Я.Г. 158, 189
Ферстер О. 501, 502, 505, 507, 508, 511
Фигнер В. 301
Фирсов 92
Фишер В. 457
Фишер О. 242
Фишман 462
Флеров В. 510, 512
Флеровский А. 308
Флеш 453

Флоровский А. 308
Фольгаген 241
Фомина Е.И. 507
Фон Бельке 171, 225, 239, 240, 241, 242
Фон Бредов 454
Фон Вайцзеккер Рихард 117
Фон Вальдерзе 229
Фон Гвиннер 245
Фон Гезе 241
Фон Зеект 457, 458, 459
Фон Лиц (Томсен) Г. 457, 458, 460
Фон Нидермайер 457, 458
Фон Ромберг 54, 55, 56, 57, 65, 66, 67, 86, 184, 200, 219
Фон Толь 225, 262
Фон Шанц 462
Фон Шенеман 225, 227, 250
Фон Шлейхер К.
Фон Эссен 15, 17
Фосс 460
Фотиева Л.А. 556
Фотий (митрополит) 328, 329
Фофанова (Кириллова) М.В. 5, 6, 8, 73, 86, 100, 106, 110, 149, 150, 151, 152, 155, 162, 163, 164, 167, 168, 182, 237, 296, 297, 298, 517, 526, 531, 532, 540
Фохт 515, 516
Франк С. 308
Франц 241
Франц 241
Франц Анатоль 290, 312, 536
Франц Иосиф 40
Франц Фердинанд 42
Френкель 19
Фридрих III 17
Фрумкин М.И. 311
Фрунзе М.В. 43, 54, 263, 279, 282, 296, 299
Фукс Э. 424
Фюрстенберг см. Ганецкий Я.С.

Х

Хааз Леонард 17, 18
Хавин 109
Халатов А.Б. 310
Халиль-паша Кут 376
Халтурин С. 275, 276
Хансен Г. 9
Харитонов М.М. 45, 55, 74, 143

Харитонов С.Д. 56, 154
Харпер Самуэл 214, 217, 253
Хасс Й. 457, 458
Хвесин Т.С. 285
Хвостова Н.П. 127
Хейльман 453
Хефер И. 17
Хинчук Л.М. 176
Ховрин Н.А. 173
Ходжамарян М. 38
Ходоровский И.И. 279, 282
Хорош Я. 175
Хохлов А. 420
Хрущев Н.С. 345, 468, 476, 481, 482, 483, 567

Ц

Цвейг С. 453
Цграген 199
Церетели И.Г. 45, 115
Цивин Е.Б. 54, 56, 184, 219, 220
Циммерман Б. 195, 426
Цинцадзе К. 38
Циолковский К.Э. 518
Цителаури М.Д. 387
Цхакая М.Г. 74, 383

Ч

Чаковский А.Б. 19
Чапчаев А. 429
Чаянов А.Н. 281
Чельцов А.П. 342
Червяков А.Г. 367
Чернин О. 177, 178
Чернов В.Н. 45, 115, 220, 284, 288, 324, 327, 332, 405, 517
Чернявский 239
Черчилль У. 493, 514
Чехов М. 420
Чиабрешвили Д. 38
Чичагов Д.Н. 344
Чичерин Г.В. 265, 375, 376, 377, 424, 425, 430, 434, 544
Чичиашвили Д. 38
Чугуев В.Т. 182
Чугунов 25
Чудновский Г.И. 146, 162, 172, 174, 239, 321
Чуйков В.И. 476, 477, 480, 483
Чуков Н.К. 342

Чхеидзе Н.Е. 145, 421
Чхенкели А.И. 45

Ш

Шагинян М.С. 19, 20, 21, 22, 25, 28
Шаляпин Ф.И. 420, 518
Шанц 262
Шапошников В.М. 372
Шаумов Р.И. 387
Шаумян С.Г. 117, 136, 143, 363
Шаф 35
Шахтахтинский Б. 376
Шварц И.И. 291
Швырев П. 276
Шевелев А. 420
Шевцов С.П. 324
Шейдеман Ф. 45, 127, 243, 250, 251, 397, 532
Шейнесон 72, 74
Шейнкман Я. 279
Шейнкман Я. 57, 271
Шейнман А.Л. 539
Шенгели Д.К. 20
Шер Н. 268
Шестов Л. 308
Шеткевич В. 27
Шефлер 539
Шидицкий 95
Шило 241
Шингарев А.И. 59, 288
Шиткевич В. 27, 248
Шишкевич 248
Шишко 239
Шкловский Г.Л. 20, 199, 201, 203, 204, 205
Шлейхер 452, 454, 457
Шлихтер А.Г. 538
Шляпников А.Г. 114, 151, 157, 314
Шмидт 157
Шнейер 537
Шнейерман 239
Шниде 307
Шолан Р. 180
Шорин В.И. 56
Шотт — см. Фон Бельке
Шпильмейер 516
Шпитцберг 241
Шпрайцер 238
Штайн А. 54
Штауфахер 265
Штейн М.Г. 532

Штейнгард К. (Грубер И.) 425
Штром 241
Штрюмпель А. 502, 507, 510, 511, 512
Штумм 65
Шуб Д.Н. 11
Шувалов М.А. 39
Шуленбург Ф. 470
Шульц 268

Щ

Щаранский А. 498
Щастный А.М. 270, 271, 272
Щефлер 539
Щуровский В.А. 502, 503

Э

Эберлейн Г. (Альберт М.) 425
Эберт Ф. 453
Эйзенштейн С.М. 174
Эйхе Г.Х. 454
Элиава Ш.З. 382
Энгельс Ф. 335, 337, 389, 390, 396, 397, 398, 399, 400, 412, 413, 414, 555
Энрот 241
Эпелинг 49
Эпштейн А. 464
Эренбург 542

Эрих — см. Егоров
Эстедт А.К. 11, 17
Эстедт К.Р. 18
Эстедт К.Ф. 18

Ю

Юденич Н.Н. 491
Юдин П.Ф. 281
Южин (князь Сумбатов) 420
Юнга Карл Густав 18
Юркевич (Рыбалка) Л. 45
Юровский Я.М. (Яков Хаймович) 527, 529
Юшкевич П. 396

Я

Яблочкина А. 420, 556
Ягода Г.Г. 101, 240, 538
Якир И.Э. 279, 454, 463
Яковлев (Эпштейн) Я.А. 456
Яковлева В.Н. 143, 145, 188, 189, 538
Ялава Г. 150
Ярославский Е. (Губельман) Е.М. 188, 336, 357, 538, 551
Ярчук 239
Ясиновский И. 19, 267
Яхимович Б. 267
Яцко И.В. 56

Содержание

От автора 5

Глава 1
Родословная Владимира Ульянова 10

Глава 2
Ленинские уроки большевизма 30

Глава 3
Ренегатство по-ленински 45

Глава 4
Возвращение странствующего эмигранта 58

Глава 5
Фиаско симбирского путчиста 85

Глава 6
Большевики выходят из «окопов» 112

Глава 7
Заговорщики готовятся к реваншу 129

Глава 8
Октябрьский контрреволюционный переворот 156

Глава 9
Плата за российский престол 185

Глава 10
Секретные документы обличают 213

Глава 11
«Крестный отец» красного террора 275

Глава 12
Политический авантюрист 317

Глава 13
Архивоинствующий атеист 334

Глава 14
Ленин против Ульянова 359

Глава 15
«Пролетарский» неоколонизатор 369

Глава 16
Псевдотеоретик, или «Кремлевский мечтатель» 389

Глава 17
Коммунистический штаб «мировой революции» 412

Глава 18
Большевизм и фашизм 443

Глава 19
Тайны болезни и смерть 500

Глава 20
Портрет вождя без ретуши 519

Эпилог 565
Постскриптум 570
Примечания 577
Приложения 626
Список сокращений 635
Именной указатель 637

Арутюнов А.А.

87 Досье Ленина без ретуши. Документы. Факты. Свидетельства. — М.: Вече, 1999. — 656 с.

ISBN 5-7838-0530-0

Книга Акима Арутюнова — историческое исследование биографии и политической деятельности основателя и вождя большевистской партии, первого главы советского правительства Владимира Ильича Ульянова (Ленина). На документальной основе автор исследует историю возникновения большевизма, показывает методы и средства борьбы большевиков за политическую власть в России. Впервые затрагивает ранее засекреченные темы.

В исследовании особое место уделено немецко-большевистским тайным связям накануне и в период первой мировой войны, а также в годы советской власти. В ней доказывается предательская деятельность Ленина и его ближайших соратников в пользу кайзеровской Германии.

Автор использовал огромное количество документальных источников из различных архивов и иных исторических материалов, не вошедших ранее в научный оборот и содержащих сенсационные сведения. Исследование отличается новизной и глубиной анализа документов, убедительностью и аргументированностью выводов.

Книга приобретает особую актуальность в наше время и расчитана на широкую читательскую аудиторию.

Арутюнов Аким Александрович

ДОСЬЕ ЛЕНИНА БЕЗ РЕТУШИ
Документы. Факты. Свидетельства

Генеральный директор *Л. Палько*
Ответственный за выпуск *В. Еленский*
Главный редактор *С. Дмитриев*
Корректор *Н. Киселева*
Компьютерная верстка *Д. Грушин*
Разработка и подготовка к печати художественного оформления — «Вече-графика»
В. Крючков, А. Кокорекин, О. Фирсов,
В. Катина, Д. Грушин

ЛР № 064614 от 03.06.96

Подписано в печать 30.09.99. Формат 60×90 1/16. Гарнитура «Ньютон». Печать офсетная. Бумага офсетная. Печ. л. 41.
Тираж 10 000 экз. Зак. № 768.

Издательство «Вече», 129348, Москва, ул. Красной сосны, 24.

Изготовлено с оригинал-макета в Тульской типографии.
300600, г.Тула, пр. Ленина, 109